文 化 名 家 暨
"四个一批"人才作品文库

新闻界

马晓霖纵论中东

马晓霖 著

中华书局

图书在版编目（CIP）数据

马晓霖纵论中东/马晓霖著. —北京：中华书局,2018.3
（文化名家暨"四个一批"人才作品文库）
ISBN 978-7-101-13082-9

Ⅰ.马…　Ⅱ.马…　Ⅲ.中东问题-文集　Ⅳ.D815.4-53

中国版本图书馆 CIP 数据核字（2018）第 030711 号

书　　　名	马晓霖纵论中东	
著　　　者	马晓霖	
丛 书 名	文化名家暨"四个一批"人才作品文库	
责任编辑	高　天	
装帧设计	毛　淳	
出版发行	中华书局	
	（北京市丰台区太平桥西里 38 号　100073）	
	http://www.zhbc.com.cn	
	E-mail：zhbc@zhbc.com.cn	
印　　　刷	北京瑞古冠中印刷厂	
版　　　次	2018 年 3 月北京第 1 版	
	2018 年 3 月北京第 1 次印刷	
规　　　格	开本/710×1000 毫米　1/16	
	印张 32¾　插页 4　字数 500 千字	
国际书号	ISBN 978-7-101-13082-9	
定　　　价	98.00 元	

出 版 说 明

　　实施文化名家暨"四个一批"人才工程，是宣传思想文化领域贯彻落实人才强国战略、提高建设社会主义先进文化能力的一项重大举措。这一工程着眼于对宣传思想文化领域的优秀高层次人才的培养和扶持，积极为他们创新创业和健康成长提供良好条件、营造良好环境，着力培养造就一批造诣高深、成就突出、影响广泛的宣传思想文化领军人才和名家大师。为集中展示文化名家暨"四个一批"人才的优秀成果，发挥其示范引导作用，文化名家暨"四个一批"人才工程领导小组决定编辑出版《文化名家暨"四个一批"人才作品文库》。《文库》主要收集出版文化名家暨"四个一批"人才的代表性作品和有关重要成果。《文库》出版将分期分批进行，采用统一标识、统一版式、统一封面设计陆续出版。

文化名家暨"四个一批"人才

工程领导小组办公室

2012年12月

马晓霖

回族，1964 年 9 月生，宁夏吴忠人。北京外国语大学教授，资深媒体时政评论员和外交专栏作家。曾在新华社工作 17 年，历任科威特分社记者、加沙分社首席记者、"世界问题研究中心"研究员、国际观察与评论编辑室首任主任、"伊拉克战争报道领导小组"专家成员、《环球》杂志社总编辑，新华社高级记者。创建大旗网和民间博客通讯社及实名博客社区——博联社，较早提出并践行网络实名制管理模式。著有《巴以生死日记》《穿越生死线》《两河生死劫》等，主编《阿拉伯剧变——西亚、北非大动荡深层观察》《阿拉伯发展报告（2013～2014)》《中东观察：2011—2016》等。入选国家"万人计划"哲学社会科学领军人才，曾获全国"五一"劳动奖章，享受国务院颁发的政府特殊津贴。

目　录

自　序

中国人太熟悉"中东"了,熟悉得多少有些厌烦,但又不得不面对,无法躲开这个经久不衰的热门词。

笔者小时候就知道中东是个战乱是非之地,自1988年大学毕业,又长期从事中东报道、研究,并参与报刊、电视、电台、网络时政评论,我的传媒与学术活动,在很长时间内几乎是"三句话不离中东"。对普通人而言,从萨达特到萨达姆,从苏伊士运河到波斯湾,从巴以冲突到伊拉克战争,从以色列预警飞机到油价变动,从"基地组织"袭击美国本土到"伊斯兰国"武装威胁世界,从"阿拉伯之春"街头运动到利比亚、叙利亚、也门战乱乃至冲击欧洲的难民潮……几乎满目都是中东那些闹心的事儿。那么,中东究竟和中国有多大的利益关系?值得我们关心吗?

中东,或曰近东,是欧洲人最早的地理和地缘称谓。欧洲人以欧洲大陆为中心,把欧洲东侧亚洲西部和北非埃及等部分国家称为近东或中东,把这些国家以东、太平洋以西的欧亚大陆称为远东。中东这个概念到了现代,外延又有所扩大,泛指西亚和北非地区国家,有24个国家之多,甚至把阿富汗也纳入其中。西方学者经常把中东和北非并列表述,这是"小中东"的概念;而更多学者所谈的中东,基本是指西亚和北非,笔者遵从这个概念。

作为中国人谈论中东,必须从中国人的视角出发,也必须始终思考,远东的中国与中东有什么关系?

中东作为中国的大周边地区,首先在地缘政治方面和中国利益攸关。中东由于地跨亚非欧三块大陆,襟连五个重要水域,堪称世界腹地十字路口,历史上就是兵家必争之地,几乎是所有新兴帝国征战讨伐的枢纽和称霸地区或世界的必由之路,也是沟通中国与欧洲的海陆丝绸之路的桥梁。中国作为一个正在崛起的世界大国,中东扮演了中国与欧洲之间的缓冲角色,地缘地位非常重要。

中东地区发祥的基督教文明、阿拉伯伊斯兰文明,与中国为代表的中华文明是一千多年来对世界格局和人类进步产生影响最大的三大文明形态。其中,阿拉伯伊斯兰文明与中华文明是彼此交往持久却关系最为融洽的一个三角边,总体保持着和平交往与和谐相处,这本身就是世界文明演进值得考察的历史现象。在与中东地区的文明交流的过程中,中国逐步形成了主体信仰伊斯兰教的 10 个少数民族,扩充了中华民族大家庭,伊斯兰文化也丰富了中华文明的多样性和包容性。随着全球化进程的加深,中华文明与阿拉伯伊斯兰文明彼此接触将更加广泛和密切,对中国而言,中东自然变得比以往任何时候都重要。

中东国家作为第三世界和不结盟运动的重要组成部分,在新中国外交和多边关系的发展中曾经和正在发挥着非常重要的作用。新中国打破西方外交抵制和封锁,重返联合国并在国际政治舞台中地位的提升,与中东国家的理解、同情和支持有着密切关系。近年来,围绕经济全球化、贸易自由化和国际政治民主化等议题,围绕各自社会、经济和文化的发展与提升以及维护国家主权,中国和中东地区国家依然存在很多共识。

中东地区国家众多,自然资源单一,经济发展不均衡且普遍相对滞后,与高速发展的中国形成很好的互补和互动。中国改革开放后最初的工程项目和劳务输出的开拓都是以中东为龙头和主要市场。中国与中东的经贸交往对增加外汇收入、熟悉国际规则和巩固政治外交关系都发挥过不可忽视的作用。中国与中东各国的贸易总额由 1990 年的不足 30 亿美元增加到 2015 年的近 3000 亿,双方已相互成为最重要的贸易伙伴之一,而且前景非常广阔,有望在未来几年内实现翻番。

中东是中国油气供应的第一来源。据不完全统计,中东的石油和天然气储量分别占世界总探明储量的 60% 和 30% 左右,随着国民经济的持续中高速发展和进入汽车时代,中国对中东石油和天然气的依赖也日益加剧。目前,中国已成为世界数一数二的耗能大国,也几乎是第一油气进口大国,其中 60% 的石油进口来自中东。由于中国石油缺口较大,且战略储备依然不足,中东石油在能源进口中的比例还将继续保持或增加。

中东与中国还是彼此看好的潜在和巨大投资伙伴。依靠丰富的石油出口,中东国家积累了上万亿美元的资金,由于历史原因,这些石油美元绝大多数都投放在美国和欧洲,"9·11"事件后,中东国家的战略投资方向已经出现多元化和向东转移的迹象,并日益看重中国市场,可以想象,随着中国投资环境的日益改善,外来资金中的中东成色将日益明显。另一方面,随着中国外汇储备的充裕与过剩,特别是"一带一路"发展倡议的推进,中东地区将成为中国资本和企业走出去的新热土。

中东是一个长期充满民族矛盾、土地争端、教派纠纷、军备竞赛和大国角逐的地区,孕育和萌生着难以预测的变数,也滋生着各种激进思潮和极端主义行为,在非传统安全层面对世界的安全和稳定构成了最现实的挑战,这种挑战将随着贸易全球化和信息传播网络化对中国构成现实威胁。

此外,中国正在由亚太大国成长为世界大国,由世界大国成长为世界强国,国际社会普遍呼吁中国在世界事务中发挥更大作用,分担更多责任,中国也需要学习和实践如何成为世界大国和世界强国,中东地区恰恰是大国与强国的试金石,也给中国发挥重要角色提供了历史机遇。

凡此种种,无法不让我们继续研究中东、重视中东和谋划中东与中国的发展前景。自笔者2005年辞别新华社结束记者生涯以来,虽然职业角色有所调整和变化,关注范围也逐步向大国关系、地区安全、中国外交和全球治理等更多领域扩展,但始终没有放弃对中东热点问题的跟踪、研究和即时评论,也陆续撰写了近300篇与中东相关的短篇文章,构成自己对中东系统、全面观察与思考的主要内容,通过这些文章也可以比较完整地了解过去十多年中东局势纵横变化的基本情况和大致走势。

基于此,笔者选取过去十二年陆续发表的211篇作品结集成册,除个别单篇文章或媒体访谈内容外,均为短小精悍且具有个人表达色彩的专栏文章,分别刊载于《深圳晚报》《精品购物指南》《北京青年报》《新民周刊》《新华每日电讯》和《华夏时报》等报刊。在编排体例上,根据重大话题划分为11个板块以便内容相对集中和清晰,每个板块又以时间为序以便保持事态发展的内在逻辑性。遵照出版社的要求,这些文章基本都是以见报后的文字为准,个别文章标题略作技术改动,个别文字重新进行了校准。文字发表日期与出处均在文尾注明,不另在开篇处注明年月,以保持原貌。

通过这些文章,读者也可以观察到本人对中东不同热点问题认识的变化脉络,视野越来越宽阔,思考越来越深刻,立场越来越超脱,这种变化既是本人学业积累日益增加,以及世界观和方法论趋于成熟的自然呈现,也是中东局势日趋复杂多变的客观制约。众所周知,中东不仅是埋葬帝国与霸权的坟墓,也是分析家和预言家的陷阱,但令人欣慰的是,笔者过去十余年对热点话题和重大事件走向的分析、预测和判断,大都经得起时间考验,也使得这些专栏文章依然有相当的学术价值和参考意义。

感谢中华书局费心编辑出版这部40余万字的文集;感谢在不同时期为我开设专栏并编辑发表文章的报纸、杂志及为人作嫁的编辑同仁;感谢哈佛大学政治系在读博士官逸尘女士协助我完成初稿的整理与编排;感谢所有给我提供过帮助和精神力量的各界人士和友人、热心读者;特别感谢为我长期投身学术研究和写作而默默奉献、鼎力支持的家人、亲人。

2017 年 2 月 10 日于北京

第一章

无休止的巴以冲突

　　巴勒斯坦问题是中东冲突的核心问题,但是,过去十多年,物是人非,阿拉法特、沙龙禾佩雷斯等风云人物相继辞世,但巴以一直陷入热战加冷峙的不和状态,巴勒斯坦人的苦难依然在延续,以色列也没有赢得阿拉伯世界的普遍承认和持久和平。随着"9·11"袭击开启反恐时代,巴勒斯坦激进组织与以色列之间的武装冲突又被美国和以色列抹黑并界定为"恐怖袭击"与"反恐",巴勒斯坦人付出了历史罕见的血的代价。"阿拉伯之春"爆发后,整个中东陷入天下大乱和春秋不义之战,巴勒斯坦问题被彻底地边缘化,真是苦海无边……

1. 土地换和平还是安全换和平？

从马德里始发的中东和平号列车经过近五年的历程后目前驶入一处危险境地,如履薄冰,如临深渊,让人为之命运满攥一把汗。原因是,几个月以来,以色列总理本杰明·内塔尼亚胡从台下到台上,从耶路撒冷到华盛顿不厌其烦地推销他的"安全换和平"新概念,强调阿拉伯国家只有先保证以色列的安全,才能指望实现中东和平。同时,他顽固坚持所谓"三不"施政纲领:不许巴勒斯坦独立,不放弃东耶路撒冷,不放弃叙利亚的戈兰高地,把包括以色列历届政府在内的中东冲突各方所认可的土地换和平原则抛弃一边。

安全换和平,此说新则新矣,却十分不合逻辑与情理:其一,安全是小天气,和平为大气候;安全是末,和平乃本。因此,一个国家、一个群体真正安全,必先营造真正和平。

其二,土地换和平,类似对等的易货贸易:以色列归还阿拉伯国家的领土,阿拉伯国家对以作出和平承诺,也即持久、全面和大范围的安全保证,这是阿以对打几十年才达成的一种妥协。而依内塔尼亚胡的心思和口气,以色列土地也要,和平也要,无本而求万利。

打出"安全的和平"之旗号,这本来是符合以色列人因和平进程速度过快而对国家和民众安全产生忧虑的实情,也使内塔尼亚胡圆了总理梦。但是,凡事不能矫枉过正,更不能错把回流当潮流而逆水行舟,怀疑甚至推倒土地换和平这个中东和平进程的大框架。因为,历史和现实的得失肯定了该原则的可行性,地区和国际的形势的发展显示了遵循这一原则的迫切性:

土地换和平是被联合国安理会以决议形式确定的合法国际文件,是全面、公正、持久和均衡解决中东争端的根本基础,必须不折不扣地、一以贯之地加以执行。

土地换和平其实是一项从根本上保证以色列在中东生存和安全的原则，是以色列几代人孜孜以求而阿拉伯国家最终勉强接受的结局。公正地说，受益者只以色列一家。

历史以铁血告诉人们：土地换和平是实现中东和平的唯一出路，也是以色列安全的根本保证。以色列归还了埃及西奈半岛，才换来以埃和平关系，从根本上缓解了以色列安全压力；以色列工党政府同意巴勒斯坦进行向独立国家过渡的自治，才有了巴勒斯坦立法机构删除"灭以"条款，从法律上保证对以色列的承认和接受，才有了约旦同以色列建交，使其从此东线无战事，才有了摩洛哥、突尼斯、阿曼和卡塔尔等纵深阿拉伯国家同以色列政治、经济关系的初步建立，才有了部分阿拉伯国家对以经济制裁的部分解除……

现实也无情地表明：只要以色列占领阿拉伯领土一天，中东和平就难以实现，以色列的安全也只能是镜中花、水中月。无论是巴勒斯坦伊斯兰抵抗组织（哈马斯）在以色列境内发动自杀式炸弹袭击，或者是黎巴嫩真主党向以色列北部发动火箭攻势，它们都有一个活脱脱的借口，即以色列依旧占领着巴勒斯坦和黎巴嫩土地。日前，针对内塔尼亚胡的强硬言论，巴勒斯坦和叙利亚领导人也公开称之为"对整个阿拉伯世界的战争宣言"；向以色列敞开政治关系的阿拉伯国家也威胁要重新考虑对以关系。刚刚扩大的阿以关系出现萎缩的趋势。

广掠阿拉伯领土，扩大战略纵深，这对于今天在中东独家拥有核武器和超级军备并得到美国安全承诺的以色列已不再具生死攸关的现实意义，相反，却成为和平迟迟不能实现的根本障碍。以色列真正的国家安全应该植根于全面、长久和稳定的地区和平，植根于它同阿拉伯国家睦邻关系和地区安全合作机制的建立以及共同发展的需要，而要实现这一步，归还土地，结束战争和对抗必须先行。

最后一点是，和平与发展是当今世界形势的主流，更是中东地区政治经济进步的重中之重。长期的战乱和对抗、封锁和抵制使中东地区的经济严重滞后。以色列同样步履艰难。在政治力量多极化、经济发展区域化日趋明显的世纪之交，唯有加快和平进程，同阿拉伯国家铸剑为犁，化对抗为合作，才能使以色列的技术、人才和管理优势同阿拉伯邻国的资源、资金、市场优势结合起来,使整个中东的经济纳入一体化轨道,才能在下个世纪同世界其他地区集团共图繁荣。而实现这一宏图,关键还在于土地换和平。

中国先哲孟子有言:"鱼我所欲也,熊掌亦我所欲也,二者不可得兼,舍鱼而取熊掌者也。"同样,内塔尼亚胡也该明白:以色列若想得到最渴望的长久和平和安全,必须舍弃原本不属于以色列也非以色列存在所必须的阿拉伯被占领土,包括东耶路撒冷、戈兰高地和黎巴嫩南部。

(原载《瞭望》新闻周刊 1996 年第 30 期)

2.扬汤岂能止沸?

6 月 19 日,以色列上百辆坦克和装甲车在战斗机和武装直升机的掩护下,侵占了约旦河西岸部分巴勒斯坦自治城市。以总理办公室当天发表声明说,以方将改变以往应对巴激进组织"恐怖袭击"的方式,今后每发生一起"恐怖袭击"就夺取并持续占领一块巴控区,直至彻底摧毁"恐怖基础设施"。

分析家们认为,这是 6 月 18 日耶路撒冷发生严重自杀式爆炸袭击后以色列实施的报复性行动,但其意义已不同寻常,标志着以巴冲突进入更为危险的阶段。长期占领巴自治区,是继决定修建隔离墙、单方面改变约旦河西岸现状后以政府的又一不明智之举,将把以巴关系推到发生质变的临界点,使构成以巴和平进程基础的"奥斯陆协议"面临被彻底撕毁的境地。

耶路撒冷爆炸袭击已造成至少 20 人死亡,50 多人受伤,是 1996 年以来该城出现的最为血腥的类似事件,受到巴方和世界各国的强烈谴责。但是,以政府以此为由决定重新长期占领巴自治区,更加让人震惊。

一年多来,巴激进分子在以色列境内和耶路撒冷发动了近 70 起针对平民的自杀式袭击,造成严重的生命和财产损失,理应受到谴责和挞伐。但是,以政府不去思考为何自杀式爆炸屡禁不止并由激进宗教分子发展到知识青年乃至年轻女性参与,而是简单地动辄报复。事实证明,以暴制暴无法杜绝这种极端行为,也不能从根本上改善以色列人的安全处境。

观察家指出,以色列长期的非法占领早已使巴勒斯坦人忍无可忍,极端思潮不断抬头:以军在冲突中滥用武力,视巴勒斯坦人生命如草芥,使巴激进分子也不择手段,以军情报部门持续实施"清除"政策,也刺激巴激进分子以死相拼。可以说,以色列的占领以及为这种占领而采取的高压手段是自杀式袭击不断滋生的土壤。因此,制止这类袭击的唯一出路是尽快恢复和谈以结束占领。

以工党议员拉蒙指出,重占巴自治区将导致近 350 万巴勒斯坦人再次处于以色列统治之下,使历史倒退三十年,此举"无法防止恐怖主义,反而只能加剧恐怖主义"。

舆论认为,无论是修建隔离墙,还是重新长期占领巴自治区,都意味着以政府从一个泥沼跳进另一个泥沼,从一个误区走进另一个误区,在寻求安全的道路上南辕北辙,越走越远。凭借强大的武力占领巴勒斯坦不难,但要征服巴勒斯坦民族的意志只能是一厢情愿。面对几代巴勒斯坦人的愤怒和抵抗,是釜底抽薪,铲除袭击的根源,还是扬汤止沸,让更多平民为占领付出生命代价? 以政府应该认真反思。

(原载《环球军事》2002 年第 13 期)

3.隔离墙难保以色列安全

6 月 23 日,以色列政府正式批准在约旦河西岸建立一道防御墙,以阻止屡禁难止的巴勒斯坦人体炸弹的袭击。

据称,这道隔离墙全长 364 公里,基本上沿着区分以色列本土和约旦河西岸的"绿线"展开。隔离墙建成后,将把约旦河西岸和以色列本土分割开来,成为一条无法跨越的地面人工障碍。隔离墙由数米高的钢筋混凝土墙体、高压电网和电子监控系统组成,并配备巡逻队和哨兵进行警戒。根据以国防部制定的预算,隔离墙建设费用每公里将达到 100 万美元,整个工程将耗资近 4 亿美元。

以军方人士认为,有了隔离墙,可以有效地阻断巴勒斯坦人非法进入以色列本土的路径,便于以军和安全部门防范和捉拿策划自杀式袭击的巴勒斯坦激进分子,减少平民伤亡。隔离墙的建立是在自杀式爆炸袭击无法禁绝的背景下开始的,人们可以从中解读出两层意思:一是以军近几个月来对巴勒斯坦自治区发动的大规模围剿宣告失败，不得不通过强行隔离的办法进行围堵，为以色列本土树起抵挡巴勒斯坦人发动袭击的防御屏障；二是说明巴勒斯坦民族是打不倒、压不垮的，其对以色列占领的反抗犹如野火烧不尽的莽原劲草，生生不绝，屡禁难止。

隔离墙真的能给以色列持久和可靠的和平与安全吗？历史告诉人们，建立在沙基上的任何防御工事都是迟早要垮掉的。曾经名噪一时的以色列军事工程巴列夫防线就是一个以色列人不该忘却的历史教训。

1967 年以色列发动"六日战争'并侵占埃及西奈半岛后，曾耗资两亿多美元沿苏伊士运河东岸修建了 123 公里长的立体防御工事巴列夫防线，全线布设了铁丝网、地雷阵、凝固汽油管道和 30 多个核心碉堡群，加上百米宽的运河做屏障，整个防线固若金汤，无法逾越。但是，不忘国耻、卧薪尝胆的埃及军队于 1973 年 10 月发动突然袭击，一举攻破巴列夫防线并突入西奈腹地直逼以色列本土，以色列不可战胜的神话被彻底打破，巴列夫防线也成为历史笑柄。

随着巴列夫防线的土崩瓦解，以色列人的安全观念发生了根本性的变化，认识到确保以色列南大门安全的根本屏障是同埃及实现永久而公正的和平。正是这一观念的转变迫使以色列放弃对埃及领土的占有，换来了埃及的外交承认和安全承诺。几十年过去了，没有类似巴列夫防线的坚固防线，也没有千军万马的枕戈待旦，以色列广阔的南疆一派平静，使一代人享受了来自埃及的真诚和平。

同样，建立在巴勒斯坦被占领土上的防卫墙也不能从根本上消除以色列安全危机，真正的和平不是靠有形的边界来维持，而是靠无形的信念约束来实现，这信念就是没有敌意，就是巴以不再战。

几十年来，以色列迟迟不肯归还巴勒斯坦人的土地，剥夺了数百万人的自由、尊严和民族权利，使巴勒斯坦被占领土成为一座无法平静的火山，压抑越久，蓄能越大，压抑越强，喷发越烈，直至撼动了整个以色列的安全基础，并使数百以色列平民失去宝贵生命。1987 年爆发并持续七年的"因提法达"就是巴勒斯坦愤怒火山的一次大爆发，它的冲击震荡迫使以色列政府放弃了永久占领巴勒斯坦全部土地的幻想。2000 年爆发的第二次"因提法达"是巴勒斯坦愤怒火山的复活，它宣泄了对以色列拖延归还巴勒斯坦民族权利的仇恨和抗争。一年多来,自杀式爆炸无处不在,犹如一道道极端而残酷的火舌吞噬了数百以色列无辜百姓的宝贵生命,摧垮了以色列社会安全的基础,毁灭了以色列人的安全信念。

无人怀疑以色列打造隔离墙的实力与能力,也无人会怀疑防卫墙减缓越境袭击的功能。但是,对非法占领的仇恨却是任何铜墙铁壁所无法彻底隔绝的。以色列外长佩雷斯日前指出,隔离墙并不能保证绝对的安全,以色列获得安全的唯一出路是同巴勒斯坦达成和平协议。佩雷斯此言的确道出了问题的实质所在,如果不还巴勒斯坦人以公道,如果不在公正和平基础上实现以巴持久和平,隔离墙就将是一个摆设,最终会成为第二个劳民伤财的巴列夫防线,无法从根本上解决以色列的安全问题。

(原载《瞭望》新闻周刊 2002 年第 27 期)

4.解决中东问题的畅想

第三次中东战争爆发四十周年之际,中东依旧没有平静。有关各方既有武力冲突的表现,又有和平哨音的释放,但是,无论战与和都已引不起世人的兴趣,因为流血太多了,口水太多了,谈判也太多了。这应了中国人的一句老话:晚上想了千条路,早晨起来卖豆腐——一切原地踏步。

中东已经造成新闻感官疲劳,中东二字令人皱眉,令人侧目。中东也成了国际新闻厨房里的大米白面:中东之外没有大新闻时,随便拼凑一两条中东的新闻总能填版面填画面权做充饥;中东之外有了新闻,则媒体人有如看到龙虾鲍翅趋之若鹜,扔下中东这盘让人食之乏味的馒头米饭。

但是,中东又的确无法不让外部的人们去关心。如果说,过去地缘政治冲突局限于中东,事关大国权争和国际格局,纯粹是政治家的事,那么,在全球化的今天,中东问题与天下百姓已息息相关:旅行安全、石油消费和股市行情乃至居家也不得不防的恐怖主义袭击,都已经让人们无法置身中东问题之外。

中东问题衍生出几方面的问题:以色列的生存权和国家安全,巴勒斯坦和叙利亚的被占领土以及大量战争难民的前途,当然还有与土地和生存相关的水资源划分等等。中东问题的核心其实最近几天的新闻就已经清晰地展现:巴勒斯坦人和以色列之间的循环报复,黎巴嫩政府军与巴勒斯坦难民武装的冲突,以色列放出归还叙利亚戈兰高地的气球,都集中而简约地勾勒出中东问题的关键:土地和人的命运的悬搁,或曰生存空间与生存状态的扭曲。

关于中东问题的解决,联合国安理会出台了太多的决议,相关国家也提出了一大堆的方案,除局部问题得到解决外,所有重大问题都束之高阁,悬而未决,致使中东问题就像一个发酵暴力、仇恨和恐惧的脓包,遗患当地几代人,也正逐步向世界扩散。

解决中东问题需要两个前提:当事国的领导人需要放弃历史、民族、宗教和政治传统方面的固有思维,需要面对现实的勇气和面向未来的胸怀,需要权衡眼前利弊和长远得失,需要平衡民族、国家利益和地区整体和平与发展的关系,需要高度一致的政治决断力。另外,国际社会需要加大斡旋和推动力度,并给予扎扎实实的全方位的支持和担待。

从以色列来讲,必须认识到归还加沙和约旦河西岸以及戈兰高地是迟早必须做出的选择,否则,以色列国民就会永远坐在火山口上,而以色列现有的国力、军力以及极其有利的外部环境,不足以确保自身的安全。

从阿拉伯国家来说,以色列作为一个独立和主权国家已经是不可扭转的事实,只要以色列愿意归还被占领土,哪怕是先偿还大部分领土,就应该全面承认和接受以色列,鼓励其在以土地换和平的道路上走到底。反观许多国家的领土纠纷,没有几宗是一次性或彻底解决的,但是,并没有妨碍正常国际关系的发展和各自的繁荣和强大。这是阿以双方都要学习的地方。

对于数百万巴勒斯坦难民问题,从国际法和人道主义的角度看,他们都有天经地义的回归权,但是,现实情况是,以色列为了保持犹太人不再沦为少数进而改变人口和社会结构,避免新的民族悲剧,不可能接受大批巴勒斯坦难民回归。巴自治区地域狭小,现有人口的生存与发展都已经积重难返,也无力承受更多人口负担。黎巴嫩宗教、民族结构复杂,政治生态脆弱,几十万巴勒斯坦难民的永久定居必然使未来的国家政治和社会形势更加微妙,他们的回归恐怕是不二之选。至于流散在叙利亚和约旦的300多万巴勒斯坦难民,他们已经基本融入当地社会,也取得了较好的国民待遇,在以色列给予合理补偿的前提下,完全可以考虑放弃回归权。其他国家的巴勒斯坦难民数量不大,比较分散,在各方的努力下也能就地永久性地解决。

解决了土地和难民这两个关键问题,中东问题的其他枝节问题也就能迎刃而解。当此之际,最需要的是勇气和信任。谁先跨出一步,谁将是历史的功臣。

(原载《北京青年报》2007 年 6 月 12 日)

5.悲情英雄阿拉法特

身材矮小的阿拉法特倒下了,永远地倒下了,幻化成一座高山,屹立在一切爱好正义与和平的人们心中。奋斗一生的阿拉法特逝去了,永远地逝去了,升华为一种精神,激励着所有追求民族解放与自由的人们。

阿拉法特的一生是伟大的。伟大在于他牺牲了优厚的家庭条件和物质享受,投身于波澜壮阔、艰辛曲折的民族解放事业。阿拉法特是崇高的。崇高在于他放弃了个人的安逸和幸福,倾心于救苦救难、立国兴邦的历史使命。阿拉法特是无畏的。无畏在于他顶住各种压力和干扰,矢志于谋求最广大同胞的切身利益和长远福祉。

阿拉法特生于殖民主义、帝国主义争夺中东的乱世之秋,兴于故土沦丧、同胞流离的兵祸之地。当大国势力把一个不公平的分治决议强加给阿拉伯世界,强行分割巴勒斯坦的古老土地时,苦难和血泪注定要伴随阿拉法特和养育他的人民。当民族独立与解放运动的浪潮席卷中东大地时,觉醒与抗争就成为阿拉法特和巴勒斯坦人必然的选择。

从参与巴勒斯坦战争,到组织爱国学生运动,从著文立说唤醒民众,到组建武装抗击占领,青年时期的阿拉法特就自觉地担当起民族先知与向导的重任,在敌友势力的高压夹缝中艰难求生,百折不挠,终于带领任人宰割、任人摆布的巴勒斯坦人蹚出一条独立发展、自决命运的道路,并最终跻身于世界民族之林。

没有阿拉法特,就没有巴勒斯坦事业,他不但带领巴勒斯坦人赢得了自己应有的名分,也为巴勒斯坦人赢得了应有的地位和自尊。这就是阿拉法特对巴勒斯坦人的历史贡献,是他史诗般生命历程中最为闪光的篇章。

有人把阿拉法特比喻为向强权挑战的当代堂吉诃德,说他自不量力以至于头破血流,郁郁而终。但是,任何经历过外来占领和异族统治的民族,都需要这样的堂吉诃德,否则,又如何解释众多民族国家的解放和独立?阿拉法特的英雄主义和浪漫主义是支撑巴勒斯坦人满怀希望、忍辱负重、前赴后继的精神力量,任何缺乏这一精神力量的民族都将亡国灭种。

阿拉法特不是个黩武主义者,而是一位洞察世事风云变化并顺应历史大潮的现实主义战略家和和平主义者。面对以色列由小变大、由弱变强并逐渐被世界接受的事实,面对阿拉伯世界屡战屡败、武装斗争走进死胡同的现实,阿拉法特在恰当的时机选择了和平谈判,通过另一条道路继续收复合法的民族权利。

人为刀俎,我为鱼肉。阿拉法特和巴勒斯坦人的悲剧在于,当周围国家围绕巴勒斯坦的土地相互讨伐时,他们无法为自己做主。当他们可以独立自主时,已经覆水难收,失去的太多。奥斯陆秘密谈判归来的阿拉法特已无奈地站在万丈深渊的边缘,外界和对手的欢呼与掌声,难以掩盖内部高分贝的指责与非难,双赢的光环下是所剩无几的祖宗基业。这是阿拉法特必须守护的历史遗存,一旦放弃,将成为巴勒斯坦人永远的遗憾。

五年的自治,带给巴勒斯坦人有限的和平红利,那不是占领者的恩赐,是几百万巴勒斯坦原住民被曾经剥夺的天然权利。当巴以双方试图一劳永逸地解开纷争的核心死结时,阿拉法特才发现,他亲手签署的和平协议已经被大打折扣,急剧缩水。

当阿拉法特被强行请入戴维营签署美以设计的协议时,已无退路的他犹豫了,拒绝了。于是,掌握话语权的对手把所有谈判失败的责任都推到他的头上,不惜背弃行前的种种承诺。年届七十的阿拉法特因为坚守民族利益的底线,受到巴勒斯坦人英雄凯旋般的盛大欢迎和拥护。这种巨大的反差,这种强烈的民意,坚定了阿拉法特不再妥协的立场,也为他悲剧性的临终遭遇埋下伏笔。

有人把阿拉法特的临阵"退缩"曲解为"坐失良机",但是,在阿拉法特看来,那只是城下之盟,是更多民族利益的丧失。有人用拉宾的勇敢来反衬阿拉法特的懦弱,但是,不能忽视一个基本的事实,巴以之间是一种非法占领与合法收复的关系,占领者的让步天经地义,被掠夺者的权争无可厚非。

历史的沿革和特定环境造就了阿拉法特独一无二的领袖地位,但是,阿拉法特的和平路线肇启之初就在内部充满争议,更为激进派别长期诟病。和平进程的短暂顺利,掩盖了内部的巨大分歧,和平进程的幻灭则凸现出原本水火难容的斗争目标和方式。巴勒斯坦社会从来就没有真正统一于阿拉法特的领导之下,主和派与主战派交替消长,主流派与反对派貌合神离。当脆弱而先天不足的自治机构遭受重压而濒临崩溃时,阿拉法特的控制力和影响力急速式微。

阿拉法特被西方称为强人,但是他从不靠极端手段镇压异己,更别说对激进派别诉诸武力,何况它们都扛着一面面抗击占领的大旗并代表着一定的民意。作为掌握实权的政府首脑,阿拉法特的无为似乎让人难以理解,但是,让他掉转枪口发动内战以消弭外人的指责,他又如何面对他的人民?

强权有说辞,弱国无外交。阿拉法特的不幸在于他生活在一个强权政治和双重标准的时代,在于他以微弱的实力在为一个弱小的民族请命。阿拉法特受到了对手和旁人太多的指责,但是,面对不可调和的民族利益纠葛,一个领导人越是维护自己的民族利益,就会越多地招致对手的攻击和压制。

一位巴勒斯坦教师曾这样给我分析过部分地区领导人的功过毁誉:有的人英雄一世苟且而终;有的人苟且一世死得光荣;阿拉法特英雄一世,但愿他保持晚节,宁可功败垂成,也不要叛卖民族利益。

我想,阿拉法特走的正是这条路,是个悲情英雄。

好大喜功只能成一时虚名,高瞻远瞩,深思远虑,慎重抉择,才能对得起民族的千秋大业。

阿拉法特走了,带走了不少的争议,留下了更多的思考。75岁的漫长岁月,放进历史的长河只不过短暂一瞬。巴勒斯坦的坎坷历史已经被阿拉法特打下深深的烙印,也一定能还阿拉法特一个不朽和光辉的地位。

(原载《环球》2004年第24期)

6.众"战神"谢幕后的中东和平

以色列总理沙龙倒下了。在不到一个月的时间内,这名充满争议、毁誉参半的著名武士,连续两次被病魔击倒。耄耋之年的沙龙,即使奇迹般地死里逃生,其政治生涯恐怕也无可逆转地走到了终点。

沙龙健康变故的意义已经超越了个人生死。沙龙的倒下不仅意味着沙龙时代的结束,也标志着中东将送走最后一位武士,中东和平进程将首次告别"战神"扭转乾坤的时代。

回溯中东,几乎所有与中东战争有关的国家领导人都已退出历史舞台,巴勒斯坦的阿拉法特、叙利亚的阿萨德、约旦的侯赛因、以色列的拉宾、埃及的萨达特以及伊拉克的萨达姆。和他们相比,沙龙是最后的武士,或许命里注定要做以色列家园的守望者,要成为最后一个倒下的战神。

自打有历史记载,中东就兵祸连绵、征戍不休。种族矛盾、宗教纠纷、土地争端、殖民统治和外来干涉等多种因素错综复杂,最终形成以巴勒斯坦问题为核心的阿拉伯—以色列历史冲突。为了破解这个难题,冲突双方热战冷战此起彼伏、时断时续打了几乎半个世纪,仍然无法彻底打开巴以争端这个死结。

其实,阿拉法特和沙龙并存的时代原本最有希望实现和平,因为他们都是本民族功劳显赫的战神,都是本民族最无可置疑的爱国者,都是最有资格在谈判桌上作出让步的政治家。但是,他们又注定无法携手实现和平,因为中东地区各民族、国家间的冲突曾经如此激烈,彼此的积怨和仇恨如此深重,加之各种外部力量的介入,使以往多次和平的努力和希望,都夭折在复杂的力量冲突之中。而且作为以往历史的当事者和各方的"英雄",他们彼此的个人成见太深了,他们彼此更习惯于刀兵相向而不是礼让三分,他们背负了太过沉重的历史包袱,太想保持不向对手屈服、让步的历史记录了。

一将功成万骨枯。战神的角力,可以成就个人武功、魅力、传奇和光环,客观上却让百姓付出巨大的物质和生命代价,让民族坐失发展与繁荣的历史机遇。更为可悲的是,不肯化剑为犁的战神们往往真诚地认为,他们的武力对决恰恰是为了本民族的根本利益和长远发展。同样可悲的是,国人无法怀疑这些爱国战神的赤子之情,无法及时公断他们决策的是非功过,更无法改变他们的个人意志。

告别战神的中东,满目皆为新生代领导人。对巴以双方而言,失去了战神的时代,政治气候更加复杂多变,和谈前景更加扑朔迷离。双方都没有了一言九鼎的铁腕领导人,双方的温和力量继续分化式微,双方的强硬力量却咄咄逼人。没有谁敢断言没有了战神的时代,命运之神会眷顾巴以人民,和平曙光会再次喷薄而出。

凡事总有两个方面。没有了战神的中东至少淡化了领导人的个人恩怨和历史纠葛,新生代领导人或许会以新的思维、新的智慧开辟新的时代,因为他们身上的历史负担或许要轻一些,狭隘民族主义的色彩或许要淡一些,解决遗留问题的态度或许要务实一些,把握机遇的头脑或许会灵活一些。

这一切,已经多少从巴以新生代领导人的点滴言行中有所体现。而从逻辑思维上推断,不属于战神的新生代领导人,他们擅长的肯定是政治谈判而不是武力对决,他们习惯的语言也是谈判语言而不是战争语言。

所以,人们有理由对战神谢幕后的中东和平保持谨慎的乐观,因为和平是中东地区冲突各方人民的共同愿望。同时,也不能盲目乐观,因为中东地区充满了太多的变数,积淀了太深的仇视、隔阂和冷漠。

(原载《北京青年报》2006 年 1 月 8 日)

7. 从以色列的政坛丑闻说起

近来国际社会最大的政治丑闻要算以色列总统卡察夫涉嫌性骚扰面临下岗了。最新消息说,由于检方决定对卡察夫提起诉讼,他被迫开始收拾行装离开居住六年多的总统府,以免干扰警方进一步调查。当然,此时的卡察夫也难以继续履行元首职责。

以色列是个小国,人口不过 600 多万,立国半个多世纪以来,有名有姓的政界领袖屈指可数,其中有争议和污点的却有不少,包括那些英名盖世的政治巨星。

先从卡察夫本人说起。他可能是以色列历史上第一个因男女关系问题而自毁前途的总统。据报道,由于一位身边女职员状告他进行性骚扰,引发一连串桃色丑行的曝光,前后对他提出指控的受害者至少有七人,时间甚至可以追溯到他担任部长的近二十年前。一旦罪名成立,卡察夫也将是当代以色列第一个受到刑事审判的总统。

卡察夫丑闻引发的震荡可谓是空前的。现总理奥尔默特放言，如果卡察夫不主动辞职，他将推动议会废黜总统制。果真如此，以色列将因人废统，岂不是大动作？其实，奥尔默特本人也卷入了数起经济案件，正在接受警方调查。

几乎在卡察夫被迫出宫和奥尔默特接受调查的同时，以色列司法部长拉蒙被一家地方法院认定犯有"下流行为罪"。如此罪最终成立，拉蒙将入狱三年，即使被上诉法院认定无罪，这个年轻有为、前途无量的政治新秀从此也将无缘政坛。其实，他只不过"舌吻"了一个平素举止轻佻并和他腻腻乎乎的女部下而已。

政界元老佩雷斯为一吻葬送前程的拉蒙鸣不平，称人才难得，国家受损。而佩雷斯自己去年也曾受到指控：他在2003年的选举中收受32万美元的非法捐赠。此案至今还没有下文。

这届政府丑闻不少，上届政府也不清静。如今已成植物人的前总理沙龙在任期间就曾受到指控，称其父子于1999年接受贿赂，为某商人开发海外度假村提供方便，而沙龙时任内塔尼亚胡内阁的外长。此案始发于巴以冲突剧烈、以色列安全局势恶化的2003年至2004年，最终不了了之。分析人士说，这是沙龙政治手腕高超顺利逃脱的结果，也有危难之际人们关注国家安全高于总理污点的因素。

内塔尼亚胡（1996年至1999年任总理）也曾卷入丑闻。1999年10月，已落选的内塔尼亚胡被控在任期间非法占有因公务活动收受的贵重礼品，接着，又被控接受10多万美元的贿赂。为此，他和夫人受到警方八个小时盘问，且被入室搜查。警方于次年甚至建议以舞弊、挪用公款和渎职罪对他进行起诉。此案由于总检察长决定不予追究而告终。

被誉为以军"第一兵"的巴拉克1999年取代内塔尼亚胡当上总理，次年便卷入丑闻，罪名是在大选中涉嫌非法集资。由于以色列审计长公布说，所有进入议会的12个党派都存在非法集资现象，巴拉克的官司以罚款了事。同一年，巴拉克手下的交通部长莫迪凯涉嫌性骚扰被迫辞职，最终被投进监狱，成为以色列历史上第一个因性丑闻辞职和入狱的部长。

和沙龙、内塔尼亚胡、巴拉克相比，不走运的当属他们同期的总统魏兹曼，这位1993年当选、五年后成功连任的政界元老颇有威望。20世纪60年代他曾受捐 45 万美元，为在当兵时致残的儿子疗伤，但是，未曾依法上报。三十年后旧账被记者披露，面临议会弹劾的魏兹曼只得黯然辞职。

当然，以色列政界丑闻中最大的"冤大头"当属光环最为灿烂的已故领导人拉宾。1977 年 4 月，接任总理仅一年的拉宾，因为妻子在海外非法存款两万美元引咎辞职，在我看来这是一桩代价极为惨重的领袖翻船事件。

历数以色列的政坛丑闻，不是要晾晒这些政治人物的污点，而是要进一步论证以下想法：一、法制再完善的国家也难免有漏洞，世界各国都面临着沉重的反腐任务；二、完善、透明和公正的司法制度是制约腐败和犯罪的有力保障之一；三、功不抵过、功过分开是一种实事求是的态度，也是保证政治清明的一个法宝。

（原载《北京青年报》2007 年 2 月 7 日）

8.看看巴勒斯坦的这对"冤家"

最近，巴勒斯坦内部两大派别哈马斯和法塔赫正在紧锣密鼓地组建联合政府。如果顺利，有望结束双方一段时间来的流血冲突，或许会给巴以重启和平进程提供新的契机。

据统计，自哈马斯赢得大选并主政巴自治区后，其与法塔赫的暴力冲突造成上百人伤亡，形成巴勒斯坦近半个世纪以来最严重的内讧。许多人对此很是不解、不屑，甚至认为巴勒斯坦人太好斗：跟以色列人过不去，跟自己人也过不去。其实，了解了这对冤家的前世今生，就能明了他们缘何兄弟阋墙。

哈马斯成立于 1987 年底，脱胎于中东伊斯兰激进组织穆斯林兄弟会，是个宗教色彩很浓且更偏重草根的民间派别。法塔赫全称"巴勒斯坦民族解放运动"，早于哈马斯二十二年诞生，是第三世界民族解放运动思潮和泛阿拉伯主义混合催生的世俗力量。

意识形态的根本差异，造成哈马斯和法塔赫既有共同利益和目标，又有不同理念和行为方式。这种"共同"与"不同"又不是绝对的，在某些方面和时期高度一致甚至完全吻合，在某些方面和时候又存在分歧、落差甚至对立。

双方在结束以色列占领、收复失地这个总目标上并无二致，但并非步调一致。法塔赫早期致力于把所有犹太人赶进大海,彻底消灭以色列,并在这个大框架下建立了吸纳各派参加的抗以统一战线巴勒斯坦解放组织(简称巴解组织或巴解),且在相当长的时间内成为举世公认的巴勒斯坦人唯一合法代表。

随着国际和地区形势的变化,特别是阿以对阵形势发生有利于以方的决定性逆转,法塔赫领导的巴解逐步接受以色列作为主权国家存在的事实,并把目标锁定在收复巴勒斯坦不足四分之一的有限领土上。此时崛起的哈马斯却延续了法塔赫放弃的理想,坚持完全收回故土,直到近年才有所松口,愿意向法塔赫的既定目标看齐,但是,其宪章仍然未做相应修改。

在未来国家政体设计方面,双方差异也很悬殊:法塔赫宣布要建设一个"进步、民主、不分宗教信仰和没有种族主义的国家",哈马斯则希望建立政教合一国家。这种差异导致西方和以色列乃至阿拉伯温和国家更倾向于由法塔赫主导巴勒斯坦的命运。

在对以斗争策略和方式上,法塔赫早期除进行正规军事对抗外,在巴以境内外采用绑架、劫持等极端辅助手段。随着国际舆论压力的升级和对以立场的转变,法塔赫逐步明确宣布反对暴力与恐怖主义。哈马斯由于认定以色列的存在属于"非法",以色列"全民皆兵"且实行"国家恐怖主义",自己又把民族解放运动异化为宗教圣战,所以,公开鼓励采取包括自杀式袭击在内的一切手段对付以色列目标,只是严格把这些活动限制在巴以境内。

在和平谈判问题上,法塔赫更加务实地主张武装收复失地已不可能,和平谈判是不二选择,至少是谈为主,打为辅。哈马斯基于自身的主张和对巴以和谈遥遥无期的判断,坚持武力解决,不轻言和谈。

在内部民意层面,法塔赫长期转战境外,与被占领土民众形成一定程度的隔膜和脱离。当实现有限自治后,作为执政党的法塔赫对外和谈乏善可陈,对内无法扭转日益恶化的百姓生计,加之自身的一些腐败问题,人浮于事而又效率低下,原本可怜的国际援助被庞大的官僚机构所消耗,导致声望每况愈下。哈马斯虽然在国际上相当孤立,但是,它植根于劳苦大众,清廉自律,且用更为紧张的资金扎扎实实地帮贫解困,逐步赢得民心,进而在近两年的大选中击败法塔赫,体面地夺权上台。

当然,巴勒斯坦民众弃法塔赫而挺哈马斯,并不是完全赞成它的各种主张,而是要给法塔赫一个历史教训:执政党地位不是与生俱来的,也不是一劳永逸的。同样,哈马斯作为第一大党,能否承担起结束民族悲剧的历史使命,也还是个未知数。在这个过程中,双方之间的角力、摩擦乃至暴力冲突恐怕也是难以避免的。

(原载《北京青年报》2007 年 3 月 14 日)

9.巴勒斯坦联合内阁难有作为

新一届巴勒斯坦政府日前正式通过自治议会批准走上前台,再次吸引了国际政治关心者的眼球。应该说,这届政府有新亮点、新思路,同时也面临一系列新老问题,恐怕难有作为,无法让人对巴以和平进程的恢复抱以乐观态度。

新亮点一:这是巴勒斯坦实现自治以来第一个多党派联合执政的政府,结束法塔赫和哈马斯单独组阁的一言堂局面。哈马斯和法塔赫两大主要党派分别只拥有九和六个内阁席位,其余的被其他党派、组织和独立人士占据。

新亮点二:独立人士在巴勒斯坦政坛的地位急剧上升,且把握了最重要的安全、财政和外交大权。虽然部分入阁的独立人士为哈马斯和法塔赫所推荐,必然受其影响,但是,他们外在的独立身份无疑是具有标杆意义的。这意味着第三条道路正在巴勒斯坦形成势头和气候,越来越多的人士通过保持与哈马斯和法塔赫的距离并贴近民众和国际社会的意志而参政、议政、主政。巴勒斯坦政治力量的多元化出现了新的变化。

新亮点三:主导巴勒斯坦社会和政治的世俗派统一战线巴勒斯坦解放组织(巴解)日渐式微,其核心力量法塔赫虽然以第二大党的身份加入联合政府,但是,曾为巴解第二、第三大党的人民解放阵线(人阵)和民主阵线(民阵)已被彻底边缘化。和哈马斯相比,这两个党派同样激进,主张以暴力袭击对付以色列,却没有像哈马斯那样融入民众,其式微在所难免。这种变化也从某种程度上体现了民意。

新亮点四:虽然哈马斯主导的联合政府依旧没有承认以色列,但是,在施政纲领中提出了以 1967 年战争爆发前的实际控制线为边界,建立巴勒斯坦国。这标志着哈马斯开始相对明朗地接受了以色列国存在的事实。这是继哈马斯参加地方选举、巴自治议会选举之后采取的又一个"只做不说"的战略调整，标志着哈马斯在务实的道路上继续小步慢走，以应对无法逆转的现实。

然而，亮点只是亮点，并不代表前景光明，因为新政府面临着诸多无法超越的难点，能否克服这些难点，将决定着它是否有所作为，甚至决定着它是否避免成为短命政府。现实是残酷的，不看清这些难点，很难以对巴以局势的改观做出清晰冷静的分析和判断。

难点一：美国、以色列的态度没有变化，这将使巴新政府继续承受强大的压力和艰难的孤立，难以在外交上有所作为，更不用说在和平进程上有所突破。美以提出与巴新政府打交道的三个条件是：哈马斯必须承认以色列；必须明确宣布放弃并反对暴力；必须遵守巴以之间已经签署的所有和平协议。一句话，哈马斯主导的政府必须选择与以色列和平共处的战略道路，必须延续过去的和平谈判政策，必须接受在此框架下的既成事实。

难点二：多元化的政府往往是弱势政府、无为政府。力量和利益诉求如此分散的政府必然导致决策效率的低下和执行力的疲软。虽然巴勒斯坦社会第三股力量正在崛起，但是，由于哈马斯和法塔赫树大根深，各自的主张又大异其趣，很难说进入政府的独立人士可以摆脱花瓶式的尴尬和左右为难甚至两头受气的困境。

难点三：最重要的安全、财政和外交大权第一次同时由独立人士掌控，他们有无能力结束巴武装派别林立、军令不一的局面？有无能力把有限的财政收入和外援透明合理地使用并遏制受人诟病的腐败现象？他们有没有能力提出新的和平进程思路和模式进而快速推动巴以摆脱暴力循环的泥沼？以这些人士的资历看，我本人感觉很不乐观。

当然，有亮点总是好的，有难点也很正常。我们希望这些亮点能继续扩大并变成助推巴以和平的燃点，也希望新政府各派能审时度势，把国家利益和人民利益置于党派利益之上，用高度的智慧跨越这些难点。

（原载《北京青年报》2007 年 3 月 21 日）

10.中东问题路在何方?

以色列建国五十九周年之际,以色列政坛掀起逼迫总理奥尔默特下台风潮,理由是他必须对去年7月对黎巴嫩军事打击失误承担责任。在此当口,有关中东问题症结与出路的讨论也在博联社这个知识分子集中的话语平台成为新热点,激发起人们对中东问题的再思考。

5月5日,以色列特拉维夫华裔教授张平在其博客中撰写了《第二次黎巴嫩战争究竟错在哪里?》,核心观点是:去年的以黎战事,以色列政治决策正确,军事准备和指挥失误,根源有三:"和平主义的多年侵蚀导致以军战争准备不足","后英雄时代平民政治家的非军事化"和"第三共和国军政脱节"。归纳大意是,以色列近些年刀枪入库,马放南山。

次日,北京外国语大学教授薛庆国在其博客中撰写一篇长文对此回应,标题为《由黎巴嫩战争调查报告想起——与张平教授商榷》。薛文不同意张平对"和平主义"的质疑,并反问道:"如果和平主义是个错误,那么是否意味着应该选择军国主义?"薛文系统指出以色列以暴制暴的国策并不是解决中东问题的根本出路,土地换和平原则才是打开中东死结的钥匙。

7日,张平发表第二篇博客文章《兴邦吾土,自由吾民——以色列国五十九年》。此文以美以关系变迁为切口,系统论证了以色列如何在大国夹缝中崛起,如何纵横捭阖实现民族自决,并指出,巴勒斯坦当务之急是摆脱半个世纪以来任人摆布被人当枪使的命运,抓住时机独立建国、实现民族独立,然后根据条件决定进退。本人分析,张教授此文是要说明,实力和意志决定一切,以色列已经为巴勒斯坦树立了现成的样板。

作为分别研究以色列和阿拉伯实务的资深专家,张平和薛庆国因为视角不同,得出的结论各有各的道理。我认为,中东问题的复杂性和艰巨性众所周知,如何解决似乎需要从更大范围、更深层次去考量,似乎必须从以下几个方向切入:

首先,双方必须摆脱零和游戏规则的诱惑和宗教、历史因素的干扰,必须认识到巴勒斯坦这块土地注定要由以巴双方共存共容。驱逐以色列人或巴勒斯坦人,或让巴勒斯坦人继续处在被占领状态是不现实和不能被接受的,也必然导致暴力循环的无限往复。

其次,暴力相加、以暴制暴的逻辑必须摒弃,和平主义的旗帜必须高扬。任何一方的暴力手段必然引起另一方的强力反弹。巴勒斯坦人拥有长期被占领和压制的道义支撑,以色列人拥有固土立命的本能需求,使得双方只能通过谈判解决问题,否则,丧失的只是宝贵的生命和发展的机遇。

第三,中东问题必须一揽子解决,巴以冲突、黎以冲突、叙以冲突乃至美国伊朗关系问题都息息相关,牵一发而动全身。解决中东问题不但需要举行大范围的中东和会,更需要强势各方率先表现出大局观、包容性和历史责任感,必须体现真正的诚意,释放更多的善意,主动伸出橄榄枝。

第四,中东问题各方都处在一个"后英雄时代",缺乏萨达特、本·古里安、拉宾、阿拉法特、阿萨德和霍梅尼这样一言九鼎的强势人物。新形势下,这样的强势人物必须超越一时一地之得失,对内驾驭民意,对外知进知退,审时度势,共同为本民族和地区国家谋求最好的利益平衡点,不惜忍辱负重,甚至甘当和平先烈。

就目前而言,世界大国的作用相当关键。一方面,中东局势的发展与它们的切身利益攸关,中东问题引发的非传统威胁成为各国共同面临的威胁,大国有责任、义务和需求力促中东和平;另一方面,在中东各方缺乏内在推动力或主导力的现实面前,大国有足够的影响力和制约力推动各方走向谈判桌,争取彻底、全面和持久的和平。

（原载《北京青年报》2007 年 5 月 9 日）

11.“定点清除”绿灯再亮的危险信号

最近一周,巴勒斯坦和以色列之间战端重起。而更让人担忧的是,以色列重新祭起"targeted killing"这柄剑,而且剑锋直指来自哈马斯的巴勒斯坦总理哈尼亚。这是新的危险信号。

21 日,以色列公安部长迪希特公开警告说,哈马斯在叙利亚的政治领导人马什阿勒将无法免受以色列的"targeted killing",如果总理哈尼亚参与指挥针对以色列目标的"恐怖袭击",他本人也将成为"targeted killing"的目标。据以色列媒体报道,以军已经获得了实施"targeted killing"的绿灯。

"Targeted killing"是个最近几年被以色列媒体广泛使用的词汇,就其本意而言,翻译成"有的放矢"显然更准确。但是,字面的准确无法反映这个词的内在含义,所以,当2000年笔者在加沙第一次接触这个词汇时,把它翻译为"定点清除",此后一直被中国媒体所沿用。

"定点清除"是巴以冲突特有的语汇,专指以色列方面针对巴勒斯坦特定人物的肉体消灭。对于这样的行为,以色列左翼和部分国际媒体采用的是另一个词汇"assassination"——"暗杀",其中当然包含了感情色彩。在它们看来,这样的行为是不光彩的,是偷偷摸摸的肉体消灭,当然属于暗杀。

其实,把以色列的这种战术行动称作"暗杀"也不合适,因为它是百分之百的"明杀",甚至可以更加精准地翻译为"猎杀"。双方力量对比太悬殊了,以色列不需要秘而不宣地干掉一个巴勒斯坦目标,进而再矢口否认,使一桩命案成为不知何人所为的无头案。

在我的记忆中,每当一个巴勒斯坦目标被干掉,以色列军方或安全部门不直接承认对此负责,而是历数被杀者对以色列人欠下的血债。以这样的名义,不少重量级的巴勒斯坦领导人被以色列锁定、清除,包括解放巴勒斯坦人民阵线总书记穆斯塔法·阿里和哈马斯领袖亚辛、兰提斯等。其中,亚辛和兰提斯都曾经几次躲过"定点清除",最终还是难逃死劫。

"定点清除"作为以色列的既定政策,起码发挥三个层面的作用:第一,它是以色列威慑战略的战术运用:可以杀一儆百,威慑其他敢于和以色列动武的人;第二,它是一种恩怨分明的报复手段,任何让以色列人流血的人都必然付出血的代价;第三,它可以缩小打击面,起到分化巴勒斯坦阵营的作用,告诉巴勒斯坦人谁是以色列的死敌。

在过去几年中,以色列用于实施"定点清除"的方式和手段很多,主要包括以下几种:安放汽车炸弹、路边炸弹、手机或电话炸弹乃至礼品炸弹;狙击手、坦克设伏;无人机、直升机甚至战斗机空中打击,等等。由于以色列科技、技术发达,武器尖端,情报灵通,很少有人能活着走下以色列的黑名单。

"定点清除"政策一直受到国际舆论的谴责和质疑,甚至受到以色列左翼人士的抨击,因为它有悖以色列作为一个民主与法治国家应该具备的人权精神,即不经审判地将一个人从肉体上消灭。另外,以色列为了抓住机会清除目标,有时不惜牺牲几条乃至十几条无辜生命。

以色列人的"定点清除"和巴勒斯坦人自杀式袭击往往相互伴随,互为因果,互相循环,很少孤立存在。无论谁是因,谁是果,谁在前,谁在后,实质都是一样的,那就是报复,加倍的报复。

阿拉法特去世和沙龙陷入昏迷后,巴以之间的暴力冲突一度有所降温,因此,在近两年的时间里,很少发生"定点清除"和自杀式袭击。尽管和平遥遥无期,少流血,少死人,毕竟是好事。

然而,巴以间的好事总是不能持久。巴以间开枪动炮,必然伴随着"定点清除"的大行其道和自杀式袭击的回潮。但愿这次我不是乌鸦嘴。

(原载《北京青年报》2007 年 5 月 23 日)

12.巴勒斯坦:一场悲剧一场梦

巴勒斯坦人真是一个悲剧性的民族,一个不断被噩梦缠绕的民族。如果说,在奥斯曼帝国崩溃、英国托管治理结束后,巴勒斯坦人未能自决前途并与以色列人同时立国,遭遇了历史性的悲剧,那么,今天,他们正经历着比历史悲剧更惨痛的噩梦。

这场噩梦的标志是:两条路线、两种理念和两种抗争方式的直接碰撞,导致巴勒斯坦人首次面临两个政治实体、两支武装的对抗和两块故土的心理鸿沟:哈马斯控制整个加沙地带,驱逐曾经主导巴民族独立运动近半个世纪的法塔赫,拒绝接受民族权力机构主席阿巴斯的号令,继续以合法政权自居;法塔赫退守约旦河西岸,夺取哈马斯机构,身兼法塔赫主席的阿巴斯任命临时政府并宣布哈马斯武装为非法……

350 万人口,一共 6000 多平方公里半独立半沦陷的土地,在哈马斯和法塔赫两面旗帜下陷入"分治"状态。应该说,过去漫长的痛苦岁月里,虽然加沙地带与约旦河隔以色列遥遥相望,巴勒斯坦人的社会和经济生活乃至情感和追求是联系在一起的。但是,今天由于哈马斯与法塔赫割据对立,人们第一次开始谈论起加沙与约旦河西岸分裂甚至各自立国的前景。虽然这仅仅是一种推测与怀疑,但是,巴民族独立运动的内耗从来没有造成如此惨痛的裂口。

毫无疑问，这是巴民族独立运动产生以来所遭遇的最严重危机。回望历史，即使是巴抵抗力量被击溃、被驱散的艰难岁月，巴勒斯坦人也没有这样绝望过，因为那时还有巴解组织这个整合多种力量的统一旗帜，还有阿拉法特这位一言九鼎的民族代言人。即使在巴以重新陷入暴力循环的近几年，巴勒斯坦人也没有这样痛苦过，因为他们尚能求同存异，枪口对外。但是，短短几个月，悲剧降临，噩梦笼罩，巴勒斯坦人吞噬了他们未曾预料的苦果。

反思巴勒斯坦人的悲剧与噩梦，人们会发现，外因固然存在，但是，一系列内患才是酿成这一苦果的关键所在。

领导核心体系的断代与缺失，是无法回避的因素之一。特殊的历史原因形成阿拉法特擎天柱式的核心地位和作用：战，靠他机变决定；和，靠他果断拍板，巴勒斯坦的命运全部系于一身，使其后继乏人，民族群龙无首。倘若接替阿拉法特的是一个集体领导班子或强势领袖，情况或许大不一样。

巴解组织名存实亡，是另一致命硬伤。作为独立运动统一战线的巴解组织，在相当长的时间内团结了巴主要世俗派别，也体现了多数民众的意志、智慧和力量。巴以再次爆发大规模冲突后，人阵和民阵等支柱力量受到重创，使法塔赫一党独大，并实际取代巴解，代表性差强人意。

法塔赫统辖自治政府期间，和谈缺乏进展，行政效率低下，腐败现象丛生，经济日益凋敝，民心逐步丧失，以致在大选中遭受败绩，将政权拱手让给哈马斯。哈马斯虽然一时得势，却误判形势，错把民众所寄托的"突围"希望当作推行固有强硬政治理念的筹码，不愿调整战略，不愿顺应国际大势，不愿面对现实，继续以拳头和流血驱动暴力循环圈，使巴以和平继续南辕北辙，民众更加苦不堪言。

以往的实践表明：巴各派和则共赢，斗则俱败，且亲痛仇快。哈马斯和法塔赫虽然各有一定的民意基础，但都不具备独立执政能力。如今，哈马斯控制加沙，国际社会则普遍支持主和的阿巴斯及其领导的法塔赫，倘若哈马斯领导坚持己见，势必更加孤立，而"孤岛"加沙地带的百万民众将面临空前严重的人道危机，后果不堪设想。

很显然，为今之计，哈马斯与法塔赫结束对峙，通过对话实现和解，并形成以阿巴斯为核心的民族团结政府，实现政令、军令和法令统一，制定两党认同的内政外交政策,才是摆脱危机、结束民族悲剧与噩梦的最佳选择。

（原载《北京青年报》2007 年 6 月 19 日）

13.巴勒斯坦 = "哈马斯坦" + "法塔赫斯坦"?

巴勒斯坦内乱引起国际社会的极大关注。这种关注不仅源于对巴以和平进程前途的忧虑,而且源于一个更可怕的担心:哈马斯和法塔赫僵持不下的政治和武装对立会导致巴勒斯坦从法理和事实上一分为二,进而改变地区政治版图,引起整个中东的大震荡。

面对哈马斯割据加沙,法塔赫控制约旦河西岸,西方分析人士揣测性地列出这样的一个等式:巴勒斯坦 = "哈马斯坦" + "法塔赫斯坦"。进一步解释即为:双方僵持不下,很可能出现哈马斯和法塔赫分别在加沙和约旦河西岸宣布建立独立国家的前景。

本月 21 日,在北京举行的一个中东学会专题研讨会上,个别专家也从历史学的角度,提出巴勒斯坦分裂为两个国家的大胆猜想,其核心依据有四:其一,加沙和约旦河西岸历史上分别被不同的外来统治者辖制,现代又各被埃及和约旦占据 19 年。尽管 1967 年战争后两地同处以色列占领之下,但是,两地从地缘、风俗乃至宗教等方面分别与埃及和约旦有着更为密切的联系,二者之间的直接联系反倒并不紧密;其次,东巴基斯坦因为与巴基斯坦土地分离,最终独立为孟加拉国,此为先例;其三,加沙和约旦河西岸分裂为两个国家,为以色列所乐见,因为这更有利于其安全;其四,以色列历来对周边阿拉伯国家采取分而制之的策略,继续肢解巴勒斯坦被占领土的可能性是存在的。

我个人认为,不能绝对排除巴勒斯坦分裂为加沙和约旦河西岸两个政治实体的可能性,但是,在可预期的未来,这种猜想显然缺乏更多的依据。

首先,巴勒斯坦内乱是两股力量理念和利益博弈的结果,属于非常表层化的政见之争,而不是源自社会底层的种族不和及根本利益冲突。巴勒斯坦人是个单一民族,且内部从来没有人提出过在加沙和约旦河西岸各自建国的构想,两地独立缺乏民意基础和舆论基础。

其次,无论是哈马斯还是法塔赫,立党之本均为收复失地,而非加快和加深这块失地的碎片化。面对民族和历史责任,谁宣布加沙或约旦河西岸独立建国,谁将成为民族和历史的罪人,这是显而易见的。

第三,哈马斯的战略目标不但要完全收回加沙和约旦河西岸,还要夺回包括以色列全境和圣地耶路撒冷在内的其他历史土地。哈马斯上台后,顶着内外巨大压力,既不修改宪章,也拒绝口头承认以色列,甚至不愿接受巴以达成的各项和平协议,可见其立场之坚决。在这种情况下,设想哈马斯在加沙建立政教合一的弹丸之国,独立于其他被占领土,显然不合情理,不合逻辑。法塔赫作为主导整个民族独立事业的核心力量,其群众基础和民意支撑不但来自被占领土的民众,也来自境外数百万难民。即使它通过与以色列谈判宣布落实国家主权,也必须借助巴勒斯坦全国委员会和巴解组织这两个代表全体巴勒斯坦人意志的最高权力机构。法塔赫主导和宣布落实主权的国家,也必然包括加沙和约旦河西岸以及东耶路撒冷。

第四,加沙地域狭小,陆地和海上边界全部受控于以色列,独立发展的余地十分有限。以色列虽然希望未来的巴勒斯坦国支离破碎,但是,也绝不允许它处在哈马斯的控制之下,除非哈马斯实现对以政策的大逆转。哈马斯在加沙独立建国,也将引起埃及的极大警觉和反对。哈马斯与埃及反政府的穆斯林兄弟会渊源深厚,并一直通过秘密渠道得到后者的武器供应。加沙如果成为哈马斯政教合一的独立王国,势必在埃及诱发新的政治动荡。同样,世界大国最近纷纷公开从道义、舆论和财政上力挺阿巴斯及其领导的法塔赫世俗力量,也是基于这些深层次的考量。

因此,巴勒斯坦="哈马斯坦"+"法塔赫斯坦"是个难以成立的等式。充其量,它是一个政治角逐层面的等式,而不可能成为两个独立实体和两块主权土地长期对立的标志。

(原载《北京青年报》2007 年 6 月 27 日)

14.巴以和平能否梅开二度?

巴勒斯坦和以色列正在筹划另一次历史性蜜月。这对老冤家经历了让世界期待的七年和平岁月,又卷入让世界无奈的七年血拼,终于接过各自强硬领导人的政治遗产,由弱势而相对温和的新生代尝试寻找失去的美好时光,告别痛苦不堪的相互折磨,打开中东新纪元。

一周前,巴民族权力机构主席阿巴斯和以总理奥尔默特举行会谈,商议重启以巴勒斯坦建国为核心的最终地位谈判。最终地位谈判,这是一个几乎被人忘却的新闻热门词,十四年前,当"奥斯陆和平协议"签署时,它被理解为百年巴勒斯坦问题的一个历史性的句号;七年前,当戴维营协议谈判失败时,它被形容为一条双方穿不透的死胡同,以至谁也不再相信谈判的魅力,而痴迷于武装的角力。

"七年之痒",无论幸福还是痛苦,无论个人婚姻还是政治进程,似乎都摆脱不了这个奇异的时间"百慕大"。七年充满憧憬的蜜月走到尽头,巴以回到暴力相向的原点;七年充满血光的消耗,巴以又回到和平原点,这该是怎样的轮回?据报道,双方谈论的还是原来的几个问题:耶路撒冷地位、犹太定居点前途、边界划分和难民回归;甚至双方立场也未有所超越:巴方求实际,以方要框架;巴方坚持明确的执行时间表,以方除同意出让耶路撒冷圣殿山的控制权外,其他只能达成原则性约定。

人们惊奇地发现,对于巴以"七年之痛"后铸剑为犁的努力,媒体普遍反应冷淡,甚至视若无睹,各国政治家们也无人喝彩,双方百姓更是心如止水,不悲不喜。巴以和平梅开二度让人缺乏足够的信心!

巴以再续前缘,是美国总统布什所倡新中东和会的前奏和铺垫。仅为一次招牌式的国际会议,此举未尝不可,若想在拟于11月15日召开的和会上取得马德里和会式的里程碑斩获,取得奥斯陆谈判式的突破,显然太理想化了,因为现实是残酷的。

作为美国总统,克林顿显然比布什更有发言权,更知解开巴以死结的难度。克林顿班子是公认的亲以亲犹组合,是公认的最善待巴勒斯坦人的一届政府,也是巴以领导最信任的和平进程推进者。然而,三方强势领导人对和平的执着,巴以最齐整的鸽派阵营,地区难得一见的政治氛围,都未能使当事各方尝到推动巴以永久和平的善果,反倒见证了前所未有的暴力怪胎。以今天的事态,指望巴以短时间内彻底捱手言和,说给谁都是新的天方夜谭。

布什离任期届满还有一年多,他的考卷上有太多比巴以更优先的难题:反恐、收拾阿富汗和伊拉克残局,对付伊朗核危机,巩固朝鲜半岛和谈成果,防范俄罗斯东山再起……奥尔默特的任期也只有一年,他的日子不比布什更舒服,虽然有佩雷斯、巴拉克等鸽派人物的出山辅佐,但是,内部强硬的力量很难对付,尤其是被指责对付真主党袭击"软弱"和"寡断",公众对他是否能给国民带来"安全的和平"大有疑虑。

阿巴斯需要单说。他原本就是弱势领导人,和哈马斯的决裂、备受美以的呵护,以及最近通过修改选举法试图阻止哈马斯重新上台的举动,会动摇他的民意基础。尽管他此次态度强硬,声称不愿意为了开会而开会,不接受另一个原则协议,但是,巴勒斯坦人特别是海外难民能在收回土地和难民归属问题上给予他多少让渡空间?

最新一项民意调查显示,94%的巴勒斯坦人拒绝以方以任何形式控制圣殿山;82%的巴勒斯坦人拒绝约旦河西岸的犹太人定居点由以方辖制;最关键的是,70%的巴勒斯坦人支持所有难民返回故土,拒绝以赔偿换取部分回归或只回归未来的巴勒斯坦国。仅难民回归这一条,就是巴以目前都无法跨越的巨大鸿沟。

巴以和平冰封已久,但春天的来临还需要耐心地期待,除非出现奇迹。

（原载《北京青年报》2007 年 9 月 7 日）

15.反犹主义和反以的反思

反犹主义是一个古老的现象,反以也是一个伴随着以色列诞生而存在半个多世纪的老话题。最近,几个相关事件再次引起人们的关注,尤其令以色列政府和媒体不安,也令人对反犹主义和反以进行一番新的思考。

本月 15 日,设在海牙的非营利犹太研究机构——以色列信息和档案中心发布年度报告称,2006 年荷兰的反犹事件大幅度上升,和 2005 年相比,增加幅度为 64%,即非暴力性的反犹事件由头一年的 159 起上升到 261 起。报告说,这些案件并不包含对以色列政府政策的抨击,但是,推测其原因,却和以色列发动的第二次黎巴嫩战争有关。另一项对 1250 名荷兰公民所做的调查也显示,91%的人认为过去五年反犹主义在荷兰有所增加。

16 日,英国王储查尔斯两名高级助手的内部电子邮件被一家犹太刊物曝光:这两位助手对以色列试图邀请英王室成员访问持负面态度,认为王室成员访以将有助于改善以色列的国际形象但有损英国的国际形象,因此,建议查尔斯王储及其高级助手都不要接受以色列的这份善意。这份邮件却鬼使神差地抄送给 15 日晚离任的以色列驻英大使海菲兹。事后,海菲兹表示,查尔斯高级助手的这种议论"散发着比虚伪还糟糕的腐臭"。为此,查尔斯的发言人不得不出来打圆场,降低这些邮件的重要性。

反犹主义在欧洲由来已久,几乎伴随着基督教脱离犹太教并在欧洲崛起和盛行的整个历史进程,跨越公元 1 世纪后至今的漫长岁月。反犹主义过去集中体现为基督教世界对整个犹太民族的蔑视、侮辱、隔离、盘剥、限制、人身攻击和大规模的排挤和驱逐,到第二次世界大战期间登峰造极,标志性的悲剧就是纳粹对 600 万犹太人的大屠杀。

虽然以德国为代表的欧洲在战后对反犹主义进行了比较系统的反省和悔罪,并着力帮助犹太人实现复国主义理想,但是,由于基督教与犹太教义的差异,特别是基督徒对犹大出卖圣子耶稣宗教传说的深刻认同,使反犹成为欧洲人从政治家到普通民众根深蒂固的潜意识,畅销书《希特勒的志愿行刑者》甚至认定在纳粹上台之前,德国社会乃至整个欧洲就被灭绝犹太人的集体意识所主宰。因此,反犹主义的言行并没有在战后欧洲完全消失,反而随着国际化浪潮、欧洲新纳粹主义抬头和中东问题的胶着呈现新的特征,近些年集中体现为犹太阴谋论、犹太人操作国际金融和否认大屠杀等。

一般而言,新反犹主义在政治家和公众层面都有不同表现,对于强调"政治正确性"的前者而言,经常会随口公开蔑视以色列;对于后者,则体现在反犹言论,亵渎犹太圣物,袭击犹太教堂、学校、公墓乃至人身威胁和人身攻击,尽管它们只是部分极端分子所为。本文开始提到的两个新闻事件就是一个缩影。

当然,中东问题对世界的持续困扰,特利是以色列立国后持久占领阿拉伯土地的角色转换,刺激了欧洲人潜意识中的反犹主义,他们由战后初期的悔罪并同情以色列,逐步发展到对以色列乃至犹太人的不满和抨击。对于中东问题,和美国相比,欧洲政府、公众和舆论在大多数情况下持中立或更为同情阿拉伯的立场。但是,应当认识到,这种立场本身并不是反犹主义,更确切地说,是反对以色列的占领政策和过度使用武力的做法。

从另一个方面看,以色列政府和媒体出于自身利益需要,也由于历史悲情难忘,往往放大欧洲对其政策的不满和批评,甚至将其上升为反犹主义,由此导致新的民族、宗教情绪的对立。这种混淆概念而引起的对立,反过来又刺激反犹主义死灰复燃,阴魂难散。

客观地说,反犹主义必然会导致反对犹太民族主体国家以色列,但是,反对以色列的某些政策和做法未必一定导致反犹主义。因此,欧洲需要彻底地对反犹主义进行反思,以色列同样要对反犹主义和反以进行反思。美国马里兰大学最近一项全球调查显示,以色列位居全球国际形象最差之首,本身能说明一些问题,也印证了查尔斯助手们的担忧。

(原载《北京青年报》2007年11月19日)

16.加沙危机背后的多重政治角力

1月23日凌晨,加沙地带和埃及之间的界墙轰然倒塌一大片,近五万名巴勒斯坦平民涌入埃及一侧,抢购短缺近一周的食品,并一度与埃及警察发生冲突。由以色列封锁加沙而引发的人道主义危机由此进入高潮,而危机背后则是几股力量的新一轮角力。

这次罕见的人道危机始于一段时间来巴以暴力冲突持续并升级。自去年9月以来,以色列和巴勒斯坦哈马斯组织间的冲突几乎未曾消停,本月中旬起,双方的报复与反报复突然加剧,并引发以色列对加沙地带大规模的陆空袭击,以及始于18日的全面封锁。360多平方公里的加沙地带物流通道被切断,150多万巴勒斯坦人无法得到正常的电力、燃料、食物乃至日用生活品供应,饥寒交迫,部分医院甚至因供电不足而无法救治病人。

加沙人道困局引起国际社会极大忧虑,并成为安理会热议的最新危机。面对国际社会不绝于耳的呼吁、敦促和谴责,以色列于22日放松封锁,仍无法扭转加沙积重难返的人道危机。

在此情形下,埃及网开一面,避免危机出现爆炸性的结局。在巴勒斯坦人纷纷涌入的当天,埃及总统穆巴拉克宣布,由于巴勒斯坦人入境是饥饿所迫,允许他们进入埃及采购。此前有消息说,加沙和埃及之间高大的隔离墙被同时炸开10多个窟窿,然后又被哈马斯人员准备的工程车推倒破墙,为难民过境辟出道路。

至此，围绕布什中东之行，有关各方均有所为，有所不为，一定程度上反映了当前巴以和平进程的某种尴尬状态。哈马斯是巴勒斯坦民选的执政党，但是，其上台后拒绝承认以色列，拒绝放弃武装手段，拒绝接受巴以既往和平协议，自然被美以排斥在和平进程之外。哈马斯随后又与下台的法塔赫争权夺地，将民族权力机构主席阿巴斯为代表的主和派彻底推向对立面，画地为牢，自我孤立。然而，绝境中的哈马斯并不思变，试图通过固守政治立场和策略来显示自己的存在和分量。以色列政府的政策很明确，不接受哈马斯的"三不"政策，不容忍它的军事挑战，以牙还牙，以血还血，并收紧集体惩罚的口袋，让150万加沙的巴勒斯坦人为哈马斯买单。以政府的逻辑清晰而简单，那就是要告诉巴勒斯坦人，选择了哈马斯或者暴力手段，就选择了战争和苦难，如若相安无事，一则抛弃哈马斯，二则抛弃暴力思维。

此次危机爆发前后，阿巴斯的表现也耐人回味。1月初，哈马斯曾提出与阿巴斯无条件谈判，结束内部分裂，阿巴斯不做回应。以色列军事行动升级后，阿巴斯谴责以军"进行屠杀"，但是，仍然对再次提出谈判和解的哈马斯不做回应。这似乎表明，阿巴斯没有信心与哈马斯再次和解，也没有兴趣帮其解套，甚至不担心缺乏哈马斯参与的和谈会流产，不担心缺乏哈马斯支持的任何协议会成为废纸。

埃及的动作出人意料，又在情理之中。它在以色列和哈马斯叫板的关键时刻高调出手，既占领道义制高点，又击破以色列对加沙的铁桶阵，成为哈马斯和以色列之间的第三者，这实在令人意想不到。其实，埃及近年来在和平进程中的地位下降，已被明显边缘化。阿巴斯上台后，近美以而疏远埃及，布什最近又明显摆出倚重海湾国家钳制伊朗的战略调整，更使埃及有被冷落之感。此次出击，不但是对加沙人道危机的一次缓解，也是埃及地区外交的一次突围，它试图向世界传递这样一个信号：中东和平过去离不开埃及，今后依然不能没有埃及。

加沙历来是兵家必争之地，如今依旧是政治斗争的道场，只是苦了上百万的百姓，成为无休止的利益刀俎的鱼肉。

（原载《北京青年报》2008年1月25日）

17.以色列选举:似乱不乱的景观

　　战乱,一直伴随着以色列。乱战,更能体现它的国内政治。这不,18 日正式公布的大选结果虽然没有意外,却仍不能确信谁是真正赢家:第一大党前进党被剥夺组阁权显然是大新闻,获得授权而能否成功组阁也会是大悬念。谁是十拿九稳的未来总理,月底再看似乎也不迟。

　　拨开纷乱的表象,以色列的政治生态特别是议会选战却是健康、有序而充满趣味的,既完整呈现着现代民主议会制度的优缺点,又折射出鲜明的种族、宗教、政治和社会光谱。以色列的"内耗"激烈程度其实不亚于对外征战,但是,半个多世纪的实践训练,使成熟的游戏者具备了可嘉的规则意识和民主精神,也给以色列国内政治抹上暖色调,软化了生硬的军事化外形。

　　以色列常年处在战争状态,周边五邻埃及、约旦、叙利亚、黎巴嫩和巴勒斯坦中,只有埃约与其实现持久而稳定的和平,后三者则是冷战、热战、敌对或边打边谈的对象。以色列随处可见持枪的士兵,随时可闻警报声、枪击声或爆炸声,军情对政治的影响显而易见,但是,军队对政治的介入和干预绝不存在,也绝不允许。拉宾、沙龙和巴拉克等军功卓著者无一不是脱下军装才能进入政界的。

　　以色列主体民族是犹太人,议政和参政权却向所有国民开放,只要遵从法律,任何政见、诉求都可以借助大选去表达,甚至通过选票和议席来影响政府决策。此次选举前,两个阿拉伯政党主张不承认以色列的国家地位且支持反以武装行动,因而被中央选举委员会禁止参选,但是,它们最终用法律手段从最高法院争回参选权。换个地方,它们的下场可能很惨。

　　以色列是个不掩饰矛盾和敌对的社会:东、西方犹太人因经济境遇和社会地位差异表现出持久的分裂与对抗;力主世俗化与抱残守缺的极端党派会因政教问题水火不容;主和还是主战,让巴勒斯坦人独立还是维持占领,也在选战中泾渭分明。这种多彩的政治生态形成从左到右、中间力量为主、极端倾向为辅的多极、制衡格局。然而,议会政治的高温并不意味暴力哪怕是语言暴力,更别说东亚议会政治家们的肢体对抗和用刀枪说话的血腥现象。

　　以色列具有务实和重商的传统,而民主的精髓之一就是求同与妥协。这两者的结合自然加剧其议会政治的观赏性和诡异色彩,各党派选前高调忽悠、鼓动选民,选后公开拉帮结派,拆墙离间,合纵连横,以便找到最佳利益平衡点,将到手的发言权价值最大化。

在这里,政治是开放的秀场和卖场,而单一选区和比例代表选举制,让任何有点能量的人都能为某些群体代言,进而把国民都培养成政治动物。这种状况的缺憾也是多年来被诟病的:党派林立、制衡过度、组阁缓慢、行政困难和动辄大选。

为求上选,以色列也曾多次修改选举制度,然而,万变不离其宗,万能钥匙也不存在。以色列议会似乱不乱的政治景观,依然有看不完的热闹和门道。

(原载《精品购物指南》2008 年 2 月 18 日)

18.2009 年的第一场血

人类从来不缺乏战争,只是缺乏和平;人类吝惜的东西很多,除了生命和鲜血。2009 年的第一场血——正在激烈进行的加沙之战,就是人之恶带给世界的新年礼物,是国际政治的恶之花。

这是一场奇异而荒诞的战争。本人综合各方面线索、证据分析,加沙之战乃中东地区阿拉伯和伊斯兰世界温和派与强硬派的一次冷酷较量,特别是主张推进中东和平的既得利益方对激进势力的一次围堵,表现为以色列与巴勒斯坦抵抗运动哈马斯的生死对决。

这场流血来势汹涌,猛烈的空袭,硬朗的陆战,一周之内 500 多人死亡,近 3000 人受伤,这是加沙近一个世纪未曾经历的巨大创伤。以色列以巨大而冷酷的战争翅膀遮盖了整个加沙 150 万人的天空。

当包括两个王牌野战旅在内的 4000 名以军突进并分割加沙地带后,局势面临着新的悬念:以军和哈马斯武装该如何较量? 谁将执地面战之牛耳? 谁将笑到最后? 显然,这是一场考验双方的短兵相接,胜负之数无法妄断。与空袭阶段以炸哈藏所不同,双发进入攻防结合、攻防并举的新态势,都要尽可能保存自己,杀伤对方,争取战场主动权和决胜权。

单论军事,以军占尽优势:先进的战争机器,强大的火力,到位的海空掩护和策应,丰富快捷的情报资讯,畅通的联络,武装到人的夜视仪,以及公认的一流军事素质和单兵实战能力。

哈马斯有什么?简单的冲锋枪、火箭筒、自制地雷,剩下的就是人体炸弹。显然,这都不是它与以军较量的本钱。哈马斯的杀手锏是民兵武装本身——它可以瞬间转换兵民身份,藏兵于民,持枪为兵,弃枪为民。哈马斯至少拥有半数加沙人口的群众基础,这是它抵消以军强大火力的坚盾。

以色列占领加沙四十多年,与哈马斯较量二十二年,清楚对手的命门,也知道自己的死穴。彻底消灭哈马斯根本是做不到的,也不是以色列所奢望的。加沙之战,以色列指望的是尽可能摧毁哈马斯攻击其本土的火箭发射体系,尽可能地铲除哈马斯用于自身发展和袭击以色列的基础设施,尽可能地消灭哈马斯的骨干和有生力量,并将战争造成的巨大灾难责任转嫁到哈马斯头上,孤立它,驯服它,迫其搭乘以色列掌控的和平进程班车。

战争还在进行,双方的停火要求或条件已经开列出来,这表明他们意识到谁也吃不掉谁,谁也不能为更惨烈的平民死伤承担责任。但是,打出停火牌与实现停火之间还有一定的距离,这个距离一定是双方用枪炮去缩短的,用更多的血肉去弥合的。

调停加沙战事的外交努力已经开始,各方施加给以色列和哈马斯的压力正在聚集,然而,法国总统萨科齐中东之旅折戟沉沙让人相信,加沙的战火不是一两盆冷水能够浇灭的,人民期待着美国和联合国安理会的强势干预,没有它们,2009 年的第一场血还将流淌得更多。

（原载《精品购物指南》2009 年 1 月 7 日）

19.加沙血案与巴勒斯坦人的数字化

12 月中旬,本人刚参加过中央电视台的年度"十大国际新闻"评选,提醒主办方不要提前几天公布最终结果,以免重蹈去年个别权威新闻机构的覆辙:年关前三天公布"十大国际新闻",旋即错过贝·布托遇刺的惊天大案。果然,被边缘化近一年巴以争端在 2009 年的门槛前酿造了一场大血案,一场伤亡超过孟买袭击但舆论截然反应迥异的血案。

27 日中午起,以色列持续对加沙地带的哈马斯目标发动空袭,一个小时内就出动两个批次 110 架战斗机和一定数量的直升机,袭击了 170 个目标。28 日,空袭继续,又有近 50 个目标被摧毁。以色列公布的袭击目标是:哈马斯的基地、训练营、总部、办公室、弹药库、火箭阵地、掩体等等。国际媒体称,以军还轰炸了加沙的最高学府伊斯兰大学、监狱和新华社加沙分社办公室等民事目标。综合各方面的报道,截至 29 日,已经有 370 多名巴勒斯坦人死亡,1500 多人受伤,加沙各医院的太平间无处陈尸,各墓地无处下葬,而死伤者多数为平民。

这是加沙地带自 1967 年战争爆发以来最血腥、最黑暗、最恐惧的两天,因为它记录了单日伤亡人数的最高纪录,而且是一场战役规模的空对地袭击——以军出动了四分之一的空军力量用各种炸弹、导弹遮盖面积只有 365 平方公里、拥挤着 150 万难民的加沙地带。无论以色列的动机多么单纯,目标多么透明,理由多么动听,都无法掩盖用千百名平民的鲜血凝结的事实:这是一场报复和惩戒性的屠杀——哈马斯的设施成为葬送平民生命的墓穴;这是一场精心准备的不道德清剿——让数百名手无寸铁者为几名或曰几十名哈马斯分子陪葬。

以色列,究竟是"一个拥有军队的国家,还是一支拥有国家的军队"? 这句前以色列领导人曾经借用的著名责问再次浮出血光,相信不同立场和价值判断的人,自有不同的答案。但是,无论如何,已经无法改变一个新的巴以历史名词:"加沙血案"。我相信,这一日,这一笔,至少已经被巴勒斯坦人和阿拉伯人刻入脑际,也将记入史册,变成一个可以比肩"代尔·亚辛村屠杀"和黎巴嫩两大难民营屠杀案的政治墓碑。在那两次历史事件中,分别有 250 多名和 1000 多名巴勒斯坦平民遭到以色列武装人员或以色列默许的民兵组织屠杀。

加沙血案发生了,并且仍然在持续。以色列政府宣布,将有可能发动对加沙地带的地面清剿,并征召了预备役部队,将重武器布署到加沙地带附近。国际社会的反应强烈却是令人费解的:为以色列提供了先进绞肉机的美国拒绝叫停以军攻势却警告哈马斯不得报复;其他方面停留于呼吁双方克制,仅有个别阿拉伯国家给予谴责。和几周前孟买不足 200 人死难、数百人受伤的

"印度9·11"相比,生命价值天平上的巴勒斯坦人竟然是如此轻于鸿毛。难道他们不是亚当、夏娃的后代？难道他们是现代社会的罪人或贱民？

放在历史的大纵深里看,"加沙血案"是巴以冲突的一个重要片断,是巴以丧失和平缔造能力的直接结果,是双方缺乏雄才大略领导者的有力证明。哈马斯为了结束以色列占领号召巴勒斯坦人不要命,以色列为了维持占领也不吝惜巴勒斯坦人的命,无所作为的世界成为一架庞大绞肉机旁的冷漠看客,眼看着数字化的武器吞噬着数字化的人命。

报复哈马斯袭击不能成为伤及无辜的借口,压倒性的军事、技术优势更无法解释一日内大量无辜平民的死伤。面对这一结果,以色列没有遗憾,没有道歉,没有收手的意愿,意味着什么？意味着战争机器碾过的不是一个个鲜活的生命,而是一堆堆血肉,甚至一串串符号。

若干年前,我见证着、记录着巴以双方力量不对称和伤亡不对称的生死搏杀,曾发出"巴勒斯坦人不是数字"的呼喊。今天,震惊于这场我所未历的屠杀,我不得不承认,巴勒斯坦人就是数字,而且可能在相当一段时间内依然是数字。

2009年年关前后的又一场血案,映照着这个世界的悲哀。

（原载《新民周刊》2009年第1期）

20."加沙血案"再追问

以色列的战争车轮并没有在空中刹车,持续一周的轰炸没有封死哈马斯的火箭后,以色列的坦克、装甲车于4日凌晨碾倒隔离加沙的电网、高墙,以王牌部队戈兰旅为核心4000人重兵四路并进,开进曾经被以军将领称作"该死地带"的这条地中海沿海平原。

500多人死亡、2000多人伤残,这些血淋淋的数字通过现代传播手段迅速到达世界各个角落,刺激着人们的感官,制造着2009年的第一场震撼。面对着这种极端不对称的军事较量,眼看着世界最先进的梅雷兹重型坦克横陈加沙街头、封堵拥挤而狭小的难民营,我们再次发现,这场死伤人数不断叠加的血案,不仅仅是以色列与哈马斯之间的战争盛宴,也成为国际政客们的交易平台和国家利益的博弈场,而且再次显露人道主义的苍白和弱肉强食丛林法则的冷光。

"加沙血案"随着战事的演进,清楚地表明这是一场地区政治游戏的再洗牌,游戏规则就是以土地换和平,用舌头说话而不是用刀枪。哈马斯作为这个游戏场的后来者,以西方民主的方式取得了游戏权,却试图用自己的逻辑解构规则,进而触及其他游戏伙伴的核心利益,导致被孤立和被围堵,成为世界的弃儿。当哈马斯试图用刀枪而不是舌头寻求突围时,已经很不耐烦的对手祭出了重拳,同桌的既得利益者或从中帮腔,或冷眼旁观,或暗自窃喜。

人心是肉长的,政治是冷酷的,利益角逐是残忍的。在世界人民心目中,巴勒斯坦人不是符号,不是数字,而是连带着自己朴素情感的血肉。于是,我们还能够看到若干国家的部分民众上街游行,谴责战争,谴责暴力,要求立即停火。但是,这种声音相对于加沙的枪炮声、相对于战争双方的喧嚣太微弱了,微弱到可以忽略不计。我想,旷日持久的巴以争端已经让世人麻木甚至厌烦,太多死亡的报道已经冲淡了生命的意义和价值。再则,全球经济危机下的普通人自顾不暇,没有热情、没有精力也没有能力去关注加沙那片瓦之地的人道危机。

面对"加沙血案"以及可能继续扩大的人道灾难,世界政治家们的良心是可以拷问的。从巴勒斯坦近邻到美国,从中东到联合国,利益至上、党同伐异再次被印证是颠扑不破的国际政治真理和国家交往铁律。加沙出现四十多年未曾经历的大轰炸和未曾见证的单日血量记录,作为具有 22 个成员的阿拉伯国家联盟,却在个别大国利益的驱使下拒绝召开紧急峰会,拒绝形成要求停火或者国际干预的决议,任由加沙 150 万难民在刀兵血火和恐惧中匍匐、挣扎。承担维护世界和平与安全重大责任的联合国安理会,竟然在某个大国的强烈反对下,拒绝叫停加沙的厮杀。这些无为、冷漠和塞责,实则是放纵和默许战神与死神的狂欢,使这场以无辜平民性命为儿戏的战争扩大和升级。

以色列四个旅的正规部队突进狭小的加沙地带,最先进的重型坦克将这里截成三段,空地协同的野战部队迫近人口密集的加沙城和难民营,双方的短兵相接开始了。战事因地面战的打响而进入高潮,政治家们的作秀也适时登场,因为游戏的透明天花板就在眼前,该考虑见好而收了。于是,埃及开始对以军地面攻势强烈谴责;约旦威胁重新审查与以色列的关系;土耳其取消与以色列原定的军事演习；法国总统飞抵中东进行调停；在以色列提出停火条件后，制止安理会叫停战争的美国也提出它的停火要求；就连那两个背后力挺哈马斯的中东国家，也在沉默近十天后装模作样地进行谴责，呼吁停火……

截至 1 月 5 日，共有 555 名巴勒斯坦人死亡，其中近五分之一是儿童，2700 多人受伤。这个血肉模糊的数字还在不断攀升。最新消息说，以色列和哈马斯的停火谈判即将在埃及举行，哈马斯代表即将启程。以色列不会重新长久占领加沙的战略也意味着这场战争游戏肯定会以某种方式收场，这场政治豪赌也将在未来双方的国内选举中清算得失，但是，双方死伤的人员，特别是伤亡惨重的巴勒斯坦人，该去和谁清算这笔血债？

我曾经慨叹过——巴勒斯坦：一场悲剧一场梦。不幸的是，加沙血案再次印证巴勒斯坦人难以自决命运的宿命。

（原载《新民周刊》2009 年第 2 期）

21. 巴以："一国论"与"两国论"的 PK

历史总是在折腾一圈后回到某个初始点。巴勒斯坦和以色列之间的事就是例证。最近，关于巴以和平，究竟是"一国"还是"两国"，又成热议，想回避都不成。

以色列右翼领袖内塔尼亚胡完成组阁后，人们期待他抛出和平新方案，以便与巴勒斯坦或叙利亚重启和谈，他却于 4 月底出人意料地提出，巴以和平共处的前提是，巴方必须承认以色列是一个"犹太国"。

严格地说，以色列是个犹太人占主体的多种族国家，并非清一色人种的"犹太国"。当然，导致现代以色列立国的理论基础"犹太复国主义纲领"，112 年前憧憬的国家就是"受公共法律保护的犹太人之家"。《以色列国独立宣言》也明确自己是"犹太国"。"犹太复国主义"曾被联大决议于 1975 年定性为种族主义；以色列对自身犹太属性的界定，被阿拉伯舆论冠以种族歧视。我个人的理解是，"犹太复国主义"和其他民族觉醒与自决运动并无二致，以色列强调犹太属性一如阿拉伯国家强调自己的阿拉伯属性——它们并不排斥其他少数族裔的平等公民权。

　　内塔尼亚胡为何此时抛出这个话题？巴勒斯坦领导人阿巴斯公开拒绝承认以色列是个"犹太国"，分析家们认为，这是担心承认以色列的犹太属性，将使巴以境外近500万巴难民丧失回归权，而回归权一直是巴以最终地位谈判的最核心问题，远比边界划分及耶路撒冷归属更棘手。让难民回归，以色列将因犹太人沦为少数而乾坤倒转，有再度亡国离散之虞。不让难民回归，谁又能为他们提供永久栖息之地？内塔尼亚胡的问与阿巴斯的答，可以倒推出两个疑问：以色列在酝酿重启和谈？还是节外生枝逃避和谈？

　　内塔尼亚胡是个知名的"一国论"者，称绝不承认巴勒斯坦国，立场远比前总理沙龙更强硬，在他的日程表上，巴以经济发展优于和平进程，巴勒斯坦有限自治优于完全独立。同样，巴勒斯坦哈马斯等组织也是顽固的"一国论"者，不接受以色列，只想在约旦河与地中海之间的故土上建立巴勒斯坦国。

　　若依截然对立的"一国论"，巴以将永无宁日。六十二年前，联合国不顾阿拉伯国家的反对，强行拆分巴勒斯坦，一半用于建"犹太国"，另一半建"阿拉伯国"。岁月蹉跎，无数战争与伤亡，无数谈判与调解，最终的焦点还是这片苦难土地的分与合。不过，"两国论"共识远比当年大得多。因此，谁想独享这块土地，谁想统治另一个民族，都是枉然。

　　上周，美国副总统拜登公开拒绝内塔尼亚胡的"一国论"，要求其承认巴勒斯坦国。德国总理默克尔也公开强调，两国方案是解决巴以问题的唯一选择。内塔尼亚胡履新后首访埃及，东道主一样告诫他"一国论"是死胡同。

　　巴以两个民族同源同根，更被命运紧紧维系于这块故土，既然无法融二为一，分家单过显然是最大现实。无论是巴以哪一方的鹰派，要独吞巴勒斯坦，如果不是狂想，那一定是抬高要价的谋略。我宁愿它是后者，因为政客之言如注水肉，不进油锅煎炸，你不知道其真实的斤两。

（原载《精品购物指南》2009年5月7日）

22.巴以和谈？今年没戏！

　　5月16日，是巴勒斯坦两大派别约定举行第五轮和解谈判的日子。年初加沙之战后,法塔赫与哈马斯四度磋商均无果而终。无论此番努力结果如何,我看难以根本扭转大局,可以大胆放言:巴以和平,今年没戏,真的没戏!

以色列占领巴勒斯坦是世界公认的现实,结束这个现实要靠以色列人的道义抉择和利益取舍,靠世界持续有力的推动、施压和利诱。然而,在我看来,如今,实现巴以和平最大的障碍远不是以色列的顽固和世界的无力,而是巴勒斯坦内部的混乱。抛开问题的性质,以色列和巴勒斯坦内部两派的态势,颇似抗日战争时期的华夏大地,巴勒斯坦民族正陷入严重的内忧外患:外有以色列占领、镇压、报复和封锁,内有法塔赫和哈马斯的持续争斗甚至武装割据,三股力量鼎足而立、相互制约、此消彼长。

作为占领者,以色列希望永久维持巴勒斯坦的"不统不独",确保巴以地区只有一个犹太国,巴勒斯坦人或者接受以色列统治,或者与东邻约旦组成联邦。当然,以色列也不反对在其条件下建立一个主权残缺、没有军队、国土零散、经济严重依附自己的"傀儡国家",确保以色列利益的最大化。

法塔赫曾经是反抗占领、追求民族独立的领导和中坚力量,也曾同强敌打过大仗、恶仗,最终迫于国际、地区形势和力量对比的巨大变化,选择了结束抵抗、和解谈判、和平建国的路线。作为曾经的执政党,"海归派"法塔赫返回故土后,治国富民乏善可陈,和谈独立缺乏建树,自身又托大懈怠、腐败丛生,导致民怨沸腾,渐失人心,终于在三年前被民众抛弃,沦落在野。

哈马斯植根于被占领土,发轫于难民营的街头起义,带有鲜明的草根革命性质,自二十二年前揭竿而起,坚持走群众路线,与被占领土民众同甘苦,共患难,其领导人清廉、勤勉、无私,纵然号召"抵抗""圣战"与"牺牲",也是身先士卒,前赴后继,与后期的法塔赫形成鲜明对比,由此赢得民众拥护,并借助民主选举东风,登临权力之巅,主导巴勒斯坦社会。

以色列显然乐见巴勒斯坦内斗,且在哈马斯发家之初持放任态度,意在制衡当时在境外高扬抵抗大旗的法塔赫及其主导的巴解组织,分裂巴勒斯坦社会,削弱巴勒斯坦力量并从中渔利。但是,哈马斯作为穆斯林兄弟会的巴勒斯坦分支,浓烈的宗教血统显然不会使之屈服以色列的占领和有限自治让步,不甘心长期受制于法塔赫,也不会被国际和地区的主和派力量所待见。法塔赫的崛起使以色列倚重哈马斯,哈马斯的坐大使以色列和法塔赫会走得更近,现在的问题是:一度同行的哈马斯与法塔赫,何时能为民族利益和家国大计而走到一起,形成和平谈判的统一战线?

我言巴以和平年内没戏,不是危言耸听,答案就在眼前。以色列人说,要和平,先告诉我谁是巴勒斯坦一直拥护和支持的对话伙伴?巴勒斯坦人说:攘外必先安内,哈马斯据有加沙,法塔赫控制西岸,我们究竟该听谁的号令?

(原载《精品购物指南》2009 年 5 月 14 日)

23.哈马斯和以色列的战争边界

哈马斯与以色列是公认的死敌,双方直接交手已有 23 年。过去,双方基本上遵守着一个游戏规则,那就是不把战火引到边界以外,即使杀红了眼,也仅限于巴勒斯坦被占领土和以色列境内。然而,最近一次突发事件,打破了这个潜规则,让人担心巴以战火会殃及池鱼?

1 月 20 日,负责哈马斯军火采购和运输的高级官员穆罕默德·马巴胡赫被发现死于迪拜一家宾馆,迪拜警方经过秘密调查于日前正式认定,是以色列情报机构摩萨德暗杀所致。摩萨德一如既往保持沉默,与军情部门关系密切的以色列《新消息报》支持此说,另有媒体指称马巴胡赫前往迪拜商谈武器走私,迪拜警方负责人批驳说,马巴胡赫若为武器而来为何不直接去关系密切的大马士革或德黑兰?

问题的关键不在马巴胡赫何以身在迪拜,而是死于摩萨德之手和巴以地区之外。哈马斯就此表态说,以色列打破了双方过招的规矩,将战火引向地区之外,哈马斯必将以牙还牙,以眼还眼。果真如此,巴以之间又将开辟第二个战场,不但双方进入新的暴力循环,甚至可能殃及无辜,对其他国家的安定构成新的威胁。

暗杀是一种下三路的手段,更为国际法理和人道主义所不容,因为它不经审判并以血腥手段消灭一个人的肉体,甚至不给对方以辩解的机会和权利。但是,暗杀确实是以色列长期执行的国策,特别是针对巴勒斯坦和黎巴嫩激进派别领导人。以色列官方有个自以为是的借口,即以色列太小,以至于不能承受任何安全失误,不能怀有怜悯之心。

这也不是摩萨德第一次在境外对哈马斯领导人下黑手,其最为失败的记录是 1997 年在约旦刺杀哈马斯骨干马什阿勒（现哈马斯政治局委员），由于扎毒针的特工未及逃脱，被当街捉住交给约旦安全部门。这个事件让约旦国王侯赛因非常恼火，因为他无法向巴勒斯坦人和阿拉伯世界交代。在侯赛因断绝约以外交关系的威胁下，以色列被迫送来解药救活马什阿勒，并答应释放哈马斯精神领袖亚辛，暗杀风波才算过去。

　　暗杀是一场看不见的小游戏，但是，玩不好会引发一场大战，最典型的莫过于奥匈帝国皇太子遇刺引发第一次世界大战，即使巴以之间也有先例。1982 年，以色列驻英国大使被巴勒斯坦人暗杀，时任国防部长的沙龙借机挥师 10 万入侵黎巴嫩，最终彻底击溃并赶走巴解组织武装，拔除存在已久的眼中钉、肉中刺，根本扭转北方的安全态势。

　　时至今日，巴以力量对比没有任何变化，巴方反而更加虚弱。美国、欧盟和以色列把哈马斯列入恐怖组织名单，哈马斯与以色列之间的较量被抹黑为恐怖与反恐怖。在这种国际和地区形势下，哈马斯的孤立是显而易见的。如果此时，双方再把战火引向地区之外，风向肯定于哈马斯不利。

　　巴以之间延续了太久的政治童话：以色列是个强壮的大人，巴勒斯坦是个缠人、烦人的小孩，大人打孩子已经被邻居司空见惯，习以为常，但是，当孩子急了咬手、抄刀子时，邻居们会斥责说：这个孩子怎么能这样！

（原载《精品购物指南》2010 年 2 月 4 日）

24.巴勒斯坦:中东面板上的一条鱼

　　巴勒斯坦，自古兵家必争之地，列强践踏之所，即使一分为二，被占领的狭义上的巴勒斯坦依然如此，无法摆脱被周边势力玩弄的命运。巴勒斯坦人就是切菜板上的鱼，任人宰割，巴勒斯坦事业就是遮羞布，任人披挂。

　　最近，"自由加沙"人道主义援助船队遭袭引发的蝴蝶效应，震荡之大，蔚为壮观，相比于一年前造成数千巴勒斯坦人死亡的"加沙战争"，十多名志愿者被杀似乎更加石破天惊，搅翻整个中东乃至世界。人们发现：中东几大民族首次全部以其主体国家身份卷入这场不算大的国际纠纷：犹太人、阿拉伯人、突厥人、波斯人，纷纷登台博弈，争取自己的那份鱼肉羹。

6日,在土耳其派军舰为"自由加沙"船队护航的威胁尚未兑现时,伊朗又放话说,其伊斯兰革命卫队的海军将前往地中海帮助打破以色列对加沙的封锁。在以色列潜艇蛰伏门口并威胁主动进攻的情势下,伊朗海军有无勇气驶出波斯湾、突破以色列封锁线,将是一块试金石。过去数年,伊朗已成为巴勒斯坦事业的头号旗手和强力后盾,主战、主和两派都有人花着伊朗的钱,运往加沙的伊朗军火船不断被以军截获或击沉。但是,"自由加沙"事件几乎让人忘记了正在煎熬伊朗的核危机,伊朗显然是受益者。

以色列围困加沙,试图以集体惩罚150万巴勒斯坦平民的方式绞杀、制服哈马斯,避免加沙成为"伊朗之港"。以色列在地中海大动干戈,除强悍已成惯性外,还有内外交困的恼怒和焦虑,有深陷危机的恐慌,也有被美国挤压、被土耳其疏离的反弹,总之,它像被红布逗急的公牛,因为简单粗暴而陷入罕见的公关危机:不以继续占领巴勒斯坦让巴勒斯坦人遭罪为耻,反而指责批评者"道义伪善"。

土耳其,这次深度卷入巴勒斯坦这团乱麻,对具有宏观视野的观察家而言,其引发的忧虑不亚于一场地区战争:统治过中东四百多年的土耳其人要重返东方,寻找失去的乐园?最先"叛卖"巴勒斯坦事业而承认以色列并与之长期结盟的地区大国,要走向以色列的对立面?这是个不折不扣的假象。土耳其过去半个多世纪未曾关心过巴勒斯坦人,今天良心发现,固然有执政集团宗教取向的回潮,但更多是被欧盟长期拒绝的绝望情绪外溢。骨子里把自己划入欧洲的土耳其人貌似要"脱欢返亚",实质是声东击西,属意欧盟。土耳其入欧,将改变世界,土耳其返亚,也将改变世界。面对这个越闹越大的赤子,欧盟是否给奶吃?而催奶的补品,竟是巴勒斯坦这条面板上的鱼。

阿拉伯人呢?埃及、约旦第一时间召回驻以色列大使,以示不满,埃及甚至开放了拉法口岸,以缓解加沙巴勒斯坦人的困难,这些应景之作的背后,是舒缓自身的道义和舆论压力。每年花着美国若干亿和平援助,谁还真心去救巴勒斯坦人于倒悬?从"加沙战争"前后与以色列联手围猎哈马斯,到容忍甚至协助对加沙的铁通合围,没有真正的阿拉伯兄弟情义,只有各自的利益,只能鱼肉巴勒斯坦。

巴勒斯坦,这块古老的土地上,亚伯拉罕的两个后代在受难,以色列人拥有土地,却背负着非法占领、种族隔离和违反人道的精神十字架;巴勒斯坦人拥有世界的同情,却承受着半个多世纪的苦难、离散和基本人权与尊严的被剥夺。"煮豆燃豆萁"式自残原本可悲,外来刀斧的参与,使这种自残更加纷乱,巴勒斯坦被鱼肉的宿命更加无望摆脱。

(原载《精品购物指南》2010 年 6 月 8 日)

25.巴以:重启和谈又能如何?

7 月 30 日,巴勒斯坦与以色列代表在美国国务院的新闻发布会上宣布重启和谈,美国国务卿克里笑盈盈地拷贝着"奥斯陆协议"在白宫签订时克林顿总统的优雅姿势和巧妙动作,张开双臂助推巴以和谈代表埃雷卡特和利夫尼握手言和,只是当年阿拉法特的微笑与拉宾的严肃置换为埃雷卡特的矜持与利夫尼的灿烂。此情此景,让我这个曾一线密集报道巴以从和平蜜月到血火冲突的见证者难以动心动容:重启和谈又能如何?

据双方宣布,争取在未来九个月内达成最终地位谈判协议,实现永久和平。克里上任仅半年,六下中东,书写了前无古人也许后无来者的斡旋记录,帮助巴以打破僵局重归于好,可谓劳苦功高。巴以争端作为中东冲突核心问题能够重新启动和平进程,的确可喜可贺。然而,本人十分怀疑双方能在九个月内解决二十年前拉宾和阿拉法特和解留下的死账,解决 1917 年英国允诺犹太人在巴勒斯坦地区建国而带给中东的百年之乱。中东最不缺乏热情和想象,最缺乏的是理性和务实。

首先,这是一次应景之作,美巴以三方各有盘算,为了应付眼花缭乱的地区局势而匆忙坐在一起。奥巴马初次竞选时曾许诺推动巴以和平,但第一任完全食言弃之不顾。今年连任后,奥巴马推动战略重点从欧洲和中东南下东移至亚太地区,却发现中东越来越乱,呈现失控苗头,重启巴以和谈可体现美国主导作用,能抵消反美情绪,还将避免巴以冲突与伊朗核危机、叙利亚内战形成负面互动。巴勒斯坦早就不满被边缘化,希望恢复谈判。以色列本不情愿再返谈判桌,怎奈时下危机四伏,唯恐巴勒斯坦人再生事端,权且摆出和解姿态以作安抚。

其次,最终地位问题本身的敏感性、艰巨性和复杂性,已被残酷的现实证明突破极其不可乐观：以色列真会放弃东耶路撒冷吗？真会按 1967 年战争爆发前的停火线划分边界吗？真会全部拆除非法的犹太定居点吗？真会允许哪怕是部分巴勒斯坦难民回归故土吗？真会允许巴勒斯坦国拥有完全主权和完整军队吗？真会归还并与巴勒斯坦人分享珍贵稀缺的淡水资源吗？

其三，巴以双方内部能够接受己方的"历史性"让步吗？巴以两边均不是铁板一块，即使在拉宾和阿拉法特这样的民族英雄和政治巨人掌舵时代，各自的政治生态都是马赛克般的五光十色和分崩离析。以方的"让步"必然引发议会强硬和宗教党派的抵制，进而导致内阁面临垮台及和谈流产的风险。巴方的出场更加先天不足，最大反对派哈马斯至今不愿意承认以色列作为主权国家存在，其他激进派别也无意"屈辱"求和，很难想象，巴方一点都不让步地获得完胜，而任何一派的拒绝接受和存心捣乱，都足以葬送这一轮和平努力。

第四，巴以错过最佳实现全面和平的历史机遇和周边环境。且不说双方领导人都不是一言九鼎的权威，热心帮衬美国推动巴以和谈的埃及和约旦不再有穆巴拉克总统和侯赛因国王那样德高望重的"和事佬"，而耶路撒冷地位、巴勒斯坦难民两大核心问题又绝非简单的双边问题，必然因为埃及、约旦、叙利亚和黎巴嫩等国的缺位殊难彻底解决。即使伊朗这样的非利益攸关者，都不会轻易放弃巴勒斯坦事业这张牌；摆出重返中东姿态并与以色列拉开距离的土耳其，也不排除成为掣肘的新绊马索。

我并不是个怀疑论者和悲观主义者，但是，鉴于十分了解巴以这对历史冤家的脾气，以及巴方七大姑八大姨羁绊的现实，我不得不严肃吐槽：巴以和平难，难于上青天。当然，本着良好的愿望，我不妨再奢望一次：九个月后，巴以带给世界和历史一个大惊喜。果然如此，那将是整个地区与世界和平的福音。

（原载《北京青年报》2013 年 8 月 2 日）

26.阿拉法特：入土九载难安寝

11 月 11 日，是巴勒斯坦领导人阿拉法特去世九周年的纪念日。随着这一特殊日子的临近,其死因之谜再次被媒体聚焦。阿拉伯半岛电视台6日称,瑞士一份尸检报告再次显示,阿拉法特可能死于钋中毒。同样的说法不断重复,不仅让颠簸一生的阿拉法特难以入土为安,也给勉强重启的和平进程平添变数。

其实,半岛台又炒一次冷饭而已,消息源依然是其委托的瑞士某研究机构,只是把检测对象,由阿拉法特的遗物扩展到他遗体的采样,结论口气依然不是那么肯定。此前该机构的类似分析,因被英国权威医学杂志《柳叶刀》发表而引起巨大轰动,甚至被很多媒体含混地报道为"证实"。这些推断,迫使巴勒斯坦官方两次出面澄清:由瑞士、法国和俄罗斯三国专家组成的尸检组,并未证实阿拉法特死于钋中毒。

2002年春天,以色列政府以支持恐怖主义为由,派军队围困阿拉法特在约旦河西岸城市拉姆安拉的官邸,并多次发动谨慎而精准的攻击,逐步压缩其活动范围和起居空间,清理进行抵抗的武装人员。以军士兵一度与阿拉法特隔墙相闻,他也曾再次拿起枪支准备决一死战。以军并没有捣毁阿拉法特困守的角落,相持中形成一座不是牢房的牢房,将阿拉法特困于其中,长达两年之久。

2004年10月,风烛残年的阿拉法特健康状况急剧恶化,不得不在国际力量斡旋下,乘坐约旦国王的专用直升机离开囚禁之地,前往法国巴黎就医,并在一个月后不治身亡,告别极富传奇色彩的一生。法国空军医院公布阿拉法特死于不明病毒感染,巴方关于其被害的传言却随风而起,持此立场的包括其遗孀苏哈。巴勒斯坦官方当即否认相关指责,并在拉姆安拉隆重安葬阿拉法特。

2012年7月,阿拉法特钋中毒之说,首次成为新闻话题。由半岛电视台资助,苏哈提供阿拉法特牙刷、衣服等遗物,瑞士某研究所独家化验而得出的初步结论是,这些遗物中含有高浓度钋210物质,因此,阿拉法特可能死于人为投毒。当时,媒体暗指的最大嫌疑方以色列政府被问及这一话题时,其发言人冷冷地说,遗体和遗物都在巴方手里,他们说什么就是什么。

我作为曾与阿拉法特为邻三年并长期跟踪报道巴以冲突的笔者,第一时间就怀疑这位风云人物钋中毒的可能性。首先,钋210是放射性、挥发性极强的元素,半衰期为134天,从阿拉法特去世至2012年7月,时间跨度为八年零四个月,约为 36500 天,相当于 272 个半衰期。如果阿拉法特遗物中残留的钋 210 依然含量极高,导致其死亡的钋 210 的浓度该以什么样的单位计量?如此致命性的放射毒素可以达及阿拉法特,何以他当年身边的诸多助手和医护人员无一中毒?保存其遗物达八年之久的苏哈,又如何能免于受害?

其次,奥斯陆和平谈判前的岁月,以色列的确曾千方百计明杀暗算阿拉法特,但是,"奥斯陆协议"已将此页翻成历史,阿拉法特成为和平伙伴。尽管阿拉法特最后几年让以方失望、痛恨乃至重新"化友为敌",但在各国媒体的聚光灯下干掉已日薄西山的他,对以色列有什么好处?与其说,以色列用钋 210 毒死阿拉法特,不如说以色列借助围困气死、逼死甚至害死阿拉法特,因为变相监禁的羞辱、失去自由的磨难、糟糕的卫生条件,使阿拉法特身心受到巨大伤害,很快病入膏肓。

穆斯林辞世讲究入土为安,但树欲静而风不止。在苏哈的强烈要求和舆论猜测的巨大压力下,巴勒斯坦官方被迫于 2012 年 11 月邀请国际专家对阿拉法特遗骨取样化验,但是,至今似乎没有公布正式结果。当然,也曾有过他被注射艾滋病毒而致死的另一种说法。

阿拉法特钋中毒之说的谜底究竟是什么?政治家的死因也许有真相,也许永远没有真相。分析家们认为,这可能是半岛台及背后推手联手苏哈演出的悲情戏,意在表达对遭受冷遇的不满;也有分析说,这是苏哈与巴官方合唱的双簧,意在吸引国际舆论,避免巴勒斯坦问题被边缘化;还有分析说,这是破坏正在进行的巴以和平谈判。

无论如何,已经入土的阿拉法特不幸地被开棺尸检,经受折腾;已远离现实政治的灵魂被不断纷扰,难以安息,再次印证了他悲情英雄的宿命。

（原载《北京青年报》2013 年 11 月 8 日）

27. 十说沙龙:一部人物中东史,一尊犹太活化石

2014 年 1 月 11 日,以色列前总理沙龙结束了靠呼吸机维持八年的余生,合上 85 岁漫长人生记录。13 日,以色列在南部沙漠小城沙龙的私家农场,为这名国父级的领导人举行隆重葬礼,多名国际政要前来送别这位极富传奇色

彩且饱受争议的中东强人。

【沙龙身世】沙龙 1928 年诞生于巴勒斯坦靠近海滨城市特拉维夫的一个小村庄,父母是六年前从白俄罗斯偷渡移民过来的犹太复国主义运动追随者。父母抵达的当年,被英国从土耳其奥斯曼帝国手中夺占的巴勒斯坦,刚经历第一次分离:以《圣经》中非常著名的约旦河为界,河东建立约旦哈希姆王国,西岸至地中海边的两万多平方公里土地继续由英国托管。沙龙出生十九年后联合国通过 181 号决议,将这片古老土地再撕分为二,一片许给犹太人建立独立家园,另一片留给本地阿拉伯人独立建国。这两片土地,就是今天的以色列和巴勒斯坦被占领土。当然,名分定给阿拉伯人的那片土地,已被以色列实际吞并过半,巴勒斯坦人(阿拉伯人)至今也只是渴望争取残存的加沙地带和约旦河西岸,只相当于分治前巴勒斯坦的 22%。

这些破碎的土地,便是沙龙生于斯、长于斯也纵横捭阖一辈子的战场腹地。

沙龙不仅从父亲身上继承了狂热的情绪、偏执的思维、好斗的性格以及用拳头说话的处事方式,也从母亲那里继承了勤勉、坚韧的品质,更是从父母讲述的古老故事中继承了犹太人流浪千年而形成的复杂民族基因和文化密码。沙龙成长和生存的环境又是跨越二战、冷战和反恐时代的漫长时段,而且是举世最为复杂、险恶与动荡的地缘政治地震震源所在,因此,沙龙本人就是一尊活化石,他的履历刻画着世界近代史和现代史在中东板块的血火细节;沙龙也是最后一位中东强人,因为他是跨越两个世纪却又创造历史、改写历史并塑造地缘版图的军人和政治家。

不了解上述背景和事实,我们无从为沙龙盖棺定论,我们也无从理解,为什么今天还有如此充满争议、毁誉参半的政治人物。在一个战与和对立的现实世界里,在一个善与恶迥异的评判体系上,焦点人物的形象必然是撕裂、矛盾和相互抵消的,更何况,沙龙作为凡人本身禀赋的分裂人格,以及作为领袖后天形成的决策反差,会强化这种外界的评价。沙龙的人生轨迹与斑驳评价实在是造化弄人,时势造英雄,但是,当你熟悉中东历史与现实,且与那片土地上各国人民同呼吸共命运,你会更真切地体验和感悟,沙龙就是一部人格化的中东政治博弈与多民族关系断代史。

【沙龙褒贬】沙龙是谁?言及沙龙,除了"以色列人"这个明确的称谓外,想给他找一个众口一词的称呼太难了，甚至可以说是绝不存在。因为一千个看客会有一千个沙龙，而每个看客对不同时期的沙龙看法又会裂变。这就是沙龙非常独特甚至独一的地方。

欣赏者说：沙龙是沙漠战神，沙漠武士，一代枭雄，铁血将军，军事天才，以色列的恺撒，战后五虎将之一，活着的军事传奇，以色列最伟大的军事指挥官，捍卫犹太人土地的狮子，嗜血战士，战争英雄，政坛王者，以色列最伟大的保卫者和最重要的设计者之一，双腿深植于以色列土地的农夫，以及鞠躬尽瘁的爱国者……

厌恶者说，沙龙是暴怒的公牛，杀人如麻的刽子手，鲁莽坏事的推土机，恶魔，屠夫，祸水，麻烦制造者，变色龙，危险分子，战犯，最该下地狱的人，双手沾满巴勒斯坦人和阿拉伯人鲜血的罪犯……

也许联合国秘书长潘基文悼念沙龙的评价相对公允和平实，也体现了人死为大的东方哲学思想："沙龙一生献给了以色列，他曾是一名士兵，后来又成为一位政治家，对以色列人民来说，他是一个英雄。沙龙曾做出历史性的艰难抉择，将以色列定居者和军队从加沙地带撤出，对此，人们将铭记他的政治勇气和决心。"

是的，评价沙龙非常艰难，作为长期跟踪和报道沙龙的资深记者和研究者，笔者对上述各种标签化的沙龙脸谱都难以断言对错，因为，在民族冲突构成的历史记载中，一个民族的英雄，必然是对立民族的罪人；一个在特定历史环境和条件下有所作为的人，也必然难逃因价值和道德体系的不同和变迁而得到的不同评价。

沙龙自己最喜欢的身份认知是"战士"。我想，这也是准确的，无论出将还是入相。他的老战友和多半时候的政见对手、以色列总统佩雷斯说，沙龙"输了最后一仗"——他毕竟是凡夫俗子，他不可能赢得与死神的最终对决。但是，沙龙的意义在于，他一生都在与生死打交道，都在为以色列的生死乃至中东和平的生死博弈。所以，从这个角度看，他最准确的身份的确是"战士"。

【沙龙传奇】先于现代以色列国诞生于巴勒斯坦的沙龙，是一尊活化石和年轮表，亲历和见证以色列建国而引发的一个世纪战争与和平，是唯一参加过五次中东战争并多次受伤的以方将军。从人生首次挂彩的 1948 年"独立战争"，到崭露头角的 1956 年"苏伊士运河战争"，从闯关夺隘的 1967 年"六日战争"，到创造奇迹的 1973 年"十月战争"，再到他亲自发动并留下长久骂名的 1982 年"黎巴嫩战争"，沙龙都是贯穿其中并未曾断掉的一条明线。他就是一部中东战争史，也是人格化的以色列。

【沙龙战功】沙龙最让世人称道的军事奇迹，是"斋月战争"初期以色列被埃及闪击，失去苏伊士运河东岸的"巴列夫防线"而被迫退却后，他抗命率装甲部队孤军逆袭，偷渡苏伊士运河，炮指开罗，导致埃及三军团被反包围，迫使埃及停战求和，进而让以色列人最终赢得了一场几乎导致亡国的生存之战。

"斋月战争"是现代化条件下罕见的军事奇迹，也是让阿拉伯世界至今津津乐道的成功突袭以色列的战绩，它以完美的战略和战术隐蔽，让以色列人措手不及，打破了以军不可战胜的神话，带给阿拉伯人巨大的信心和喜悦。但是，这场突然获得的巨大胜利，却因为沙龙的大胆反击，快速变成一场阿方被迫接受停战的尴尬结局。当然，这个结局也让包括沙龙在内的以色列军政领导认识到，以色列的长久和平不可能建立在与阿拉伯人四面树敌的态势上。这场战役后，沙龙变成坚定的"土地换和平"战略拥护者。

沙龙最胆大包天的决策是 1982 年挥师十万入侵黎巴嫩，兵困贝鲁特，迫使巴解组织缴械流亡。那场因以色列驻英大使被暗杀而发动的局部战争，将阿拉法特领导的巴解组织强大武装击溃、打败、分割包围，直至在国际斡旋下，允许其残部携带轻武器离开黎巴嫩，从而，彻底地终结巴勒斯坦正规武装成建制地从边境向以色列发动攻势的痛苦历史，也迫使阿拉法特及巴解组织，逐步转向与以色列媾和的埃及阵营，脱离叙利亚、伊拉克等强硬国家集团，成为放下武器，举起橄榄枝的主和力量。这是沙龙为以色列立下的不朽战功，当然，也加剧了巴勒斯坦人和阿拉伯人对他的仇恨。

【沙龙脾性】沙龙脾气倔强如牛，逆反、暴躁、蛮横、狡诈、喜怒无常，几乎就是他的品牌标签。说起他似乎没有中和立场，也没有商量余地，有的只是极端、偏执和一意孤行。但是，其死敌阿拉法特生前曾言，他宁愿与沙龙打交道，因为沙龙说到做到，言而有信。关于沙龙的这些负面的性格评价，多半限于政治生活和军事博弈。

其实，一个人的脾气，也可以说是一个民族性格与气质的简单展示。沙龙此生留下的脾性，代表了地中海东岸和南岸沙漠民族的彪悍特征，也是中东四大民族杂货商气质的共同体现,只是他作为风云人物,更加张扬,或者因为现代传播工具的放大,显得更加突出。以色列是个战略生存环境和地理发展环境都很恶劣的国家,也许只有沙龙这样的脾气才能玩得转。

1998年巴以在华盛顿怀伊种植园举行谈判期间,时为外长的沙龙居然不顾礼仪,不顾巴以已成和平伙伴的事实,拒绝同阿拉法特握手。2000年9月28日,沙龙不顾来自巴以双方温和人士的公开警告,硬闯耶路撒冷圣殿山的阿克萨清真寺广场,引发巴以间长达五年的流血冲突,他不仅毫无愧疚之感,反而为制造这场新的民族仇恨而自得。

然而,三个月后的年关,他竟然主动写信,向阿拉法特和巴勒斯坦人甚至他们的反以抗争表示致敬。作为武夫式的领袖人物,置身"鹰派"和"鸽派"严重分裂对立的年代,沙龙的好斗表现不仅受到外界严酷抨击,也经常让本国的情怀政治家们不屑为伍。以色列著名鸽派人物、前工党司法部长约西·贝林在接受媒体采访时把沙龙批得体无完肤,他说:"沙龙根本没有变,在我眼里他依然是个丑陋的以色列人,从来不是个温和派,他危险的天性应该暴露在大众面前。""别忘了是他把以色列引入了完全没有必要的黎巴嫩战争……大家应该揭下沙龙的面具。他是披着羊皮的狼。"

【沙龙污点】沙龙的战功在阿拉伯人和巴勒斯坦人看来,当然沾满无辜者的鲜血。早在1953年,沙龙组建和指挥特种部队101,专门越境报复阿拉伯国家和巴勒斯坦武装的袭击,手段非常严酷。当年10月,该部队袭击约旦时摧毁40多间民房并导致67名平民死亡,这是沙龙的第一块大污点。"苏伊士运河战争"期间,沙龙违令率伞兵对埃及目标发动袭击,又被指控虐待和杀戮俘虏。沙龙的最大败笔,甚至以色列主流舆论都不可宽恕的污点是,以军占领贝鲁特期间坐视、放纵震惊世界的一次屠杀——萨卜拉和夏蒂拉两处难民营里的1000多巴勒斯坦男女老少被黎巴嫩基督教长枪党杀戮。由于这场杀戮是长枪党民兵获准通过以军防线后发生的,沙龙因负有"间接责任"而被迫辞去国防部长,不仅再无机会升职最高军衔中将,而且长久被阿拉伯和西方媒体描绘成妖魔,甚至被欧洲部分国家作为战犯嫌疑人通缉。

当然,沙龙最后的污点,是前文所及的引爆"阿克萨起义"的鲁莽举动,这场导致上万人死亡的持续冲突,让没有经历过五次中东战争的巴勒斯坦人和阿拉伯人,通过电视、互联网见证了巴以双方的暴力循环,也见证了传说中的

"嗜血"沙龙真不是一盏省油的灯。

【沙龙媾和】若说沙龙好战不求和,并不完全公平。1978 年以色列、埃及举行戴维营和谈,作为内阁部长的沙龙在最关键时支持贝京总理向埃及做出重大让步,放弃西奈犹太定居点,促成以土地换和平的历史性成果,他为此不惜利用自己的军功和名声,向那些维护定居点的顽固议员拍桌子发脾气,逼其妥协。

2001 年 2 月,沙龙以较大优势击败巴拉克当选总理时,笔者在加沙街头采访,部分巴勒斯坦人尽管对沙龙的历史充满负面评价,但对其带来和平,反而更有信心。36 岁的商人巴德利认为,沙龙时代和平进程或许会有所突破,因为沙龙虽然嘴硬、心狠、毛病多,但是他比巴拉克更透明、更直率,似乎说到就能做到,而不像巴拉克那样是个光说不练的"天桥把式"。65 岁的哈立德是黎巴嫩屠杀事件的直接受害者,但岁月沧桑和生活的磨难已使这位原籍海法的难民淡漠情仇和恩怨,居然对沙龙表现出难得的豁达和宽容,超出我的意料。他说战争时期的沙龙作为国防部长,其使命就是不惜一切地为以色列的胜利开辟道路,相信和平时代的沙龙作为政治领导人也会为以色列的和平寻找出路。他也认为沙龙虽然是武夫出身,但是说话算数,令行禁止,应该能让以巴人民结束两败俱伤的长期争端。

2005 年,时任总理的沙龙力排众议,下令从加沙撤军,结束对该地区长达三十八年的非法占领,把 365 平方公里的土地还给巴勒斯坦人。他为了继续推动巴以和解,非常决绝地脱离他归属已久但日趋保守的利库德集团,建立相对温和的前进党,以期实现沙龙版的巴以和平进程。在所有以色列高级领导人中,只有沙龙公开承认"占领"380 万巴勒斯坦人的土地这个事实,并称之为"非常糟糕"。这是非常难能可贵的政治态度和道义表达。

沙龙是加沙地带和约旦河西岸犹太定居点的教父级推动者,通过这些定居点,以色列控制了加沙地带三分之一的面积,并将加沙和西岸所有交通要道、水源和高地等战略位置控制在自己手里,进而为以色列形成了扩大防御纵深的桥头堡。当沙龙意识到,定居点日益成为妨碍巴以和平进程的负资产时,他勇敢地选择了放弃,包括撤出加沙 10 多个定居点和 6000 多名定居者。

沙龙不仅敢于战斗,也敢于和平。不仅能够夺取,也知道退让。这才是真实的沙龙。

【**沙龙韬略**】沙龙并非纯粹武夫，出将入相颇有韬略。为夺取选胜，他将自己打扮成鸽派，向内外对手秀温情秀善意；二十年前，当一位以色列政治家当面指责他是刽子手时，他狡黠地向对方说，别把结论下早了，或许我就是最终帮助巴勒斯坦人建立独立国家的人。

2000 年 12 月，巴以彼此陷入厮杀，交替用 F-16 战斗机、阿帕奇直升机定点轰炸和人体炸弹发泄愤怒。点燃冲突之火的沙龙却在穆斯林开斋节前夕向阿拉法特发出书面信函，对他及家人表示"最美好的祝贺"，同时"希望以巴人民能实现彻底的和解，共享和平、安宁和富裕"。

据笔者的日记记载，当月 25 日凌晨，阿拉法特在伯利恒圣诞教堂参加完基督教午夜弥撒后因雷雨天气而无法乘直升机返回约旦继续访问，于是，他在以色列警察护送下穿过东耶路撒冷到达约旦河西岸杰里科，由陆路进入约旦。报道说，阿拉法特的车队从东耶路撒冷老城南侧希伯伦门前经过，以色列警方沿途为他部署了严密的警戒线。来自利库德集团的耶路撒冷市长奥尔默特证实了这一过程的存在，并说这是出于人道主义考虑。可以说，没有沙龙、奥尔默特这样顶级鹰派人物的合作，巴拉克安排阿拉法特穿越耶路撒冷恐怕不太容易。因为在右翼以色列人眼里，这又是一次"对阿拉法特的投降"。

我当时在思考，时年 72 岁的沙龙人老向善，良心发现，想立地成佛，还是最近被巴拉克"涮"了几次后学会了世故和圆滑，开始向阿拉伯人、左翼和中间选民抛绣球，显示他上台一样会衔来橄榄枝。再比照利库德最近打出的金字招牌——"只有沙龙才能带来真正的和平"，可谓异曲同工，顺理成章。

2004 年阿拉法特死于法国医院后，直到沙龙辞世前，一直有人指责以色列对阿拉法特下毒。尽管沙龙自己重新把阿拉法特宣布为"以色列的敌人"，但有报道称，沙龙不仅严令不得伤害围困中的这个老对手，而且在其赴法治病过程中提供了诸多便利。我也不相信，沙龙会加害阿拉法特，因为他是个战士，胜之不武的事有违他的信条和原则，再说，以当时的情形，他根本没有必要进一步加害阿拉法特，其实，想摆脱嫌疑都来不及呢。

【**沙龙爱情**】沙龙死后，被葬入先走一步的爱妻莉莉墓穴，夫妻合葬，共赴黄泉。很多人不知道，外表粗鲁、笨拙、好斗的沙龙，情感细腻，家庭生活坎坷，新婚一年丧妻，继而丧子。十年后续弦妻妹并不离不弃，直到 2000 年爱妻亡故。

妻子死后沙龙未娶,政治风格也刚硬好斗。当时的以色列报道有分析说,老年鳏居让沙龙心死如灰,性情如铁。其实,刚硬是沙龙一贯的传统,有所为有所不为也是他一生的选择。这些年,和不少以色列的风云人物相比,沙龙除作为军人、政治家的各种评论外,他几乎没有任何经济或两性丑闻,其子一度卷入的一桩经济官司经过调查也不了了之。

【沙龙终结】沙龙呼吸彻底终止于 11 日,其终生对手阿拉法特也是死于 11 日,而且,后者是在沙龙抹黑、打压,并下令封锁、围困在片瓦之地达三年后,身心备受摧残而亡的。有人说,以色列或许没有直接杀死阿拉法特,或许也没有毒死阿拉法特,但是,沙龙政府困死、憋死、逼死了阿拉法特,杀人不用刀。因为这个逻辑,当沙龙变成植物人时,有人击掌庆幸,认为这是死得比阿拉法特还痛苦和磨难的结局,是一种因果报应。

但是,应该认识到,沙龙和阿拉法特都属于那个时代的强人:既能打天下,也能讲和平。没有阿拉法特的巴勒斯坦一盘散沙,陷入彻底分裂;没有了沙龙的以色列,也缺乏具有战略眼光和气魄的和平缔造者,因为也许只有沙龙有做出妥协的历史资本,也只有戎马一生的沙龙才知道,和平比战争更艰难。

(原载《财新周刊》2014 年第 31 期)

28. 以色列:孤岛、孤立与孤傲

6 月 26 日上午,当我乘坐土耳其航班飞离以色列特拉维夫本·古里安国际机场时,突然感觉自己正抽离一座安全孤岛。也许是过去五天密集研讨中东局势的语境牵绊,也许是深受以色列人焦虑的影响,飞离这座安全孤岛时,我的情绪纠结于东道主孤立与孤傲的状态与心境。

22 日抵达以色列当天,我们应邀参观其控制下的戈兰高地。原本被安排与前线以军官兵实地交流,但是,来自叙利亚控制区的袭击,造成 1 名以色列籍阿拉伯男孩死亡,另外 3 人受伤。以军全部进入最高警戒,我们也只能到临近停火线的山头和废墟查看情形。当晚,以色列即空袭多处叙军目标报复,造成 10 人死亡。

　　在戈兰高地,以军某预备役中校指着对面赫尔蒙山由左至右依次告诉我们,黎巴嫩真主党武装、叙利亚亲政府犹太村落、叙政府军营地和"基地"分支武装"支持阵线"力量如何一字摆开又犬牙交错。更让外人惊奇的是,"基地"武装与政府军为邻而大体相安无事的原因是,前者无力吃掉后者,后者又在以军压制下不敢大动干戈。这位中校感慨,世人岂知以色列客观上将死敌"基地"武装保护在眼皮底下? 把袭击责任算在叙军头上并让其付出十倍生命代价的报复,再清楚不过地演绎了中东地区的暴力游戏规则,以及以色列对绝对安全的追求。用这位中校的话说,当只有狮子和绵羊两个选项时,以色列只能而且必须做狮子。

　　五天的学术之旅,话题聚焦于以色列周边乱局,从利比亚中央政府失控、埃及强人政治复辟,到叙利亚胶着战事,再到伊拉克中西部大面积沦陷和伊朗地区角色的扩大。尽管戈兰高地出现战事,尽管 3 名青少年在约旦河西岸"被绑架"引发以军大搜捕,但以色列本土毫无紧张气氛,这种感觉和周边乱象与喋血形成鲜明对比,而过去三年来的对比叠加,更凸显这个弹丸之地的安全孤岛态势。周边的对手们已自顾不暇,多数以色列人以看客身份惬意四顾,享受着安宁与发展。

　　但是,安全孤岛并非世外桃源,以色列在中东地区的孤独寂寞也前所未有。虽然"阿拉伯之春"是半个世纪来阿拉伯人首次把反美反以口号抛到九霄云外,但内部的征伐与角逐也使各国无暇整体考虑如何实现阿以长久和平;反目成仇的土耳其至今未与以色列捐弃前嫌;头号战略对手伊朗在美国眼里日益重新得宠,降低了以色列的战略存在感;和谈伙伴巴勒斯坦领导人阿巴斯不久与哈马斯重新联合执政,更让以色列恼怒不已。

　　以色列的孤独苦闷还来自于与美国关系的受挫,特拉维夫的政治和军事精英们不仅抱怨美国在中东一蠢再蠢,还将巴以和平进程无法突破的过错推给美国。一位前高级将领对我们说,只要美国一插手,巴以双边谈判就变成三边谈判,越俎代庖,越搅越糟。另一位某和平基金会的负责人甚至埋怨说,以色列原本要在 2012 年对伊朗核设施动手,但最终被美国大选搅黄。

　　孤独状态是外在表现,孤芳自赏、清高傲慢也许是以色列人骨子里无法摆脱的文化基因。已故名将摩西·达扬之侄乌兹将军亲自带我们看遍约旦河谷关键高地与隘口,现场演示战略纵深如何对本国命运攸关。在宽不足五米的某约旦河段,乌兹骄傲地说,三千多年前先知约书亚率以色列人从这里进入巴勒斯坦,设计攻占杰里科;两千多年前另一先知耶稣在此受洗传教使约旦河名满天下。现实是,无论以色列先人历史上与这片土地联系多么密切,杰里科已是巴勒斯坦自治城市之一,约旦河谷也终将归还巴勒斯坦。

但是,与生俱来的不安全感、岛民情结及"上帝选民"的自诩,使色列人沉湎于不可思议的单相思,比如坚持让巴方承认以色列是"犹太国家",实则拒绝巴难民回归权;再如坚持将来要控制巴约边界,因为对邻居、邻居的邻居及邻居邻居的邻居实在不放心。当我认真建议重新考虑以巴联邦方案,或以巴联合建军共同控制边境时,东道主却认为以巴绝对不能在一个锅里搅勺子。这个民族的确非常优秀,但优秀得使自己无法与周边四邻追求心灵的平等与水乳交融,而是一味强调不同、例外和他者的过错。

过去三年,我几乎每年都去以色列,每年也都在北京会见以色列各路学者和官员,一个深刻的印象是,任凭中东地区形势如何变化,以色列的安全观没有丝毫改变,地缘观也没有改变,我们之间的探讨和辩论一如十四年前我刚常驻该地区时的"鸡同鸭讲"——生活在安全孤岛里的以色列,依然是那样的孤独和孤傲。当然,街坊四邻的破败与动荡,只能加剧以色列的孤岛情结、孤独状态和孤傲情绪。

（原载《北京青年报》2014 年 6 月 27 日）

29.巴以冲突：暴力循环的教训与思考

截至 7 月 17 日,以色列对加沙地带发动的军事攻势已过一旬,至少造成 220 多名巴勒斯坦人死亡,上千人受伤,死伤者多为平民。16 日经埃及调停,以方主动停火,但控制加沙的哈马斯拒绝并继续发射火箭,六小时后以军恢复攻势。17 日凌晨,应联合国紧急要求,以方再次单方面停火,以满足人道主义需求。这是一轮血腥的暴力循环,也是巴以间再次上演的老剧本,教训值得深思。

单论双方损失完全不成比例,以方只有 1 人死亡、4 人受伤,巴方却损失惨重,姑且不说战争破坏造成的巨大经济损失,仅人员伤亡都为近年罕见。即便如此,巴以喋血也没有分散舆论对巴西世界杯的狂热关注,部分巴方同情人士痛心疾首,斥责国际社会和舆论漠视加沙战事,缺乏同情心乃至冷血,更有甚者指责以方对各国舆论公关成功使然。

这种声音客观描述了国际组织、各国政府和新闻媒体针对加沙流血的重视程度,因为巴以彼此袭击不谓不烈,巴方伤亡不谓不重,但呼吁停火、谴责暴力、敦促和谈的声音不占主流,每日攀升的巴方伤亡俨然一堆冰冷的数字。当然,这种声音也未对当下舆论冷漠的现象做理性分析和判断。应该说,一系列因素导致巴以冲突舆论生态发生变化,如果不认识不承认这种变化,特别是巴方有关组织不顺应形势调整立场和策略,遭遇冷漠的局面恐怕难以改观。

此轮冲突来龙去脉很清晰:6月12日3名以色列定居点青少年在约旦河西岸被绑架,以方指责哈马斯所为,敦促巴方释放3名青少年,并在约旦河西岸地区逮捕上百名哈马斯成员。30日,3名失踪以色列青少年尸体被发现。7月2日,3名犹太定居者绑架并虐杀1名巴勒斯坦少年以示报复,引发巴方愤怒。随后,哈马斯向以方境内发射火箭弹,以方发动代号为"护刃行动"的大规模报复,哈马斯大本营所在地和火箭发射来源加沙地带成为主战场。

还有一个核心问题更需要厘清,即哈马斯与以色列的相互立场和态度。哈马斯至今拒绝承认以色列作为独立和主权国家在本地区生存的合法性,也迟迟不肯在其宪章中删除灭以条款;以方与巴勒斯坦解放组织签署"奥斯陆和平协议"二十一年来,哈马斯也基本持反对态度,并长期坚持暴力抵抗和武装斗争两种传统方式解决巴以争端。

依据哈马斯的逻辑和宣传,以色列乃全民皆兵之国,又非法占领巴方土地,理论上而言"不存在"无辜平民,即使定居者也是变相占领者,且以方一直对巴方平民滥用武力,因此,它有理由不加区别地对待以方军人与平民,包括以自杀爆炸方式袭击以方平民目标。基于上述原因,以方历届政府视哈马斯为恐怖组织,美国和欧盟也支持这一立场。

与哈马斯立场差异巨大的是,构成巴解组织骨干的法塔赫承认以色列作为主权国家存在,愿意恪守和平协议,并在最终地位谈判中解决包括定居点前途在内的所有遗留问题,而且一贯谴责针对平民的暴力和恐怖袭击。这种分歧导致双方不和甚至长期反目,致使巴勒斯坦社会形成巨大分裂和加沙、西岸分治达七年之久。

但是,不接受"奥斯陆和平协议"的哈马斯却乐意利用该协议搭建的权力平台,积极参与过渡自治选举并一度成为执政党,同时又沿用传统的对以思维和立场,引发以方敌视和封锁。困于加沙的哈马斯为避免被边缘化或打破僵局,不断使用火箭发动袭击,进而对以方安全构成实质性甚至颠覆性威胁。视国家安全和国民生命为最高价值并完成从加沙撤军的以色列,从2009年起,数次对加沙哈马斯发动大规模军事打击,每次都给巴方造成严重的人员伤亡。

正是这样的历史背景变化,导致国际舆论针对巴以冲突的态度发生微妙调整。更深层的因素是,巴以冲突长期化、日常化已让外界感官疲劳和神经麻痹;阿拉伯国家各种内部冲突和乱象分散了聚焦点;不断泛滥的国际恐怖主义和滥杀无辜,激起人们对地区冲突的复杂心态和情感。哈马斯发言人近日公开宣称利用"人体盾牌"阻止以色列轰炸武装目标十分有效,此举体现了刻舟求剑式的思维固化,也无助于减少巴方损失和博得国际同情。

巴以和平既然已成为双方主流认知和战略选择,并且得到国际社会普遍背书,无论多大困难都应该坚持下去,即便遭遇挫折也不应重返暴力和冲突模式,因为冲突与战争将遵循另一套游戏规则和逻辑,而巴以军事实力的巨大悬殊决定了巴方只能吃大亏,蒙受灾难性损失。

(原载《北京青年报》2014年7月19日)

30.喋血加沙,你死我活无赢家

8月8日,以色列与哈马斯达成的72小时临时停火到期前几个小时,哈马斯宣称以色列不解除对加沙地带的封锁,将重新开战;三天前将地面部队撤离加沙的以色列也声称,绝不停止对哈马斯武装攻击的报复。随后,哈马斯发射火箭,以色列空袭报复,双方恢复交火。至此,一个月的激烈战事,除给双方造成重大损失外,没有任何道义、军事和政治层面的赢家,也看不到和平前景。

截至 5 日临时停火生效,以军确认 64 名士兵死亡,近 400 人受伤;巴方宣布 1867 人死亡,9567 人受伤。从 2008 年的"铸铅行动",到 2012 年的"防卫之柱",再到这次"护刃行动",以色列相继对加沙发动三次大规模立体攻势,让这个号称"死亡地带"的难民聚居地承受了近现代史上未曾经历的三次重大伤亡。每次加沙之战都震惊世界,但每次不了了之,也无法阻挡死亡游戏的重新开局。这次尤其惨烈,前景也更加充满血色。

当然,这是一场双方都可自称为"胜利者"的战事。

以色列可以宣称已摧毁绝大部分加沙通往外界特别渗入本国的 30 多个地道体系,摧毁数以千计的火箭及相关材料、设备和发射装置,遏制了哈马斯直接威胁本土纵深安全的势头和潜力,确保国民不再承受凌空飞来的火箭袭击,免于哈马斯战力大增而形成的集体恐慌,并向世界宣示不惜一切代价、不怕任何压力确保安全的意志。事实上,此役哈马斯失去近万枚火箭中的三分之二,丧失耗费上亿美元和三年时间精心构筑的地道战网络,短期内很难再对以色列纵深构成重大威胁。

哈马斯也可以宣称它以弱胜强、以小胜大,仅靠自制火箭、冲锋枪和火箭筒就能与中东超级军事强国较量经月,让对方付出死伤数百名士兵的"惨重代价",创造了新的游击战"奇迹",再次打破以军不可战胜的神话,引发国际舆论对以色列的谴责浪潮,自己作为独立力量迫使美国、联合国等介入斡旋,并首次敢于对阿拉伯头号大国埃及说不,对以色列的主动停火说不。事实上,以色列的确损失巨大,因为它从未在与哈马斯这样的非正规武装力量较量中打得如此持久,如此艰难,如此损兵折将。以色列付出的战争直接损耗高达 10 亿美元,旅游损失无法估量,国际民航运营的安全性受到挑战,深远的经济和政治冲击相当严重。

但是,这也是一场不乏"失败者"的博弈。

苦难深重的巴勒斯坦人再次异化为一长串死亡和伤残数字,仅丧生的儿童就超过 360 名,40 万人流离失所,3 万多建筑变成废墟。作为巴方唯一合法代表的巴解组织和自治政府束手无策,在约旦河西岸坐视加沙 180 万同胞在血火中匍匐哀号;热衷干涉阿拉伯国家内部事务的阿拉伯联盟无所作为甚至无动于衷,阿拉伯民族的凝聚力和整体威望跌成负数;指望帮助巴以实现永久和平的美国,也没想到一年多的密集促和努力竟换来空前惨烈的血战,甚至连叫停双方都是那么困难。

　　加沙之战不是一场严格意义上的巴以全面冲突，而是局部较量，因为西岸巴各派和数百万人口并未卷入。即便如此，哈马斯控制的加沙和平前景依旧让人悲观。以色列与哈马斯存在着顽固的根源性和结构性矛盾：前者不想与拒绝承认自己生存权的武装组织耐心交往；后者也不打算放弃建党立派的初衷而屈从占领者。二者还陷入"鸡与蛋"的因果循环：以色列指责哈马斯对其持续敌对和袭击，是和平进程的最大甚至唯一障碍；哈马斯宣称，不归还土地并结束非法占领，则休想得到和平。因此，双方暂时停火，并不意味着刀枪入库，零敲碎打甚至大打出手依然难免；即使达成长期停火协议，也不意味双方很快握手言和，更不意味两个民族能迅速化干戈为玉帛。

　　曾经，巴解组织也不承认以色列，以色列视之为恐怖组织，彼此敌对仇杀二十多年，但是最终相互接纳并结成和平伙伴，推动巴以争端拐入和谈轨道。何时，哈马斯与以色列也能放弃零和思维，以双赢、共赢心态结束遏制与对抗？"土地换和平"早已成为国际共识，得到大国一致支持和阿拉伯国家集体背书，只要坚持终能修成正果。

　　毋庸讳言，哈马斯与以色列之间的仇视几乎成为永久和平的最后壕沟，不跨越无以推动最终地位谈判的实质突破，也无以实现巴以公正和全面和平。这对"透明鱼缸"里的冤家，在世界的围观下已撕咬几十年，还要以牙还牙、以血还血到几时？

（原载《北京青年报》2014 年 8 月 9 日）

31.东耶血案:陌生邻居的不满与愤怒

　　11 月 18 日清晨，东耶路撒冷某犹太教堂发生严重血案，两名巴勒斯坦人用刀枪对正在晨祷的犹太人发动袭击，导致 5 人死亡，7 人受伤，制造了该地区近年罕见的暴力事件。巴以间的流血冲突素来频繁，但是，来自以色列境内的种族袭击不仅鲜有记录，而且往往更能引起震动，触发深思，因为它客观展示了和平进程持续受挫的外溢效应，暴露了以色列阿拉伯族裔的不满和愤怒。

这不是一次普通的暴力恐怖袭击,目标是宗教场所和正在祈祷的平民。熟悉以色列情况的人大都清楚,血案爆发的东耶犹太区,聚集着宗教情结最浓烈的正统犹太人,他们严守教规,装束保守,甚至以专心读经修行为由,拒绝当兵打仗。以媒体称,该区居民约95%的人没有任何服役经历,也可以说与巴勒斯坦人没有直接恩怨,他们在宗教场所遭受恐怖袭击,引发巨大惊恐和震撼。

这次暴力恐怖袭击的特殊性还在于,袭击者并非惯常的来自加沙地带或约旦河西岸,而是境内的巴勒斯坦人。自1948年首次巴勒斯坦战争后,以色列官方将其吞并地区的巴勒斯坦人称为阿拉伯人,包括东耶阿拉伯人。这些巴勒斯坦的原住民,被人为地与加沙、约旦河西岸隔绝,他们多数已接受以色列国籍,享受各种国民待遇,可以组党参政,还基于安全和道义原因被免除兵役。这个群体约有100万人,占以色列总人口的八分之一。

以色列阿拉伯人虽然在政治身份上游离于被占领土的巴勒斯坦人,甚至远离流散世界各地的500多万巴勒斯坦难民队伍,但是,他们同属完整的民族群体,不乏密切的血肉亲情和各种联系,这种关系现状形成特殊的纠结:一方面接受现实参与以色列的建设与发展,并分享各种权利和成果,另一方面,也见证亲友族人遭受流离失所乃至命如草芥的苦难。这种纠结又转化为持续而弥漫的情绪,使巴勒斯坦人在犹太人为主体的现代以色列,变成冷淡而沉默的邻居。

我多次走访以色列的切身体验是,多数犹太人与阿拉伯人貌合神离,双方存在多元文化语境下的和而不同,但从未水乳交融。这种内在的撕裂和明显的族裔隔膜,随着以巴和平进程与暴力冲突的不断反复,像病灶一样维持着以色列社会肌体的低烧与不安,偶尔会被诱发成恶性事件,揭开历史冲突容易被忽视的另一面和深刻性,也说明全面、彻底和公正解决巴勒斯坦问题的必要和迫切。

针对这次暴力袭击,巴勒斯坦主和派领导人阿巴斯予以谴责,强调反对伤害任何平民;巴激进派组织哈马斯则表示支持,称这是对此前一名巴勒斯坦司机被杀而实施的报复;以色列总理内塔尼亚胡对阿巴斯和哈马斯双双给予指责,认为这是他们煽动反以暴力的结果,而且下令摧毁肇事者的住宅,同时警告以色列人不得非法私自对巴勒斯坦人进行报复。以色列政府同时决定扩大允许犹太裔国民"持枪自卫"的许可,以防类似悲剧再次发生。

其实,在一个不断循环的宏大暴力场中,任何极端事件、挑衅行为和报复象征,都会引发族裔冲突和对立,从这个意义上说,巴以间相互提供着暴力对话和铁血交流的基因与土壤,包括哈马斯等激进派别的反以仇以宣传,以色列拖延和平进程、不断扩建非法定居点、在主权未定的东耶核心区放任引发伊斯兰世界愤怒的小动作,以及对国际社会承认巴勒斯坦国的激烈反应。

以色列拥有在中东强大无比的军力,近十五年来也连续对加沙地带发动"铸铅行动""防卫之柱"和"护刃行动"等规模巨大的围剿并造成巴方严重伤亡。但拳头强硬并不能带来自身的结构性安全,来自沉默邻居的最新暴力袭击,更说明依靠压倒性武力维持现状的鸵鸟政策,无法构建和巩固真正的安全。

本月3日,以色列105名退役高级军事、情报和警方官员联名致信内塔尼亚胡,呼吁其主动与巴勒斯坦人和阿拉伯人寻求和平。这批将领说:"我们曾勇敢地为保卫国家而战斗,希冀子女能获得和平,残酷的现实却是我们不得不继续送子女上战场……"他们敦促接纳2002年沙特版本的和平倡议——以建立东耶为首都的巴勒斯坦国换取阿拉伯国家的集体承认,并表示将坚决支持他实现"勇敢者的和平"。同一周,以色列前总统佩雷斯也激愤地表示:"只有阿拉伯的和平倡议是令人感到羞耻的。以色列的和平努力在哪里?"

和平需要双方努力,但和平往往更取决于强者。战与和的筹码始终掌握在以色列手里,问题是,内塔尼亚胡会回应这些来自军方和政界的呼唤而迈出勇敢一步,为以巴、以阿历史冲突作个了结?

（原载《北京青年报》2014年11月22日）

32.绿叶长青,斯人常在

9月28日,以色列前总统佩雷斯寿终正寝,终年93岁。国际社会对他的辞世普遍深表哀悼,对其一生好评如潮,世界80位政要出席其葬礼,足以证明他是一位具有超级影响力的领导人。作为与他有两面之缘的媒体人,我对他漫长职业生涯的概括是:孜孜爱国常青藤,呕心沥血谋和平。

与佩雷斯的两次交往

第一次面见佩雷斯是 2001 年 9 月 26 日。彼时巴勒斯坦与以色列之间的密集冲突已持续一年，双方精疲力尽。佩雷斯作为沙龙政府副总理和外长到加沙国际机场，与其诺贝尔和平奖的分享者阿拉法特磋商停火。

这是"阿克萨起义"爆发以来双方最高级别的碰头，记者云集。我第二批获准进入会谈室拍摄会谈的新闻照片，眼前的阿拉法特双目低垂，情绪低落，佩雷斯仰望屋顶，心不在焉，双方都带着巨大的情绪。"请二位能否握个手？"为了打破冷场或曰营造戏剧性场面，我斗胆朝他们喊了一声。

已三次接受我专访并熟知我身份的阿拉法特明显不快地扫了我一眼，欠身伸出手来，佩雷斯也挪了下身子抬起手。双方手握在一起，但谁也不看谁，更别说微笑，哪怕是礼节性地微笑。这场景直观地折射了他们当时彼此怨愤的内心。

第二次面见佩雷斯是两年前的事。2014 年 4 月 10 日，已任总统七年的佩雷斯访华并应邀到新浪微博与我等在线交流。此时，阿拉法特已撒手人寰近十年，巴以冲突非但没有结束，却经历了 2009 年、2012 年两次局部战争规模的暴力升级。

我事先将十三年前在加沙机场拍摄的几幅新闻照片打印出来，作为礼物当面送给佩雷斯。不知是看到已经作古的阿拉法特，还是看到十多年前风采照人的自己，抑或回忆起那个艰难的时段，佩雷斯眼神光泽大亮，兴头也明显振奋，甚至还点评几句那次会谈的心境……访谈间，91 岁的佩雷斯精神饱满，思维敏锐，且风趣幽默地回答网友诸多问题。我特别欣慰的是，这位一辈子都在与阿拉伯人打交道的以色列政治家依然对和平充满信心和向往，只是毫不犹豫地告诉我，以色列和巴勒斯坦人不可能以"联邦制"形式共处，双方人民都希望和平分家。

甘当"绿叶"的资深政治家

佩雷斯作为具有世界影响力和卓著声誉的政治家，堪称以色列国家的开拓者及和平的缔造者之一。以色列驻华使馆发布的讣告称他为"国父"级领导人。这个评价并不为过。

1923年随父母从波兰移居巴勒斯坦并改为现名的"佩雷斯"(意为"唱歌的鸟儿"),把终身都献给这个年轻的国家,他的成长历程堪称当代以色列的完整缩影。他也是不折不扣的职业国务活动家,没有第二个人像他这样有如此丰富的政府工作经历:早期担任以色列首任总理本·古里安的首席助理,此后相继担任国防部总司长、经济和难民安置部长、新闻部长、内政部长、国防部长、宗教事务部长、外交部长、财政部长、地区合作部长、副总理、总理、工党主席以及总统,职业经历横跨近七十个年头。

但是,佩雷斯多半生涯并非领袖级政治家,在不同时代都被以色列各种巨星般的人物遮蔽光芒,比如本·古里安、夏里特、阿隆、梅厄夫人、拉宾、达扬、贝京、巴拉克、沙龙乃至卡察夫……在以色列这个世界媒体聚焦的小国,他几乎像一片衬托红花的绿叶处于辅助位置,既有资历和能力比较优势不足的原因,也有运气和环境的影响,但是,这不妨碍他把一生都毫无保留地献给国家和民族,不计较名分和地位,不在乎个人荣辱。

佩雷斯仕途一路坎坷,五次竞选总理四次失败,即使在工党内部的地位也并不稳固。但是,以色列由弱到强他功不可没。作为从来没有穿过军装和上过战场的国防部系统高官,他最大的贡献是力主并成功建立国防工业和核打击能力,为以色列国防现代化、工业现代化及战略核威慑奠定具有战略意义的基础。即使荣任象征性的总统职务,他也是因前任卡察夫提前离职而替补,并医资历已无人取代而当选,但他在这个岗位上为国家品牌传播贡献了10年余热。佩雷斯的一生呕心沥血为国民服务的历程,其职业精神在世界政治家行列中屈指可数,也自然形成政坛常青树的美名。

做勇敢的和平开拓者

与拉宾、阿拉法特携手开拓"勇敢者的和平",在1993年达成历史性的"奥斯陆和平协议",竖起巴以和平里程碑,使佩雷斯获得2014年的诺贝尔和平奖。作为拉宾最信任的搭档和外长,佩雷斯在任内还实现了以色列与约旦关系的正常化。他致力于追求地区和平的热情、韧劲和努力,虽然饱受内部政敌非议,却赢得他们由衷的尊敬。

佩雷斯顶住国内巨大压力,甚至不惜被本国的极端分子公开斥为"叛徒""凶手"和"卖国贼",积极为"土地换和平"鼓与呼。他和拉宾做出的让步,遭到哈马斯等激进组织持续不断的自杀爆炸袭击破坏，为此葬送了拉宾的生命和他本人当选总理的机会。尽管如此，佩雷斯坚定地认为，以色列不能背负道义负担而永久占领巴勒斯坦，也不能永久占领叙利亚戈兰高地，他相信只有与阿拉伯世界全面和解才能赢得以色列的长治久安。

佩雷斯致力于中东和平的努力由来已久，在以色列和埃及达成《戴维营协议》后，他设法维护双方的和平。在巴拉克决定结束对黎巴嫩长达18年的占领后，他又坚决地监督从黎南撤军。在巴以过渡自治进程严重受挫，以色列温和力量全面败退后，佩雷斯捐弃前嫌，与鹰派领袖沙龙组建前进党，并促成2005年以色列全面放弃对加沙的占领，用个人的不懈付出践行对和平的追求。

佩雷斯渴望与中东国家铸剑为犁，共谋发展，为此曾写作《新中东》和《新创世纪》等著作，对地区合作与发展提出一整套规划。他曾有言："如果能实现和平，我愿意多活两年等到这一天。"残酷的现实没有如佩雷斯所愿，把中东大战场变成大市场，甚至在他瞑目之时，阿拉伯国家与以色列依然与永久和平相去甚远，甚至阿拉伯舆论依然保持着对他的敌意乃至负评。但是，佩雷斯致力和平的努力有目共睹，他必将作为一位杰出人物而载入中东历史。

（原载《财新周刊》2016年第39期）

33.扩建定居点：以色列死磕安理会

12月27日，以色列外交部宣布，出于对联合国安理会2334号决议的抗议，决定暂停与安理会15个成员中的12国外交工作关系，免于这一报复的除美国外，只有尚未与以色列建交的马来西亚和委内瑞拉。此前两天，以色列外交部还召见10个投出赞成票国家的大使当面抗议，并威胁重新考虑与联合国的关系。以色列发飙对抗安理会并对相关国家实施集体反制，这在当代外交史上几乎是破天荒的事件，体现了以色列在"土地换和平"问题上的固执和强硬，也必然使其在国际舆论中陷入新的孤立。

美国弃权：安理会决议惹恼以色列
本月23日，安理会在美国弃权的情况下，以14票赞成的结果通过第

2334 号决议,谴责以色列扩建定居点行为。该决议称,以色列在 1967 年战争所占领的包括东耶路撒冷在内的巴勒斯坦领土建立定居点,没有任何法律效力,类似行为公然违反国际法,严重阻碍实现"两国方案",阻碍实现公正、持久和全面的中东和平。决议要求以色列立即停止在巴勒斯坦被占领土的一切定居点活动。

据报道,决议通过后,安理会大厅响起长久掌声,这气氛直观地表达了国际社会对以色列扩建定居点的一致态度和立场,是对以色列相关政策强烈不满的情绪宣泄。投票支持这一决议的,除中、俄、英、法四个常任理事国外,还有日本、乌克兰、安哥拉、埃及、乌拉圭、西班牙、塞内加尔、新西兰、马来西亚和委内瑞拉等 10 个非常任理事国。这也是三十六年来安理会首次通过有关以色列定居点的决议。这个决议受到巴勒斯坦和阿拉伯世界的普遍欢迎,被称为奥巴马的中东政治遗产之一。

美国长期在中东问题上袒护以色列,并曾否决数十项不利于以色列的决议草案,这次令人意外地开放了绿灯。虽然奥巴马政府曾于 2011 年否决过类似决议草案,但反对在被占领土建立定居点,是自里根时代以来美国历届政府的基本主张,包括一直冻结国会要求美国驻以色列大使馆迁往耶路撒冷的法案。美国驻联合国大使鲍尔在投出弃权票后强调,美国放行 2334 号决议是基于定居点问题严重恶化并威胁到"两国方案",但对该决议弃权不会削弱美国对以色列安全的坚定支持。

决议通过当天,以色列政府就怒不可遏地抨击其为"可耻",并且首先把矛头指向美国。以色列总理内塔尼亚胡在随后的内阁例会上,抨击奥巴马政府背信弃义,把盟友间的分歧拿到安理会。他指责美国背后操作甚至发起这项决议案,并向其他安理会成员施加压力推动决议出台。以色列驻联合国大使也公开斥责美国是幕后推手,联手其他国家对付以色列,并称这是"美以关系中悲哀的一天,可耻的一页"。他还威胁将披露奥巴马政府操纵此次投票的黑幕,并将相关证据提交给特朗普新政府。

美国一直被视为以色列的最坚定盟友和安全保护者,以色列既然能与其开撕,对其他国家的态度自然更不客气。决议通过当天,以色列宣布召回驻新西兰和塞内加尔大使,取消塞内加尔外长的来访计划和所有对塞援助项目。除本文开始提及的各种报复措施外,以色列还宣布推迟乌克兰总理原定本周的访以安排,而且强硬地表示,绝不遵守 2334 号决议外,而且要削减对五个联合国机构提供的资金,并重新考虑与联合国的关系。28 日,不依不饶的以色列又抨击英国发挥了很坏的带头作用,称埃及受到以色列压力而撤销提案,英国与巴勒斯坦代表勾兑后鼓动新西兰提交了草案。

定居点:恶化巴以冲突的关键障碍

作为对抗安理会 2334 号决议的另一个举动,以色列政府可能批准新的定居点扩建计划,在东耶路撒冷建设 5600 套定居点住宅。这表明以色列在既定政策道路上一意孤行,与国际社会集体意愿相背离。定居点问题很有可能再次升温,使被边缘化的巴以冲突重新成为焦点。

1967 年 6 月 5 日,以色列发动突然袭击,在迅速摧毁埃及、约旦和叙利亚三国空军并掌握制空权后,又三面出兵,分别占领埃及西奈半岛、叙利亚戈兰高地、埃及控制的加沙地带、约旦控制下的东耶路撒冷和约旦河西岸地区,史称"六五战争"。此后,为了强化对占领区的控制,以色列鼓励犹太人在上述地区建立定居点,并提供优惠政策和武装保卫,定居点问题由此产生。

根据国际法,占领当局不能改变被占领土的地理、人口等自然状况,以色列定居点的非法性得到包括美国在内的国际社会的一致认定。老布什执政期间,为了惩罚以色列扩建定居点,一度冻结对其 100 亿美元贷款的担保。以色列单方面宣布耶路撒冷为"统一和不可分割的首都"这一立场,也被世界绝大多数国家所拒绝,迄今只有三个拉美小国承认并将驻以使馆设在耶路撒冷。

定居点是以色列"土地换和平"的谈判筹码之一。1979 年以色列与埃及签署和平协议后,不仅分阶段撤离西奈半岛,而且全部拆除定居点,并动用军队强行将定居者撤回。虽然戈兰高地有 1000 多平方公里依然处于以色列占领之下,但以色列多次表示对戈兰高地的主权不持异议,只待与叙利亚关系正常化后交还被占领土,那里的定居点也自然不复保留。

巴勒斯坦被占领土的定居点始终是障碍巴以实现和平的绊脚石之一。自 1967 年战争以来,以色列在加沙地点、东耶路撒冷和约旦河西岸先后建立 200 多个规模不等的定居点,不仅对东耶路撒冷推行事实上的犹太化,挤压巴勒斯坦原住民的生存空间,还通过定居点将加沙地带和约旦河西岸的水源、交通要道、制高点和边境地区严加控制。定居点也常常成为引发双方暴力冲突的导火索,毒化了相互信任和舆论环境。

巴以 1993 年达成"奥斯陆和平协议",商定巴勒斯坦人在加沙和约旦河西岸人口密集城市经过五年过渡自治后,双方就定居点前途、耶路撒冷归属、难民权利、边界和水资源划分等问题进行最终地位谈判。由于双方核心争端差距太大,内部强硬势力渐成主流,巴以不仅未能如期完成最终地位谈判达成永久和平协议,反而陷入多轮流血冲突,和平希望日渐渺茫。在这种大背景下,以色列持续扩建定居点,巴方指责其试图以"造成既成事实"蚕食和并吞被占领土。据统计,目前东耶路撒冷的以色列人已达到 20 万,约旦河西岸的定居者多达 43 万人,部分定居点已与东耶路撒冷连成一体,使未来定居点和耶路撒冷归属的解决更加困难重重。

以色列驻华使馆发言人裴俐 27 日向中国媒体人和学者散发声明称:"以色列一直并将继续谋求同邻国的和平相处与稳定,致力于在不设任何前提条件下通过以巴双边直接对话实现'两国方案'。以色列的一贯立场是,外部势力强加的和平协议不是真正的和平协议。"声明再次谴责联合国对以色列采取偏见和区别对待立场,但强调将继续加强以中友好交流。问题在于,半个多世纪前以色列重新立国本身就是联合国决议的产物,在定居点问题上抵制安理会决议,全面与国际社会对抗,很明智吗?

(原载《华夏时报》2016 年 12 月 31 日)

34.以色列国家形象的现实困境

2 月 3 日晚,中国新闻代表团一行 11 人在以色列海法与媒体研究专家艾黎·艾弗拉伊姆进行有关以色列媒体形象的当面交流,由于部分团员针对东道主涉以媒体报道成因分析提出坦率的不同看法,竟然使这位专家事后潸然泪下。近一周学术交流以如此尴尬的戏剧性花絮收尾,不仅让我们略感惊讶和尴尬,也切实体会到巴以冲突大背景下以色列国家形象面对的舆论困境和知识分子苦闷。

艾黎是海法大学教授,原籍摩洛哥,为人谦和、温婉甚至有些腼腆,也是我们此行所接触对象中最低调的一位。他以"框架理论"为基础,系统总结和分析欧美媒体针对以色列和巴勒斯坦这对矛盾体的报道,抨击西方媒体特别是欧洲媒体对以色列的种种不公,认为欧洲精英对以色列充满偏见甚至"反犹主义"意识形态。

此行11位中国媒体人来自各地电视台、电台、报纸和网站,除笔者外均为首次访问以色列,但都有着丰富的媒体经历和独立思考意识。面对艾黎不厌其多的案例分享和词句挑剔,一位团员指出,也许从欧洲人的视角看,以色列既维持着对巴勒斯坦的长期占领,又是武装到牙齿的超级军事大国,作为弱者方的巴勒斯坦人迟迟不能获得独立和自由,即使获得更多同情也是人之常情。

笔者针对艾黎的案例分析商榷提出,如果说欧洲媒体基于基督教社会根深蒂固的反犹和排犹文化传统,对巴以冲突的倾向性报道无法让以色列感到中立、客观和平衡,他所点名的美联社"亲巴"报道,难以从逻辑和事实上印证上述指控,因为美国不仅长期支持和呵护以色列,而且美国犹太人对其媒体的影响力之深世人共知。由此不难判断,艾黎在抨击欧美媒体设置偏见明显的报道框架时,自己是否也落入选择性价值分析和判断。事实上,阿拉伯和伊斯兰世界也长期指责西方舆论同情、偏袒以色列进而对巴勒斯坦人和阿拉伯人构成不公,谁对谁错,恐怕是个很难一概而论的问题。

作为极度推崇言论自由的民主国家,以色列的媒体报道也非集体一律和众口一词,呈现了较为丰富的多样性。即使对巴以冲突这个核心而持久的议题,以色列舆论一直不乏抨击政府占领政策的声音,不乏对巴勒斯坦人苦难的同情,也不乏对其领导人缺乏结束中东冲突大智大勇战略眼光和胸怀的尖锐抨击。只是近二十年来,巴以冲突再次加剧且地缘格局快速变化,以色列温和力量逐步退潮而右翼力量呈现压倒性态势,过去的左右相对平衡的媒体格局才明显变化。

从1月29日踏入国境,热情、好客、周到的以色列东道主就为代表团安排了认知这个风暴眼国家的密集活动,从参观马萨达反抗罗马暴政起义遗址到二战大屠杀纪念馆,从参观犹太圣殿遗址到聆听犹太民族前世今生,从分享中东乱局、恐怖主义形势到细数犹太复国主义理念,从感受不同媒体业态、集体农庄、科技创新到拜访中国承建地铁项目组和春节庆祝晚会,短短几天,将一个浓缩古今的以色列呈现给这些初来乍到的客人,以至于代表团陷入"填鸭式"的身心疲惫。

很显然,东道主怀着对中国人民的真诚好感与友谊,迫切希望客人们理解犹太民族与这片古老土地的历史联系,以及以色列当代地区政策的来龙去脉,以期获得中国舆论的充分理解。他们也非常自豪地告诉我们,每两个犹太人都会产生五种不同想法,即犹太文化非常推崇求异和与众不同,这种传统既是生生不灭的民族文化基因,也是推动以色列成为创新大国的内在动力。

然而,艾黎授课"受伤"的回馈很遗憾地表明,求异知易行难,尤其是涉及民族情感、生存安全和国家形象时,再正常不过的讨论和互动,都能构成无心之伤和意外冒犯。虽然这只是此行整体愉快交流中的一次"茶勺风波",但它直观而清晰地展示了以色列强大外表遮蔽下的某种柔软与脆弱。

屁股决定脑袋,视角影响立场。以色列在不遗余力地维护既得利益和优化国家形象,而包括中国媒体在内的世界舆论则希望公正、全面和持久地解决巴以冲突,这种交锋与碰撞必然伴随着这个世界难题而延续,谁也无法真正说服对方,谁也难以事事占理,唯一可做的恐怕是加强交流增加共识,但最终的皆大欢喜,只能期待巴以铸剑为犁,化干戈为玉帛。

（原载《北京青年报》2017 年 2 月 4 日）

第二章

伊拉克战争及其后遗症

　　2003 年春天，美国几乎不费吹灰之力地攻占伊拉克，颠覆统治伊拉克几十年的复兴社会党政权，而且把萨达姆送上绞刑架。这场靠编制谎言发动的非法战争把伊拉克推进劫难的深渊，三大部族貌合神离，恐怖袭击经年累月，获得了民主、自由的伊拉克人民开始了朝夕与死亡相伴的漫长岁月，"基地"组织不仅在伊拉克落户扎根，而且派生出更残暴的"伊斯兰国"武装，近三分之一的国土被割据，成为恐怖王国的组成部分。美国也为这场"中东越战"付出惨重代价……

1.伊拉克复兴党兴亡启示录

7月17日,是伊拉克阿拉伯复兴社会党执政三十五周年纪念日。在过去的岁月里,每逢7月17日,伊拉克都要举行各种各样的庆祝和纪念活动,以彰显该党及其领导人萨达姆的"丰功伟绩"。然而,今年的7月17日,被美国强制解散的伊拉克复兴党的成员只能在10多万美英联军的占领下追忆昔日的辉煌,咀嚼今天的亡党之痛。

一场伊拉克战争不但迅速推翻了统治伊拉克二十四年的萨达姆政权,也在一夜间结束复兴党长达三十五年的执政历史,留下许多思考和警示。客观地说,复兴党是伊拉克和阿拉伯世界特定历史条件下的产物,曾经为伊拉克的民族团结、国家富强和人民安居乐业做出过卓越贡献,但也犯下种种严重错误,给国家和人民带来连环悲剧,最终导致政权的垮台。

复兴党艰难起家

阿拉伯复兴社会党公认的创始人分别是叙利亚人密歇尔·阿弗拉克和萨拉赫·丁·比塔尔,其中尤以阿弗拉克为主要代表人物。阿弗拉克1910年出生在大马士革一个信奉希腊东正教的阿拉伯人家庭,父亲是粮食经销商,家境宽裕。阿弗拉克后来被父母送到巴黎留学,并在那里接受了社会主义思潮的熏陶而成为社会主义者。但在返回叙利亚并执教于一所中学后,立足于阿拉伯现状的阿弗拉克转而反对共产主义,开始探索融合阿拉伯民族主义和社会主义的新型意识形态——阿拉伯复兴社会主义,力图在叙利亚乃至整个阿拉伯世界推行既非资本主义又非共产主义的第三条解放与复兴道路。

20世纪40年代初,阿弗拉克在叙利亚首先创建了复兴党,提出"统一、自由和社会主义"三大口号,核心宗旨是要通过革命手段,实现阿拉伯社会的民族独立与自由,实现阿拉伯民族的统一并再现辉煌历史,实现缩小贫富差距、阶级和阶层差别以及社会平等与公正。复兴党的上述主张在某种程度上迎合了当时阿拉伯社会渴望实现民族独立、统一与复兴,以及缩小贫富差距的普遍思潮,在叙利亚、黎巴嫩、伊拉克、苏丹乃至突尼斯取得了程度不同的成功。叙利亚获得正式独立后,复兴党转入公开活动。

1963 年,伊拉克军队中的复兴党人发动政变夺取政权,使复兴党和阿弗拉克的声望达到顶峰。但是,建立在叙利亚和伊拉克双方党派之上的复兴党民族指挥部却被两国持续不断的军事政变搞得四分五裂。两国复兴党在处理内政外交和意识形态方面出现分歧,互相指责对方背叛复兴党理想,甚至发展到战争一触即发的地步。两国复兴党人很快分道扬镳,并各自坚持自己是真正的复兴社会主义代表。

特定历史条件下创造辉煌业绩

伊拉克虽然在 1921 年就实现了独立并建立君主统治,但在整个 20 世纪前半期,受奥斯曼帝国数百年统治和两次世界大战的影响,以及新老西方帝国主义的插手,自然条件优越、文明历史悠久却国力衰弱,社会缺乏凝聚力和向心力,权力更迭频繁。从 1922 年到 1932 年,10 年间伊拉克更换过 14 位首相,从 1936 年到 1963 年,军人干政和政变多达 10 次。

1963 年 2 月 8 日,伊拉克复兴党人推翻了卡塞姆领导的政权,贝克尔成为新总理。但是,仅仅九个月后,复兴党政权又被阿里夫等政变军人拉下马。在贝克尔和萨达姆等人的精心策划下,复兴党人于 1968 年 7 月 17 日再次举事,成功扳倒阿里夫政权。复兴党第二次执政后,伊拉克再也没有发生成气候的军事政变,这个多灾多难的国家告别了政局动荡和人心浮动的历史。这应该说是复兴党造福于国家和民族的头等功绩。为了避免重蹈军人干政的覆辙,复兴党展开大规模的"军队复兴党化"运动,由贝克尔和萨达姆相继身兼党政军一把手职务,在军队中建立复兴党各级组织,不断加强党的理论灌输,使军人自觉服从党的指挥和调度,确保军队由执政党绝对控制这一原则的落实。为了巩固对军队的控制,复兴党还建立了各种相互制约的情报部门对军队进行监控。

在掌握军队、控制国家所有权力的基础上，复兴党按照该党的理论和方针，领导伊拉克走上强国富民的道路。这期间，复兴党根据社会主义原则对国内经济体制进行了改造，降低私人拥有土地数额，并于 1972 年实行石油国有化，使国民经济有了长足发展，人民生活得到明显改善。

1979 年萨达姆上台后，基本保持了贝克尔时期制定的治国思路和方略，但显示了更大的魄力和开拓精神。他在巩固政权的同时，提出建设"一个强大的伊拉克"，在发展经济、改善民生方面花了很大力气，如取消低薪阶层的所得税，积极发展石油经济，全面扫盲，加强国防，整肃吏治，使伊拉克国力达到鼎盛。到 20 世纪 80 年代初期，伊拉克已成为中东地区唯一一个经济和军事实力均属一流的国家，综合国力无可匹敌。

在国际关系中，萨达姆的复兴党政权一直奉行不结盟政策，旗帜鲜明地反对霸权主义和西方强权政治，支持阿拉伯国家收复被占领土的各种斗争，并通过石油资源和石油收入扩大在国际舞台上的影响。

这些成绩的取得，也加强了复兴党在伊民众中的威信和地位。伊拉克战争爆发前，复兴党成员已经发展到 100 多万人，约占全国总人口的 5%。

个人野心和腐败专制毁掉复兴党

长期以来，萨达姆追求不合时宜的阿拉伯统一，试图通过地区扩张和战争在阿拉伯世界充当领袖。萨达姆本人多次鼓吹"伊拉克文明优越"论，认定伊拉克负有使阿拉伯世界兴旺发达的历史责任，把伊拉克视为阿拉伯统一革命的基地和实现文明复兴的样板。他本人也以"阿拉伯民族之子"自居，毫不掩饰地表现出担当阿拉伯世界领袖的强烈欲望。

在这一野心的驱使下，他于 1980 年发动了与宿敌伊朗之间的战争，试图在征服伊朗这个强大对手后一统阿拉伯世界。然而，经过八年血战，伊拉克不但蒙受了几十万人的伤亡，而且耗费数千亿美元开支，不但原有的 300 多亿美元外汇储备化为乌有，还欠下上千亿美元的外债，导致整个国家军事力量空前膨胀而经济发展严重受挫。1990 年，萨达姆为了转移内部矛盾并试图通过控制海湾石油来左右阿拉伯世界，悍然出兵占领和吞并科威特。这一鲁莽而荒谬的举动使伊拉克陷入严重孤立状态，为复兴党的政治生命敲响了丧钟。海湾战争使伊拉克的军事和经济目标遭到毁灭性打击，伊拉克实力一落千丈。北方的库尔德少数民族和南部的什叶派穆斯林乘机揭竿而起。战后的十余年经济制裁，使萨达姆政权日益羸弱，经济濒临崩溃，民怨沸腾，境外反对派活动日益活跃，严重动摇了复兴党的执政基础。

其次，独裁统治和铁血手段使伊拉克人离心离德。在维持统治的过程中，复兴党利用国家机器，对反对派和异己分子进行长期的毫不留情的镇压，秘密警察和特务遍布全国各个角落，被处决的高级官员达到数十人，无辜百姓动辄被投入监狱甚至杀掉的事更是数不胜数，人民陷入一片白色恐怖之中。

第三，萨达姆大搞家族统治，官员腐败丛生。伊拉克重要的国家权力几乎都被掌握在萨达姆父子三人、亲戚、老乡和部分铁杆支持者的手中，政治专制而腐败，贪官污吏横行。萨达姆本人不但大搞个人迷信和崇拜，而且搜刮民脂民膏大建豪华宫殿，生活奢华无比。其他高官及其子女也鸡犬升天，飞扬跋扈。由于缺乏舆论和其他党派的监督和掣肘，复兴党在溃败的泥潭中越陷越深。

第四，党内特权泛滥，使复兴党人成为社会贵族阶层，严重脱离普通民众。过去二十多年，复兴党员因忠实追随和拥护萨达姆而普遍得到提拔和重用，与萨达姆结成一荣俱荣、一损俱损的共生关系。据报道，每逢全国性节假日，分布在每个居民区的复兴党支部领导成员都能领到五万伊拉克第纳尔的补贴。以此为基准，党内职务越高，得到的补贴也越多。复兴党员的子女高中毕业后，平均每人可以在高校入学考试中享受到五分的照顾。萨达姆还把复兴党员分成多种档次，并根据他个人的意旨授予不同的特权，或者颁发奖品、礼物。此外，复兴党员比普通伊拉克人更容易得到升迁，部分特殊的机关、学院、学校甚至高级超市只对复兴党成员开放。对于那些获得国家嘉奖或在对外战争中表现勇敢的复兴党成员，国家拨给住宅用地并配备私人不能购买的进口车辆。复兴党员甚至在国家工程项目的招标和投标活动中都能享受优先于别人的特权。

综上所述，萨达姆领导下的复兴党已逐渐堕落成为一个搞特权、搞腐败的特殊社会阶层，完全背离了"各尽所能、按劳分配"的社会主义原则，也背离了复兴党"牺牲在前、享受在后"的最初口号，因此，引起了伊拉克民众的普遍不满，使萨达姆政权成为一个外强中干的空壳。

伊拉克战争后,伊拉克反对派和民众发起了大规模的"去复兴党化"运动,美国占领当局也正式宣布解散复兴党,并永远禁止该党高级官员进入未来的政治生活。虽然部分复兴党成员正在暗中串联,试图通过武装斗争和地下宣传等方式找回失去的世界,但萨达姆政权和复兴党大势已去,东山再起可能性极小。

(原载《半月谈内部版》2003 年第 8 期)

2.当"审萨"成为政治秀

11 月 28 日,倒台的伊拉克领导人萨达姆将再次被送上法庭,继续就"杜杰勒村屠杀案"接受公诉方指控和法官的问讯。一场政治秀又开始了。

一个月前,特别法庭初次开庭,原本进行电视直播的庭审最后变成了录像剪辑,被当局处理过的实况片断零星披露了法庭的戏剧性场面:萨达姆反客为主,非但拒绝回答法官的问话,反而理直气壮地质问法庭和法官有何资格审判一个民选总统?

特别法庭成为萨达姆进行政治秀的讲台。这一点,美国和伊拉克政府显然事先想到了,只是低估了萨达姆的能耐,初审只能在尴尬中草草收场。

萨达姆虽然打仗无能,口才绝对超一流,足以"骂死王朗"。萨达姆被送上法庭,无非这么几个结局:无罪释放,终身监禁,遭到处决,突然夭折或寿终正寝。萨达姆能否逃生,关键在于他能否像前南斯拉夫领导人米洛舍维奇那样,变法庭为讲堂,变被告为原告,变被动为主动,更重要的是美国是否打算从肉体上消灭他。

审判萨达姆对于美国来说也是一场政治秀。其实,在追捕过程中消灭萨达姆是再简单不过的事,但是,美国当权者不想让他就这么简单地退出历史舞台,而是要把他作为反面教材"教育"伊拉克人,"教育"美国人,甚至"教育"全世界爱好和平的人:虽然没有找到发动伊拉克战争的两个证据——研发大规模杀伤性武器、勾结国际恐怖组织谋害美国,但是,美国的确替伊拉克人铲除了暴君,为海湾和中东地区拔掉了一个动乱的祸根。审判萨达姆的过程,就是一个举证的过程,是控诉的过程,是"忆苦思甜"的过程,也是证明美国发动战争"有理"的过程。

　　审判萨达姆对伊拉克政府而言同样是一场政治秀。先天合法性的不足,"海归"身份民意基础的缺乏,使伊拉克政府无法摆脱"阿斗"的软弱和美国垂帘听政的指责。为了加强自己的合法性,获得更多伊拉克人的支持和拥护,审判萨达姆就成为不可或缺的宣传环节和步骤。只要通过大量事实证明萨达姆"庆父不死,鲁难未已",只要让伊拉克人深刻地认识到不能重返萨达姆时代,新政府就容易被认可和被接受。

　　萨达姆的生死问题,也是一个作秀的卖点。伊拉克总统塔拉巴尼是萨达姆的宿敌,对其深恶痛绝,公开表示萨达姆死有余辜。但是,这名新当选的少数民族总统又反复表示,他个人反对处决萨达姆,甚至威胁说,如果法庭宣布处死萨达姆,他将辞去总统职务。

　　有人对塔拉巴尼的表态深为不解。其实,道理很简单,塔拉巴尼在以实际行动布道宣教:他已经超越了与萨达姆的个人恩怨,也一笔勾销了萨达姆欠库尔德人的大笔血债,他考虑的是各民族、宗派的和解,考虑的是向世界展示一个民主的、宽容的新伊拉克。

　　有了这么多政治秀的成分,萨达姆的世纪审判能不热闹吗?

　　　　　　　　　　　　　　　（原载《深圳晚报》2005 年 11 月 28 日）

3.萨达姆何以重罪逃过轻罪不饶

　　萨达姆已经命赴黄泉,但是,他留下的疑问还有一大串,仅案件本身就颇多争议,褒贬不一。最出人意料的是:伊拉克法庭避重就轻、舍大取小,以常人所不熟悉的"杜贾尔村血案"为萨达姆定罪,直接把他送上绞刑架。其结果是:主观上,攻其一点,不计其余;客观上,数罪并罚,一死百了。

　　萨达姆案无疑会成为国际法、国内法学界理论与实践的经典案例,因为,它巧妙地区分了萨达姆作个人行为和职务行为之间的责任,回避了特定条件下个人或群体利益与国家和民族利益相抵触而引发的悖论,摆脱了很多不可控因素的掣肘,也关照了眼前和未来的国家利益。

　　萨达姆被捕后,身负一大筐罪名,如战争罪、种族灭绝罪、反人类罪、使用化学武器罪、虐待和杀害战俘罪以及包庇、纵容恐怖主义行为等等,包括打伊朗、灭科威特、袭以色列、杀政治和宗教领袖和镇压少数民族。伊国内各种政治、教派、宗族力量和民间受害者要起诉他,美国、伊朗、以色列和科威特及部分人权组织也想对他问罪。

前文"避重就轻""舍大取小"之说,都是相对而言。杜贾尔村因卷入针对萨达姆的未遂刺杀案,至少 143 名村民付出生命代价。而这 143 人还是法庭认定的结果。据该村负责人称,先后因此案丧命者多达 225 人,失踪者约 200 人。

按照萨达姆签署的《伊拉克刑法修正案》,成为囚犯的萨达姆必然要为此付出代价。依据中东延续千年的文化传统和社会法则,以牙还牙,以血还血,失去自我保护能力和机制的萨达姆自然无法逃脱杀人偿命的命运。但是,把"杜贾尔村血案"与上述各个案卷放在一起,分量远远不足。显然,不追究其他重案并非"葫芦僧错判葫芦案",而是有所为有所不为,有所能有所不能。

萨达姆发动两伊战争,八年间仅伊朗就死亡 35 万人,伤 70 万人,经济损失数千亿美元,经济发展倒退若干年。萨达姆曾多次下令使用化学武器瓦解伊朗军队攻势或防线,伊朗军队伤亡惨重,整建制失去战斗力。如果审理萨达姆发动两伊战争的罪行,势必拔出萝卜带起泥:系统追究这场战争的责任和赔偿问题,伊拉克要付出巨大代价,当年公开和背后支持伊拉克的美国、欧洲和阿拉伯国家势必陪绑。因此,萨达姆此案伊朗想审也审不了,美国和伊拉克可审却不能审。

萨达姆发动入侵并占领科威特的战争,使这个国家一度覆灭。亡国之恨没齿难忘,但是,科威特并没有高调强调自己的权利,而是满足于推翻萨达姆并乐见其走上断头台。何也?伊科历史关系微妙复杂,至今相当多的伊拉克人仍然认为科威特历史上是伊拉克的一部分,而媒体报道更爆料说,萨达姆当年敢于贸然吞并科威特,是获得了美国官方的暗示和默许的。追究此案,势必翻出美伊间的许多秘密。所以,萨达姆此案科威特想追究却不便深追究,大事化小自为上策。

萨达姆在海湾战争期间曾下令向以色列发射几十枚"飞毛腿"导弹,并一直鼓动和资助针对以色列的武装斗争和暴力袭击。对于这些阿以历史冲突大背景下的行为,如果追究萨达姆,伊拉克现政府究竟姓阿还是姓以?其他阿拉伯国家政府又如何自处？是故，此案万万不可审。

　　萨达姆曾多次对北方库尔德人残酷镇压，受害人数据称多达 50 万人。最为臭名昭著的是 1988 年用化学武器屠杀哈莱卜杰镇 5000 多名库尔德人。当时的情况是，伊朗军队已经攻入伊拉克本土，库尔德武装北方起事呼应夹击萨达姆政权，战局岌岌可危，迫使萨达姆以残酷屠杀平息后院之乱。库尔德分离主义一直困扰着两伊和土耳其，威胁三个国家、民族、领土和主权的完整和统一。萨达姆对库尔德人施暴是事实，但是，事出有因，利益攸关。对于此案，已经成为萨达姆倒台最大赢家并把持总统职位的库尔德人不好追究，土耳其、伊朗等也不见得为了清算萨达姆而助长库尔德分离主义。

　　由此可见，萨达姆一罪定生死，玄机甚多。不妨以一首打油诗概括之：是非无绝对，功罪有评说；只为利益在，各把算盘拨。

（原载《北京青年报》2007 年 1 月 10 日）

4.萨达姆时代彻底终结的思考

　　新年前的最后一天，被伊拉克当局施以绞刑的萨达姆被送回家乡提克里特，与两年前双双战死的儿子合葬一处，至此，这个提克里特的骄子又回到生命的原点，归于沙土。

　　萨达姆肉体的被掩埋，意味着萨达姆时代的彻底终结，今后不再会有关于他命运所终的突发新闻和各种猜测。对于伊拉克境内的反美武装、反政府力量而言，原本被少数人当作追捧符号的萨达姆就更加缺乏实际意义，因为他法庭上的慷慨陈词无法掩盖军队的不战而溃的失败和他自己的束手就擒。

　　但是，萨达姆时代彻底终结留给人们的思考不会随覆盖其肉身的沙尘转瞬散去。萨达姆的功与过、荣与辱、罪与罚如何掂量不可能匆忙盖棺定论，围绕其命运而发生的是与非、理与力、善与恶如何评判也只能简单梳理。

　　人们不能想象，没有萨达姆的伊拉克会是什么样？

　　近百年伊拉克现代史，其中近半程积贫积弱，先是在土耳其奥斯曼帝国的统治下奄奄一息，《一千零一夜》时代万国来朝的辉煌早已了无踪影。接着，在西方新列强的争夺下，独立的伊拉克又如飘浮的风筝，命运之线攥在别人手里。及至民族觉醒运动萌发，复兴社会主义思潮澎湃，伊拉克又陷入政权更迭频繁、派别残酷仇杀的血雨腥风之中。

那是个需要强人和呼唤强人的时代。这个强人就是来自提克里特的萨达姆。

虽然萨达姆和他的复兴党也是靠政变上台，但是，伊拉克的历史的确被彻底地改写了：从1968年以后，伊拉克再也没有发生过一次流血政变，政局基本稳定；伊拉克对石油工业进行了国有化，并用源源不断的石油美元建立起一个富裕而强大的新伊拉克；到两伊战争爆发时，伊拉克在军事、经济、贸易和教育等领域跻身中东一流国家之列，它的国际地位一度取代埃及，成为中东的外交大舞台。这些成就圆了萨达姆复兴伊拉克辉煌古代史的个人梦想，他成为那个时代的汉谟拉比和萨拉丁。这一切源自萨达姆高度集权的统治、控制和对异己的清洗和剪灭，包括直接造成他今天被处以绞刑的杜贾尔村屠杀事件，只不过是诸多血案中的一件。当然，那是一个没有人可以和他清算的时代。

人们也不能想象没有萨达姆的中东会是什么样？萨达姆仇视以色列，但是，由于以色列自身的强大和双方地缘关系的隔绝，没有萨达姆的中东，阿以冲突不会发生根本性的变化。但是，如果没有萨达姆，伊朗的伊斯兰革命之火从德黑兰烧到哪里，这谁都不敢倒推。虽然两伊战争的爆发，罪责都被推给了萨达姆，但是，这场战争的原罪不能由萨达姆和伊拉克承担。八年战争期间，国土和人口都无法与伊朗抗衡的伊拉克能坚持下来，不是因为萨达姆的军事才干和政治智慧，而是他站在了"霍梅尼主义"的对立面，他的身后又站着反对宗教极端主义扩张的世界多数国家。否则，大家就无法理解本·拉登为何仇视萨达姆，美国也终究没有找到他们有染的任何证据。

八年战争之后，伊拉克已经百孔千疮，萨达姆没有及时利用自己通过遏制"霍梅尼主义"而建立的国际威望和政治联盟解决战争造成的诸多国内问题，却荒唐地挥戈南下，占领为伊拉克出钱出力的科威特，进而威慑沙特等其他海湾国家，威胁到世界油库的安全，动了多数西方国家的敏感神经。这一次，萨达姆转身站在了多数国家的对立面，包括多数阿拉伯和伊斯兰国家，自己选择了另一场战争，而且是错误而极端孤立的不义之战。

两场战争以及随后而来的十多年国际封锁和制裁把一个中东头号强国

彻底地毁灭了,而真正毁灭萨达姆的,是民心的丧失。萨达姆号称拥有百分之百的国民拥护,但是什叶派宗教领袖西斯塔尼一声"不抵抗"就让他的百万军队顷刻土崩瓦解;萨达姆虽然曾为国父,但是,境内的反美反政府武装没有几支扛起他的旗帜;世界不少反对处死萨达姆的声音,但那也仅仅是出于反对死刑的新理念。这才是萨达姆真正的悲剧。

　　萨达姆走了,作为一个亡故之人,我们不应该再说什么;作为一个政治家,却无法不让人议论。而系统反思萨达姆悲剧性的一生,远比探讨美国发动伊拉克战争是否合法更有意义,因为无论是否合情合理,它已经发生了。而美国敢做到这一步,也是基于对萨达姆内外交困、孤立无援现实处境的清楚了解和分析。

　　"呜呼! 灭六国者,六国也,非秦也。"此话用来概括萨达姆的命运,或许有些偏颇,但是,谁说不在理呢?

（原载《北京青年报》2007 年 1 月 4 日）

5.伊拉克内战的阴影有多重?

　　12 日晚打开半岛电视台的网站,一条血腥的消息进入视线:巴格达某自由市场发生炸弹爆炸,造成至少 66 人死亡,这是自本月 5 日造成 200 多人死难自杀爆炸袭击后的又一起有预谋的屠杀,也是伊拉克战争爆发以来针对无辜平民的一系列暴行之一。

　　谓其有预谋,因为爆炸制造者在故意制造这样的屠杀;谓其暴行,因为袭击者杀戮的对象是手无寸铁且不能左右国家命运的平民百姓。在这些任人宰杀的无辜者面前,人们看到的是,伊拉克境内冠以"抵抗"美名的暴力袭击已经在丧失道义与良知的邪路上渐行渐远,伊拉克宗派之间相互报复、酝酿内战的阴云和滚雷越来越近。

　　三年半以来,伊拉克见证了当地和外来武装针对美国军队和政府军的袭击,更见证了针对各国平民的绑架、斩首,以及炸毁清真寺和基督教堂、滥杀无辜的行为。如果说,前者还具有某种国际法层面的合理性和合法性可言,后者则是不折不扣的恐怖主义行为,尽管它们共同的目的只有一个:制造乱局,赶走美军,颠覆新政府,再次改写伊拉克被改写的历史。且不论动机是否高尚、诉求是否正义,这种以故意牺牲平民为手段的行为方式无论如何是必须遭到谴责的。这种行为已经突破一切文明和宗教价值观的底线,把饱受苦难的伊拉克人民投入可怕和恐怖的血泊之中,继续撕裂、拉大各个宗派之间原本弥合困难的伤口。

各种证据表明,发动这些针对平民冷血杀戮的袭击者并非来自伊拉克本土的抵抗力量,而是"基地"组织的渗透者,他们并不是要为伊拉克人讨回公道,也没有兴趣恢复萨达姆时代的复兴社会党世俗统治,而是要按照本·拉登的意识形态建立政教合一的宗教理想国。在无力驱逐外来占领力量的情况下,举刀屠戮平民、挑动宗派冲突进而诱发全面内战,早已经成为这些势力的既定策略。

这场阴谋登场之初,局势尚可控制。美伊战争的最大赢家什叶派一直保持清醒的头脑,努力克制着不陷入这个危险的圈套。但是,随着什叶派逐步掌握政权和这种定向杀戮行为的反复循环,占主导地位的什叶派力量已经显现寻仇报复的苗头,这使得国际舆论惊呼:伊拉克正在滑向全面内战的深渊。

伊拉克爆发内战对谁有利? 可以预料,爆发内战将是一个多输的局面,也很有可能诱发地区国家卷入这场内战进而扩大为地区战争。这场地区战争无疑将是海湾地区什叶派和逊尼派的对决,甚至有可能引发阿拉伯人与库尔德人的殊死较量。

伊拉克历史上一直由占本国人口少数的逊尼派阿拉伯人统治,伊拉克也由此成为屏障来自以什叶派为主的伊朗波斯民族威胁的阿拉伯东大门。伊拉克战争颠覆了这种少数人统治多数人的不平等权力结构,形成了相对合理的权力再分配,同时,也引起逊尼派人口占多数的周边阿拉伯国家的不安和忧虑:它们正面临着前所未有的什叶派跨国联盟的崛起,面临着伊朗影响力的渗透和增强,面临着伊斯兰世界力量格局的重新洗牌。

如果内战仅限于伊拉克什叶派、逊尼派和库尔德三个宗派之间,吃亏的无疑是只占人口20%的逊尼派,如果外部力量不干预,阿拉伯国家普遍担心势单力薄的逊尼派将遭到可怕的清洗。正因为如此,伊拉克的东邻沙特阿拉伯强烈反对美国在现阶段撤军留下治安真空,并且公开警告将出钱、出枪支援陷入内战的伊拉克逊尼派。

　　所幸的是,国际各方对此都十分警觉,伊拉克什叶派和库尔德当权者也料定爆发内战自己未必是最终的胜利者,美国当局也开始采取新的策略,既增加兵力自己动手以图扭转伊拉克乱局,也敦促伊拉克政府清理门户制止宗派复仇,以免局势彻底失控。

　　尽管如此,指望伊拉克在短时间内告别动荡、暴力是不现实的,企盼平民免遭杀戮也是不可能的。灾难的潘多拉魔盒已经被打开,在独立、强大的伊拉克安全力量完成重建之前,可怜的伊拉克人注定还要承受难以遏止的血腥和暴力。

(原载《北京青年报》2007 年 2 月 14 日)

6.“始乱终弃”诱发新祸端

　　近日,伊拉克北部战端再起。土耳其议会 17 日高票通过一项动议——派遣军队进入伊拉克北部打击库尔德工人党武装。半岛电视台报道称,土耳其已经在土伊边境地区集结 6 万人的部队。尽管美国对此态度强硬,土耳其政府却毫不示弱,甚至反诘美国:“美国可以越过数万公里到伊拉克采取军事行动,土耳其为何不可?”

　　库尔德分离主义活动事关土耳其的领土和主权完整,涉及国家和民族的最高利益,可以想象,只要这一活动得不到遏制,土耳其是不会屈从于美国的压力的。这一新事态表明,战乱难了的伊拉克平添新变数,地区安全格局出现新走向。库尔德问题重新上升为中东新燃点,既有历史原因,很大程度上却和美国伊拉克政策的始乱终弃有直接关系。

　　库尔德人是西亚最古老的原始居民之一,是该地区仅次于阿拉伯、突厥和波斯的第四大民族,主要分布于土耳其、伊朗、伊拉克和叙利亚四国交界地区,以及黎巴嫩、亚美尼亚和阿塞拜疆等国,总人口有 3000 万之众。库尔德人地域上基本连结成片,史称“库尔德斯坦”。

　　第一次世界大战期间,协约国曾允诺库尔德人自治以换取与己结盟对付土耳其奥斯曼帝国,并立下《色佛尔条约》。但是,战后各大国食言,协议版图上的“库尔德斯坦”被分割给土耳其、叙利亚和两伊,由此埋下库尔德人分离主义运动的祸根。其中,尤其以土耳其和伊朗的分离主义活动最为突出。

伊拉克库尔德人历史上也多次武装举事,试图实现民族独立。但是,1958 年伊拉克共和国成立后,经过与政府多次谈判,双方达成库尔德人自治协议。由于自治空间有限,伊拉克库尔德人在两伊战争期间再次反水,与伊朗军队对萨达姆政权形成两面夹击,导致萨达姆军队使用化学武器进行弹压。海湾战争之后,美英以保护库尔德人为由,在伊拉克北部划出禁飞区,使伊拉克的库尔德地区几成独立王国,独享占全国半数以上的石油资源。与此同时,土耳其和伊朗境内的库尔德分离主义活动也因种种原因趋于平静。

伊拉克战争期间,库尔德人武装担当了美国的第五纵队,不但断绝萨达姆军队进行山地战和游击战的后路,而且为美军迅速包围巴格达提供了便利和直接的军事协助。战后,政治上咸鱼翻身的库尔德人成为伊拉克战争的最大受益者,淡化了分离主义倾向,重新加入民族和解进程。

近两年来,伊拉克局势持续恶化,民族、宗派矛盾和摩擦不断加剧,内战的危险隐约可见,伊拉克新政府步履维艰,美国撤军呼声渐高,伊朗的影响力日增,伊拉克前途未卜。正是在这种复杂局面下,各种利益集团开始新的博弈,其中包括库尔德分离主义力量。从去年下半年开始,以伊拉克北部为基地的土耳其库尔德分离主义暴力活动在沉寂几年后死灰复燃,对土耳其的安全与稳定再度构成威胁。

今年 9 月 26 日,美国参议院通过一项不具约束力的决议案,建议在联邦体制下,将伊拉克分为库尔德族、什叶派与逊尼派三个实体,以解决伊拉克国内危险的宗教派系斗争,使美国尽快实现撤军。虽然这项决议遭到了包括布什政府在内的有关各方反对,但是,它无疑为库尔德分离主义注入一支精神吗啡,更刺激了土耳其政府的敏感神经,也自然导致土耳其决意大举进兵伊拉克的突然动作。

想当年,大英帝国无力处理印巴分治和巴勒斯坦托管等问题,最终均采取分而治之策略,为国际政治留下遗患至今的烂摊子。今天,美国参议院的决议案得以出台则表明,相当多的美国政客抱着病急乱投医的心态对待伊拉克问题,是一种不负责的表现。

伊拉克内部宗派种族矛盾突出,外部地缘政治关系复杂,尤其是面对一个弱势的新政府,周边大国都试图弥补美国撤离后的真空,扩展和巩固自己的影响力及战略利益。具体到库尔德问题,周边国家既有遏制本国分离主义势力的共同利益,又有借助这个势力掣肘和制约其他国家的需求,情势更加微妙。

可以预料,如果美国不能在撤军前完成伊拉克的政治重建进程,伊拉克三大宗派分崩离析在所难免,届时,库尔德问题很有可能超越中东争端,上升为该地区最大的世纪之乱。

(原载《北京青年报》2007 年 10 月 16 日)

7.对伊拉克战争的误读

4 月 9 日,是美国军队占领伊拉克首都巴格达四周年纪念日。2003 年的这一天,为数不多的美军装甲部队长驱直入进占巴格达市中心的天堂广场。部分伊拉克人拉倒巨大的萨达姆金属塑像,萨达姆则与他的百万军队人间蒸发。美军轻而易举地占领了一个历史悠久的阿拉伯大国。

伊拉克沦陷四年了,虽然没有谁宣布伊拉克战争已经结束,但是,萨达姆时代的伊拉克已经成为历史,而且成为不能改写的历史。翻开尚未尘封的伊拉克战争卷宗,遍览各种媒体展示的图像、文字,聆听关于是非、功过和得失的诸多辩论,我们发现,有关伊拉克战争的误读明显存在,而且造成这种误读的思维定式和逻辑依然根深蒂固。任由这些误读谬种流传,将禁锢我们的思想,误导我们的视线,难以让我们客观、唯物和辩证地看待世界变化、应对国际风云。

误读一:得道多助,失道寡助。美国发动的伊拉克战争既没有获得联合国安理会的授权,更没有得到多数国家的支持,甚至连站得住脚的借口和理由都不存在。从传统的战争伦理讲,这是一场无道、不义和非法的战争,国际舆论对此已有共识。相反,伊拉克作为一个受到外来侵略的国家,无疑占有道义的制高点,理应受到支持和协助。

然而,残酷的事实是:没有一个国家采取有效措施来制止这场战争,也没有一个国家敢于挺身帮助伊拉克抗战。原因何在?答案是:世界处在一个强权当道的时代,各国遵从的是利益优先道义其次的自保策略。它留给世人的教训是：自强才能立国，指望别国救助的时代不复存在，除非形成骨肉相连的利益共同体。

误读二：兄弟阋墙，外御其侮。伊拉克是个多民族、多宗派国家，什叶派阿拉伯人、逊尼派阿拉伯人和库尔德人历史隔阂和利益冲突由来已久，彼此不睦。占人口多数的什叶派数百年来被少数的逊尼派所统治，心有不甘；作为少数民族的库尔德人多年来受制于离心主义，几度与政府大动干戈以至于在外力保护下自成一统。

面对美国的战车，同为伊拉克人的三个宗派各有盘算，各自为战，优先考虑的是宗派和部族的利益，什叶派敞开大道任由美军北上，逊尼派无所作为旁观美军东进，库尔德人则举兵南下策应美军围困巴格达，最终造成举国不战而亡。它留给世人的教训是：部族宗派利益不可小视，一旦内部矛盾尖锐突出，国家利益则形同儿戏。

误读三：己所不欲，勿施于人。国际关系是有公理的，也是有原则的，但是，在国家和集团利益面前，公理、原则是可以放弃甚至颠倒的。美国发动伊拉克战争的一个重要动机是在中东推行西方式的民主制度。然而，当美国发现这种制度被中东民众接受并开放出异样的民主花朵时，它不再强调这种民主。面对中东借民主崛起的激进力量，美国还谈中东的民主化吗？它留给世人的教训是：民主自由的宣教只是一块遮羞布，它掩盖的是赤裸裸的和自私的利益诉求，需要时，对己有利时高高擎起，不需要时，或于己不利时则弃如敝屣。

误读四：一叶知秋，以小见大。现代传媒容易把一些事实放大，然后弥漫成大雾，迷住公众的眼睛。伊拉克战争中，美国反战的民意和声音被放大了，似乎布什政府逆民心而动。其实，布什代表的是美国国家利益，也包含了美国公众的利益。伊拉克民众的反美情绪被放大了，岂不知多数民众乐见萨达姆时代的终结。伊拉克的武装抵抗和暴力袭击被放大了，岂不知参与者为数有限。其实，沉默的、正常生活的大多数民众才代表民意的主流，在美国或伊拉克都是如此。

历史是教科书，现实更是鲜活的教材。面对多变的世界和复杂的利益关系，我们应该学会看门道，而不是看热闹，更不应人云亦云，失去独立思考的能力。

（原载《北京青年报》2007 年 4 月 12 日）

8.隔离墙与美国的战略失误

　　美国占领伊拉克已经四年多,这块土地上的安全形势一直没有得到转折性的改观。在过去的两个月里,巴格达连续发生多起自杀式爆炸袭击,造成200多人死亡,更为严重的是,什叶派与逊尼派之间的局部仇杀在升级。面对"巴格达安全计划"的难以奏效,也出于对伊拉克陷入内战的担忧,驻伊美军病急乱投医,居然于最近使出修建隔离墙的昏招。

　　据报道,美军计划中的隔离墙位于巴格达底格里斯河东岸的阿宰米耶逊尼派聚居区外围,总长约5公里,最高处可达3.5米。预计隔离墙建成后,将使整个阿宰米耶区成为封闭而独立的安全区,进出人员必须接受严格安全检查,以免这里继续遭到什叶派武装的袭击。闻此消息,部分巴格达居民上街抗议,认为隔离墙的建立只能加剧宗派冲突。最新消息说,伊拉克总理马利基已经公开要求美军停止这个项目。

　　提起隔离墙,人们很容易联想到曾经横亘于东西德国间的"柏林墙",联想到以色列在巴勒斯坦被占领土修建的"安全篱笆",甚至联想到中世纪法国政府将犹太人与外界分离的"隔都",甚至联想到英国殖民统治时期在不同地区对立族群间实行的分而治之政策。这些有形的、冷酷的实体带来的不仅是物理的隔绝,而是更为可怕的族群心理隔阂和情感对立,它们或许能缓解眼前的危机,但是,根本无法解决深层次的矛盾,甚至会造成更加深远的痛苦。

　　伊拉克什叶派和逊尼派居民之间属于同族同宗的阿拉伯人,虽然由于教派和历史原因,存在着某种程度的情感距离,但是,总体而言,双方相安无事、和睦相处。伊拉克战争爆发后,占人口多数的什叶派咸鱼翻身,告别数百年被逊尼派统治的历史,获取了与其人口比例相适应的权益和地位。逊尼派虽然承受了难以言状的失落,但是,多数民众也面对现实,接受了新的权益结构,并积极参与战后政治重建进程。

　　在过去四年中,什叶派和逊尼派的矛盾总体上并不是一个大问题,近大半年来,两派间的摩擦似乎开始频繁且引人注目,仔细分析,大概形成于以下几个因素:境外反美反政府力量持续发动的针对什叶派目标的袭击造成大量伤亡,使什叶派的愤怒越积越深,并迁怒于逊尼派;什叶派和库尔德主导的政府未能将这两派把持的主要石油资源平等地造福于逊尼派;政府未能有效地解除什叶派激进组织的武器并客观上放纵了他们针对逊尼派的报复;某些希望伊拉克陷入内战而从中取利的势力有意在制造什叶派和逊尼派的摩擦和矛盾,并对此推波助澜。

　　当然,这一切问题的根源在于美国发动了一场错误而匆忙的战争,并且未能迅速有效地结束乱局。现在看来,美国在伊拉克重建问题上犯了两个战略性的错误,一是彻底解散伊拉克的军队和治安力量,导致这个情况复杂的国家完全靠水土不服的美军维持局面。其次,彻底解散统治伊拉克几十年的复兴社会党,造成超越教派和种族政治力量的突然缺失和向心力、凝聚力真空的出现。

　　伊拉克军队和治安力量固然是萨达姆政权的国家机器,但是,完全可以通过更换高层和骨干实现换血与透析,进而为新政权所用。美军装备再精良,也无法像伊拉克人那样熟悉自己的环境和社会。复兴党确实打上太深的萨达姆烙印,但是,它毕竟有着相当的群众基础,吸引了相当数量的社会精英和管理专才,更重要的是,它作为泛阿拉伯主义的世俗党派,形成了排斥宗派诉求和部族利益的价值观,只要改造得当,完全可以成为伊拉克重建的中坚力量。

　　修建隔离墙,再次印证了美国治理伊拉克唯武器论的线性思维方式和简单化手法。如果继续固守这种思维和方法,伊拉克的乱局将会持续下去。

　　　　　　　　　　　　（原载《北京青年报》2007 年 4 月 25 日）

9.伊战五年不堪回首

　　3 月 20 日,对普通人来说,是个平常的日子,对伊拉克和美国来说,是个无论如何都躲不开的坎儿。五年前的这一天,美国发动一场战争,入侵一个主权国家,颠覆一个政权,改写一段历史。此后每年的这一天,都会有人对这场战争进行盘点。五年鲜血、尸骨和金钱的大量耗费,五年动荡、恐怖、谎言和迷茫的不断积累,无法不让人相信,伊拉克战争将是布什政府很不体面的巨额政治遗产。

伊拉克成为平民屠宰场。3月17日,一名女子在伊拉克南部什叶派圣城卡尔巴拉引爆炸弹,造成至少43人死亡,90多人受伤。这是伊拉克再平凡不过的一次恐怖事件,已经引不起太多震惊,因为在这场战争和余震中,伊拉克人已经成为死亡名单上不断叠加的数字。五年来,多少伊拉克平民死难无法精准统计,最保守的数字是15万人;较中立的统计说,死难平民为66万,约占死亡人口的99%,日均450人。美国《洛杉矶时报》说这场战争导致过百万平民死亡。英国《卫报》称,基于越战的教训,美国军方不会提供平民死亡数字,但是,这个数字估计在10万至100万人。

伊拉克成为新难民的制造场。难民不是新名词,也不是新现象。但是,难民与伊拉克挂钩意味着难民已经成为问题。据报道,这场战争及其引发的内乱已经造成450万伊拉克人流离失所,其中200万人寄居约旦和叙利亚。难民数量已经接近伊拉克总人口的五分之一,几乎相当于存在六十年、历经数代繁衍的巴勒斯坦难民总数。尤其令人痛心的是,难民儿童有百万之众。

伊拉克成为美国军人的新坟场。作为战争行为的执行者和伊拉克人民的施害者,美国军人本身也是战争的受害者。据美国媒体报道,自2004年9月美军士兵死亡人数突破千人大关后,几乎每年死亡千人。截至3月18日,已有3990名美军官兵在伊拉克阵亡,其中3242人死于袭击,而受伤人数超过5000人,伤亡人数十多倍于海湾战争。

伊拉克成为巨额美钞的粉碎场。现代战争是烧钱的游戏。战争爆发前,布什政府预估战争总开支为600亿至2000亿美元。但是,战车运转的实际消耗十倍于起初的预算,伊拉克成为一个巨大的碎钞车间,以平均每月120多亿美元的速度烧钱,耗费纳税人的大量血汗。而前世界银行首席经济顾问斯蒂格利茨经过几年论证认为,美国为这场战争已花费3万亿美元,相当于美国全年GDP的25%。3万亿是什么概念?是海湾战争开支的10倍,十二年越南战争的3倍,三年朝鲜战争或第一次世界大战全部开支的2倍,就差破第二次世界大战的纪录了。

伊拉克成为高油价的发酵场。伊拉克是个产油大国,又处在世界油库的核心区域,五年来,伊拉克非但不能为世界石油市场输出与其储量和战前生产能力相匹配的原油,相反,作为主要地缘政治热点不断刺激着原油市场的脆弱神经,推动油价从战前的每桶平均不足30美元一路狂奔到111美元。尽管美元疲软、供需矛盾和热钱炒作是刺激油价虚高的"主谋",但是,伊拉克局势动荡的因素被每每提及。

伊拉克成为恐怖主义的热战场。伊朗总统内贾德最近访问巴格达时不客气地指出,是美国人把恐怖分子引入伊拉克和海湾地区的,因为"战前这里没有恐怖分子"。这场战争的确打翻了恐怖主义魔瓶,"基地"组织等各种境内外力量在与美军和新政府对决的同时,也在伊拉克制造了数不清的以平民为目标的恐怖袭击,而且花样翻新、手段残忍。

伊拉克成为政治谎言的实验场。英国《独立报》日前点评说,布什和英国前首相布莱尔为发动战争而编造谎言,不但让自己成为有民意测验以来最不受欢迎的美国总统,而且提前终结了布莱尔的政治生命。这场以真实谎言为前提的战争,使美国因为海湾战争而赢得的国际好感一落千丈,对美国的软实力构成难以挽回的损伤。

五年时光,对和平环境的人而言有如白驹过隙,对美国和伊拉克人来说,却是随时都在流血、死人、烧钱和遭受煎熬的1800多个日夜。这场噩梦何时才能结束? 布什时代已不可期待。

（原载《北京青年报》2008 年 3 月 19 日）

10.伊拉克:撤军一小步,独立一大步

6月30日凌晨,伊拉克许多城镇响起爆竹,释放烟花,庆祝一个历史性时刻:驻伊美国军队从首都巴格达等主要城镇撤出,将治安管理权移交给伊武装和警察部队。伊总理马利基宣布,这一天将是伊拉克获得新生"国家主权日"。的确,美军从城镇撤入军营只是整个撤军进程的一小步,但是,它标志伊拉克在沦陷六年后,朝着完全收复主权、恢复独立迈进的一大步。

此次撤军意味着美军在伊地位的第三次变脸:2003 年 3 月,美国发动战争并推翻萨达姆政权,按国际法和国际关系准则,美军属于非法入侵和占领。此后,联合国安理会通过决议承认美国扶持的临时政府,要求按期向伊移交主权,将美英联军身份洗白为具有合法身份的"多国部队"。去年,美国与伊民选政府签署驻军地位协议,规定美军在今年 6 月 30 日前撤出所有城镇,

2010年8月30日前撤离所有战斗人员，2011年12月31日前撤离一切军人。可见，美军后撤是其完全撤军三步棋中的第一步，意义重大，也象征着美军由主角退居配角，从台前转入幕后。

美军后撤是伊结束外国势力存在、恢复主权与独立、实现伊人治伊的必然，不但是当地民心所向，也是包括美国民众在内的世界舆论的强烈愿望。布什无端发动伊战造成重大人道灾难，开恶劣先河，使美国遭遇国际道义滑铁卢。奥巴马竞选总统时承诺入主白宫必将尽快撤军，当选后又重申伊战非美国必打之仗，誓言按期撤军不留一兵一卒。此次撤军乃美国兑现诺言、取信世界、重建软实力的积极举措。

美军后撤也是成本压力所迫、地区战略调整所需。至7月1日，美军在伊阵亡4322人，伤残3万名，战争总支出达数万亿美元，在经济危机巨大压力下，尽快压缩在伊投入势在必行。另外，塔利班势力在阿富汗和巴基斯坦死灰复燃，南亚安全形势逐步恶化，美国无力同时进行两场战争，军事行动重心从波斯湾东移，减少驻伊力量，重点对付塔利班。

美军后撤也印证伊安全形势的根本性好转。据统计，今年上半年，伊日均发生武装袭击10至15次，而2007年则日均高达160次。经过几年努力，伊安全和警察部队得以重建，总兵力达到70万人左右，并早已与美军联手或单独执行维持治安和反恐怖袭击行动，经验和能力足以担当职责。此外，当地反美反政府力量及恐怖组织已遭持续重创，难以掀起大浪，美军已相继关闭和移交142个驻伊基地，继续后撤水到渠成。

当然，不是所有的人都希望美军撤离并尽快治愈这个文明古国的战乱创伤。过去二十多天，暴力和恐怖袭击在伊形成一个高潮，造成数百人伤亡。究其动机就是要拖住美军，打击伊政府和民众信心，诱使各派反目、火并直至陷入内战。这也意味着伊重建进程漫长而艰难，美军收缩后安全局势不稳甚至恶化的可能性不能排除，但是，伊拉克日益安定、安全和发展、繁荣的大势头不会逆转。

（原载《精品购物指南》2009年7月2日）

11.伊拉克:美军撤尤未撤另类图存

8月19日,最后一支美国作战部队从伊拉克撤入科威特,五角大楼发言人莫雷尔说,此举标志着美国在伊拉克七年战事的终结,到本月底,现有的5.6万美军将压缩到5万人,完成美伊撤军协议的第二个环节。国内媒体、学界就此众说纷纭,极端而流行的判断是:美国急于摆脱泥潭,仓皇走人。事实却是,美国有序终战,撤尤未撤,以另类方式长期图存。

表面上,驻伊美军从高峰时约15万人递减至月底的5万,2011年底还将撤走参战的最后一名士兵。但是,这仅仅是表象,美国并没有完成真正意义上的撤军,也不会结束在伊拉克的军事存在和对伊拉克的军事控制。

8月底之后,留守的5万美军将承担三大任务:反恐、协助省级政府进行重建并继续训练伊拉克军队。很显然,美军的战略角色转变了,说法更好听了,渗透更基层了,但是,改变不了美军的战略目标、基本性质、职能和战斗力,其他不谈,单论反恐就决定了在伊美军绝非赤手空拳。8月底之后,自去年6月撤出主要城镇的美军或许继续压缩活动空间,但军事基地依然多达94个;美军人员或许更加低调地存在于公众视野,但是,并没有从伊拉克消失。

8月底之后,伊拉克穿军装的美国人减少了,不穿军装的美国军人多了:原本2700人的民间保安人员将激增到6000人,他们不但拥有直升机,甚至拥有装甲运兵车;另有报道称,美国在伊拥有5万人的雇佣军。保安也好,雇佣军也罢,他们貌似保卫驻美使领馆和重要机构的民兵武装,实则是作战能力超过正规美军的特种兵。8月底之后,忙于战场的美国人少了,但是,忙于官场和外交界的美国人多了:美国在伊拉克的控制权将由将军们移交外交官,由国防部转手国务院,他们通过世界上最庞大的使馆,以及分散于库尔德地区、石油重镇基尔库克、摩苏尔和第二大城市巴士拉的四个领事馆,操控伊拉克局面,对冲兵力削减。

8月底之后,美国在伊拉克的军事存在不仅通过自身变脸、瘦身更换方式,而且借助换血和洗脑,依托伊拉克军队和警察部队实现无形存在。美国占领伊拉克后,迅速遣散和弃用伊军中高级军官,与盟军一起填补伊军消失的安全真空,虽然为此付出六年局势不稳的代价,回报则是70万全新安全力量的再造,这支完全由美军组织、训练和培养的伊拉克新军,难以摆脱"美国化"的影响并将随着时间的推移更加彰显,其实,中亚"颜色革命"中军方倒向"民主阵营"的实例已经印证了美军输血、换血和洗脑的远见。8月底之后,美国在伊拉克的军事存在还将以提供武器装备和维持骨干基地的方式长期存在。战后半个多世纪的无数例证表明,但凡依靠"美国制造"武装起来的国家,无不军事、政治和外交上受制于美国,但凡设有美国基地的国家,无不被美国纳入全球安全战略体系,成为美国战车的部件,而试图和美国断奶者无不遭受惩罚并长期被美国打入另册。

可见,美国军队之于伊拉克,貌似裁撤,实则以更隐蔽、更持久、更有效也更低成本的形态扎根存在,更何况,美军方说,如果需要,大规模的美军会随时回来。如果不认识到这个实质,美国的伊拉克撤军,真算是白看了热闹。

(原载《精品购物指南》2010 年 8 月 25 日)

12.伊战十年再回首

3 月 20 日,是伊拉克战争爆发十周年的日子。十年前那场改变中东政治版图的局部战争,笔者前期参与新华社总社的相关报道的组织和协调。美军占领巴格达后,笔者又在纷乱的前线进行两个月的采访,对这场战争的全貌和细节获得了比较丰满的感性认识和理性思考。

萨达姆政权垮台后,笔者曾撰写过一篇《伊拉克复兴党兴亡启示录》,系统回顾和分析萨达姆本人及执政的复兴社会党如何从革命党走向执政党,如何从带领国家实现现代化跨越但又在三场战争中将国家投入灾难深渊,直至人亡政息。十年后的今天,伊拉克战争又被称为美国的"第二场越战",得失争论不休,也同样值得再次盘点。

萨达姆政权的垮台,固然是美国推行强权政治的直接结果,是美伊长期交恶直至彻底摊牌的逻辑延伸,本质却是萨达姆内政外交的大失败。两伊战争、侵占科威特、十三年的国际封锁和制裁,将这个土地、淡水、油气和文化资源十分丰富的国家彻底拖垮,不堪一击。最可悲的是萨达姆政权民心军心离散,威信尽失,以致面对外敌溃不成军,少量美军竟然直捣首都巴格达,几乎不战而胜。

伊拉克战争是海湾战争的延续,海湾战争则是冷战后世界首场局部战争,且为获得广泛舆论支持的战争。萨达姆非法吞并主权国家科威特,不仅在阿拉伯世界失道寡助,在世界范围内也孤立无援,大国力量首次就一场联合国授权的战争达成高度一致。海湾战争及其后的长年消耗,地区和国际态势的变化,都决定了伊拉克战争的一边倒趋势和速决战前景,战争爆发初期笔者就曾以《综合国力与战争进程》为题做过清楚剖析和预测。美国没有获得合法授权,但并不影响战争进程和结局,它也清晰地表明,丧失大国力量的直接或间接支持,弱小国家无力在军事上与强大对手一决雌雄,穷兵黩武,夜郎自大,一味逞强,必然祸国殃民。

美国迅速拿下伊拉克,随即陷入十年的战争泥潭。关于伊拉克战争的美国得失,从战前一直争执到今天,也将持续不休。但是,美国在伊拉克的利益得失需要全面看、长远看和辩证看,简单的加减游戏和褒贬评估都不足以说明问题,更无助于从主导世界政治这个角度来理解美国的行为方式。

伊拉克战争对美国而言,有得有失,得大于失。这场战争首开对阿拉伯和伊斯兰国家的入侵与占领,打破长久的心理和战略禁忌,也让人们看到,意识形态和价值观并不是决定战争阵营分野的关键因素,一个价值共同体的盘子越大,凝聚力和向心力却因局部利益的盘算呈反向递减的特征。伊拉克战争也改写了中东当代政治格局,美国不仅在中东腹地扶持起全新的美式政权,而且将亲美或温和阵营连成一片。

海湾战争使美国的政治影响力在中东急剧飙升达到顶峰,伊拉克战争则使美国更牢靠地将中东掌握在手中。通过营造倒萨联盟和反恐战争,美国将伊朗和叙利亚之外的所有中东国家全部摆平,这种格局前所未有。也正是这种一统天下的安稳,才使奥巴马时代的美国可以进行战略收缩,将外交与安全战略的重点向亚太地区转移。这种转移绝不是简单的失败与逃离,而是主动的规划与调整。

很多人喜欢用伤亡和投入算计美国的伊拉克战争得失,却忽略美国是一个靠战争保持活力,靠战争维持秩序,也靠战争巩固其世界霸主地位的国家。朝鲜战争、越南战争、科索沃战争都曾成为唱衰美国的大事件,阿富汗战争和伊拉克战争更让这首哀歌达到顶点,但是,不能改变一个基本事实:虚拟经济泡沫才是导致美国阶段性衰落的真正原因。美国虽然陷入财政危机并进入自动节支程序,但是,战争将依然是美国实现全球诉求的主要手段之一,不会因为一场战争的拖累而改变。

伊拉克战争对美国而言,并非没有教训:匆忙发动战争却未周密规划战后治理;摧毁萨达姆政权却释放了伊朗的能量;强人政治黏合的伊拉克濒临三分天下,加剧了地区民族、宗派力量格局的碎片化;世俗政权的垮台必然为宗教力量的成长提供空间和舞台,美国不得不面对新的课题与挑战。

(原载《北京青年报》2013 年 3 月 15 日)

13.伊拉克:伤筋动骨又十年

"伤筋动骨一百天",这是指一个人动手术所必须遭受的痛苦。若一个国家经历大手术,则不要指望一百天、一千天甚至一万天康复。十年前的伊拉克战争,就是这个国家及其人民的历史重创,虽历漫长岁月,依然伤痕累累,未能浴火重生。

十年前,美英政府通过妖魔化方式,将伊拉克萨达姆政权描述为祸害本国人民,危害地区和世界的战争狂人,并以"自由伊拉克"为名发动一场罕见的价值观之战,宣称要结束独裁和残暴统治,建立民主与自由,造福于 3000万伊拉克人民。

萨达姆政权的确名声不好,十分好战,也确实给伊拉克造成几代人的战乱和流血,伊拉克人民也不得不忍受着专制、腐败、苛政和政治窒息。但是,战前的伊拉克保持着一个正常国家的基本要素:社会治安稳定,基本供给满足,社会福利存在,电力交通等基础设施完整,最重要的是,有统一的国家认同,有教俗和宗派间的和平相处,甚至弥漫着温和、朴素和真诚的民风。一位当地记者说,萨达姆时期的伊拉克人不幸福,但至少安全。其没有道出的潜台词是:过去十年的伊拉克,既不幸福,也不安全。

美国占领伊拉克后犯下一个严重的策略错误甚至是战略错误,即解散统治伊拉克三十五年并拥有百万成员的复兴社会党。此举不仅摧毁凝聚国家和各宗派意志的泛阿拉伯民族主义意识形态,而且打碎由复兴党员及外围成员为纽带的社会组织体系，伊拉克突然被夺去灵魂和肌肉，甚至说被折断支撑现代社会的脊梁，整个国家未有任何心理准备和过渡地陷入多党政治、多元分裂和宗派对抗的"战国时代"。

新伊拉克政治民主了，百姓自由了，并依据美国模式建立起三权分立、多党制衡和全民普选的政治体制，甚至以较高投票率举行过两次大选，实现了政党轮替。但是，灾难性的并发症随之而来。习惯了世俗化和泛阿拉伯化的伊拉克人，开始频繁被什叶派和逊尼派、阿拉伯人和库尔德人乃至穆斯林和基督徒这些身份认同所困扰，甚至彼此伤害。曾共商国是的穆斯林和基督徒彼此视为路人，曾联手与伊朗血战八年的什叶派和逊尼派逐步对立，曾保持高度自治的库尔德人已不满足联邦制而更加离心离德。新伊拉克分裂了，从政治主张到宗教信仰和宗派族裔，从高层人士到街坊邻里，从无形的内心世界到人为的高墙路障。破坏分子制造的定向恐怖袭击，政客们的钩心斗角，都在过去十年中加剧了这种生拉硬扯的国家、民族和社会撕裂。

美国的另一个错误是，轻易解散伊拉克国防军和安全部队，使得战后秩序荡然无存，10多万占领军又不足以承担维持一个国家安全与稳定的全部职能。于是，在国家重建的进程中，约15万伊拉克平民成为各种暴力袭击的牺牲品，成为4000多阵亡美军的陪葬。突然形成但长期存在的安全真空和文化排异还为"基地"组织提供了热战场，以至于在其邻国叙利亚的内乱中，都不乏来自伊拉克的武装人员。

过去十年，伊拉克的主要经济指标令人鼓舞，石油工业快速恢复，去年底石油产量已高达每天350万桶，创下1979年以来的纪录，也超过战前水平的50%。此外，经济增长幅度很大，年均接近9%，GDP总值有望在2014年达到1500亿美元。这些成就都是开战前后无法想象的。但是，十年前笔者采访时遇到的困难依然存在，基础设施落后，公共服务缺乏，缺水断电频繁，物价飞涨，通胀依然严重，人均收入大幅增加却依然有23%的人生活在赤贫状态，经济增长率高却依然有30%的劳动力失业……

显然，十年转型，十年血火，多灾多难的伊拉克还在匍匐前进。伊拉克人既然已无法回头重写历史，只能带着希望在苦闷和艰难中继续坚持，继续承受。

（原载《北京青年报》2013年3月21日）

14.伊拉克:何以如此不堪一击?

　　"基地"分支组织"伊拉克和沙姆伊斯兰国(ISIS)"武装着实成为世界大热门,吸引眼球的力度超过巴西世界杯,因为它夺占北部两大城市后,成批杀戮被俘人员传播恐怖情绪,控制部分油田引发国际油价飙升。19日,美国总统奥巴马宣布应伊拉克要求,进行有限军事介入。久经战事的伊拉克何以如此不堪一击,以致不得不求助美国?

　　伊拉克中北部局势的突变,几乎就是个让人不可思议的笑话,也是激进恐怖势力变魔术般创造的"神话"。半岛电视台网站援引溃散的安全部队成员回忆,"ISIS"分子突然间从四面八方杀奔而来,枪声密集,攻势凶猛,安全部队闹不清究竟多少人参与袭城,只好四散逃离。据悉,"ISIS"武装并无飞机、坦克和大炮等任何重武器,至多聚集上百辆皮卡车,人数不过800人,即便得到部分当地反政府分子的配合,在装备和人数上也绝对不会占优,本该不是数万安全部队人员的对手,但结果却完全倒转。

　　分析家们认为,这是一场"ISIS"精心策略、准备已久、配合默契、战术运用得当的袭扰攻城战。其一,四面围攻、大造声势的突袭方式让始料不及的安全部队出现误判和丧失自信。其次,伊当局曾通过被捕嫌犯口供获悉,一年乃至一年半以前,"ISIS"就在谋划重大军事行动。如果今年1月攻克费卢杰和拉马迪是一次预演,此次夺占第二大城市摩苏尔和萨达姆家乡提克里特,则是正式的总攻。

　　其实,"ISIS"虽然由乌合之众般的"圣战"老兵和恐怖分子组成,但多半是经验丰富的亡命徒,骁勇善战,神出鬼没,而且心狠手辣,既不讲交战规则,也不守人道底线,他们在伊拉克和叙利亚长期穿梭杀戮,早已给伊拉克人留下杀人如麻的印象,极易造成巨大恐慌,否则,怎么会两三天内出现数万正规部队溃散和50多万平民逃离家园的景观。当然,"ISIS"依然把残杀与恐怖当做致命病毒对外发布传播,本周,他们枪杀约200名被俘人员,却发布血腥视频并夸张地宣称处决1700名不服从者。

　　后萨达姆时代的伊拉克不堪一击,还有着更复杂、更深层的客观原因。首先,美国发动的那场战争摧毁了这个国家的完整性,粗暴简单地取缔一统各民族和宗派的执政党复兴党,从内部割裂和肢解了被泛阿拉伯民族主义整合为一体的这个多民族国家。美国还武断地彻底解散数量庞大的伊拉克军队和安全机构,进而让这个经历过两伊战争、海湾战争而未曾内部大乱的国家,陷入长达十一年的血雨腥风。

其次,美国也许给伊拉克人带来了民主、自由和宪政,但也造成族裔对立、地域分裂和国家认同缺失。后萨达姆时代的伊拉克的确理顺了基于人口数量的族裔权力分配,使占人口60%的什叶派高居金字塔尖。同时,一直处于半独立状态的北部库尔德人坐拥山地之便和丰富石油,公开与中央政府分庭抗礼。夹在二者之间的逊尼派,既失去历史悠久的统治权,又无从分享重新喷涌而出的石油财富,整体陷入失望、绝望乃至仇恨,其地盘原本就是对外连接阿拉伯逊尼派大世界的码头,也自然成为"基地"等逊尼派激进和恐怖组织的天然土壤,以及旧政权追随者发泄不满的大舞台。据报道,此次"ISIS"攻取北方二城,跟着起哄助威的就有当地部落武装和极端分子。

再者,伊拉克虽然经过数次议会和总理选举,实现权力的有序轮替,但是,没有解决三大族裔的和谐与和睦。什叶派总理马利克与逊尼派副总统的矛盾公开爆发,相互倾轧,迫使后者四处流亡。这种权贵阶层的直接分裂和对立,加剧了伊拉克人特别是逊尼派对新政权的离心离德。此次数万部队弃城而逃,不乏官兵抱怨说,他们保卫的是什叶派政权而非伊拉克政权,而"ISIS"恰恰视什叶派为历史异端和终极消灭的敌人。

当然,在安全重建方面,美国也负有不可推卸的责任,因为它轻率地将伊拉克安全机器打碎归零,重新设计、组建和操练全新的伊拉克安全力量却效果不彰。在美国撤军前的九年里,美国给新军配备了全套新式装备,美国教官甚至教会伊拉克军人用英语骂人,唯独没能将这支新军锻造成可以独立担纲保家卫国任务的合格力量。

也许,在美国和伊朗的直接、间接援助下,伊拉克军队能够重振信心和力量,击溃缺乏广泛和深厚民意根基的"ISIS",收复失地,但若从根本上实现伊拉克的长治久安,几乎是不可能完成的使命。

（原载《北京青年报》2014 年 6 月 21 日）

15.烽火伊拉克,梦魇新转机

8月13日,一批美国海军陆战队和特种部队官兵抵达伊拉克西北部接近叙利亚边界的辛甲尔山区,为躲避于此的数万雅兹迪难民提供直接保护。这是继8日美国战机参战后的又一重大迹象,表明撤离近三年的美军已重返伊拉克。15日,伊拉克看守总理马利基被迫交权。这一切让伊拉克梦魇般的乱局面临一次新转机。

从今年1月攻下费卢杰并扩大战事后的半年多里,更名为"伊斯兰国(IS)"的前"伊拉克和沙姆伊斯兰国(ISIS)"武装一路北上,势如破竹,夺占大小15座城镇,不仅基本将伊拉克中西部逊尼派传统控制区收入囊中,更兵临北方库尔德自治区首府埃尔比勒,酿成伊拉克战争爆发十一年来最严重的事态,震惊世界,也迫使奥巴马不得不回师救援。

奥巴马在宣布将对"伊斯兰国"武装目标进行定点空袭时指出,这一行动旨在保护置身伊拉克的美国人。确实,当"伊斯兰国"武装在伊拉克中部做大并摆出东攻首都巴格达时,美国将许多外交官和军事顾问集中到相对安全的库尔德地区,"伊斯兰国"武装却直捣埃尔比勒,使避险的美国人处于枪口之下。当然,解救被围困的数万雅兹迪人,避免出现族裔屠杀等人道主义灾难,也是奥巴马的驰援动因。

当然,美军重归不仅在于地面形势十万火急,也恰逢伊拉克完成总统选举却陷入罕见宪政危机之际。战场生死博弈与政坛洗牌换马几乎同时进行,也许互为条件。马利基在4月议会选举中率领什叶派"宪法国家联盟"夺取92个席位,成为单一最大党团领袖,但是,包含"宪法国家联盟"在内的泛什叶派党团"全国联盟"却推举前副议长阿巴迪为候任总理,无异于执政党内部发生政变,马利基赢得选举却遭遇同出达瓦党的阿巴迪挑战。新任总统、库尔德人马苏姆也在广泛磋商后指定阿巴迪出面组阁,对马利基构成内外倒灶和南北夹击。

奢望做第三任总理的马利基不甘心如此蒙羞,诉诸宪法法院,指控新总统违宪,甚至在巴格达调兵遣将。但是,伴随着美国炸弹的降临,白宫公开抛弃马利基,支持马苏姆的决定;更让舆论意外的是,马利基及什叶派的传统支持者伊朗,也非常罕见地釜底抽薪,站在马苏姆和阿巴迪一边。当然,监护逊尼派利益的沙特和土耳其等地区大国,早已公开为温和的阿巴迪站台。14日,伊拉克什叶派最高领袖西斯塔尼公开敦促马利基放权,给予他最致命也是最后的一击。

很显然,伊拉克绵延的乱局整体责任归咎于美国当年的"武装强拆",而历史毕竟也给马利基这位民选总理八年机遇。马利基不能包容逊尼派甚至排挤库尔德人的强势执政风格,引发三大族裔的离心与对立,尤其导致中部逊尼派民众的极度不满和绝望,不仅扩大了"伊斯兰国"武装纵横伊拉克和叙利亚的空间,也给各种利益丧失者提供了肥沃的反叛土壤,因为15座城镇的快速陷落,不乏部落武装和前政权追随者策应起哄的"功劳"。马利基应该对此负主要责任,也必然因天下大乱伤害各方利益而被抛弃,特别是美国和伊朗如此默契地为换马背书。

13日,大势已去的马利基改换口风,呼吁安全部队保持中立,避免介入政治冲突。随后又撤销对总统的指控,直至承诺放弃权力并支持接任者,总算在大失颜面后保持了残存的风度,也给自己的人身安全和安度晚年留下余地。这是一个小时代的结束,马利基执政的八年也是伊拉克重建效果不彰的八年,是国家濒临崩溃几乎三分天下的八年。今天的形势对他,对这个多灾多难的国家,对美国也都是一场梦魇。

美国的及时介入,伊拉克新总统、新总理的登台,构成一次新机遇。美国已在进行全面军事评估,并且没有对军事行动特别是定点空袭开列时间表,但是,有两点可以断定,美国不会大规模重新部署地面部队,也绝不允许"伊斯兰国"自立为国并成为长久事实。从阻断"伊斯兰国"武装进攻势头,突防北部战线,着重武装和依靠库尔德人开始,奥巴马已拉开防守反击新战幕,也许还在形成全面击溃对手、进一步整饬伊拉克的新战略和新路径。

但是,伊拉克如要彻底摆脱战乱梦魇,依靠美国、依靠军事皆非正确和终极选项,而是如何在现有权力架构下组建强有力的民族团结政府,兼顾各派利益,平衡内外关系,从而大幅度减缓族裔和教派摩擦,铲除让"伊斯兰国"武装等恐怖、暴力和激进势力滋生的土壤。

(原载《北京青年报》2014年8月16日)

16.平衡中东：美国重新聚焦伊拉克

　　4月28日，美国副总统拜登对伊拉克进行闪电式访问。这是自2011年美军主力撤离伊拉克后白宫二号人物首次来访，也是一个月内第三位美国政要到访。拜登此行凸显美国对伊拉克的再重视，以及纷乱局势下美国对中东力量的再平衡。

　　本月早些时候，美国国务卿克里和国防部长卡特已做客巴格达，拜登接踵而来，按美国官方不同人士的说法，大致包含三大目标：支持伊拉克总统阿巴迪度过政治危机，助推收复"伊斯兰国"武装控制的地盘，消除伊朗影响力取代美国的"错觉"。如果联系十天前奥巴马总统对沙特的访问及其有条件增加对伊拉克援助的表态，则更能理清拜登访伊所传递的美国当下意图。

　　一段时间以来，阿巴迪领导的政府深陷政治危机，逊尼派议员要求撤换全部阁员并分享被什叶派和库尔德人垄断的石油财富；库尔德人则要求将阁员中本族人的比例提升到20%。部分民众要游行示威，抗议政府日益严重的贪污腐败。阿巴迪希望通过调整部分阁员，在保持什叶派主导的前提下整肃腐败，平衡派系利益，并提高针对"伊斯兰国"武装的反攻效率。源于族裔利益之争的政治危机已使阿巴迪政府岌岌可危，濒临倒台，这种政治乱象直接关系到美国中东反恐战略的顺利推进，增加了奥巴马团队的烦恼。

　　拜登此前曾八次到访伊拉克，这次访问事先未曾宣布，表明安全形势依然不容乐观，也折射出伊拉克派系斗争的敏感与复杂。拜登此行首先是一次"灭火"之旅，展示美国对阿巴迪政府的支持，反对两派对手的弹劾威胁，帮助处于关键时刻和关键位置的伊拉克政府摆脱内乱，上下一心投入对"伊斯兰国"武装的大反攻。在首都巴格达和库尔德地区首府埃尔比勒的访问和磋商，拜登首要实现的目标是说服忙于争权夺利的各派停止阋墙，共除外患。

　　过去一年，在美国领导的多国联盟及伊朗大力支持下，伊拉克政府军取得了相当不俗的反恐战绩，收复重镇拉马迪并压缩不少"伊斯兰国"控制区。但是，美国的目标是年内收复沦陷数年的第二大城市摩苏尔，并配合叙利亚战场的势头和转机，争取将"伊斯兰国"彻底击溃并逐出其盘踞的叙伊边区，扭转相持拉锯局面并遏制恐怖袭击向欧洲蔓延的势头，给奥巴马的政治遗产增添新亮色。

尽管美国在伊拉克的军队已多达 4000 人,并将继续增派部分兵力,重新部署"阿帕奇"武装直升机等重武器。然而,伊拉克政府 3 月启动并计划 4 月完成的收复摩苏尔计划因"后院起火"而严重受阻,阿巴迪一度以保卫巴格达名义回撤部分前线兵力,导致决战摩苏尔行动严重受挫。拜登此行旨在力促伊拉克各派搁置内斗,一致对外,一鼓作气拿下摩苏尔,避免中东反恐阵线出现重大缺口进而功亏一篑。

拜登此行战略意图也很清楚,即表明后萨达姆时代的伊拉克依然与美国保持密切联系,美国对其影响力和掌控力毋庸置疑。美军主力撤离伊拉克后,伊朗对伊拉克的渗透和影响明显增强,特别是"伊斯兰国"武装坐大后,伊拉克政府更加倚重伊朗的支持。随着美国与伊朗围绕核危机达成和解,以及俄罗斯出兵叙利亚并形成明显的"什叶派之弧",伊朗的话语权和影响力再度提高,给外界以美国"失去伊拉克"的印象。奥巴马政府显然不希望"为他人作嫁衣裳",要加强美国在伊拉克的存在感,平衡俄罗斯对其势力范围的蚕食。

受全球与中东战略调整的影响,奥巴马也明显采取了让伊朗作用放量增长的政策,甚至公开抨击沙特而肯定伊朗的角色。这种敌友关系大逆转,激怒美国在该地区两大传统盟友以色列和沙特,招致对方持续而公开的不满,甚至引发其不利于美国中东利益的政策调整。奥巴马本月 20 日到访沙特并出席海湾阿拉伯国家合作委员会峰会,即是安抚与平衡,以便消弭海湾盟友难以弃怀的失落,并说服其正确理解美国对伊朗作用的认知。拜登访问伊拉克,则以行动继续抚慰地区盟友,重申美国既不会放弃伊拉克,更不会让伊朗控制伊拉克,继而打破中东的战略平衡。

离岸平衡是美国外交与战略的一贯手段,在多民族、多宗派和多种力量长期博弈交替消长的中东更是如此。拜登之行只是奥巴马在中东战略收缩进程中的一个程序安排和姿态秀,并不表明美国要花太大心思和资源在此精耕细作,其战略重心依然锁定于亚太"再平衡"。

（原载《北京青年报》2016 年 4 月 30 日）

第三章

油价涨跌闹危机

处于现代化、工业化、城市化进程中的中国,过去十余年,石油消耗又翻了番,已经成为世界最大的石油进口国和消耗国,对外部市场的依存度日益明显。世界石油价格的变化不再是远离中国的枯燥数字,甚至不再是进入汽车时代的普通国民的"陌路人",而且中国的经济也开始前所未有地对世界石油价格产生反作用,它从另一个角度展示了中国经济飞速发展的世界意义。

1.石油危机离我们有多远

　　7月上旬,珠三角出现大面积油荒。据报道,入夏后南方进入燃油消费高峰期,国际油价突破历史新高,台风袭击阻得油轮正常到港,几个因素一凑,珠三角多个城市相继出现不同程度的燃油供应紧张,大部分加油站被迫限量供应。这一罕见现象表明石油危机已经首次登陆中国局部地区。而深层次的问题是:中国离石油危机究竟有多远?

　　进入石油时代以来,世界先后经历三次大的石油危机,所幸的是,由于闭关锁国、经济总量不大和石油尚能自给,中国没有受到任何一次石油危机的冲击。但是,过去的幸免并不意味着我们还能躲过下次石油危机,相反,中国将是下一场石油危机的主要受害者,因为我们有明显的软肋容易首当其冲。

　　中国经济已经持续高速发展二十多年,高耗能、低效能的粗放型经济和陈旧产业结构使我们严重依赖以石油为主的能源。去年,中国已经超过日本成为世界第二大石油消费国。如果我们保持经济平稳发展,就不可能很快调整和改变既有的经济发展模式和产业结构,对能源过度依赖的惯性还将向前滑行。

　　中国已经在十多年前开始进口原油,而且依存度日益严重。目前,中国消费石油的44%来自世界石油市场,比重在不断增加。据权威机构统计,2004年中国进口石油1.2亿吨,预计2005年将达到1.37亿吨,2020年将达到3至4亿吨。

　　中国缺乏足够的石油战略储备,石油供应和消费隐藏着巨大隐患。目前,美国的石油战略储备可以使其摆脱进口坚持120天;日本可以自我供应160天。中国石油储备2008年才能保证30天之需,2015年才能满足90天的消耗。此次珠三角因油轮受阻几日便出现断炊,北京的成品油库存也下降到10.8 万吨的警戒线,由此推断,我们至少没有足够的存货可以抵御近期出现的重大石油危机。

中国的石油来源过于集中,容易出现断档。据悉,沙特、苏丹、阿曼和科威特等中东和非洲国家是中国的主要石油供应国,提供我石油进口总量的55%。这些国家及其所在地区局势动荡,安全形势脆弱多变,且处在美国整合中东的风口浪尖上,地缘政治因素恶劣,使我们的石油来源潜伏着巨大的风险。

中国的石油运输渠道也存在漏洞。我们进口石油的海上通道都控制在别人的手里,承运者又以外国油轮为主,缺乏保卫油轮和航线的强大舰队,一旦运输线和运输工具出现问题,我们将面临远油难解近渴的尴尬。

中国抗击高油价的能力也非常有限。自去年 5 月以来,世界石油价格持续走高,很快突破每桶 50 美元的高价位并长时间居高不下。最近,油价又创下每桶 62 美元的历史纪录。在国际油价攀升的带动下,国内汽油价格也水涨船高,以 93 号汽油为例,从四年前的每升 2.61 元连续实现多级跳,直达目前的 4.26 元,而且还要继续上涨。以中国现在的社会和家庭消费能力,持续走高的油价势必遏制汽车消费,进而把隐性的石油危机转变为显性的汽车工业及相关产业发展危机。

石油危机真的离我们不远了!

(原载《深圳晚报》2005 年 8 月 7 日)

2.油价还能蹿多高?

原油价格在 11 月 2 日突破 96 美元的高限后,人们对它再破 100 美元似乎不持太多疑义,问题只是时间的早晚。比较悲观的分析预测,三位数的油价之狼就守在门口,或许旬月之内我们将与之共舞,而且会成为一种常态,低油价的好日子将一去不复返。

对于此轮油价狂飙,美国有线电视新闻网(CNN)等媒体的综合报道可谓条分缕析,概括出促成油价新高的诸多因素,而这些因素几乎是每次油价上

涨的共谋,具有相当的规律性:

美国劳工部 2 日公布报告称,今年 10 月,美国新增非农业就业岗位 16.6 万个,数倍于经济学家们的预测,势头之强创最近数月之最。同时,失业率稳定在 4.7%。而美国商务部宣布,今年 9 月美国工厂的订单增加 0.2%,与经济学家们预测的下降 0.4% 形成反差。这几组官方数字反映了美国经济发展势头看好,能源需求增加的前景。

瑞士 Petroplus Holdings AG 公司位于英格兰的一座日产能力为 17.2 万桶的炼油厂由于火灾事故产量减半,检修工作将持续一个月;美国雪佛龙石油公司位于密西西比帕斯卡古拉日产 33 万桶的炼油厂受 8 月火灾影响,预计减产状态将持续到明年年初。这两个消息无疑加剧了对美国原油不足和市场供应趋紧的担忧。

11 月 1 日,美国政府向土耳其表示,美土两国将联手打击伊拉克北部库尔德工人党武装。市场由此担心约占伊拉克石油储存和出口半壁江山的库尔德地区面临出口受阻的风险;同时,美国强化了对产油大国伊朗的制裁措施,提高战争调门,也在原油市场引起恐慌。美国能源部报告显示,10 月初,美国原油商业库存大幅下降 170 万桶;国际能源机构月度报告称,世界主要工业化国家原油商业库存也已降至过去五年的平均值以下。

美元对各主要货币的大幅度贬值特别是对欧元创下的新低,使投资人对美元的强势回升不太看好,使用美元结算的原油价格抬升。分析家们认为,按照通胀率折算,每桶 100 美元的油价,实际收益相当于 1980 年的 38 美元,因为美元已经贬值 20%。据此,主要原油输出国认为自己的实际石油收入并未因为市场价格的虚高而增加,缺乏增产限价的热情。

另外,油价成为各种媒体的头条新闻,加剧了市场对第四季度原油及其产品供应短缺、供求失衡的担忧。美国的东北部地区进入冬季,使燃油消费进入季节性的旺盛期。

综合而言,供需矛盾、地缘关系、美元比价、季节需求、生产事故、商业炒作和媒体跟风造成油价不但居高不下而且持续上涨,这些因素中的任何异常都会造成原油市场的波动,形成牵一发而动全身的态势。回到油价还能蹿多高这个话题,对照诸多关联因素可以从宏观上推断,油价保持高价位并持续爬高的前景几乎不可回避,尤其是面对供需矛盾暂时无法缓解、地缘政治关系持续紧张两大主要因素。

9月和10月,国际能源机构曾两度预测今年全球原油日均需求量将为8590万桶,明年为8800万桶。该机构称,若以每年增加2.2%的增幅预测,2010年后原油供应将更趋紧张,2012年石油输出国组织欧佩克冗余产能将降低到最低水平,而当年的原油需求将达到日均9580万桶。

世界主要原油供应地多集中在中东、非洲、中亚和中美洲地区,这些地区属于地缘政治关系高危地带,局势持续不稳,开采、提炼和运输等环节随时会出现梗阻而诱发油市恐慌。这轮油价的躁动就很说明问题。

美国某智库日前进行了一项模拟讨论,预测2009年一场连锁性的地缘政治关系变化对油价的急剧影响:阿塞拜疆输油管道遭到人为破坏,石油市场出现100万桶供应短缺,油价从90多美元跃升到115美元;随后,尼日利亚由于武装分子破坏造成原油减产;接着,伊朗为了报复美国等西方国家的制裁宣布减产,与美国不睦的委内瑞拉跟进相应,油价激增为150美元。

虽然这只是一项模拟预测,但是,原油供应趋于紧张和主要产油国安全环境总体脆弱是个事实,而且暂时无从求解,这注定了高油价将在相当长的时间内困扰整个世界。

（原载《北京青年报》2007年11月5日）

3.石油战略储备与世界接轨

12月18日,中国国家石油储备中心正式宣布成立,成为近期非常吸引世人眼球的大新闻。据国家发改委有关负责人称,国家石油储备中心是中国石油储备管理体系中的执行层,旨在负责国家石油储备基地建设和管理,承担战略石油储备收储、轮换和动用任务,监测国内外石油市场供求变化。

此前,中国已经公布第一期四座分别位于镇海、舟山、大连和黄岛的原油储备基地名单,而储油基地的注油工作已经于去年低调开始,结束了中国没有石油战略储备的历史。石油储备中心的成立,标志着中国在石油战略储备透明化、市场化和国际化运作方面迈出新的一步,也意味着中国在大力重视能源安全、积极应对能源危机方面具有了更广阔的视野、更长远的布局和更充裕的财力。

世界处在一个能源紧张、危机四伏的时代,中国进入一个高增长、高耗能的阶段,无论是经济发展、国防安全还是普通百姓的生活品质,都与能源特别是以石油为主的碳氢能源紧紧捆在一起,因此,石油安全牵动每个人的神经,建立国家石油战略储备并投入实际运作势在必行。

首先,全球石油供求关系总体紧张,作为一种不可再生的稀缺资源,石油的储量和产量无法满足市场眼前和未来的需求,建立石油战略储备可以未雨绸缪。据统计,目前世界已探明石油储量主要分部在中东、里海、拉美和非洲等四个地区。中东目前剩余探明储量约为7000亿桶,拉美为1200桶,非洲超过980亿桶,里海在500亿至1900亿桶之间。虽然部分地区,如非洲的石油储量由于不断被勘探出来而会有增加,但是,全球石油资源总体储量只会随着持续的开采而下降。最近出版的《油气杂志》称,1962年是石油发现的顶峰,也是石油储量增长的拐点,此后,每年新增石油储量呈下降趋势。该杂志甚至预测,2010年或2020年起,全球石油生产能力将出现永久性的欠缺。

其次,中国由石油输出国变成净进口国,石油消费需求旺盛,对国际市场依赖严重,建立石油战略储备对内有助于抑制"油荒",对外平抑投机商哄抬油价。海关总署10月发布的统计显示,今年1至9月中国进口石油和成品油超过1.5亿吨,其中进口石油12407万吨,同比增长13.6%,进口成品油2684万吨,同比下降8%。国际能源机构认为,在2005年至2030年间,全球能源需求将增长55%,其中近一半的增长贡献将来自中国和印度两个全球经济和能源市场巨人。该机构预测,已经成为全球第二大能源消费国的中国,到2030年,其对石油和煤炭等主要能源的需求将比目前增长一倍以上,年均增长3.2%,预计2010年以后,中国将取代美国成为全球最大的能源消费国。

第三,美国、日本和法国等发达国家都已建立强大的石油战略储备,并发挥了积极的作用,中国建立石油战略储备可以提升自己的国际地位,增强与世界强国的对话和议价能力。1977年,美国开始建立战略储备,在墨西哥湾一带的巨大地下天然洞穴注入石油,并最终建立了7亿桶的存储能力和不低于5亿桶的实际存储量,依靠这些储油,美国可以在石油进口完全断绝时维持至少两个月的自我供应。法国的石油战略储存起步早于美国,已经形成完善的机制,储量维持在市场年销售量的三分之一;石油完全依赖进口的日本经过三十年努力,已经形成了最充足的战略储备,政府拥有的储量可供全国消费 90 天,民间的储量可以消费 79 天,加上流通领域的库存,足以使国民在石油中断时自给自足达半年之久。由于国际石油运输线主要控制在美国的势力范围内,建立石油战略储备的国防、外交意义也是显而易见的。

当然,石油战略储备受到资金、技术、设备、供应、存储、安全、运输和加工等多个环节的制约,也面临着管理、调控、应因市场等多种考验,因此,这对缺乏经验的中国政府相关管理部门的确是个新课题和新挑战。但是,适应新课题,应对新挑战,是中国成为世界大国的必然过程,也是担负世界责任的重要组成部分,无论如何是回避不了的。

（原载《北京青年报》2007 年 12 月 20 日）

4.伊战十年再看中东石油安全

伊拉克战争已经过去十年,伊拉克已被美国彻底征服:建立了三权分立和多党政治的宪政制度,并成功进行了两次大选;组建和训练了超过 60 万人的安全部队和国防军,美国不仅提供全套的武器装备,而且以美国方式招募、训练和锻造了这支阿拉伯和伊斯兰新军。不仅如此,美国借助一个大使馆和三个领事馆及上万的外交人员对这个国家的运作产生影响,而且保留了一定的基地和人员。至此,波斯湾以西的广袤石油产区,第一次完全处于美国的全方位控制或保护之下。这意味着中东 60% 的石油不会轻易停止生产和出口,甚至说,包括波斯湾东岸伊朗在内的全部中东石油主产区,都不会出现断油之虞,除非美国发动新的地区战争。

虽然不能绝对排除伊朗核危机引发战争的风险,但是,中东通往世界的两大石油通道——波斯湾和苏伊士运河,都处于美国的绝对掌控之下。这种从点到面、从面到线的掌控,可以说是伊拉克战争给中东石油安全格局带来的最大变化。

作为石油探明储量位居世界前三位的伊拉克,在过去十年中也是浴火重生,佳音不断,虽然爆炸、交火、绑架等治安问题在很长时间内肆虐不已,但遭到战争破坏、国际制裁和封锁冲击的石油工业逐步恢复,重新呈现繁荣景象。

石油产能目前已上升到每天315万桶的高位,而且每日出口量可达250万桶,达到自1979年以来的最高产量。

不仅如此,最新勘探表明,伊拉克石油储量已超过1400亿桶,且由于局势趋于稳定,中国、英国等大国石油公司重返投标,也给当地石油行业发展带来巨大信心和财力支持。伊拉克石油部部长鲁艾比3月15日披露,未来五年将投入1730亿美元用于石油基础设施建设和扩大再生产,希望五年内石油收入能达到6000亿美元,石油产量增长近两倍达到900万桶/日。如果这个宏大计划得以实施,伊拉克在中东石油格局和世界市场中的地位将大幅度飙升,成为真正的石油生产和出口大国。

但是,战后的伊拉克并非没有风险,它对世界石油的更多贡献有待一系列挑战的考验。

首先,伊拉克处于中东腹地,虽然美国基本掌控了中东地区的战与和大方向,确保各主要产油国的油区和出口基本安全,但中东毕竟是地缘政治高风险地带,政情变数大,突发事件多,不可控因素层出不穷。这使得世界石油市场在谈到任何中东份额的作用时,都得保持审慎的乐观。

伊拉克的周边环境目前相对险恶,可以说处在一个东西夹击的动荡地带。西边是战乱持续两年、死亡人数接近8万的叙利亚。原本在伊拉克活跃的“基地”组织残余力量已将重点西移至叙利亚,这对伊拉克是福音,但西去的祸水未必一去不复返。东边是因核危机而徘徊于战争边缘的伊朗,一旦伊朗卷入与以色列乃至美国的军事冲突,伊拉克难免池鱼之灾。

目前,伊拉克自身的治安并未得到好转,依旧动荡。萨达姆倒台,颠倒了稳定几十年的权力和利益分配格局,中部和南部分别占人口20%和60%的逊尼派、什叶派一直处于日趋激烈的明争暗斗中:“基地”组织等破坏势力也不曾停止在双方控制区制造各种杀戮事件试图挑动双方陷入内战;双方不仅在政治权力上争夺不休,分享南部石油红利的诉求也常常引发对立。

伊拉克战争前,另一个石油主产区——北部的库尔德就失控于中央政府近十年,伊拉克战争及其后果加剧了库尔德人的分离主义势头。作为联邦制的组成部分之一,库尔德不仅实现了高度自治,甚至试图独享石油财富。去年12月以来,由于与中央政府的石油受益分配争端进一步激化,库尔德切断辖区石油南下出口的通道,独辟蹊径,向西北借道土耳其走向海外市场,并于今年1月10日正式由土耳其一家公司经营,将库尔德石油运至土耳其南部的梅尔辛港出海。

库尔德在石油领域闹独立,不仅打乱了伊拉克中央政府对石油出口数量和价格的统一控制,而且意味着伊拉克主权、领土和资源统一分裂趋势的加剧,隐藏着极大的战争隐患。由于库尔德是个地跨伊拉克、伊朗、叙利亚和土耳其四国的地区性分离主义问题,一旦继续发酵、蔓延,将意味着整个西亚地区面临着一场"库尔德战争"的可怕前景,届时,对整个地区石油生产、运输和出口的影响就可想而知。

从这个角度看,伊拉克战争的遗患十分明显。无论是美国、地区大国和地区组织,还是石油输出国组织等国际组织,都必须高度重视伊拉克战争的中远期后遗症,必须设法维护伊拉克各部族的团结与和谐,维护伊拉克主权、领土与资源的完整、统一和共享,否则,伊拉克分裂和内战引发的"蝴蝶效应",将危及世界能源安全。

(原载《中国石油报》2013年3月19日)

5.石油危机:几多阴谋与阳谋?

10月中下旬关口,全球数十个国家约350名外交官和地缘政治专家聚会阿联酋首都阿布扎比,磋商当前中东地区的危机与对策。然而,两天的密集讨论基本没有涉及一个正让世界惶恐不安的因素:石油价格的持续暴跌,即便当地媒体也述及不多。显然,对媒体热炒的石油危机及其背后的阴谋或阳谋,海湾阿拉伯产油国相当淡定。

本月中,国际市场原油价格再次明显下挫,美国西德克萨斯轻质油一度跌破每桶80美元,伦敦布伦特原油跌至83美元,为2010年来最低纪录。自6月19日以来,油价由近116美元的峰值"自由落体",相继跌过100和90美元,直达80美元这条红线。但是,石油输出国组织主要成员阿拉伯产油国却不动声色,似乎80美元也许还不是底线,油价还有下调空间。同为石油"老财",有人欢喜有人愁,俄罗斯、委内瑞拉等国叫苦连天,对它们而言,油价直落四分之一的确是灾难,是关乎能否支撑经济正常发展的生存危机。

各产油国对成本的计算和实际支出差别很大，因此，对价格变化的敏感度也大为不同。同属石油生产和销售排头兵的俄罗斯、委内瑞拉等国，成本均高于 110 美元，油价跌至百元已算赔本赚吆喝，再跌就苦不堪言，难怪俄罗斯总统普京警告"大家的日子都不会好过"，委内瑞拉总统马杜罗则谴责美国操纵石油市场。一时间，地缘阴谋论随着油价的急挫而浮尘四起，俄、委、伊三国恰恰容易被对号入座，因为它们都是令美国和沙特等海湾阿拉伯国家不爽的石油伙伴。美国著名作家托马斯·弗里德曼 15 日更是发文称，这是一场旨在绞杀普京与伊朗最高领袖哈梅内伊的"石油战"。

石油和天然气自从成为人类经济与社会生活无法摆脱的主要能源和战略资源，就无法摆脱其国际政治博弈目标和手段的角色。二战期间纳粹德国和日本为确保油气供应，不惜冒险分别对苏联和美国发动突然袭击；第三次中东战争爆发后，阿拉伯产油国为孤立和打击以色列及其西方盟友，集体抬高石价，引发第一次世界石油危机。此后，油气进出口也多次作为撬动地缘政治的杠杆被广泛运用，无论是当下还在发酵的乌克兰危机，还是曙光初现的伊朗核问题，都能看到油气阀门的松紧作用，也自然给此轮石油危机阴谋论的出台，提供了最直接的依据。

然而，这场危机的阳谋也是事实，即油价下挫与阴谋无关，而是正常的市场变化反应，以及由此而触动的国家利益博弈，俄、委、伊三国并非被设计和坑害的直接对象，美国也非价格战的罪魁。今年 9 月，伊朗石油专家就预测，石油市场的供需状况表明，油价还要走低。当然，这场价格战的主要阳谋者，是素来不事声张的沙特，其动因首先是确保既有市场份额，并与其关键盟友或靠山美国争夺未来的石油话语权。

沙特为头羊的海湾阿拉伯产油国，多年来在石油输出国组织担当市场平衡器，油价过高则增产减价，油价过低则减产保价，以此维持着能源供应的大致平衡，并且成为美国制裁伊朗、利比亚、伊拉克和委内瑞拉等产油国的战略补仓者，客观上据有较大市场份额，也使本国经济严重依赖石油工业。随着上述几国因地缘环境改善恢复产能和出口需求，沙特等国面临割肉放血的眼前痛苦，于是，利用较低开采成本、巨量外汇储备和较大市场份额拉低油价，就成为其维护当下利益的不二选择。

此外，由于美国大力开采页岩气，国内石油产量大幅度提高，今年 9 月石油进口压缩到十八年来最小额度,这种"页岩气革命"对沙特等海外阿拉伯产油国绝非仅仅意味着石油黄金时代即将结束,还意味着自身战略价值的大幅度缩水,以及由此而衍生的诸多隐患,而低油价是阻挠页岩气时代到来的有效手段。因此,沙特等国拒绝减产保价,也是着眼未来,以免被美国釜底抽薪,将来无立足之地。

油价走低,对中国等油气消耗大国乃至普通消费者而言,都是利好,因为可以降低各种成本,甚至可以借机放量加强国家战略储备。然而,低油价的弊端也不能忽视,那就是继续依赖碳氢能源,陷入高耗能、高排放和高污染泥潭不能自拔,同时,寻找替代能源、清洁能源的积极性也将遭受市场需求疲软的打击,而不利于能源领域技术、科技和产品的全面推进和开拓,进而使我们无法超越石油能源,向全新能源阶段跃升。即使"页岩气革命"浪潮真的到来,世界依然生活在传统碳氢能源时代,何时让碳氢能源让出主角地位,这才是需要持久关注与努力的方向。

（原载《北京青年报》2014 年 10 月 25 日）

6.也门战事:不会反复推高油价

过去一周,中东热点突然转移,围绕贫穷小国也门的争夺战急速升温,此前不断扩大的内乱演化为内战加外战式的混战。3 月 25 日,沙特阿拉伯开始空袭也门境内胡塞反叛组织目标,并宣布组建干涉也门内乱的十国联盟。受此影响,中国暂停在亚丁湾反海盗护航行动,并于 3 月 30 日撤离滞留也门的500 多名人员。胡塞武装并不示弱,宣称将对沙特等进行包括自杀式袭击在内的反击,并威胁用导弹封锁曼德海峡。一直走低的石油价格 3 月 26 日暴涨13%并突破 50 美元,但转日又急速回落,一周内再无反弹。也门战事将走向何方？战事又将在多大程度上左右油价走势？

也门是个经济、社会发展相当落后的国家,IMF 统计表明,其 2013 年经济总量为 391 亿美元,列世界第 88 位;人均 1461 美元,居世界第 144 位。然而,也门地处阿拉伯半岛西南角,扼守沟通红海和阿拉伯海的曼德海峡,战略位置十分重要。同时,也门虽然自身缺油少气,日产石油仅为 15 万桶左右,但毗邻全球石油和天然气蕴藏量最丰富的波斯湾地区,并直接与石油生产和出口三甲之一的沙特接壤。因此不难想象,也门战事牵动着脆弱的能源神经。

当下的也门之乱始于 2011 年的"阿拉伯之春",时任总统萨利赫渐失民心后无力掌握政权,迫于沙特等海湾君主国和美国压力,交出权力以换取体面退休。然而,萨利赫的倒台没有推动这个部落特征突出的国家走向和平、稳定和发展,相反,在不同利益诉求和新旧矛盾刺激下,反而加剧了离心态势,并改共和制为联邦制。素与中央政府不和的北部塞达省什叶派胡塞武装借机发难,要求扩大权力,并得到同属一派的萨利赫的暗中支持。在胡塞武装持续进逼下,民选总统哈迪先被软禁于萨那总统府,继而又逃到南部城市亚丁,直到在沙特干涉前夕流亡利雅得。

也门战事如果仅仅是内乱反倒简单,问题是,它又扩大为中东伊斯兰两大宗派的新博弈,一方是逊尼派阵营,另一方是什叶派阵营。什叶派穆斯林人口占多数的中东国家依次为伊朗、伊拉克和巴林,其中巴林政权则由逊尼派王室控制;其余伊斯兰国家基本为逊尼派主导。但叙利亚则由少数的什叶派掌权,在穆斯林和基督徒各占全国人口一半的黎巴嫩,什叶派又处于政权上风。也门什叶派人口不足半数,历史上曾建立过什叶派政权。一段时间以来,沙特和伊朗相互指责对方介入也门内政,非常清楚地体现了也门跨民族、跨国界宗派之争的性质。因此,也门之战既是伊拉克内乱的翻版,也是叙利亚内乱的再现。

此次沙特纠集埃及、苏丹和海湾等阿拉伯国家,甚至吸引了南亚伊斯兰大国巴基斯坦参战,获得另一个伊斯兰大国土耳其的舆论支持,加重了伊斯兰世界同室操戈的色彩。当然,沙特阵营还明确得到美国的道义庇护、情报协助和武装助威。很显然,在也门这个容易被忽视和遗忘的中东角落又形成类似对付"伊斯兰国"武装的多国结盟,也可以说是美国主导的新反恐战争的翻版,而伊朗更换了身份,不再是临时盟友。中东实在太乱,这是何等的大动荡、大混乱、大分化和大组合,体现了非常典型的杂货商政治风格——任何两个国家都会因为具体的利益和矛盾瞬间结盟或成仇。这种常态式的地缘环境,也是世界油价频繁起伏的一个病灶。

也许世界不关心也门战场马赛克式的地缘图谱,只关心战火会否烧到也门之外,因为这才是大事。如果胡塞武装及其同盟者夺取西南诸省,非常轻易地控制曼德海峡和亚丁湾,进而切断地中海—苏伊士运河—亚丁湾—阿拉伯海的

海上运输线,每天 400 万桶从中东运往欧美和亚洲的原油就会中断,全球 40%
的贸易也将受到威胁。当然,如果胡塞获得中短程导弹,即使不控制沿海地区,
也同样可以封锁海上航线。因此,对于胡塞武装的攻势不可小视。

　　沙特等国宣布武装干涉也门局势,导致油价突然飙升随后又大幅度回
落,没有引起持续的紧张和震荡,其原因在于,飙升是一次本能性的心理溢
价,甚至可能是买家炒作。价格回落显然是市场理性判断使然。第一,对比
双方综合实力和战争潜力,胡塞武装几无胜利的可能,输掉战事只是时间早
晚与代价大小的问题。其次,市场基本面依然供大于求,而且沙特有足够输
出存量维持其低价战略直至击垮美国页岩气行业。

　　当然,沙特等阿拉伯产油国的油田大多集中于半岛中东部地区和波斯湾
沿岸,主要输出咽喉是波斯湾霍尔木兹海峡,而非曼德海峡。沙特贯通国土
东西、连接波斯湾与红海的南部油气管线也远离也门,以沙特目前调集 15 万
联合陆军实力和本国上百架先进战机的空中遮蔽,胡塞武装及其盟友攻入沙
特本土实属奢谈,更别说直接威胁沙特的石油开采、提炼和出口。因此,这也
是石油价格涨而复跌的又一个判断。

　　事实上,沙特和埃及等干涉同盟已进行了充分估算和准备,当沙特战机
把炸弹投向胡塞武装目标时,四艘埃及战舰已穿过红海进驻亚丁湾布防,控
制曼德海峡。同时,两艘美国战舰也在红海游弋,配合多国部队在也门的军
事行动,防止战事扩大到红海和亚丁湾。

　　部分分析人士担心,伊朗会加大对胡塞武装的支持而维持对也门的影响
力,然而,也门与伊拉克不同,它远离伊朗,陆路有海湾阿拉伯诸国阻隔,海上
有美国舰队控制,制空权又掌握在美国及阿拉伯盟军手中。因此,伊朗有心
无力,远水难解近渴,只能提供道义和心理支持。最坏的结果是,伊朗切断霍
尔木兹海峡进行策应,然而,在掐断国际石油大动脉之时,这无疑同时切断自
己的收入命脉,这显然是自杀行为,绝不会发生。因此,从短期看,石油价格
缺乏持续上涨空间,尤其是也门战事辐射力较小,一旦形势明朗,胜负前景已
定,油价自然会稳定在一个相对固定的区间。

（原载《华夏时报》2015 年 4 月 1 日）

7.石油大战:一年半价仍徘徊

5月14日,沙特阿拉伯宣布,它已经成功打压高成本竞争对手,取得这场石油价格大战的胜利。沙特为其持续一年的石油战役颇感满意并公开庆贺之时,国际基准的北海布伦特原油价格锁定在每桶68美元左右,这虽然比1月最低水平时的45美元增幅不小,却依然只及一年前价格的50%——去年5月,每桶布伦特"液体黑金"售价为115美元。

按常理,宣布胜利则意味着战役结束,但是,沙特官方的表态没有暗示它会就此罢手,更不能据此认为油价近期将快速攀升,恢复价位的旧常态。综合各方面因素看,沙特主导的这场油价大战可能会维持拉锯态势,换言之,至少几个月内油价会徘徊不前,充其量小幅慢涨,不大可能直线飙升至突破百元大关,重返一年前的高位。石油消费大国还有一段好日子可以享受。

沙特以石油价格战赢家自居,这非常清晰地廓清了此轮价格战的动机和本质。一位沙特官员赤裸裸地宣称,低油价战略已经使投资者不敢接近高成本的石油,包括美国的页岩气、深海油和重油。这个新表态让一年前发轫并延续很长时间的所谓阴谋论彻底破产,即美国操纵或者联手沙特抛售石油期货并保持高产,进而推动油价持续暴跌,对俄罗斯、伊朗和委内瑞拉等战略对手进行釜底抽薪;因为这些产油大国的石油开采和生产成本偏高,无法持续承受低油价压力,况且它们还因为各种原因需要增加石油收入。

事实证明,俄罗斯、伊朗和委内瑞拉也的确损失惨重,然而,它们仅仅是一批卧倒挨枪的倒霉蛋。这轮价格战恰恰不是专为坑害它们而存在的国际合谋,相反却是沙特与美国相当罕见的兄弟阋墙,也可以说是传统石油巨头与页岩气新贵间的撕逼大战。当然,说这是沙美石油战其实也不够准确,因为这并非国家层面的博弈,而更多是石油企业基于市场利益和未来格局的血拼。就沙特而言,石油市场格局也就是其国家命运所在。美国政府多次表态称,低油价对刺激美国经济复苏是个利好,华盛顿乐见其成。正如此,血拼惨烈的石油霸权博弈,丝毫未影响沙美政治关系,反倒是伊核危机构成了双方最大和最急迫的槽点。

其实,富甲天下的沙特当下日子并不好过,由于复杂的地缘政治变化,这个高傲的王国正面临大把烧钱的困扰。首先，为了持续扶植埃及、约旦等地区温和政权，沙特不断提供财政援助和贷款，帮助稳定市场和金融体系，资金拨付已达数百亿美元。其次，持续在利比亚、伊拉克和叙利亚打击伊斯兰极端分子和"伊斯兰国"等武装，沙特每天花销不菲。美联社3月报道称，沙特去年的军购开支同比增加54%，达到65亿美元。另外，今年3月，新国王萨勒曼为了收买人心，慷慨地向全体国民发放总计320亿美元的大红包。

支持这些奢侈花销的，自然是沙特数量庞大的油井，以及日均789.8万桶（3月）的出口量，而欧佩克组织全部成员每天的总配额才3000万桶，沙特的强势和任性可见一斑。3月出口量也创下沙特近10年来的单月最高纪录，可见其石油机器正开足马力压低油价，并补充石油美元的消耗。但是，和上述开支比起来，沙特又启动新的更大规模的烧钱行动，即武装干涉也门内战。自3月26日起，沙特联合其10个地区盟友，对也门发动"果断风暴"空袭行动，截止到4月12日，已经累计出动空军1200架次。耗资之巨，虽暂无公开数据以证其详，但是料想不菲。此前，沙特曾主动宣布停火并一直保持对冲突各方敞开对话大门，其实就是想以打促谈，以战促和，其重要原因之一是，它不能在打油价战的同时又长时间介入几场军事冲突，以致多度损耗宝贵的外汇储备。

基于上述客观原因，真正希望能快速结束战事的是沙特，再有钱的暴发户也经不起多处失血，两线烧钱。但是，这些表层损失都还不足以让沙特回心转意，彻底结束价格战，以便迎回高油价时代，补充日渐减少的外汇储备。多种因素显示，沙特虽然宣称已赢得油价战的胜利，但还不是最终胜利，充其量是阶段性斩获。未来的几个月内，沙特可能依然勒紧裤带继续保持油价在一个中间位置上浮动，而不是急匆匆将油价拉回百元以上。

首先，宏观的世界经济形势依然不甚乐观，降低了市场对能源消耗增加的预期。其次，市场基本面并没有改变供大于求的态势，市场依然由买方主导，供求关系倒挂。俄罗斯在美欧压力制裁下，卢布反而升值，经济保持增长，这显示俄罗斯并非绝对离不开能源经济，这种乐观情绪进一步刺激了石油价格走势的疲软。另外，随着伊核危机的重大突破，伊朗正在快马加鞭地试图夺回其石油市场份额，进而推高未来市场存量。欧佩克6月中旬将开会讨论油价问题，但观察家们普遍判断，该组织不会为了尽快拉高油价而降低产量。

尽管沙特宣称胜利,但是,失败者并不言败。被重点打压的美国页岩气生产商对沙特的自鸣得意嗤之以鼻,认为自身的生存空间依然存在,指出国际能源署所做的"难以撑过 4 月"的预测太过主观。言外之意,美国页岩气生产商目前活得很美很潇洒。可见,沙特要保持眼下阻击战阶段性成果,确保未来油气垄断地位和价格操控权,必须继续忍痛割肉,直到取得最终胜利。

无法预测沙特是否会为石油战封刀,还有另外两个关键因素,那就是中美对石油进口需求的疲软。尽管中国去年石油进口创下历史最高纪录,达到 3.08 亿吨,并以日进百万桶的数量为沙特石油提供了出路,但是,业界预测中国今年的增幅将由去年的 8.9% 锐减为 3.3%。美国能源信息局分析,2016 年美国石油消费只增 0.4% 而达到每日 1944 万桶。壳牌首席财务官悲观地预测,在未来一段时间内,供应过剩的量也许会相当可观。因此,尽管油价已被沙特如愿腰斩,但刺激其快速摆脱疲软强劲反弹的因素并不多,维持两位数的水准并持续一段时间,依然是主导沙特石油政策的核心思路。

(原载《华夏时报》2015 年 5 月 20 日)

8.超低油价:石油暴利时代丧钟敲响?

美国总统奥巴马 19 日签署文件,批准政府支出及税务法案,标志着国会解除冻结 40 年的石油出口禁令正式生效。业界分析,基于石油供应供大于求的基本面,美国开放石油出口将进一步压低石油价格。两天后,全美平均汽油价格跌破 2 美元/加仑,个别地区竟跌至 1.6 美元,合人民币 2.70 元/升。上周,伦敦布伦特标准原油价格一度跌至 35.46 美元,创 2004 年 7 月以来最低纪录。行家们预测,短期内油价会持续走低甚至可能直奔 10 美元的历史洼地。难道石油暴利时代的丧钟已经敲响?

去年夏天,沙特阿拉伯打响油价战时,观察家们既没有预料到价格出现断崖式下跌,也没有预料到跌落的谷底如此之深,市场承受能力如此之强。和去年 6 月相比,今年 10 月的实际油价下跌一半以上,10 月本身的跌幅也比 1979 年以来的平均价还低 17%。从各产油大户表现来看,除委内瑞拉和尼日利亚陷入财政危机,沙特、俄罗斯、伊朗等 OPEC 内外的主要产油和出口国貌似淡定,摆出死磕到底的架势。

12 月 4 日,欧佩克年会不仅没有做出减产保价的救市决定,相反,却因为印度尼西亚回归该组织,在去年确定的 3000 万桶上限基础上新增 150 万桶。尽管这是一次类似左手倒右手式的转会增产,并未增加石油供应总量,但依然刺激油价由回升 1% 逆转为降低 3%。不出 10 天,伊朗宣称也将增加石油出口,脆弱的油价应声继续下滑,14 日,德克萨斯中质原油期货价和布伦特原油期货价分别降到每桶 35.46 和 37.67 美元。

眼前看,压低石油价格的三座大山是市场供大于求、暖冬出现和经济普遍低迷。欧佩克 9 月中旬预测 2015 年全球石油消耗量为 9279 万桶,2016 年为 9408 万桶,但最新预测则称明年世界日均消耗比今年会减少 20 万桶。气象部门普遍预测,受强度极高的厄尔尼诺现象影响,今年世界将经历气温相对偏暖的冬天,意味着用于取暖的石油需求将会疲软。发达国家经济形势美国一枝独秀而日本和欧洲都低迷不振,新兴经济体增长放缓,导致市场对耗能预期下降。

从长远看,打压油价的远不止上述因素,对石油储量前景的乐观估计,巴黎气候大会的减排决议,美国解除石油出口禁令,石油大国死守市场份额,战略石油储备趋于饱和,页岩气和清洁能源旺盛的生命力,以及对石油定价的重新评估,共同编织了油价持续走低的凄凉前景。

长久以来,世人被灌输的观念是,石油和天然气既不可再生,储量也有限,甚至还有不同国家可开采的具体年限。然而,近年来不断有新的石油和天然气被从大洲大洋勘探出来,进而形成一个个规模不等的"中东"富油区,包括北海、巴伦支海、中国南海和东海等等,也让一个个贫油国家摘掉陈旧帽子跃升为油气生产国甚至出口国。这个业态的重大变化,大大延长消费者对石油寿命的预期,也自然降低石油作为稀有和逐步减少的大宗产品的价值。

12 月 12 日世界气候大会在巴黎达成重大历史性成果,全球近 200 个国家一致同意在 2020 年前,将全球平均温度升幅与 1750 年时相比控制在 2 度以内,并向 1.5 度的目标努力。这个具有约束性的指标,意味着全球只能再排放 250 亿吨碳(约合 900 亿吨二氧化碳),当然也意味着油气消耗的减少。头号石油消费国美国(2014 年为 83610 万吨)和第二大石油消费国中国(2014

年为 52030 万吨)分别做出大幅度减排承诺,必然使市场对这对世界经济双引擎的耗能空间持悲观预判。

仅仅一周后,美国国会做出历史性决定,解除石油出口禁令,这本身就是美国对石油资源贬值的战略判断。1973 年第四次中东战争爆发后,阿拉伯产油国运用油价杠杆,通过大幅度提价制裁支持以色列的美国及西方盟友,使世界遭受首次能源危机。美国随后立法禁止出口本国原油,相反,鼓励进口石油并大力进行石油战略储备,以便在石油短缺或价格过高时抛售以平抑油价。这些年,随着近海石油开发和页岩气及各种替代能源的拓展,禁止石油出口的呼声逐步被支持解禁的呼声所淹没,终于导致出口禁令的废止。

石油战略储备一直是重要经济体确保能源安全的备选手段。美国 1977 年起在全国建立五大战略储备基地,总储量空间为 7.5 亿桶,可以满足 158 天消耗;今年 10 月白宫披露的信息显示,美国战略石油储量已达 6.95 亿桶,其中 8% 准备出售,而且从 2018 年起将逐年增加出售额。欧盟和日本的战略储备能力也分别满足 90 天和 160 天之用,并基本处于满额状态。中国石油战略储备长期严重短缺,2013 年底的保障能力仅为 22.7 天。经过一年多的低价抄底,今年进口战略储备原油达到 3000 至 4000 万桶,明年预计将猛增到 6000 至 7000 万桶。尽管这离国际能源组织设定的 90 天静态储量还有相当距离,但是此后中国显然将放缓原油储量增速。最新统计表明,发达国家原油库存已前所未有地达到 30 亿桶。主要经济体战略石油存储的满仓或需求放缓,必然对油价回暖又是一次重击。

一年多的低价战显示,沙特等欧佩克成员宁可割肉降价,也无意限产保价。俄罗斯等非欧佩克成员也是宁愿赔本赚吆喝,不肯减少出口。原因很简单,大户们都不想放弃既得市场份额,进而使油价战又呈现份额战的特点。大户们清楚,如果不采取统一行动,现有份额持有者出让的空间会立刻被其他重返市场的对手填补,进而陷入丢了份额又赔钱的双输境地,索性仗着家大业大,通过血拼干掉对手取得最后胜利。

油价战看似鲜血淋漓,然而割肉出血的主要产油国还沉得住气,一个重要原因是既往油价实在太高,而产油技术升级和工艺改进,不断在降低石油开采成本。沙特石油大臣纳伊米今年在京曾披露,沙特每桶石油生产成本只有 4 美元,另有专业数据分析认为最多为 9 美元。这两个数字和 IMF 测算的沙特财政赤字红线油价 106 美元存在巨大壕沟,很显然,沙特也许要借助其他手段来拉低这个红线,甚至不排除倒逼改善经济结构,逐步摆脱严重依赖石油产业的现状。有报道称,沙特除发行内外公债外,也正考虑取消每年 300 多亿美元的油气补贴。

另外,石油价格持续不振,与页岩气和新能源革命的强劲势头和光明前景不无关系。尽管目前页岩气和新能源革命成本较高,但它们的价格成长空间也同样可期。因此,相关投资方依然在苦苦坚持,进而拉长油价战的周期。当然,最新的美联储加息将使美元坚挺,也必然进一步成为压低油价的新石头。

无论如何,油价很久未曾如此低落,造成低落的因素也未曾如此集中叠加,有些因素甚至是全球性、战略性和不可逆的。这是否意味着,低油价将成为新常态,高价暴利的时代已一去不复返?

(原载《华夏时报》2015 年 12 月 24 日于)

9.油价走低:正在耸动地缘政治格局

12 月 21 日,美国西德克萨斯中质原油价格降至每桶 34.31 美元,与一年前同期相比几乎打个对折;当天伦敦布伦特原油价格也刷新至 36.17 美元,跌破 2007 年 4 月以来最低纪录。这两种市场风向标指数一跌再跌,预示着油价战已看不到底线,也对地缘政治格局产生冲击。

一年前沙特阿拉伯发动低价战,意在绞杀正在勃兴的页岩气和新能源革命势头,以便维持半个世纪以来原油和天然气一统天下的局面。然而,随着诸多主客观因素的变化,油价战演变为竞相开闸放油一泻千里,价格形同自由落体。世界经济低迷不振,能源市场供大于求,全球迎来罕见暖冬,伊朗等玩家即将入场,欧佩克内外石油大户都拒绝减产,以及世界气候大会在巴黎达成历史性协议,都一并对石油价格落井下石。

然而,最致命的一击,也许是美国结束长达四十年的原油出口限制,它极可能彻底砸断油价高挺近十年的脊梁骨,重新把世界带回低油价时代。当美国总统奥巴马 19 日签署法令,标志着美国石油重新进入世界市场后,油价继续下垂的势头就更加明显。两天后全美平均汽油价格跌破 2 美元/加仑,个别地区竟跌至 1.6 美元,合人民币 2.70 元/升。高盛公司分析预测,德克萨斯原油可能跌至每桶 20 美元;更有惊人的预测说,世界油价短期内可能直奔 10 美元。

石油对多数产油国而言就是经济发展的毒品,兴也石油,败也石油。这一波的石油低价首先冲击的当然是急需硬通货而又严重依赖高油价的国家。委内瑞拉多年来持续国有化,导致经济支柱严重单靠石油出口,一年多的低油价使其所发债券迅速贬值,最快明年 2 月就将面临债务危机,至少卖掉 200 亿黄金或其他资产才能免于信誉破产。虽然右翼政党通过大选上台,但国家已错失高油价阶段的黄金调整期,新政权如何率领委内瑞拉渡过难关,将是比赢得选举更为严峻的挑战。

外汇储备九成来自出口石油的尼日利亚是第二个拉响财政危机警报的国家,低油价使其 12 月外汇储备同比下降约 18%,陷入美元等国际储蓄货币流动性不足的窘境,进而不得不进行外汇管制。同样靠石油出口主打经济的安哥拉也出台一系列美元兑换限制措施,确保本币稳定。这些限制性措施对吸引投资和刺激经济将是致命性的,反过来又加剧这些国家对石油单一产业的依赖,形成恶性循环。

油价战之初,很多分析家误以为这是沙美联手扼杀俄罗斯、伊朗和委内瑞拉等地缘对手的一出双簧。深陷美欧贸易制裁的俄罗斯也的确日子难熬,经济指标一路疲软,因为油价每下跌 10 元,俄罗斯出口收入就减少 250 亿美元,也意味着 2015 年的 GDP 下降 2%。据悉,俄罗斯已陷入 20 年所未见之衰落。也许正因为如此,俄罗斯出兵中东,动机之一被解读为试图托起油价。好在今年俄加大对中国的油气出口,也算寒冬里寻得一丝暖意,但这也无助于俄罗斯赢得持久战。伊朗情况显然稍好,它历经长期经济制裁已久病成医,核协议的达成使其部分海外资产获得解冻,2016 年恢复石油市场份额后,收入反而会逆势增长,其内部政局将更加稳定。

对沙特而言,油价战何尝不是双刃剑,这股能源博弈的回火已殃及自己。今年年中后沙特连续发行国内和国际公债,并抛售部分跨国公司股份,其国际信誉等级也被下调。分析家们担心,尽管沙特拥有 7000 亿美元巨额主权基金,但以目前的油价估计,五年内这个富甲天下的石油王国将坐吃山空,届时,它对美国和西方世界的战略资产价值也将变成负数,并带来影响社会稳定乃至王权存续的灾难性后果。沙特快速解套的出路之一,也许是缩短叙利亚和也门战争进程。如果沙特改变既定干涉政策,也将推动整个地区局势逐步走向稳定。

至于开闸放油的美国,显然对油价战信心满满。美国有全球最大战略石油存储体系,最新资讯显示其储量已到 6.95 亿桶,接近 7 亿桶的设计封顶,页岩气革命的领先技术也足以让其新能源公司继续坚守。以创新主导经济的美国此时放开油禁,也许意味着它对石油时代来日不多的总体预判和乐观估计。当然,通过加入低油价大合唱,能对风头正健的俄罗斯釜底抽薪,美国也算顺势推舟,何乐而不为?

（原载《北京青年报》2015 年 12 月 26 日）

10.触底反弹:油价还能上升多高?

3 月 28 日,布伦特原油收盘价锁定 40.27 美元,尽管与一周前的高点 41.79 美元相比,呈现下行趋势,但保持一周的这个价格区位,和两个月前最低谷相比反弹幅度接近 50%。各种迹象表明,油价一路狂跌的日子也许已经终结,油价今后一段岁月也许在此基础上起伏不定,甚至不排除小幅度继续爬升的可能。

15 个产油国"定产抬价"

1 月 20 日,石油价格一度跌至每桶 27.5 美元,破十二年低价纪录,石油生产和出口商们叫苦连天地挺过二十个月,终于苦尽甘来盼到油价触底回弹的时刻。2 月 17 日,世界石油市场四巨头沙特阿拉伯、俄罗斯、委内瑞拉和卡塔尔在多哈达成"定产抬价"协议,给狂泻不止的油价筑起了一道堤坝。

据报道,四国决定将各自的石油产量冻结在今年 1 月 11 日的水平,同时希望其他没有参会的产油国特别是欧佩克成员跟进,以便共同稳定油价,避免倾销,确保多赢。这一决定得到科威特、伊拉克和阿联酋等阿拉伯产油国的支持,从而基本确保了油价集体兜底的有效性。

欧佩克主要成员伊朗表示,只有其产量恢复到制裁前的水平后才可讨论冻结产量。伊朗 1 月份日均生产石油达到 286 万桶,2010 年国际制裁没有出台前,其产量维持在 370 万至 390 万桶之间。受制裁出口限制影响,伊朗 2011 年产量低落至 250 万桶,2013 年再次腰斩降为 110 万桶。伊朗认为,在其受到制裁期间,其他国家占据了原本属于伊朗的份额,现在让伊朗停止增产很不公平。

即便如此,协议带给油价相当可观的止跌回升信心,油价 13 日一度回弹达 13%,因为上述国家的市场份额占比非同小可。综合欧佩克等机构报表显示,1 月份俄罗斯日产量为 1087.8 万桶,沙特为 1023 万桶,委内瑞拉为 255.8 万桶,卡塔尔为 63.7 万桶,伊拉克为 477.5 万桶,科威特为 300 万桶,而且各自基本达到产能峰值。进入 3 月,先后有 15 个欧佩克内外的主要产油国加入"定产抬价"行动,它们的总产量超过全球市场份额三分之二,由此构成油价止跌回升的主要因素。

沙特和俄罗斯作为最大产油国和出口国迈出这一步基本是可以预见的,尽管它们持有巨大市场份额,各自积累了数千亿美元的外汇储备。但是,持续低油价正在对它们的经济实力构成致命性伤害,因为它们面临共同的难题是,不仅石油收入持续减少,还要额外开支为地区战争买单。沙特陷入也门战争整整一年,2015 年仅此一项就额外增加国防开支 53 亿美元,何况它还要维持在叙利亚战场的巨大投入,以及为建立忠诚联盟付出各种代价。3 月 17 日,沙特宣布结束在也门的重大军事行动,财政减负,平抑巨大财政赤字显然是动因之一。同样,俄罗斯由于受到美欧持续近两年的经济和贸易制裁,2015 年经济衰退明显,国民实际收入下降,失业率增加,物价上涨,通胀严重,贫困人口激增,医疗与教育投入缩水。3 月 15 日,俄罗斯结束在叙利亚大规模战事,避免加剧财政危机显然是考量之一。

低价战重创美国页岩气

油价大幅度下跌因素是复杂的,同样,推动油价回升也不完全是主要产油国冻结产量单一条件所致。低价战重创的对象美国页岩气已不堪重负,产量明显下降。美国能源署(EIA)3 月 1 日公布的月度石油供应报告显示,美国 12 月原油产量已连续第三个月走低,最大几个页岩气生产州如德克萨斯、北达科他州和新墨西哥州产量减少,实际冲销了美国海上原油增产部分,也表明低油价战已达到一定目的,适度反弹也在情理之中。此前国际能源署中期市场报告称,美国投入运营的油田钻井数量连续两个多月下降。另有数据显示,截止到 3 月 4 日,美国石油和天然气活跃钻井总数环比减少 703 座,表明美国原油开采商在压缩产量,也预示未来美国石油产量会有所减少。该组织预测说,2016 年和 2017 年,美国日均原油产量将分别减少 60 万桶和 80 万桶。

美联储的政策调整也是回拉油价的因素之一。3 月 17 日,美联储经过两天会议后宣布,今年的加息预期次数将由三次减少为两次,与市场预期吻合,随即重创美元,导致其对主要货币走低。美元疲软必然引发石油等大宗商品价格应声上扬,纽约交易所 4 月份交割的德克萨斯中质油和伦敦交易所 5 月份布伦特原油期货价格同时上涨,幅度分别为 5.8% 和 1.1%,各收盘于38.46 美元和 40.33 美元。

石油和天然气行业投资在低油价冲击下连续两年不振,引发市场对未来因投入不足而导致供应短缺的恐慌,进而形成一定的溢价效应。为了确保油气行业可持续发展,保持油价在一个合理区间是必然选择。因此,恶意的份额之争和低油价消耗战必然行之不远,适度回涨符合经济规律和市场逻辑。美国经济增长高于潜在水平的预期,也增强了对石油消耗前景的乐观估计,进而对油价产生支撑作用。

经过一年多低油价影响,世界油气库存绝对饱和的因素逐步消退,也是导致油价止跌回升的原因之一。2015 年 11 月,国际原油库存已达到创纪录的 30 亿桶,自然对油价走低"落井下石"。截止到 3 月下旬,虽然美国的原油库存达到 5.219 亿桶的高位,但汽油库存大幅减少 452.6 万桶,精炼油库存减少 39.1 万桶,预期将减少到 50 万桶。

观察家们认为,中国因素也是让低油价适时刹车的关键。尽管中国最近公布了 6.5%—7% 的年经济增长率目标,低于市场预期,但庞大基数上的这个增长幅度依然成为世界经济的强心针,也必然体现在石油和天然气市场的需求拉动上。2015 年中国石油进口再创历史新高,达到 3.355 亿吨,同比增长 8.8%。低油价大大降低了中国石油进口成本,加速了中国对战略储备石油的补仓。但即便如此,中国战略储备水平也只达到 30.73 天的低位,与美、欧、日等发达经济体的差距依然很明显,继续利用低油价难得的机会扩大进口和库存,是中国的必然选择,悬念只在进多进少。据报道,2016 年 2 月中国原油总进口量已达 800 万桶,成为第一耗油大国。预计在 2018 年和 2019 年前后,中国原油进口量会超过 1000 万桶。

综上所述,构成油价由 L 形向 V 字形反转的变量颇多,是综合作用的结果。但是,由于世界经济总体回暖乏力,市场基本面又供大于求,导致油价报复性飙升的驱动力并不存在。因此,即便油价突破 40 美元大关或继续企稳,未来成长速度也相对缓慢,增幅空间依然有限。正常情况下,在年中回升到 50 美元较有可能,但突破 60 美元也许需要更长时间,除非出现其他重大异常事态。油价再冲上百元这道门槛,几乎是个不能重温的旧梦。

(原载《华夏时报》2016 年 4 月 2 日)

11.限产保价:欧佩克八年难得一心

11 月 30 日,石油输出国组织欧佩克在维也纳做出决定,自明年元旦起,将该组织的日产量减少 120 万桶,并限定总产量为每天 3250 万桶。这是八年来欧佩克首次就产量封顶达成一致,并且立即提振了油价,布伦特原油价格瞬间暴涨冲破 50 美元关口。欧佩克限产保价举措的出台,有望结束持续两年的油价低迷状况,并可能在来年将油价再拉高 50%,达到 75 美元水平。

据报道,根据这次历史性的限产协议,与欧佩克产量 40% 的沙特阿拉伯削减约 50 万桶,将日产量保持在 1006 万桶;伊拉克削减 21 万桶,将日产量压缩到 435.1 万桶;伊朗减产 9 万桶使总量控制在 397.5 万桶;科威特和阿联酋分别减产 26 万桶;加蓬日减 9000 桶。尼日利亚、利比亚和委内瑞拉因为战乱或经济困难而豁免,印尼的成员国身份被冻结,其份额由其他 13 个成员瓜分。另外,非欧佩克成员俄罗斯承诺日减 30 万桶,约占非欧佩克产油国产量削减的一半。12 月 6 日,欧佩克将与非欧佩克成员进行磋商,共同维护新达成的限产保价共识。

欧佩克官网称,这次努力旨在平衡原油市场供需,让油价回归适当水平,并对石油领域的投资发挥激励作用。据该组织判断,世界经济 2016 年至

2017年运行尚好,增速分别可达2.9%和3.1%,因此将石油供应控制在每天3250万桶会有效保持市场供需平衡。欧佩克同时决定由各成员国石油部长及该组织秘书长共同组成高级监控委员会,监督限产协议的执行。

这个协议的出台,意味着两年前沙特发起的低油价大战基本结束,而且是以沙特带头大幅度减产妥协为代价。因此,这场油价战从某种意义上说,沙特并没有如愿以偿,虽然油价从2014年10月每桶116美元一度跌至30美元左右,美国新能源革命的势头并没有因为市场出现原油漫灌而受挫,反倒是沙特自己无力承受持续割肉而挂起免战牌。

沙特的初衷在于,以页岩气为代表的美国新能源革命势头强劲,一旦强大必将冲击传统油气供应格局,进而使沙特无法确保大量出口高价原油而获得丰厚收入,既难以维持长期靠石油收入支撑的高支出高福利体系,又可能导致它战略资产贬值而被美国抛弃。为了决胜未来,沙特决定用低价扼杀高成本的新能源革命,以便重掌世界能源市场之牛耳。

两年的低油价固然使部分美国新能源企业难以为继而倒闭,但是,更多新能源公司逆境图存求生,经过市场淘汰反而做强做大,不仅页岩气油井开钻数量在增加,部分风能、太阳能、核能企业也在扩大市场份额。相比之下,沙特经济结构过于倚重石油产业,财政平衡过于依赖高油价,两年拼血本式的油价战导致财政赤字加剧,投资规模压缩,甚至被迫发行公债,国际信用评级也罕见地被降级。

在沙特苦撑危局之际,美国当选总统特朗普公布的能源新政计划,成为压垮其低价战略的最后一棵稻草。特朗普宣称将退出巴黎气候协定,不再兑现美国公布的节能减排承诺,并在执政后的百日内废除奥巴马遏制燃煤电厂排放限量的法规,加大本土油气资源开发力度,取消石油行业税收和产量上限,并鼓励新能源发展,以便实现美国的能源独立,并为更多产业工人提供岗位。特朗普能源新政意味着将有更多美国能源出现在世界市场,届时,沙特拉回油价会更加困难,及时收手成为摆脱困境的唯一选项。

去年5月,沙特宣称取得油价战胜利,其实暗示限产保价已具基本条件,但是,产油大户伊朗因过去几年石油出口被压缩到产能的三分之一而拒绝配合,沙特和俄罗斯也不愿意单独减产而失去市场份额,当年12月的欧佩克会议限产努力最终破产。今年2月,沙特和俄罗斯同意控制产量,尼日利亚和委内瑞拉因为低油价陷入严重经济和政治危机,但是,由于伊朗产能仍在恢复中,坚持如果不弥补失去的市场份额绝不参与限产行动,欧佩克依然未能达成共识。

　　过去几个月,围绕限产提价,沙特和伊朗多次交锋,最终以确保后者近400万桶日产量为条件,才取得八年来的欧佩克集体限产。这表明,沙特在保持相对高的市场份额基础上做出了让步。欧佩克达成限产协议,未来半年执行期能否得到有效遵守还是未知数,分析家们预测油价反弹势在必行,但市场供大于求的基本面没有发生根本变化,未来还面临着美国日产原油900万桶的出口压力,因此,油价上涨空间并不大,2017年年内突破75美元的可能性并不大。

　　　　　　　　　　　　　(原载《北京青年报》2016年12月3日)

第四章

"阿拉伯之冬"与埃及沉浮

　　2011年，一场半个世纪以来罕见的街头运动在突尼斯、埃及、利比亚、也门、巴林和叙利亚等阿拉伯国家相继爆发，将曾经死水一潭的阿拉伯世界推进了政治沙暴，被誉为"阿拉伯之春"的这场大动荡裹挟着流血、冲突和权力争夺持续数年，使整个阿拉伯世界乃至中东地区进入漫无边际的大混乱。其中，作为领头羊的地区大国埃及像地中海的一艘失去方向的客船，在血雨腥风中上下沉浮，引人注目……

1.阿拉伯:一场本色革命

人言中东是帝国覆亡之地,我谓中东也埋葬预言家——没有谁预料到一次粗暴执法能颠覆国家政权;一个青年自焚竟诱发席卷阿拉伯世界的历史嬗变,而这场嬗变依然处于震荡的进程中和上升期,尚难预知其冲击波止于何处何时,它诱发的各种矛盾重组和利益碰撞,无论是在各国内部,还是整个地区,甚至世界范围,都充满变数而令人眼花缭乱。

如何看待这场让人始料不及、充满争议和前景莫测的阿拉伯大地震,是学者和政治家都颇为头疼的课题,因为一千个人或许有一千个答案,更何况,它远非盖棺定论之时。

笔者认为,这首先不是一场令人讳莫如深的"颜色革命",而是"本色革命"或"无色革命"。这是一场典型的"三无"运动——无明显宗教主张驱动,无强大反对派组织,无外来力量蓄谋唆使,特别是作为震源的突尼斯和埃及。宗教、反对派和外力都是街头革命风生水起渐成规模后才陆续跟进,因势利导。学界也有人用两个"第三次浪潮"来概括这场阿拉伯地震:这是新一轮经济危机的第三次浪潮——第一次浪潮始于金融泡沫诱发的美国经济危机,跨越大西洋登陆欧洲衍生为主权债务危机,接着又南下地中海殃及彼岸的北非西亚;这也是新一轮地缘政治变革的第三次浪潮——第一次浪潮是20个世纪90年代初的东欧巨变,其余震在数年前曾引发独联体和中亚国家的"颜色革命",今年继续向西耸动阿拉伯板块隆起、碎裂。

无论如何,这是一场具有广泛和深刻世界意义的地区变革。横向看,其震荡烈度、辐射规模和连锁反应绝不亚于那场东欧巨变,区别在于,东欧巨变以众多国家重获独立和重择发展道路而告终,这场变革并未导致国家主权易手和意识形态颠覆。纵向看,其社会进步价值堪比 20 世纪五六十年代阿拉伯民族独立运动,区别在于,当时的政治潮流是反帝、反殖及争取民族独立和自决,而当今的基本诉求是中低层群众由争取改善民生和保障公民权跃升为反不公、反腐败和反专制。这是阿拉伯现代化进程的第二次跨越,也是政治生活民主化的最新尝试。

这场变革具有明显的自发性和内生性。它不同于以往自上而下的精英改良或军事政变,完全是一场自下而上的公民运动,不仅事先了无迹象,"大风起于青萍之末",而且起初缺乏统一的组织、宗旨、口号、纲领和目标,呈现明显的盲动性和草根气质,并在对抗与磨合中逐步形成更高、更清晰和更统一的政治诉求——变革政权。它也不同于以往异质文明进入而触发的冲突,而是从地缘政治位置和经济社会发展水平都处于核心区域的两个国家发轫,向周边国家和外围渐次传递,外溢效应迅速而显著,在当代国际政治史上颇为罕见。

自然地震主要是地壳内部力量的变化而引发。这场阿拉伯革命也只有从内部寻找成因才能厘清来龙去脉。解剖突尼斯和埃及两只已经落地的"麻雀",我们可以发现太多共性,甚至可以找到其他阿拉伯"麻雀"的相似性和同一性,简言之:危机源自内力而非外力;诉求始于民生而非民主;症结在于整个社会系统需要改版升级而非简单修补。

有人将这场阿拉伯巨变称为"维基革命",既源于"维基解密"披露和传播本·阿里家族腐败内情的发酵作用,也源于网络在整个巨变中的信息沟通、社会动员和行为组织。网络的功能就是使沟通与传播更加便捷、迅速、高效和低成本。无论是本·阿里家族的腐败丑闻,还是布瓦吉吉等 20 多人舍命控诉的悲情;无论是开罗广场四溅的鲜血,还是世界各地抗议与同情的声浪,都借助网络实现了无缝对接与即时互动,进而形成滚雪球式的无限裂变,推动事态朝着有利于民众、有利于弱者的方向发展,也制约着军队的角色定位,迫使其在命运攸关之时选择了中立与职业化,也选择了权力源泉人民和历史进步潮流。突尼斯和埃及当局切断网络与短信的愚蠢行为激化了原本对立的情绪,而其迫于国际压力恢复网络与短信的妥协,又反衬其色厉内荏的本质,进而为示威者注入更大信心,将诉求坚持到底。突尼斯和开罗街头的青年胜利者由此被誉为"脸谱青年",而事实上,网络只是点石成金的工具,是帮助阿拉伯人革命成功的当代"劳伦斯"。但是,若把这场巨变归咎为新媒体革命,无异于本末倒置,错乱了内因与外因的辩证关系和基本逻辑。

（原载《青年参考》2011 年 4 月 15 日）

2."阿拉伯之春":历史轮回里的变革

肇始于 2011 年年关前后的突尼斯街头骚乱,在此后 11 个月里演变为覆盖整个北非西亚的"阿拉伯之春",相继推翻突尼斯总统本·阿里、埃及总统穆巴拉克和利比亚领导人卡扎菲三大强人统治,将也门总统萨利赫和叙利亚总统巴沙尔逼至绝境,还波及沙特、巴林、约旦、摩洛哥等王国,进而呈现十分罕见的地区性政权垮塌"多米诺骨牌"效应。

在多国"城头变幻大王旗"的同时,人们也日益忧虑地看到,原本基于底层而非精英,源于民生而非民主的本色或无色革命,原本反映各国民众简单诉求和变革愿望的革命,随着时间的迁延,特别是各种内外势力的不断介入和借用,已多少有些异化变质。确切地说,这场以改善民生民权、追求社会公平和结束威权统治为主旋律的街头革命,正由当初的无色无味逐步变色变味,体现为伊斯兰激进势力纷纷借机上位的"绿色"运动,以及美国主导的利己主义选择性干涉。

宗教势力——被放出魔瓶的精灵在弥漫

保守或激进的政治伊斯兰思潮和力量,一直是中东威权世俗政府的打压对象,受到各种紧急状态法规的五花大绑,甚至被密不透风的专制魔瓶死死罩住,直到 2011 年阿拉伯卷起革命狂飙突起。

10 月 27 日,突尼斯本·阿里政权倒台后首次制宪议会自由选举结果出炉,3 月刚刚成立的"伊斯兰复兴运动"竟然求得全部 217 个席位中的 90 个,以 41.47% 的支持率,成为制宪议会第一大党。随后,其二号人物被指定为首届过渡政府总理。

突尼斯政治生态一夜"绿化",如此突然而不可思议,堪比本·阿里一夜出逃,令人大跌眼镜——要知道,突尼斯是整个阿拉伯世界世俗化最成功、最彻底甚至走过头的国家。这个全盘西化以至严禁妇女在校园戴头巾的伊斯兰社会，居然在专制政权崩溃的 10 个月里出现历史性逆反，让宗教党派掌握政权牛耳和国家命运！

就在突尼斯大选的前夜，东邻利比亚也高高竖起伊斯兰大旗。10 月 23 日，夺取江山的"全国过渡委员会"公开向世人勾勒出新利比亚的政治光谱，其负责人吉卜利勒宣称："作为伊斯兰国家，我们将伊斯兰教法作为主要法源，任何违背伊斯兰教的法律都将无效。"这位前政府司法部长甚至直露地颠覆他曾经维护过的世俗禁忌，不再禁止一夫多妻，也不再鼓励女子离婚。

与突尼斯革命不同的是，利比亚"十八路诸侯"在发动反抗卡扎菲统治的初期，就因宗教分子的加盟而令西方犹豫。由于"基地"组织外围同党及来自伊拉克战场反美老兵的合流，这个"杂毛党"几度不屑求助西方，也曾遭受美国冷淡。当叛将尤尼斯被私刑处决，前伊斯兰战斗团魁首萨迪克替补为反对派军事首脑时，终结卡扎菲"绿色事业"的革命已然被注入新的绿色内涵——伊斯兰分子主导着这次沙漠革命的走向，也必然里外翻新这个具有悠远部落传统的社会。

其实，对"绿祸"的恐惧并非始于突尼斯和利比亚，而是比它们更往东也更具核心地缘政治位置的埃及，甚至在开罗广场革命飓风乍起之时。美国政府最初力保穆巴拉克统治，以色列领导人四处游说救其于倒悬，沙特国王甚至电话怒斥奥巴马背信弃义，凡此种种只为一个目的，让穆巴拉克及其代表的温和世俗政权控制埃及，阻击在埃及社会存在近一个世纪的激进宗教团体穆斯林兄弟会从中渔利。

但是，穆兄会已树大根深，不仅早已控制各种行业协会，借助发达密致的社会服务网络形成看不见的"第二政权"，并智慧地顺势而为，巧妙摘取埃及革命的初步果实。穆巴拉克刚下台，穆兄会就参与和推动修宪与公决，并成立名为"自由与正义"的政党，虽然它高调宣称决不在未来大选中竞选总统，也无意谋求议会多数，但它也颇为自得宣称，有望夺取 45% 左右的议席。以网络青年和大学生为引擎的埃及革命，已被迫将国家发展的方向盘拱手让与穆兄会，未来的民主埃及不得不面临绿色打底的政治格局。

其他阿拉伯国家的革命也几乎沾上绿色瓜葛。也门内乱，从一开始就被萨利赫歪曲为恐怖与反恐怖、世俗与反世俗的政治斗争，而非和平示威者及其反目部落卷入的宪政危机。已在阿拉伯半岛做大的"基地"武装似乎有意配合萨利赫唱双簧,一度攻占南部阿比扬省省府津吉巴尔,并宣布成立"伊斯兰酋长国",当然,反对者指责萨利赫故意放水,以向西方显示自己的反恐价值。

巴林街头之乱始于占人口多数却拥有极少权力的什叶派的不满。很快,这场平权运动被巴林王室刻意描述为伊朗操纵的宗派之争,进而在美国默认和沙特协助下被武力平息。无论如何,这是两种宗派势力的博弈,当然,也是亲美反美阵营的博弈。

约旦穆兄会在民生革命风起云涌之后也逐步兴风作浪,并以4月15日萨拉菲分子抗议政府美以政策引发大规模流血骚乱而达到高潮,也预示着前所未有的绿色危害。所幸的是,约旦穆兄会的三体暂不打算挑战哈希姆王室的统治合法性,但是,阿拉伯国家王权与宗教彼此借重的传统表明,这种政教和谐并不意味着街头革命的天平一定不倒向宗教势力。

当然,已造成3000多人死亡的叙利亚内乱,在很大程度上已经被宗教化、政治化,但也是至今最看不清楚的一盘残局。

功利性干涉——利己主义与双重标准的怪胎

这场阿拉伯革命,不止变色,而且变味。变味的突出表现,就是普遍存在的堂而皇之的外来干涉,或以人权与自由之名,或以维护地区稳定之名,而被颠覆的不仅是令人讨厌的政权,还有至高无上的国家主权,以及基于主权原则建构的国际关系基本法则。

"利比亚战争模式",是典型的"人权高于主权"理论实践,也是第一场由安理会一致授权的干涉战争。动机和目标是崇高的:采取一切必要手段,建立禁飞区,制止交战,防止出现大规模人道主义灾难。但是,过程与结局却是荒唐的:禁飞行动变成无厘头的对潜在目标毁灭性轰炸;制止战争变成明火执仗的拉偏架和助推内战;遏制人道主义灾难却也制造更多伤亡和难民……

美国为首的北约及其地区盟友,以10亿美元军费和零伤亡的微弱代价,取得辉煌而完美的战绩,却也创立不良记录:高举人权旗帜和安理会授权,颠覆一个联合国成员国政权,进而也颠覆了《联合国宪章》特别是集体防卫条款,以及支撑国际关系框架的主权原则。

更令人错愕的是,同样关乎人权、自由与民主,外来干预在巴林首都和沙特东部省则是另一种味道:因为巴林设有美国第五舰队司令部,也因为巴林处于抵御伊朗势力西进前沿,美国就可以纵容巴林王室出动美制坦克和装甲车驱散示威者,就可以默许甚至公开肯定沙特发兵巴林协助维稳。

同样关乎人权、自由与民主,外来干预在也门宪政危机中模棱两可和无所作为,以至死亡上千人后,也门总统依然安之若素,仅仅因为他是美国的反恐伙伴,仅仅因为也门是遏制"基地"组织的新战场。

依然是关乎人权、自由与民主,外来干预在叙利亚危机面前依然软弱无力,面对3000多人的死亡,面对反对派的呼唤,却避而不谈甚至公开否认建立禁飞区的可能,原因仅仅是叙利亚地缘位置十分重要,仅仅是担心大马士革政府被长期打压的穆兄会取代,进而构成更不利于以色列和美国地区利益的力量配比。

本·阿里执政期间,他实施的反伊斯兰化政策甚至超过西方国家,针对伊斯兰激进力量的打击也不遗余力,但是,政变来得太快,以至于美国反应不及,而法国一度错压筹码,它们都未及考虑革命的"绿化"后果。

穆巴拉克在革命之始就敏锐地穿刺美国等西方世界的政治神经,试图将街头革命抹绿,怎奈穆兄会太聪明而青年学生太强大,美国先是两边下注继而抓住埃及军方取代穆巴拉克,以较小代价干预并推动着埃及内变的后续发展。

卡扎菲面对内乱大喊冤屈,向美国和西方大表反恐忠心,无奈部落内质瞬间权力分崩离析,而法国要乘机扬威立腕,并以盟友之谊绑架无心且无力的美国一并干预,至于后卡扎菲时代谁主沉浮,不是萨科奇优先考虑的选项,因为他急于保住草率承认的利比亚反对派免于覆亡。

萨利赫倒而未倒的关键是及时摆出"基地"组织的稻草人,使得依然为恐怖焦头烂额的美国几乎不愿插手也门乱局,进而形成分裂、对峙长达半年而不决的拉锯奇观。

干预不干预,只为利益,只为便利,不为道义和价值观。这就是美国及其盟友在阿拉伯革命中的表现,恰恰是这种表现促使叙利亚的巴沙尔把内乱定性为"泛阿拉伯与泛伊斯兰的对决",是当局对穆兄会持续半个世纪的弹压。

也许是"恐绿"效应太过明显,如今崛起的宗教党派,从突尼斯到埃及,从利比亚到约旦,在高举绿旗的同时,无不表示将尊重女权和世俗价值,借以安抚外部世界特别是西方世界的恐惧。

至此,"阿拉伯之春"的局限性和表层性已昭然若揭,而宗教势力得手以及外来干涉的为与不为,都让熟悉阿拉伯历史的人们感觉到某种轮回的阴影。

（原载《华夏时报》2011 年 11 月 7 日）

3. "阿拉伯之春"三年记

1 月 25 日,对阿拉伯世界而言,是个大日子,以此日起事而命名的"一·二五革命",导致穆巴拉克三十一年统治的快速崩溃,进而被埃及人视作不亚于颠覆法鲁克王朝的"七月革命"。由于埃及在阿拉伯世界的核心地位和超级分量,"一·二五革命"几乎是突尼斯事变惊雷引发的一场雪崩,它宣告"阿拉伯之春"的来临。此后,从北非到西亚,从共和国到君主国,这场社会变革的运动在中东决堤奔流,摧枯拉朽,泥沙俱下,引发广泛而深刻的地缘关系裂变,重构政治版图。

三年后,回首这片被罕见政治大洪荒洗刷的阿拉伯土地,竟然让人发现,"阿拉伯之春"的后果既无法简单褒贬,也难以一言名状。

（一）俯瞰大地,阿拉伯浴火求变

三年前,社会和经济发展处于中上水平的突尼斯、埃及和利比亚,相继因暴力执法个案引爆蕴蓄已久的民怨火山,在半数以上阿拉伯国家引发剧烈震荡的"多米诺"效应,势能巨大的底层变革冲动导致一系列后果:

首先,阿拉伯社会内部彻底释放孕育和发酵多年的沉闷、彷徨、不满、怨恨、痛苦和愤怒,这种求变本能的释放虽然具有一定的破坏性和随意性,但是不同于以往的对外战争,或自上而下的流血或不流血政变,它体现了阿拉伯民众作为历史承载与塑造主体的角色,完成了自 20 世纪五六十年代"反帝反殖反封建"民族解放运动后的二次放量宣泄。这也就是阿拉伯舆论何以正面肯定这场剧变的主流和本质所在,一句话,"阿拉伯之春"是人民求变的集体冲动。

其次,这场春潮荡涤了捆绑阿拉伯共和国家进步的僵化政体、家族统治、集权制度、老人威权和小团体利益,终结强人时代并开辟公民主导新社会和宪政治理新天地。突尼斯、埃及、利比亚、也门进入多党制衡、公投票选和轮替竞争的初级轨道;民众愿望和声音得以在阳光下自由表达;利益诉求和政治主张得以在共同制定的规则下公平、透明和有序争取。

当然,多年形成的政治、经济、社会和心理秩序一旦打破,其重构难度远非革命前想象的那样一蹴而就。这些经历深刻历史革命、暂时天下大乱的共和制国家,普遍人心失和、政局动荡、经济凋敝、社会乏序和治安恶化,承受着剧变引发的撕裂、剧痛、流血和牺牲,甚至引起部分民众的懊悔和怀旧。

此外,最缺乏民主、民权要素的阿拉伯王权国家,却因财力雄厚和民生无忧,不仅躲过革命的洪水猛兽,而且抱团取暖,扩大阵营,并因势利导将这毁灭性的荒火引向利比亚和叙利亚等共和制国家,进而形成一个让世人颇为质疑的表象:"阿拉伯之春"究竟是推动社会发展的进步春潮,还是巩固保守制度与力量的寒风冷霜? 我宁愿相信,这种王权国家的反攻倒算,只是社会前进潮流中的漩涡和回流,它改变不了"阿拉伯之春"的总体走向。当然,这类似悖论的现实向世人展示一条朴素而残酷的治国原理:缺乏民主、民权也许导致革命,但民生失败一定会导致革命,因为,"民以食为天"。

(二)诸神的争夺,潘多拉魔盒之乱

概览"阿拉伯之春"三年光景,这场缘于普通民众,旨在改善民生、民权和增加民主的革命,也打开了中东地区的"潘多拉魔盒",释放出古老的精灵,这精灵远比民族国家、现代政治和民族英雄更有历史传承,更具凝聚力、号召力和驱动力。这就是宗教与世俗矛盾、宗教派别斗争和种族摩擦,而且不仅普遍存在于剧变后的每个国家,还成为超国家、超民族和超文化的地域之战。这种彼此矛盾、你中有我却又你死我活的复杂关系,成为"阿拉伯之春"释放的巨大负能量,一如揭开曾经尘封多年的黑暗地牢,使奄奄一息的诸神重焕活力,捉对厮杀。

无论是埃及、利比亚、突尼斯还是也门,甚至摩洛哥这样的王权国家,宗教党派第一次大面积获得名分,公开角逐权力施展抱负。在此过程中,基数

强大、更合现代气候的世俗力量以各种公开与不公开、和平与非和平的方式争夺社会生活的主导权,也捍卫着基于个人自由的精神世界和呼吸空间。在其对面,穆斯林兄弟会、萨拉菲分子、伊斯兰拯救阵线等旗帜鲜明的宗教团体或党派,尝试通过议会民主框架让政治现代性回归伊斯兰主义,让国家认同臣服于信仰皈依,让社会生活规范于宗教法典和先知举止。

受信仰之争溢出的影响,伊斯兰教派与基督教派之间的摩擦、冲突死灰复燃;伊斯兰逊尼派中温和阵营与激进阵营出现龃龉;伊斯兰逊尼派与什叶派的明争暗斗空前激化,甚至阿拉伯人与科普特人、阿拉伯人与波斯人、阿拉伯人与犹太人之间的冲突也被撕开绷带。这一切使得"阿拉伯之春"的长尾横扫革命缘起的目标堤坝,大有冲决地区力量板块和重新洗牌的势头,进而使原本让人眼前一亮的阿拉伯社会自我革命,正褪去当初的光泽,逐渐蒙上复古和血腥的阴影。

(三)埃及革命,在进退中折腾

"一·二五革命"前夕,埃及结束穆巴拉克倒台后的第六次"公投"和第二次"修宪",推出"塞西版"临时宪法。塞西,穆兄会上台后由首位平民总统穆尔西提拔的军队统帅,竟在民选政府履新仅一周年之际,发动政变接管政权。埃及舆论称这一事件为"二次革命";非洲联盟指控政变非法并违反非盟宪章,中止埃及成员国资格;美国则以默认埃及军方对宗教党派的铁血打压;恐惧穆兄会平权理念的沙特阿拉伯率海湾产油国慷慨出资 120 亿美元,公开为埃及军方撑腰,用诱人的石油美元告诉囊中羞涩的埃及民众,他们应该选择什么样的执政者。

因此,"塞西宪法"公投,票决的不仅是治国之法,首先是对那场政变的背书。官方统计表明,5200 多万合法选民中超过 55% 的人参与投票,支持率在九成以上。无论投票率还是得票率,均高于"穆尔西宪法"的公投结果,这说明一党独大的穆兄会,在埃及只拥有局部优势,而不代表多数民意。否则,无法解释政变前夕 1800 万人上街示威逼穆尔西下台的无情现实。

穆兄会确实缺乏足够的博弈智慧和执政经验,更何况埃及一夜间从专制主义荒漠转换为民主自由湿地,高喊民主却又缺乏规则意识的党派,公平竞争却不不肯接受失败的权力角逐者,迷信街头运动、瘫痪国家和绑架他人意志的草根群众,一并汇成持续三年的乱象:示威频仍、骚乱不断、流血难止、民生更艰。瘫痪的国家、迷茫的前途和世俗主义的持守,唤醒埃及民众对军人统治和强人治理的迷思,并借助"塞西宪法"重建没有穆巴拉克的穆巴拉克统治。历史在某种层面上出现倒退,也许是宏大进程中的小步刹车,因为埃及不想跑得太快而彻底失去自己。

(四)叙利亚迷局,三起三落一变再变

纵观"阿拉伯之春",最让人看不懂、跌眼镜的是叙利亚棋局。三年前,当怒火从南部小城德拉燃烧时,它的确预示着一场民主、民生和民权革命,而且由于当局的迟钝、犹豫和侥幸导致烽火四起。但是,随着沙特、卡塔尔等海湾君主国的快速介入和资助反对派武装,叙利亚动乱的性质逐步发生变化,蜕变为瓦哈比主导的逊尼派与阿拉维为"首恶"的什叶派教派角逐,蜕变为阿拉伯人与波斯人自伊朗"伊斯兰革命"后的种族对决。一如笔者三年前所言,"阿拉伯之春"在叙利亚进入拐点:以共和制国家政权变更为主要特点的剧变将在这里终结,无论巴沙尔政权命运如何;由突、埃、利、也等国延续而至的民主、民生和民权革命,在叙利亚转化为传统的中东地缘政治厮杀。

海湾君主国直接介入,基地组织找到新战场,伊朗全力驰援协防,真主党民兵越境打游击,以色列空袭阻断大规模杀伤性武器扩散,甚至连美欧国家的极端分子都麇集叙利亚参加所谓"圣战"。中俄极具战略眼光的三否安理会决议草案,法国、美国接踵而至的大选,反对派的窝里恶斗,以及巴沙尔政权不俗的战场成绩,一并构成叙利亚既不同于利比亚也不同于也门的复杂态势,使得正从中东中亚向亚太地区再平衡的美国更加无力无心军事干涉。

三年过去,叙利亚战局尚不明朗,但政局已脉络清晰:内乱已由最初的民众变革升级为"春秋不义战",又因"基地"等恐怖力量的做大和泛滥,变性为恐怖与反恐怖之战。叙利亚放弃化学武器,不仅免去可能改变命运的外科手术打击,延长至少一年的寿命,并为迫使反对派及背后主谋接受和谈打下基础。

(五)费卢杰失陷,恐怖主义的癌变和扩散

"基地"组织打入叙利亚,客观上在大国视野里改变了这场内战的性质和

走向,反倒拯救了巴沙尔政权。但是,美国的战略收缩和始料不及的"阿拉伯之春"重创大中东原有格局,导致"基地"为病灶的恐怖主义癌变和扩散。"基地"作为一种意识形态、松散跨国组织和恐怖袭击模式,并未因本·拉登的毙命而终结,相反逆势扩张。扎瓦赫里成为新的统帅和精神领袖,被铲除的地区干将扎卡维、穆萨维、奥拉基和哈基姆等纷纷有了接班人,"基地"甚至孵化出新一代炸弹专家,升级了恐怖装备和袭击手段。

随着本·阿里、穆巴拉克、萨利赫、卡扎菲等西方反恐盟友的倒台,以及美国从伊拉克和阿富汗的逐步撤离,几年前以阿富汗和巴基斯坦为主战场的"基地"分子及其同盟军迅速呈现北上、西进和南下的总态势:开辟新的叙利亚战场,复活一度沉寂的伊拉克战场并使二者贯通,不仅在叙利亚成立"沙姆伊斯兰酋长国",还夺取伊拉克重镇费卢杰,建立"伊拉克和沙姆伊斯兰国"。过去三年间,"基地"祸水还沿地中海东岸向南渗透,进入巴勒斯坦加沙地带和埃及西奈半岛,并频繁发动血腥袭击。此外,"基地"余孽还在利比亚、突尼斯、摩洛哥等地区死灰复燃,使这些经历革命阵痛的国家重温恐怖袭击噩梦。去年9月,索马里"伊斯兰青年党"奔袭东非大都会内罗毕,制造震惊世界的"西门血案",这清晰地表明,"基地"跨越撒哈拉沙漠并与黑非洲本土恐怖势力形成同盟,遥相呼应。

在"基地"分子眼里,一切世俗政权都是敌人,都是美国和以色列大小"魔鬼"的帮凶,要解放伊斯兰的土地,必须在任何地方以任何方式发动袭击,诱使对手开辟战场报复杀人,进而制造新的伤亡和仇恨,培养更多恐怖分子,再发起更多进攻,直到让美国和西方世界像罗马帝国般竭血衰亡。阿拉伯世界的动荡和无序,为恐怖分子的滋生和壮大提供了百年一遇的最佳气候和土壤。

结尾

三年前,"阿拉伯之春"大幕初开,笔者曾评价说:"阿拉伯民众的觉醒以前所未有的势头带给世界新的希望,阿拉伯文明复兴的启明星也以前所未有的光芒在历史的天空闪烁。"但是,三年来的乱局告诉我们,这场变革仅仅是一场表层变革,至多解放了言论自由、人身自由和社会资源,但是,没有实现民众理性和心灵的解放;至多推翻了一茬强人和专制统治,但是,并没有埋葬民众内心的威权迷信和精神桎梏。一场流于表层而没有深刻触及文化、观念、传统甚至信仰的革命,注定难以完成对阿拉伯民族的历史救赎。在三大文明系统的博弈中,阿拉伯伊斯兰文明必然继续整体徘徊不前,大大滞后于美国为代表并主导世界秩序的西方文明,滞后于中国为代表并正快速崛起的东亚文明。

"阿拉伯之春"确实已经来到,但是,它更像是昙花一现的虚假春天,而不是花开遍野、暖水奔流、让人感到生机无限的真正春天。

(原载《中国青年报》2014 年 1 月 25 日)

4. "阿拉伯之春"四周年:回顾与反思

王权国家能独善其身的原因

南方都市报:四年后再回头看"阿拉伯之春",看这场席卷北非西亚并蔓延到阿拉伯世界的"革命",当时爆发的原因是什么?

马晓霖:从表象上,无非是政治、经济和社会危机综合性爆发。爆发点是突尼斯街头小贩被警察暴力执法传言引发,加上长期和普遍存在的司法不公,在经济危机引发的民怨沸腾背景下,民众走上街头抗议当权者。后来引发"多米诺骨牌"效应,突尼斯、埃及、利比亚和也门的强人政权相继被推翻。

深层原因是 2008 年的全球金融危机,由美国始波及欧洲后,"尾巴"又甩到西亚北非。这一地区是欧洲后院,这些国家属于典型的地租经济和出口导向型经济,完全依赖欧洲的投资、市场和资本,本国工业体系脆弱甚至匮乏,结构薄弱而单一,劳动力吸纳能力不足。当欧洲经济出现问题,消费能力急剧下滑时,西亚北非国家的投资、出口、侨汇、旅游乃至航运等都备受打击,加上人口又到青年高峰期,60% 为青年人,大量青年失业,物价、房价飞涨,民不聊生。与此相对应的是政治体制僵化,高官腐败,于是就爆发了这场自下而上的,由普通民众推动的旨在改善民生、民权和增加民主的革命。

回头看这场阿拉伯世界的剧变,很类型化,主要集中于北非西亚世俗化的"共和制"国家。这场规模空前的街头运动在短时间内横扫中东,所有阿拉伯国家几乎无一幸免,但除突尼斯、埃及、利比亚、也门、叙利亚急剧动荡和更迭激烈外,君主制国家,如巴林、沙特、卡塔尔、摩洛哥和约旦等国,则在短暂的混乱后平稳过关。

南方都市报:这的确是一个值得关注的现象,就是八个君主制国家反而在这场风暴中能够"独善其身",导致有些学者甚至认为君主制国家是阿拉伯世界的"稳定之锚",什么原因使这些国家摆脱了这场风暴的冲击?

马晓霖:共和制国家和王权制国家合法性的基础不同。王国是由特定家族在"蛮荒之地"通过征服建立、建设并传承的,政权有某种天然的合法性,臣民有服从的传统。同时,这些国家政权又基本是教权合一的。倭马亚王朝以来,宗教一直是伊斯兰国家政权利用的工具。"统治者是安拉在大地上的影子",为了给统治赋予宗教合法性,摩洛哥阿拉维王朝的国王将家谱追溯到了伊斯兰教先知穆罕默德。摩洛哥哈桑二世国王为自己选择了"穆民首领"的称号,并恢复了哈里发国家的"拜阿"仪式。沙特国王法赫德为自己选择"两圣寺仆人"的称号,显示其伊斯兰盟主的地位。约旦王室在国名上加上"哈希姆"(先知穆罕默德的家族名)一词,以彰显其圣裔身份。

而共和制国家政权的合法性是源于民族解放运动,来源于推翻"三座大山"——帝国主义、封建主义和殖民主义。政权是民众流血斗争得来的,也是人民赋予的,宪法保证人人平等,而不是来自家族传承,政权属于人民,而不是专属统治者及其家族。

第二个原因则是地理环境优势,这八个王权国家,恰恰多是盛产石油。即使摩洛哥、约旦等石油资源贫乏的国家,也依赖磷酸盐、旅游、侨汇等同样具有地租性收入。石油收入由国家控制,政府拥有足够的财政资源而无须依靠税收维持运转,也无须接受公民监督和质询。不仅如此,政府还有能力向公民提供高福利。我1993年至1995年在科威特工作时,就了解到这个国家是如何躺在钱袋上过日子,当时他们的民众一生就可以享有国家财政补贴55万美元,生病了可以由家属陪护到全球任何一个国家看病,费用政府全包,谁会"疯掉"去闹革命呢? 可以说,百姓基本都是"反革命"(笑)。

在这次动乱中,富裕的海湾君主国在应对民众要求方面,显得底气十足。作为"分配型国家",高涨的油价使它们可以拿出大笔石油美元分配给民众,平息民怨。像沙特,2011年形势比较紧张的时候,国王阿卜杜拉直接向民众送出 1300 亿美元的"大礼包"。

　　且这些王权国家面对紧张局势,也抱团取暖。巴林王室哈利法家族属逊尼派,但什叶派占巴林人口约 70%,长期受到压制,政治地位和经济状况远不如逊尼派。动乱波及巴林之时,大批民众拥向首都麦纳麦市中心的珍珠广场,要求建国以来一直担任首相的国王叔父哈利法下台,也有部分示威者喊出"推翻王室"的口号。巴林王室向海湾阿拉伯国家合作委员会求援。海湾大军"半岛之盾"在美国的支持下随后进入巴林,武装弹压示威者,拯救了哈利法家族。

　　因此,这次革命,一个吊诡的现象就是最缺乏民主、民权要素的阿拉伯王权国家,却因财力雄厚和民生无忧,不仅躲过革命的洪水猛兽,而且抱团取暖、扩大阵营,并因势利导将这毁灭性的荒火引向利比亚、也门和叙利亚等共和制国家。也就是说,这次革命的最主要原因是经济出了问题,吃不饱饭。

动荡仍旧在继续

　　南方都市报:这些底层民众自发的革命目标是为民生,要求推翻当时的政治强人的腐败统治,现在再回头看,这些目标达到了吗?

　　马晓霖:突尼斯、埃及民众上街最初的诉求就是要"面包、汽油"甚至是"淡水",另一个就是要求司法公正,都是非常浅层次的、分散的、很淳朴的诉求。但当街头运动持续一段时间之后,目标就开始集中而且升级,逐步形成共识,认为造成这一切的是领导人问题,是制度问题。这时,在野的反对派、参政党派和宗教力量开始介入,他们政治经验丰富,组织动员能力强,有相当的资金,也有现成的口号和纲领,甚至更知道当局的死穴,于是抓住机会,一下子就把街头运动提升为"革命"的高度,最终也轻易把卡扎菲、穆巴拉克、本·阿里、萨利赫等政治强人推下台。

　　南方都市报:推翻了这些政治强人,带来了更好的结果了吗?

　　马晓霖:没有。当时我就断言,阿拉伯世界这场动荡短则三五年,长则十年八年,都结束不了,现在看依然处在上升通道。我也曾判断,叙利亚不管实现不实现政权变更,这场以阿拉伯共和制国家为主的政权变革运动,也就画句号了。换言之,王权国家是暂时不会发生"革命"的。

　　现在我们可以逐个分析。突尼斯是北非小国,却是"阿拉伯革命"的始作佣者,在这次革命后的转型还算是好的,一枝独秀。剧变后的突尼斯,虽曾遭遇零星暴恐袭击和经济困境,但政治形势总体还算稳定,新旧势力、教俗派别在宪政框架内展开了长达三年的艰难博弈。这一博弈以去年12月总统大选为标志,好歹修成正果,终结临时总统执政的过渡期。突尼斯的阶段性成功能否巩固为新常态,有待时间检验,而其他的几个国家,则悲摧得多。

东邻突尼斯的利比亚,是个倒霉的样板,现在坠入了社会严重失序的深渊。卡扎菲倒台后,各路诸侯争权夺利,派系武装拥兵自重,部落纷争不断激化,宗教力量和世俗力量的摩擦势同水火。新利比亚名为一国,实则两府两院公开分庭抗礼,东中西地区三分天下,原油出口严重受阻。埃及、沙特和阿联酋一度派战机空袭介入,去年底,萨赫勒地区五国甚至公开要求联合国安理会组建安全部队,再次干涉利比亚,消灭民兵武装,建立稳定的民主政权。

南方都市报:也门和埃及呢?

马晓霖:也门,虽然通过总统萨利赫的和平交权实现不流血政变,但那也只是打开了"潘多拉魔盒"的封条。12月23日,首都萨那发生五枚炸弹袭击;仅12月,暴恐袭击就给这个破败国家造成近百人死亡。如此糟糕的安全形势足以让人们怀疑,政权变更的意义究竟何在? 拥有资源又怎能变成财富?

也门糟糕的不只是治安,而是后萨利赫时代国家主权的分崩离析,进而与民主转型的初衷渐行渐远:一方面,因1990年统一而被压制的南北差异和权力失衡继续凸显,被迫于去年2月宣布实行联邦制。实行联邦制,在伊斯兰国家,就等于又回到了氏族社会。另一方面,什叶派胡塞分离主义也不断以暴恐袭击迫使中央政府退让,并导致10月新任总理辞职。作为第三股势力一直存在的"基地"武装,更是在萨利赫倒台后重新做大,继续兴风作浪,成为妨碍也门完成和平转型的重要羁绊。

埃及是阿拉伯国家的领头羊,也是中东地区的稳定之锚。饱受近四年的血雨腥风后,被街头运动劫持的国家终于以新的军事政变为转折点趋于稳定。去年5月,推翻穆斯林兄弟会执政体系的军方,组织了勉为其难的总统选举,脱下军装的政变领导人塞西顺利登顶,成为穆巴拉克倒台后的第二位民选领导人。一个没有穆巴拉克的穆巴拉克式政权重新统治尼罗河两岸,却以上万人死亡、经济和社会生活严重倒退为代价。

　　塞西上台是对穆兄会宗教势力勃兴的世俗化反击,体现了埃及主流民意拒绝宗教激进思潮的整体觉悟和悠久传统。但是,实现埃及稳定与大治的根本还在于经济形势的彻底改善。塞西推出的以开凿第二条运河为龙头的经济复兴药方,赢得过短暂的喝彩和期待,能否药到病除,变成回升的就业率和经济增长率,很多人持悲观态度。

恐怖主义的癌变和扩散

　　南方都市报:现在看,这场革命中,叙利亚和伊拉克的动荡带来了一个更可怕的后果,就是"IS"的崛起。美欧等国现在也深深后悔,当初支持反对派推翻巴沙尔政权,结果却造成了比"基地"力量更激进的恐怖力量的坐大与崛起。

　　马晓霖:是的。叙利亚最初有一点"民生、民权、民主"革命的色彩,但很快就被美国、沙特这些外来力量抓住机会,借此想扳倒巴沙尔政权,打垮伊朗,切断什叶派在阿拉伯世界的"臂膀",进而对什叶派进行清算,孤立和削弱伊朗。从反恐战争的层面看,美国的确是自己挖坑埋葬自己,奥巴马又何尝不是在重复这一战略乌龙。

　　"IS"的母体是"基地"组织,而"基地"出现的缘起是极端反美主义,是美国中东政策的畸形儿。2004年,"基地"骨干扎卡维在沦陷的伊拉克发现新战场,组建和发展了基于伊拉克和约旦的分支机构。两年后,扎卡维死于美军空袭,但其追随者并未完全作鸟兽散,其组织也没有完全土崩瓦解,而是蛰伏图存。

　　叙利亚内乱爆发后,政府军逐步失去对半数国土的控制,活跃在伊拉克的"基地"分子乘虚而入,并以支持革命的名义与部分反叛力量合流,而且得到美国及沙特等海湾国家的资金和物资支持。经验丰富的"基地"老兵很快影响并掌控叙利亚中部的"支持阵线",促使其效忠"基地"。2012年美军撤离伊拉克后,马利基政府与逊尼派矛盾白热化并造成中西部地区民众离心离德,这给伊拉克"基地"分子更多腾挪空间和支持基础,乘机于2013年成立跨境新实体"ISIS"。2014年早些时候,实力大增,索性甩掉"基地",自立门户,宣布建立"伊斯兰国(IS)",并将征服世界作为终极目标。

　　由于奥巴马首鼠两端,踌躇观望,导致"伊斯兰国"武装在半年内横扫伊拉克中西部 15 个城镇,北抵库尔德核心城市埃尔比勒,东指首都巴格达,最终迫使美国重新武装卷入。"伊斯兰国"武装极端残暴,切割民族国家边界自立王国,不仅直接威胁地区国家政权的安全,而且挑战殖民时代以后陆续形成的世界秩序和地缘规则,势必成为政治孤岛。美国已成功组建包括 10 多个伊斯兰国家在内的国际联盟,围剿"伊斯兰国"武装。但是,这些盟国心态各异,彼此推诿,出声不出力,甚至夹带私活,导致以空袭为主的攻势效果不彰。新的反恐战争形势严峻,即便最终成功击溃、驱逐"伊斯兰国"武装,也很难短时间根除其巨大影响。

南方都市报:无论承认与否,这场革命看似推倒了台面上几个腐败的政治强人政权,结果却并没有带来预想的稳定和繁荣,"阿拉伯之春"带给阿拉伯世界的反而是更多的苦难、动荡和失序,国家分裂、民族和宗教问题进一步恶化,带给世界的是恐怖主义的癌变和扩散。

马晓霖:是的。回首这片被罕见政治大洪荒荡涤的阿拉伯土地,后果既无法简单褒贬,也难以一言名状。四年来的乱局表明,这场变革仅仅是一场表层变革,至多解放了言论自由、人身自由和社会能量,但是,没有实现民众理性和心灵的解放;至多推翻了一茬强人和专制统治,但并没有埋葬民众内心的威权迷信和精神桎梏。一场流于表层而没有深刻触及文化、观念、传统甚至信仰的革命,注定难以完成对阿拉伯民族的历史救赎。

(原载《南方都市报》2015 年 1 月 21 日)

5.中东大乱,世界之痛——"阿拉伯之春"五周年记

1 月 14 日,是突尼斯总统本·阿里仓皇出逃五周年之日,也是"阿拉伯之春"向"阿拉伯之冬"转换至极致的大节点:五年前突尼斯爆发的"茉莉花革命"已着实呈现燎原之火,引起中东大乱,造成世界之殇。后街头运动时代的突尼斯、埃及、利比亚、也门、巴林、摩洛哥、叙利亚等国绝大多数仍在动荡与战乱中苦苦煎熬;"伊斯兰国"武装脱胎"基地"组织母体并急速扩散,"割地""封疆""立国";冷战后俄罗斯首次出兵中东,以沙特和伊朗为核心的两大伊斯兰宗派阵营对决由幕后转向前台;中东多极力量重组,地缘版图畸变;中东

难民潮呼啸涌向欧洲,法国遭受恐怖主义袭击震动全球;沙特油价战更从能源和经济层面冲击世界地缘政治。中东大乱,世界之痛,这也许是对"阿拉伯之春"五周年的恰当诠释。

痛苦转型,多国陷入战乱煎熬

五年来,突尼斯经过多党竞争阵痛,承受间歇性恐怖袭击和政局动荡,基本实现政治转型。随着2014年温和力量阵营执政,2015年年初新宪法出炉,突尼斯政局逐步趋稳。尽管党阀暗流涌动,恐怖袭击时有发生,但整体走上经济康复和国家复兴,成为继摩洛哥实现彻底君主立宪制后,阿拉伯转型相对稳定和成功的样板。

埃及在"一·二五革命"后持续陷入全国性街头政治泥潭,其间多次修宪和公决,2012年大选上台的穆斯林兄弟会正义与发展党政权因缺乏治国资本和经验,一年后被军方借助强大民意支持颠覆。随后埃及陷入数月的街头暴力流血,死亡6000多人,伤数万,穆兄会也被取缔,领导人纷纷入狱并被判处极刑。2014年5月完成新选举,军队领导人塞西当选新总统,局势才逐步稳定。然而,9000万人口在恐怖主义袭击、经济低迷不振和军方与穆兄会缺乏和解的僵持中忍耐和期待。

也门曾以萨利赫总统交出权力一度成功避免利比亚式内战悲剧,然而,由于固有的南北发展差异、部落纷争、宗派矛盾、地方割据和外力介入,后萨利赫时代的也门不仅未能走上稳定和中兴之路,反倒在2014年后重蹈利比亚覆辙,胡塞武装攻占首都并向全国推进,哈迪政府一路败退直至流亡沙特。2015年3月,沙特纠集10个国家对也门内战武装干涉,并由初期的单纯空袭升级为地空联合作战。时至今日,胡塞武装没有被打回原籍赛达省,战争反而全面陷入僵持和胶着,并造成重大生命和物质损失。战火甚至逆袭沙特,向其西南地区蔓延。

利比亚卡扎菲政权倒台后,分离主义重新抬头,三分天下的呼声一度高企。五年来,这个部落特征十分凸显的沙漠石油王国山头并起,各路武装拥兵自重,极端势力死灰复燃,恐怖组织空前猖獗。沙特、埃及和阿联酋等地区力量也曾介入其内斗甚至远程空袭,干预政局走向,并在2014年形成两个议会、两个政府对峙的奇观,石油出口严重受阻,一度迅速好转的经济形势再度恶化。

叙利亚由于外力直接挑动和助推,五年间从中东最稳定的国家变成第二个索马里,山河破碎,几成集传统中东所有矛盾于一体的代理人战场,并因"伊斯兰国"武装割占40%土地而成为恐怖势力大本营和恐怖袭击主要策源地,及至酿成二战后最大规模的难民潮。截至2015年6月,叙利亚近40万人死亡,2000多万人口半数沦为难民或流离失所,经济与社会发展倒退近半个世纪,部分千年古城和世纪文化遗迹被彻底摧毁,成为人类文明的巨大耻辱。

版图改写,中东地区格局重组

五年前的"阿拉伯之春"势大力沉,迅速推翻部分北非和西亚国家强人统治,将阿拉伯世界逼入无序状态。冷战后独步中东的美国受经济危机冲击实力锐减,逐步从中东战略收缩并将重心向亚太转移。这两种因素融合发酵导致阿拉伯世界传统的金字塔权力机构马赛克化加剧,形成巨大权力和安全真空,给"基地"组织势力的反攻倒算以全新温床和势能。各种激进宗教思潮沉渣泛起,并借助民主、自由与革命的外衣在阿拉伯世界粉墨登场,特别是美国撤离后伊拉克权力和利益分配失衡,促成"基地"组织余孽卷土重来,更因叙利亚内乱而让其势如破竹将伊叙两国互联互通,坐大一方。

2013年,"基地"组织新生代不满"教父"们的控制,也不屑其陈旧过时的运行模式,自立门户建立"伊斯兰国",推举政教合一领袖并自命"哈里发",将叙利亚拉卡市定为其"政权"首都,在全球范围内划分疆域和版图,开列征服世界蓝图,号召全球穆斯林效忠,动员各地圣战者靠拢。短短两年,从阿富汗到西亚,从北非到中西非,形形色色的"基地"组织追随者及其新生代宣布归顺"伊斯兰国",进而在国际政治版图中,出现一个洲际恐怖"托拉斯"和非法王国。来自80多个国家的数万男女,甚至不乏掌握高等知识和技能的欧美精英,麇集于"伊斯兰国"武装麾下,以最残忍的方式在中东内外拓展空间和影响力。不仅恐怖主义态势出现前所未有的局面,殖民时代以来形成的民族国家边界、疆域和主权遭受"伊斯兰国"的割裂和夺占,形成非国家行为体主导的国家化控制体系和运作方式。

受恐怖主义扩张影响,以反恐之名而起的力量格局也出现全新变化。2014年9月,美国宣布在伊拉克和叙利亚发起反恐战争,此后,美国组建以阿拉伯国家和西方盟友为主的反恐联盟,并由最初 40 个国家扩容至 62 个成员。美国领导的反恐同盟在一年间发动近万次空袭,但因其三心二意并未重创"伊斯兰国"。

2015 年 9 月底,俄罗斯以反恐为名大规模、高烈度在叙利亚发动战事,迅速改变叙利亚政府困境,打破美国单独主导的中东反恐战争局面。这不仅是阿富汗战争结束后,俄罗斯人在境外组织的最大规模军事行动,而且是苏联解体后俄罗斯对中东地区的一次势力重组,并且很快整合叙利亚、伊拉克、伊朗和黎巴嫩真主党等什叶派力量,进而形成俄罗斯主导,控制中东 5 国首都的什叶派阵营为支撑的中东地缘新格局,再次改写中东政治版图。

霸主争锋,伊斯兰世界分裂加剧

"阿拉伯之春"五周年之际,中东经历另一场酝酿已久的权力博弈,也呈现了这场地区大变局的另一个锋面。1 月 2 日,沙特以参与恐怖主义罪名处死 47 名本国囚犯,包括著名的什叶派宗教领袖奈米尔。这原本属于沙特内政,奈米尔之死却引起伊朗强烈反应。伊朗最高领袖哈梅内伊公开谴责沙特并威胁复仇,部分伊朗民众冲击沙特驻德黑兰及马什哈德的使领馆并造成一定损失。

沙特以伊朗干涉其内政和违反国际法为由决定与之断交。随后,巴林、苏丹也宣布与伊朗断交,阿联酋决定与伊朗外交关系降级,科威特、科摩罗和卡塔尔也相继召回驻伊朗大使。已于去年 10 月与伊朗断交的也门流亡政府再次确认断交决定,并谴责伊朗支持也门反叛力量挑动内战,"持续入侵"阿拉伯和伊斯兰世界并煽动教派冲突。此后,沙特追加制裁措施,切断与伊朗运输与经贸往来,海湾阿拉伯国家合作委员会(GCC)集体表示对沙特坚决支持。

1979 年伊斯兰革命成功后,伊朗大力输出"霍梅尼主义",公开质疑沙特君主制和世袭统治的合法性,挑战其作为伊斯兰两大圣地监护者的资格,强烈抨击沙特追随美国以及温和的中东争端政策。沙特为此联合其他五个王权国家组建 GCC,试图通过全面一体化进程内求发展自强外御伊朗。在过去三十多年的博弈中,沙特等阿拉伯国家的什叶派少数族裔,因为门派异见以及与伊朗千丝万缕的联系,普遍处于权力底层,也成为沙伊争端的活跃因子和抓手,并在"阿拉伯之春"爆发后跃升为地缘矛盾的宗派冲突前线。无论是巴林反王室街头运动,还是伊拉克、叙利亚和也门内乱及内战,无不因为沙特和伊朗作为背后推手而打上鲜明的教派冲突烙印。

这场中东伊斯兰世界的内斗于去年达到峰值:伊朗核危机实现重大突破和美伊关系缓和,俄罗斯军事介入并与什叶派阵营首次结盟,武装干涉也门骑虎难下,这一切都让沙特在过去五年中对伊朗发动的战略反击全线溃败。如果说去年12月15日沙特主导34个逊尼派国家组建"伊斯兰反恐联盟",将伊朗、伊拉克和叙利亚等什叶派及其盟友掌握的政权排斥在外,已显示明显的教派对决色彩,沙特不顾美国事先警告而处决奈米尔,则是对战略博弈输给伊朗的情绪大宣泄,它将两个伊斯兰大国的地区控制权争夺暴露无遗。尽管由于双方自身实力所限和美俄联手控制使事态不会极端恶化,但这场教派力量大博弈也许会以不同方式继续对中东乃至伊斯兰世界格局产生深远影响。

油价走低,冲击世界政治格局

中东是世界石油和天然气储量、产量和出口的最重要地区,中东产油国也长期执掌石油定价和改变能源结构之牛耳。"阿拉伯之春"的冲击也必然在石油领域产生后果,并在世界范围内解构部分地区地缘政治格局。

2014年10月,石油大国沙特发起大幅度降价的石油战,油价一路下挫,迄今已跌破30美元大关。沙特此举既有新能源革命强势冲击的能源格局博弈,更有对美国结束与其七十年战略盟友关系的巨大忧虑,只有剿灭新能源革命,确保自身在世界能源市场的龙头地位,才能为其战略资产保值继而保住美国的保护伞。然而,五年来美国既不想深度卷入地区冲突,也无心颠覆叙利亚巴沙尔政权,更不顾沙特和以色列反对,实现与伊朗历史性和解甚至提升伊朗在叙利亚事务和反恐战争中的作用。沙特对此恼怒不已,也不寒而栗,决定动用石油杠杆来加固渐行渐远的沙美关系。

油价战导致一系列产油国倒地中枪,特别是急需硬通货而又严重依赖高油价的国家。委内瑞拉债券迅速贬值,最快今年2月就将面临债务危机;尼日利亚陷入国际储蓄货币流动性不足窘境,不得不进行外汇管制;安哥拉出台一系列美元兑换限制措施,确保本币稳定。俄罗斯和伊朗自然也深受其害,只不过前者家大业大有足够转圜余地,后者今年将石油解禁,情势会大为好转。油价战回火已殃及自身,沙特去年被迫连续发行国内和国际公债,并抛售部分跨国公司股份,国际信誉等级也被下调。分析家担心,尽管沙特拥有7000亿美元主权基金,但以目前油价估计,五年内将坐吃山空,届时,它对美国和西方世界的战略资产价值也将变成负数,并带来影响社会稳定乃至王权存续的灾难性后果,进而引发新一轮中东动荡。

苦熬寒冬,望穿双眼盼新春

五年时间,对于沐浴着和平与繁荣的人们而言,可谓光阴一瞬,良宵苦短,但是,对于深陷动荡、战乱和死亡威胁的中东地区百姓而言,则苦不堪言,即便对受到难民危机、恐怖袭击和经济低迷困扰的世界来说,也是雪上加霜,不堪回首。这就是"阿拉伯之春"五周年造成的中东之乱,世界之痛。

"阿拉伯之春"爆发之初,笔者曾对这场源于底层、发自民众的大规模变革运动寄予厚望,因为这毕竟是半个多世纪以来,阿拉伯民众首次从内部寻求进步与发展的社会政治运动,是一次难得的民族自省和自觉。遗憾的是,这场运动由于错综复杂的内外因素综合发酵,呈现出极其痛苦和艰难的过程。

当然,放眼数千年中东文明演进大历史,五年并不算长,而动荡、战乱又始终伴随着中东各民族发展历程。五年后,人们也略有欣慰地发现,利比亚已结束两府两院对峙局面;埃及当局推出宏大经济振兴计划;穆兄会也在海外完成重组后首次提出愿意与政府进行任何形式的对话;叙利亚已在联合国推动下由内战向和解与政治过渡转轨;内外交困的沙特已首次允许妇女参加地方选举并打算利用低油价调整经济结构;"伊斯兰国"在伊拉克和叙利亚的控制地盘已被收复三分之一,反恐战争呈现多方合作、同仇敌忾的大好势头……

春去冬来,冬尽春至。希望阿拉伯乃至整个中东在未来几年内结束大乱而实现大治,让这个五海三洲之地重现文明复兴的历史荣光。

（原载《中国青年报》2016年1月14日）

6.埃及:街头革命何时了

1月31日,面临岌岌可危的动荡局势,埃及各主要党派达成一致,表示反对暴力,强调用和平方式解决社会危机,而比前一日军方发出的警告让人们担心,没完没了的街头革命和流血冲突,会否促使军方重新接管政权?

从24日开始,埃及各地因庆祝"一·二五革命"两周年引发而新一轮示威活动和暴力冲突。26日,司法当局判处去年苏伊士运河骚乱主要肇事者死刑,在苏伊士和塞得港等地引起更大规模冲突、骚乱甚至洗劫,造成近百人死亡,2000多人受伤,埃及总统穆尔西宣布在部分省份实行紧急状态后,又招来反对派强烈不满和对抗,军方领导人公开警告国家面临"崩溃"。颠覆了穆巴拉克威权体制的埃及并没有进入法制、稳定和发展的正常轨道,而是深陷泥沼难以自拔:社会严重分裂,局势持续动荡,政治对抗加剧,经济危机恶化,民选政府把控乏力,国家面临被再次军管的风险。

两年来,与同样政权变更的突尼斯、利比亚和也门相比,埃及的街头革命从未偃旗息鼓,抗议示威和暴力冲突成为没完没了的游戏,作为非洲和阿拉伯头号大国及地区稳定之锚的埃及,在风雨飘摇中苦苦挣扎,其背后,则是政治力量的持续博弈及社会底层不满情绪的发酵。

穆巴拉克政权的突然倒台,使长期受到钳制和打压的各种政治势能得到释放,然而,并不成熟的公民社会无法适应由万马齐喑向万马奔腾的剧变,多极力量迅速分化组合,明争暗斗,试图在"后穆巴拉克"时代的权力与利益格局中获得更大主导权。很显然,存在近百年的穆斯林兄弟会依靠强大社会组织网络和稳健博弈策略,逐步上位,成为"一·二五革命"最大赢家,也自然成为其他力量抗衡甚至抵制的核心目标。

穆巴拉克倒台后,穆兄会组建了号称超越意识形态的自由与正义党,不仅在议会选举中夺取多数席位,而且顺利赢得总统直选,推出埃及历史上第一个非军方背景的民选总统穆尔西。按理说,穆兄会的胜利是自由竞争和民主选举的结果,公开、光明、体面和正当,但是,在反对派看来,穆兄会在推翻穆巴拉克的过程中显示了巨大的欺骗性,在掌控国家发展未来的方面,又隐藏着可怕的垄断性和危险性,必须在政治格局完成整合与定型前,尽可能对其形成制约。

穆兄会也确实留下遭到诟病的两大口实:在推翻穆巴拉克的进程中一度患得患失,革命胜利后又自食其言,将两大承诺抛却脑后:既不寻求议会多数,也不角逐总统职位。不仅如此,穆兄会得陇望蜀,借助强大的民意基础和经济实力,先后成功逼迫军方元老告老还乡,从军方收回权力,而且多次试图将总检察长受置于总统。虽然这两条战线上的博弈也曾使穆兄会和穆尔西退让妥协,但并未妨碍最终目标的达成。以前外长穆萨和前国际原子能机构总干事巴拉迪为代表的世俗反对派,以光明党为代表的萨拉菲宗教激进力量,都在与穆兄会的竞争中落马滞后,心有不甘,进而分庭抗礼,甚至为反对而反对。

去年底,穆尔西主导的新宪法公投在全国获得通过,虽然投票率偏低,但这毕竟是公开、民主和公正的结果,新宪本身也比旧宪体现诸多进步,而且未显示将埃及带向政教合一体制的意向,但公投依然受到反对派阵营的强烈抨击,本身就十分耐人寻味,人们甚至追问:反对派们究竟想要什么?

答案很简单,他们并不反对宪法或公投本身,他们不能接受的是,国家正在被穆兄会接管这个现实,因为这将标志着埃及前途也将逐步由穆兄会左右,在世俗派看来,意味着埃及世俗化、现代化进程的可能停止,但对保守派而言,又意味着对宗教异端的纵容与呵护。政治派别的博弈,不断点燃经济危机持续灼烤底层民众情绪,造成埃及街头革命经久不息,而动荡使得旅游、投资、贸易等康复经济生活充满风险,进而使经济危机无从化解,又促成新的不满、新的焦虑和新的街头革命,恶性循环,周而复始。

埃及,"尼罗河的馈赠",你何时才能结束无休止的街头革命和政治乱象?

(原载《北京青年报》2013 年 2 月 1 日)

7.痛苦而艰难的埃及转型

7 月 4 日傍晚,埃及军方兑现 48 小时前的最后通牒,宣布罢免穆尔西总统职务等一系列接管国家政权措施。各路反对派欢天喜地,穆尔西及支持者愤怒沮丧,世界舆论一片哗然。短短两年半,埃及发生第二次政变,从结束街头严重对峙和恢复社会秩序的角度看,军方夺权也许无奈,但呈现给世界的,却是埃及在四分五裂和多重绞杀中的痛苦和艰难的转型。

2011年2月穆巴拉克被迫向军方交出权力,埃及进入群雄割据的"后穆巴拉克"时代,各种政治力量利用乱局激烈角逐,试图利用人心思变的大势,谋求自身在国家政治生活中的地位和发言权,埃及局势呈现比"倒穆"阶段更为马赛克化的乱象。崇尚西方政治制度的自由派,追求政教分离的世俗派,脱胎于泛阿拉伯运动的左派,希望以教治国的激进派,迷失于冲动与理想的学生青年派,掌握实权的军方,以及具有近百年历史和强大社会基础的穆斯林兄弟会,一并构成"双头多翼"的全新力量格局,也加剧了埃及政治板块的分崩离析。

埃及的转型进程似乎比突尼斯、利比亚和也门更加复杂、艰难、漫长和充满悬念。军方在内外压力下向民选政府移交大部分实权,真正意义上的民主、自由和透明选举推出新议会和新总统,饱受争议的宪法几经修改甚至重写也获得全民公决认可,但是,被各派理念冲突和亢奋私欲绑架与绞杀的埃及,并没有脱胎换骨,浴火重生,而是继续深陷争斗的泥潭。

客观地说,相对温和的穆兄会在公认的游戏规则下胜出掌权,并出台比穆巴拉克时代更为开明的宪法,但是,没有获得更多发言权的竞争对手们并不甘心,利用持续恶化的经济危机向新政府施压,并通过街头政治方式加剧内外困境,反复向穆尔西逼宫。底层国民对国家整体现状日益烦躁和绝望,并在政客们的宣传蛊惑下,试图以所谓"二次革命"的街头运动方式改变现状。此次政变前夕,8000万人口的埃及竟然有1800万人参与抗议示威,闻所未闻,举国瘫痪,军队再次出山收拾残局。

埃及自从1952年通过军人政变建立共和以来,军方一直是主导国家政治和经济生活的力量,历届总统都是军人背景。围绕新的政权构建,穆兄会与军方几经拉锯,逐步掌控权力。穆尔西上台后清洗一批老将,并试图打破军方的传统特权和利益,激化与军方的矛盾,军方韬光养晦,并终于依托朝野严重对峙之际重新上位,也算报了一箭之仇,重新凸显军方无可替代的地位和作用。

政治主张和利益诉求需要在共同认可的规则内博弈,国家发展方向需要借助法定平台调整,经济与民生状况改善更需要稳定政局、治安可靠、贸易及投资环境良好来实现。但是,埃及的政治玩家们似乎不明白这些简单道理,也不打算给民选政府和总统以任何率领民众和国家集体突围的机会和余地,为争权而反对,为反对而革命,为革命而不顾一切。如此只能推动埃及的社会、经济发展进入恶性循环,因为靠暴力对抗,靠倒灶拆台,靠零和思维,埃及永远没有成功转型和获得新生的出路。

穆尔西固然不是治国高手,也肯定难以在一两年内解决堆积如山的政治、经济和社会危机。作为民选总统,如果连施政、试错的机会都没有,即使神仙下凡也难以解救国家于倒悬。埃及的乱局表面,颠覆既有秩序容易,重建全新秩序艰难;扳倒无能治国者容易,选择出色治国者艰难;参与公平角逐容易,接受游戏结果艰难。被赶下台的穆尔西和穆兄会显然不会轻易吞下这杯苦酒,埃及正陷入巨大的转型悲哀之中,这对追求民主、自由、公正与法治的理想,是沉重的打击和深刻的教训。

埃及军方在反对派的千呼万唤中重新掌权,还折射出埃及现代生活中挥之不去的强人政治和威权意识基因,以及对武力治国的迷恋。这种复辟式的矛盾心结,远比街头各派的分裂与对峙更加可怕甚至可悲,它使任何名义下的革命流于形式和表层。

(原载《北京青年报》2013 年 7 月 6 日)

8.埃及军方政变会否引发内战?

一周前,埃及军队发动政变,终结执政仅一年的穆尔西总统的政治生命并将其软禁。尽管军方宣布 6 个月后举行大选并委任了临时政府,但其随后与穆尔西支持者的流血冲突造成数百人伤亡。舆论普遍担忧的是,这次政变会否引发一场可怕的内战,会否将埃及变成第二个阿尔及利亚?

的确,埃及今天的故事简直就是二十年前阿尔及利亚宪政悲剧开始的翻版。1991 年 12 月,阿尔及利亚首次举行多党选举,政坛黑马宗教党派伊斯兰拯救阵线继头一年轻松赢得地方选举之后,又赢得人民议会第一轮选举。在第二轮选举即将举行且伊斯兰拯救阵线获胜几无悬念之时,军方以"拯救国家"和"维护民主"之名,取消大选,接管政权,迫使梦想以和平与宪政方式争取权力的伊斯兰拯救阵线在绝望之后,选择了暴力对抗。

阿尔及利亚军方的政变葬送了民主原则与宪政程序,却得到支持世俗化的西方世界普遍支持,其与伊斯兰拯救阵线的血腥搏斗也变成"反恐"战争,而力量不对等的伊斯兰拯救阵线也的确采取了很多惨绝人寰的报复行动和恐怖袭击。虽然这场内战最终以伊斯兰拯救阵线的彻底失败而告终,但是,十年内战和10多万人死亡的事实已无法改变,以致很多人在谈论2011年"阿拉伯之春"为何没有冲击阿尔及利亚时会本能地认为,这个国家依然在痛苦疗伤,怎会旧伤未愈再添新创?穆尔西及穆斯林兄弟会的当下困境一如1992年政权得而复失的伊斯兰拯救阵线,正临吞下苦果还是喋血一搏的十字路口。

也许,阿尔及利亚式悲剧的开始未必会在埃及引发同样的结局,因为国情不同,时代不同,也许更因为阿尔及利亚内战教训本身就足以让各方,特别是穆尔西和穆兄会考虑铤而走险的最终代价:军方和国家会大受损伤,但穆兄会将输个精光。此次政变发生后,阿尔及利亚伊斯兰拯救阵线前领导人就公开呼吁穆尔西和穆兄会,切莫选择暴力,重蹈邻国覆辙。

其实,知彼知己才是避免阿尔及利亚式内战的核心考量。与短时间爆发式成长的伊斯兰拯救阵线所不同,埃及穆兄会是个历史接近百年的老党,可以说血里火里都曾蹚过,历经九死一生才有今天。穆兄会先后被包括国王、军政府和反对党在内的各种朝野势力反复利用过,抛弃过甚至叛卖过,它也曾陷入恐怖主义歧途并为此支付巨大成本,直到宣布放弃暴力与恐怖,参与议会政治并长期蛰伏,并抓住穆巴拉克倒台的绝佳机会,借助民主选举的天梯直达胜利彼岸。只可惜,穆兄会抵达的彼岸既像虚无缥缈的海市蜃楼,又像经不起攀踏的沙堤,不仅让穆尔西马失前蹄,也使穆兄会的追随者满怀挫败。

过去一周,经过50多人死亡和300多人受伤后,夺权的军方与失势的穆兄会面临武装摊牌前景,但是,人们看到,穆尔西及其他穆兄会领导由最初的愤怒、亢奋和抗争状态趋于相对平和与克制,也许正在认真考虑决定自己也决定埃及命运的历史性抉择。美国等西方世界对政变的默认,军方强大的实力和民意基础,以及过往惨痛的暴力斗争记忆,都是促成穆尔西和穆兄会犹豫的关键因素。

11 日的 CNN 网站列举了埃及目前面临的八大难关,依次是:一季度高达13.2%的失业率;和 2010 年相比增长 16 倍并达到 2807 起的暴力抢劫;对女性遭受性骚扰暴增的担忧;因电力短缺而必须长期承受的灯火管制;燃料紧张和道路拥挤造成的交通瘫痪;17%的家庭陷入食物短缺;穆兄会选择对抗;穆尔西坚持被罢免是"军事政变"而拒绝就范。

前六条是任何执掌埃及最高权力者都要考虑也最终可以缓解的民生问题,只需假以时日与和平环境。唯独最后两条是当下左右埃及前途的致命悬念。埃及是战是和,是天下彻底大乱还是逐步回归大治,球攥在穆尔西和兄弟会手里。历史再一次考验穆尔西和兄弟会,世界也再一次屏息注视着埃及局势的走向。

政变已成,覆水难收。半年之后即将举行新的大选,穆尔西和兄弟会有无胸怀和勇气,再通过选举证明一次自己,这将是考验他们是否百炼成钢、彻底成熟的试金石。

(原载《北京青年报》2013 年 7 月 13 日)

9.喋血埃及:也许大家都错了!

8 月 14 日,军方支持的埃及临时政府经过与穆斯林兄弟会示威者月余对峙后,动用安全部队强行清场,以便恢复社会秩序。这是一次罕见的流血悲剧,据美联社 16 日报道,目前已造成至少 638 人死亡,近 4000 人受伤。穆兄会则称,伤亡数字远远不止于此。

如此严重的冲突引发国际强烈关注和抨击,伤亡惨重的穆兄会依然不肯认输,坚持静坐示威,发誓将"光荣革命"进行到底。血腥场面让世人震惊不已,也激起诸多追问,埃及怎么了?何至于此?三年乱局谁对谁错?掩卷而思,也许大家都错了。

迷信街头运动,是各方的错。街头运动不是灵丹妙药,用它可以颠覆旧政权,却无法重构新政权、新秩序和新希望。2011 年初的开罗"解放广场革命",借助突尼斯政权垮台之势和穆巴拉克威权统治之败,轻易改写历史,掀开新篇章。然而,动荡的"潘多拉魔盒"也随之洞开,各党各派分庭抗礼,无法将政治理念和利益诉求有机整合,难以把革命成果转化为治理之机,继续寄望街头运动,通过瘫痪政治、经济生活与社会秩序,变相绑架国家和人民命运而满足一己私利。因此,对于埃及的政治灾难,无论哪个党派都具有无法洗白的"原罪"。

玩得起却输不起,是竞选失败者的错。穆兄会的竞争者们未能在首次公开、平等和民主的议会及总统选举中成为头号赢家,这原本符合多年形成的政治生态、群众基础和选情现实,但是,"不平则鸣"和"会哭的孩子有奶吃",这两种草根革命的悲情基因促使它们拒绝承认公平与和平博弈所得,并在推翻新总统、废除新宪法的过程中重新联手结盟,聚集巨大合力和舆论,并与交出权力的军方形成呼应与默契,前后夹击,向世界现场直播了一次赤裸裸的军事政变,共同将国家推进严重危局。

穆兄会也非这场灾变的"无罪羔羊"。无力左右政局发展的残酷现实证明,穆兄会还缺乏独自执掌国家的资格、实力和外部条件。穆兄会虽为百年大党,久病成医,也确实在推翻穆巴拉克时如鱼得水,在此后与军方的明争暗斗中游刃有余,并借助选举光明正大地走上前台和权力中心,然而,急于咸鱼翻身的穆兄会革命之初就"动机不纯",且因言行不一遭受诟病,它相继收回不谋求议会多数和不打算竞选总统的诺言,显示政治诚信的缺失,也必然让自由派、世俗派、军方和美国等西方国家对其将来坐大后的内政外交走势产生狐疑。上台一年间,穆兄会也未能最大程度地度让和分享权力,而是意图独专,甚至显露将国家推向宗教化的端倪。这一切最终造就穆兄会成为内外交困的孤独者,群狼撕咬的掠食者和众敌推墙的牺牲品。

穆尔西们尚缺乏牺牲自我以挽救众生的巨人品格。作为首位民选总统,穆尔西未见政治领袖的人道责任与历史担当,只知小争胜,不懂大忍让。穆尔西被强行罢免,原本不仅是其个人和穆兄会的悲剧,也是埃及政治转型失败的挫折,然而,在社会面临严重撕裂,追随者可能大规模血洒街头,甚至引发内战的关口,身陷囹圄的穆尔西和其他穆兄会领导者,未能战胜心魔,拒绝妥协和从头再来,而是举旗死扛,用悲情传统激励追随者,导致喋血之球越滚越大。可见,当代埃及满街都是血性的草根革命者和以死相搏的简单殉道者,唯独没有甘地和曼德拉式的彻底和平主义者和大仁大义者。

军方当然错上加错。埃及军方原本是国家命运的中流砥柱,但是,控制经济命脉40%的集团利益,享受多年的政治话语,都使私心重重的将军们不去努力调解政党纷争,为民主转型保驾护航,却依仗民众的朴素信赖,利用内外对穆兄会的成见与忌惮,公然违反非洲联盟宪章,违背当代国家政治潮流,粗暴地以监国之名发动政变,拘禁民选总统,甚至鼓励民众上街为政变背书,反复激化对立,并引发严重伤亡。从维护稳定、结束动荡、恢复秩序和重建经济生活的角度看,军队夺权有其自圆其说的理由,但破纪录的大流血,并未见证埃及军队的脱胎换骨和将军政治的超大智慧。

　　埃及转型已付出巨大试错成本和磨合代价。但是,民众作为政治主体选择求变的大方向并无错谬,错的是整个运行进程中各种不同角色的具体操作。埃及余下的考验是,痛定思痛回到政治对话,还是在血泊中越陷越深?

（原载《北京青年报》2013年8月17日）

10.穆兄会被指"恐怖"后何去何从?

　　25日,埃及临时政府指控最大民间宗教组织穆斯林兄弟会为"恐怖团体和恐怖组织"。在观察家们看来,这是军方为后台的世俗派和自由派力量对穆兄会的全面宣战,它使穆兄会继半年前吞下被夺取政权的苦果后,又要重温被打入非法和地下的昔日噩梦。再次带上恐怖主义黑标签的穆兄会何去何从,不仅关乎一支政治力量的兴衰存亡,而且关乎埃及这个中东第一大国的前途和命运,甚至可能影响到整个地区的和平与稳定。

　　24日,尼罗河三角洲城市曼苏拉市一个安全部队大楼遭受恐怖袭击,导致16人死亡,多人受伤。事后,一个经常在西奈半岛进行恐怖袭击的伊斯兰极端组织——"圣城支持阵线"宣布对这一袭击负责,穆兄会及其组建的正义与发展党(正发党)也对该袭击进行了公开谴责,但是,这笔账还是被记在穆兄会头上。

　　埃及临时政府贝卜拉维当天即公开指责穆兄会为恐怖主义,引起外界普遍关注。临时政府发言人随后否认已正式将穆兄会定性为恐怖主义组织,给外界的印象是,贝卜拉维只是个人表态,随口一说。仅一天后,临时政府发布正式声明,将穆兄会列入恐怖主义组织黑名单。

根据埃及相关法律,凡属于恐怖组织、资助恐怖组织或鼓动参加恐怖组织活动的人,都将受到惩罚。穆兄会和正发党显然对当局此举毫无心理准备,公开表示"震惊"和"谴责",并呼吁其成员举行抗议示威。这一决定也令很多观察家始料不及,他们表示很难相信穆兄会如此草率地堕落为恐怖组织,也很难相信其政治对手会选择这样的博弈下策。

7月初,埃及军方接管政权,逮捕来自穆兄会的民选总统穆尔西,随后又相继拘留穆兄会精神领袖和多名骨干,并在一个月后进行的武装清场活动中打死一些穆兄会示威者。在弹压穆兄会街头抗议活动后,地方法院宣布中止穆兄会一切活动,临时政府取消穆兄会注册资质,冻结其所有财产,当局还多次试图以各种罪名审判穆尔西等。穆兄会不仅失去政权,并且正在失去政治空间、经济命脉和组织体系,其能否在埃及政治舞台上继续存活,本身已经成为一个问题。

在将穆尔西等连锅端掉以后,军方主导的临时政府启动新的政治进程,宣布2014年1月中旬举行新宪法公投,随后再举行新的议会和总统选举。在当局连续压制穆兄会时,分析家还认为,这是对穆兄会的斗力和斗智,其动机是进一步逼迫穆兄会接受现实,放低姿态,按照当局的设计重新参与政治生活。

然而,给穆兄会及其下属组织彻底贴上恐怖主义标签,意味着要将穆兄会彻底逐出埃及政坛,这本身就是很难完成的使命。穆兄会自1928年创立,历经国王时代和纳赛尔、萨达特和穆巴拉克等不同统治者的风风雨雨,几度沉浮,也曾着实走过一段恐怖主义弯路。如今的穆兄会不仅树大根深,在全国拥有数千万支持者和近似"第二政府"的社会组织和动员体系,而且在西亚、北非形成诸多直接或间接分支机构。将这样一支力量列为反恐对象,无疑要对数千万人甄别和清洗,对任何权力机构而言,都将是四面树敌和自陷泥沼的选择。

很难理解埃及临时政府为何如此行事,也很难想象,反对穆兄会政治理念的世俗派、自由派和青年学生运动也坦然接受如此规模的弹压运动,因为他们的家人、亲戚和师友都与穆兄会有着千丝万缕的联系。这个决定无疑会让已经分裂的埃及社会更加痛苦,更加动荡。

目前,穆兄会骨干数百人深陷囹圄,未落网者也逃之夭夭。令人担心的是,也许穆兄会的政治家们会选择温和方式表达抗争,也许其多数普通成员会暂时脱离或隐藏身份,但是,该组织的激进分子会善罢甘休吗?他们会不会破罐子破摔,拿起武器与当局一决雌雄,甚至索性与已在埃及生根开花的"基地"组织结成联盟,进而再次把埃及变成恐怖主义主战场。

(原载《北京青年报》2013 年 12 月 28 日)

11.叙埃大选:勉为其难,人心向和

6 月 4 日,叙利亚总统选举在一片争议声中落下帷幕,巴沙尔一如选前预料,毫无悬念地高票当选。此前几天,埃及总统选举也在各种非议中水落石出,"政变将军"塞西以平民身份在意料中登上总统宝座。这两场乱世大选,无论外界如何评价,都用公民票决方式表达了结束动荡回归和平的人心归向,也带给世界珍贵启示。

叙利亚大选实在特殊,这是叙利亚 1963 年复兴社会党政变上台后首次举行的多候选人总统角逐,也是半壁江山失控下的自由选举,尽管境内外反对者极尽嘲弄和抹黑,叙利亚当局称全国 1584 万合格选民中的 1163 万人参加投票,投票率达到 73.42%。为了显示公正、自由和透明,叙利亚当局采取多项措施,也延请友好国家观察员驻点督查,执政十四年的巴沙尔以得票88.7%的绝对优势实现连任。

埃及大选也非同寻常,这是 2011 年"广场革命"推翻穆巴拉克总统之后的第二次总统选举,也是去年 7 月军队颠覆民选总统穆尔西后的首次大选。当选总统塞西赢得并不好看,尽管得票率高达 93.3%,人为延长投票时间后仅有 48%的投票率远远低于塞西的预期,甚至低于穆尔西参选时的 52%。青年群体几乎集体抵制,头号反对派穆兄会被打入地下,延时拉票的作弊嫌疑,败选者并非心悦诚服的表态,都让塞西的胜利大打折扣。

叙埃总统选举就进程本身而言,虽然存在主要反对派抵制的硬伤,但不妨碍相对多数选民的认可,以及程序上的大致合格。更关键的是,它体现出两国社会撕裂、人心离散的基本状况,更能从侧面印证两国过去三年的政局跌宕和人心归属。

叙利亚当局虽在危机之初犯下致命错误,后续大幅度改革却体现了顺应潮流和因时而变的态度。更重要的是,外来势力支持的极端主义和恐怖主义

的肆虐,以惨重代价唤醒精英阶层和多数民众追随当局的共识,用普通叙利亚人的话说,也许巴沙尔们不够好,但试图夺权的各路人马并未展现出善,甚至表现出比现政权"更糟糕"的前景。当然,俄中在联合国安理会三次关键性否决,避免了叙利亚重启"利比亚模式",但说到底,叙利亚精英主体和多数百姓是叙利亚当局坚持至今而不倒的内在基础。

埃及现状其实极具讽刺意味,"广场革命"推翻了穆巴拉克总统,三年后,半数群众却心甘情愿迎来一位不是穆巴拉克的"穆巴拉克总统"。埃及自1952年建立共和国以来,长期都是军人背景的总统执政,而第一位平民总统穆尔西上任仅一年就失去权柄和自由,鼓动和支持军方政变的却是曾经仇恨军人和强权统治的埃及政治精英和下层市民。三年间两次总统选举和11次全民票决,"广场革命"似乎回到原点。

其实,无论叙利亚还是埃及,都无法摆脱现实背景,即三年的血雨腥风已让两国付出太大牺牲,人民渴望在强人统治下结束混乱和无序,急切找回失去的平静与安宁。有"人间天堂"之称的叙利亚山河破碎,血流成河,近15万人死难,300多万人流浪,各种势力插手割据征伐,已唤起人民思定思安的强烈愿望,如此高的投票率就是最好诠释。作为"尼罗河馈赠"的埃及,也饱尝日日游行、天天骚乱以及民不聊生、每况愈下的艰难,这才使得塞西脱下军装换上西装出面收拾乱局并得到近半数选民认可。这是叙埃选举给世界的第一个启示。

中东是个极其独特的地方,千百年的权威崇拜和集权意识,造就此处西方式民主土壤的贫瘠,相反,开明君主和威权领袖却有着广泛市场,否则,很难理解强人倒下后的突尼斯、利比亚、也门、伊拉克甚至巴勒斯坦为何一盘散沙,也很难理解内外交困下的叙利亚巴沙尔可以风光依旧,被夺去权力的埃及军方可以重新掌权。这是叙埃选举给世界的第二个启示。

叙利亚和埃及是伊斯兰古国大国,同时也禀赋历史悠久和根基深厚的世俗传统,宗教力量始终处于世俗力量统治之下。无论是叙利亚复兴社会党对穆兄会的长期镇压,还是埃及王国和共和时代对穆兄会的百年钳制,近现代宗教势力从未在这两个大国执权柄之牛耳,"阿拉伯之春"似乎吹绿了街头政治,但百姓终究还是选择世俗精英掌握国家命运。无论是激进宗教力量驱动的叙利亚反对派和外来"基地"势力,还是相对温和但表现出宗教治国苗头的埃及穆兄会,最终都被多数群众抛弃,这就说明,世俗化、现代化和多元包容是不可阻挡的历史潮流,谁想走极端甚至开倒车,只能被车轮碾过。这是叙埃选举给世界的第三个启示。

(原载《北京青年报》2014 年 6 月 7 日)

12.新版宪法:能否带埃及走出困境?

1 月 15 日,埃及结束临时新宪法公决投票。这是推翻穆巴拉克不足三年内埃及进行的第六次"公投"和第三次"修宪",是穆尔西民选政府垮台半年后全民"票决"国家前途,也是赛西等军方领导人主导埃及命运的一次关键努力。新版宪法,能否像圣经时代摩西带犹太人走出苦难埃及,指导当代埃及人摆脱动乱困境?

据统计,8000 多万人口的埃及,拥有投票权的公民为 5274 万。公决的参与度和支持率,将直接决定"塞西版"临时宪法能否取代穆尔西的旧版本,还将关系到埃及宪政治理三部曲的另外两部能否顺利出演,即新的议会和总统选举。不仅如此,这次公投还被视为对去年 7 月 4 日军方罢黜穆尔西及随后一系列全面、彻底打压穆斯林兄弟会的民意表决,也是对军方继续在埃及发挥决定性作用的一次公示。

据官方中东通讯社估计,大约超过 55% 的合法选民参与新宪法投票,按一般推理,由于穆兄会成员抵制此轮公投,参加者九成以上会支持新宪法,这将意味着这轮公投在统计学意义上不存在失败的悬念。况且,"穆尔西版"宪法公投时,投票率仅有 33%,实际统计表明,仅有 1000 多万选民支持,意味着 5000 多万合法选民中,多半以上没有参与投票或者投了反对票。

尽管此轮投票的最终结果将在周末正式公布,但是,仅以投票率简单比较也许已能够说明,"穆尔西版"宪法公决的民意基础差强人意,街头动乱不已,穆尔西政府令行不止。相反,1800 万人同时上街拆台倒灶,以及军方敢于接管政权,都印证"穆尔西版"宪法及其政权的先天不足和赶鸭子上架,也注定穆兄会掌握国家权力一年就被赶出舞台中心的坎坷命运。

当然,总共六章 247 条的"塞西版"宪法同样不乏争议。首先,淡化宗教对国家政治生活的影响,突出政教分离,确保宗教平等和社会世俗化。虽然新宪法开宗明义强调伊斯兰为国教,伊斯兰教法为立法主要法源,但是,第74条禁止在宗教、种族、性别等基础上建立政党,删除了原宪法中对伊斯兰教法定义较为宽泛的条款。很显然,新宪法不仅使温和的穆兄会无法以任何间接方式组建政党,也意味着参与倒穆运动的激进的萨拉菲派穆斯林光明党也将面临非法地位。此令出台是一次"否定之否定",无异于重返穆巴拉克时代。对人口85%为穆斯林的埃及而言,该条款的核心意义在于防止这个阿拉伯头号国家被宗教力量控制,这不仅符合多数埃及国民的传统诉求,也符合现代社会治理的总体趋势。

第二个争议点是总统权限。根据新宪法,总统任期为四年,仅连任一届;实行一院制的议会则由不少于450名议员组成,其中5%的比例可由总统任命,议会五年换届。总统与议会任期不仅出现交叉,而且总统无权解散议会。更重要的是,总统作为国家元首和武装部队总司令,既无权对外宣战,也无权任命国防部长。新宪法规定,宣战权在总统与国防委员会商议后交由议会定夺;国防部长由最高军事委员会从军人中挑选,该职位产生条件在八年即两届总统任期内保持不变。此外,还成立由总统、总理、议长、外长、财长、参谋总长、各兵种司令、情报首脑等角色组成的国家安全委员会。国防委员会、最高军事委员会和安全委员会成为遏制总统权力的三道绳索,而军方才是掌控绳索的铁腕。

第三个争议点也与军人特权有关。尽管新宪法禁止军事法庭管辖平民,但是,事关妨碍和危及军人及军队、武器和装备安全的所有平民行为,都将被军法追究。这意味着对军队及军人地位和权利的绝对保护,进而使任何人在未来不敢质疑和挑战军方。作为临时宪法,这或许是权宜之计。如果保留下去,将是历史的倒退,但是,这又是埃及现实催生的畸胎,因为公众用行动表明,他们拥护强人政治,支持军人发挥更多作用。

新宪法如被公投正式认可,将成为埃及的阶段性根本大法。现在的悬念是,已失去一切合法地位,甚至不能以团体名义组党的穆兄会如何应对? 它毕竟有上千万人的民意基础,不仅极大地影响着城市和乡村贫困阶层,也掌握着相当比例的精英人群。

2005年埃及首次实行普选,同样处于非去状态的穆兄会令其成员以个人身份参选,获得不俗成绩。十年后的今天,穆兄会已群龙无首,且已头顶"恐怖组织"黑帽,还会旧曲新唱,俯首蛰伏,以待来年吗？它以及更激进的宗教势力会否成为埃及求得新生之旅的拦路者？

（原载《北京青年报》2014 年 1 月 14 日）

13.埃及:地区大国的沉沦与救赎

5 月 6 日,当我从埃及进入以色列第三天,其东北部的杜姆亚特发生反政府示威,并酿成新的流血冲突,1 名警察死亡,32 人受伤。据报道,冲突发生在当局和穆斯林兄弟会支持者之间。类似事件既非去年 7 月穆兄会政权被推翻后的第一次,也肯定不是最后一次。尽管冲突不算剧烈,但它不时提醒人们思考,埃及这个地区大国的出路究竟在哪里。

我此前先后有三次在埃及工作和旅行的经历,始于 1986 年,终于 2000 年。当 2011 年埃及爆发大规模街头运动时,笔者才意识到,自己熟悉的埃及过去几十年间在不断走下坡路,社会动荡,局势失控,政息党亡也在情理之中。

1986 年初到埃及首都开罗时,我曾惊讶于这个世界级大都市的繁华和热闹。当北京商业生活还未大规模兴起、物资供应还不算充裕时,车水马龙的开罗让我知道了何为汽车社会;开罗人日常消费的碳酸饮料、咖啡和红茶,让我对比出北京大碗茶该有多土;遍布各区的体育俱乐部和如火如荼的足球联赛,让我明白埃及人最关心的不是政治;甚至一位门房额头祈祷留下的印记和本真笑脸,都让我感动于普通埃及人的知足与豁达。

1994 年我作为见习记者到开罗出差,几百美元的月薪已足以让我斗胆在开罗购买最好的皮夹克,享受当地商家奉迎的笑脸。但是,开罗的脏、乱、差已逐步明显,野狗、野猫、苍蝇和垃圾举目可见,交通污染也越加严重,让人感到压抑,八年前那种美感已存之不多。2000 年我从加沙地带到开罗出差时,月薪和补贴已超过 1000 美元,却没有任何购物欲望,因为北京已应有尽有。我眼中的开罗已停滞不前,开罗人脾气也明显见长,空气中弥漫的已不止污染和燥热,而是某种不安和躁动。

2011 年埃及爆发"一·二五革命",约百万人的持续集会和抗议,竟导致穆巴拉克政权垮台,执政多年的民族民主党被取缔。我的分析是,"沉舟侧畔千帆过,病树前头万木春"——在中国、印度、巴西、土耳其和南非等发展中国家稳步甚至快速发展时,埃及却陷入持续停滞乃至倒退,包括经济凋敝、政治腐败、家族集权、司法不公和人心离散。这一切伴随着埃及社会公民运动的勃兴,以及世界经济危机的冲击和突尼斯事变的刺激,导致貌似稳定的政权一夜崩溃,整个埃及陷入长达三年的高频冲突和权力洗牌,直到军方再次接管政权。

阔别十五年的埃及,在我眼里已相当陌生。因此,重返埃及不仅急迫,而且略有不安。

短短几天的快速旅行,从开罗到阿斯旺,从卢克索到亚历山大,走马观花,浮皮潦草,收获倒也真切直观,乐观与悲观并存。总体印象是治安大面稳定,社会生活基本正常,外国游客依然如织,百姓多半苦中作乐。

然而,埃及的问题依然非常突出,当局要治理好这个 8000 多万人的大国并非易事。首先,基础建设依然落后,投入明显不足。开罗至阿斯旺 1000 公里,火车依然要跑 14 个小时,而且经常晚点。所到城市,市政建设凋敝不堪,各种烂尾楼、缺乏装修的住宅楼比比皆是。千里尼罗河,两岸但凡人口聚集区垃圾成堆,道路不整,近三十年未曾改善。即便已启用两三年的开罗—亚历山大双向八车道公路,车辆稀疏,表明城际人流和物流的萧条。其次,就业压力依然严重,大量青壮年处于失业或半失业状态。官方统计显示,今年第一季度失业率依然高达 12%。由于维稳需要,军人、警察收入明显高于其他职业,引发新的不公。朝野博弈多次引发流血冲突,社会撕裂明显,街头百姓敢怒不敢言,军民、警民关系十分微妙。此外,社会风气和道德水准继续滑坡,张口要钱、伸手索物的现象相当普遍,缺乏现代商业社会最基本的服务意识、诚信态度和契约精神,势必让投资者对其环境的信心大打折扣。

5 月 4 日,埃及银行称,上个财年外债有所减少,4 月外汇储备已由 3 月的 153 亿美元增加到 205 亿美元,但分析家们认为这并不代表经济总体形势明显好转,而是海湾国家财政援助缓解了压力。虽然塞西已执政近一年,此间最新民调满意度达到 89%,但并没有改变依靠举债度日、借助补贴稳定市场的基本套路。埃及人痛定思痛后也许乐意给塞西一定时间和空间实现国家经济成功转型,但这种耐心也是相当有限的,如果经济持续疲软,通胀、物价和失业率继续居高不下,埃及能否维持目前的稳定,将是个巨大的问号。

(原载《北京青年报》2015 年 5 月 9 日)

14.死刑判决:埃及乱局的政法游戏

6 月 16 日,埃及开罗刑事法院宣布,维持对前总统穆尔西等 99 人的死刑判决。当天,3 名法官在西奈半岛被枪杀,据分析是针对判决案而起的报复行为。这是埃及建立共和国以来,首位前国家元首被判处极刑,可谓天字一号大案,引起国际社会广泛关注。这场司法和政治混编的死亡游戏,将严重影响埃及的和解、稳定与发展,特别是,一旦穆尔西的死刑上诉被最高法院驳回。

据埃及《金字塔》报网报道,穆尔西被维持死刑后和其他同案人员被关押在第二大城市亚历山大市阿拉伯塔监狱,并重兵看管以防激进分子劫狱。穆尔西拒绝更换红色死囚号衣,称自己依然是合法总统,更不会被执行死刑,穆兄会的弟兄们也不会弃之不顾。埃及警方同时通过国际刑警组织向被缺席审判的其他人员发布红色通缉令。

4 月 21 日,这家法院审理 2012 年 12 月总统府附近重大流血案,最终判处穆尔西二十年有期徒刑。5 月 11 日,该法院裁定,2011 年穆尔西等穆兄会领导人,在巴勒斯坦哈马斯、黎巴嫩真主党两个境外组织和西奈半岛极端分子协助下,在 3 个监狱发起越狱行动,导致 50 名狱警和囚犯死亡,2 万多囚犯逃亡并在埃及和加沙地带交界处引发骚乱,造成严重生命和经济损失。

法新社称,这家法院据此判处穆尔西等 17 人绞刑,包括穆兄会总宣道师巴迪亚、流亡卡塔尔的著名学者格尔达威等。据悉,除穆尔西等 4 人在押而出庭外,其他穆兄会骨干分子都属于缺席审判。这项判决原本计划在 6 月 2 日公布,但因为要征求宗教权威人士穆夫提的意见,所以拖延至今。法院称,负责教义和教法解释的穆夫提核准包括此次在内的多项死刑判决。据埃及法律,穆尔西等获罪之人还有机会上诉最高法院,换言之,是否执行死刑,目前依然是个未知数,上诉过程也许会被拉得很长,甚至有头无尾。埃及人权组织称,最近几个月,被当局判处死刑的人数达到 1500 人,但多半都没有执行。

穆尔西曾是埃及首位直选且无军方背景的总统,曾被视作民主化埃及的象征。然而,由于他及所在的穆兄会缺乏执政经验,未能妥善处理与军方及各派的关系,导致抗议和暴力冲突频繁,社会陷入持续和大面积无序与混乱,最终在执政仅一周年之际,被军方接管政权。穆尔西及穆兄会的命运随后急转直下,他本人被拘捕投进监狱,穆兄会被解散、取缔并宣布为恐怖组织。因此,对穆尔西等人的判决,一直被追随者及国际舆论诟病,认为是打击报复和政治清算,是对埃及宪法和民主化进程的摧残和亵渎。

去年初,当局经过简单程序,将其抓捕的1200多名穆兄会成员,一次性判处其中529人死刑,人数之多,量刑之重,国际舆论为之哗然。联合国8名人权专家于3月底发表声明称,这一集体判决存在诸多法律程序违规行为,许多指控不明确,某些指控微不足道,进而构成对司法制度的嘲弄,敦促埃及取消死刑判决,重新公正审理,确保人权法得到尊重。这次判决宣布后,联合国秘书长潘基文深表忧虑,担心将对埃及稳定产生负面冲击。土耳其总理达乌特奥卢称,未曾卷入暴力活动的总统被判死刑,是对西方支持埃及民主化立场的考验;卡塔尔呼吁取消死刑判决并释放穆尔西,以免危害埃及稳定和各派和解。埃及外交部随后措辞严厉地回应国际社会的求情和压力。

穆兄会是1928年就创立的百年老党,并在阿拉伯国家发展出多个分支机构,拥有广泛的民意基础,即便在执政前,也曾长时间控制和影响着包括各界知识精英在内的大批追随者。穆兄会还通过慈善、救济和宗教网络形成覆盖全国的快速动员体系,一度被形容为"影子政府"或"第二国家"。尽管它目前再次被打入冷宫,但底层根基依然不可小觑。

观察家们认为,不对政治对手进行肉体消灭,是埃及的一个传统。对穆尔西等人的死刑判决也基本是为政治博弈而设计的司法游戏,旨在进一步打击其合法性,削弱其群众基础,以防东山再起,达到巩固现有政治结构之目的。但是,一味打压并不能真正消解穆兄会的力量,更不能铲除其意识形态,相反,会加剧朝野对立、教俗对立,使埃及在和解、稳定和发展的道路上南辕北辙。

（原载《北京青年报》2015年6月20日）

15.西奈空难:伤俄罗斯的心,要埃及的命

11月7日起,受西奈半岛民航客机 KGL9268 坠毁事件影响,俄罗斯派出44 架飞机前往埃及接送本国近8万游客紧急撤离。在此前后,英国、法国、土耳其、德国等也纷纷采取更改航线、暂停航班、撤离侨民和限制赴埃旅行等措施防患于未然。10月30日发生的西奈空难原因初步调查结果已日益清晰而集中地指向恐怖袭击,事件正在向极其不利于埃及的方向发酵。224名平民的遇难让俄罗斯举国伤心裂肺,更对准备起步腾飞的埃及经济构成致命打击。

空难发生之初,"伊斯兰国"武装即声称对这一事件负责,国际社会并未当真,普遍判断该组织缺乏击落高空飞行器的先进武器。11月4日,"伊斯兰国"西奈分支头目、宗教人员阿布·乌萨马·马斯里公布一段音频再次认领这场灾难责任。美英情报部门通过监听马斯里等人与叙利亚境内的通讯联系认定,恐怖分子通过内线将炸弹带入失事客机行李舱。尽管埃及和俄罗斯对飞机失事原因表态慎重,但 CNN 援引美国军事、情报和安全部门官员的判断称,几乎可以肯定客机失事是炸弹爆炸引发飞机瞬间解体所致。

俄罗斯是这起空难的直接受害方,也是第一利益攸关方,同时还是真相调查的主导者,在对航空记录仪数据和飞机残骸等证据链没有充分分析和论证前,保持低调避免做出轻率结论不难理解,因为事关国内民意对中东政策走向和反恐战略的态度。俄罗斯显然不希望把这起空难和俄罗斯人不受欢迎相联系,更不希望让舆论认为这是俄罗斯最近大规模军事介入叙利亚的并发症之一。但是,俄罗斯紧急组织滞留于沙姆沙伊赫和古尔代盖两个红海旅游胜地的7.9万本国人撤离,而且不得托运任何行李,这个行动本身就已非常明确地透露出空难的性质。

旅游是埃及经济的传统重要支柱之一,据统计,2014年,埃及旅游收入占GDP 的 11.5%,旅游就业人口占总就业人口的 12.6%;旅游总投资占服务业总量的 5.5%。2011 年"广场革命"以后,埃及一直处于动荡不定甚至流血冲突,安全形势急速恶化,外国游客数量锐减,旅游收入明显下挫。2013 年军方重新掌权,局势才逐步有所好转。2014 年 5 月军方领导人塞西当选总统后,公

布一系列振兴国家、恢复经济和改善民生的举措,使埃及重现希望之光。除西奈半岛外,埃及总体治安形势逐步向好,外国游客数量显著恢复,外国投资也在缓慢回流。

西奈空难无疑是对这一良好态势的直接阻断。据埃及旅游部门估计,这一事件将造成旅游损失日均400万美元,特别是占外国游客70%的俄罗斯和英国游客全面撤离,其中仅失去俄罗斯游客一项,每天就减少250万美元收益。在沙姆沙伊赫的外国游客构成中,俄罗斯人占50%。据俄罗斯旅游协会披露,这次灾难还导致35%的计划内俄罗斯游客取消埃及之行。

恐怖袭击一直是埃及难以禁绝甚至无力遏制的痼疾,尤其以西奈半岛为猖獗,而埃及当局在西奈半岛的治理甚至情报体系不仅乏力而且混乱不堪。埃及境内的恐怖组织一直都把外国游客当作伤害对象,试图借助摧毁旅游经济来破坏政府国内声威和国际形象,也正因为如此,在埃及催生出世界上第一支旅游警察部队。

很显然,这次灾难对埃及经济的打击可能是全面的、连锁的和系统性的,决不会停留于单个的旅游行业。首先,空难将带来埃及外汇收入短缺状况的加剧。去年埃及旅游创汇19亿美元,约占全年外汇收入的25%;俄英两国游客撤离,使埃及每天损失外汇收入540万美元。由于沙特、科威特和阿联酋等国紧急注资埃及央行,加之塞西政府削减补贴、压缩开支,今年9月埃及的外汇储备也只维持在163亿美元,仅能维持27个月的进口能力。今年7月,由于外汇短缺,埃镑大幅度贬值并创近年纪录,这次空难导致的外汇紧缩势必强化埃镑贬值的势头。

其次,空难如果确实为恐怖袭击所致,将暴露埃及航空体系的安全漏洞,导致埃及航空业的阶段性萎缩,至少会引发国际航班数量的锐减,进而对埃及的整个产业链条构成严重伤害。俄罗斯不仅一次性撤离数量巨大的游客,而且宣布暂停所有往返埃及的民航飞行计划。其他部分国家对往返埃及的航线、机场调整和旅行团控制,都会对埃及航空业构成累计冲击,因为恐怖袭击至少证实两个技术性的致命问题:埃及航空系统要么存在恐怖分子内因,要么存在严重的技术和管理漏洞。美联社称,沙姆沙伊赫机场的安全隐患一直存在,包括行李扫描设施经常失效、机载食品和燃料在入口处缺乏严格检查。最悲哀的是,主管官员和部门对这种设备与管理的黑洞熟视无睹,而且屡禁不止。

疑似恐怖袭击引发的空难再次证明埃及的政商环境令人担忧,它将给外国投资人的信心以沉重打击,使埃及千呼万唤的国际资本望而却步,甚至会刺激已经进入的外资中途撤离。预计未来埃及的基础设施投资缺口高达数千亿美元,本国能够支付的也只有几十亿美元,绝大多数亏缺要依靠外来资本填补。但是,持续的恐怖袭击造成的负面冲击将使埃及振兴的雄心壮志大打折扣。

以笔者对埃及的了解,解决政商环境不良绝非简单的治安和反恐问题,同样也是个治国安邦的系统工程。埃及社会长期弥漫的司法执法随意、权力寻租普遍、商业诚信缺失、工作效率低下、消极散漫无序、浮夸空谈懈怠以及政教关系紧张,都是制约埃及与世界高效顺利接轨的积弊。从笔者 1986 年首次赴埃及工作起,到去年"五一"长假期间第四次去旅行观察,迟迟未见改变。这种政商环境本质上是商业文化、国际意识和现代治理的明显滞后,它不仅导致恐怖分子容易得手直接伤害埃及经济发展和国家形象,更从深层次制约埃及难以凤凰涅槃。

（原载《华夏时报》2015 年 11 月 12 日）

第五章

群雄逐鹿叙利亚

　　"阿拉伯之春"波及叙利亚,其性质已不似其他国家那样,是一场民权、民生和民主革命,而是成为地区教派博弈为背景的干涉与颠覆战争。这场战争最终因为太多大国和地区势力的介入而衍生为小型世界大战,惊心动魄的反恐战争是另一条贯穿其中的主线,五年多来,这个原本平静的国家被战火几乎摧毁,近 40 万人死亡,半数国民流离失所,并且形成了罕见的难民潮,冲击欧洲,成为一场世界灾难。

1.瞄准伊朗但先干掉叙利亚

2012 年的首场战争发生在哪里？几乎所有观察者都本能地想到：在中东。因为这里有两大燃点：一个是伊朗，另一个是叙利亚。具体到这两个国家，谁会首先卷入战争？答案却又莫衷一是。

其实，伊朗与叙利亚是"一条线上的两个蚂蚱"，一盘棋局中的两步棋，并且面对同一拨猎食者和博弈者：顶着阿拉伯国家联盟大伞的海湾君主国，以及身边或幕后的美国等西方盟友。尽管伊朗与美国已在海湾内外拉开架势，斗嘴斗气，斗志斗力，这场博弈的前哨战或外围战却是死伤近 6000 人的叙利亚内乱，还有口水横飞的联合国安理会。

猎食者意图洞见：将冒烟的枪口瞄准"可恶的"伊朗，但必先干掉"碍事的"叙利亚。2 月 4 日安理会叙利亚局势决议草案表决之争，实为能否给予对叙开战通行证。尽管俄中联手成功阻击，但只能迟滞决战的时间和进程，无法停止其步伐，更难改变其结局：叙利亚变更政权，伊朗"以核换和"。

客观地讲，叙利亚内乱是 2011 年"阿拉伯之春"的延续，是具有社会进步意义的民主变革，是结束中东威权统治的组成部分。但是，叙利亚内乱又不完全等同于突尼斯、埃及那样单纯的政治、经济和社会危机，而是地区内外主导力量借力打力的宗教派别较量、意识形态决斗、地缘冲突摊牌，是变了味的"阿拉伯之春"，是中东力量博弈的回归和多重矛盾的大清算。

这场大棋局的实质是，海湾阿拉伯国家合作委员会诸君主国为基干的阿拉伯保守力量欲因势利导，抓住阿拉伯街头运动的势能，在祸水西移利比亚、和平解决也门危机后，彻底清算巴沙尔政权，彻底摆脱压抑多年的地区之困，并在对付伊朗这个大目标上与西方国家形成共同诉求。

　　阿萨德家族为核心的叙利亚当权者,属于伊斯兰少数教派什叶派中的阿拉维分支,在占阿拉伯伊斯兰主流地位的逊尼派看来类同异教徒或者更甚,其长期统治占叙利亚人口75%的逊尼派穆斯林这个事实不可容忍。其次,执政半个多世纪的复兴社会党是泛阿拉伯民族主义的堡垒,也是追求世俗化、终结封建王权的意识形态捍卫者和传播者,是海湾君主制共同的潜在掘墓人。更致命的是,镇守阿拉伯北翼的叙利亚政权长期与本民族世仇伊朗结成同盟,甚至在20世纪80年代的两伊战争中完全与其投怀送抱,成为阿拉伯整体利益的叛卖者。

　　伊朗,作为波斯帝国的继承者,原本与其西邻阿拉伯世界积有千年恩怨,1979年伊斯兰革命后,历史纠纷未了,现实冲突再起。伊朗大力向阿拉伯输出“霍梅尼主义”为核心的伊斯兰革命,鼓动阿拉伯人颠覆各种亲西方的王权统治和共和制,建立伊朗式的政教合一政权,争夺中东地区乃至伊斯兰世界的领导地位,引发阿拉伯世界特别是君主制国家的巨大忧虑。不仅如此,伊朗通过其主导的什叶派阵营,“策反”叙利亚,并在黎巴嫩扶持真主党,在巴勒斯坦资助哈马斯等强硬派,干扰阿拉伯温和国家参与中东和平进程,客观上也侵蚀着它们统治的政治和宗教合法性。伊朗由此成为阿拉伯、以色列和西方的共同敌人,和伊朗绑在同一个战车上的叙利亚形象、处境可想而知。

　　无论是阿拉伯温和阵营,还是西方国家,过去一直试图说服、利诱、逼迫叙利亚与伊朗划清界限,但未曾奏效。阿拉伯内部四分五裂的状态奈何不了叙利亚,军事孱弱的海湾君主国更敢怒不敢言。及至伊朗核危机日益凸显,这个传统的对手似乎更加危险和可怕,对付伊朗,再次成为阿拉伯、以色列和西方的最大和急迫挑战。但是,中东什叶派阵营势力的扩大使得与伊朗摊牌充满风险,因为叙利亚、黎巴嫩、巴勒斯坦甚至伊拉克都可能卷入这场地区决战,由此,战场、战局、进程与结果都变得不可控制和预测。

　　但是,2011年的“阿拉伯之春”提供了千载难逢的机会:在民主与人权大旗下,借助变更大马士革政权,改变其外交政策,并影响真主党、哈马斯,压制伊拉克执政的什叶派,进而彻底肢解什叶派联盟,斩断伊朗保持几十年的地区影响力投放渠道,将其压缩到波斯湾沿岸甚至本土,进而为解除其核威胁甚至变更其政权打下基础。一枪数鸟,一劳永逸,一本万利,这使得巴沙尔下台成为不可逆转的抉择,区别只在于是战是和,是早是晚。

至此,2012 年的西亚博弈路径、次序、缓急、策略和前景已一目了然,只待时间检验。甚至伊核危机的陡升都可以反过来视作优先对叙利亚动手的敲山震虎之策。

（原载《时事报告》2012 年第 3 期）

2.以色列:叙利亚棋局的新玩家

3 月中旬,叙利亚内乱将进入第三个年头。过去两年的各方博弈,除了造成近 10 万人死亡,近百万难民流亡外,没有导致局面发生根本性变化。相反,由于拉锯持续和介入力量的增加,使得这盘棋局越来越乱。日益凸显的新玩家,则是叙利亚的传统对手以色列。

3 月 7 日,叙官方媒体图文并茂地宣称,其情报部门在地中海岸起获以色列伪装成岩石的图像传输装置,这些装置用于联络叙境内的"恐怖分子",进而证明了"犹太复国主义者在目前叙局势中所扮演的角色"。上个月,以色列未经任何警告,派战机深入叙境内轰炸一处科学研究设施,就已凸显以色列因素的上升,最新的间谍装置则佐证了以色列介入的程度和叙利亚局势的进一步复杂化。

众所周知,叙以两国是持续半个多世纪的老冤家,自 1948 年第一次中东战争起,叙利亚就是阿拉伯阵营的主要前线国家,也是仅次于埃及的以色列第二大地区死对头。但是,由于阿拉伯阵营策略、士气与实力不占上风,叙利亚对以色列屡战屡败,了无胜绩,其战略制高点、1000 多平方公里的戈兰高地自 1967 年失去后,一直未能收回。

中东圈有句行话:没有埃及,无法启动阿以战争;没有叙利亚,无法实现阿以和平。因此,叙利亚的地理位置和地缘分量在中东地区举足轻重。叙利亚虽然迟迟无法收复失地,但在埃及历史性地退出战场并与以色列媾和后,"以和平换土地"成为其唯一选项。实力不济,高地失守,首都大门对以洞开,也迫使叙利亚不得不严格遵守停火协议,即使被以色列偶尔打破,叙利亚也只是敢怒不敢言,敢言不敢动。双方由此保持了长达近四十五年的冷和平,稳定且坚持世俗主义并与西方保持较好关系的叙利亚,足以让以色列无东北方向之忧。

然而，2011年的"阿拉伯之春"摧毁了以色列的战略安全感，三十多年南线无战事的大好战略态势，在埃及穆斯林兄弟会执政后面临着不小的风险，稳定的东北线，也因叙利亚内乱而前途叵测。由此，以色列对"阿拉伯之春"的性质、进程及结局评估极其负面，断言这是一场"阿拉伯沙暴"，是"阿拉伯之冬"，是最糟糕的地区力量变革，因为倒台的几乎是清一色的"亲美和以"铁腕强人政权，最终夺得权力的都是敌视以色列的伊斯兰激进力量。但是，敌友关系太过敏感，忧心忡忡的以色列领导人除公开呼吁力保埃及前总统穆巴拉克在位外，对其他国家的政权变更保持高警觉和低姿态，尽量置身事外，直到叙利亚局势日益恶化，才不得不深度介入。

叙利亚的危机，原本始于多重矛盾积累的民主、民生和民权运动，但是很快被地区各种传统力量借用，变调、变色为阿拉伯人与波斯人、穆斯林逊尼派与什叶派、中东争端温和派与激进派、亲美阵营与抗美阵营的多重角逐，甚至是阶段性决战，或曰1979年伊朗伊斯兰革命后的地区矛盾总清算和格局大洗牌。什叶派主导的叙利亚政权与什叶派大本营伊朗，成为餐桌上的前后两道菜，沙特、卡塔尔等海湾逊尼派国家，长期被压制的叙利亚反对派穆兄会，以及试图重现中东殖民光荣与梦想的英国、法国，构成阵容强大的食客队伍。

巧的是，正在逐步失去伊拉克、也门、阿富汗和巴基斯坦等热战场的"基地"组织力量也不请自到，逐步渗入叙利亚成为掠食者和搅局者，以图挑动内战，引发干涉，进而经营新的拖垮美国的热战场。这恰恰是以色列最为担心的"黑马"，因为在叙利亚，以色列宁要被时间验证的遵守停火机制的世俗"独裁"政权，也不要宗教打底、对以敌视的民主政权，更不能坐等"基地"组织在周边放火。

所以，以色列曾两次炮击叙境内目标，报复落入自己控制区的流弹，并轰炸叙科研机构，防止可能的生化武器或材料落入各种危险势力之手。最新的间谍活动曝光更加说明，以色列对叙利亚内乱的态度，已由被动转向主动，由谨慎应对转向积极介入，这无疑将使已纷乱不堪的地区局势更加复杂。

（原载《北京青年报》2013年3月11日）

3.美国攻叙的逻辑与盘算

持续两年多的叙利亚内战面临转折关头：美国终于按捺不住，要赤膊上阵准备军事干涉。据报道，近日美国可能对叙发动持续数天的导弹袭击，以教训其"使用化学武器"。尽管 29 日英国议会否决政府与美国一起攻叙之动议，但白宫依然强调，奥巴马总统将根据美国的核心利益决定是否单独采取行动。如果动武，美国的逻辑是什么？盘算有哪些？

8 月中旬，叙利亚再次发生化武袭击事件，导致部分平民和政府军士兵伤亡。反对派率先公开指控政府军所为，叙政府则反责对手才是真凶，呼吁联合国调查，并迅速对调查人员入境开放绿灯。然而，国际调查尚未启动，美英政府异口同声宣称，它们掌握叙政府使用化武的可靠证据，并誓言"绝不宽恕"。五角大楼甚至表示，美军已万事俱备，只等奥巴马一声令下，便可展开对叙攻击。

然而，美英一边倒的指控令国际舆论困惑，一则叙政府已在军事层面挺过艰难阶段并占据上风，没有必要违反国际法使用化武。另外，美英似乎故伎重演，再现 2003 年编造虚假情报进而发动伊拉克战争的双簧。但是，国际政治奉行的是丛林法则和实力外交。既然美英及其阿拉伯地区盟友早已判决巴沙尔政权"死刑"，单方面宣布其"非法"，如何执行死刑只是时间和方式问题，几无缓刑和减刑的可能。

美国的逻辑是，叙政府既已头悬非法和死刑招牌，现又"冒天下之大不韪"地以化武"屠杀平民"，对其动武天经地义，无须安理会授权，也无须国会批准，更何况 10 万人死亡、百万人逃难和遥遥无期的胶着与相持，都构成美国试图打破僵局、改变现状、加速终结叙政权的动因。奥巴马此前曾划出"红线"，叙利亚使用化武或化武流入危险武装之手，即告危害美国核心利益，也必然导致美国动武。

美国主导的武装干涉原本 2012 年关前后或许就该发生，但诸多因素导致未果：时值法国和美国大选，均心不在焉，也不敢贸然开战以免选举出局；俄罗斯、中国连续三次否决安理会涉叙决议草案，打乱意欲干涉者的心绪与推进节奏，使其对强行干涉的后果产生狐疑；叙反对派一盘散沙，迟迟不能形成统一战线;阿盟因埃及与沙特争夺主导权而前后矛盾,犹豫不定;叙政府在短暂慌乱后稳住阵脚,既无高级文官脱离,也无重要战将叛逃,上下反倒更加团结。

不仅如此,随着叙内乱的延伸和扩大,围绕这一猎场的逐鹿者也在不断增加。除起初的朝野双方、主导阿盟的海湾君主国和力挺叙政府的伊朗,"基地"分子也逐步从中亚、阿拉伯半岛、伊拉克甚至北非麇集于此,并成为杀人夺命和激化冲突的重要搅局者。获得连任的奥巴马对武装叙反对派犹豫再三,其司法部长也曾公开抱怨,反对派混入太多"基地"成员。由于担心叙利亚化武或弹道导弹失控,以色列数次派战机入侵轰炸。黎巴嫩真主党也公开进驻,以其娴熟的游击战经验协助大马士革对付反对派武装,使其无法获得像样的根据地。

群雄逐鹿,叙利亚乱成一锅粥,大有"索马里化"的风险。此非美国所愿,因为支离破碎的叙利亚将影响整个中东的稳定,并直接威胁其战略盟友以色列的安全。既然依靠反对派无法直接改变现状,美国也许想快刀斩乱麻:既要更替政权,又要消灭"基地"势力。于是,充满悬疑的化武袭击就给美国提供了教训叙政府,直接干预内战进程的托词。

依据目前信息判断,美国如果动武,首先将是一场时间、规模和目标有限的惩戒性"外科手术"打击,即利用其远程袭击的武器优势,摧毁叙战略军事目标,如指挥和通讯体系,导弹阵地和仓库,飞机机库、跑道和燃料仓储甚至部分装甲部队。此举既可严重削弱叙军常规作战能力,减轻反对派武装战场压力,又能敲山震虎,敦促巴沙尔赶紧下台,以期小战而屈人之兵。

当然,有限攻击只是服务于战略目标的战术行动,小试牛刀后,若效果不彰,美国及其盟友就可能复制利比亚模式,对叙重要目标饱和轰炸,掌握制空权,掩护反对派打赢地面战,推翻现政权。倘若俄罗斯继续作梗,美国的军事干预或许增加些难度,否则,巴沙尔躲过初一躲不过十五。

(原载《北京青年报》2013 年 8 月 31 日)

4.分裂安理会的叙利亚内战

围绕美国即将发动的对叙利亚军事行动,负责世界和平与安全的权威机构联合国安全理事会再度陷入深刻分裂,英国议会否决政府追随美国的动议;法国则表示与美国共同上阵;俄罗斯称假如证据确凿且有安理会授权,它可以对攻击叙利亚开放绿灯;中国则强调首先需要公正、客观的调查让使用化武者承担责任,并坚持政治解决。五个拥有否决权的常任理事国再次各执一词,无法形成共识。

其实,自叙利亚危机爆发,安理会五常国的立场和态度就逐步显现分野,俄罗斯和中国一致主张不干涉叙利亚内政,敦促敌对双方通过对话与谈判解决危机,避免选边站队。但是,美、英、法基本延续了利比亚危机时的立场,在向巴沙尔政权施压无效后,很快公开站在反对派阵营一边,不仅中止与叙利亚的外交关系,而且拒绝承认巴沙尔政府的合法性,直至把反对派联合体认定为叙利亚人民的合法代表,并向其提供资金、武器和装备等。

很显然,五常国在利比亚危机时形成的共识与蜜月未再出现,代之以俄中连续三次在安理会否决可能导致对叙武装干涉的决议草案,使这种对立达到十分罕见的程度。这种对立既有冷战延续的阴影,也有对利比亚模式的修正,还有外交传统的制约,以及长远利益的布局。这种对立在很大程度上反映了叙利亚内战远比其他几场阿拉伯国家的内乱、内战更加复杂,也更加具有地区乃至世界大国博弈色彩。

美英法在利比亚内战之初力争安理会授权建立禁飞区,俄中基于阿拉伯国家联盟的一致要求以及利比亚出现的实际状况,破例赞成制裁利比亚并放行建立"禁飞区"的相关决议,但是,美英法很快把安理会相关决议变成打一派挺一派和助推内战的挡箭牌,主导了该国政权的变更,开辟了糟糕的先例。叙利亚危机爆发后,俄中显然不能允许复制利比亚模式,三次否决顺理成章,否则,《联合国宪章》就形同虚设。

之所以说安理会的角力具有冷战延续的色彩,在于美国起先主导欧盟、北约压缩俄罗斯战略空间,继而又战略重点转移亚太干扰制约中国成长,这种后冷战时代的冷战行为迫使俄中本能地携手在叙利亚问题上采取强硬姿态,阻止美英法为所欲为,更何况,叙利亚内战就是一场纠结了各种地区矛盾的春秋不义战。俄中的安理会阻击战虽然受到部分西方乃至阿拉伯国家政府的指控,但它体现了大国应有的独立姿态和有所持守,是维护本国利益和世界和平的立威之举,也是维护国际政治民主化的重要体现。

分裂的安理会并不完全是 3∶2 的简单两块,五常国对叙利亚内战的考虑也不尽相同。美国在被巴沙尔的对手们用普世价值和维护人权绑架后,考虑的是继续主导中东并切断和摧毁伊朗在该地区的战略联盟。法国延续近几年高调干涉非洲国家内政的政策,以便在经济衰落的困难时期提振大国地位。英国则基于追随美国、发挥帝国余热的传统。俄罗斯作为叙利亚的传统盟友的确有太多利益,不能在失去利比亚后再丧失中东最后一个盟友。中国在叙利亚商业利益最小,努力维护的是《联合国宪章》精神和和平外交原则,以及与俄罗斯建立的全面战略协作伙伴关系。

本周日,奥巴马指责叙利亚政府使用化武杀伤 1400 多平民,明确宣布将对其进行规模和时间有限的军事打击。美国国会参众两院也相继同意奥巴马有限动武,并于 9 日正式表决。奥巴马强调,无论国会是否允许,他都有权对叙利亚开战。这意味着叙利亚难逃一场外科手术的军事打击,并可能因此导致政局、战局的大逆转,重现利比亚内战的后续故事。

虽然联合国调查团尚未公布结果,普京也试图以有条件支持出兵诱使美国重返安理会,但是,安理会五常国裂痕之深,奥巴马动武表态之决绝,使得美国继续寻求联合国支持与授权的愿望十分渺茫。可以想象,美国绕过联合国对叙利亚动武之日,不仅意味着美国单边主义故伎重演,也将标志着安理会权威的大打折扣。

(原载《北京青年报》2013 年 9 月 7 日)

5.上缴化武:恐难扭转叙战轨迹

当地时间 9 月 9 日,美国总统奥巴马发表针对叙利亚问题的全国电视讲话,在历数巴沙尔政权"斑斑劣迹"和美国"仁至义尽"的考量后宣布,由于叙利亚愿意交出化学武器,他要求国会推迟发动军事行动的授权辩论,给对方一次机会。一个月间,化武危机不仅急剧发酵,而且以"弃武换和"的方式收场,着实出人意料。上缴化武又能在多大程度上左右叙战轨迹?

自 8 月中旬叙利亚出现大规模化武袭击事件后,美国对叙政府的敌意急速飙升,不仅言辞凿凿指控其违反国际法触碰美国核心利益红线,而且立即开动宣传机器高声喊打。然而，比小布什明显沉稳缜密的奥巴马并未鲁莽地直接用"战斧"劈向叙利亚目标，而是大摆龙门阵，做足舆论文章，显示其绝非好战之辈，即便终究诉诸武力，也要让美国占据道义高地。

于是，人们看到奥巴马班子的广泛游说和动员，看到他可以专权却执意寻求国会授权，看到他即便开战也不打算左右叙内战结果的公开承诺。当然，作为博弈对手的俄罗斯和叙利亚，看到的是奥巴马的长期犹豫和此次克制有余的战争冲动，看到的是危机尚能化解的希望。

就在奥巴马预定电视讲话发表的前一天，游说俄罗斯的美国国务卿克里面对各国记者不经意地说道：除非叙利亚上缴每一件化学武器，否则，难以逃脱军事打击。几个小时后，俄外长拉夫罗夫抓住克里这句话，正式提出叙利亚放弃化武以避免美国动武的倡议，争取到巴沙尔当局的积极回馈。

尽管克里几个小时后"澄清"自己只是戏言，但是，国际舆论已把"弃武换和"炒成当天的最大热点。有人说，克里"无心插柳"的外交玩笑，不经意间给奥巴马轰鸣的战争引擎浇泼了凉水，然而，谁知道这不是奥巴马私下授意，甚至可能与俄罗斯事先勾兑避免激化事端的双簧呢？奥巴马本人也很快表示乐见其果，并在随后的公开讲话中加以有条件的确认，这岂不又佐证了克里"有意栽花"？

很显然，"弃武换和"是个阶段性的三赢选择。对美国而言，这首先是一场舆论、道义和心理战的胜利，确认了美国的超级大国地位和世界领导者身份，因为叙政府显示了惧怕并快速做出实质性让步。销毁日渐扩散的化武的确可以解除对美国及其盟友的安全威胁，并对其他潜在战略对手形成震慑。奥巴马在电视讲话中已明确用这个范例向伊朗喊话，敦促其放弃核武幻想，选择和平道路。

对俄罗斯来说，维护在叙利益是核心目标，一旦美叙彻底摊牌，俄罗斯无力继续呵护，也必然失去全部，促使叙利亚让步继续周旋虽不能解决根本问题，但至少可解燃眉之急。而且，一旦俄罗斯方案成为各方焦点，必然提升自身影响力和话语分量，使其在三次否决安理会涉叙决议草案后，进一步抵消美国和西方压力，延续倡导和平解决的内在逻辑和主导作用。以此为契机，如能推动叙利亚问题偏离战争轨道走向和谈和解，将使俄罗斯完美收官。

对叙利亚来说，化武已是被国际法禁止、被各国普遍抛弃的过时罪恶武器,保有化武既不能实际使用,也无法用它改变战争结果,反倒成为遭受孤立甚至美国打击的直接把柄,还会被反对派屡屡用来抹黑栽赃。在美国犹豫和国际舆论众口不一之时,向联合国上缴化武,叙利亚既可表诚意证清白,赢得好感与同情,还能争取更多和平解决的机会。最关键的是,此举足以回避箭在弦上的美国外科手术式打击。这场打击虽然不是毁灭性的,但也必然成为决定叙利亚内战走向的转折点。历史经验表明,美国轻易不接受没有胜利结果的军事行动,战争一旦打响,必然升级和扩大,必然要达到非战争手段无法实现的战略目标。

一触即发的美国军事打击暂且搁置,叙利亚内战的焦点转至化武的清盘、上缴与销毁,大国博弈的重心也重回联合国安理会,并有可能达成新共识,形成新决议。然而,美国颠覆巴沙尔政权和消灭"基地"分子的战略目标远未实现,上缴化武只能使叙战免于态势倒转,但难以根本改变其滑行的轨迹。

(原载《北京青年报》2013 年 9 月 14 日)

6.叙利亚:化武掩护新博弈

9 月 18 日,叙利亚总统巴沙尔对美国媒体称,销毁化学武器需要耗时一年,耗资 10 亿美元,并强调本国陷入的不是内战,而是针对"基地"组织的反恐战。头一天,美国总统奥巴马对媒体强调巴沙尔必须下台,否则,叙内战无法结束。叙美首脑的这轮隔空喊话清晰表明,叙内战已进入化武主题掩护下的生死博弈新阶段。

奥巴马对媒体公布了结束叙内战路线图的三要素:销毁化学武器,消灭"基地"分子,巴沙尔下台换取和解。这是美俄叙达成"弃武换和"协议后,奥巴马首次公开谈论叙内战,也是他长时间回避巴沙尔个人命运后重申赶走其人的终极诉求。应该说,这个路线图符合奥巴马涉叙政策逻辑,也体现出他对事态轻重缓急和解套优先顺序的调整。

一如笔者此前分析,美国在叙战略目标已日渐清晰:在确保该国避免"索马里化"的前提下,既要结束巴沙尔统治,又要消灭或赶走已泛滥成灾的"基地"势力及其盟友,化武袭击只是因其扩散风险,加剧了美国推进这一战略的迫切性,因为化武的确对美国及其地区盟友构成重大威胁。但是,无论盘点、上缴和销毁化武,还是消灭或削弱"基地"势力,都离不开巴沙尔当局的配合,也自然促成美俄叙达成"城下之盟"。解除叙化武体系将是美国的重大胜利,具有广泛的宣威作用,而且确保以色列摆脱与叙利亚形成的大规模杀伤性武器恐怖平衡,形成压倒性的独家威慑优势;让叙政府的子弹、炮弹再飞一会儿,继续与"基地"及伊斯兰激进武装鹬蚌相争,彼此消耗,最终让反对派顺利摘桃子,岂不是非常划算?

至此,叙内战将继续在三个分战场上演绎:大国间明暗博弈、安理会讨价还价、地面战寸土必争。大国博弈主要还是美俄斗法,从收容斯诺登,到为叙利亚解套,俄罗斯大有王者归来之势。俄罗斯新近举证叙反对派为化武袭击罪魁,更有得陇望蜀转守为攻的霸气。按照俄叙的合计,将叙内战变轨拖入一场复杂、危险、耗时和耗资的化武销毁进程,将有力消解倒巴阵营的咄咄攻势,迫使国际社会同"被非法"的叙政府公开合作。借此,俄叙不仅掌控国际层面的化武处理节奏,而且为强化叙政府夺取战场军事胜利赢得时间和扩大空间。因此,围绕谁是化武罪魁,相互举证反驳,一场外交消耗战的前哨战已然打响,联合国调查人员已再返叙利亚。

很显然,美英法不可能被俄叙牵着鼻子走,势必以军事高压逼迫对手在安理会快速让步。法国最近出面提出包含有条件动武条款的决议草案,并试图启动国际刑事法院程序,逼迫叙方就范,为对巴沙尔秋后算账和反对派上台进行法理铺垫。当然,重返安理会并不意味着五个常任理事国破镜重圆,而是新一轮观念与利益博弈的洗牌。针对化武销毁达成共识容易,为武装干涉开绿灯依然艰难。由于事关一个成员国消除化武的广泛意义,以及是否重演利比亚棋局,这轮博弈将会更加严肃而庄重,也更加充满悬念和变数。

安理会无论出台何种涉叙决议,都将是针对叙当局的一条绳索。对叙方而言,抓住机遇,扩大统一战线,争取舆论支持,并在战场层面增加绝对优势,是"弃武换和"保护伞下的急迫选项。因此,巴沙尔频繁出镜对西方进行公共外交,重弹"反恐战争"老调,拨动西方舆论心弦,说服其公众和民意代表,明察谁是盟友谁是敌人。对美英法政府而言,所谓的巴沙尔独裁统治与"基地"势力,不存在敌友之分,只有两害相权,因为它们已过早宣判巴沙尔政治生命的死刑,难以自己打脸收回誓言,只能在既定思路上调整节奏,而不是逆转方向。

面对美俄叙妥协换取的短暂和平或战争间歇,力推叙内战的海湾阿拉伯大佬们十分恼怒,巴沙尔的境内对手们也大呼失望。这些与和平努力反向而去的态度,不仅再次揭示叙内战乃"春秋不义战"的本色,也预示着实现和解的万般艰难。除非叙政府短时间内彻底荡平反对派武装,否则,明年巴沙尔到站走人,可能是唯一实现和解的时机窗口。此前,依然不排除美国突然动武加速倒巴的可能。

（原载《北京青年报》2013 年 9 月 21 日）

7.大国博弈叙利亚

9 月 14 日,美国国务卿克里与俄罗斯外长拉夫罗夫经过三天磋商,达成有关销毁叙利亚化学武器的六点共识,并将作为安理会决议草案提交给其他成员国讨论。美俄这一协议受到国际社会的普遍支持,不仅为叙利亚免遭美国攻击创造了条件,也使叙局势出现戏剧性转机。据美俄协议,叙利亚必须一周内提供所有化武文件,11 月允许联合国核查人员到位,最晚明年中期全部销毁或向境外转移化武。

自 8 月中旬叙利亚出现大规模化武袭击事件后,美国对叙政府的敌意急速飙升,不仅指控其违反国际法触碰美国红线,而且开动宣传机器高声喊打。然而,就在奥巴马雷声大雨点小的战争舆论准备和国会授权争取关键阶段,克里半开玩笑地提出若叙利亚放弃化武可换取免打,使看似无法避免的对叙攻击成为一场虚惊。

显然,"弃武换和"是阶段性的三赢选择。对美国而言,这首先是舆论、道义和心理胜利,确认了美国的超级大国地位和世界领导者身份,因为叙政府显示了惧怕并快速做出实质性让步。销毁日渐扩散的化武的确可以解除对美国及其盟友的安全威胁,并对其他潜在战略对手形成震慑。

对俄罗斯来说,维护在叙利益是核心目标,一旦美叙彻底摊牌,俄罗斯将无力继续呵护,促使叙利亚让步继续周旋虽不能解决根本问题,但可解燃眉之急。而且,一旦俄罗斯方案成为各方讨论的基础,必然提升自身影响力和话语分量,使其在三次否决安理会涉叙决议草案后,进一步抵消美国和西方压力,延续倡导和平解决的内在逻辑和主导作用。以此为契机,如能推动叙利亚问题偏离战争轨道走向和谈和解,将使我罗斯完美收官。

对叙利亚来说,保有化武既不能实际使用,也无法用它改变战争结果,反倒成为遭受孤立甚至美国打击的直接把柄,甚至会被反对派屡屡用来抹黑栽赃。在美国犹豫和国际舆论众口不一之时,向联合国上缴化武,叙利亚既可表诚意证清白,赢得好感与同情,还能争取更多和平解决的机会。最关键的是,此举足以回避箭在弦上的美国外科手术式打击。这场打击虽然不是毁灭性的,但也必然成为决定叙利亚内战走向的转折点。历史经验表明,美国不会轻易接受没有胜利结果的军事行动,战争一旦打响,必然升级和扩大,必然要实现非战争手段无法实现的战略目标。

由于中俄及时在安理会阻止了对叙军事干涉企图,叙政府得以控制局面至今。美国也意识到简单颠覆巴沙尔政权可能引发这个节点国家碎片化,进而伤害自身利益,立场也大为软化。但是,毕竟奥巴马宣称巴沙尔必须下台,因此,弃武换和只是权宜之计,叙内战如何发展,依然是个悬念。

（原载《时事报告》2013 年第 10 期）

8.国际法:在地缘冲突中不断被冲击

9 月 23 日,美国动用舰载"战斧"巡航导弹和 F-22"猛禽"战斗机等对叙利亚境内 50 多个目标实施大规模袭击,拉开针对"伊斯兰国"等极端组织的反恐战争序幕,也首次直接将叙纳入其中东战局。叙政府对此保持沉默,但俄罗斯和伊朗等国谴责美方未经叙方许可对其主权构成侵犯。显然,无论美国对叙开战是否侵犯主权,国际法正遭受新一波地缘冲突的冲击与考验。

自奥巴马 10 日宣布将对伊拉克和叙利亚境内"伊斯兰国"武装发动"反恐战争"后,叙政府曾明确表示愿意协助美方和国际社会反恐,但美方在叙境内的任何行动必须获得叙方授权,否则就是侵犯其主权。依据国际法有关主权和领土、领空和领水完整不受侵犯的原则,作为主权国家民选管理者和国际政治行为体的叙政府,代表国家维护合法权益天经地义。

叙政府的合法性在联合国架构内是未曾中断的事实,叙方代表依然受命于大马士革并有效履行使命。然而,美国等西方国家和阿拉伯联盟三年前已不承认叙政府的合法性,并视其反对派联盟"全国委员会"为所谓合法代表。由此,谁是叙方合法代表在操作层面又莫衷一是,各国也各行其是。

俄罗斯和伊朗的指责显然依从传统意义上的主权概念,即美国的战争机器不请自到,这与当年应邀解放科威特或经安理会授权发动阿富汗战争截然不同。当然,美叙间"权争"也值得回味:叙方称,美方通过伊拉克外交部转来通报函件,但美国务院发言人帕莎其公开否认称:"我们警告叙利亚不要拦阻美国飞机。我们没有要求该政权给予同意,没有与叙政府协调行动,没有在军事层面向叙提前发出通知,也没有对我们打击特定目标的时间做任何表示。国务卿克里没有向叙政权递交信件。"这番洗白本身就霸气四溢。

叙美各执一词,也许是个两全其美的路径:首先,"伊斯兰国"武装是叙美共同敌人,对其开战符合双方共同利益,也符合国际社会愿望;其次,叙方情愿与否,都无法遏制美方在叙境内动手。叙方宣称已获美方通报,似乎是迫不得已的自找台阶,至少可单方面解读为己方合法性和主权已获得美方事实确认和尊重。美方矢口否认,则表明对叙政策的一致与连贯。

美国并不掩饰对叙军事行动的终极目的,即在打垮、遏制"伊斯兰国"武装的同时,武装和协助叙反对派做强做大,实现政权更替。因此,眼前双方的回避交锋,并不意味主权之争会持续隐藏在反恐战争的浓烈硝烟后,一旦美方军事目标重点转移,战略意图大白天下,这场反恐战争的合理性、合法性和正义性将会走偏扭曲,国际法之争也自然会再次凸显,甚至导致反恐联盟的实际性削弱。

近几十年来,随着西方国家"人权高于主权"渐成共识和舆论主流,传统的国际法主权概念和地位日益面临争议和挑战,甚至联合国两任秘书长加利和安南也都相继强调绝对和排他性的主权概念已经过时。另外,经历过卢旺达大屠杀等人道悲剧的国际社会着实进退两难:对一国内乱袖手旁观,将承受人道主义压力和责难;干涉或如何干涉,又面临主权国家契约——国际法规条的限制。

在国际政治实践中,人道主义干涉一旦被滥用,维护主权和反对干涉的呼声必然再次高涨。2011 年,安理会基于利比亚出现的人道危机,通过 1973 号决议,允许成员国建立"禁飞区"防止冲突扩大。然而,美英法意等国在执行过程中故意背离决议主旨,力挺反对派扭转战场劣势扩大战果,直至协助推翻卡扎菲政权,也导致此后安理会在叙利亚危机处理中严重分裂,阻挠了政治解决进程,客观上激化了人道主义危机。

事实上,无论是 2008 年的科索沃独立,还是今年 3 月克里米亚公投脱离乌克兰并入俄罗斯,也都引起巨大的国际法理争论,对立双方从不同的国际法典籍里找到开脱自己和推挡对方的辩词,进而使国际法成为任人打扮的玩偶,即便独立和专业的观察家也很难真正达成一致的是非曲直结论,因为国际法体系本身就漏洞百出,任何实践都有先例,任何违禁又都成例外。

回到本文缘起,如何遵守国际法对美国而言根本就是个伪问题。美国绕开联合国,单边发动科索沃、伊拉克战争,频繁派无人机擅入巴基斯坦发动袭击,甚至侵入伊朗领空而被截获,都说明国际法在地缘政治冲突特别是强权面前不堪一击。尽管如此,还是要呼吁遵守国际法,因为无论一个国家或联盟动机何等高尚,借口何等美丽,有法不依,或标准不一,必然刺激更多力量藐视法则、秩序和文明底线,进而让世界永无宁日。

(原载《北京青年报》2014 年 9 月 27 日)

9. 俄军驾到:叙利亚战局变数陡增

9 月 16 日,路透社援引美国官员的话称,少量俄罗斯直升机出现在叙利亚战场,并说这一新迹象意味着俄罗斯在叙军事存在已不可小觑。这是继此前俄运输机、战舰甚至坦克现身叙利亚相关报道后,美国对俄加强军援叙政府的最新爆料。俄罗斯提供军援乃至直接派兵入叙,再次划定利益"红线",也是叙危机及内战爆发以来最重要变数之一,极可能导致力量对比逆转和战场态势改变。

据美方称,四架俄武装直升机已被确认现身叙利亚。五角大楼披露,截止到 14 日,已跟踪到 15 架次安-124 俄军用运输机进入叙利亚,另有两艘运输船抵达该国。据综合估计,俄向大马士革国际机场和地中海塔尔图斯港俄基地已陆续输入数量不等的 T-90 坦克、大炮等武器装备,而 T-90 坦克则是俄军列装的最先进坦克。此外,还有 200 多名俄海军陆战队员抵叙。沙特《中东报》援引中东战略研究中心等智库信息称,俄供给叙军的先进武器包括米-31 战斗机、米-28 夜战直升机、130 毫米加农炮、萨姆-22 防空导弹和最先进的伊斯坎德尔导弹、UR-77 坦克扫雷车,以及高精准空地导弹和穿甲武器等。

关于俄在叙利亚军事动向,各方说法不一,美方言辞凿凿,叙驻俄大使矢口否认,并称之为"西方国家和美国散布的谎言"。俄方则称安-124 军用运输机向拉塔基亚输送的是生活必需品、食品以及为 1000 多难民搭建帐篷的设备。另有俄方人士澄清说,在拉塔基亚机场安装新照明和无线电设备并维修跑道等作业,只是因为原有设施非常陈旧,而非部分西方媒体解读的俄军部署航空集群的信号或前奏。

与低级别外交表态不同的是,俄总统普京 15 日在塔吉克斯坦地区安全会议上旗帜鲜明地宣称:"我们支持叙政府抗击恐怖主义侵犯,我们向它提供——并将继续提供——一切所需军事援助。"美国军方形容在叙俄军动向是苏联解体后"俄在前苏联疆域外最大规模地部署部队"。如一切属实,这将是俄结束过去四年幕后支持叙政府而直接在前台为其提供军事庇护,将大大影响战场力量对比,改写战场版图和势力范围。

经过四年战乱,统一的叙利亚已被"五马分尸":"伊斯兰国"武装盘踞东部,库尔德民兵控制东北部,其他反政府力量和伊斯兰派别则把持南方,叙政府所能掌握的只有大马士革、滨海省份拉塔基亚和与黎巴嫩交界处的盖莱蒙。面对反对派武装和恐怖组织的双重夹击,以及西方和阿拉伯国家的经济和军事封锁,叙政府军损失惨重,军人死亡 6 万人,陆军力量消耗 40%,空军损失 20%,军队士气受到重挫,大量人口流失和控制区萎缩,也让叙军陷入补血和造血危机,进而只能抱残守缺,无力收复失地。

俄罗斯大量军事装备乃至人员驾到,可谓雪中送炭,将加强和提升叙军战斗能力和士气,如果俄军人直接或以"志愿军"身份协助叙政府"反恐",有可能将政府控制区打通并联,免于被彻底蚕食。俄罗斯借道希腊、伊朗和伊拉克完成对叙物资输送,不仅意味着西亚三个什叶派力量主导的地区国家结成联盟,并与俄罗斯完成一次具有突破意义的战略配合,而且暴露西方阵营的巨大裂隙。

四年前，部分海湾王国联手西方策动颠覆叙政府的街头运动和骚乱，并武装和鼓励反对派挑起内战。若非俄罗斯主导对安理会涉叙决议草案的一再否决，并建立禁飞区，武装反对派变革政权的"利比亚模式"几乎会在叙重演。叙利亚是俄罗斯传统盟友，关乎其战略利益，包括维持世俗政权、保留唯一海外军港，以及巩固黎巴嫩、叙利亚、伊拉克和伊朗串联而成什叶派弧形屏障，防止宗教激进势力向高加索和中亚地区渗透。

俄罗斯曾提出在维持巴沙尔政治地位的前提下实现朝野分权与和解，无奈反对派自视过高，其西方盟友也因过早与巴沙尔政府绝交而骑虎难下，战场形成对峙和拉锯，并为"基地"势力的渗入和"伊斯兰国"武装的孵化和崛起开辟广阔空间和沃土。最近，美英法借助土耳其的配合和支持，加大在叙反恐力度，促使俄罗斯贴身跟进，帮助大马士革固守地盘并寻机反攻，避免掉进"借道伐虢"陷阱，失去仅存的中东战略资产。从更大的博弈视野看，这也是俄罗斯对乌克兰棋局的一次"围魏救赵"。

（原载《北京青年报》2015 年 9 月 19 日）

10.叙利亚：俄罗斯重拳出击再改战局

10 月 7 日，俄罗斯称其部署于里海的 4 艘战舰向叙利亚境内"伊斯兰国"武装阵地发射 26 枚导弹，摧毁所有 11 个预定目标。此前俄方称，自发动空袭 10 天以来，俄罗斯已摧毁"伊斯兰国"40%的基础设施。西方舆论却认为，俄罗斯打击的大部分目标属于温和反对派组织，换言之，俄罗斯在变相保护巴沙尔政权，以反恐之名谋一己之私。无论如何，俄罗斯在叙利亚重拳出击已触了美国、欧盟及其地区盟友的痛点，也必然一如既往地对叙利亚局势产生重大影响，甚至有可能改变战局。

自 2011 年初美欧和海湾阿拉伯国家策动叙利亚动乱并引发内战以来，叙利亚已变成集中东所有传统与当代冲突于一体的复杂战场，情形与突尼斯、利比亚、也门和埃及的街头运动不可同日而语：美欧期待民主与自由战胜专制与独裁，树立西式新样板；沙特等阿拉伯国家希望推翻巴沙尔政权，扩大阿拉伯人和逊尼派的影响,通过肢解什叶派阵营而击溃伊朗势力的长期渗透与扩张;脱胎于"基地"的"伊斯兰国"武装乘乱快速崛起并割地"定都立国",意欲建立以地中海为内湖的所谓"哈里发"帝国;以色列和黎巴嫩真主党武装这对冤家也在叙利亚境内开辟特殊战场。叙利亚内乱甚至把烽烟延续到联合国大会和安理会,凸显浓重的大国博弈色彩。在这场多边博弈中,俄罗斯始终是关键角色,并在关键时刻发挥关键作用,左右叙利亚局势走向。

2012 年 2 月,当阿拉伯国家与欧美在安理会推动涉叙决议,试图在叙利亚重新排演利比亚脚本时,俄罗斯联手中国动用否决权,避免了借用安理会之名建立禁飞区,帮助反对派武装夺权的故事再次发生。2013 年 9 月,叙利亚多次发生化学武器袭击,美国以越过红线为由准备发动军事打击,俄罗斯及时提出解除叙利亚化武倡议,换取美国暂时罢手,再次使巴沙尔政权免于灭顶之灾。如今,经过四年消耗,叙利亚政府武装力量损失近半,大片国土丢失,只能偏安大马士革和拉塔基亚等沿海局部地区,在美、英、法已加大军事打击的背景下,俄罗斯再不直接出手,巴沙尔政权恐难继续抱残守缺。

叙利亚是中东战略枢纽之地,也是俄罗斯硕果仅存的地区盟友,保有其在海外唯一军港,战略意义巨大,是其核心与传统利益所在。沙俄时代,俄罗斯曾为争夺地中海出海口,多次卷入地区战争,并分别从奥斯曼帝国与波斯王朝手中夺取高加索地区和黑海沿岸;二战期间为确保西线安全,苏联不惜与英国联手入侵并占领伊朗;二战结束后,苏联不仅在伊朗策动阿塞拜疆独立,而且与美国全面争夺中东控制权。五次中东战争,除第一次巴勒斯坦战争外,苏联一直充当埃及、叙利亚等阿拉伯前线国家的背后金主和武器供应商,甚至数次和美国全球警戒对峙。冷战后,叙利亚几乎成为俄罗斯从苏联继承的唯一遗产。没有海外基地的国家就不是世界大国,势力范围不加维护的国家也是不受尊重的大国。

俄罗斯力保叙利亚政权不倒,还有维护高加索、中亚地区安全与稳定的战略考量。过去二十余年,俄罗斯既通过两次车臣战争和中亚五国维稳,打击"三股势力"泛滥,防止中东激进宗教思潮渗透,又要抵御美欧策动"颜色革命"对其战略腹地的蚕食。以伊朗为核心,伊朗、伊拉克、叙利亚和黎巴嫩真主党等力量构筑的"什叶派之弧"成为拱卫俄罗斯大西南安全,尤其是抵御"三股势力"东进北上的战略屏障。巴沙尔政权解体,将导致这条屏障全线崩溃,已被北约和欧盟双东扩严重挤压的俄罗斯将不堪重负。

俄罗斯在叙利亚也有重大经济利益。叙利亚内战爆发前一直是俄在中东地区最大贸易伙伴,不仅食品、工业制品、电力设备和石油制品等方面严重依赖俄罗斯,其军事装备和武器,更以俄罗斯为主要来源,双方每年民品和军品贸易额高达数十亿美元。去年,叙利亚还提出与俄罗斯进行自贸区建设谈判。叙利亚政权如果发生变更,美欧和阿拉伯产油国扶持的反对派执政,还将使俄罗斯失去在中东的最后一块经贸蛋糕。

在局势极其不利于巴沙尔当局的关口,俄罗斯重拳出击,还有更多超越传统诉求的新意图和动向,也是其急迫解决现实地缘政治困境的需求所在。

首先是通过大规模军事行动展示国力,既有向美欧武装示威的政治意图,也通过实战拉练演习,测试新式武器装备性能,保持军队活力和实操能力。此轮军事援助叙利亚,俄罗斯动用安-124大型运输机,向叙军提供T-90坦克、UR-77坦克扫雷车、130毫米加农炮、米格-31战斗机、米格-28夜战直升机、萨姆-22防空导弹、最先进的"伊斯坎德尔"导弹,以及高精准的空地导弹和穿甲弹等。俄罗斯派往一线的战斗部队,据估计达到一个营的规模。俄罗斯部署在叙利亚附近地中海水域的军舰已达10艘。俄罗斯从1000公里外的里海发射26枚"口径"式舰载巡航导弹,打击叙利亚境内目标,被西方称为"史无前例",俄方则宣称"攻击结果证实了这些导弹在大约1500公里射程的高效能"。此外,俄罗斯空军一周内两次"误闯"土耳其领空,直接对北约空防加以撩拨。

其次,俄罗斯借助大规模军事行动拉动油价止跌上扬。自去年沙特与美国打响油价战后,遭受美欧经贸制裁的俄罗斯倒地中枪石油收入锐减,可谓屋漏偏逢连夜雨。沙特不仅是叙利亚内战的主要驱动者,今年3月又策动十国对也门进行地空武装干涉,军费迅速飙升。此外,沙特近年持续拨付巨额外汇储备对内维稳,对外扶持埃及、约旦和利比亚等国温和势力,财政负担日趋严重,王室分歧和不满已向外界宣泄。俄罗斯在叙利亚动武搅局,将改变战场格局和力量对比,调低各方对巴沙尔政权短期垮塌的预期,进而可能迫使沙特调整现行石油政策,带动欧佩克以限产方式推动油价回到理想位置。

第三,俄罗斯在乌克兰危机中与美欧严重对峙,既难改变美欧遏制政策和经贸封锁,但也不愿继续推高家门口的武装对峙,借用反恐之名跳到外线,以"围魏救赵"之策,尝试打破困境,重新寻求与美欧竞争与合作平台。俄罗斯在动武的同时,重申其政治解决叙利亚危机主张,就是很好的佐证。

俄罗斯军队呼啸而来,师出有名,大大出乎美欧预料,也激起对方极大的忧虑和不满。近日美欧官员与媒体对俄罗斯的指责,谓其"挂羊头卖狗肉",称俄军打击目标90%都不是恐怖组织而是反政府武装设施。俄罗斯则反唇相讥指出,美国及其盟友轰炸了一年,打击对象经常不是恐怖分子控制的目标。双方围绕叙利亚反恐动机和表现的彼此抹黑已经相当狗血,凸显了国际政治的丛林法则依然大行其道。

不过,美欧从不掩饰其在叙利亚的动机,既打击恐怖组织,也颠覆巴沙尔政权。美国众议院外交委员会主席埃德·罗伊斯8日抨击政府称:"普京两周来采取的行动比奥巴马两年的还多。"此话显然冤枉了奥巴马政府,因为美国官方公布的空袭次数恐怕已超过一万次,当属俄罗斯的几百倍,但是,为何不能取得俄罗斯式的重要斩获? 只有一种逻辑可以解释,美国及其伙伴的反恐行动雷声大雨点小,满足于清扫地皮,颠覆被其判决死刑的巴沙尔政权,才是最大兴趣所在。

（原载《华夏时报》2015 年 10 月 14 日）

11.俄军空袭触发中东尖峰对决

进入10月中旬,俄罗斯在叙利亚持续两周的空袭触发巨大军事涟漪,英国数家报纸11、12 日相继披露,英国及其他北约成员国空军飞行员已获授权,"一旦面临生命威胁,可以在伊拉克空域与俄罗斯战机相遇时向其开火"。这一事态意味着叙利亚和伊拉克乃至整个中东,正酝酿着未曾经历的大国军事尖峰对决。

针对北约"开火令",俄罗斯国防部紧急召见英国武官讨说法,俄罗斯驻英大使还愤怒地指责伦敦挑拨是非,称俄英战机分别在叙利亚和伊拉克上空行动,彼此缺乏交集,针对俄战机的"防守反击"令毫无道理。据报道,目前在叙利亚作战的俄罗斯战机多达34 架,包括苏-34、苏-24M 和苏-25SM 等机型,出动频率从每天20 至25 架次翻番为64 至67 架次。此外,俄军还动用可以干扰 300 公里高空间谍卫星的"卡拉苏哈-4"地面电子战系统。叙伊战区早已是美国各种战机以及法国"幻影"和英国"旋风"等空中利器穿梭的热战场。

世界军事顶尖对手从未在中东如此短兵相接。自 1967 年第三次中东战争起，苏联和美国至少两次进入全球警戒，剑拔弩张，彼此威胁；中东也一直是苏美先进武器的大卖场和试验场。然而，从地面坦克、装甲车、大炮和导弹对攻到空中各式战机厮杀，两强间的大比武从来都经由代理人阿拉伯和以色列军队进行。今天则明显不同，双方军人直接上阵操纵，进而为中东呈现没有先例的高水平和高风险军事对峙。

俄罗斯两周来的猛烈空袭不仅引发北约的紧张和预警，而且刺激美国加快武装叙利亚反对派力量。美国 11 日向叙利亚北部反政府武装投放 50 吨轻武器，以遏制政府军反攻并弥补俄军空袭造成的损失。俄罗斯加大对中东军事介入并不止于空袭和为巴沙尔政府输血补钙，而是与对抗美欧和阿拉伯产油国的什叶派力量加强联手。据报道，俄罗斯已与伊拉克、叙利亚在巴格达组建联合反恐中心，被视为俄外长表态愿意参与伊拉克反恐战争后的第一个实际行动。这标志着中东合纵连横格局更加泾渭分明，也显示美国已逐步失去对伊拉克的控制和影响力，换言之，颠覆萨达姆政权，客观上给伊朗和俄罗斯势力扩大做了嫁衣。

俄罗斯出兵叙利亚可谓高招妙棋，其得益于叙利亚精准情报配合的高密度高效率空袭令人耳目一新，反衬出美国及其伙伴的散漫、低效和无能，使其持续一年并由 40 多国参与的反恐行动相形见绌。不仅如此，俄罗斯还取得舆论战上风，以主动求合作的姿态公开让美国难堪。普京甚至抨击奥巴马等西方领导人"一脑子糨糊"，既拒绝向俄提供可以袭击的黑色清单，又无法开列不希望俄军空袭的白色清单，缺乏反恐合作诚意。这种消极和被动，只能放任俄罗斯对叙利亚政府的敌对势力，不管是反政府军还是恐怖组织，一律放量痛宰。美国拒绝俄罗斯派团讨论合作反恐的最新表态，进一步使自己陷入舆论与道义被动。

尽管尖峰对决态势呈现，但大可不必担心两强直接开战。俄罗斯核心诉求直截了当，即确保巴沙尔政权并迫使反对派谈判，实现危机的政治解决。美国战略重点已偏离中东，也不愿被其拽回泥潭，因此，尽管双方对峙烈度之高闻所未闻,但不至于直接大打出手,更别说再现冷战时期的全球警戒。当然,无论"伊斯兰国"武装跨境割地建国立都,还是两大军事力量空中袭击,叙利亚和伊拉克早已合并为一个战场,狭小空域同时出现来自对立面的高速战机和导弹,毕竟迂回和避让空间有限,增加了擦枪走火的概率。

俄罗斯近期不排除将战场扩大到伊拉克境内,以扩大军事和政治优势,帮助盟友收复失地扩充实力,但是,维持当前投入水平和轰炸密度,每月将多开销1亿美元,这对经济困难、收入锐减且因乌克兰危机出现军费赤字的俄罗斯而言,同样不可持续。也许峰值期仅能维持数月,但俄罗斯不允许巴沙尔政权垮台的底线已一清二楚。

狭路相逢勇者胜。在中东反恐美丽的幌子下,俄罗斯和美国都不会主动撤离战场,把主动权让给对方;也不甘心代理人一败涂地;而彼此施展腿脚又难免碰撞,出路还在于携手合作,划出彼此势力范围和活动半径,保持大致平衡而相安无事。这种妥协前景,也许能为地面力量对比营造出某种均势,进而推动叙利亚危机由战场走向谈判桌。诚如是,那将是叙利亚和平的一线曙光。

(原载《华夏时报》2015年10月17日)

12.五十大兵出征:美国的叙利亚政策拐点

10月30日,美国总统奥巴马宣布向叙利亚派出50名特种部队官兵,协助和培训叙北部的库尔德武装和反政府力量,引起国内外舆论哗然,因为此举意味着奥巴马自食其言,打破了此前他至少四次公开做出的不向叙利亚派出地面部队的承诺,也因为被西方媒体戏称为"一车部队"的50名军人,实在又无法想象能发挥多大的实战作用。当然,白宫发言人说,这不是对叙政策的最后调整,也就意味着这次派出50名士兵,也许是美国卷入新一场中东地面战的起点和拐点。

2011年叙利亚危机爆发之时,美国正开足马力从伊拉克撤军,若非英法和沙特阿拉伯等海湾国家用利益和舆论双重绑架,奥巴马也许不愿违背战略重心东移的大方向而被叙利亚事务羁绊:此后数年,奥巴马迟迟免于深度介入叙利亚战事,2013年又借梯下楼解决化武危机免于对叙开战,都体现其对英法和阿拉伯伙伴跟跑策略。奥巴马实在无心也无力在伊拉克隔壁再陷入一个充满风险的新泥潭。

然而，叙利亚战乱的潘多拉魔盒已被打开，巴沙尔政权不仅没有很快崩溃，被封闭在伊拉克的"基地"追随者反而因为进入叙利亚，很快繁殖出无法控制的"伊斯兰国"武装，并割地建国设都封疆，旱地拔葱般地崛起于西亚腹地。无奈之下，奥巴马于2014年9月发动为期三年的反恐战争，并联合其他数十盟国以空袭方式在伊叙重启战端。奥巴马公布其目标为"一石双鸟"，击溃"伊斯兰国"武装，帮助反对派推翻巴沙尔政权。

但是，美国及其盟友的三心二意，以及缺乏叙政府地面情报策应的客观困难，导致持续一年的袭击虚多实少，"伊斯兰国"武装没有遭受重挫，巴沙尔政权也未一蹶不振。当今年夏秋美英法明显加大空袭力度后，俄罗斯战机和导弹呼啸而至，并在叙政府协助下，对"伊斯兰国"武装和反对派势力一并重创。得到强大驰援的叙政府军在局部扭转颓势，连连收复失地。叙战局出现戏剧性变化，并有可能最终让俄罗斯与巴沙尔摘取所有的桃子。形势逼人，奥巴马只得打破诺言发兵叙利亚。

50名士兵开拔前线，从纯军事角度看，集中使用不足以攻克一个防守稳固的村庄，分散开来更似泥牛入海难觅踪影。因此，其政治象征意义显然是第一位的，它无疑宣告，美国对叙策略进入拐点，奥巴马及其智囊班子已重新对叙局势现状和走向进行推演和复盘，似乎已得出不派地面部队将前功尽弃的总体判断。

政治象征的另一层含义是，向英法和阿拉伯盟友发出强烈信号，即美国不会对叙局势撒手不管，也不会任由俄罗斯的苏式战机和巡航导弹自由在叙利亚上空穿梭，强调美国对变革巴沙尔政权的既定立场未加更改。当然，对一线作战的反对派武装而言，美军士兵增援无疑是一支强心针，多少可以抵消它们对巴沙尔政权久攻不下以及俄罗斯猛烈空袭所构成的双重打击。

当然，50名来自伊拉克和阿富汗战场的老练军人绝非没有战术层面的价值，把他们投放至对付巴沙尔政权最关键的前线岗位，既可训练、提升当地武装的作战技能和战术水平，也能及时与美军后方保持直接、可靠联系，引导美国及其盟友的空袭更加精准、有力和高效，避免过去一年高射炮打蚊子式的盲目攻击。更重要的是，50名美军的部署到位，将成为反对派武装的"人体盾牌",使俄罗斯今后的空袭不得不投鼠忌器。

当然,随着俄罗斯的高效军事介入,各方已进入边打边谈的新阶段,特别是叙利亚最大地区盟友伊朗受邀谈判,显示美国及其盟友的巨大让步,也表明它们不得不就范于俄罗斯主张的政治解决选项。11月3日,美俄空军在叙利亚进行了防止空中危险性接触的演习,这表明两大玩家将努力避免局势进一步恶化,共同管控事态。这个态势反过来证明,奥巴马只派50名士兵参战,显然是精打细算的结果。

当然,人算不如天算,已算不代表他算。四年来首次迈出国门访问俄罗斯的巴沙尔已底气充足,他拒绝接受西方阵营所提让其下台的"过渡期"计划,坚持明年继续参选总统。这种让对手们难堪的坐地起价,也许会进一步影响美国对叙政策,即要么扩大特种部队进入规模,以军事施压迫使巴沙尔退缩,要么屈从俄罗斯压力,再做新的让步。总之,50名美国大兵出征叙利亚,将是引发新变数的新开端。

（原载《北京青年报》2015年11月7日）

13."同仇敌忾":叙利亚危局曙光在前

11月19日,叙利亚政府与反对派武装在大马士革城外东古塔区举行内战爆发以来首次单独停火谈判。尽管双方空手而归,但有消息称为期15天的停火将有望很快达成。同时,受俄罗斯客机坠毁和巴黎连环袭击两大悲剧事件影响,美国、俄罗斯和法国呈现难得的立场接近,既对叙利亚形成政治解决共识,又联手打击"伊斯兰国"武装,纷乱五年的叙利亚危机终于曙光在前,出现令人欣慰的新希望。

15日,参加G20安塔利亚峰会的俄罗斯总统普京和美国总统奥巴马喝咖啡私聊35分钟,白宫称这次会晤是建设性的,另一位美国官员披露,两巨头一致表示,支持由联合国主导的叙利亚停火努力,启动政治过渡进程。19日,奥巴马在APEC峰会期间再次肯定俄罗斯是解决叙利亚问题的"建设性伙伴",这标志着双方已拉近距离。

在叙利亚,俄罗斯与法国开始联手攻击"伊斯兰国"武装大本营拉卡市,

24 小时内,法国出动战斗机和轰炸机,连续两次实施攻击。俄罗斯也相继使用战略轰炸机和巡航导弹对预定目标进行打击。这是继俄罗斯与美国空军协调在叙军事行动后,与又一个西方国家"同仇敌忾"联手反恐,显示俄罗斯在与美欧在叙利亚竞合博弈中取得外交和军事双重斩获,也必然推动叙利亚危机的良性发展和国际反恐合作的正向努力。

塞翁失马,焉知非福。俄罗斯 9 月底以来在叙利亚的密集轰炸,导致"伊斯兰国"武装在西奈半岛上空炸毁其民航客机,造成 224 人遇难;法国 2011 年以来高调介入和武装干涉中东和非洲事务,也引发"沙尔利周刊"血案和本月 13 日被称为"法国 9·11"的连环袭击。同时,其他欧洲国家和美国也面临"伊斯兰国"武装的公开威胁,进入程度不同的警戒状态。大规模恐怖主义威胁再次呈现为世界性共同危机,促使美国和法国调整立场,向俄罗斯主张靠拢,推动美欧与俄罗斯将反恐列为当务之急。

然而,恐怖主义袭击是标,中东乱局才是本。当下对世界而言,既迫切需要治标,打击"伊斯兰国"武装气焰,遏制其施暴能力,保全无辜平民安全,稳定世界安全形势和经济发展基础,也要考虑根除坐拥叙利亚和伊拉克半壁江山的恐怖毒瘤,达到标本兼治,即便不能铲除恐怖主义思潮,至少可以最大程度摧毁其有生力量和行动网络。叙利亚则是标本兼治的关键抓手和突破口,只有解决叙利亚朝野武装对立,才能兵合一处上下同心,内外联手打垮"伊斯兰国"武装。

但是,这一美好前景依然只是路线图,指望战略诉求差异悬殊的美欧与俄罗斯携手顺利走到头未免过于乐观。双方目前只是阶段性队友,在打击"伊斯兰国"武装这个共同利益点上可以相互合作甚至密切配合,但是,在规划叙利亚未来的分歧点上将锱铢必较甚至继续分庭抗礼。这两个目标之间又存在明显的互动关系,也必然决定双方的反恐行动貌合神离,甚至继续假反恐之名谋一己之私。

本月 14 日,由联合国、欧盟、阿盟以及 15 个相关国家组成的"国际支持叙利亚小组"宣布,将尽快促成叙利亚政府和温和反对派实现停火,争取 2015 年元旦起 6 个月内组成"可信、包容和非派别"的治理团队,为起草新宪法制定时间表,18 个月内进行大选。回顾叙利亚危机进程,俄罗斯连续三次挽救了叙利亚政府,也依然主导着这个战乱之国的政治发展走向。以伊朗受邀参与维也纳谈判为标志,俄罗斯的主张得到背书,美欧的无奈妥协也被验证,各方已找到最大公约数。当然,俄罗斯和伊朗,美国和法国,都对巴沙尔去留表现出某种灵活性,才使叙利亚危机比任何时候都更有希望看到灾难尽头。

　　叙利亚是个博弈场,美欧和俄罗斯这几个主要竞技者都不会因为代价太大而忘记自己为何出发。争夺未来的叙利亚控制权和在中东的影响力,这是域外和地区大国的终极追求,不会因为"伊斯兰国"武装的存废而改变。因此,各方必然在推进政治解决和围剿恐怖势力的两条轨道上继续明争暗斗,推动事态朝自己的利益天平倾斜。看清这一本质,就难以对叙利亚危机的迅速解决而心存侥幸和奢望。

（原载《北京青年报》2015 年 11 月 21 日）

14.叙利亚战乱能否终结?

　　2015 年 12 月 24 日,正在中国访问的叙利亚副总理兼外长穆阿利姆向中方表示,叙利亚政府接受一周前联合国安理会通过的第 2254 号决议。中国外交部发言人陆慷称,这是叙利亚首次公开表示接受安理会这一决议,首次公开表态愿意在联合国主持下与反对派举行对话。应该说,这个在北京发出的正面回应预示着叙利亚局势正在继续发生积极变化,经过五年血与火的洗礼后,叙利亚战争开始向和平进程转轨。

首次出现和平曙光

　　2015 年 12 月 18 日,联合国安理会 15 个理事国一致通过第 2254 号决议,将力争于 2016 年 1 月初启动由联合国斡旋的叙利亚各派正式和谈。决议重申认可 2012 年《日内瓦公报》及 2015 年 11 月叙利亚问题第二次外长会议达成的共识,强调叙利亚人民将自己决定叙利亚的未来。安理会要求联合国秘书长通过斡旋召集叙利亚政府和反对派,依据上述两个文件就政治过渡进程紧急展开正式谈判,力争实现危机的持久政治解决。

　　2254 号决议回避了叙利亚总统阿萨德前途这一敏感问题,着力解决最迫切的停火、和谈与政治过渡,体现了国际社会的高度共识和强烈愿望。这也是叙利亚危机爆发以来,继2013年化学武器问题之后,安理会再次就结束分裂达成一致,不仅非常罕见,而且给叙利亚危机和平解决奠定了基调和方向,提供了法理基础。这一决议的出台,还显示俄罗斯和中国一贯坚持的原则和立场得到国际社会呼应,美国、英国、法国以及沙特阿拉伯等挑起叙利亚危机与战争并试图通过外力变更其政权的干涉阵营做出重大让步,叙利亚危机首次真正展现和平曙光。

各方不得不调整立场

　　叙利亚危机进入战略拐点,既有内部无力再战的原因,也有大国相互让步所致,更有国际社会经历罕见的难民危机和恐怖主义全球泛滥高压的情势所迫。2015年7月,随着土耳其加入叙利亚反恐战场并提供军事基地供北约盟友使用,美国和法国也加紧对叙利亚的打击力度,叙利亚当局遭受再度升级的军事压力,其残存控制区面临彻底沦陷的危险。据悉,经过四年多消耗,叙利亚空军与陆军损失过半,而且内部厌战情绪弥漫。此外,叙利亚政府已失去对大部分国土的有效控制,经济彻底崩溃,近40万平民死亡,2000多万国民半数沦为难民,其余民众也陷入日益严重的人道主义危机,继续拖延下去,政权前途堪忧,国家也将沦为第二个索马里。

　　同时,多如牛毛的反政府武装各自为战,军事力量有限而分散,无力颠覆受到俄罗斯、伊朗和黎巴嫩真主党大力支持的现政府,战事长期陷入胶着和拉锯状态。2015年9月,俄罗斯以反恐名义高强度军事介入,使叙利亚的战局进一步复杂化并朝着有利于叙政府方向发展,反对派及其背后西方和地区支持力量试图用军事手段变更政权的希望更加渺茫,不得不调整立场倾向通过谈判结束这场战争。

　　叙利亚内战产生了另外两个巨大的外溢效应,对欧洲和世界构成巨大困扰。首先是200多万难民通过水路和陆路涌向欧洲,给陷入经济危机的欧洲造成巨大财政负担、安全隐患和道义压力,加剧欧盟内部的离心主义思潮,威胁欧洲统一进程。其次,遭受联合打击的"伊斯兰国"武装不仅没有丧失控制区和战斗力,反而轻而易举地炸毁俄罗斯客机,并在法国制造了连环恐怖袭击,使整个欧洲陷入前所未有的恐怖主义威胁恐慌,反恐已超越叙利亚前途之争,成为俄罗斯与美欧最强烈的共同愿望。这些变化催熟了叙利亚危机政治解决的条件,也显示大国对于小国战争与和平的关键作用。

俄关键时刻发挥作用

11月15日,普京和奥巴马在二十国集团峰会期间私聊半个小时,两巨头一致表示支持由联合国主导的叙利亚停火努力,启动政治过渡进程。11月19日,奥巴马在亚太经合组织领导人非正式会议期间再次肯定俄罗斯是解决叙利亚问题的"建设性伙伴",标志着双方已拉近距离。同时,俄罗斯与法国协作攻击"伊斯兰国"武装大本营拉卡市,这是继俄罗斯与美国协调在叙军事行动后,与又一个西方大国联手反恐。俄罗斯在与美欧的叙利亚竞合博弈中取得外交、军事和舆论多重斩获,也必然推动叙利亚危机的良性发展和国际反恐合作的正向努力。

11月14日,由联合国、欧盟、阿盟以及15个相关国家组成的"国际支持叙利亚小组"宣布,将尽快促成叙利亚政府与温和反对派实现停火,争取2016年元旦起六个月内组成"可信、包容和非派别的治理团队",为起草新宪法制定时间表,18个月内进行大选。以伊朗受邀参与维也纳谈判为标志,俄罗斯的主张得到背书,美欧的无奈妥协也被验证,各方已找到最大公约数。

应当看到,由于美国在中东采取战略守势,使采取攻势战略的俄罗斯在叙利亚危机关键时刻屡屡发挥关键作用。2012年俄罗斯和中国在安理会否决涉叙决议草案,挫败西方和海湾国家重演利比亚脚本企图,帮助叙利亚政府挺过难关。2013年9月,俄罗斯说服叙利亚放弃化学武器,使美国搁置开战计划,再次拯救叙利亚政府。2015年9月底,俄罗斯突然出兵叙利亚,第三次保护叙利亚政府免于覆亡,也引发十分激烈的大国博弈。

不仅如此,这是苏联解体后俄罗斯军队首次在境外展开大规模军事活动,表明其强大军事实力和地缘撬动能力,也体现其不惜使用一切手段捍卫核心利益和大国地位的国家意志。而且,俄罗斯成功组建了依托伊朗、伊拉克、叙利亚、黎巴嫩真主党和也门胡塞武装构成的"什叶派之弧",使冷战结束后美国独自控制中东的格局宣告瓦解,形成兼有冷战色彩和教派对立特征的全新中东地缘版图。这一态势也必将对叙利亚未来的和平进程走向产生深远影响。

(原载《参考消息》2016年1月7日)

15.激战叙利亚:黎明前的黑暗

尽管各方在2月12日慕尼黑叙利亚国际支持小组会议达成停止敌对行动并恢复和谈等成果。然而,墨迹未干,战事就以更加令人担忧的方式延续和升级:13日和14日,俄罗斯与叙利亚政府军对叙北部阿勒颇等地目标展开猛烈轰炸,土耳其首次对叙境内目标进行炮火袭击,沙特阿拉伯也放风称将向土耳其部署战机用于对叙作战,并扬言通过军事手段推翻叙利亚巴沙尔政权。

微型世界大战

观察家们注意到,本月初,沙特宣布将联合土耳其向叙利亚派出地面部队"反恐",此后又有消息称沙特特种部队已进入叙利亚。正是在这种背景下,叙利亚战事出现新一轮的升级和扩大,美国媒体甚至用"微型世界大战"加以形容,担心战事彻底崩盘。其实,基本可以乐观地预测,叙利亚战争不会全面升级和扩大,眼下态势更像黎明前的黑暗,各方要抢在3月全面停火前争夺更多地盘和控制力,为未来的利益格局赢得更多筹码。

俄罗斯和叙利亚政府的意图很明显,即扩大和巩固首都大马士革南北两翼的防线,拓展对拉卡基亚和吐尔塔斯等战略要地周边的控制纵深,并试图完全夺取北部重镇阿勒颇,切断土耳其及沙特与其境内代理人武装的联系通道,进而将其孤立、击溃乃至消灭。阿勒颇战场的形势原本已发生倒转,俄叙联盟武装占据上风并首次突进叙土边境地区。此轮打击实施顺利,将帮助大马士革将碎片化的东部控制区连缀起来,实现重大军事和政治胜利。

正是在这一背景下,土耳其开始对叙利亚境内目标实施炮击,这也是近两个月来,继击落俄罗斯轰炸机并派兵非法进驻伊拉克北部后,土耳其围绕叙利亚战争采取的又一重大行动,凸显安卡拉对战场胜利天平向俄叙同盟倾斜的焦躁和愤怒。土耳其最担心的不只是土库曼民兵等代理人武装被对手吃掉,进而失去对叙利亚局势施加影响的抓手,更忧虑叙利亚库尔德武装扩大边境地区地盘后加剧分离主义倾向,进而使土耳其库尔德分离主义势力更加难以遏制。

沙特过去几个月曾对叙利亚战事表现得有心无力,甚至一度退出美国主导的空袭行动。如今,突然加大对叙利亚的军事投入力度,一是也门战事陷入阶段性僵持,二则叙利亚和平进程即将启动,沙特不想因为自己的缺位而让数年的战略投入血本无归。沙特的行为再次呈现出冲动和决绝的特点,一方面威胁直接通过陆空方式介入叙利亚内战,同时又公开宣称将通过武装手段推翻巴沙尔,并且在其境内组织大规模陆战演习,摆出不惜一战的决心和架势。

美国和欧盟对叙利亚局势的突然恶化极其不安,美国表态尤其清晰,一方面抨击俄罗斯和叙利亚政府在阿勒颇等地的军事行动,另一方面敦促土耳其停止炮击叙利亚境内目标,还警告库尔德人不要利用混乱局势"占据新领土"。美国显然不满俄叙打击异己收复失地,也不满土耳其攻击美国武装的库尔德反恐盟友并激化军事对立,而且要求库尔德武装息事宁人。美国的态度代表了西方大国的集体意志,即不允许叙利亚战争继续滑向深渊进而加剧恐怖主义和难民双重危机,而是必须沿着联合国2554号决议制定的和解时间表和路线图向前推进。这个态度和土耳其击落俄罗斯战机、土耳其军队进入伊拉克时的立场一脉相承,有相当的稳定性和连贯性。

是否衍生多国乱战

突然加剧的叙利亚局部战事会演变成多国短兵相接的乱战吗?答案基本是否定的。俄罗斯本身没有将战事扩大和延长的愿望,也着实没有打持久消耗战的本钱,这一点从其武装干涉叙利亚之际就积极寻求政治解决的两手准备足以显现,也从其轰炸机被击落后忍气吞声避免俄土关系彻底失控可见一斑。俄罗斯的战略意图当然是保住巴沙尔政权并控制叙利亚,但决不会为了巴沙尔政权重蹈前苏联在阿富汗的覆辙,其最急迫的诉求就是以打促和,借助叙利亚政府控制更大地盘并通过重构叙利亚未来政治版图确保自身战略资产和长远利益。

叙利亚政府当然有消灭所有反对派和恐怖组织并重新一统江山的愿望,但兵源匮乏、资源枯竭和地缘环境恶劣的现实,只能使其借助俄罗斯的保驾护航撑到和平谈判,赢得相对体面的结局,这注定了它只能与俄罗斯进行有限的双打配合,不可能主导战争的走向,更不能奢望扩大战争来达到政治目的,唯一可做的是,通过局部胜利逼迫对手坐到谈判桌前并降低和谈条件。

土耳其尽管有美国、北约做舆论和外交后盾,但过去几个月的测试已证明,它们对这个北约小伙伴三心二意,既希望其发挥一定的搅局甚至抗俄作用,又不愿意它引发俄罗斯与美国乃至北约的军事摊牌。因此,土耳其在叙利亚的军事行动,小打小闹并不奇怪,大打出手几无可能,因为它无法单独承担俄罗斯军事报复的后果。没有美国的支持和北约的军事后盾,土耳其在局部军事冲突中赢得俄罗斯的概率几乎为零,内外交困的埃尔多安政府如果遭遇一场带给国家耻辱性的失败,将陷入灭顶之灾。土耳其所能理直气壮去争取的,就是避免战后库尔德分离主义势力的坐大。

至于沙特,更没有任何号召力和威望在地区组织一场与俄罗斯及叙利亚政府的军事对决,沙特从来没有过单独采取重大军事行动并取得胜利的记录,其军队数量和质量均不值一提,缺乏实际战斗力并在干涉也门的战事中声名扫地。沙特组织的30多国伊斯兰反恐联盟不仅松散无力,而且徒有其表,它最近的高分贝战争调门除了给叙利亚反对派壮胆,并无更多实际价值,更何况,一旦冒险大举向叙利亚投入地面部队,沙特势必陷入南北两线作战、两线皆失的危险境地。

抛开单个国家而言,无论是美国主导的地区反恐联盟,还是沙特新撮合的伊斯兰反恐阵线,都不及俄罗斯与中东什叶派政权编织的铁血朋友圈更紧密、更默契和更有实际行动力,这种整体力量对比所显现的格局和态势,也决定了叙利亚战事只能短时间出现高峰,不可能持续上行,更不会彻底失控而演变为一场大规模的多国乱战。经过一段时间和一定力度的较量后,博弈重心将回摆到谈判桌上,最终通过谈判为叙利亚战争的结束找到出路。

诸多战争进程表明,无论参与方面有多少,投入资源多大,波及面多广,付出代价多高,一旦战事打成没有胜负的均势,必然通过相互妥协寻求出路。当然,和平总是来之不易,打不动就谈,谈不动再打,以打促谈,以谈助战,战场与会场较量交替进行,互为表里,直到达成各方利益的平衡点,战争才告彻底结束。从这个历史与战争规律来看,叙利亚局势由战争向和平转轨已是大势所趋不可逆转,一时一地的战事升级,都将是黎明前的黑暗。

(原载《华夏时报》2016 年 2 月 19 日)

16.全面停火：叙利亚由战转和的关键一步

2月27日，叙利亚政府军与反对派武装之间的停火协议将正式生效，尽管其实施过程将充满变数和挫折，但它无疑是叙利亚由全面战争向全面和平转进的关键一步，标志着持续五年的叙利亚局势已发生关键性变化，各方由武力较量为主进入政治博弈为主的新阶段，也为在叙利亚铲除恐怖主义势力开启机会之窗。

22日，俄罗斯与美国发表联合声明，就叙利亚各方停止敌对行动达成一致，决定27日零时起实施，叙利亚政府军和反对派武装应于26日零时前确认接受这一调停。双方还公布了具体的停火协议、联络和监督机制，并期待以此为基础，实现此前慕尼黑安全会议设定的三大阶段性目标：推动政府军和温和反对派停止主动攻击对方，为交战区域的人道主义救援提供便利和安全保障，尽快恢复有关叙利亚政治过渡的谈判。

俄美联合声明发表后两日内，叙利亚政府和反对派相继表示接受这一安排，中国、法国、英国、德国等东西方大国也均公开欢迎这一推动叙利亚结束战争的努力，强调务必创造条件使停火要求受到叙利亚朝野武装的全面遵守，为依据安理会2554号决议完成叙利亚政治和解进程奠定基础。这是自安理会通过上述决议后，国际社会围绕叙利亚危机达成的难得共识，也符合叙利亚对立双方的基本愿望，因此，它呈现出令人乐观以待的良好势头。

根据俄美联合声明，全面停火其实也是一种有限停火，有其明确的时限和界限，即停火先维持两周，以便建立信任和缓和气氛，为后续的持久停火进行铺垫；停火仅限于政府军和温和反对派武装之间，针对"伊斯兰国"武装、"基地"组织和"支持阵线"等安理会认定恐怖势力的打击将继续进行。这意味着叙利亚两个战场的格局将进一步清晰，其一为国家行为体支持的代理人战争，其二为国际社会与非国家行为体之间的反恐战争。

过去五年，各方势力插手叙利亚内乱，将两场战争打成一锅粥，不仅最终因目标和投入有限而在战场形成均势和疲态，更造成"伊斯兰国"武装为核心的恐怖主义泛滥，数百万难民潮构成的罕见人道危机，以及两种浪潮对欧洲政治、经济和安全的强烈冲击。这次停火的达成，表明美欧和地区国家武力变更叙利亚政权图谋的失败,也意味着俄罗斯已主导叙利亚危机后半程的发展节奏和演进方向。

这次停火来之不易,一波三折,黎明刚刚出现,和平依然脆弱,战争并未远去,道路曲折漫长。大国不会撒手对叙利亚未来的操纵与控制,叙利亚朝野双方也不甘心与对方打成平手,超越现实的权力野心很容易把停火当作一次喘息和政治作秀,进而给战火重启埋下祸根。西方及其盟友没有明确放弃颠覆巴沙尔政权的诉求,叙利亚政府发誓收复全境的口风,以及沙特和土耳其继续明暗支持反对派武装,都预示着停火不那么一帆风顺。

根据俄美协议,停火协调中心设置于俄驻叙利亚的空军基地,同时,如何甄别反对派武装与恐怖组织,俄叙与美国及其盟友的标准也大相径庭,除已列举的几支主要恐怖力量外,多如牛毛的叙利亚武装组织哪些会被两大阵营划为恐怖力量进而继续加以打击,都将随时导致停火努力流产。这不仅是技术问题,更是立场问题和利益问题,双方必有一番较量。

此外,大国和叙利亚朝野力量的全面停火,是一次力量大整合,也是格局再洗牌,如果推进顺利,将在叙利亚形成真正意义上的反恐统一战线,也就意味着"伊斯兰国"武装"政权化"存在的丧钟已经敲响,他们一定会困兽犹斗,做最疯狂的反扑,甚至在叙利亚朝野及各派间制造新的仇杀,挑动新的敌意和混乱,延续其对该国大片土地的实际控制。

五年弹指一挥间,叙利亚却已山河破碎,生灵涂炭,哀鸿遍野。25万人遇难,100多万人受伤,400多万人漂泊海外,2000多万国民近半数流离失所,国民经济整体倒退近半个世纪,部分古老城市彻底毁于炮火,数千年历史的文化遗存灭失殆尽。这是一场活生生的人类浩劫与文明罹难,是一场远胜于天灾的人祸,也必然因其惨烈而载入当代政治史。

27日启动的全面停火姗姗来迟,但它毕竟如愿来到,即便不能立即带给叙利亚全面和平,也比任何时候都让人们看到叙利亚和平的希望与未来。

（原载《北京青年报》2016年2月27日）

17.收兵叙利亚:俄罗斯渔利丰厚还备"回马枪"

3月14日,叙利亚和平日内瓦谈判恢复当天,俄罗斯总统普京突然下令称,鉴于俄军已完成军事任务,将于 15 日起从叙利亚回撤。普京这一断崖式决定多少让国际社会始料不及。但是,就整体局势看,俄罗斯的确没有必要继续保留重兵,尤其是在叙利亚政府与反对派推进和解与和平进程之际,俄罗斯为战事收官也算是水到渠成的明智之举。

回顾俄罗斯为期半年的军事行动,如果把它当作一篇大文章,这篇文章不仅基本做成,而且颇有"凤头猪肚和豹尾"的意象。可以说,俄罗斯利用有限的国家资源,发挥强大的军事和地缘实力,形成局部战略优势,在与美国和欧洲对手的博弈中,打了一个漂亮的短平快翻身仗。

大规模军事介入

去年 9 月下旬,俄罗斯突然对叙利亚用兵,从最初半公开向巴沙尔政府提供军事援助,到海空军迅速向叙利亚集结,再到规模不等的军人现身前线,前后不过一周。紧接着,俄罗斯动用各种高新武器,甚至从 1500 公里外的里海发射巡航导弹,对叙利亚境内各种目标发起高频次和高密度的持续打击,攻击对象既有严格意义上的恐怖组织,也有企图颠覆巴沙尔政权的反对派武装。

俄罗斯军事介入也许超过美欧及其地区盟友的料想,它们先是惊愕,随后以双重标准方式抨击俄罗斯,指责其以反恐之名行拯救巴沙尔政府之实。俄罗斯启动舆论和外交攻势表明反恐立场,主动寻求与美国和英法等伙伴合作,同时针锋相对地要求对方提供可攻击的"黑名单"或不可攻击的"白名单",并一再表达迫切建立联合反恐机制的愿望。在美欧忙于协调立场或打口水仗之时,俄罗斯用几周时间,重创恐怖组织和巴沙尔政权残存地盘外围的各路力量,使叙利亚政府军得以转守为攻。俄媒称,空袭第一个月,俄空军就实施 1391 次飞行任务,摧毁 1263 处"恐怖分子"设施。

当恐怖主义和难民潮肆虐欧洲,反恐和难民危机上升为美欧第一迫切需要时,不仅舆论风向有利于俄罗斯,美欧原有的抵触和不满也逐步调整为对俄罗斯军事行动的认可甚至配合。俄罗斯反恐攻势因叙方情报和地面引导而体现出高效率,引起多数舆论包括西方舆论的点赞,战局也因俄罗斯的参与趋于平衡。至此,俄罗斯不仅取得军事层面的基本胜利,还牢牢掌握左右叙利亚局势的牛耳,并以高调唱和、以打促和、以打促谈的思路顺利推进,最终与美国达成全面停火转入和谈的战略谅解。

"叙利亚杠杆"见效

俄罗斯在叙利亚和中东有重大利益是不争的事实,它利用叙利亚战事实现多重战略诉求也不是秘密,这从其反对西方和阿拉伯海湾国家重排利比亚脚本,不惜在安理会连续否决涉叙决议草案可见清晰脉络。

通过及时强势介入,俄罗斯挽救了岌岌可危的巴沙尔政权,保住它在中东最后的战略资产,避免在苏联解体后影响力被对手完全清零,这对致力于恢复苏联时代"超级大国"存在感的普京和俄罗斯民族主义者而言,是不可退让的红线。解盟友于倒悬,重振俄罗斯雄风,不仅凸显了俄罗斯的大国地位和行动力,也为普京赢得国内日益高涨的民意支持。截至 3 月 14 日,俄空军在叙完成 7800 次打击,摧毁 1.5 万处目标设施,消灭恐怖分子 2000 多人,帮助叙政府控制了主要城市和大约 80%—85% 的居民区,并导致"伊斯兰国"武装在叙地盘减少 20%。

俄罗斯不仅成功保住其海外唯一军事码头塔尔图斯港,还顺势增加和扩大新的军事基地,加固了海外特别是中东地区用兵的战略支点,延伸了俄军上天下海的活动半径,恢复了俄罗斯告别二十多年的军事影响力和威慑力。各种新式武器装备的实战应用,达到检阅军备和武器效能的目的,提振了俄罗斯军队士气和军火工业的自信心,也为俄罗斯军品完成了曝光量十足的口碑传播。

半年博弈中,俄罗斯利用地区民族宗派矛盾,成功组建了依托伊朗、伊拉克、叙利亚政府、黎巴嫩真主党和也门胡塞武装等什叶派力量为骨干的抗美新联盟,削弱了美欧对沙特、土耳其为首的逊尼派阵营的支持,挫败其试图武装变更大马士革政权的图谋。也正是这种地缘格局的改造与重构,导致叙利亚战争陷入战略均势,迫使倒巴沙尔阵营被迫接受现实,逐步转向对话、谈判与和解的"俄罗斯方案"。

从更长远的意义上说,俄罗斯支撑起什叶派这支阿拉伯和伊斯兰核心地区的弱势一极,无疑也构筑了抵御来自逊尼派阵营的伊斯兰激进势力东扩的"什叶派之弧",将有效阻隔它们与外高加索地区和中亚诸国的激进宗教力量的合流,对孤立和打击车臣和中亚"三股势力",巩固俄罗斯西南方向的长治久安,具有举足轻重的作用。

俄罗斯还初步实现"围魏救赵"的地缘战考量，通过寻求与美欧合作反恐和解决叙利亚战乱，缓解了乌克兰危机所引发的地缘压力，并在反恐大旗下削弱了美欧两线夹击，甚至有望化解持续已久的经贸制裁。法国日前宣布准备在今年夏天解除对俄制裁；美国也流露出取消制裁之意。这都表明，俄罗斯的"叙利亚杠杆"已发挥撬动效果。

见好就收，保留回马枪空间

俄罗斯用兵半年戛然而止，一个基本大前提是，它已成功推动叙利亚局势由战争向和平转轨，不仅达到基本目的，还大大提升其解决地区问题的实力和能力。俄罗斯在出兵之初就已规划了过程和结果，不仅坚持和谈高调，而且在巴沙尔去留这个死结上留有余地，给对手铺就了台阶。

军事胜利使巴沙尔政府捞回不少本钱，也重拾信心和希望。但是，俄罗斯清楚叙利亚已不可能回到巴沙尔一统天下的局面，因此，在巴沙尔政府誓言要收复全部失地时，俄罗斯公开加以回绝，甚至放风称愿意给巴沙尔提供流亡庇护所。在日内瓦和谈恢复之日，俄罗斯鸣金收兵，既是安抚倒巴沙尔阵营并鼓励其接受和谈分权方案，巩固各方既有妥协成果，也是警告巴沙尔政府不要得陇望蜀，奢望俄罗斯持续买单。

俄罗斯与美国已达成完全共识，并推动安理会出台了 2254 号决议，日内瓦谈判虽有波折，但毕竟大势已定。因此，继续保留大量兵力和开展大规模军事行动，既无必要，反而会激化矛盾，丧失得来不易的和解势头。此外，低油价和美欧经贸制裁双重压力下的俄罗斯经济艰难异常，2015 年 GDP 萎缩3.7%，财政赤字高达 250 亿美元，每月 1.2 亿美元的战争开销已不堪重负。因此，借坡下驴，干净利索地宣布撤离主要兵力，情理所在，形势所迫。

当然，叙利亚大博弈并未停止，土耳其以叙利亚境内为攻击目标的反恐战事也许升级；沙特推动阿拉伯国家联盟将黎巴嫩真主党定性为恐怖组织，表现出与什叶派阵营继续恶斗的态势。凡此种种，都预示未来局势阴晴不定。俄罗斯未雨绸缪，保留部分军事基地和兵力，既维持战略震慑，也可以随时杀个回马枪。

（原载《华夏时报》2016 年 3 月 17 日）

18.减兵留灶：俄罗斯撤军留下多少悬念？

3月15日，驻叙利亚俄罗斯军队开始陆续撤离存在半年的大部分人员和武器，执行前一天普京做出的突然决定。这一行动伴随着日内瓦和平谈判的重启，因此被视为对叙利亚和平与和解进程的积极推动和务实配合，不仅受到联合国安理会的欢迎，也得到美国的谨慎肯定。俄军宣布结束大规模军事行动，引发各方猜测，也给中东留下不少悬念。

悬念一：俄罗斯军队是否彻底抽身一去不复返？很显然，俄罗斯以胜利者姿态结束为期半年的高密度军事行动，保住巴沙尔政权并助其夺取足以迫使对手坐下谈判的资本；巩固并扩大了俄罗斯在叙利亚的军事基地和战略威慑力；推动安理会出台2554号决议并成功主导叙利亚战争向和平谈判转轨；构建起防止伊斯兰激进力量向高加索和中亚扩张的战略屏障；推进了与美欧的反恐合作并有望换取对方放松经济制裁。上述成果来之不易，一旦需要俄罗斯军队会随时再来。

悬念二：军事优势是否会再次向美欧倾斜？经过半年较量与磨合，俄罗斯已与美欧主要国家达成默契，并在反恐和制止难民危机加剧方面凝聚共识。美欧推动地区伙伴及叙利亚反对派停战转谈，表明这场代理人战争中俄美已构成战略僵持和均势，并变相划定势力范围。俄军减量显然符合美欧愿望，但未必意味战场军事平衡将会反转。促成日内瓦谈判并确保叙利亚权力和平过渡重组，实现叙利亚乃至整个中东的大致安稳，应该是双方下阶段合作的契合点。美国尤其不会填补俄军腾出的兵力空白，依然保持适度介入。

悬念三：日内瓦谈判胜算有多少？叙利亚危机的焦点已从战场向谈判桌转移，今后谈判应该是主旋律，但冲突肯定会成为伴奏，谈打交替，谈打并行，以打促谈，以谈备打，皆有可能，这既是由战转和的一般规律，更是实力博弈的必然过程。叙利亚政府与反对派立场相差悬殊，反对派本身又成色复杂且金主颇多，谈判难免一波三折。

悬念四：叙利亚会否彻底分崩离析？这场战争撕裂了原本高度一体的叙利亚，使其成为民族和宗派的马赛克拼盘，各派拥兵自重，画地成邦，已是既成事实。战后叙利亚是维持原有的超宗派大一统，还是由什叶派、逊尼派和库尔德人等瓜分为若干小国？最大的可能是不会走向统分两个极端，但叙利亚也许会成为第二个伊拉克或黎巴嫩，在联邦制或宗派固化分权的框架下保持国家完整性。

悬念五：土耳其会否成为主要搅局者？土耳其目前内外交困，用难民危机向欧盟敲竹杠实现经济和政治目标，遏制本土库尔德分离主义抬头，越境压制叙利亚库尔德势力扩张坐大，打击恐怖袭击以安定社会和人心，以及角逐对叙利亚乃至中东的话语权，都决定了安卡拉不会置身叙利亚事外，反复、冲动和冒险的行为惯性又注定土耳其绝不是一盏省油的灯。

悬念六：沙特与伊朗的争夺会否持续？伊朗已成最大地区赢家，并日益获得美国的角色认可和作用释放，而投入资源巨大却只赔不赚的沙特显然不会善罢甘休。沙特日前相继推动海湾阿拉伯国家合作委员会和阿拉伯国家联盟将黎巴嫩真主党定性为恐怖组织，立场向美国和以色列标准看齐，既表明战略挫败之后的迁怒，也预示它与伊朗担纲的教派对手不共戴天。

悬念七："伊斯兰国"武装会否长期盘踞甚至逆势扩张？在俄罗斯及美欧持续打击下，"伊斯兰国"武装遭受重创，控制区萎缩达22%。能否彻底击溃这支武装并将其逐出叙利亚，既取决于巴沙尔政权与反对派的和谈与和解进展，也取决于大国是否继续花大气力除恶务尽。允许"伊斯兰国"长期存在不可想象。

悬念八：巴沙尔何去何从？这是叙利亚危机最敏感的话题，也是对立双方关键的分歧之一。俄罗斯及时收兵也意在表明不会一味庇护和支持巴沙尔当局，也曾多次暗示并不打算死保巴沙尔本人，他的命运也许在和谈接近尾声时才能大致清晰。

半年前，俄罗斯军队突然呼啸而至，把叙利亚搅了个底朝天，改写了战场局面和地缘结构，让观察家们刮目相看。如今，俄罗斯军队又绝尘而去，留下另一堆惊愕与悬念。但是，俄军毕竟没有放弃叙利亚，也没有彻底离开叙利亚，俄罗斯更不会放弃中东。悬念之外唯一可以肯定的是，叙利亚和中东将一如既往不会平静。

（原载《北京青年报》2016 年 3 月 19 日）

19.“四手联弹”:俄罗斯再塑地缘版图

中东的确是检验大国实力的演练场和试金石。本月16日俄罗斯在中东掀起的新一波空袭行动再次证明,它虽然综合实力远不及美国,但强大的军事行动和地缘关系撬动能力不可小觑,尤其是与伊朗、伊拉克和叙利亚合作完成的“四手联弹”反恐攻势,不仅继续影响战区局势走向,而且再次改写中东乃至欧亚地缘版图,地区和大国力量角力的复杂棋局由此也新添变数。

综合俄罗斯官方消息和多家国际媒体报道,俄空军16日首次从伊朗西北哈马丹军事基地派出庞大作战机群,对叙利亚境内目标进行空袭,至少6架图-22M3(“逆火式”)战略轰炸机、多架苏-34轰炸机和伊尔-78加油机参与行动,重创阿勒颇、伊德利卜和代尔祖尔等地的“伊斯兰国”及其盟军“支持阵线”目标,摧毁至少5座弹药或油料库、3个指挥或训练营地,消灭150多名武装人员。战事结束后,俄罗斯机群重返哈马丹基地或本土。

俄军新一轮空袭首先具有军事层面的战略意义,非同凡响。这是俄罗斯半年内在中东再次投入最具毁灭性打击能力的空中霸王“逆火式”轰炸机,该机型实用航程7000公里,作战半径近2500公里,最大作战载荷21吨OFAB-500航空炸弹,足以摧毁任何恐怖组织地面设施。由于飞机从哈马丹基地起飞,使其比俄本土航程缩短60%,甚至比叙利亚境内的哈米米空军基地更接近目标,进而使载弹量最大化和轰炸效果最优化。

这次行动是叙利亚政府军与反对派及恐怖组织争夺第一大城市阿勒颇失手,围困防线被撕破时的一次紧急驰援,也是俄军在结束为期半年的高密度军事行动后再次重拳出击,不仅可以巩固叙利亚政府的军事成果,还可以增加它的政治谈判筹码。更重要的是,这次就近实施的轰炸扩大了俄军在中东的作战范围,并在叙利亚战场形成东西对峙和两线夹击之势,将“伊斯兰国”武装的控制区完全纳入高效攻击半径。这次行动之后,不排除俄军直接投入伊拉克反恐战争,继而统筹规划和协调两个战场的军事行动。

俄军行动也具有地缘政治层面的战略意义。这是伊朗军事基地首次对俄罗斯开放,也是半个多世纪以来首次供外军用于实战,即使在巴列维国王时代伊美关系的结盟蜜月期,美国空军都未能获此特殊待遇。因此,这对俄伊关系不仅具有里程碑意义,标志着双方政治互信和战略合作的升级,如果这种合作常态化,将意味着俄罗斯军事力量从高加索地区已直接深入中东腹地,而且打通连接地中海的空中走廊,这对改变欧亚军事格局也是一次历史性突破。

俄军行动坐拥伊朗军事基地之便,借道伊拉克空中走廊,得益于叙利亚情报配合与地面引导,再次凸显俄罗斯与中东什叶派阵营结盟的价值和实效。自去年5月四国政府在巴格达建立反恐信息中心后,俄罗斯主导的"4+2"什叶派联盟(含黎巴嫩真主党和也门胡塞武装)已成为中东最有凝聚力和战斗力的政治军事联盟,它们不仅在叙利亚和伊拉克两个反恐战场上不断收复失地,也在与美欧及沙特等海湾逊尼派国家松散联盟的战略对抗中占据上风。

俄罗斯这次行动发生在它与土耳其修复、改善关系并宣布联手在中东反恐之后,其军事和地缘影响力大幅度提高和扩展,甚至有风头盖过美国的趋势。这一变化无疑将扯动俄罗斯与美欧及北约关系,并可能引发沙特、以色列等伊朗战略对手的恐慌和连锁反应,使原本敏感脆弱的地缘关系和力量结构面临新变量。尽管俄军已事先通报美国并且得到战术层面的规避配合,但美国显然对俄罗斯与伊朗军事合作升级明显不满,并敦促协调在叙利亚的反恐行动。

客观地说,俄罗斯这次行动既不违反国际法,也不抵触联合国制裁伊朗相关决议,是其维护中东战略利益并化解乌克兰危机压力的持续动作。俄罗斯在中东军事行动显然不会大规模升级和长时间持续,但地缘战略的深远影响毋庸置疑。各方还在评估俄罗斯与伊朗为核心的中东什叶派阵营合作的外溢效应,美国也许会加紧与俄罗斯在中东置换利益,但不会在更宏观层面扯动战略布局和发力方向。中东欧和亚太地区依然是美国聚焦注意力和聚集能量的两大板块,这个态势,短时间内基本不会发生根本调整和改变。

(原载《北京青年报》2016年8月20日)

20.聚焦日内瓦:叙利亚止战不在沙场

新一轮叙利亚问题谈判9月9日至10日在日内瓦举行。美国和俄罗斯既是谈判的组织者,更是主导者,甚至堪称最关键的拍板者。各种传闻说,美俄将敲定最后细节,推动持续五年的叙利亚乱战尽快真正偃旗息鼓。决战经常不在沙场,小国一旦陷入代理人战争,也就无从自决命运,这就是叙利亚战争留给世人的教训。

据报道,G20 杭州峰会期间,美国总统奥巴马与俄罗斯总统普京会晤细谈如何真诚合作,尽快在叙利亚达成停火,谋求长久而稳定的和平。美国国务卿克里和俄罗斯外长拉夫罗夫在此期间又磋商了细节,但似乎结果并不理想。直到俄罗斯宣布拉夫罗夫启程飞往日内瓦,美方也都没有明确说克里是否赴约。战也难,谈也难,最难的是山河破碎、生灵涂炭的叙利亚,以及盼不到和平曙光的叙利亚百姓。

联合国独立调查团本月 3 日发布的第 12 份叙利亚人权报告称:"旷日持久的武装冲突已演变成一场具有多面性和高流动性的消耗战。滥杀滥伤平民、惩罚性围困和封锁是导致大量平民伤亡和流离失所的主因,冲突同时造成境内文化遗产的严重破坏,叙政府和反政府武装均应对此承担责任……愈演愈烈的冲突也表明外交努力迄今未能取得任何成效。"据联合国统计,截至今年 5 月底,战乱已导致叙利亚 25 万多人丧生,100 多万人受伤,650 多万人流离失所者,另外约 450 万人逃往境外避难。

叙利亚灾难不能再持续,更何况它引发的恐怖主义泛滥和巨大难民潮,已对欧洲和世界构成罕见威胁与困扰,并触发地区性的大面积教派冲突,甚至可能激活波及四国主权与领土完整的库尔德分离主义因子。然而,叙利亚危机的解决和它的产生一样复杂,它远不只是一国内政问题,也不是一国一府问题,而是演化为纠结各方利益的一团乱麻。叙利亚的战与和、生与灭,不是叙利亚朝野对立双方说了算,也不完全是美俄两强说了算,所有把触角伸向这个地缘棋局的力量,都试图施加自己的影响,决定叙利亚局势的走向。

日内瓦谈判前夕,在伦敦参加国际维和大会的美国防长卡特对 BBC 强调说,真正实现停火还有很长的路要走。卡特指责俄罗斯以反恐和止战之名参与叙利亚战事,能否顺利停火并实现权力移交,在于俄罗斯是否有此意愿。卡特再次警告叙利亚总统阿萨德"尽快走人"。俄罗斯总统府发言人佩斯科夫 8 日称,俄美间还有一些重大问题没有达成妥协,无法形成各方都能接受的方案。卡特与佩斯科夫的表态不仅印证了双方的立场差距,也体现寻找出路的艰难和复杂,尤其是关于阿萨德本人的去留。

美俄角力的同时,叙利亚棋局主要地区玩家沙特、土耳其和伊朗也在以不同方式试图左右决定叙利亚前途的日内瓦谈判。沙特外交大臣朱拜尔8日走访土耳其,公开表示支持土军最近在叙利亚北部发动的攻势。土耳其五年来首次派地面部队进入叙北并协助其盟友夺占杰拉布卢斯,切断"伊斯兰国"北向通道,也将两国的库尔德人隔离开来,以免他们合流搞分离运动。沙特和土耳其都是叙利亚反对派的支持者,都谋求逊尼派穆斯林控制未来的叙利亚,也至今仍坚持实现和解必须以阿萨德本人下台为前提。

叙利亚政府的长期盟友和坚定支持者伊朗,显然不愿坐视过去五年的努力付诸东流,努力策应叙政府赢得谈判。最近,伊朗围绕朝觐问题与沙特再次缠斗,使这两个地区宗派斗争领头羊在断交半年多后陷入新的舆论战。沙特限制伊朗朝觐团入境,指责伊朗把宗教活动政治化,试图在圣地制造事端破坏沙特安全与稳定;伊朗则反讥沙特追随美国勾结以色列,没有资格监护伊斯兰圣地,必须把麦加和麦地那两城交给伊斯兰世界集体管理。与其说沙伊对垒是当下叙利亚危机的一部分,不如说叙利亚危机是由沙伊历史对决而引发。美俄也好,地区大国也罢,乱他人国家而谋一己私利,这恰恰是叙利亚之战无正义的本质所在。

去年底安理会就已出台有关叙利亚危机政治解决的2554号决议,但是,决议生效不在于安理会的一致通过,而取决于涉事各方的遵守和执行,取决于各方是否已在战场拿到预期收益。大半年来的激烈战场争夺表明,停火绝非易事,各方满意也几无可能。叙利亚和平最终取决于实力,尤其是取决于操纵整个战场的美俄两大玩家的意志。

(原载《北京青年报》2016年9月10日)

21.收复阿勒颇:叙利亚战局大转折

12月14日,持续六年的叙利亚内战出现战略性转折。由于叙利亚政府接近完全收复第二大城市阿勒颇,标志着阿勒颇战役将以反对派武装的失败告终,也将意味着叙利亚五个人口中心城市已全部处于政府控制之下。尽管叙利亚总体局势依然充满不确定性,但舆论普遍认为,战争天平已不可逆转地向叙利亚政府及其盟友倾斜,并将为政治解决这场旷日持久的"微型世界大战"和逐出"伊斯兰国"武装铺平道路。

争夺阿勒颇:亲叙联军占据绝对上风

阿勒颇位于叙利亚西北部,邻近地中海和土耳其,不仅是历史悠久的文化名城,也是叙利亚人口最多的城市和制造业、手工业中心,堪称经济心脏。自 2011 年叙利亚内乱爆发后,这里很快成为各方势力介入并血拼争夺的主战场之一,不仅麇集了海湾阿拉伯国家、土耳其及西方阵营支持的"叙利亚自由军"等反对派武装,也混杂着"伊斯兰国"武装的友军"支持阵线"等极端力量,它们既同叙利亚政府军进行对抗,也不断内讧火并,使阿勒颇形成犬牙交错和敌友混杂的马赛克力量格局,战场形势十分复杂微妙。数年残酷的争夺战造成巨大破坏,城市几乎被完全毁灭,有人用"倒退千年"描述这座积淀亚述、罗马和阿拉伯伊斯兰文明历史古城所经历的空前厄运。自 2012 年该城由西向东逐步沦陷并成为反对派及恐怖组织重镇后,政府军一度几乎在漫长的拉锯战后失去对其大部的有效掌控。

2015 年 9 月,在叙利亚军队损耗巨大精疲力尽之际,俄罗斯发动持续而密集的海空袭击,及时向叙利亚政府施以军事援手。同时,一直协助叙利亚政府军抗战的黎巴嫩真主党、伊朗志愿军持续投入战事,帮助叙利亚政府扭转危局,逐步摆脱控制空间压缩、兵员枯竭的困境,战场形势在年底发生根本性扭转。据媒体报道,以"沙漠之鹰"为代表的亲政府民兵武装拔地而起,并吸纳来自伊拉克乃至阿富汗什叶派志愿者武装加入,也明显补充了叙利亚政府地面部队的严重消耗,帮助巩固和扩大胜利面,使局势转危为安。在夺取帕尔米拉等要地后,政府军联盟逐步包围和压缩阿勒颇反对派武装的控制区,为发动最后总攻奠定了基础。

今年 9 月,由于日内瓦停火协议迟迟无法得到执行,一度撤出主要武装的俄罗斯重新加大对叙利亚战场投入,将唯一服役航母"库兹涅佐夫"号及多艘主力战舰派往地中海,发动新一轮大规模海空袭击,重点帮助叙利亚政府军打击霍姆斯和伊德利卜的反对派武装及恐怖组织目标。在各路内外盟军协助下,叙利亚政府军重振力量,调整战场策略,形成对阿勒颇敌占区的分割包围和穿插袭击,最终以网格化作战、分区夺占和步步为营的战术,蚕食并夺取失地,同时对愿意放下武器的武装派别及其家属网开一面,提供撤离便利和交通工具,逐步达到彻底收复阿勒颇的作战效果。

两线作战:反对派阵营遭逢大失败

观察家们注意到,由于反对派拒绝接受日内瓦停火协议,拖延履行安理会2554号决议关于叙利亚朝野双方就地停火、联合组阁、起草宪法并举行大选的政治解决路线图,看不见硝烟的叙利亚争夺战继续在千里之外激烈运筹,充分体现了这场战争的大国博弈特点。面对代理人武装节节败退和损兵折将,西方和阿拉伯反叙利亚阵营多次试图通过一边倒的安理会决议,为颠覆巴沙尔政权创造条件。围绕阿勒颇的争夺,这场博弈尤其露骨和激烈。

12月5日,美国、英国和法国推动埃及、西班牙和新西兰等紧急要求安理会通过决议,安排阿勒颇停火。这个在数小时内发起的动议,违反安理会讨论重大事项必须提前24小时提交草案的规则,而且草案未对阿勒颇反对派撤离提出要求,其意图显然是以人道主义之名,为濒临失败的代理人争取10天乃至更长喘息时间和补给武器等资源空间,进而导致阿勒颇战事继续延展,伤亡持续增加。基于上述理由,俄罗斯毫不留情地行使叙利亚危机爆发以来的第六次否决,中国也第五次说不,否决这一极具争议性的决议草案,双方联手挫败了颠覆叙利亚政府联盟的外交和军事图谋。

叙利亚政府收复阿勒颇具有多重战略意义和价值,成为叙利亚大棋盘的重大拐点。首先,这是叙利亚政府六年来的最大斩获,不仅在军事层面彻底反败为胜,而且因为控制了几乎所有的人口中心城市,使其执政合法性、合理性得到加强。阿勒颇是经济和工业、制造中心,它的收复必将增加叙利亚政府调度资源、强化军事和政治实力的本钱。

其次,收复阿勒颇是反对派及恐怖组织的重大失败,一方面显示它们来路各异,目标不同的乌合之众本质,另一方面也体现在这场事关叙利亚前途和命运的大对决中,有关背后推动力量的三心二意和钩心斗角,特别是美国,既想在中东减少投入,又试图保持存在感;既想投盟友所好颠覆巴沙尔政权,又想聚焦反恐行动铲除"伊斯兰国"武装根据地,首鼠两端,前后矛盾。阿勒颇控制权的倒转,对叙利亚政府及其盟友是巨大的军事和精神胜利,也必然重挫对立面阵营的士气和信心,对下一步战场形势的发展具有不可低估的震撼效应。

第三,阿勒颇收复战的成功达成,是俄罗斯军事外交的再次得分,表明其不仅在叙利亚有明确而清晰的战略诉求,也有一以贯之并坚定不移的实施手段。俄罗斯在面临美欧持续经济制裁和石油收入锐减的不利局面下,集中优势兵力和装备,在叙利亚战场形成阶段性和局部优势,不仅帮助叙利亚政府反败为胜,而且凸显自身的核心利益诉求和捍卫意志,并通过持续施加影响改写战场态势,维持了作为一流地缘和军事大国的地位。毋庸置疑的是,在叙利亚战场博弈中,美国已经明显处于下风,被迫对俄罗斯做出妥协。

第四,阿勒颇成功收复,再次证明伊朗的成功崛起或"被崛起"。自从叙利亚危机爆发,伊朗就从维护"什叶派之弧"战略安全的高度出发,积极和坚决介入,并带动黎巴嫩真主党、伊拉克什叶派乃至也门胡塞武装,从不同方向展开教派阻击战、策应战。更为重要的是,伊朗的影响力和话语权不仅逐步扩大和日益公开,而且通过签署核协议实现与奥巴马政府的利益互换,已切实得到美国默认。奥巴马干预叙利亚危机的政策特点之一是,接受伊拉克和叙利亚作为伊朗的势力范围,在反对恐怖主义乃至宗教极端主义方面捐弃前嫌,与伊朗结成功能性合作关系,确保中东大国力量的"离岸均衡",避免美国自身做太多和直接介入。

阿勒颇激战之际,反叙利亚政府联盟放松对拉卡、代尔祖尔两地"伊斯兰国"武装的打击力度,致使其抽调相当规模的武装反扑并再次夺取帕尔米拉,为阿勒颇困局解围。事实表明,叙利亚政府军及其盟友,集中兵力于阿勒颇这个具有标志性意义的大城市,更有利于整个战场形势的改观。阿勒颇收复后,叙利亚政府无论与反对派进行和谈,还是聚歼"伊斯兰国"武装并拔除其在境内根据地,都具备了相当厚实的基础。

(原载《宁夏时报》2016 年 12 月 18 日)

22.三国演义:俄土伊主导叙利亚危机后半场

12 月 20 日,俄罗斯、土耳其和叙利亚在莫斯科举行外交和国防部长"2+

2"会谈,并就协调推动叙利亚危机努力达成八点共识,进而形成超越信仰、教派的新利益联盟。这是叙利亚政府收复第一大城市阿勒颇,战场形势向当局大幅度倾斜后,深度介入叙利亚危机的三个主要玩家首次整合行动,意欲主导危机后半场走向,也将对叙利亚的未来产生重大影响。

俄外交部公布的联合声明显示,三国八点共识包括:尊重叙利亚作为多教派民主世俗国家的独立、主权和领土完整;以非武装方式解决冲突并发挥安理会2254号决议的重要作用;推动阿勒颇恢复秩序,强调停火并确保平民撤离冲突区;促进叙利亚政府与反对派谈判并由三国提供担保;支持对立双方签署有助于政治解决的协议;响应哈萨克斯坦邀请在阿斯塔纳举行新的多边会议;继续联手打击"伊斯兰国"武装和"支持阵线"等恐怖组织。

众所周知,叙利亚政府坚持六年而不倒,关键得益于俄罗斯强大的外交和军事支持,得益于伊朗为首的地区什叶派力量直接参战支援。俄伊两国自始至终都是叙利亚政府的铁杆盟友,不仅帮助后者摆脱被干涉力量颠覆的命运,而且助其反败为胜并日益扩大军事优势。在此过程中,俄伊战略关系得到空前巩固和加强,并形成俄罗斯做后盾,伊朗为主导,伊拉克、叙利亚、黎巴嫩和也门胡塞武装参与的宽大"什叶派之弧",重构了中东政治版图。

土耳其的叙利亚政策则经历了相当复杂的变化,最初坚决站在颠覆阵线一侧,执意与大马士革为敌,扶持其反对派甚至与"伊斯兰国"武装保持瓜葛,并一度恶化与俄罗斯的关系。在国内政治博弈加剧、土欧关系趋冷以及叙利亚战局逆转等多个因素左右下,惯于机会主义选择的土耳其快速调整地区政策,逐步向俄罗斯和伊朗阵营靠近,软化原有强硬立场,最终通过莫斯科三国会谈彻底倒戈,成为支持俄伊立场并强化叙利亚政府合法性及谈判筹码的地区温和力量。

土耳其立场大翻盘是叙利亚危机六年来又一重要风向标,它不仅标志着反对派阵营战略重挫,而且预示着整个危机已切实从战场博弈向和平谈判的后半场转移,由前途模糊不清向规划战后利益分割阶段过渡。土耳其战略意图很清楚,通过推动自己扶持的武装派别加入和谈,确保对叙利亚未来保持钳制,既凸显土耳其大国地位,又防范叙利亚战后走向分裂,特别是遏制叙利亚库尔德人分离思潮,以免对本国库尔德地区形成示范效应。

据俄罗斯方面称,叙利亚总统巴沙尔的前途并没有列入三国会谈议题,这意味着巴沙尔的地位已通过借助战场胜利以及对多数大城市的有效控制而得到巩固和提高。三国防长会谈后发表的声明也显示,在加强外交协调推动叙利亚战争向和平转轨的同时,三国将加强军事合作与协调,为实现莫斯科共识保驾护航,以实现三国在叙利亚共同利益的最大化。

很显然,俄土伊三国单独就叙利亚前途举行外交与国防会谈,表明它们已抛弃美、英、法等西方大国以及沙特阿拉伯等追求叙利亚政权变更的地区力量,形成主导叙利亚未来的三驾马车。这一态势无疑从四面八方切断叙利亚反对派的对外联系,使西方和阿拉伯干涉阵营失去继续深度介入叙利亚内政的地面抓手,势必推动总体局势朝着有利于叙利亚当局和三国共同目标方向演进。

22日,最后一批反对派武装及其家属逾万人撤出阿勒颇,政府已完全控制该城并恢复中断已久的空中航线。同日,沙特阿拉伯紧急表态称,希望加入有关叙利亚前途的俄土伊三国会谈。这是一个非常重要的信号,预示着沙特已默认既往干涉政策的彻底破产,被迫接受现实并调整立场,以便在叙利亚危机后半场能保留角色,挽回面子和损失。

当然,叙利亚由长期乱战转向全面和平,眼前依然是美好愿望而非很快就能实现的图景。毕竟形形色色的各路反对派武装还控制着部分国土,它们与叙利亚政府的彼此敌意和成见积累颇深,又有外部势力的支持和羁绊,不会轻易言败并解甲归田而让政府恢复天下一统。此外,反恐战争任务也相当艰巨,特别是拔除"伊斯兰国"武装及其友军的据点,仍然需要各方齐心协力,包括西方阵营的支持和参与。

（原载《北京青年报》2016 年 12 月 24 日）

第六章

激进思潮与恐怖主义

由"反美主义"而催生的"基地"意识形态在以中东为核心的世界范围内扩散,并随着阿富汗战争、伊拉克战争而逆势扩张,特别是"阿拉伯之春"的推波助澜,"基地"组织又繁衍出更加残暴的"伊斯兰国"武装,并首次割占民族国家土地而成为震动世界的恐怖王国。恐怖主义从没有像现在这样威胁到世界安全和稳定,各国在饱受恐怖主义之害后被迫在中东发动规模盛大的反恐战争,但是,产生极端主义与恐怖主义的根源,始终没有被舆论充分认识。

1.强权政治催生中东恐怖主义

又一轮恐怖袭击的浪潮冲击着欧洲和中东,也从心理和情感上冲击着整个世界。曾经饱受爱尔兰共和军恐怖袭击的英国本土又遭受中东恐怖组织的重创,原本最为安全的战争庇护所——地铁却成为最危险的杀戮场。

在恐怖的地狱之火烧烤欧洲人的同时,恐怖袭击频发的中东高潮再起:中止近半年的自杀爆炸又出现在以色列的特拉维夫;埃及西奈半岛继塔巴大爆炸后沙姆沙伊赫也遭连环爆炸袭击;局势明显趋于好转的伊拉克突然间人肉炸弹四处出击。

英国和中东的恐怖袭击相继发生,人们尚找不出它们相互策应的证据,但是,它们内在的联系却是密切的,动因也是相同的,至少从表面上看,都源自同一的文化和宗教背景,它们既是传统中东恐怖主义活动的延伸,更是本·拉登为代表的"基地主义"意识形态和行为准则在欧洲和中东的实践。

中东何以成为恐怖主义的热土?

笔者先后在中东的埃及、科威特、巴勒斯坦、以色列、伊拉克和沙特等国家工作和生活了近七年,时间跨度近二十年。

虽然留住时间长短不等,各个国家情况不同,除战后初期的伊拉克外,笔者有一个稳定而明确的印象是:如果不涉及政治和宗教,阿拉伯人热情、善良、质朴、宽厚、慷慨、温和、乐观、豁达。在这里,打架斗殴、奸淫掳掠和坑蒙拐骗偷等丑恶现象甚为罕见,社会治安普遍良好,许多国家甚至可以说路不拾遗,夜不闭户。这不仅是笔者个人的感受,而且得到许多足迹到过中东的人士的普遍印证。

笔者常驻巴勒斯坦三年,报道战争和冲突消息无数,却没有报道过几起刑事案件,因为无论加沙地带,还是约旦河西岸,都是世界上刑事案件发案率最低的地方。然而,同一块土地,同一个民族,向世界展示的却是另一副面孔和形象:在以色列的车站、咖啡厅、繁华街道频繁发动自杀式爆炸袭击,甚至直接袭击校车,屠戮平民。

如果说贫困产生恐怖主义,巴勒斯坦的经济状况要好于苏丹、毛里塔尼亚、索马里和吉布提;如果说愚昧产生恐怖主义,巴勒斯坦的教育水平在阿拉伯国家中处在中上水平;如果说专制产生恐怖主义,巴勒斯坦党派之多,言论之自由在阿拉伯世界也不多见;如果说保守产生恐怖主义,巴勒斯坦的开放为海湾国家所不及;如果说伊斯兰教产生恐怖袭击,那么如何理解斯里兰卡泰米尔猛虎组织的自杀式袭击?如何理解圣经时代犹太人的屠城和以色列建国前夕在中东从事的一系列恐怖袭击?

可见,中东恐怖主义并非巴勒斯坦人或阿拉伯人的发明和专有手段,也与伊斯兰教没有直接的因果关系,而是源于巴勒斯坦问题迟迟得不到公正解决,缘于巴以力量对比的严重失衡。

包括巴勒斯坦人在内的阿拉伯人和以色列人同为亚伯拉罕的后代,是巴勒斯坦这块古老土地的共同主人,他们甚至共同抵御过罗马人和十字军的东侵。当罗马人占领中东并把犹太人驱散到世界各地后,巴勒斯坦人成为此后近千年内这块土地最主要的原住民。

然而,近现代西方列强为了争夺中东并安抚在欧洲被他们长期蹂躏的犹太人,强行将多半巴勒斯坦土地分给人口只占少数的回迁犹太人,埋下了巴勒斯坦人的民族悲剧和怨恨的种子。

当依托大国支持的以色列夺占所有巴勒斯坦土地后,当阿拉伯国家试图通过战争夺回巴勒斯坦失地而一败再败后,当通过谈判也无法收回合法权益后,武装抵抗就成为部分巴勒斯坦组织没有选择的选择。当武装抵抗换来以色列的集体惩罚和过度报复后,部分巴勒斯坦激进分子就采取了被西方和以色列称为"恐怖"的袭击方式。

巴勒斯坦伊斯兰抵抗运动(哈马斯)精神领袖亚辛生前曾这样解释针对以色列目标发动的"恐怖"袭击:哈马斯根本不承认所谓的以色列,整个巴以地区都是被占领土,因而巴勒斯坦人有权利在巴以境内任何地方发动袭击;

以色列是全民皆兵的国家,人人都是占领机器的组成部分,不存在所谓的无辜平民;以色列在袭击巴勒斯坦的时候又何曾区分过武装人员和平民……

尽管他的解释极端和片面得让人无法苟同,但是,他的说辞代表了巴勒斯坦暴力袭击者的普遍心态。应该说,发动"恐怖"袭击的只是巴勒斯坦人中的激进分子,并不代表所有的巴勒斯坦人,然而,他们发泄的是整个民族的屈辱、不满和绝望。

巴勒斯坦问题是中东的一个病灶,它的病变与扩散导致了中东诸多问题的出现,也推动了中东恐怖主义的泛滥,催生了本·拉登现象和"基地主义"的滥觞。

"基地主义"的诞生与传播

沙特亿万富翁本·拉登是个狂热的民族主义者和宗教激进分子。他成长于生活奢华的沙特王室,既见证了阿拉伯伊斯兰世界近百年列强征服而导致的衰落和屈辱,也见证了部分阿拉伯和伊斯兰国家政权的软弱、腐败和无能。

早在20世纪80年代,本·拉登为了"解放"伊斯兰土地阿富汗,曾与美国联手共同对付苏联占领军。阿富汗战争结束后,美国发动了海湾战争,"异教徒"的美国军队不但史无前例地出现在沙特这块伊斯兰的圣土上,而且在部分阿拉伯伊斯兰国家政府的配合下重创伊拉克,并于战后驻扎在圣地周围。

原本痛恨美国和以色列的本·拉登认为,美国进入中东是对伊斯兰教和阿拉伯民族的冒犯和亵渎,是当代的十字军东征。作为政府异己分子的本·拉登后来被迫流亡苏丹和阿富汗等地,最终与埃及、科威特、巴基斯坦和孟加拉的激进宗教组织领导人,组成了一个反美反以国际统一战线,并被中央情报局简称为"基地"。

在本·拉登看来,阿拉伯民族之所以无法对付一个小小的以色列,关键在于以色列身后站着实力强大的美国,只有打垮美国,才能结束以色列对阿拉伯土地的占领,才能结束异教徒军队在中东的存在。

于是,他将战火直接引向美国的核心目标,先策划对美国驻东非大使馆的连环爆炸,接着策划了反击美国本土的"9·11"袭击,试图通过致命一击棒喝美国,迫其撤离中东,放弃对以色列的偏袒和支持,使阿拉伯伊斯兰土地获得彻底的解放。

"穆斯林皆弟兄。"这一宗教信条使本·拉登的理想不局限于解决中东问题,而是要帮助所有"为伊斯兰事业而斗争的弟兄"。本·拉登的"基地"组织在北非、中东、中亚、南亚和东南亚等伊斯兰弧型地带广为渗透,甚至在欧洲和美国都发展了自己的网络,形成了全球化的组织结构和同盟军。

在此过程中,本·拉登的主张逐步形成了一种可以称为"本·拉登主义"或"基地主义"的意识形态,其基本轮廓是:在任何能力可及的地方打击美国为首的异教徒政权及其铁杆追随者,最大程度地把战争引入敌人后方,不择手段并最大限度地追求恐怖效果以动摇敌人的军心和民心,即使以牺牲无辜平民为代价也在所不惜,最终把一切"邪恶"力量驱逐出伊斯兰世界的土地,取得对抗异教徒入侵之圣战的胜利。

伊拉克战争的爆发为"基地主义"分子提供了新的热战场,扎卡维等"基地"组织新生代领导人率领前阿富汗圣战者及其后代——主要是阿拉伯人,纷纷从周边国家渗入伊拉克,对美英等占领军和其扶持的伊拉克新政权展开圣战:

他们既袭击占领军和伊拉克安全部队等目标,也袭击民事警察甚至准备应征入伍的平民;既伏击美军和伊拉克警察车队、哨卡,也攻击神圣的清真寺和教堂;既暗杀政府高官也处决宗教领袖;既绑架一切能够抓到的外国人,也斩首卖苦力挣钱的穆斯林兄弟;既处决从事人道主义援助的慈善机构人员,也暗杀联合国高级代表……

总之,只要达到制造恐怖气氛、破坏稳定和重建进程的目的,手段无所不用其极,残忍得令人发指,体现了典型的"基地"行为特征,但完全背离了伊斯兰教不得滥杀无辜的主张。

应该说,伊拉克战争的爆发使中东的恐怖主义呈现了新的局面,而源于"基地主义"的中东恐怖袭击则已经超越了传统的行为规则和活动范围,把战火引向了欧洲,引向了更多的阿拉伯国家,使世界面临着恐怖"越反越恐"的尴尬局面。

中东恐怖主义的大发展

英国等欧洲和中东国家遭遇中东恐怖主义袭击并不出乎人们的意料,这一点在土耳其发生连环爆炸后已经很清楚了。2003 年 11 月 20 日,土耳其的伊斯坦布尔发生了连环爆炸袭击,包括英国总领事馆、英国汇丰银行在内的多个设施遭到袭击,英国总领事肖特等 4 名英国人和 12 名土耳其人被炸死。袭击的指向性非常明确地锁定了英国,锋芒直指支持美国出兵伊拉克的国家。

发动这次袭击的"基地"欧洲分支机构"马斯里旅"事后明确表示:"对伊斯坦布尔的第一轮袭击只是欧洲各国首都将面临一系列袭击的开始……每一名欧洲人今后都将遭受到伊拉克和巴勒斯坦人所遭受的苦难——在伊斯坦布尔,在罗马,以及追随美国政策的其他国家。"

以牙还牙,以血还血。这是中东各民族的普遍逻辑和法则。英国有太多的理由让"基地主义"的追随者痛恨。作为中东问题的麻烦制造者,是英国的殖民主义政策和"分而治之"手段为以色列奠定了立国的基础,也引发了以巴以争端为核心的一系列中东问题。

作为美国的铁杆盟友,英国不但积极参与美国发动的海湾战争、阿富汗战争,也与西班牙共同推动美国发动了伊拉克战争,并成为协助美国占领伊拉克的头号西方国家。在西班牙被迫从伊拉克撤军后,英国不但没有改变其伊拉克政策,反而与美国绑得更紧,两国领导人相互为对方站台撑腰,在捏造开战情报和借口等方面相互包庇。

由于防范严密,"马斯里旅"未能很快在英国本土下手,而是于 2004 年 3 月 11 日在西班牙首都马德里制造了震惊世界的客运列车连环爆炸案,并明确表示惩罚阿斯纳尔政府追随布什发动伊拉克战争。这次袭击导致了西班牙的政府更迭,也迫使新政府完成了从伊拉克的撤军。

袭击马德里后,"马斯里旅"又宣布了未来的袭击目标:日本、美国、意大利、英国、挪威、澳大利亚,甚至两个伊斯兰国家巴基斯坦和沙特。2005 年 7 月 7 日和 21 日,远离欧洲大陆的英国终于没有躲过劫难,遭受了"马斯里旅"的两轮恐怖袭击,伤亡并不惨重,但是引发了世界范围的震荡和冲击。

被"基地主义"追随者视为美国铁杆盟友的巴基斯坦、沙特和埃及同样在承受着恐怖袭击的煎熬:巴基斯坦总统穆沙拉夫的车队两次遭到未遂暗杀;以穆克林为首的"基地沙特及阿拉伯半岛分支机构"于 2004 年在沙特策划了多起爆炸、绑架袭击,并一度对设在吉达的美国总领馆发动强攻;埃及继 2004

年旅游城市塔巴发生针对以色列游客的连环爆炸袭击后,于2005年7月下旬又发生了沙姆沙伊赫连环恐怖袭击,矛头直指西方游客和正在那里度假的埃及总统穆巴拉克,而肇事者自称为"基地组织埃及及地中海分支机构"……

在"基地主义"信奉者看来,巴基斯坦、埃及和沙特这些伊斯兰国家的政府不但长期接受美国的军事和经济援助,放弃了对苦难穆斯林兄弟的宗教义务,而且为美国等"异教徒"征服伊斯兰世界充当走卒,成为"新十字军"链条上相对薄弱的环节,如果能动摇或推翻这些政权,将削弱美国的战略联盟。另外,他们也试图在中东制造天下大乱的局面,诱使美国投入更多的兵力和资源,进而把中东当作第二越南战场,以便严重消耗美国的实力。

2004年5月6日,本·拉登曾发布宗教法令,以重金悬赏的方式要求他的信徒大开杀戒:目标从联合国秘书长安南、安南的伊拉克问题代表卜拉希米,到美国驻伊拉克最高文职长官布雷默,到美英等安理会常任理事国的公民。虽然本·拉登没有解释他疯狂仇杀的原因,但是,从逻辑上可以分析,他认为安理会及美英等常任理事国对于巴勒斯坦问题长期得不到公正解决,对于阿富汗和伊拉克遭受异教徒入侵和占领负有不可推卸的责任。

可以想象,以本·拉登为代表的中东恐怖主义势力开始了一场历史性的大清算,试图一劳永逸地解决阿拉伯国家和其他伊斯兰国家面临的问题。

恐怖主义不得人心而且注定要失败,这是毋庸置疑的。现在的问题是,面对中东恐怖主义的全球泛滥,推行强权政治和双重标准的国家必须彻底反思自己的外交政策,特别是已经被实践证明极其不得人心、无助于解决问题的中东政策,否则,无法根除中东的恐怖主义,也不可能给自己和世界带来真正的和平与安宁。

(原载《环球》2005年第13期)

2.英国"9·11"与"基地主义"

英国发生恐怖主义袭击其实并不是新鲜事。在爱尔兰共和军肆虐英伦的岁月里,英国一直是欧洲恐怖袭击的主战场。过去三十年间,伦敦、曼彻斯特等中心城市频繁遭受爱尔兰共和军的恐怖袭击,即使皇家海军音乐学校和英国广播公司总部这样的机构也无法逃脱炸弹的垂青。但是,7月7日伦敦发生的连环爆炸却意义大不相同,震动格外剧烈,被称为英国的"9·11"事件。

英国"9·11"之说能够成立,在于它与美国"9·11"同出一辙:袭击的方式是自杀性的,袭击的目标是防备最为薄弱的人口密集场所,袭击者同时多点出击,袭击者是没有前科表现良好的本国守法公民,袭击者是融入本国社会却奉行伊斯兰教的圣战思想。这是典型的"9·11"式袭击,是地道的"基地"作战方式。"基地欧洲组织"宣称对袭击负责,本身就已经说明了一切。

"9·11"事件后,美国发动阿富汗战争,推翻了庇护本·拉登的塔利班政权,也摧毁了"基地"的大本营。但是,"基地"组织的意识形态却像摆脱所罗门魔瓶的精灵在全球弥漫和扩散,"基地"的行为方式像病毒一样被不断复制和自动传播,先有肯尼亚的以色列民航班机和犹太人饭店同时遭受袭击,接着,出现马德里客运列车连环爆炸,直到今天的伦敦地铁瞬间爆炸四起。

有人把"基地"的意识形态概括为"基地主义"或"本·拉登主义"。在笔者看来,这种意识形态的核心内容是:在任何能力可及的地方打击美国及其铁杆追随者,最大程度地把战争引入敌人后方,最大限度地追求恐怖效果以动摇敌人的军心和民心,即使以牺牲无辜平民为代价也在所不惜,而终极目标是把"邪恶"力量驱逐出伊斯兰世界的土地,取得对抗异教徒入侵之圣战的胜利。

本·拉登当年在阿富汗联美抗苏就是基于这种意识形态,苏联撤离阿富汗后,本·拉登倒戈反美,其核心理由是美国扶植以色列长期非法占领阿拉伯穆斯林的土地。"基地"分子策划马德里系列爆炸,就是惩罚西班牙追随美国发动伊拉克战争并派兵协助美国对这片穆斯林土地的非法占领,扎卡维等外籍武装分子以"基地"之名大闹战后伊拉克也是如此。同样,"基地"组织一直和俄罗斯的车臣非法武装结为同盟并共同作战,深受"基地"影响和控制的印尼"伊斯兰团"也相继制造了巴厘岛和万豪酒店大爆炸,都是"基地主义"大行其道的结果。

"基地主义"追随者在伦敦发动系列恐怖袭击并不令人意外,说到底是对英国旧恨新仇的一次清算。英国臭名昭著的"分而治之"政策酿造了中东争端的祸根,而积极参与阿富汗战争并伙同美国发动伊拉克战争,不但使英国把自己牢固地绑在美国的战车上,而且在原本失败的中东政策道路上越滑越远,终于引火烧身。

俗话说,冤有头,债有主。世界上没有无缘无故的爱,也没有无缘无故的恨。恐怖主义行为应当受到唾弃和打击,但是,在世界经历了美国、西班牙和英国的"9·11"事件后,面对"基地主义"及其行为方式的泛滥,某些到处伸手伸脚的国家就不该反思自己的思维和行为而一条道走到黑吗?

（原载《深圳晚报》2005 年 11 月 13 日）

3.中东不因扎卡维丧命而平静

身价等同本·拉登的恐怖大鳄扎卡维日前在伊拉克被美军炸死,结束了其在伊拉克猖獗三年的恐怖游戏。高居不下的国际市场原油价格立刻下跌,似乎在向世人宣布:没有扎卡维的中东会变得相对平静。其实,这是一厢情愿。

只要中东问题得不到彻底公正的解决,只要美国不改变其中东政策和双重标准,只要美国继续推进对中东的所谓民主化改造,只要美国坚持自己的反恐标准,本·拉登和扎卡维式的人物就不会退出中东的历史舞台。

扎卡维是本·拉登的积极追随者,是"本·拉登主义"或曰"基地思想""基地意识形态"的实践者和急先锋。在本·拉登看来,中东地区长期战乱的根源在于阿拉伯-以色列冲突。阿以冲突得不到全面、公正和持久的解决,根源在于强大的美国长期偏袒和支持以色列,因此,要想从根本上解决阿以冲突,收复阿拉伯失地,必须采取包括恐怖主义手段在内的一切方式打击美国及其盟国的核心利益,迫使其改弦更张,以求在该地区实现公正与和平。

正是在这种意识形态指导下,"基地"组织才策划了从美国本土到非洲大陆,从东南亚到欧洲的多起重大恐怖袭击,形成了人类历史上最大范围和最有影响力的恐怖袭击浪潮。

美国发动的阿富汗战争彻底推翻了塔利班政权,击溃盘踞在阿富汗的"基地"组织,同时,也推动了"基地思想"病毒在全球的传播,并形成了人类历史上最大规模的恐怖组织网络和恐怖袭击浪潮。伊拉克战争的爆发不但为"基地思想"增加了新的理论依据,而且为其实践提供了丰富的土壤和现成的热战场。

曾在阿富汗抵抗过苏联军队的扎卡维,于 20 世纪 90 年代回到约旦后即把矛头转向美以目标和与美以关系密切的本国政府。美国入侵并占领伊拉克后,扎卡维利用当地相当复杂的政治和宗派关系,竟然在地形并不复杂的沙漠、平原地区如鱼得水,并与势力强大的美军周旋三年之久。

在重创美军的同时,扎卡维也施展了一系列残酷的恐怖袭击手段:劫持人质、绑架平民、现场斩首、暗杀政府官员、谋害宗教领袖、爆炸清真寺和教堂、集体屠杀警察和应征入伍者,总之,手段极其凶狠,方式极其残忍,所作所为超越了人类文明的道德底线。也正因为如此,扎卡维也成为多数伊拉克民众眼中的杀人恶魔,日渐孤立和被动。

扎卡维之死,对于美国人来说,其意义不亚于击溃"基地"组织和抓获萨达姆,必然再次重创"基地"组织并削弱伊拉克境内的反美反政府势力。但是,扎卡维之死并不意味着伊拉克局势能很快好转,更不意味着中东今后不再发生扎卡维式的恐怖袭击。因为培育"基地思想"的土壤没有改变,涌现本·拉登和扎卡维的地缘政治环境依然存在,导致中东恐怖主义活动泛滥的条件依然存在。

持续近一个世纪的中东问题最终推动了反美主义在该地区的盛行,而阿富汗战争、伊拉克战争无疑是火上浇油,使反美主义衍生的暴力或恐怖袭击更加泛滥、猖獗。在可预见的未来,美国既不会很快干净彻底地撤离伊拉克,更不会大幅度改变其持续多年的中东政策基调,因此,扎卡维之后的中东仍然不会平静,各种形式的恐怖袭击还会继续存在、蔓延,美国及其战略盟友还将是恐怖袭击的主要对象,各国平民也难以摆脱成为恐怖袭击牺牲品的命运。

（原载《北京青年报》2006 年 6 月 10 日）

4.贫困并非恐怖主义根源

最近,一批来自中东和南亚的医生在英国策划和制造恐怖袭击成为热门话题。西方反恐专家们忧虑地认为,恐怖主义出现向高学历和专业人士阶层渗透的趋向。这个最新事态进一步推翻关于恐怖主义根源的主流结论:贫困造成恐怖主义泛滥。

从20世纪60年代以来,世界出现各种各样的恐怖主义活动,其直接目的大同小异,那就是通过刻意制造恐怖情绪和场面产生震慑,进而达到特定的政治诉求。但是,各国出现的恐怖主义几乎都有着很复杂的背景和因素,归结起来无非以下几个方面:颠覆现存政权;解决土地纠纷;实现民族分离;输出意识形态,唯独不是为了摆脱贫困。

中东的国际恐怖主义大致有两类:第一种是致力于结束"外来"占领的国际恐怖主义,如"基地"及其外围组织,其目标是结束"异教徒"对伊斯兰土地的占领,颠覆所谓"傀儡"政权,主要战场是阿富汗、巴勒斯坦和伊拉克等"沦陷区"以及美国、英国等"占领国";第二种是巴勒斯坦激进组织的地区恐怖行为,主要手段是在地区内外袭击以色列平民目标。

中东的国内恐怖主义在不同国家和不同时期都有相当的活跃期。黎巴嫩15年内战期间,基督徒和穆斯林之间争夺政治主导权而产生的恐怖袭击相当频繁,外来势力控制黎巴嫩与反控制而引发的恐怖袭击也时有发生并持续至今。20世纪90年代,阿尔及利亚由于民主选举被中途取缔,诱发持续10年造成10多万人死亡的恐怖袭击浪潮。土耳其库尔德工人党自1979年成立以后,持续二十多年进行以民族分裂为目标的恐怖袭击。埃及穆斯林兄弟会等极端组织的恐怖活动从未间断,其目标既反以、反美、反西方,又致力于推翻世俗政权。

欧洲也曾经是国内恐怖主义的重灾区,极左、极右和民族、宗教恐怖组织一度相当活跃。意大利"红色旅"推崇暴力革命,通过恐怖活动试图颠覆国家政权;意大利黑手党为追逐权力和资本而大行恐怖之道,一度成为政府难以对付的死敌;德国"红色军团"曾以频繁的恐怖袭击试图改变国家颜色;法国的"直接行动"试图以恐怖结束"资本主义的腐朽";爱尔兰共和军的恐怖袭击持续近30年,只为摆脱英国统治;西班牙"巴斯克民主与自由组织"(埃塔)在几十年间制造数千起恐怖袭击,企图实现巴斯克地区独立;德国新纳粹恐怖袭击主要锁定外来移民和犹太人。

南亚的恐怖活动也曾经烽烟四起。印度、巴基斯坦、克什米尔地区、泰国和孟加拉因为民族和宗教矛盾而引发的恐怖袭击时有发生。斯里兰卡"猛虎组织"更是自杀式恐怖袭击的代名词，19 年间其发动过 200 多起自杀式爆炸，先后炸死印度总理拉吉夫·甘地和斯里兰卡总统拉哈辛纳等政界领袖。

中亚地区，以车臣为中心的分裂主义恐怖袭击在过去几年间登峰造极，造成大量人员伤亡。东南亚地区的恐怖袭击，在"9·11"事件之前集中于菲律宾，根源也是民族分离主义。"9·11"后恐怖袭击迅速在印度尼西亚等地扩散，则是反西方的极端宗教主义在作祟。

东亚日本，过去曾经出现"赤军"国际恐怖组织，前几年又发生"奥姆真理教"策划的地铁投放沙林毒气案。

在美国，"基地"组织并不是恐怖袭击的始作俑者，三 K 党和白人民兵等种族主义组织此前已经让美国人领教了恐怖。而南美秘鲁的"光辉"道路也曾长时间让人谈虎色变。

翻开这些恐怖组织的骨干档案可以看到，它们的发起者和主要实施者绝大多数都属于受过良好教育、有技术专长、生活优裕的高智商阶层。贫困或许会被他们利用，但绝不是他们试图解决的主要矛盾，更不能解释为让他们选择恐怖主义的社会根源。

其实，恐怖行为自古存在，只是今天把它提升为人类面临的共同威胁，并且标准难以确定。应当说，只要人类存在不公和矛盾，只要道德标准和行为方式存在差异，恐怖主义就不会绝迹，反恐将是一项永远不可能完成而又不能妥协和放弃的使命。

（原载《北京青年报》2007 年 7 月 10 日）

5.摧毁"基地"难于摧毁"魔都"

沉寂一段时间的"基地"组织又开始活跃，最新证据是 10 日和 11 日相继在摩洛哥和阿尔及利亚发生的连环自杀式爆炸袭击。"马格里卜基地组织"已经认领在阿尔及利亚的这桩血案，但从时间关联和手法的相似性看，把摩洛哥的恐怖袭击记在"基地"名下，也不算离谱。如今的"基地"简直就是大片《指环王》中盘踞在"魔都"的邪恶力量，它存在于人们的视野之外，却又无时无刻不令世界感到恐惧。

自"9·11"事件以来，美国发动阿富汗战争推翻塔利班政权，端掉"基地"老巢，迫使本·拉登一干人四处逃窜且遁入地下。随后，国际社会又建立了较广泛的反恐联盟，对"基地"残余势力进行追剿。然而，七年来的整体效果看，"基地"并不好对付，它甚至都不能用"百足之虫，死而不僵"来形容，因为它依然任意肆虐。今天的"基地"，无特定的基地，无固定的队伍，无袭击的边界，无道德的约束。这种"四无"特征使其成为最危险和最难对付的恐怖势力。

无特定基地，恐怖分子不知所在。阿富汗战争前，"基地"主要的活动地点是苏丹和阿富汗，以及与阿富汗接壤的巴基斯坦边境部落区。战争结束后，美国及其盟国费尽周折，就是找不到本·拉登的藏身之处，甚至连他的主要助手扎瓦赫里等人都不知下落。"基地"分子相对集中和活跃的地方，要数战乱中的伊拉克。然而，西班牙首席反恐法官称，仅在摩洛哥就潜伏着上百个"基地"小组。但是，"基地"的神经中枢到底在哪里，它的地下大本营安在何处，无人知晓。

无固定队伍，追随者遍布全球。阿富汗战争期间，"基地"在阿富汗为数不多的正规队伍被消灭、被击溃，部分成员成为阶下囚，然而，"基地"的基本架构外界不甚了了。印尼巴厘岛爆炸案发生后，西方情报机构才逐步根据支离破碎的情报拼凑出一张相对完整的"基地"组织结构图。这个类似跨国公司的恐怖托拉斯由"董事长"本·拉登掌控，扎瓦赫里等直接控制和指挥的"顾问和政治委员会"行使着"执行"和"运营"等职责，其下又设立军事、财政、采购、安全和新闻等三级部门。据估计，"基地"的势力和影响遍布全球各地，各种"分公司"近百个，"雇员"达到数万人。还有一些恐怖组织，把"基地主义"奉为理论基础和行动纲领，自发采取行动并宣称向"基地"效忠。

无活动边界，普天之下皆为战场。"基地"的战略目标很明确：在全球范围内袭击美国、英国和以色列目标及其同盟国或同情者，赶走伊斯兰土地上的异教徒军队，颠覆亲西方政权。而且"基地"似乎不屑小打小闹，惯常于精心策划和实施重大恐怖袭击以扩大影响，追求场面大、伤亡多、血腥味浓和传播广泛的巨大轰动效应，最大程度地让世界感受恐怖。迄今，"基地"分子在世界范围内发动的重大袭击有：2001年的美国"9·11"事件；2002年的印尼巴厘岛大爆炸;2003 年 5 月的沙特利雅得系列爆炸和摩洛哥卡萨布兰卡连环自杀式爆炸;2003 年 11 月土耳其伊斯坦布尔连环汽车爆炸;2004 年 3 月西班牙马德里列车连环爆炸袭击;2006 年 7 月的英国连环爆炸案。

　　无道德边界,挑战人类文明底线。"基地"表现出比其他恐怖组织更残酷的特质,袭击对象往往不是瞄准防范严密的军事目标和政府机构,而是选择最缺乏防范措施的民事目标,如列车、酒店、繁华街道;其刻意杀伤的也不是政界要人和武装人员而是普通的平民,并不区分这些平民的国籍、种族、信仰。

　　就目前的形势而言,对付"基地"恐怖主义网络,根除产生"基地主义"的深层根源,远比影片《指环王》中正义力量摧毁邪恶魔都困难得多,这是必须要清醒认识到的残酷现实。

(原载《北京青年报》2007 年 4 月 18 日)

6.本·拉登——美国的"朱哈之钉"?

　　最近,被称为"恐怖大亨"的基地组织领导人本·拉登再次成为热门话题。据报道,美国情报部门截获的一盘录像带显示,身着绿军装的本·拉登对自杀式袭击大加称颂。录像带还公布了已被打死的"基地"伊拉克分支机构领导人扎卡维生前的镜头,以及数名准备充当人体炸弹者的口播遗嘱。

　　这盘录像带无疑是有关本·拉登下落的最新报料,但是,又颇似凌乱的拼盘,本·拉登只露面 50 秒。美国情报部门也称难辨真伪,拍摄环境很像"9·11"事件的相关录像。但是,无论如何,美国参议院随即通过授权法案,要求国务院将悬赏本·拉登的价格翻番,由原来的 2500 万美元追加到 5000 万美元,由此也把本·拉登推上吉尼斯世界大全,成为有史以来身价最高的通缉犯。

　　自 2001 年美国发动阿富汗战争之后,坦利班政权庇护下的"基地"组织武装遭到重创,本·拉登等核心领导人也突然人间蒸发。虽然美国及其西方盟国科技、情报十分发达,其在西亚的盟国全力配合,似乎全世界已经构筑了一个插翅难逃的铁网钢罩,但是,六年多以来,本·拉登等人活不见人、死不见尸,踪迹全无,只是隔三差五地通过神秘渠道在电视台和互联网露一脸,使世人相信,他不但活着,而且像个幽灵在全世界飘荡,影响着、暗示着甚至指挥着他的追随者在不同地方向各种仇家发动袭击。

本·拉登真成了一个谜。关于他的生死,分析家也不同版本的解读,饶有趣味。

一种说法是,本·拉登的确活着,只是这个中央情报局培养出来的反美分子非常熟悉老东家的套路,也抓住了对手过于依赖高科技和现代化手段的弱点,采取一种近似冷兵器时代的对策:不使用任何无线和有线通信工具,通过亲信加毛驴的方式与外界联系,甚至采用信鸽这种比较原始的邮差传递情报;虽然本·拉登使用录像带来证明自己的存在,但是,背景让人无法分析出他身居何处,甚至根本就伪造了拍摄录像的环境以便误导美国人。

另一种说法是,本·拉登被美国围困在巴基斯坦与阿富汗交界处的部落区,当地部落出于与本·拉登的深厚交情,或者基于与本·拉登同样刻骨铭心的仇美情节,或者因为收受本·拉登的巨额酬金,把他隐藏保护起来,令美国、巴基斯坦和阿富汗当局无从下手。以下两个事实却是相互矛盾的:至今没有任何美国为了抓获本·拉登而试图与巴阿边境部落接触或谈判的消息,把本·拉登身价提升到5000万美金,据说又用来收买藏匿本·拉登的部落。

第三种说法是,本·拉登在阿富汗战争或者后续的围剿中已经死亡,其追随者为了让这个恐怖领袖精神不死,形象不灭,剪辑先前留下的本·拉登录像片段,再巧妙配音,以假乱真。我初步统计,阿富汗战争之后,本·拉登先后10余次通过声音、图像和照片的方式现身,部分讲话提到了伊拉克大选和哈马斯政府这样新近新闻,使人难辨真假。

最具想象力的说法是,美国完全清楚本·拉登之命运:他或者被美军打死,或者被美国抓获,但是,出于美国的战略需要,本·拉登必须"活着",必须"逍遥法外",必须经常跳出来吓唬美国人,吓唬全世界,必须让本·拉登本人告知天下:恐怖大鳄随时食人夺命。

这种分析的理由是:美国虽然是唯一超级大国,却一直喜欢为自己树立一个强大的敌人或对手,否则没有机会到处派兵将全球的安全格局纳于自己的大棋盘,没有机会发动战争或兜售军火回报为总统竞选出力的军火商和工业巨头。另外,布什本人就是一位"反恐总统",阿富汗战争、伊拉克战争都属于反恐战争的不同战场。此次本·拉登露面,又恰逢民主党连续逼迫布什限期从伊拉克撤军,这种论点的持有者更觉得本·拉登来得可真是时候。

阿拉伯有个智慧故事叫作"朱哈之钉",说的是智者朱哈卖房子给别人,却又常常闯进旧家,理由是:"我卖了房子,没卖墙上的钉子,我来看我的钉子!"如果本·拉登成为美国的"朱哈之钉",那可就是天大的玩笑了。

(原载《北京青年报》2007 年 7 月 20 日)

7.反恐:多少荒唐假汝之手?

法国革命家罗兰夫人临上断头台曾仰天长叹:"自由,自由,有多少罪恶假汝之手而行!"这一著名的"天问"多少年来被人传诵和套用,它揭示了一个普遍存在的政治和社会现象,即以冠冕堂皇之名行令人不齿之实。3 月 8 日,美国总统布什否决国会一项禁用酷刑法案,理由竟然是为了"反恐",不由地让人产生罗兰夫人式的诘问。

去年 12 月 14 日,民主党控制的美国众议院以 222∶199 的表决结果,通过限制中央情报局审讯犯罪嫌疑人手段的一项法案。法案规定,中情局只能使用陆军守则中列举的 19 种审讯方式,禁止使用让犯罪嫌疑人产生窒息或死亡幻觉的"模拟溺水"和"性侮辱"等 8 种酷刑。该法案在美参议院搁置一段时间后,终于在 2 月 13 日以 51∶45 的表决结果顺利过关。但是,有言在先的布什动用特权,毫不犹豫地推翻这一法案,声称,由于恐怖威胁仍然存在,美国情报部门需要使用"一切"手段获取反恐情报,而该法案捆住美国有关部门的手脚。

爱国之心人皆有之,防范恐怖理所当然,但是,公然违反《日内瓦公约》和《世界人权宣言》而使用酷刑,既不利于美国保护美国公民利益,也不利于树立美国国际形象和价值观、人权观的输出。参议院情报委员会主席洛克菲勒说,使用酷刑审讯恐怖嫌疑人只会使美国自食其果,让美国公民遭受类似非人待遇,甚至受到加倍的报复。众议院议长佩洛西则强调,这一法案旨在挽救美国的声誉。美国的媒体甚至称,布什曾反复强调美国反对酷刑,对待这一法案的态度将是他是否言行一致的试金石。事实证明,布什反对酷刑只是说说而已,尤其事关反恐。

布什在任近八年,最大的挑战是恐怖主义,中心任务也是反恐,因此,有人喻之为"反恐总统",他自己也曾唯反恐是举,以反恐画线,借反恐开战。布什的反恐实践可以概括为两个特征:反恐是个框,什么都往里装;为达目的,不择手段。最典型的例子是,布什以萨达姆政权与"基地"组织勾结并研发大规模杀伤性武器为由,发动伊拉克战争,其结果是没有找到任何针对美国的恐怖证据,却造成15万伊拉克平民死亡(世卫组织估计);布什将巴以冲突定性为恐怖与反恐怖战争,采取一边倒的策略,任由和平进程陷入绝境。具体到审讯恐怖嫌疑犯,美国媒体称,中情局的酷刑绿灯不但直接由白宫开放,而且布什本人两年前曾公开炫耀逼供的成果。

上行下效,自古如此。正是因为存在这样大的政策环境和反恐为先、反恐为上的指导方针,才产生伊拉克阿布·格莱布监狱"虐囚门"和关塔那摩基地塔利班战俘遭受虐待的丑闻。这两起引起世界公愤的事件有一个共同的特点,那就是美国军方自上而下的对人权和国际公约的蔑视。限制中情局使用酷刑的法案正是在虐囚事件反复出现而美国声誉受损的情况下被推出的,布什的否决无疑表明:利益面前没有道义和公理,国际法则和人权标准对美国无效。

美国是个枪患严重的国家,每年大约有三万人死于枪击事件。最近的枪击事件中,有两起给我印象深刻:民众不仅悼念被杀害的无辜者,也悼念死去的杀人犯并安慰其家属,原因很简单,虽然他有罪,但是,他也是一条命,作为死者,作为生命,值得尊重和悼念。我感动的是,美国民众对生命个体的尊重已经深化到如此人道的地步,美国的人权和价值观的确值得借鉴。但是,布什的否决又给人另一种启示:在反恐面前,人权不但没有分量,而且还要看国界,完全成为政治和国家利益的道具。

有报道称,尽管民主党议员对布什的否决强烈不满,并准备本周在国会发起投票,推翻布什的否决,但是,由于民主党很难争取到三分之二的赞成票,恐怕无法重新翻盘子。中情局今后将合理合法地继续使用酷刑去获取他们所需的情报,根本不必在乎其他。

套用罗兰夫人的句式:"反恐,反恐,多少荒唐假汝之手而行!"

(原载《北京青年报》2008 年 3 月 11 日)

8.谁该为美航未遂炸机负责？

1月7日,美国总统奥巴马在白宫公布去年圣诞节未遂炸机事件调查结果,并表示为其承担责任。这是尼日利亚人阿卜杜勒·穆塔拉布在底特律机场试图炸毁美达航空公司班机后,美国官方的最新和最正式表态,相信也是最后的责任认定。

奥巴马承认未遂炸机事件显示出美国情报部门"三宗罪":明知"基地"也门分支企图袭击美国,却未积极跟踪应对;未能有效整合手头情报,没有发现穆塔拉布袭击计划;恐怖嫌疑人监测系统存在漏洞,使穆塔拉布"禁飞"榜上无名。

其实,奥巴马只是谈及技术层面的原因,回避了真正症结,也自然无法回答一个让常人不解的问题:23岁的银行家、部长之子穆塔拉布,平素温和友好的知识青年何以成为反美愤青,投靠"基地",并成为恐怖的"人弹"？

美国惯做世界警察,却无法一手遮天,伞撑得越大,招的风越大,漏洞就越多,情报和反恐的难度可想而知。据报道,美国情报部门掌握着一份55万人的危险分子名单,其中40万人为恐怖嫌疑人,约4000人被列为"禁飞"对象。穆塔拉布已经被列入55万名单,当他宣布"断绝与父母关系、不再回家、不再联系",预示着某种叛逆与极端行为可能发生后,面对其父大义灭亲的直接举报和警示,美国情报部门依然掉以轻心,以"证据"不足拒绝提升他的危险级别。

从穆塔拉布自己招供、"基地"组织也门分支认领和美国最终的调查结果看,美国情报系统非但收集证据的能力令人瞠目,面对威胁的麻痹也令人咋舌。如果这个反美小愤青训练有素,心理素质更好,如果"基地"准备得再充分些,他们送给美国人的圣诞罪恶大礼一定是爆炸在底特律城市上空,并对地面目标进行二次杀伤,而非落地后草草动手并以失败告终。另一个"9·11"式的袭击临盆流产,依然不是情报部门的功劳,这岂止是笑话,而是悲剧和灾难,是美国人在不同时间踏进同一条河。当年,正是由于情报系统的扯皮、掣肘和彼此防范,导致一群恐怖之鱼穿透安全网络进入美国并犯下惊天大案。此后,美国情报系统被大改组,这个事件也将导致再次改组,情报部门要负全部一线责任。

但是,不论谁负责,还是没有回答一个"9·11"袭击后的世纪之问——为什么美国招人恨?是哪些人恨美国?简单的答案是,美国多年来奉行霸权与炮舰政策,到处开战,四面树敌,防不胜防。反美、仇美思想在世界各地相当有市场,特别是在伊斯兰国家或社团。这种情绪过去因为美国在中东偏袒以色列而一直存在,并在海湾战争后因美军进入穆斯林土地而升级。近年来,美国在中东、中亚和南亚伊斯兰国家卷入的战争又通过网络、电视等现代媒体充分放大、传播,严重刺激新一代的伊斯兰激进分子,他们在极端宗教思潮蛊惑下,由邻家大哥式的善良之辈变异为仇美、反美极端分子并付诸言行,构成美国需要防范的 50 万仇美、反美力量。

奥巴马显然意识到了这一点,这才启动了美国外交新政,但是,让新政化解多年积怨,非一日之功。

(原载《精品购物指南》2010 年 1 月 8 日)

9.也门:"基地"挖好的"陷美坑"?

11 月 21 日,"基地"组织设在也门的阿拉伯半岛分支机构通过电子出版物宣称,将以低成本方式袭击美国货运飞机,打击美国经济。美国军方高层人士公开承认,也门的"基地"力量已经十分猖獗而危险。一时间,"基地"与也门再度成为媒体热词。其实,冷静地看,"基地"此时高调与美国叫板,既可以直接打击美国经济软肋,又有设套诱使美国另辟战场,以便最终失血、缺血而轰然倒地。

袭击民用飞机,一直是"基地"分子的拿手好戏,"9·11"事件当然是巅峰之作。去年圣诞节前夕,也门"基地"组织又指使阿卜杜勒·穆塔拉布几乎在底特律造成新的空难。11 月 5 日,该组织又认领两起航空邮包炸弹未遂袭击。此次高调渲染空战新方式,确有以小成本制造大麻烦之意,通过"钝刀割肉",造成美国公众和航空业的恐慌,进而重创美国经济。

自"9·11"事件以后,美国航空业、保险业受挫严重,随即油价不断攀升,经济危机接踵而至,美国航空业雪上加霜,几十家公司相继破产,去年一年整体亏损 25 亿美元。今年,经过各方努力,美国航空业有望扭亏盈利 40 亿美元。"基地"组织当然不希望看到美国人过上好日子,借助散布恐怖情绪,增大安保和运营成本,加剧旅客因安检被骚扰的频率和程度,重击正在复苏的美国航空业。

但是,从战略和全局层面看,"基地"组织显然在谋划更大的圈套:通过自我炒作,渲染、夸大其在也门的巨大能量和危害,诱使美国另辟新战场,牺牲更多的人,花费更多的钱,制造更多的反美情绪和反美分子,卷起更大的反美恐怖袭击浪潮,如此循环往复,使这个世界经济和军事巨无霸陷入一场接一场的战争,不断流血、失血,最终贫血、竭血而亡。

也门无疑是个"基地"组织欣赏的潜在"热战场":它地处阿拉伯半岛和伊斯兰世界腹地,接近伊斯兰两大圣城麦加和麦地那;北部有强大并武装到牙齿的部落武装,南部有十分猖獗的分离主义活动,此外,伊斯兰教什叶派和逊尼派矛盾也纠缠不清,甚至不乏伊朗插手的影子。因此,也门政府反恐乏力,"越反越恐"。2000 年美国"科尔"号巡洋舰在亚丁被炸,拉响"基地"盘踞也门的集结号,而这里还是恐怖大亨本·拉登的故乡,不乏顽固与狂热的追随者。以关塔那摩美军基地的故事为例,那里曾关押过数百名恐怖嫌疑分子,其中多半来自也门;已被释放的关塔那摩囚犯中,有 40% 以上的人重新投入"基地"怀抱。

经过七年消耗战,美国已在伊拉克得手并按步骤撤军,伊拉克战争进入尾声;经过九年拉锯战,美国在阿富汗也公布新的安全防卫移交计划,将陆续撤军。显然,"基地"组织已经注意到奥巴马的中东中亚战略呈现明显收缩趋势,正在"南下东移"。从"基地"自身的使命定位看,它当然希望把美国死死拖进中东中亚这两个所谓的"越战"泥潭,而不是抽身解脱。因此,高调、炫耀、示强、斗狠,凡此种种只有一个目的,告诉并刺激美国:你的死敌在这里,来吧!

今年 8 月,美国中央情报局已经首次明确将也门列为"基地"最危险的战场,其程度超过巴基斯坦。而"基地"最近的动作,无疑将是这个结论的新注脚。但是,面对这个新的"陷美坑",奥巴马会跳进去吗?显然不会。

(原载《精品购物指南》2010 年 10 月 24 日)

10.本·拉登致以奥巴马的周年"道吓"

在美国总统奥巴马入住白宫一周年之际,世界头号恐怖大亨、"基地"组织头目本·拉登于1月24日在半岛电视台"现声",以自己特有的"道吓"方式,为奥巴马的执政周岁打分凑趣,并迅速成为全球媒体炒作、猜测的头条。

自从本·拉登逃脱美国军队追捕后,他并未彻底人间蒸发,而是每隔一年半载地露脸、现声、显形,证明自己的存在与能耐,也继续着"基地"的所谓事业与追求,从中,人们可以发现两个特点:本·拉登并非生活在封闭状态,而是尽揽天下风云,及时指点江山,仿佛这个幽灵般的家伙就藏在你我中间,愈加神秘;另外,他痴迷数字,把恐怖当作一种行为艺术来数字化,进而使袭击不但具有巨大的反讽意义,而且形成恐怖预期,让人们对数字或特定的日子产生恐惧。这是比袭击更加骇人的威胁,它把炸弹和死亡提前预埋在人们心里,形成一种超级恐怖。

1998年的8月7日,"基地"实施针对美国驻肯尼亚和坦桑尼亚大使馆的自杀爆炸袭击,以"纪念"美军进入沙特八周年。三年的后的9月11日,"基地"分子撞毁世贸大楼,使"911"这个美国火警电话号码成为美国人意识中永远燃烧的恐怖符号。去年12月24日,"基地"启用尼日利亚小愤青阿卜杜勒·穆塔拉布在底特律机场企图炸毁民航飞机,使"肉弹"的恐惧盖过了"圣诞"的欢乐。这都是本·拉登的恐怖行为艺术数字作品。

一个月后,本·拉登在特定的日子"现声"登场,无非要活灵活现地奚落上任一年的奥巴马:布什八年的围追堵截没戏,你如此年轻的白宫主人更没戏。本·拉登以不死的现实告诉追随者:美国是貌似强大的"纸老虎",他自己是无法战胜的"不倒翁",是永远的"东方不败"。本·拉登在录音中重提"9·11"并盛赞阿卜杜勒·穆塔拉布,就是要告诉追随者,美国是永远的袭击目标,自杀式袭击是对付美国的持久手段。

和以往一样,每次本·拉登的出现,美国的情报部门会把其真假说得含糊其辞,而关于本·拉登的死活确实莫衷一是,甚至流行着具有反美色彩的阴谋论:美国放纵本·拉登在可控范围内活动、美国捏造本·拉登这个已不存在的敌人以便为反恐战争支起炮架。

其实,时至今日,本·拉登是死是活已不重要,因为他已经通过多年的言说和行动创造了恐怖理论,编织了恐怖逻辑,锁定了恐怖目标,反复实践了多种恐怖袭击手段和方式,也在全球撒下了恐怖病毒,并召唤其大批恐怖追随者。只要美国主导下的国际政治版图不发生变化,美国倡导的国际关系交往方式不发生根本改变,本·拉登的余毒是难以消除的,即便他真的死了,其他面目的本·拉登一样会在这条恐怖之路上前行。

本·拉登下次何时、何事"现声"登场? 这是个非常恐怖的悬念,一如达摩克利斯之剑高挂在美国和世界的头顶。

（原载《精品购物指南》2010 年 1 月 31 日）

11.全球视野下的"吉哈德":前沿与前线

在恐怖主义巅峰事件"9·11"爆发十周年之际,全世界都在盘点这一改变美国、改写部分国家历史的悲剧。11 日当天,第 11 届国际反恐峰会在以色列的赫兹利亚召开,50 多个国家的官员专家聚会探讨恐怖主义与反恐行动的来龙去脉。会议的一个重要主题是伊斯兰世界极端分子发动的圣战"吉哈德"。

以色列是现代"吉哈德"的最初战场和最残酷前沿,以"吉哈德"之名而产生的生死搏斗远比"9·11"袭击更持久,更复杂。而且,如果说"9·11"为标志的反美"吉哈德"还有望终结,但是,中东地区"吉哈德"硝烟蔓延的时间可能要延续几十年,尽管它已在这里遮蔽了几代人。

在这里,"吉哈德"远不是简单的宗教和信仰问题,也不可能用简单的军事打击可以解决。可以断言:只要中东冲突一天得不到公正、全面和彻底解决,"吉哈德"就会存在,即使阶段性地进入低潮,最终也会不断被人唤醒,得到鼓动。

被劫持的"吉哈德"

"吉哈德"缘于伊斯兰早期的一个概念,在《古兰经》中被直接或间接提到 20 多次。多数教法学家认为,"吉哈德"是穆斯林为取悦真主而行善止恶的宗教义务,是以心灵、言语、行动和刀剑四种方式而寻求"主道"的个人奋斗与努力,即使发生军事"吉哈德",也仅限于自卫和抗争。

不幸的是,现代"吉哈德"竟出现在阿拉伯人与以色列人的冲突中,成为部分人最早提出的反以宗教口号。20世纪70年代末,一批巴勒斯坦学生受伊朗伊斯兰革命影响,在埃及成立"吉哈德"组织,以消灭以色列和收复阿拉伯失地为宗旨,并参与谋杀埃及总统萨达特。当然,现代"吉哈德"成为一场大规模政治、宗教和武装运动,兴盛于苏联占领下的阿富汗,美国、沙特、巴基斯坦、本·拉登和扎瓦赫里等以各种方式支持"吉哈德"战士——Mujahedin,并在这场反苏联战争中结为盟友。中国也曾把苏联从阿富汗撤军列为关系正常化的三个条件之一。当时,阿富汗的"吉哈德"被国际社会视为一场正义战争,没有多少人因为其宗教名称甚至宗教色彩而希望苏联获胜。

从中东到阿富汗,"吉哈德"显然被误读,被曲解,被放大,甚至被劫持。成为纯粹的"革命吉哈德"与"军事吉哈德",当作国际政治斗争工具和战争手段。

军事"吉哈德"因苏联撤军和马德里中东和会召开而进入低潮,却因海湾战争在中东而被本·拉登重新点燃,他和追随者把应邀解放科威特、保卫沙特阿拉伯等海湾国家的美国军队视为侵略者和占领者,描述为新的"十字军",是巴勒斯坦问题之外的又一重罪恶,呼吁世界穆斯林发动"吉哈德","净化伊斯兰土地",赶走异教徒,并为此拉开恐怖袭击全球化的帷幕。1994年在索马里击落两架美军"黑鹰"直升机,迫使美国退出非洲;1998年爆炸袭击美国驻肯尼亚和坦桑尼亚大使馆;2000年袭击亚丁湾的美国"科尔"号驱逐舰,直到2001年9月11日发动对美国本土的大规模袭击。此后十年,"吉哈德"口号下的国际恐怖主义遍布全球,此起彼伏,

总结"吉哈德"出现后的前二十年,我们可以发现,现代"吉哈德"因为阿以冲突而起,因为阿富汗战争被正义化、合法化,又因为冷战结束后的地区冲突和分离运动被全球化。不仅如此,"吉哈德"还被严重异化。不仅成为按现代文明标准衡量的国际恐怖行为,而且是颠覆任何世俗政权的无政府主义和宗教复古主义反叛。

"吉哈德"被劫持和异化的另一个证明是,他们不仅到处袭击国家机构,而且故意杀害无辜平民;他们不仅袭击非穆斯林目标,也赤裸裸地袭击穆斯

林目标,包括炸毁清真寺,屠杀祈祷者,暗杀伊玛目,他们甚至唆使儿童充当人肉炸弹,而且公然违反在任何情况下不得自杀的教规。

过往 10 年的"伊斯兰"恐怖主义特点

从"9·11"事件到今天,从纽约世贸大楼到以色列,我们可以发现,面向伊斯兰世界的十年反恐战争已形成非常复杂的战场格局和政治图谱:

1.恐怖主义已经全球化,特别是以伊斯兰极端分子为骨干的恐怖袭击已经遍及世界各个角落。

2.反对恐怖主义已经成为全球共识,并逐步形成反恐统一战线,以及各国常态化的反恐意识、措施和基本标准。

3.恐怖主义形成几个有形战场,并逐步被反美反以分子当作消耗美国国力的大国坟墓,主要包括:美国本土及欧洲、伊拉克、阿富汗、巴基斯坦、印度、阿拉伯半岛和马格里布地区。同时,中国西部、中亚、高加索地区以分离主义为背景的恐怖主义袭击也起伏不定。印尼、菲律宾、泰国南部的恐怖袭击经过几次高峰后,已趋于平息。

4."吉哈德"分子在试图颠覆现有世俗政治秩序的同时,正在建立不同名目的政教合一"影子国家",比如在阿拉伯半岛、中亚、马格里布和高加索地区出现的各种"伊斯兰酋长国",这些追求暴露了他们并不高尚的政治和宗教动机,说明他们逆现代化而动的本质,也必然使他们的"吉哈德"失去广泛群众基础。

反恐战争的胜利,还是恐怖主义的胜利?

反恐战争十年,必须盘点得失。

1.伊拉克。美国发动伊拉克战争,颠覆萨达姆政权,既没有找到可能被恐怖分子利用的大规模杀伤性武器,也没有找到萨达姆与"基地"组织勾结的证据。相反,为失业的阿富汗"吉哈德"分子开辟了新的热战场,并制造出更多反美极端和恐怖分子,导致 4000 多美国士兵死亡和几十万伊拉克人遇难,并摧毁防御伊朗伊斯兰革命西进的屏障。

2.阿富汗。塔利班武装不仅没有被消灭,反而重新崛起,迫使美国不得不与之谈判,试图将其纳入政治和解进程。迄今,美国能否体面撤离,不仅取决于美国的决心,更取决于塔利班是否愿意,而阿富汗反恐战争是否彻底胜利,对全球的恐怖与反恐怖进程意义重大。

3.巴基斯坦。阿富汗战争爆发之前,这里不存在大规模恐怖主义,只有偶尔发生的暴力袭击。反恐战争,特别是美巴联手的大规模镇压,使得巴基斯坦和阿富汗连成广阔战场,不仅使阿富汗塔利班方便进出巴基斯坦,躲避联军围剿,甚至催生巴基斯坦塔利班武装,树立起新的敌人,巴基斯坦也成为"基地"组织的新天堂,导致本·拉登藏身于此至少七年,不少政治家被暗杀,诸多银行、使馆、清真寺、军情机构被炸毁,大量平民甚至外国运动员遭屠杀,这个南亚国家成为国际恐怖主义的重灾区。

4.巴勒斯坦。"奥斯陆协议"后的大规模冲突"阿克萨起义"比"9·11"事件提早一年发生。由于美国遭遇袭击,美以很快将巴以冲突抹黑为"恐怖与反恐怖",而非国际舆论和公众多年认知的"占领与反占领"。虽然以色列以围困方式葬送谴责恐怖袭击的阿拉法特,用导弹清除主张以暴力和武装方式对抗的亚辛和兰提斯,但是,被和谈阵营和美国严重打压的哈马斯反而在自由、民主和透明选举中上台执政,以色列甚至对巴勒斯坦发动规模空前、伤亡惨重的"加沙战争"。今天,哈马斯控制或无法控制的武装人员,依然可以用火箭袭击以色列,同时,主和的法塔赫也不能令美以满意,正在联合国寻求独立而让美以公开难堪。更为戏剧性的是,封锁加沙还激化了以色列与传统地区盟国土耳其的矛盾,使这个最关键的朋友在最关键的时候渐行渐远。

5.黎巴嫩。同样被美以视为"恐怖组织"的真主党并未失去民意基础,也未丧失战斗能力,相反,在2006年第二次黎巴嫩战争中,让以色列国防军蒙羞,严重挫伤以色列人的安全感。而且,真主党一样通过无可挑剔的民主选举赢得执政党地位,获得组阁权,即便在叙利亚被迫从黎巴嫩撤军之后。

以上种种现实提出一个残酷的问题,十年反恐战争真的胜利了吗?谁是赢家?

"吉哈德"之源——阿以冲突

几乎全世界都认同,中东问题的核心是巴勒斯坦问题,无论是以色列的生存与安全,还是巴勒斯坦的独立与人权。这个问题一天得不到解决,以色列就无法安宁,巴勒斯坦人就无法开心,阿拉伯和伊斯兰世界领导人就难以轻松,近 700 万巴勒斯坦人,3 亿阿拉伯人,15 亿世界穆斯林,几十亿追求公平与正义、文明与进步的世界人民都会心怀痛楚,而劫持"吉哈德"的宗教与民族极端分子,都会利用这块病灶培育反以反美细菌,传播仇恨病毒、酝酿恐怖袭击。

是否公正解决巴勒斯坦问题未必成为"吉哈德"分子的终极追求,但是,冲突现状一定是他们不断滋事的有利借口和高尚招牌。而且,在"人权高于主权"逐步成为国际共识,在国际社会不断组建联盟干预地区冲突甚至内政问题的今天,巴勒斯坦人的悲惨际遇会日益突出,以色列的国际形象、地位和处境会日益艰难,美国由于实力下降和外交策略的调整,也日益难以持久和处处维护以色列的立场。

十年的反恐战争证明,以暴制暴,恐怖无穷。因为恐怖组织已探索出这样一种模式:在不对称的宗教或文明背景下,代表弱势一方诉求的极端势力发动袭击,招来强烈报复和制裁;报复与制裁造成更多伤亡;更多伤亡造成更多更强的不满和仇恨;新的仇恨培育更多极端分子或恐怖分子;更大规模、更多频次的袭击出现,诱使更多的报复与打击……如此循环往复,直至将强大对手的资源消耗干净,最后像罗马帝国那样崩溃。

所以,奥巴马上台后不再强调"打击恐怖主义",更多地提出"反对极端主义";不再坚持单边主义,而是强调多边合作;不再主动组建联盟发起军事行动,而宁愿让其他国家分担更多责任。这就是现实的压力与美国的无能,因为再强大的帝国也经不起持久消耗。以色列是否也从中受到启发,有所反思?

结论:终结"吉哈德"从脚下开始

战场就在脚下,出路也在眼前。

对以色列和美国而言,中东的威胁何其多?萨达姆和卡扎菲已经被推翻;伊朗政府、叙利亚政府、哈马斯、真主党这些传统敌人尚未消失,什叶派阵营和穆斯林兄弟会链条又相继崛起,埃及能否守住和平?土耳其又要与以色列为敌,甚至和平伙伴巴勒斯坦民族权力机构都要在安理会与之撕破脸……显然,以色列没有朋友,举目四望几乎全是敌人。过去是,今天还是,将来呢?

所以,今天在这种环境下谈论"吉哈德",谈论恐怖与反恐怖,显得很苍白,很无力,因为无论如何定性以色列人与敌人之间的冲突,都无法解决一个现实问题:土地与和平。

以色列固然强大,但是,你可以摘掉一堆毒苹果,不能砍掉一棵树;你可以砍掉一棵树,不能铲除一片森林;你能铲除一片森林,无法摆脱森林成长的土地。显然"吉哈德"就是那只毒苹果,而以阿冲突就是那片无法绕开的土地。以色列当年与巴解组织化敌为友是基于这种认知,美国对塔利班由意欲消灭转而选择谈判,也是这种认知。

其实,掀开数千年历史长卷可以发现,犹太人与阿拉伯人和睦相处构成主要篇章和主题,不和与征战只有区区几页。但是,战争与和平的转机窗口往往就是十几年、几年甚至几天。在以色列占据压倒性优势时,在以色列作为无可争议的地区强者时,如果不能主动、大度让步,安排长久的和平解决,为自己营造一个彻底改变的安全环境,或许将留下莫大的历史遗憾,而这个遗憾的主人,我想不是具有3亿人口和1300万平方公里土地的阿拉伯人,而是经历了几次大流散、苦难深重的犹太人民

（原载《伊斯兰文化研究》2012 年第 1 期,此文是 2011 年 9 月 11 日,作者参加第 11 届"国际反恐峰会"被指定就"吉哈德"威胁话题发言时,所做的主旨演讲报告中文版,阅读时请注意具体背景）

12.波士顿谜团与反恐之惑

"9·11"袭击过去十一年,其涉案势力尚未剪灭,美国本土又遭遇第二波重大敌情。本月15日波士顿马拉松赛场发生两次爆炸,3 人死亡,近 200 人受伤。随后,美国总统奥巴马等高官又收到含有蓖麻毒素的邮件,也让人联想起"9·11"后美国遭受的炭疽病毒威胁。

尽管此次伤亡规模与伊拉克、阿富汗平时出现的袭击后果相当,甚至不如前者惨烈,但在美国和世界引起的冲击波是巨大的,甚至有人将其与"9·11"袭击本身相提并论,断言美国结束了"9·11"十一年后的相对和平时光。生命原本是平等的,但美国与伊拉克、阿富汗政治分量差异太大,无法承受类

似规模的恐怖袭击一再发生。两团爆炸的硝烟散尽，留下的谜团未解，比硝烟和谜团更令人恐慌的却是美国反恐之惑：敌人究竟是谁？反恐向何处去？

这次袭击的恐怖主义性质毋庸置疑，因为对象明确指向平民且造成相当伤亡和严重恐慌。技术层面的争议是，袭击的策划和实施者究竟是"基地"组织或同情者、追随者，还是本土反政府、反社会极端组织或个人？无人宣称负责，无肇事者落网，但多种可能又都同时存在。

连环爆炸，滥杀无辜，选择特殊日子和重大场合动手，这都符合"基地"的行为习惯，但是，炸弹制作之粗糙，使用材料之业余，以及造成的实际后果，又不符合"基地"特点。更关键的是，"基地"至今拒绝认领这一所谓"战功"，而该组织素以冒领"战功"著称，以便长自家志气，灭对手威风。除非"基地"组织改变多年策略，只说不做，或多做少说，否则，无法合理解释。

类似袭击手段，也常为阿富汗和巴基斯坦塔利班武装所用，但是，这两个组织遵循同一底线，即不在境外攻击敌对目标，而且阿富汗塔利班已在喝彩的同时，否认与己有染。基于"反美"和"仇美"的袭击动因，只能从个体行为来推测了，因为作案的工具和效果比较业余，看看好莱坞大片或新闻报道就能照猫画虎。

还有一种可能，即本土和传统的极端主义分子所为，比如种族主义、无政府主义组织和个人，因为不满现行政策，不满族群境遇，甚至为某种纯个人目的铤而走险。1995年俄克拉荷马大爆炸是白人复员军人蒂莫西·麦克维所为，原因是极端爱国却对政府和现实绝望；1996年亚特兰大奥运会爆炸是白人埃里克·鲁道夫作案，只是为反对政府将堕胎合法化。

针对这一袭击，奥巴马除定性为恐怖主义外，发誓要抓住肇事者，为受害者讨回公道与正义。但是，面对恐怖主义，美国已是"拔剑四顾心茫然"，比任何时候都有心无力，甚至心力交瘁。从国际反恐的对手来说，尽管经过多年追踪消灭了"基地"领导人本·拉登和部分骨干，但是，"基地"并没有被击溃，相反，其势力伴随着诸多美国反恐伙伴的垮台而在西亚、北非、东非扩散，甚至与撒哈拉以南的本土恐怖势力联网成片。从国际反恐的战线看，"基地"与美国的较量已从直接硬杀伤转向软硬杀伤相结合，最直接的表现是，通过邮包炸弹和病毒邮件威胁美国的航空业和物流业，进而让美国经济雪上加霜。

如今,波士顿袭击出现新情况,即找不到敌人。敌人明确或许还能踏实,没有敌人令人恐慌,没有敌人意味着人人都可能是敌人,袭击在任何地方可能发生。高压锅、金属弹珠和简易引爆器的使用又说明,袭击材料和工具唾手可得。原本成本极高的反恐战争,势必因敌人、袭击方式和手段的不可预测和不可控制变得更加棘手。尽管最新消息称已锁定两名嫌疑人,但一切依然没有定论。

比这些更可怕的是,假如最终证明这是麦克维式或鲁道夫式的"窝里斗",美国的反恐战略或许要面临颠覆性调整,因为战场已彻底失去边界,国土、文化和族群边界都无法阻挡恐怖袭击。据悉,奥巴马政府已在内部讨论针对本土和本国公民使用无人机反恐,今后美国反恐的底线又在哪里?美国人因"9·11"袭击而改变的世界观、价值观、自由观和安全观,又将面临什么样的再平衡?

(原载《北京青年报》2013 年 4 月 20 日)

13.美国闭馆:反恐呈现新拉锯

本月 10 日,美国有望重新开放关闭一周的 25 个驻外使领馆,进而为其罕见的预防恐怖袭击行动画上句号。尽管美国总统奥巴马 7 日为此公开辩护称,美国并非出于对恐怖袭击的恐惧而为之,而是积极应对。但是,此地无银三百两,此番大面积闭馆十分清楚地印证一个尴尬的现实:美国已与对手进入新的拉锯阶段。

从 4 日开始,美国国务院紧急关闭 21 个驻外使领馆,以应付可能到来的恐怖袭击。这是一份长长的国家名单,除南亚的孟加拉外,余者为以色列和 19 个阿拉伯国家,几乎囊括整个西亚、北非地区。随后,这个名单又添加四个非洲国家,"恐怖沦陷区"继续扩大,范围前所未见。

事态显然不一般,"9·11"后近十二年来,美国未曾这般如临大敌,甚至不顾整体国际形象受损和国民恐慌。按美国官员的话说,这波恐怖威胁来得很具体,因此不得不认真对待。所谓威胁,从公开报道的线索看,只是"基地"领导人扎瓦希里最近的一次网络冲锋号,袭击可能发生的时间节点则是 8 月

4日奥巴马生日,8月7日美国驻肯尼亚和坦桑尼亚使馆被袭十五周年纪念日,以及8月8日全球穆斯林"开斋节"。一贯痴迷数字游戏并喜欢在特定纪念日作案的"基地",已成功地让美国对恐怖袭击产生无法摆脱的心理预期。

如果说,"9·11"前后,如此大范围关闭驻外使领馆还情有可原,美国在伊拉克和阿富汗进行两场超过十年的反恐战争后,依然受困于神出鬼没的境外恐怖袭击,则多少让人感到诧异,并质疑美国全球反恐战争的效果和价值,也更加为那些死于反恐战争的无辜者惋惜。以中亚、中东为主要土壤的反美恐怖力量,不仅没有被击溃、消灭,却显现东山再起和卷土重来的势头。美国的反恐战争不仅重现拉锯,而且战场被迫扩大。

美国头号死敌"基地"组织并未因阿富汗战争而一蹶不振,也未因丧失缔造者和精神领袖本·拉登而作鸟兽散。"基地"不仅在阿富汗和巴基斯坦长期与美国纠缠,而且因伊拉克战争的爆发发现热战场,聚集力量拼命直接消耗美国人的生命与金钱。尽管在这旷日长久的较量中,部分"基地"骨干分子相继被消灭,如沙特的阿卜杜·阿齐兹·穆克林、伊拉克的阿布·穆萨布·扎卡维、也门的安瓦尔·奥拉基以及"基地"海外总管阿布·叶海亚·利比,但是,"基地"又培养出类似半岛新首领纳赛尔·海伍希和炸弹专家易卜拉欣·阿希里这样的新生代。

更为糟糕的是,2011年"阿拉伯之春"爆发后,北非、西亚天下大乱,美国主导的反恐链条断裂破碎,敌我关系重新分化组合,部分来自伊拉克和阿富汗的恐怖分子披上"革命"迷彩服,甚至得到美国的默认乃至资助。"基地"势力再次从主战场阿富汗与巴基斯坦扩张,呈现西进、北上和南下态势:相继在利比亚、叙利亚和埃及西奈半岛开辟新的根据地,在西北非马格里布地区发散,甚至向南穿越撒哈拉进入非洲腹地,与非洲本土恐怖主义力量合流。陷入价值观迷思的美国,犯下一个致命的错误是,轻易抛弃甚至直接干掉昔日的反恐伙伴。

至于反恐战争缘起之地阿富汗,美国在十二年血战之后被迫寻求与"基地"庇护者塔利班武装和解谈判,不仅变相承认反恐战争的失败,还将对阿富汗之外的主要对手呈现示弱甚至无力再战的暗示,这种暗示无疑会像四处流血的身体沉入大海,必然刺激和吸引嗜血的鲨鱼围而攻之,锲而不舍。当然,躯体依然庞大的美国不甘心也不能马上转身逃避对手,势必与其继续纠缠,比意志,比耐力,一决输赢。

再过一个月,又是"9·11"袭击纪念日,届时,美国必然再次警铃大作,草木皆兵,防不胜防。反恐战争究竟向何处去? 也许,真到了美国需要整体思考规划和调整逻辑与思路的时候。

（原载《北京青年报》2013 年 8 月 10 日）

14.剿灭"IS":艰难而漫长的使命

2014 年,在地缘格局层面引发世界性震荡的大事有两件,其一是乌克兰危机,其二是"伊斯兰国(IS)"武装急速膨胀并割地"立国"。如果说乌克兰危机属于主权国家政治势力博弈,一切尚可预期调控,"伊斯兰国"武装却绝非传统意义的玩家,难以对付已成事实,快速剿灭更是幻想,国际社会正面临一项艰难而漫长的使命。

比"基地"组织更危险的恐怖实体

"伊斯兰国"武装是源于"基地"组织意识形态的新一代恐怖主义组织,但与其母体相比,它可谓"青出于蓝而胜于蓝",体现出比前者更活跃更危险的诸多特点。

首先,"伊斯兰国"武装更加国际化。本·拉登领导的"基地"组织是个具有南部世界气质的恐怖托拉斯,"伊斯兰国"武装则南北打通,更具全球化色彩。"基地"组织一、二代领导人和追随者,基本来自西亚、北非、中亚和东南亚的阿拉伯和伊斯兰国家,也是清一色的男人圈;"伊斯兰国"武装则充斥着大量欧美乃至东亚社会的激进分子,白种人、黄种人已成为令人瞩目的肤色,部分女性也甘愿为之驱使,进而使该武装的血缘比"基地"组织更复杂更多元。

其次,"伊斯兰国"武装人员更加年轻化。从年龄结构来说,这是一支青年人担纲的恐怖新生代,领袖人物并非本·拉登和扎瓦赫里那样的 50 后,甚至 60 后都不是其冲锋陷阵的主体。该组织凝聚了最具叛逆气质、崇尚无政府主义和自由主义的新一代,不仅更好斗,而且更为嗜血和善战。他们在两年内占据伊拉克和叙利亚半壁江山，半年内摧枯拉朽连克伊拉克 15 个城镇，其战斗力和冲击力令老一代"基地"组织分子汗颜。

其三，"伊斯兰国"武装更加残暴化。"基地"组织以滥杀无辜和连环自杀式袭击著称，"伊斯兰国"武装人员虽也继承了割喉、枭首等"基地"组织恶习，但更乐意翻新花样对无辜者开刀：从高楼顶端成批摔死活人；制造多起"屠村"血案；公开枪杀数百俘虏；肆意蹂躏杀戮少数族裔；劫掠民女充当性奴；野蛮处决离心离德者……"伊斯兰国"武装在践踏国际法和人道法则方面令人发指，远非"基地"组织可比，也许正是这种残酷引发巨大恐惧，才使其以 800 人之众，足以让 5 万伊拉克安全部队闻风丧胆，不战而溃。对"伊斯兰国"武装而言，恐怖本身即是目的，也是手段，更是标签。

其四，"伊斯兰国"武装更加现代化。既然是"基地"组织新生代，准确地说是第三代，其知识结构和战术技能均与时俱进。"伊斯兰国"武装的生力军是互联网用户，对社交媒体和移动工具的熟练运用，赋予其全新面貌。他们不仅通过互联网吸纳兵源，制造舆论，传播理念，而且精通虚拟网络技术，使自己无处不在却又无从捕捉，变成神出鬼没的"影子"部队。他们的电子宣传品时尚而酷炫，蛊惑力极强。在他们面前，不敢使用卫星电话和电子邮件，依托人员、毛驴和鸽子传递鸡毛信，或者靠个别电视台投放音视频文件的"基地"组织前辈，简直弱爆了。

其五，"伊斯兰国"武装的征服目标也全球化。"基地"组织的敌人相对有限，即伊斯兰土地上的美国和西方势力及其"傀儡"政权。"伊斯兰国"武装则野心包天吞地，不仅要消灭上述敌人，还将征服目标扩大到俄罗斯和中国局部。"伊斯兰国"武装所谓的"哈里发"以全球穆斯林政教领袖自诩，要求所有的吉哈德分子向其效忠，向其靠拢，胃口之大，也远在"基地"组织之上。

世界公敌：讨伐并非易事

很显然，"伊斯兰国"武装拉仇恨的能耐已超越"基地"组织，几乎在世界找不到同盟军，甚至连"基地"组织都要与之割袍决裂，其唯一的同盟者是极度仇视现代化和世俗化并把两者视为西方化的尼日利亚恐怖组织"博科圣地"。

　　"伊斯兰国"武装已成世界公敌,人类公害。一个规模空前的打击和遏制该武装的国际同盟也初步形成:美、英、法和 10 多个阿拉伯国家组成近 50 个成员的核心阵营,叙利亚、以色列和黎巴嫩真主党早已与之交手;从不响应美国军事行动的伊朗,自派战机袭击"伊斯兰国"武装目标。中俄也表示愿意在国际法框架内支持围剿"伊斯兰国"武装。这种超越地缘关系、意识形态、教派利益和敌友关系的合作,在当代国际政治中闻所未闻,恰恰说明"伊斯兰国"武装的反人类、反文明行为方式不得人心,也必然成为孤家寡人和众矢之的。

　　自 10 月份美军投下第一枚导弹,虽然数以千计的"伊斯兰国"武装各种目标遭到袭击或摧毁,但是,总体的战场态势没有重大转变,"伊斯兰国"武装割据的地盘未见缩小,甚至偶尔还发动局部反攻。雷声大、雨点小的反恐战争在中东腹地陷入拉锯战,进入相持阶段。原因既简单也复杂,终其一点,还是因为力量和利益格局的马赛克状态,严重降低了作战效果。

　　首先,收复任何失地,仅靠大规模空袭是不够的,除非对方是个公认的国际法行为体,它会基于尊重基本的国家法则和人道主义原则,并在乎与周边行为体的关系和所承担的法律及道义责任。南联盟就是基于北约持续大轰炸未经地面较量而屈服的例证。海湾战争、伊拉克战争和利比亚战争等,无一不是空袭+陆战达成战略目标。"基地"组织及其衍生体"伊斯兰国"武装则不同,其安身立命之本,就是靠对手报复引发大量伤亡,进而制造仇恨并吸纳更多兵员投入报复,形成喋血循环。

　　其次,没有任何国家愿意甚至有能力派出地面部队,分隔、包围、压缩"伊斯兰国"武装的根据地,进而完成彻底清剿。美国显然无力再派成建制陆军重返战场;伊拉克派系失和导致安全部队难堪大用;沙特等海湾王国军队娇生惯养,只能勉强维稳;土耳其出于私利不仅放任大量"伊斯兰国"武装追随者进入叙利亚,而且乐于借助前者消耗库尔德人分离势力;叙利亚政府军在西方、阿拉伯和反叛武装三重打压下自顾不暇,更无力对付跨国游击的"伊斯兰国"武装。从理论上说,兵员丰富的埃及也许有条件借兵远征,美国和海湾国家给予资金保障,但是,这又涉及阿拉伯世界内部权争,进而只能纸上谈兵。

　　各方在中东的利益与矛盾,一如成筐的螃蟹,盘根错节,难以厘清。以此态势短时间击溃、驱逐"伊斯兰国"武装无法令人乐观,若彻底消灭这股国际化新锐势力,愈加不可预见。

(原载《参考消息》2014 年 1 月 7 日)

15. "IS"恐慌:会否重演"9·11"

又到 9 月,赶巧战乱的利比亚有 11 架民航客机失踪,今年是"9·11"恐怖袭击十三周年,而"13"在西方语境中是个不祥之数。于是,恐怖分子可能用 11 架客机在 9 月 11 日前后发动"9·11"式自杀袭击,成为一些国家媒体担心的"鬼故事",主角不单是"基地"组织,还包括其最新竞争者"伊斯兰国(IS)"武装,甚至可能是二者联手。狼真的又要来吗?

这未必仅仅是恐怖预言,也许就是酝酿中的阴谋。利比亚丢失 11 架民航客机确为事实,至今无人知晓这些大家伙飞到哪里,藏在何处。既然成批量大客机能突然"人间蒸发",它们也可能转瞬出现,成为攻击地面、水面甚至空中目标的超级武器。虽然大规模恐怖袭击尚未发生,但 11 架客机神秘失踪本身就已渲染起恐惧气氛,甚至可能是恐怖袭击的前奏和组成部分。

据报道,英国和阿拉伯情报机构截获的情报表明,失踪客机可能被用于攻击中东和欧洲国家的重要设施。从技术上说,恐怖分子驾驶多架客机跨越大西洋攻击美国本土可能性极小,成功概率为零。但就近作业的可能性不能小觑,中东多国陷入乱局使其有机可乘,近距离突袭也比长途奔袭更具隐蔽性,被挫败的时间窗口也非常狭小。

另外,迷恋数字游戏,喜欢选择特殊日子发动袭击,也符合"基地"类恐怖组织的习惯和口味。这不仅在于本身具有所谓纪念或复仇意义,更在于这种定期轮回的日子会构成恐怖记忆,逐步成为不祥的心理预期,以及持久和大面积的心理与精神折磨。这是比流血辐射面更广的恐怖袭击。更何况,今年"9·11"不仅是纽约世贸大楼被摧毁的十三周年,还是美国驻利比亚大使史蒂文斯遇害两周年。

西方情报机构称,潜在的恐怖袭击将由"伊斯兰国"武装与"基地"分子联手发动,使这场想象中的阴谋更加诡异。一方面"伊斯兰国"武装已与"基地"断奶独自坐大,"基地"也宣称与前者分道扬镳,合谋似乎不合逻辑;另一方面,双方战略目标和敌人又几乎重合,"基地"组织的国际化作案经验,"伊斯兰国"武装大量来自欧洲的新拥趸,以及十多年的血亲渊源,又足以让双方破镜重圆或至少暂时联手。

其实,此轮恐怖袭击恐慌,本质上并不只是"伊斯兰国"武装或"基地"组织的周期性存在"刷屏",也是当下美欧及其地区盟友加紧围剿导致的自然反弹。继空袭"伊斯兰国"武装在伊拉克目标阻止其继续扩张后,美国及英法又为在叙利亚采取类似行动做技术和情报准备,必然引发其与这股新兴力量迎头相撞。"伊斯兰国"武装连续斩首美英记者表明,它准备与美欧对手拼个鱼死网破,中东与欧洲或许就是便利的复仇战场。

自"伊斯兰国"武装自立门户,其母体"基地"组织面临被遮盖风头甚至被取而代之的尴尬,因为"伊斯兰国"武装不仅推出所谓的政教合一领袖"哈里发",呼吁全球"圣战"分子效忠、靠拢,甚至公布野心勃勃的世界征服蓝图,包括誓言将其黑旗插在白宫楼顶。即便猖狂的尼日利亚"博科圣地"也都宣布加入"伊斯兰国"。

全球头号恐怖托拉斯"基地"组织正被矮化和边缘化,也许迫使其调整策略和立场,与"伊斯兰国"武装重构关系,进而竞争与合作。其实,"伊斯兰国"武装势大也着实刺激"基地"组织发力,加速扩展地盘争夺空间,巩固传统地位。9月4日,"基地"组织首脑扎瓦赫里宣布:"经过两年多准备,圣战者已在印度次大陆建立实体。"从某种意义上说,这远比"伊斯兰国"武装的威胁更加严峻,因为印度次大陆"基地"分支的出现,意味着印度、巴基斯坦、孟加拉和尼泊尔等大片陆地和近20亿人口将被"基地"组织的恐怖阴影遮蔽。

美国该如何继续其反恐战争?美国分析家认为,奥巴马总统短期内不可能打败"伊斯兰国"武装,因为仅靠空中打击无法根除这支成员过万,纵横千里的跨国游击力量,而动用地面部队,特别是大规模的地面部队,几乎是不可以想象的决定。至于老仇家"基地"组织,疲惫的美国更无信心和能力有效解决,随着美军撤离阿富汗,这个中亚通衢之国有可能与印度次大陆连缀成面积广阔的恐怖"地震带"。

这种前景,比媒体热议的第二次"9·11"袭击更可怕,比"伊斯兰国"武装肆虐中东腹地更危险。过去三年,从西亚到东非,从马格里布到撒哈拉以南,恐怖势力四处泛滥,刚刚出现的印度次大陆"基地"突破,都表明大规模恐怖袭击不是狼来不来的问题,而是群狼已经环伺。反恐,依然是漫长和全球性的艰难使命。

（原载《北京青年报》2014 年 9 月 6 日）

16.围剿"IS":各有盘算与说辞

10月上中旬,中东警情继续飘红,面对多国多次空袭,"伊斯兰国"武装非但未作鸟兽散,反而逆势反扑,向东进逼伊拉克首都巴格达,向北围攻叙利亚边城科巴尼,引发新恐慌。这个尴尬局面再次呈现中东格局的复杂和多国联盟的脆弱,也预示着围剿"伊斯兰国"武装将是一场艰难甚至可能漫长的挑战。

综合美军中央司令部和美联社报道统计,截至 14 日,西方和阿拉伯国家对"伊斯兰国"武装目标发动 405 次空袭,其中伊拉克境内 271 次,叙利亚境内 134 次,累计摧毁作战车辆、阵地、据点、检查站和炼油设施 537 个。然而,"伊斯兰国"武装亦兵亦民,仅靠空中技术辨别身份十分困难,而且聚散极其灵活,无法有效聚歼,因此,没有地面围剿配合,打败这支武装属于幻想。但是,地面战远比空袭更复杂,因为打的是政治,而不是技战术。

中东因其地缘位置独特和政治结构斑驳,素来冲突易起且十分棘手,变数层出不穷。这一点,不仅在半个多世纪都无法解决的巴勒斯坦问题上教训深刻,而且在叙利亚危机博弈中再次翻版:卷入冲突的绝不仅是直接当事双方,还有各自的三亲六故。这种复杂的群殴模式不仅无助平息事态,反而因各方自我盘算和夹带私活,使冲突性质异化,面目全非。此次围剿"伊斯兰国"不幸又呈现打乱仗的境况:美国只想空袭而不愿再度地面卷入;叙政府愿望强烈但不受待见;伊朗乐意上位但美阿阵营说不;阿拉伯国家无心无力出兵,却寄望土耳其驰援。

"伊斯兰国"武装的崛起和壮大,原本就是各方纵横捭阖的畸形儿。没有美国外交导致的"反美主义"泛滥,就不会催生其母体"基地"组织;没有美国发动伊拉克战争并鲁莽地解散伊拉克军队和超宗派执政党,就不会有其前身的滋生土壤和空气;没有美国及其盟友在叙利亚推动颠覆政权,就没有其向西扩展空间和招募队伍的可能;没有上述各方给钱给物,就没有其不断壮大的能量和营养。奥巴马虽然宣布对"伊斯兰国"武装发动反恐战争,但联盟的松散和各方钩心斗角,反倒给"伊斯兰国"武装留下巨大腾挪空隙。

局势的微妙还在于,以色列和伊朗这对冤家也都指责对方参与"伊斯兰国"武装的哺育、庇护和帮扶,以便浑水摸鱼。一句话:在中东,几乎各方都高喊"伊斯兰国"武装危害巨大,但任何一方都似乎与之有撇不清的瓜葛。曾热衷干预叙利亚事务的土耳其,在盟友合力围剿"伊斯兰国"武装,且该武装进逼本国边境时竟安之若素,为出兵开出美国暂时难以接受的高价:在叙设立禁飞区并颠覆巴沙尔政权。

干预叙利亚危机是土耳其实现"东向南下"战略调整的切入口。"西投北上"苦恋欧盟多年绝望后,土耳其已明显打算折返中东,重温奥斯曼帝国的荣光,即使不能像过去那样统治中东,起码可凭强大国力占据头号座椅,而以逊尼派穆斯林宗主国身份介入叙利亚是最佳时机。但是,由于土耳其意图过于明显,特别是深度卷入埃及内政并恶化与传统盟友以色列的关系后,势头严重受挫,也意味着"零问题"周边外交政策的失败。土耳其显然不想置身事外,过去三年,土耳其向叙利亚放行成千上万伊斯兰极端分子,特别是来自欧美的所谓"圣战者",一度招致美国和西方国家的强烈不满。

"伊斯兰国"武装上周攻打库尔德重镇科巴尼,形势紧迫,土耳其死活不肯出兵相救,以至本土库尔德人威胁称,土政府如坐视"伊斯兰国"武装杀害其叙利亚族人,他们将重新举事。叙利亚库尔德人去年表现出明显的分离主义势头,成立两个独立实体,这对周边三国库尔德人是个糟糕的榜样,土耳其政府当然乐得他们的实力被"伊斯兰国"武装所削弱。

伊拉克完成政府更替后,并未如外界预期的那样迅速平衡宗派利益,调动各方积极性形成合力,收复被"伊斯兰国"武装夺占的土地,也再次说明这个再造国家的自我管理和保卫能力的薄弱。伊拉克客观上很难脱离美国等而独善其身,而地区各种力量又纷纷在这个地缘安全的短板上发力,趋利避害,进而使传统的种族、宗教和派别因素与新仇旧恨一并发酵,加剧了快速打败"伊斯兰国"武装的难度。

尽管各方都意识到事态十万火急,但是,无不雷声大雨点小,发声不发力。三个和尚没水吃的架势,必然导致"伊斯兰国"武装逐步淡定下来,重新以攻城略地还以颜色,因为中东不是南联盟,仅靠空袭于事无补。如今观之,20多国的反恐联盟,遏制"伊斯兰国"武装都很费劲,击垮并将其赶出叙利亚和伊拉克则会更加艰难和漫长。

（原载《北京青年报》2014 年 10 月 18 日）

17.沙尔利血案与欧洲"绿祸"恐慌

巴黎《沙尔利周刊》袭击,引发欧洲大陆对所谓的"绿祸"的喧嚣。12 名手无寸铁的编辑被点名处决,另外 5 名警察和平民也相继遇难,17 条被恐怖分子夺命的欧洲公民,成为"法国 9 · 11"纪念碑的苦主,其生命的意外丧失,也许开启了一个可能改变欧洲的恐慌时代。

法国 370 万人走上街头抗议暴行,40 多立国家元首和政府首脑聚集巴黎表达义愤,世界各地谴责之声势如潮水,"我是沙尔利"形成笔杆子不畏枪杆子的瞬间强音,这都意味着这一事件的不同寻常。尽管死难者中有无神论者、基督徒、犹太人甚至穆斯林,但是,5 名杀手的伊斯兰标签,以及他们杀人的信仰遮羞布,带给欧洲乃至全球伊斯兰社会巨大压力。媒体称,法国许多穆斯林妇女不敢上街,担心受到报复或伤害;德国的激进派别直接把伊斯兰教称为"绿教",示威要求穆斯林离于欧洲;英国反对欧洲化的独立党领导人赤裸裸地形容巴黎血案是欧洲版的"第五纵队"逆袭……

其实,所谓"绿教"在法国和欧洲导致"绿化",进而形成"绿祸"是个渐进过程,它既反映伊斯兰人群在这个异质文明核心区域的客观演进,也反映欧洲人对它由来已久的主观定位。当然,这种带有明显歧视色彩的感觉,盛行于"9 · 11"之后,特别是"基地"组织在伦敦和伊斯坦布尔等地制造针对欧洲目标的恐怖袭击之后。

持续发酵的"头巾风波"即是欧洲人"绿色恐慌"最早的里程碑事件。出于维护世俗化传统和遏制宗教激进思潮的考量,2004 年法国议会通过决议,禁止穆斯林女性头巾、基督教大十字架和犹太教象征物进入公立学校,引发伊斯兰世界不满。这个法律出台的大背景当然是法国和欧洲主流社会对日益增长的穆斯林人口的担忧,以及 1979 年伊朗伊斯兰革命以降,各种伊斯兰激进力量在国际政治舞台的轮番登场。虽然"头巾风波"时起时落,大致也令行禁止,但文化冲突乃至族群撕裂大概也从那时起进入公众视野,并且日益清晰。

然而,一波未平一波又起。2006 年,《沙尔利周刊》不顾伊斯兰世界公认的绝对禁忌,首次刊登调侃伊斯兰先知穆罕默德的漫画,受到时任总统希拉克的公开抨击。次年,《沙尔利周刊》赢得此案民事官司,但这也许鼓励了该刊在激化矛盾与对立的道路上一鼓作气:2011 年、2012 年该刊故伎重演,把穆罕默德当作讽刺羞辱的对象,甚至顶着各种压力甘做拒绝妥协的唯一欧洲媒体,最终成为宗教仇恨和恐怖袭击的文化地标。其实,这种对着干的做派,也是欧洲文化人恐惧伊斯兰的另一表征,那就是在世俗化法律保护下,在言论自由高于一切的社会,伊斯兰不能置身事外,否则,将导致社会意识形态的天平倒向真主的条规。

法国并非唯一对伊斯兰化严防死守的欧洲国家。2009 年,瑞士以全民公决方式禁止修建新的清真寺宣礼塔,主张排外、鼓吹民粹和反对伊斯兰的极右翼党派也在随后的重大选举中获胜,舆论影响力大幅飙升。2012 年,当丹麦《于尔兰邮报》刊登 12 幅辱没穆罕默德的漫画,德、意、西、法部分报纸跟进转发,引发大面积外交纠纷和伊斯兰极端分子威胁,欧洲对伊斯兰世界的反感情绪迅速升温。当《沙尔利周刊》高调逆行,继续转发和放大,导致法国关闭 20 多个驻外使领馆后,欧洲人的"绿祸"恐慌登峰造极。

去年,随着"伊斯兰国"武装在叙利亚和伊拉克迅速崛起,大批欧洲穆斯林青年出现在中东战场,甚至担当杀戮人质和对外传播的主角。喝欧洲奶水长大,选择的竟然是背离西方价值观的歪门邪道,这让以"恩主身份"自居的欧洲精英大惑不解。当这些逆子接受洗脑和训练,返回欧洲就近作战的消息渐次传播扩散后,欧洲人对伊斯兰的恐慌再上层楼,痛如切肤。据《时代周刊》报道,法国人迈赫迪·奈牟彻袭击布鲁塞尔犹太博物馆并枪杀 4 人,法国检方称,奈牟彻在叙利亚生活一年有余,且与"伊斯兰国"保持瓜葛。2014 年 3 月,法国反恐机构从另一名叙利亚回来的"圣战者"公寓搜到 2.2 磅炸药。实施《沙尔利周刊》袭击的兄弟二人,也被证实在叙利亚受到专业训练,且听命于"基地"组织也门分支。据估计,投身"伊斯兰国"武装的法国人超过 700

人,英国人也有 300 名之多。

法国,作为最早向阿拉伯人敞开大门,也拥有最高比例穆斯林人口(十分之一)的基督教国家,对"绿祸"的恐惧已成知识分子的心病。去年 5 月 21 日,法国极右翼头面人物、作家多明尼克·瓦内在巴黎圣母院饮弹自尽,抗议允许同性恋合法化。但是,法国媒体也称,其自杀的深层原因是恐惧"绿祸"。去年 10 月,一位穆斯林妇女因为戴面纱欣赏歌剧,被依法请出歌剧院,引起穆斯林社团新一轮抗议,再次将文化冲突推高。11 月,德国一项调查显示,57%的非穆斯林民众感觉到伊斯兰教是个威胁。

本月初,法国明星作家米歇尔·维勒贝克的最新预言式小说《屈服》迅速蹿红,并被媒体形容为铁定"头号畅销书"。它和巴黎血案撞车,更体现对所谓"绿祸"歪打正着式的先知先觉。该小说主旨是,2022 年穆斯林兄弟会党派将击败传统的极右翼政党国民阵线党赢得大选,使法国历史上出现第一个伊斯兰政府,进而影响法国、英国、瑞士和欧盟其他国家的日常生活。

《屈服》首印 15 万册,这在法国已相当可观,德文、意大利文译本 1 月中旬将上市。维勒贝克本人说他政治立场中立,此书并非现实主义作品,至少在几十年内也难以成为现实,但他又公开抱怨说:"无神论死了,世俗化死了,法兰西共和国死了!"国民阵线领袖玛丽娜·勒庞则评价此书称,维勒贝克的预言一定会发生。

恐慌会杀人吗?会的。笔者在巴黎期间获悉,压断作家瓦内脊梁的最后一根稻草,是来自一位穆斯林博客的"贴心安慰",那位反同性恋同道宣称,无需担心,等伊斯兰党执政法兰西,将取缔允许同性恋婚姻的法律……法国和欧洲社会对伊斯兰的莫名恐慌,加剧各种限制措施,以及《沙尔利周刊》式的极端冒犯,引发不可挽回的悲剧。有句名言也许大家都知道:当你把对方当作敌人时,对方迟早会成为你的敌人。

(原载《华夏时报》2015 年 1 月 14 日)

18.沙尔利血案将如何改变欧洲?

1 月 7 日的《沙尔利周刊》屠杀案注定成为法国版的"9·11"恐怖袭击,

世界口诛笔伐的浪潮,370 万人空前也许是绝后的抗议示威,40 多个国家政府首脑的飞行集会声援,都赋予这一事件不同以往的悲情意义。这一血案有可能从多个维度改变欧洲,使这个基督教和西方文明腹地的旧大陆前途叵测,充满悬念。

14 日,为了表达捍卫言论自由和蔑视极端主义、恐怖主义,《沙尔利周刊》的幸存者出版新一期杂志,封面再刊伊斯兰先知穆罕默德的漫画,主标题为"宽容一切",画面中的"穆罕默德"流泪举着"我是沙尔利"的标语。尽管伊斯兰世界总体对此保持克制,但是,这并不意味着双方在敏感问题上的立场各有本质退缩,因此,欧洲也许在以下几个方面将不同往常。

文明冲突可能保持一段时间的高热。《沙尔利周刊》血案并非简单的偶发事件,而是两种文明摩擦碰撞到一定程度的集中释放,只不过以恐怖袭击方式发生,被恐怖组织利用。同为西方基督教文明腹地,美国"9·11"后内部文明冲突并未激化,意识形态背景的恐怖袭击频次远低于校园枪击案;白人与黑人的矛盾远大于基督教与伊斯兰教的矛盾,因为和白人中心主义明显的欧洲相比,美国的种族构成更加多元,文化包容更有弹性,处理禁忌话题更加谨慎。法国"反伊斯兰恐惧症"观察机构称,袭击发生后 48 小时内,全法就有16 个清真寺遭遇枪击或被扔进爆竹和猪头,穆斯林和学者普遍担心,族裔关系已经撕裂,愈合和康复的过程会相当艰难。

欧洲有可能成为恐怖袭击密集区。"基地"组织也门分支已宣称对《沙尔利周刊》袭击负责,此前有报道分析,"伊斯兰国"武装近两年明显抢尽风头,"基地"组织伺机派追随者返回法国,对长期刺激伊斯兰世界的文化"双子塔"《沙尔利周刊》实施致命攻击,再次实现巨大轰动,旨在吸引更多激进分子脱离"伊斯兰国"武装而效忠自己。"基地"组织西方成员多来自美国,"伊斯兰国"武装的西方追随者则以欧洲青年为主且数量巨大,因此,可以想象,欧洲将可能成为两大恐怖力量竞相逐利的重灾区。

欧洲极右翼势力和排外思潮将扩大市场。欧洲极右翼势力原本就有相当基础,这些年经济危机加剧,就业困难,收入下降,福利削减,白人社会的宽容度逐步收紧,原来承担蓝领和低薪工作的大量外籍人,特别是西亚北非的穆斯林日益不受欢迎,成为转移矛盾和发泄仇恨的对象,也构成文明摩擦频繁的政经基础。此次血案发生后,法国、德国和英国的右翼或极右翼势力纷纷重申既定立场,呼吁或煽动驱离外籍人士特别是穆斯林和犹太人,以确保欧洲白人为主且文化血统纯正。受此影响,欧洲各国的移民措施可能进一步收紧,归化政策可能将更加严格。

欧洲的中东政策也许将摇摆不定。中东是欧洲后院,其地缘稳定对于欧洲非常敏感甚至会构成直接冲击。欧洲曾是中东多国的殖民宗主国,对中东政治有着深远的影响。冷战期间欧洲的中东政策总体超脱,近年来因美国势力下降,干涉主义成为欧洲中东政策新趋势。这次血案凸显了伊斯兰激进力量的威胁性,欧洲会系统性审视中东政策,有可能强化干涉和遏制伊斯兰激进势力的选项,法国本周宣布加大力度参与打击"伊斯兰国"武装即是迹象。但是,鉴于反伊反犹均在欧洲颇有市场,欧洲在巴以冲突的态度上会更加首鼠两端。

欧洲的"伊斯兰恐惧症"可能导致欧盟对土耳其关死大门。《沙尔利周刊》血案最大的牺牲者之一也许是土耳其,这个传统的伊斯兰国家一直苦苦追求欧盟入场券,但是,由于其国民的穆斯林主体属性,使得基督教的欧洲长期敷衍搪塞,只接纳其进入北约,不肯向其打开边界。当然,接纳土耳其,将意味着欧洲向整个伊斯兰和东方世界洞开门户,人口结构正在快速东方化的欧洲,将吞咽加速伊斯兰化的苦果,这是欧洲人绝对不能接受的选择。因此,土耳其倒地中枪,既是偶然,也是必然。

17 位平民遇难,这在恐怖主义时代实在是个不算突出的伤亡数字,伊拉克、阿富汗、巴基斯坦和尼日利亚,平均每天死难者的数字都远大于此。然而,这种以屠杀打击言论自由,挑战欧洲核心价值观的暴行毕竟意义不同,它将如何深远地影响欧洲,不妨让时间来回答。

(原载《北京青年报》2015 年 1 月 17 日)

19.伊斯兰世界与西方的恩怨情仇

随着《沙尔利周刊》血案的持续发酵,文明冲突的阴霾日益笼罩欧洲。《沙尔利周刊》再次刊登伊斯兰先知穆罕默德漫画并热销 500 万册之际,欧洲各国不仅爆发多起穆斯林社团抗议示威,多个情报机构也接连拉响针对欧洲目标的恐怖袭击警报,巴黎、布鲁塞尔等重要城市一时风声鹤唳,杯弓蛇影。

恐怖主义幽灵正在欧洲游荡,释放这一幽灵的却是伊斯兰与西方两大阵营的恩怨情仇。这对摩擦上千年的矛盾体,正沿着意识形态边界努力捍卫着各自的核心价值和神圣利益,并被极端主义和恐怖主义离间和利用。伊斯兰世界与西方的恩怨情仇是 20 世纪后半段世界史的重大主题之一,其核心就是霸权主义和反美主义的激烈对抗,是以美国为龙头的西方强势与以中东地区为码头的伊斯兰思潮不断摩擦、螺旋上升的结果,也是世界力量格局演变重组,并深刻冲击和影响伊斯兰传统核心地带的后遗症。

两兴一衰的三大文明格局

世界历史上下几千年,经过曲折发展和纵横互动,在不同时期形成不同形态、不同地域的多种文明。无论纵向缕析还是横向扫描,能延续千年且依然对世界政治和人类发展产生重大影响的主要是三大文明:以中国为核心的中华文明或儒教文明,以中东为腹地的伊斯兰文明,以欧美为代表的西方基督教文明。它们无论覆盖人口之多,拥有国家之众,占有土地之广,乃至对世界文明总进程的贡献,都堪称最主要的文明形态。文明冲突往往与特定文明在不同时空的地位变动关系极大,观察三大文明的历史脉络,可谓大致“各领风骚千百年”。

中华文明的持续辉煌始于秦汉,臻于唐宋,明代中叶转入衰退。伊斯兰文明发轫于 7 世纪,即伊斯兰教在阿拉伯地区勃兴与传播,最终形成跨民族、跨语言和跨地域的信仰共同体,甚至将辉煌的波斯和古埃及都伊斯兰化和阿拉伯化,并在中世纪融汇为登峰造极的伊斯兰文明,而且又被奥斯曼土耳其加以延续和光大,直到大航海时代开始没落。

告别了古代希腊和罗马文明的西方世界,自公元 5 世纪至 15 世纪中叶,除拜占庭帝国一枝独秀外,经历了一千余年的黑暗和蒙昧时代,完全被中华文明和伊斯兰文明两座灯塔的身影和光环所遮蔽,相形见绌。文艺复兴后的五六百年间,西方文明重新崛起且一统天下,中华文明和伊斯兰文明则双双跌落衰败的低谷。

最近三十多年,古老的中国开始复兴,生机勃发,不仅在经济总量上已超越西方绝大多数强国,而且综合实力在逐步接近世界唯一超级大国美国。但以中东地区为核心的伊斯兰文明,依然无望再次中兴。伊斯兰文明的漫长沉沦,恰逢西方文明的持续扩张,尤其是美国势力的全面成长与强烈投射。这种并不同步,甚至背向而行的发展轨迹,造成这两种文明板块多方位碰撞与摩擦,也形成今天独特的地缘政治景观和冲突格局。

美国的世界教俗地位与定位

二战导致欧洲殖民体系彻底崩溃,美国为主导的新秩序横空出世。无论是联合国机制,还是美元货币体系,乃至世界银行和国际货币基金组织等,都是美国领军设计的全球架构。特别是英法等老牌帝国退出舞台核心区域,冷战阵营逐步形成,美国渐次被西方推举为也逐步自命为全球唯一和无可替代的领导者。没有一个国家像美国这样,从总统到议长公开宣称本国是世界"领导者"。美国历届总统,无论党派如何,都自觉承担一种所谓使命,即在全球推广美国的价值体系、制度模式和发展道路。凡是与美国模式不同的,基本都被列为独裁或非民主国家。

同时,美国是一个基督教文化打底的国家。历任总统大都来自基督教不同派别,从总统到国务卿宣誓,几无例外手摸《圣经》,宣誓效忠上帝和美国,也祈祷上帝保佑美国及其人民。美国不少总统宗教情结相当浓厚,特别是布什父子,其所有公开演讲充斥着宗教语汇,如罪、恶、善、宽容、主等。所以,在美国政治家眼里,非民主、非基督徒国家,与基督教关系不好的政权,也都是要收拾的对象。"9·11"袭击发生伊始,小布什曾口无遮拦地说要发动"十字军东征",尽管后来为此道歉,但他本能的表现和内心所想已是路人皆知。

美国现任总统贝拉克·侯赛因·奥巴马,无论姓名的渊源和公开承认的家族史都明证,他生于穆斯林家庭。但是,为了生存和融入主流社会,奥巴马家族逐步皈依基督教,其宗教信仰的真实性也曾一度是他竞选总统的噪点之一。所以,美国的主流文化是基督教文化,这种强势地位绝非其他宗教文化可以攀比。

美国及其欧洲小伙伴战后几十年努力颠覆的政权,基本来自两大方向:社会主义阵营,所谓"铁幕"国家,如前苏联、古巴、越南、缅甸和朝鲜;还有一类,是伊斯兰世界那些不听美国指挥棒的国家,如伊拉克、伊朗、利比亚、叙利亚等。显然,美国的战略要服务于政治和宗教使命,必然导致同世界不同地区国家、不同形态文明产生冲撞。其中最频繁和剧烈的对象是伊斯兰世界，因为美国介入最多、最深和最广的就是伊斯兰核心区域中东地区。伊斯兰不平则鸣、积极入世的宗教哲学，以及与西方价值体系、生活态度乃至生活方式的巨大差异，注定了伊斯兰世界与西方很容易结怨成仇。

美国和西方在伊斯兰世界长期树敌

1947 年是美国重装进入中东的初年。经过两次大战的消耗，英法意等传统中东殖民宗主国已无力维持统治，冷战阵营逐步形成，美国复兴欧洲的"马歇尔计划"也应运而生。这三大事态紧紧地将美国与中东捆绑在一起，也自然开启伊斯兰世界与西方特别是美国不睦的时代大幕。

当年另一影响中东格局的重大事件是，联合国安理会通过 181 号决议，将奥斯曼帝国遗产巴勒斯坦一分为二，打开中东"潘多拉魔盒"。次年 5 月 14 日，英国托管巴勒斯坦结束，犹太人的以色列如期成立，"阿拉伯国"却因众多阿拉伯统治者抵制安理会决议而流产。阿拉伯人认为，祖先留下的土地，为何割给只占人口三分之一的犹太人一多半？犹太人自被罗马镇压驱离后，已有一千多年不再是巴勒斯坦主体民族，伊斯兰世界为何要给西方的排犹屠犹恶行赎罪？但是，巴勒斯坦分治是大国政治博弈的结果，不平的种子就此埋进阿拉伯人的土地，也埋进穆斯林的心田。在阿拉伯人和穆斯林看来，以色列完全是在美国一手呵护下成立的，以色列宣布独立仅 7 分钟，美国就率先外交承认，甚至其独立宣言中的某些关键句子，还是杜鲁门总统亲自修改定调的。

首次阿以战争，以色列击溃五个阿拉伯国家的攻势，加剧了阿拉伯人和穆斯林的挫败感和屈辱感。此后历次阿以战争，除苏伊士运河之战外，美国全都旗帜鲜明地为以色列保驾护航，并否决几十个不利于以色列的安理会决议草案。美国将自己和西方绑在以色列的战车上，逐步酝酿和发酵了阿拉伯和伊斯兰世界的反美反西方情绪。生于官宦和高知家庭的"基地"组织第二任领导人艾一曼·扎瓦赫里，就是在阿以冲突的挫败感中逐步变成仇视美国、西方及其"傀儡政权"的激进分子，直至最终走向恐怖主义。

1979 年伊朗发生伊斯兰革命，"霍梅尼主义"的追随者颠覆亲美的巴列维王朝。占领美国使馆的示威者缴获大量美国干涉伊朗内政、策动政变并图谋颠覆伊斯兰革命政权的证据。反美反西方声音迅速也成为这个并非阿拉伯民族，又信奉什叶派教义的伊斯兰社会主旋律。此后，伊拉克和伊朗爆发战争，时任美国国防部副部长拉姆斯菲尔德访问巴格达，与萨达姆商谈美国援助。整个七八十年代，美国的中东政策概括为"西促和谈，东遏两伊"：推动埃及跟以色列实现单独媾和，拆分和削弱阿拉伯和伊斯兰反以阵营；联合西方伙伴以各种手段和方式，维持两伊战场处于僵持和均衡态势，使伊斯兰世界两强陷入长期内耗。美国的地区政策，再次激起和加深对美国和西方的愤懑，伊朗支持的黎巴嫩真主党在贝鲁特实施了第一起针对美法的自杀式爆炸袭击，造成数百美法海军陆战队员死亡。此后，针对美国和西方目标的绑架、劫持、袭击在中东一度层出不穷。

1990年，伊拉克吞并科威特，老布什应科威特和沙特王室邀请，并获联合国安理会授权，于1991年发动海湾战争，解放科威特，打垮萨达姆军队，随后启动马德里中东和会，首次整体把阿拉伯国家和以色列撮合一处，共谋和平，美国在中东的影响也如日中天。但是，此后美国驻军常态化和机制化，和平进程又朝着更利于以色列方向发展，这两大因素使得阿拉伯和伊斯兰世界的极端反美情绪重新抬头，并引发富二代本·拉登与美国反目，筹建"反犹太复国主义分子和十字军国际联盟"——"基地"组织，直至2001年发动"9·11"袭击，向美国和西方世界全面开战。

两场战争加剧文明对立

2001年美国发动阿富汗战争，2003年发动伊拉克战争，十几年时间过去，美国和西方盟友在伊斯兰世界的形象更加糟糕，加剧既有的文明分歧和对立。

首先，十几亿穆斯林关心的核心问题"巴勒斯坦人的公平与正义"悬而未决。

"9·11"爆发后，小布什在以色列总理沙龙游说下，将巴以间占领与反占领的矛盾抹黑为恐怖与反恐，默认以色列占兵围困巴领导人阿拉法特，导致其于2004年含恨病故。美国曾高度关注的中东和平进程，在小布什后期基本被弃之脑后，奥巴马当政后也是口惠而实不至。巴勒斯坦问题几乎完全被边缘化，美国的中心只有伊拉克和阿富汗两个战场。而这两个战场，包括与阿富汗毗邻的巴基斯坦,直接和间接造成几十万甚至上百万无辜百姓死亡。在激进的穆斯林看来,这是美国及西方盟友欠下的又一笔文明血债。

其次,美国和西方军队、保安公司对战乱地区伊斯兰信仰、文化和传统的蹂躏屡见不鲜。无论是黑水人员在伊拉克的大开杀戒,还是阿布·格莱布监狱的残暴虐囚;无论是北约军人在阿富汗玷污和焚烧《古兰经》,还是玩弄塔利班士兵尸体甚至撒尿作践,更不用说无人飞机频繁误杀平民,都激起一波波抗议与仇恨。实施《沙尔利周刊》恐怖袭击的肇事者之一就曾声称,他因为目击阿布·格莱布虐囚恶行,才开始仇恨美国和西方。

即使在美国国内,以琼斯牧师等为代表的基督教极端分子,也在借助焚烧《古兰经》,不断挑动与伊斯兰群体的冲突。美国关塔那摩监狱的穆斯林战俘或犯人,受到各种酷刑折磨和非人待遇,经媒体曝光后直接恶化了美国的国际形象,陡增伊斯兰世界对美国的恶感,也必然激化双方在文化、宗教和心理上的抵触和敌视。

俯瞰伊斯兰的文化傲慢与自大

电影是传播文化最有效最快捷的途径,好莱坞大片是西方世界观、价值观、文化观的有效载体,也是妖魔化伊斯兰的重要手段。据统计,自 1896 年电影问世至 2000 年间,以美国电影为主的 1000 多部涉及阿拉伯或伊斯兰世界的西方影片,仅 12 部基调是正面的,其他要么反映伊斯兰世界的愚昧、落后和保守,要么描述穆斯林是色情狂或恐怖分子。当然,随着不同时代政治话题和热点地区的变迁,被侮辱的穆斯林角色也会出现变化。

知名大片《真实的谎言》里,施瓦辛格主演的硬汉,就是与一群阿拉伯恐怖分子和色鬼做斗争的英雄,"坏蛋们"对白直接用阿拉伯语狂呼乱叫。类似情节在反映伊斯兰题材的影片中相当常见。2011 年美籍导演库奈·巴赛利粗制滥造的所谓电影《穆斯林的无知》,则延续好莱坞强暴伊斯兰情感的卑劣传统,创新了抹黑、羞辱穆罕默德的艺术形式,进而引发波及世界的抗议浪潮,并造成美国驻利比亚大使斯蒂文森等多名外交官的遇难。

其实,引发这一轮风暴的《沙尔利周刊》事件,只不过是 1989 年英国作家拉什迪《撒旦诗篇》的漫画版。那部惊世骇俗的辱教作品,因严重突破公认禁忌,冒犯穆斯林宗教情感而导致几十个国家的持续抗议。伊朗宗教领袖霍梅尼因此颁布宗教法令,要求全世界穆斯林追杀拉什迪,并在冷战结束后首次引发伊斯兰世界与西方的直接摩擦与对立。然而,欧洲的知识界、艺术界并未汲取历史教训,也可以说,依然漠视穆斯林的质朴情感,重蹈拉什迪覆辙,于 2005 年、2012 年和 2014 年连续引发伊斯兰世界与西方的对立与冲突。

(原载《华夏时报》2015 年 1 月 21 日)

20.人质把戏:"IS"的恐怖政治经济学

过去一周,两名人质和一名女囚的交换,成为中东新热点,尤其是"伊斯兰国(IS)"武装以斩杀日本人汤川遥菜为信号,要求支付 2 亿美元赎金并释放一名约旦关押的死囚,换取日本另一人质后藤健二和约旦飞行员穆阿齐,使这一事件充满血腥和铜臭。"伊斯兰国"显然既想得到赎金,又想赎回同伙,更成功营销自己,演绎着恐怖政治经济学。

"伊斯兰国"武装要求换回的女囚萨基妲具有标杆意义,她不仅是该武装前身"基地"组织伊拉克分支重要成员,而且直接参与 2005 年约旦系列自杀式袭击并侥幸存活,被捕并获死刑判决后,因各种人权组织干扰未能问绞。如将她救出,精于传播和炒作的"伊斯兰国"武装将大做文章,渲染其"不死传奇",并彰显自身对追随者的不离不弃。过去几个月,盟军攻势导致部分"伊斯兰国"武装成员意志动摇,以致上百人因打算退出而被处决。救出萨基妲,无疑会稳定军心,巩固队伍,而且足以再次压制母体"基地"组织重建声威的企图,吸附更多极端分子和恐怖资源。

"伊斯兰国"武装推出这单人质生意,开宗明义强调针对日本首相安倍晋三提供 2 亿美元反恐的外交表态,具有极强的针对性和惩戒性,体现该武装高效、快捷的反制手段,也包含明显的生意经。此前"伊斯兰国"武装劫持过多名西方公民,都曾伸手要钱,从百万到一亿多美元不等,得逞就放人,未果则斩首。此次要求日本支付 2 亿美元,透露"伊斯兰国"财政更加困难的窘境。该武装曾靠走私石油、洗劫银行、征收税费维持开支,但主要财路被逐步切断后,其对控制区居民敲诈勒索甚至入室抢劫的说法已不鲜见。据报道,"伊斯兰国"武装在叙利亚俘获个体武装分子汤川,因其附加值较低,进而以其为诱饵捕获后藤,显然意在用后者高价勒索。在对约旦和日本的公开要挟中,"伊斯兰国"武装也将后藤列为最后杀死的目标,再次证实它此番既赚吆喝,还要赚钱。

人质危机给高调出访中东的安倍造成新难题,进退两难。反恐原本是安倍扩大自卫队国际活动空间"借船出海"的途径之一,但国内要求营救人质特别是后藤的压力,使其"决不妥协"的最新誓言成为泡沫。2亿美元巨额赎金显然不单纯是眼前的财政负担,它还直接调高日本积极追随美国参与国际反恐的未来成本风险。所以,日本一方面语焉不详,又寄望约旦,企图通过说服其释放萨基姐"以一换二",免于直接屈从"伊斯兰国"武装敲诈的尴尬。

约旦是这场游戏的关键角色,压力最大。它既有飞行员落在敌手的被动,也有对方索取的筹码,还有完成交易的地缘和人缘:介于叙利亚和伊拉克之间的地理位置,方便实现人质交换;它既可轻易通过叙伊第三方中介,也可利用前"基地"伊拉克分支头目、约旦人扎卡维的亲属进行斡旋。但是,技术并非障碍,放与不放,约旦也是两难:为了安抚参与反恐的军人情绪,满足俘虏家属及其同情者的救人要求,应该放人;但是,萨基姐及其同伙造成近60人死难、数百人受伤的累累血债,又导致其承受反向舆论压力,不敢轻易放虎归山。

日约政府的上述矛盾,导致其在表态上前后摇摆。28日下午,日本驻约旦使馆首先放风,称将在未来几个小时内实现人质交换;约旦官方随后也有类似表态。但是,几小时后,日本外务省否认先前说法,约旦官方也略改口风称,萨基姐并未获释。CNN等媒体总结说,约旦没有关上交易大门。同时,"伊斯兰国"武装又延长24小时,威胁称再若拖延,将先斩约旦战俘。但是,29日傍晚新时限过后,人质依然活着,并延续至30日,约旦官方坚持首先要确认战俘健在。以上足以说明,两国与"伊斯兰国"武装都不想谈崩。

围绕这场交易,美国的态度十分关键,不与恐怖组织进行交易是其一贯立场,也导致去年10月一美国记者被"伊斯兰国"武装撕票。日约均为受制于美国的地区盟国,不能不考虑美国的明确立场。日约官方奇怪变调,人质交换前景阴晴不定,显然是美国暗中施压导致的结果。"伊斯兰国"武装在新一轮要价中威胁要到白宫取奥巴马项上人头,也许是个旁证。当然,无论最终结局如何,"伊斯兰国"武装已赚足眼球。

美国的道理也很简单,释放萨基妲是对恐怖分子的示弱,支付赎金更是变相奖励,将激励更多绑架事件发生,不仅会成倍增加营救和反恐成本,还可能导致反恐阵营分崩离析,严重削弱艰难维持的反恐大局。从这个角度看,拒绝满足"伊斯兰国"武装的勒索要求,也是一门反恐政治经济学。

(原载《北京青年报》2015 年 1 月 30 日)

21.剿灭"IS":呼唤阿盟地面开战

"伊斯兰国(IS)"武装 4 日在互联网公布烧死约旦飞行员穆阿齐·卡萨西比的全部过程,这是继斩首两名日本人质后的又一暴行,再次显示该组织的惨无人道,以及对国际法则和文明标准的任意践踏。极端主义是世界公害,恐怖主义是全球公敌,集二者为一体并在中东腹地滥杀无辜的"伊斯兰国"武装,显然又是地区国家的直接祸害和死敌,剿灭这股势力,理应成为地区国家特别是阿拉伯和伊斯兰国家的当务之急,尤其需要阿拉伯国家联盟主导一场地面围剿战。

"伊斯兰国"武装自从割占叙利亚、伊拉克各 40%的国土以来,已非法建立所谓常态化管理,甚至有报道称,它已开设银行,发行货币,提供就业,征缴税费,按照伊斯兰教法规范公共秩序,并依靠绑架和敲诈补充财源。这是自民族国家边界划定以来,中东腹地首次出现非法武装割据的大面积"跨国飞地",不仅直接危害叙伊领土与主权完整,还可能像癌症那样在阿拉伯乃至伊斯兰世界扩散。

去年,远在尼日利亚的"博科圣地"就已宣称效忠"伊斯兰国"武装,如果虑及索马里和北非恐怖组织的持续活跃、埃及西奈半岛暴恐频繁的乱象,人们可以隐约看到,一个松散的"恐怖主义哈里发国"实体已在亚洲和非洲大陆隆起,而"伊斯兰国"武装宣称将征服的疆域远不止历史上的地跨亚非欧伊斯兰帝国版图。这个武力扩张过程,必然是颠覆现有国际秩序和地缘格局的杀伐过程,必然伴随着更多流血和死难,中东阿拉伯和伊斯兰国家也必然首当其冲。

击溃和消灭"伊斯兰国"武装的战幕已经拉开,美国筹建的 40 多国反恐联盟却有名无实,它们自去年 10 月后发动数千次空袭,收效平平。伊拉克安全部队,特别是库尔德武装相继发起几轮地面攻势,只收回零星失地,而"伊斯兰国"武装最近又在中北部攻城略地,实力未见消减。数月战况表明,美国无力也无心做更大投入,其本周公布的 2015 年军费预算显示,只有 53 亿美元用于反恐,更无望派大规模地面部队围剿"伊斯兰国"武装。叙利亚政府军没有能力对付"伊斯兰国"武装;伊拉克三派难以形成合力;土耳其坐山观虎斗,指望库尔德人与"伊斯兰国"武装两伤俱败;沙特也只能斥巨资自保,沿伊拉克边境修建近 965 公里"沙漠长城"——防卫墙,问题是,这道防卫墙能阻挡"伊斯兰国"武装以后的扩张吗? 能比知名的马其诺防线和巴列夫防线更有意义吗?

阿盟必须有所行动,联合国安理会必须有所行动。但说到底,解决"伊斯兰国"武装需要依靠阿拉伯自己的力量。也许,由阿盟起草提案,安理会通过决议,授权成员国根据《联合国宪章》第 51 条行使集体自卫权,单独或联合发动对"伊斯兰国"武装的全面围剿,才是最终出路,仅靠定点空袭和金融封锁,永远不会摧毁类似的恐怖组织,反而容易使其获得喘息之机并羽翼渐丰。阿盟曾主导多国力量武装干涉利比亚,也着实制造了叙利亚乱局,甚至可以说支持和放纵了"伊斯兰国"武装畸胎成长,因此,对铲除这股祸水负有不可推卸的责任。

获得安理会授权,以阿盟多国部队名义出兵,这个选择是完全可能的。埃及作为阿拉伯、伊斯兰和中东地区头号大国,虽然自 1973 年后未再历战,但埃军多次参与中东战争并在"斋月战争"中创造过奇迹,有足够的兵员、信心和经验派出几十万部队投入战场,担当围困、分割和剿灭"伊斯兰国"武装的主力。对埃军而言,伤亡风险自然难免,但实战练兵机会难得,重塑地区大国地位也需战争淬火。富裕但无力自保的沙特等海湾产油国,应该乐意出资助战,因为浪费于"沙漠长城"的美元,足以支持一场中等规模的地面战,更何况,它们一直信任并大力支持埃及塞西政府。

当然,复杂的地缘关系也许是根本性障碍,叙利亚政府是否接受埃及远征军入境作战,因为双方关系一直很紧张;伊拉克对埃及驰援的态度,将受制于教派门户之见,也会被伊朗左右,因为伊朗与塞西军政府关系不睦;即便是土耳其也未必愿意给埃及过境提供便利,双方曾因为穆兄会的权力博弈而一度交恶。

但是，任由"伊斯兰国"武装持续作乱膨胀，毕竟最终会伤害地区所有国家的共同和长远利益，因此，为了消灭共同敌人和维护共同利益，相互协调，彼此让步，尽快开辟地面战场，并非绝无可能。最近，美国对叙利亚政府的态度已有明显变化，不再重申让巴沙尔下台的原有诉求，伊朗也参与了对"伊斯兰国"武装目标的空袭，这些新迹象，都为整合地区力量，合力消灭"伊斯兰国"武装提供了合理想象空间。

（原载《北京青年报》2015 年 2 月 7 日）

22.伊斯兰世界：揽镜自照与理性反思

1 月 6 日，在迎接伊斯兰教先知穆罕默德诞辰的纪念活动中，埃及总统塞西发出"宗教革命"呼声，号召穆斯林领袖协助打击极端主义。他说："我们需要一场针对宗教信仰的改革。你们这些伊玛目应对安拉负责。全世界期待着你们的行动，全世界期待着你们的声音……因为伊斯兰世界正四分五裂，水深火热，渐渐凋零，而且在我们手上凋零……"这名虔诚的总统当天还参加开罗某科普特教堂圣诞集会并致辞，呼吁各种信仰宗派求同存异，相互包容，彼此友爱。

次日，巴黎发生《沙尔利周刊》屠杀事件，震惊全球，包括 16 亿人口的伊斯兰社会。人们在强烈谴责恐怖主义袭击，反思西方言论自由边界时，也许能体会塞西释放的警报：伊斯兰世界正在毁于极端主义，国际形象已相当不堪。用塞西的话说："我们认为最神圣的思想竟变成外界的一种焦虑，危险，杀戮和毁坏根源。我不是说伊斯兰教，我说的是这种思想。"的确，问题不在伊斯兰教本身，而在如何从内而外理解和践行伊斯兰。提倡伊斯兰改革，决非以改革之名曲解伊斯兰，更非以改革之名打压伊斯兰，而是让其重现作为主流文明之一的光辉形象和巨大魅力。伊斯兰改革的前提是必须冷静看清自身的当下形象及成因。

笔者上篇长专栏重点探讨西方与伊斯兰世界冲突的来龙去脉，本篇则试图浅析"伊斯兰恐惧症"的内因，即伊斯兰世界究竟怎么了？伊斯兰的传播形象为何日渐负面？除呼吁外界公正看待伊斯兰，伊斯兰世界又该如何揽镜自照和反思？伊斯兰世界不乏认真思考和探索者，但罕见公开质疑和争鸣，因为言及伊斯兰本身就非常敏感，而探讨敏感问题，不仅需要视野，还需要智慧乃至勇气，更需要舆论环境的包容。

作为伊斯兰世界事务的长期报道者和研究者，笔者认为，伊斯兰世界"形象不佳"根源有二：首先，全球传播格局"西强东弱"，西方意识形态和价值观语境下的涉伊斯兰报道存在由来已久的偏颇、成见和标签化；其次，伊斯兰世界不幸遭遇双重乱象：自身大面积陷入各种内乱，电视和网络又空前传播和无限将其放大，使伊斯兰世界陷入十分不利的舆论漩涡，这令人沮丧的漩涡又扭曲部分穆斯林心态，形成恶性循环。

伊斯兰世界存在突出的"过敏症"

宗教和文明生来平等，只有强弱之别而无高低之分，文明的开放性和包容度，往往折射它是否处于主流地位或强势状态。审视波斯文明、罗马文明、印度文明、中华文明、伊斯兰文明和西方文明，最辉煌的岁月也都是海纳百川的时期。比较当下三大主体文明表征，伊斯兰世界包容性和弹性度明显下降，即对来自外界的负面声音过于敏感，反弹频次高、烈度大。而西方和中华文明对"他者"的成见、偏见和言语冒犯，则更有承受力，反应也相对舒缓。

以宗教禁忌为例。在西方艺术表现中，宗教禁忌早已不是问题，即便没有彻底消失，也很难再成表达禁区。西方演绎宗教事件和人物的作品汗牛充栋，对牧师、修女乃至教皇的嘲弄、抹黑甚至抨击习以为常，即便最神圣的"三位一体"也常被以凡人方式解构、调侃。1988 年公映的反映耶稣自我救赎的美国大片《基督最后的诱惑》，也曾在西方和基督教界引起喧哗，但并未发酵出暴力反应，相关人员更没有遭逢威胁甚至追杀。

中国道教、佛教信众数量庞大，文艺作品从来不乏对宗教人士乃至各种神明的不敬、戏谑乃至扭曲，但也未曾出现相关信徒的抗议和示威，更没有喊打喊杀乃至暴力攻击。电视剧《济公传》、电影《诱僧》等内容大胆出位，未曾构成任何"辱教"式的政治或治安问题。

相反，"辱教"事件发生在涉及伊斯兰的作品里，则往往引起多国穆斯林抗议，甚至酿成暴力和流血。辱没先知的极端行为，其后果尤其严重，从 1989

年伊朗最高领袖发布针对拉什迪的追杀法令,到西欧多名漫画家面临杀身威胁,直至发生《沙尔利周刊》血案。辱没先知严重伤害穆斯林情感,确实不可接受,但是,应该通过司法程序、和平途径和文明方式讨回公道,而不是采用或鼓励暴力回击。要改善伊斯兰形象,实现伊斯兰文明的革新与进步,基本和迫切的前提是,教众必须"脱敏",不能再成为不能触及、不能非议和不能语言冒犯的超级宗教拥有者和例外信仰追随者。

"过敏症"缘何特别严重?

特定族群和文明形态是可以进行人格化心理分析的。伊斯兰世界较为明显的"过敏症"成因复杂。最关键的病灶是,伊斯兰文明长期陷入发展停顿、创新缺乏且明显滞后于另外两大文明形态。经济、社会和文化的落后和封闭,使整个信仰群体深陷矛盾、苦闷和挣扎,情绪容易波动,也必然成为激进思潮、暴力主义繁衍的温床。

伊斯兰世界大致涵盖 57 个国家和 2 个地区,伊斯兰世界勉强入选 G20 的只有土耳其和沙特。2014 年各国 GDP 排名,除上述两国外,伊斯兰国家位于 20 至 50 名间有 8 个,50 名至 100 名之间有 17 个,101 名至 178 名有 16 个。另据统计,2014 年最不发达国家中,伊斯兰国家占四分之一。即使在中国、俄罗斯和印度这样的新兴大国,绝对数量不小的穆斯林居民也多分布于欠发达地区。欧美发达国家穆斯林社群政治和经济的边缘化更加明显。应该说,伊斯兰世界教育落后、文盲率高、生存与发展状况不良,是毋庸置疑的普遍现象。

伊斯兰教自公元 7 世纪传播,一千四百多年内几乎覆盖所有人类聚居地区和族裔,信众人数仅次于基督教,这种速度和规模是其自身魅力独特和包容性强的最好诠释。巅峰阶段的伊斯兰文明曾虚怀若谷,求知若渴,推崇学者,奉其为"先知的继承人",也因此广纳博采,推陈出新,成为传承人类智慧的灯塔,更是欧洲自然和人文科学的播种机,以及启蒙欧洲复兴、推动西方文明进化的强大引擎,滋养了哥白尼、达伽马和但丁等一大批西方文明的先驱者,为人类历史进步做出卓越贡献。

但是,自蒸汽机发明以后,支撑当代世界文明主体的几乎所有发明创造,都与伊斯兰和中华文明无缘,虽然两大文明依然不同程度地奉行开放门户和拿来主义,但伊斯兰世界因为宗教与文化观念僵化的束缚,徘徊不前,未能整体处理好现代与传统、西方与东方、宗教与世俗的辩证关系,严重制约自身发展。以代表世界智慧最高水平的诺贝尔奖为例,创立 114 年后产生的 889 位得主,绝大多数来自西方国家;伊斯兰国家得主寥寥无几,自然科学领域的严重滞后和能力缺失已不言而喻,整体落差天壤之别。历史辉煌营造的盲目自大和现实凋敝引起的自卑自艾,构成伊斯兰世界最为突出的文化心理,这种病态心理往往折射为不容置疑、不容触碰的极度敏感。

另外,广大伊斯兰世界又恰恰是近现代地缘政治博弈多发区和深水区。随着伊斯兰文明的衰落,接踵而至的是西方殖民主义入侵、占领、掠夺和操纵,长期的异质文明统治构成文明冲突的诱因,而二战后美国为代表的干涉主义和霸权外交,更大大激化伊斯兰地区固有的大文明和区域亚文明对立与冲突,加重因外交软弱、军事失败、经济没落和权益受损而积累的挫败心结和悲情意识。

常有人说,凡是穆斯林人口密集的地区,总是陷入动荡与战乱。这种观点持有者肯定忽视了一个宏大背景,即这些穆斯林地区正好是干涉主义重灾区。对一个群体而言,挫败与悲情迁延已久,容易固化为民族性格与气质,甚至形成条件反射,比如犹太人的大屠杀情结,日本人的悲观主义,伊朗人的烈士文化,美国黑人的歧视记忆,越南人的北方忧患,甚至印度和中国这样的人口大国,都因过往战争的刻骨铭心而充满定向性的敏感和脆弱。伊斯兰世界又何尝不是如此,日复一日在血与泪中舐舐伤口,抱怨不公。

伊斯兰世界亟须揽镜自照

发展落后,外界误读,并被少数极端和恐怖分子"污名化",这是伊斯兰形象受损的客观和外在原因。但是,这并不妨碍我们检视当今伊斯兰世界普遍存在的问题。伊斯兰教是犹太教、基督教的集大成者,《古兰经》是更现代、更完整的教典。千百年来,犹太教、基督教典籍只字未改,其信仰主体却跃升为当代世界文明的主导力量,因为两者经历了比较彻底的宗教革命,完成严格意义上的政教分离,并对经典保持活学活用和与时俱进的态度。

伊斯兰世界的精英们,总体上却故步自封,死抱教条,不思进取。他们对教义的阐释照本宣科,对经典的理解囿于字句,对已无法适应现代化和全球化大潮的概念抱残守缺。对整个伊斯兰世界而言,信仰已不再是先知时代那样的进取推动力,而是沉醉于蒙昧状态的慵懒镇静剂。尽管不能一概而论,但凡发展较好,恰当处理守护信仰和革新求变的伊斯兰国家,都较少上述弊端,如东亚的印尼和马来西亚、西亚的土耳其和阿联酋等。与这些凤毛麟角相比,绝大部分伊斯兰社会依然深陷保守、压抑和沉闷,个别国家甚至一度选择逆现代化而进的歧路,如塔利班治下的阿富汗,和一度尝试政教合一的苏丹。至于根本不懂教法,却打着伊斯兰旗号残杀无辜的"基地"组织、"伊斯兰国"和"博科圣地"等,更是把伊斯兰教及其信众的形象搞得面目全非,而他们却不乏一定的内部市场。

过于崇尚古人,迷信权威,压制个性和自由,受制于表面化的信仰窠臼,无法适应快节奏、高效率和注重创新、求变的当代社会,也是伊斯兰世界的痼疾。穆斯林崇尚圣行,但流于表面形式,而放弃先知革命性的开拓勇气和创新精神。受复古传统影响,长袍、头巾和面纱等原本属于中东民族防沙抗晒的服饰,都被视作伊斯兰所谓标准或标志装束,到处提倡和推广,忽视伊斯兰作为世界性宗教,它必然在保留教义核心要素一致的基础上,完成与各地地理、气候、文化传统和生产方式的嫁接与融合。追求伊斯兰世界从里到外的信仰和文化大一统,不仅在伊斯兰文明辉煌时期有限空域内无法企及,在 70 亿人口和近 200 个民族国家构成的当代世界,更是天方夜谭,而且极大地制约了不同国家穆斯林群体的自我创新与发展。此外,伊斯兰世界财富用于鼓励教育、培养人才和激励科技发明者相对不足,却竞相投入宗教传播和教派博弈,局部地区出现清真寺远多于学校和图书馆、礼拜场所硬件设施强于校舍的鲜明对比。

伊斯兰教倡导共同价值和集体一律,这在统一阿拉伯部落并对外传播先进文明的特定时期,具有积极意义,也确实成为凝聚和熔炼穆斯林共同体的精神纽带。但是,这种追求在民族国家时代,特别是强调个体自由,尊重少数族裔和倡导文明多元的今天,已产生强烈的不适应,也容易引发与周边环境的摩擦。西方世界早已"恺撒的归恺撒,上帝的归上帝",伊斯兰世界依然存在着依靠教法进行立法,甚至借助教法治国的倒退现象。西方和中华文明疆域内,宗教信仰早已回归个人,教俗互不干涉已是天经地义,但在伊斯兰世界,个人信仰和生活方式,依然面临着来自族群的明暗压力。这种压力构成个性解放、精神自由和社会活力的巨大掣肘,从整体上甚至根本上妨碍了伊斯兰文明的重新勃发和急赶直追。

成规要遵守,陋俗需割除

伊斯兰世界近十多年名声不佳,很大程度上受累于极端和恐怖主义。虽然国际舆论普遍认为极端和恐怖主义既非伊斯兰独专,也不代表伊斯兰,但毋庸置疑的是,绝大多数极端和恐怖行为都打着伊斯兰的旗号,或者源于这片土地。抛开"他者"激变和诱发的合理因素外,伊斯兰世界自净能力的减弱也是不争之实。面对各种恐怖袭击,特别是引起世人公愤的重大案件,伊斯兰社会宗教界、知识界缺乏强烈、明确和持续的谴责与弃绝之声,这种麻木的沉默和不作为,客观上使极端和恐怖主义肆无忌惮。

伊斯兰主张"信仰无强迫",穆罕默德的叔父兼保护人阿布·塔里布至死既未入教也未曾被强迫入教,现实却今不如昔。2011年埃及等地动荡后曾出现较为严重的针对非穆斯林的强迫改宗等冒犯行为;尼日利亚"博科圣地"以扫除西方文化入侵为由,持续杀害无辜平民。即便信仰相同,不同派别的歧视、摩擦和仇杀也持续出现在伊斯兰世界,中东、南亚地区暴力冲突和恐怖袭击中,死于所谓穆斯林之手的教众,远多于来自教外的军事或暴力伤害。

此外,一些源自部落古老传统的恶习陋俗,已与当今世界主流价值体系和文明标准相去甚远甚至截然对立,本身也与伊斯兰文明无关,却依然在部分伊斯兰地区流行,并经电视、广播、互联网和移动终端反复传播,污染和恶化着伊斯兰世界的整体形象,如强迫女性割礼,荣誉杀戮,血亲复仇,鞭笞、石刑和斩首等酷刑。某些现象如早婚与多妻,"阿舒拉节"负刃自鞭,以及当街宰牲,都带给外界强烈的不适与不解,进而对伊斯兰习俗产生负评。至于宗教领袖发布宗教法令,甚至超越国家、司法主权和国际关系法则,为世界多少国家所不容。

揽镜自照,知耻后勇。先知穆罕默德留给后人最大的宝贵财富之一是锐意开拓,他本人就是伟大的宗教改革家,他身后各大教法学派的形成和发展,也说明伊斯兰世界曾在相当长的历史时期因时而变,不断把握时代演进的规律和潮流。在这个风云激荡、物竞天择的新时代,人类期待着伊斯兰世界的全面觉醒和整体复兴。

(原载《华夏时报》2015 年 2 月 11 日)

23.拉黑哈马斯:埃及沙特共遏激进力量

　　3月1日,埃及总统访问沙特阿拉伯,并与其新任国王萨勒曼举行会谈,磋商建立联合反恐部队。此前一天,埃及法院宣布巴勒斯坦哈马斯为恐怖组织。这看似不相关的两个事件有着密切的内在关系,表明埃及和沙特两个阿拉伯温和大国已下定决心清理门户,打压和围剿阵营内的激进势力,推动中东和平进程,实现地区稳定与发展。

　　早在1月31日,埃及法院就已将哈马斯旗下准军事组织"伊兹丁·卡桑旅"列为恐怖组织,埃及当局指责该武装参与和支持西奈半岛一系列恐怖主义袭击。尽管哈马斯素来没有在被占领土外发动暴力袭击的记录,也多次否认与西奈恐怖袭击有任何联系,但埃及立法机构在通过《反恐怖主义法》后,又以涉恐名义对整个哈马斯进行封杀。根据埃及《反恐怖主义法》,当局有权关闭任何"恐怖组织"所拥有的场所,并冻结该机构及其成员资产。

　　哈马斯是巴勒斯坦最重要的派别之一,也是主流派法塔赫最大竞争对手。与法塔赫不同的是,哈马斯并非起家于海外难民队伍,而是诞生于1987年加沙地带反抗以色列占领的民众起义。哈马斯还是埃及穆斯林兄弟会遍布中东的分支机构之一,曾因其强烈的宗教色彩,受到沙特等海湾国家的长期支持和资助。甚至有情报显示,哈马斯的出现得益于以色列的默许和推动,旨在分化巴勒斯坦阵营,制衡在海外领寻抵抗运动的法塔赫及巴勒斯坦解放组织。

　　埃及穆兄会反对与以色列媾和,其极端分子于1981年刺杀萨达特总统。1993年巴解组织与以色列签署"奥斯陆协议"后,哈马斯联手其他强硬派扮演麻烦制造者角色,公开抵制和平进程,并与叙利亚、伊拉克等国结成"抵抗阵线"。这个选择不仅与埃及大唱对台戏,也让早在1982年就提出"土地换和平"方案的沙特感到不满。而这段时间,埃及穆兄会因卷入暴恐袭击处于非法状态。

　　2000年第二次巴勒斯坦起义爆发后,一度态度和缓并对和平进程持配合态度的哈马斯回归旧路,并逐步走向前台,成为巴以暴力冲突的重要角色,甚至是巴方主干力量。由于哈马斯不断以自杀爆炸等方式袭击以色列目标,其领导人相继遭到以方"定点清除",损失惨重。但是,执政党法塔赫既不能清廉治理,又无力推动和平进程,巴勒斯坦民众极其失望,转而支持强硬的哈马斯,使其在2006年借助自治选举,成为合法执政党。

然而,坐享自治果实的哈马斯依然拒绝接受孕育这一果实的和平协议,不承认以色列作为独立国家的生存权,不放弃暴力对抗方式,不参与最终地位和谈,成为软硬不吃的搅局者。因此,哈马斯不仅遭到以色列残酷封锁和打压,也饱受美国和欧盟冷遇,并在"9·11"袭击后被美欧重新列入恐怖组织黑名单。哈马斯对外强硬如故,对内排挤广受国际接受的法塔赫及其领导人阿巴斯,并将其势力逐出加沙地带,把这个位于地中海、以色列和埃及之间的狭长地带变成独立王国,客观上也画地为牢,自我囚禁,空前孤立。

在哈马斯与法塔赫分裂、对立甚至武装对抗的过程中,埃及、沙特多次出面斡旋,试图让两派破镜重圆,共同组阁并重启和平进程。然而,受自身纲领或穆兄会立党原则的制约,以及伊朗、叙利亚等地区强硬势力的利诱,哈马斯逐步尾大不掉,与和平进程参与者渐行渐远,与阿拉伯核心大国也拉开距离。2008年底加沙战争爆发,哈马斯武装在加沙遭受以色列立体打击,不仅孤军作战,还遭受埃及、沙特和法塔赫的批评、冷淡和孤立,处境凄惨。

2011年"阿拉伯之春"风潮爆发,哈马斯再次不识时务错误站队,先是因为主动与大马士革当局划清界限而被驱逐出境,随后又因与埃及穆兄会过从密切,受到埃及军方和世俗力量的冷淡,越加孤立无援,只有小国卡塔尔和非阿拉伯阵营的伊朗作为靠山。2014年初,哈马斯与以色列在加沙第三次相互对攻,死伤惨烈,沙特国王公开谴责双方"共同"屠杀加沙人民。已与穆兄会和哈马斯关系恶化的埃及政府出面调解停火,竟遭哈马斯拒绝打脸,双方进而彻底绝交。在埃及和沙特两只领头羊看来,哈马斯不仅与穆兄会一脉相承,而且作为阿拉伯和穆斯林逊尼派大家庭成员,却自甘为伊朗和什叶派的代理商。凡此种种,为哈马斯今天的空前困局埋下伏笔。

自塞西领导军队颠覆穆兄会后,就对其全面打压,穷追不舍,以图斩草除根。一直忌惮穆兄会反王权理念的沙特政府,不仅力挺埃及军方的镇压行动,牵头其他海湾王国在18个月内给予埃及230亿美元巨额援助,而且在去年3月,效仿埃及宣布穆兄会为恐怖组织,双双对哈马斯在政治上判决死刑。

在塞西访问沙特前,埃及出台一系列针对穆兄会和哈马斯的打击措施,表明两国反对激进主义和极端主义的一致立场。塞西今年 2 月初曾痛责激进和极端思潮已把伊斯兰国家推向世界对立面,发誓要与它们作坚决斗争,并呼吁宗教界发起变革。埃沙此次商讨建立反恐联合部队,意味着一个有兵一个有钱的两大国,准备充当地区反恐战争的绝对主力和共同旗手。

显然,将哈马斯拉黑为恐怖组织是一个极具争议的决定,因为哈马斯毕竟在被占领土有其存在的合法性和合理性,也不乏相当的民意基础。埃及与沙特联手打压,很大程度上是惩戒哈马斯长期离心离德,阻挠和平进程,破坏巴勒斯坦和阿拉伯内部团结,充当地区非阿拉伯力量的博弈工具,致使"土地换和平"构想迟迟无法实现,进而给地区激进、极端和恐怖主义提供充满活力的病灶,妨碍了整个地区的和平、稳定与发展。

埃及穆兄会被打入另册后,一直无力反制,也许这是基于埃及强大的世俗力量和极其不利的地区及国际环境。但是,哈马斯在走投无路后会改弦更张吗? 会跟上埃及、沙特的思路,转身拥抱与以色列的和平吗? 不得而知。

(原载《华夏时报》2015 年 3 月 6 日)

24.地中海:将成"伊斯兰国"内海?

襟连亚非欧三大洲的地中海从来没有成为伊斯兰世界的内海,现在却有人担心历史将被改写,起因是"伊斯兰国"武装的迅速崛起以及四面扩张。尼日利亚暴力恐怖组织"博科圣地"3 月 7 日宣布,它将效忠在叙利亚和伊拉克割地建国的"伊斯兰国",服从其所谓政教领袖的统领,而且"不论荣辱"。这一最新动态容易让人联想到,"伊斯兰国"武装渐成跨洲力量。

据法新社、BBC 等媒体报道,"博科圣地"头目阿布·伯克尔·谢考通过旗下推特账号发布音频说:"我们向穆斯林的哈里发易卜拉欣·伊本·阿瓦德·伊本·易卜拉欣·侯赛尼·古莱希效忠。"这一长串名字的主人古莱希,指的正是以阿布·伯克尔·巴格达迪著称的"伊斯兰国"武装首领,古莱希显示他是古代阿拉伯半岛麦加贵族古莱氏后裔,也即伊斯兰先知穆罕默德的族人,借此证明其作为穆斯林政教领袖血统纯正,源远流长。分析家们认为,这多半是伊拉克人巴格达迪的伪托之词。即便如此,没有文化但不可一世的

"博科圣地"领袖信以为真，甘心投靠。谢考的音频文件用阿拉伯语播出，配有英语和法语字幕。其真伪难考，但西方情报机构判断，音频主人确为谢考。

原本各自为政、分属不同地区的两大国际恐怖组织似乎要结成横向同盟，如果"伊斯兰国"积极响应，外加已在北非地区活跃的该组织各路支脉搭桥，一个规模空前、地跨两洲的"哈里发国"已现雏形，至少其在地图上已连缀成片，而这必将对西亚非洲现有政治秩序和安全体系造成颠覆性冲击。

"博科圣地"在尼日利亚为非作歹已十一年，其宗旨是反对西方化、世俗化和现代化，认为西方世界以这三种方式，将腐败、肮脏的非伊斯兰文化广泛传播，解构神圣而纯粹的伊斯兰文明，因此，不惜以暴力、恐怖和屠杀等手段进行所谓的矫正与消毒，至今已造成1.3万人死亡，而且将活动范围扩大到境外，成为黑非洲最残忍的恐怖组织。

"博科圣地"曾被认为效忠"基地"组织。但是，自从去年"伊斯兰国"武装宣布与"基地"绝交并自成一统后，"博科圣地"就公开宣布自己是"哈里发国"的组成部分，只是未明确这个"哈里发国"是否为"伊斯兰国"。谢考此次亲表忠心说明，该组织已公然与"伊斯兰国"武装合流，充当其在黑非洲的根据地。

部分西方分析人士认为，"伊斯兰国"武装未必会笑纳这份送上门的大礼，因为该组织是以阿拉伯人和逊尼派穆斯林为主的团伙，可能看不起并排斥其黑非洲的同道。也有人认为，在非洲数国联合围剿处境艰难的情况下，"博科圣地"主动跨洲对"伊斯兰国"武装俯首称臣，也许是为了获得财力或人力等方面的支持。不知是"博科圣地"显示诚意靠拢"伊斯兰国"武装，还是后者影响或操控所致，"博科圣地"最近已通过互联网加强外宣，并采取斩首处决方式，而这都是"伊斯兰国"武装的典型行为范式。

"博科圣地"投怀送抱，"伊斯兰国"武装会接受吗？理论上而言是完全可能的，并且它并不是最新的加盟者。自去年6月29日"伊斯兰国"宣布建立后，巴格达迪就自封为世界穆斯林的"哈里发"，呼吁全体"吉哈德"分子迅速向其王国集结，参加针对异教徒的圣战。事实上，"伊斯兰国"武装也确实从全球80多个国家招募近3万追随者，包括5000多西方国家的公民。

"伊斯兰国"武装不仅宣布建国，还在叙利亚中部拉卡定都，并公布广阔的未来控制版图。据报道，该组织宣称五年内要征服西起大西洋，东至中国西部,北起南欧、高加索,南至中非和印度全境的地区,比历史上的阿拉伯和奥斯曼土耳其伊斯兰帝国鼎盛时期的疆域都要大,换言之,已将地中海划为其控制的内海。

然而,这首扩张狂想曲并非曲高和寡,去年 10 月,巴基斯坦塔利班就宣布追随"伊斯兰国"武装,成为首个"海外"策应的组织。11 月,沿地中海东岸、南岸和北岸一线,沙特阿拉伯、也门、埃及、利比亚和阿尔及利亚等国的恐怖和极端组织纷纷改换门庭,转投"伊斯兰国"武装。控制德尔纳和苏尔特等地的利比亚极端分子不仅于年关前宣布追随巴格达迪,更于今年 2 月中旬在地中海滨悍然集体斩首 21 名埃及基督徒人质,并以此警告地中海对岸的意大利等欧洲国家,发誓将越洋踏平欧洲。

巴格达迪及其追随者,显然活在对昔日伊斯兰辉煌时代的旧梦里,渴望以暴力方式重建被尘封千年的政治体系与文明格局。穆罕默德去世后,阿拉伯半岛为中心的穆斯林共同体进入"四大哈里发"时代,并在三百多年间扩建起一个地跨亚非欧的超级帝国,统治伊比利亚半岛八百年左右,其刀锋甚至一度逼近巴黎。1453 年,取代阿拉伯人主导伊斯兰世界的奥斯曼土耳其人征服东罗马帝国首都君士坦丁堡,将势力扩展到巴尔干地区,甚至两次围攻维也纳。无论是阿拉伯穆斯林,还是土耳其穆斯林,都曾试图沿地中海北岸征服整个欧洲,将地中海完整地纳入囊中。值得一提的是,阿拉伯穆斯林对西南欧洲的征服,就是借助皈依伊斯兰的西北非摩尔人越过直布罗陀海峡而完成。因此,关于"伊斯兰国"武装歧视黑人并可能拒绝与"博科圣地"合流的分析,无论观照历史或现实,都难以立足。

对"伊斯兰国"武装一众而言,其野心已明显盖过千年前的前辈,整合力量,吸纳"博科圣地"等外籍兵团,显然符合其扩张需要和历史逻辑,甚至符合"穆斯林皆弟兄"的传统理念。当然,也许"伊斯兰国"武装还奢望着自己存活下来,等待几十年后欧洲被伊斯兰化,进而使其征服理想在欧洲可以兵不血刃地实现。

梦想很丰满,现实很骨感。其实,在强大的世俗和现代文明主导的世界,"伊斯兰国"武装这样的激进和恐怖势力,既不可能得到伊斯兰世界主流力量的支持,更不可能改写现有的中东版图。作为世界公敌和全球公害,等待它的只能是覆亡,所不确定的恐怕只是时间和成本而已。因此,地中海成为"伊斯兰国"的内海,也许就是个假命题。

(原载《华夏时报》2015 年 3 月 13 日)

25.择日出击:"伊斯兰国"的恐怖攻略

6 月 26 日,是个震惊世界的黑暗日。一天内,欧洲的法国、北非的突尼斯和西亚的科威特,连续发生三起与"伊斯兰国"武装相关联的恐怖袭击,造成近 70 人死亡,数百人受伤。这波袭击的外溢效应在于,世界感受的不只是这个恐怖组织的冷血与残忍,而是它对连环袭击和特殊日子的偏好,这种规律一旦成为公众认知,便会形成巨大恐怖预期,产生虚实结合的恐怖攻略和效果。

6 月 26 日早晨,法国东部伊泽尔省某美资工厂,一个极端分子将其雇主斩首后,又试图点燃多个煤气罐,以自杀袭击方式结束整个行动,但最终被制服,其嫌疑同伙也在被追捕过程中。这是自《沙尔利周刊》血案后又一起"带有明显恐怖主义色彩"的袭击案,两者之间相隔仅仅半年。

在与法国隔地中海相望的突尼斯旅游名城苏塞,两名武装分子驾驶快艇,闯进皇家马尔哈巴酒店海滩,对正在享受阳光和海浪的西方游客挺枪扫射,先后造成 41 人死亡,30 多人受伤,死难者中多为英国人。这是自 3 月 18 日突尼斯巴尔杜博物馆袭击血案后又一起针对外国游客的恐怖袭击,那次 23 名死难者中 20 人为日本和欧洲公民,两案相隔才三个多月。

科威特,一个平静得几乎被世人忘却的波斯湾袖珍王国,也成为这波袭击的目标。当天晌午礼拜结束时,一名来自沙特的恐怖分子在同伙接应下,进入科威特城萨迪克伊玛目清真寺,引爆身上的炸弹,摧毁了这座什叶派穆斯林的宗教场所,并导致 27 人死亡,222 人受伤。这一袭击打破该国二十多年没有发生重大恐怖袭击的历史纪录。

"伊斯兰国"武装事后认领突尼斯和科威特两起袭击。尽管尚无证据表明法国的斩首事件也是"伊斯兰国"武装分子所为,但其手法完全是该组织流行的处决方式,现场也留下"伊斯兰国"的黑色战旗和文字标语。可见,作案者至少是受到"伊斯兰国"武装教唆和激励的"独狼式"恐怖分子。

欧亚非连环恐怖袭击已凸显反恐形势的严峻,更在血泊中激起思考的涟漪:这三起袭击的内在联系是什么,恐怖逻辑又是什么? 其实,作为"基地"组织的升级版,"伊斯兰国"武装承袭了母体的恐怖基因,不仅喜欢多点同时作案,而且偏好选择纪念性和标志性日期,以达到恐怖目的。连环袭击的特点也许早已为公众所知,如1998年同时袭击坦桑尼亚和肯尼亚的美国大使馆;2001年劫持多架民航飞机袭击世贸双子塔和五角大楼等美国本土目标;2003年11月中旬两次在伊斯坦布尔制造连环爆炸……但是,偏好数字的特点,除"9·11"这个特殊日子外,一般为公众所忽视。

首先,为何是斋月? 斋月是伊斯兰最神圣的月份,穆斯林认为,先知穆罕默德就是在斋月受到天启而开始传播伊斯兰教,《古兰经》就是在斋月降示的。据正统伊斯兰教义,斋月是和平之月,杜绝任何战争、暴力、争讼行为乃至邪思杂念。但是,这一传统在现代中东已被践踏,从1973年的埃及"斋月战争"到两伊战争期间的斋月讨伐,斋月的神圣光环已被劫持和玷污。"伊斯兰国"武装同样如此,其发言人阿布·穆罕默德·阿德南6月23日号召追随者发动袭击,让斋月变成"异教徒、什叶派和背教者的灾难时光",并妄称所谓"斋月烈士"将得到真主十倍的恩赐。

为何是26日? 这一天是星期五,穆斯林主麻日,即集体礼拜日,也是伊斯兰国家的公休日,而且是举办红白事的好日子。这一天又是穆斯林今年进入斋月后的第二个主麻日,被"伊斯兰国"武装及其追随者视为动手的"D"日,也就顺理成章了。这一天对"伊斯兰国"武装而言,也具有纪念意义,因为29日是该武装所谓的"建国"周年纪念日,还是其政教领袖"哈里发"巴格达迪的寿辰。此后的7月4日,又将是巴格达迪首次公开布道的日子,更是"伊斯兰国"武装头号敌人美国的独立纪念日。因此,选择26日和星期五重叠的日子作案,完全符合"基地"组织和"伊斯兰国"武装一脉相承的思维习惯和行为模式。

这种痴迷数字的恐怖主义袭击方式,具有强烈的设计感和代入感,极易记忆且逐年循环,并体现出鲜明的塑造意识和把控印象,甚至可以形成某种节奏和间隔,进而产生强烈的恐怖预期,即每一个发生过特定事件的日子,都可能是"伊斯兰国"武装及其追随者发动袭击的"D"日,触发各国情报部门的预警,抬升防恐反恐的级别和色差,进而在公众中传播恐慌情绪。也许届时虚惊一场,但是,这种恐怖暗示、恐怖联想而引发的恐惧张力相当强劲,实质上已发挥"不见血光胜似血光"的恐怖之效,而且几乎无需任何投入。这种软杀伤,也许是"伊斯兰国"从母体完整继承的致命基因。

"基地"组织对非传统作战最具杀伤力的所谓"创举",并非"9·11"式恐怖行为艺术,而是向全球遍洒"基地主义"或"本·拉登主义"思想病毒,并配套以就地取材、人自为战、遍地开花和滥杀无辜的恐怖袭击范本。"伊斯兰国"武装不仅对此全盘接收,而且借助对网络和移动技术的掌握,以及高超的传播技巧加以扩大,并以比"基地"组织更野蛮、更残酷、更无底线的杀戮方式,如集体枪决俘虏、集体斩首人质、公开蓄奴贩奴等,将恐怖主义演绎到极致,而其裂土封疆、定都建国、设立元首、划分省份等"国家化"的控制形态,远比"基地"组织虚拟的乌托邦更具体更现实,也更加具有蛊惑性和难以对付。

三起袭击及其引发的巨大伤亡和全球性恐慌,已证明反恐战线的漫长和脆弱,证明美国主导的中东反恐战争的效率低下,证明"伊斯兰国"武装不仅有能力维持其势力范围的现有存量,还有能力杀到外线扩大战果获得增量。这种对比必然重挫反恐阵营的信心,也将刺激更多的极端分子追随"伊斯兰国"武装,或模仿其行为方式和作战式样,进而使反恐战争陷入令人疲倦和神伤的消耗战和拉锯战。

国际反恐联盟如果不改变目前三心二意、各怀鬼胎的现状,不调整仅靠定点空袭的军事策略,就很难看到"伊斯兰国"武装占据叙利亚和伊拉克半壁江山现状的终结,也无法削弱多点袭击、防不胜防的反恐态势。巴格达迪及其恐怖王国的"坚不可摧",会误导更多迷失自我的极端分子,并为他们提供投奔或舍身效命的有形堡垒。

(原载《华夏时报》2015 年 7 月 1 日)

26.喋血索马里:中国公民与飞来横祸

7 月 26 日,索马里恐怖组织"青年党"在摩加迪沙发动自杀式袭击,导致15 人遇难,40 多人受伤。一名执行公务的中国武警不幸丧生,另外 3 人受伤。该组织事后认领这一血腥袭击,并称旨在报复西方国家目标。综合判断可见,中国公民遭遇不幸属于"倒地中枪",这一飞来横祸显示索马里及周边地区恐怖主义势力依然十分猖獗,也表明中国海外人员面临不可忽视的安全风险。

据报道,当天上午,一辆小货车冲到摩加迪沙半岛皇宫酒店大门附近并引爆车载炸弹,一声巨响震动整个城市,天空升起近百米高的烟尘,七层高的酒店部分门窗被炸毁或震飞,只剩预制件框架,现场血肉横飞,惨不忍睹。如果不是酒店预设了防冲撞水泥路障,损失将更加惨重。最新报道称,袭击者为一名德籍索马里人。

这座酒店是当地最好的酒店之一,住户包括部分国际组织办事处,以及中国、埃及、卡塔尔和阿联酋等国外交机构留守人员,也是索马里政府重要的外联据点。伤亡的4名中国武警当时正好在楼内值班,其使命是为中国外交官和其他留守人员提供安全保证。"青年党"事后宣称,这次行动旨在报复非洲联盟派遣团和索马里政府,并打击西方国家目标。然而,联合国代表处、非盟特派团和多数西方使团驻地并不在这里,而在距此不远的国际机场。可以想象,恐怖分子选择了安保措施比机场相对较弱的二类目标。这也是该酒店三年来第二次遭受恐怖袭击。2012年,索马里总统马哈茂德在此办公期间,就领教过自杀式袭击。

"青年党"于2004年崛起于局势失控的索马里,脱胎于"伊斯兰联合法院"组织,政治诉求是颠覆现政府,驱逐外国人特别是西方人,在东非建立政教合一的酋长国。该组织被认为是"基地"组织在东非的分支机构,与本·拉登和扎瓦赫里两代领导人保持着公开的垂直关系,并于2008年被美国列为恐怖组织。"青年党"素以手段残暴和杀伤力强著称,为了达到目标不惜滥杀无辜,包括政治领导人、外交人员、新闻记者、非盟维和部队官兵甚至人道主义援助工作者。2014年9月,该组织头目阿丹·加拉尔死于美军无人机空袭后,及时推选新领导人并宣称将与"伊斯兰武装"联手。

"青年党"也具有很强的游击和渗透能力,多次进入邻国实施恐怖袭击,以实施报复,并扩大影响。2010年7月,该组织奔袭乌干达首都坎帕拉,对正在观看世界杯赛的无辜平民发动多点自杀式袭击,造成70多人死亡。2013年9月,"青年党"突袭肯尼亚首都内罗毕的西门购物中心,导致67人死亡,180余人受伤,死难者中包括一位中国女性。今年5月,该组织4名枪手闯入肯尼亚东北一所大学劫持和杀戮异教徒,导致147人死亡,179人受伤。

"青年党"曾控制索马里中南地区及首都局部,人员规模具体不详,从高峰期的1.5万人到目前的1000多人,估计数不一而足。该组织资金来源大致由秘密捐款、非法征税、收取保护费和绑架敲诈等构成,据联合国相关报告估算,最多时其年收入达1000万美元;其对外传播方式不仅有向电视台寄发视频文件,还在推特维持官方账户,用以宣传和招募。2011至2012年,肯尼亚等非洲国家派兵进入索马里清剿恐怖力量,帮助重建合法政府,"青年党"遭受重创,逐步失去大片控制区特别是主要城市,引发其剧烈反扑,特别是越境报复,进而成为具有一定地区破坏力和影响力的恐怖组织。

"青年党"屡剿不灭,折射了东非地区艰难的治理现状。政治上,由于20世纪90年代内战遗留的军方混战、部落角逐,国家权力和制度体系长期支离破碎,受到国际社会支持的民选政府施政乏力,有令不行,令行不远,控制力甚至仅限首都及周边范围。经济方面,索马里治安环境太过恶劣,无法营造稳定和可持续的发展环境,状况严重恶化,2014年人均GDP只有600美元,位居全球倒数第五,属于最穷国家之一。贫穷不仅催生肆虐非洲之角的海盗群体,而且为恐怖主义提供了土壤。美国去年公布的60个失败国家名单中,索马里位居第一。

当然,"青年党"猖獗只是恐怖主义在西亚、非洲泛滥的缩影,特别是阿富汗战争、伊拉克战争引发反美反西方情绪的再度泛起,以及2011年"阿拉伯之春"后北非阿拉伯国家强人政治的垮台,导致整个地区恐怖主义大面积返潮蔓延。此外,尼日利亚"博科圣地"极端组织纵横东非中非,国际社会束手无策,也对"青年党"等索马里恐怖组织形成呼应和激励。非盟本身的能力、财力有限,它发动的以索马里为主战场的反恐联合行动难以彻底奏效,也导致了困兽犹斗的"青年党"依然具有相当的组织和行动能力,此次半岛皇宫酒店袭击,就是很现实的例证。

对中国而言,这不是第一次公民在海外遭遇恐怖袭击,也不是军事人员首次经历喋血。2005年中国某军事代表团在约旦首都安曼遭遇自杀式袭击,导致3人遇难。两次相似之处在于,中国人员并非恐怖组织设定对象,但由于置身险境,导致不必要且意想不到的伤亡。血的教训说明,中国公民在境外活动,还缺乏足够的警惕,至少从防范恐怖袭击、保全自身的角度看,准备得不够充分,重视得不够到位。

中国已在全球范围内进入可能遭遇恐怖袭击的时代和阶段,从中亚的阿富汗到西非的摩洛哥,从南亚的马来半岛到中东和欧洲,这是恐怖主义幽灵正恣意横行的广阔地区,也是暴力冲突频繁、矛盾和对立严重的巨大空间,更是"一带一路"最重要的中枢区域。索马里恐怖袭击酿成的悲剧警示中国,在推进这一伟大战略时,务必调研先行,安全先行。

在国际反恐多边合作中,中国既要旗帜鲜明地反对和谴责恐怖主义,以中国理念和传统参与国际反恐行动,也要与旧账累累的西方前殖民主义国家以及谋求全球霸权的美国保持距离,采取"和而不同"的战略与策略,尽量避免卷入他国主导的反恐战争。

（原载《华夏时报》2015 年 7 月 29 日）

27."法国 9·11":一个新的十字路口?

11 月 13 日,法国首都巴黎连续发生 6 起暴力恐怖袭击,导致 130 多人死难,300 多人受伤,形成震动欧洲乃至世界的恐怖冲击波。

脱身于袭击现场的法国总统奥朗德称此为"史无前例的恐怖袭击"和"战争行为",宣布法国全境进入紧急状态,并誓言与恐怖势力做殊死斗争。国际社会强烈谴责这一暴行,对法国给予一致同情和声援。这个"黑色星期五"是继 1 月《沙尔利周刊》血案后更加惨烈的血腥之日,甚至被称为"法国 9·11"。这个事件将产生何种广泛而深远的影响尚难完整评估,但它无疑将把地区形势和法国相关政策推向新的十字路口。

"伊斯兰国"武装宣布对巴黎袭击负责。袭击者训练有素,目标选择精准,杀戮手段残忍和作案工具专业等特征表明,这是一起有计划、有预谋、有组织的典型恐怖袭击,标志着"伊斯兰国"武装已在欧洲大开杀戒。如果说,《沙尔利周刊》血案是"基地"组织试图扩大影响力,与"伊斯兰国"武装争夺兵员和话语权而为,这次行动则是"伊斯兰国"武装继在西奈半岛炸毁俄罗斯客机后,对法国开辟叙利亚新战场所实施的直接报复。

在叙利亚战场角逐加剧、政治解决危机渐成共识、欧洲围绕难民危机而争执不下和经济普遍低迷的关键当口,巴黎大规模袭击将对中东反恐战争、欧洲移民政策和经济复苏乃至欧洲文化多元主义产生剧烈影响,也必然加剧已日趋严峻的带有文明冲突色彩的欧洲与中东地缘关系,而且增加整个伊斯兰世界面临的内外压力和困境。

15 日,在美国军方配合下,10 架法国战机对"伊斯兰国"武装自封都城拉卡投掷 20 枚炸弹,摧毁部分该组织目标,拉开法国大规模军事围剿帷幕。据分析,载有 24 架战机的"戴高乐"航母参战,将大大提升法国在叙利亚的空袭能力。叙利亚上空已经呈现俄、美、法三国空军参战的新格局,在携手打击恐怖组织的同时,围绕保护叙利亚政府目标还是反对派力量,俄罗斯与其西方对手将展开新一轮的明暗较量和地盘争夺。

此前,俄罗斯在叙利亚的密集和高效空袭,已明显缓解叙利亚政府的地面压力,改善其被动挨打和摇摇欲坠的危险境况,迫使美欧及其阿拉伯伙伴接受伊朗参与政治谈判,使事态向有利于政治解决的方向倾斜。但是,法国加大直接军事卷入,将再次使和平谈判的前景变得模糊不清。依据法国不肯轻易让步的一贯风格,以及连续暴恐袭击激发的国际同情和舆论支持,法国以军事力量为后盾的政治解决参与力度将得到加强,其政治诉求也将受到重视,进而让整个危机的解决更加复杂化。

大规模袭击对法国和欧洲内部触发的负面反应,首先是风口浪尖上的中东移民潮问题。究竟是恐怖分子混入难民队伍潜入欧洲作案,还是"伊斯兰国"武装唤醒蛰伏追随者行凶施暴,目前尚未有最终调查结果,但个别恐怖分子法籍身份的确认,可能动摇法国的归化政策。16 日,奥朗德在议会两院联席会议发表讲话,要求修改宪法中有关双重国籍和出生地等条款,这不仅意味着拥有法国籍的恐怖分子将被剥夺国籍,而且今后可能构成威胁的他国公民也将难以拥有法国国籍,法国由此抬高了移民准入门槛。

法国遇袭,欧洲恐慌。不仅旅游行业为核心的经济将受到冲击,加剧现有的社会危机和政治危机,而且经过激烈交锋的难民接纳话题再次成为焦点。这一恐怖袭击肯定会对难民怀柔政策支持者构成心理和舆论打击,相反会提升反对接纳移民的强硬声音,也将强化重建欧洲内部边境的保守势力。欧洲多国在全面提升警戒水平的同时,不少媒体将这个事件形容为对整个欧洲的攻击,对"民主"与"自由"的悍然侵犯。波兰官方甚至直接质疑欧盟向成员国分配中东难民的既定政策。

可以想象,也许难民问题在公众情绪平复后回到正常轨道,欧洲各国会依照欧盟建议和传统价值观及习惯做法,继续容留、吸纳中东难民,但是,不可置疑的是,欧洲右翼和保守政治力量的民意支持率会提高,宽松移民政策和自由迁徙原则将进一步面临调整,外籍移民特别是中东移民受到的安全检查、甄别和行动约束将被收紧,由此而引发的族裔不和、对立甚至敌意将水涨船高,价值观和文化差异将被放大,以信仰和种族为界限的摩擦和冲突可能会加剧,进而形成有利于恐怖势力兴风作浪的恶性循环。

就法国而言,巨大悲情推动下的多元文化氛围恐怕难以让人乐观。《沙尔利周刊》血案后,法国社会并没有从中检视过度和绝对言论自由的负面效应,相反,全社会沉湎于"我是沙尔利"的集体悲情中,坚定捍卫自己的价值观和文化传统,并未打算在尊重他者的方向有所妥协。据报道,受《沙尔利周刊》事件影响,高举世俗化和自由化旗帜的法国,部分学校今年早些时候已停止向穆斯林和犹太学生提供符合其教义和习俗的饮食,体现出文化沙文主义。最为典型的、代表顶层意志的不妥协表现是,面对十多年后首次做客法国的伊朗总统鲁哈尼一行,总统府17日坚持"入乡随俗"和"客随主便",拒绝以符合伊斯兰习俗的饮食标准,安排清真食品和非酒精饮料,宁可放弃一次难得的午餐峰会。对于维护各自价值观的做法,外人无可非议,但是法国上述举措意味着文化碰撞和摩擦,今后也许只会增加而不会减少。

法国已经毫无悬念地成为新一波恐怖袭击首选对象,其风险性已跃升到美国和其他欧洲伙伴之上,如果回顾法国2011年后的激进表现,也许能找到因果关系和内在逻辑。利比亚危机爆发之初,正是法国力推安理会通过在利比亚建立禁飞区的1973号决议,也是法国在北约成员中最先把炸弹投放在这个阿拉伯国家。叙利亚危机中,法国作为前殖民地宗主国更是表现出比美英更为激进而活跃的姿态,担当干涉叙利亚的急先锋。此轮恐怖袭击爆发前夕,法国高调宣布派"戴高乐"号航空母舰进入地中海,准备投入叙利亚战事,"伊斯兰国"也自然最有理由在报复俄罗斯的同时,在巴黎实施大规模报复,其以儆效尤的意图已不言而喻。

恐怖主义是人类公敌,世界公害,世界各国均很难置身事外,必须毫不留情地进行谴责和打击。但是,2011年阿拉伯剧变后西方的干涉主义在中东摧毁部分统一、完整和压制恐怖主义的国家,造成地区力量失衡和宗派、种族矛盾激化,形成诸多关系复杂的热战场。这种碎片化的安全环境释放了恐怖主义的洪水猛兽,欧美和海湾产油国甚至因为各自私利而一度放纵这股比"基地"组织更凶猛的邪恶力量,和难民问题一样,其最终结果是养虎遗患,引火烧身。这个教训难道不值得法国等欧美国家深刻反思吗?

(原载《华夏时报》2015 年 11 月 19 日)

28.中东反恐:俄罗斯与西方貌合神离?

11 月 24 日,一架俄罗斯苏-24 战机在靠近叙利亚的土耳其领空被导弹击落,土方指责俄战机侵入土领空并无视反复警告。俄罗斯总统普京抨击土耳其"背后捅刀子",指责其与"伊斯兰国"武装相勾结,并警告说两国关系将受到强烈冲击。这一突发事件引起各方紧张,料想正谋求缓和与美欧关系的俄罗斯也许暂且隐忍避免扩大。但是,这个意外反映了中东反恐之难,更折射出俄罗斯与西方合作反恐不会一帆风顺。

20 日,联合国安理会 15 个成员国一致通过 2249 号决议,对近半年来在突尼斯、土耳其、埃及、黎巴嫩和法国发生的恐怖袭击进行谴责,指出"伊斯兰国"和"基地"组织等使国际和平与安全面临前所未有的全球性威胁。决议授权有能力的联合国成员对盘踞在叙利亚和伊拉克的上述组织采取一切必要手段予以打击,敦促各国阻止相关人员前往叙伊参加恐怖组织,防止和打击资助恐怖活动,并将公布新的制裁名单。安理会最新"尚方宝剑"的出炉,无疑将极大地便利针对恐怖主义的国际打击,但是,取得有效结果则完全依赖国际社会特别是俄罗斯与西方大国间的相互信任、密切协调和统一行动。

近期,国际恐怖主义已呈现新特点:其一,"伊斯兰国"困兽犹斗,连续跳到外线反击和报复其战场对手,制造黎巴嫩南部连环爆炸、埃及西奈半岛俄罗斯民航飞机坠毁以及巴黎多点袭击;其二,"伊斯兰国"显示不容小觑的专业人员全球征召能力和快速行动力。最新情报称,该组织已命令其成员在英国蛰伏待命,随时就地攻击;其三,中国和挪威两名人质被该"伊斯兰国"撕票表明其无区别杀戮的野蛮与残忍本质,正严重威胁着各国公民的自由旅行;

其四,"伊斯兰国"借助网络和图片,炫耀其炸毁飞机的自制炸弹,以"众包"方式怂恿、暗示其追随者采取类似行动,加大了各国防恐和反恐的难度。

另一方面,两大恐怖组织之间的竞争关系也在加剧,不甘心被"伊斯兰国"反超并边缘化的"基地"组织,继年初在巴黎制造《沙尔利周刊》血案后,一直伺机出手,并于本月 20 日制造了马里首都丽笙酒店袭击事件,导致 27 人遇难。为了吸引追随者,分化竞争者队伍,"基地"组织不仅谴责"伊斯兰国"武装残暴,而且打出"不伤害穆斯林"的旗号,并在多次暴恐袭击中根据对手是否信仰伊斯兰教决定其生死,形成某种迷惑性。两股邪恶势力的明暗争夺,将使反恐形势更加复杂。

安理会 2249 号决议草案由法匡起草,吸纳了俄罗斯的主张,得到 15 个安理会理事国一致赞成,充分表达了国际社会的共识和意志,为打击、削弱"伊斯兰国"武装和"基地"组织提供了难得机遇。俄罗斯自 9 月出兵叙利亚后就反复呼吁组建国际反恐联盟;法国也在巴黎恐袭事件后积极回应国际反恐联盟倡议,并推动美国主导的 62 国既有联盟发挥真正有效的作用。与酝酿反恐联盟并行的乐观迹象是,俄美已就叙利亚政治解决进程求同存异,基本达成一致,并计划在"支持叙利亚小组"架构下向前推进,争取明年元旦促成叙利亚政府军与反对派实现停火,组建过渡联合政府,起草新宪法,并在此后 180 天举行大选。这一新迹象将有助于各方集中火力对付恐怖势力,加速其衰落的进程。

然而,仅有联合国授权,无法改变现有反恐形势,因为对俄罗斯和美欧而言,反恐并非当务之急,双方最关心的是谁未来掌控叙利亚,因此也必然以反恐之名行争夺叙利亚之实。伊拉克的情况也大致相似,三分天下的什叶派、逊尼派阿拉伯人和库尔德人,优先考虑的不是共同对付恐怖主义,而是自己的宗派利益如何最大化,事实上,也正是三派的巨大裂隙才给"伊斯兰国"武装在伊拉克迅速做大做强提供了空间。

因此,针对叙利亚和伊拉克境内的反恐战争,必须建立统一战线和统一机构。假如美欧和俄罗斯协调各自的小伙伴们,统一划分战区和分配作战任务,既可以做到有效衔接不留死角,也可以避免双方战机和武器构成误伤,特别是叙伊两国空域地域都相当有限。美欧钱军方对中东地区情况十分熟悉,从技术上说没有任何悬念,难的是彼此缺乏战略信任,唯恐在驱逐"伊斯兰国"武装后被对方夺取两国控制权。至今,尚未看到任何类似动议,而这是反恐能否明显奏效的关键机制之一。俄罗斯战机被土耳其击落一事就表明,各自为战将存在巨大风险。

其次,美国发动反恐战争一年多来,"伊斯兰国"武装控制的地域面积并没有明显减少,这证明其实力尚未严重受损,甚至用于防守和机动作战的力量大致完好,足见其不缺乏兵源。据悉,叙利亚境内还有上千万难民,如果他们生计无着,极有可能成为"伊斯兰国"的潜在招募对象。随着土耳其与"伊斯兰国"反目,借道进入该组织控制区的外籍人也许在减少,但是,也不能简单乐观,同样需要统一的监控机制。安理会决议不点名的要求,最终还要靠有形和可核查的制度安排来发挥作用。

兵马未动,粮草先行。尽管此前安理会已通过相关决议,敦促联合国成员切断与"伊斯兰国"武装的金融联系,阻断其外来经费。但是,占有叙伊两国各40%土地面积的"伊斯兰国"武装似乎一直不差钱,去年底,该组织报出的年度财政预算竟然高达20亿美元。据悉,该武装的财政收入来源大致包括:走私石油、文物、人体器官和毒品,洗劫占领区银行存款,向异教徒征收人头税,对管辖区穆斯林收取管理税费,绑架人质进行勒索以及入户抢劫。收取各种税费毕竟额度有限,高附加值的走私才足以支撑"伊斯兰国"武装的日常开销,因此,周边国家能否封锁边境,阻断该组织的生财之道也至为关键。

当然,联合空袭、断绝兵源、阻塞财路都不是彻底和快速打垮"伊斯兰国"武装的优先途径,最终胜利取决于有无一定规模的地面攻势。尽管叙伊战场的"伊斯兰国"武装不具备通讯、防空和远程打击等优势,但他们具有化兵为民、混兵于民的便利,更有聚散两易、攻退自如的机动优势,使多国部队的远、高、慢打击效果大打折扣。如果反恐联盟利用情报、制空和精准打击优势,组成联合地面部队,对战场进行切割和包围,形成一个个局部立体兵力和火力优势,则能瘫痪"伊斯兰国"武装任意驰骋的能力,并借助近距离的目标识别和引导,收到高效战果,同时避免殃及平民或减少伤亡。一旦压缩"伊斯兰国"武装的地盘,攻克其盘踞的城镇,击溃其成建制的兵力,必将取得反恐战争的决定性胜利,为叙利亚和伊拉克的重建与恢复奠定和平基础和氛围,也为其他阿拉伯国家实现转型带来正能量。届时,无论是"伊斯兰国"还是"基地"组织,都将日趋衰败,失去恣意妄为的空间。

　　所有这些希望与构想,都有赖于国际社会特别是美欧与俄罗斯等大国的决心和意志,它们曾经在抗击法西斯的第二次世界大战中成功结盟,如今,更有理由把各自的小算盘放在一边,重新携手打击共同敌人——恐怖主义武装,也承担起世界和平与安全的大国责任。

（原载《华夏时报》2015 年 11 月 25 日）

29.杀手四出:"伊斯兰国""众包"恐怖袭击

　　12 月 5 日,"伊斯兰国"武装宣布三天前加利福尼亚袭击案为其成员所为,调查结果也证明,这起造成 14 人死亡、17 人受伤的血腥杀戮,确与该组织有密切关联。5 日当晚,英国地铁也发生"以叙利亚之名"的独狼式袭击。同时,西方情报部门警告称,"伊斯兰国"追随者正在泰国和英国等国谋划恐怖袭击,报复国际反恐同盟成员国。杀手四出,不仅凸显"伊斯兰国"难以遏制的恐怖行为张力,而且证明其正以"众包"方式全面反扑。

　　美国安全部门调查表明,加利福尼亚案肇事夫妇不仅使用杀伤力极强的军用枪械,而且事先策划妥当逃跑路线,更关键的线索是,女杀手曾在脸书网站发帖声称效忠"伊斯兰国"武装。一名联邦执法官披露,男杀手则至少和两个隶属"基地"组织的中东恐怖团伙有关,包括叙利亚"救国阵线"和索马里"青年党"。

　　这对夫妇无任何犯罪前科却被恐怖组织驱使,相当出乎公众意料。尽管尚难厘清他们如何被"伊斯兰国"洗脑和操控,但后者强大的意识形态格式化能力和"软件"植入效率令人震惊。更让人对恐怖主义形势悲哀和焦虑的是,这对杀手不乏同情者和支持者,也自然料定他们不缺乏追随者和效仿者。据美国媒体报道,袭击者发誓效忠"伊斯兰国"的消息 5 日曝光后,互联网贴出更多该组织粉丝的庆祝言论,他们将这对杀害无辜平民的冷血夫妇描述为可进天堂的牺牲者。

　　"伊斯兰国"武装脱胎于"基地"组织,是该组织升级和扩大版,它不仅继承"本·拉登主义"的核心衣钵,更展示比母体强大太多的社会动员能力、组织能力、管理能力、技术能力和恐怖袭击传销能力,甚至在残酷性和嗜血性方面也远远超越"基地"前辈和导师。过去一年,"伊斯兰国"武装与"基地"为了争夺面向西方世界及其"代理人"的圣战领导权和规则制定权,分道扬镳,公开竞争,甚至彼此清理门户。但是,祖师爷本·拉登制定的两大传家法宝——恐怖主义理论与行为方略,却被"伊斯兰国"武装全盘吸纳并发挥到极致。

"本·拉登主义"或曰"基地主义"诞生于 20 世纪 80 年代阿富汗战争期间,一批来自伊斯兰世界的宗教激进分子在资助和参与抗击苏联军队占领的过程中,建立武装训练"基地",并逐步将其升格和扩容为政治军事组织,宣布将终结一切对伊斯兰土地的入侵和占领,实现公平与正义,最终建立没有异质文明统治的伊斯兰社会。1988 年,"基地"扩大为"反犹太复国主义及国际十字军联盟",进而着眼于后阿富汗战争时代。"基地"由此锁定以色列及其国际庇护者和地区媾和者,即美国为首的西方国家及伊斯兰世界温和政权。本·拉登们没有把斗争矛盾直指以色列,首先在于以色列过于强大和防范严密,更重要的是,他们认为以色列不过是"罪恶之树"的一根枝条,仅斩断这根枝条于事无补,必须连根拔掉西方势力这棵大树才能一劳永逸。

确定了理论框架与战略诉求,与之配套的战略路径和战术也逐步成型,即资助、支持一切伊斯兰激进背景的反叛力量,尽可能对美国及其盟友政权发动袭击,通过伤害、刺痛对手而诱惑其反击,最好形成热战场,造成更多穆斯林伤亡和苦难,滋生更多反美反西方反世俗政权的情绪和仇恨,培育更多激进分子,在此前提下,轻松招募更多所谓"舍生取义"者投入新的暴力或恐怖袭击,如此循环往复形成以暴制暴、以暴易暴的滚雪球,使美国为代表的"异端"四处开战,到处流血,最终国力亏空,像不可一世的罗马帝国般轰然崩溃。基于这一目标,"基地"宣称可以伤害无辜,但应尽量避免殃及穆斯林生命及财产。

"基地"行为范式的重要特征之一是利用现代媒体广泛传播意识形态、战略意图和战术手段,并已达成初衷,在全球范围内被极端分子追随和效仿。这种现象被称为恐怖主义"众包"——即由其铁杆粉丝认同使命,认领任务,认准目标,随时随地发动袭击。阿富汗战争、伊拉克战争两场局部战争,恰恰使"基地"的强大对手相继陷入两大陷阱,并按照其预期培养了越来越多的反美主义者乃至恐怖分子。2011 年的"阿拉伯之春"导致打压"基地"势力的诸多阿拉伯政权土崩瓦解,"基地"势力却没有因本·拉登毙命一蹶不振,反而逆势扩张,在中东、中亚、非洲全面扩散,直至孕育出更加致命的"伊斯兰国"

武装新生代。这就是西方反恐战争"越反越恐"的症结所在。

"基地"恐怖托拉斯的非对称战争已全面拉开激进势力与美国等西方国家的对决,2011 年后西方对伊斯兰世界发祥地中东内乱的全面政治干涉和军事介入,无疑使"基地主义"意识形态更加逻辑自洽。持续多年的西方经济危机及其引发的政治和社会危机,加剧了边缘地带穆斯林群体的生存困境和末世情结,巴格达迪等人在叙利亚和伊拉克割地立国、定都封疆并自诩为政教领袖"哈里发",不仅唤醒部分保守穆斯林对"四大哈里发"时代伊斯兰文明辉煌的迷思,"伊斯兰国"武装超强的战斗力和蛊惑力,更让其追随者误判颠覆西方文明、重现伊斯兰荣光的历史机遇已然到来。于是,"伊斯兰国"武装建立的乌托邦式政权,不仅诱使"基地"各地派系纷纷倒戈,而且迷惑着众多激进分子趋之若鹜,舍命追随。

显然,随着俄罗斯和西方国家全面和全力围剿叙利亚、伊拉克一带的"伊斯兰国"武装,该组织名下的"哈里发国家"终将成为镜花水月,但其沿用的"基地"式说教和就地征召、各自为战的策略不会很快丧失功能,它必然对一个又一个恐怖袭击目标公开发包,鼓动世界各地的盲从和死忠者不择手段发动袭击,直到从意志上和心理上击溃战略对手。

1994 年,索马里民兵击落两架美国黑鹰直升机,造成 19 名美军士兵阵亡,迫使克林顿政府匆忙撤离索马里,撤离非洲大陆。资助这支武装的本·拉登欣喜若狂,因为他发现美国固然强大,但美国人惧怕死亡,美国并非没有软肋。于是乎,1998 年"基地"首次对美国驻非洲大使馆发动连环自杀袭击,2000 年在也门亚丁袭击美国"科尔号"驱逐舰,直至 2001 年摧毁世贸中心双子楼,终于把美国拖进长达十五年的两个战争泥潭。

"伊斯兰国"武装正在延续"基地主义"的逻辑和战略,中东也前所未有地变成"异教徒"战争机器大比拼的赛场。困兽犹斗,垂死挣扎,"伊斯兰国"武装的恐怖主义众包模式将呈现阶段性的大爆发,也必然造成更多伤亡,使恐怖主义与反恐斗争进入全球开花的新阶段。无论人们离中东多远,都必须对此保持足够的清醒认知。

(原载《华夏时报》2015 年 12 月 11 日)

30.沙特组盟:真诚反恐还是姿态作秀?

　　12月15日,沙特阿拉伯宣布组建一个完全由伊斯兰国家组成的反恐怖联盟,并将联合行动中心设在沙特首都利雅得,以便协调和支援军事行动。沙特官媒称,该联盟几乎囊括除伊朗等个别国家之外的伊斯兰世界主要成员。此举是伊斯兰国家集体吹响清理门户的反恐冲锋号,还是另一场沙特以反恐名义摆出的政治秀,值得观望。

　　沙特副王储兼国防大臣穆罕默德·本·萨勒曼对媒体称,组建这一军事联盟意在协调西亚和中亚等地的反恐行动,并强调联盟将打击"伊斯兰国"武装及"任何恐怖组织"。尽管该联盟排除伊斯兰大国伊朗而带有宗派博弈色彩,但这依然是一次值得肯定和期待的多边国际努力。34个伊斯兰国家另起炉灶主导反恐,至少可以向世界宣示:"基地"和"伊斯兰国"等组织发动的恐怖主义袭击绝非文明冲突,它们不代表16亿穆斯林的主流价值观与和平理念;伊斯兰世界不允许少数害群之马持续玷污教门和教众的正面形象。

　　沙特作为伊斯兰文明发祥地和麦加、麦地那两大圣地监护国,经济实力和宗教话语地位也无与争锋,它牵头组建伊斯兰反恐联盟,既是历史与资源禀赋所致,也是现实情势所需。然而,部分受邀国家表示事先不知情,甚至从新闻报道才知道已被纳入联盟,这表明沙特在组建联盟过程中缺乏摸底协调和充分沟通,也缺乏公议公决,更像是一国单独拍板的吹拉弹唱,无疑让人担心这个貌似堂堂之阵的反恐联盟虚多实少,甚至有名无实。如果不能得到各受邀国的坚决支持和全力参与,并形成行动层面的组织体系和执行方略,联盟注定会徒有其名,甚至不排除是沙特为缓解眼前压力、挽回影响而自导自演的反恐姿态秀。

　　2001年的"9·11"恐怖袭击,一夜间将沙特推向世界特别是西方舆论的风口浪尖,因为策划这一袭击的"基地"创始人本·拉登是沙特原籍,直接参与袭击的19人中有15人来自沙特。受此影响,作为现代沙特立国之本的瓦哈比教义因其观念保守、追求纯粹而被热议,并随着激进思潮的泛滥以及"基地主义"的扩散而饱受诟病。"伊斯兰国"武装肆虐的近两年,沙特承受的外部压力达到另一次高潮。

《金融时报》专栏作家吉迪恩·拉赫曼日前撰文称,对沙特怀有敌意的文章已成西方媒体标配,西方与沙特的关系正发生某种变化,因为西方政治家和学者追寻"伊斯兰国"意识形态根源,最终都溯及瓦哈比思想。德国副总理、社民党主席加布里尔最近公开指责沙特通过其捐建的清真寺传播宗教激进主义;英国自民党前党魁阿什当公爵呼吁政府对"资助圣战组织"的行为展开调查,矛头也直指沙特。美国共和党候选人特朗普公开呼吁禁止穆斯林入境并与沙特国王萨勒曼侄子、著名富翁瓦利德亲王在网上对骂。

毋庸置疑的是,2011 年以来的阿拉伯世界大动荡,从利比亚到埃及,从也门到巴林,从伊拉克到叙利亚,都不乏沙特等国积极干涉的身影,甚至可以说,将北约军事力量引入中东进而撬动内部固有矛盾,激化地区反美反西方激进思潮,客观上为新一轮恐怖主义扩张培育了土壤,沙特等国都难辞其咎。沙特等国力避街头运动试图祸水外非但最终引火烧身。当然,指责沙特等国支持恐怖主义和输出宗教激进主义并不公平,因为它们早就是这两股势力的直接受害者。

沙特组建反恐联盟也许还有另外两个现实背景:纠集十国干涉也门骑虎难下,使自身在伊斯兰和阿拉伯世界的影响力和号召力再打折扣。持续低油价及美国可能解除石油出口禁令,以及巴黎气候大会形成的全球减排共识预示,石油暴利即将告罄,阿拉伯产油国对世界特别是西方的战略价值快速缩水,如果不搭乘反恐战车铲除恐怖主义,将可能被西方国家彻底抛弃进而政权难保。动员伊斯兰世界向恐怖主义全面开战,不仅是沙特主导的一次立场澄清,更是绝地求存。

伊斯兰文明的形象已被恐怖主义玷污,无辜穆斯林大众面临着罕见的不公平压力。刮骨疗伤的任务不可能由外来力量主刀完成,必须由主要伊斯兰国家政府和社会精英担起重任。但是,如果仅仅停留于形式上的松散联盟,而不付诸真实行动,这个反恐联盟必然成为过眼云烟,沙特想借此改观形象、挽回地位的努力也将成为泡影。

(原载《北京青年报》2015 年 12 月 19 日)

31.恐怖主义:当从历史长河明辨其踪

3月22日,布鲁塞尔发生自杀式连环袭击,造成30多人死亡并引发巨大恐慌。这是继去年1月巴黎沙尔利周刊社和11月巴黎连环袭击后,欧洲近年遭遇的最严重暴恐袭击。"伊斯兰国"武装事后宣称负责并威胁继续报复参与中东反恐联盟的国家,舆论针对特定宗教信仰和族群的质疑和抨击也再次喧嚣。然而,快览人类历史发现,恐怖主义的野蛮不仅伴随文明进程,不同时期也都有不同行为体和不同表现形式。恐怖主义只是暴力方式,是畸形的不对称博弈,本质均以主观大面积伤害无辜并传播恐怖为特征。

作为西方文化源头之一的《圣经》,记录着人类最早的恐怖主义。"埃及十灾"讲述上帝如何以集体惩罚和杀戮警告、恫吓、威逼埃及法老允许摩西带犹太人返回迦南,从降下血水灾、青蛙灾、虱子灾、苍蝇灾、畜疫灾……直到灭绝全埃及大小长子和头胎牲畜,最终迫使法老就范。尽管这只是宗教故事,但开启人类对滥杀无辜的久远记忆以及恐怖主义效果的预言。

公元前689年亚述帝国皇帝辛那赫里布攻克巴比伦后怒焚全城并大水漫灌,还煞有介事立碑传播以便威加四方。四十一年后,其孙巴尼帕尔再克巴比伦,将大批反叛者拔舌碎尸抛喂飞禽走兽,并广而告之以儆效尤。公元12世纪,西亚"阿萨辛"极端宗派专门暗杀各路政敌首脑,作乱百年,风声鹤唳,以至"阿萨辛"成为英语"暗杀"一词的词源。此后蒙古三次大西征,沿途杀人无数,帖木儿等在中亚动辄堆尸成山,枭首聚塔,恐怖气氛不胫而走,欧亚诸多城市军民闻风丧胆。

欧洲曾是近代恐怖主义肇启之地。18世纪法国大革命期间,执政的雅各宾派为了震慑和打压反对党人,公然把恐怖主义当作官方政策加以采用,首次将这一血腥专制方式系统化、政策化和合法化。当然,狂热而无情的杀戮最终导致人心丧失,将革命葬送于"热月政变"。

现代中东恐怖主义起源于托管时期的巴勒斯坦,始作俑者却是极端犹太复国主义分子及其武装。为了逼迫英国同意分治巴勒斯坦建立犹太国家,他们于1944年刺杀英国驻中东公使摩恩勋爵,于1946年炸毁托管当局总部驻地耶路撒冷大卫王饭店,造成90多人死难……至于针对桥梁、火车、公交车站和阿拉伯村庄的恐怖袭击更不胜枚举,导致大量阿拉伯平民因恐惧而背井离乡,成为最早的中东难民。

现代恐怖主义并不局限于中东。20世纪六七十年代以降,在资本主义经济危机冲击下,西方世界形形色色的本土左翼极端组织,试图以红色暴力和恐怖袭击颠覆现行制度,日本"赤军"、意大利"红色旅"、西德"红军派"、法国"直接行动"和秘鲁"光辉道路"等大开杀戒,臭名远扬。同期,大量推崇种族主义、纳粹主义的极右翼派别也在欧美粉墨登场,美国"三K党"和"黑豹党"、意大利"黑手党"、俄罗斯"光头党"、德国"新纳粹"和日本"奥姆真理教"等犯下大量恐怖主义罪行。上述非宗教背景为主的组织绑架、爆炸、劫持、投毒,花样百出,共同书写了恐怖主义活教材。

此外,北爱尔兰分离主义恐怖袭击肆虐英伦三十多年,造成3600多人死亡;斯里兰卡"猛虎组织"在长达二十五年的武装暴乱中以恐怖袭击杀伤大量平民,甚至以自杀爆炸方式杀害印度总理英迪拉·甘地等政要。法国"科西嘉解放阵线"、西班牙"巴斯克民族与自由运动",乃至加拿大"魁北克解放阵线"等都曾采取恐怖袭击追求政治目标。至于两次世界大战中德日法西斯军队所进行的各种屠杀,更是国际法主体实施的反人类战争犯罪和恐怖主义犯罪,是典型的国家恐怖主义。

无数史实表明,恐怖主义是自古存在并延续至今的极端暴力现象,它与具体信仰、族群并无必然联系,近年比较集中源发于中东,既有该地区长期治理失败的客观因素,也有殖民主义、干涉主义以及西方炮舰政策和强权政治制造的旧恨新仇所致,2011年中东之乱再次验证恐怖主义产生的根源,不公平的国际关系和失衡的力量对比,更叠加放大了中东失败主义者的末世情结和仇恨宣泄。

人类经历的恐怖主义从《圣经》传说开始,随着文明变迁不断演进,理论上说永远不可能禁绝,只能对症下药综合治理加以控制和防范。也许几十年乃至百年后,人类面临的最大恐怖主义对手将是自己的发明创造体——机器人,这是最近围棋人机大战带给我的遐想。

(原载《北京青年报》2016年3月26日)

32.沙迪克汗:穆斯林市长与伊斯兰恐惧症

5月8日,巴基斯坦裔英国人沙迪克汗宣誓就任伦敦市长,创造两项纪录:第一位少数族裔公民担任英国首都行政首长,第一位穆斯林移民掌管欧洲重要都城。部分媒体就此喧嚣不已,大谈欧洲"伊斯兰化"的现实与未来。这种现象折射出欧洲复杂的世态人心,也令人担忧沙迪克汗式的文明融合新样板能否成为一种新常态。

860万人口的伦敦穆斯林只有100万,如果单纯以族裔画线,穆斯林沙迪克汗无论如何都得靠边站。然而,伦敦市民以平和与理性选择了各方面都表现优异的这位第二代穆斯林移民,说明伦敦乃至英国社会的包容与开放相当成熟,任人唯贤,不以出身论英雄,不以族群定高下。沙迪克汗当选后的民调显示,55%的伦敦市民不介意其出身与信仰,这在白人和基督教信众为主体的社会不同寻常,在欧洲陷入"伊斯兰恐惧症"集体恐慌的当下也难能可贵。

当然,沙迪克汗本人是一位成功融入英国主流文化的外来少数族裔,虽然他是虔诚的穆斯林,但支持同性恋婚姻,仅此一点就表明他并非宗教激进主义者,而是具有现代意识和人道情怀并认同西方价值观的政治家,也是坚持中间路线并能兼收并蓄的温和主义者。沙迪克汗也许不受欧洲排外势力和本教保守人士的欢迎,但他获得多数伦敦市民认可,预示着欧洲多元文化共存共荣的新希望。

在极右势力抬头、中东难民潮剧烈荡涤和恐怖主义袭击频繁的欧洲,沙迪克汗胜出具有标杆价值和积极意义,也足以促使人们思考在全球化进程日益深化和扩展的世界,不同文明、族裔和信仰该如何和平共处,水乳交融。作为穆斯林移民在欧洲"鲤鱼跳龙门",沙迪克汗现象堪称凤毛麟角,但放眼世界,其正面示范作用不亚于2009年奥巴马石破天惊地当选美国总统。

文明冲突是欧洲历史与现实的持久话题,也构成东西方两种意识形态、价值观乃至生活方式对话与交流的主旋律。公元前5世纪末开始的希波战争,就被西方话语体系标签为民主与专制、自由与奴役的对决。7世纪勃兴的阿拉伯帝国扩张,11世纪肇始的二百年十字军东征,及随后的奥斯曼帝国崛起和君士坦丁堡陷落,更被视为伊斯兰文明与基督教文明的相互征服。

以 16 世纪大航海运动为起点,欧洲开启全球化进程,并将世界带入殖民时代,欧洲与东方,基督教与伊斯兰教两大文明的博弈进入长达五百多年的"西强东弱"平台期,加剧了伊斯兰腹地特别是中东和南亚等前欧洲殖民地的动荡、战乱和失败。这个过程又伴随着欧洲吸纳大量伊斯兰廉价劳力,逐步形成一定规模的穆斯林人口,也为欧洲"伊斯兰化"担忧提供了现实理由。据统计,截止到 2010 年,欧洲穆斯林人口达到 4400 万,占总人口 6%,其中 1900 万人生活在欧盟内部,约占其人口 3.8%。相关预测还表明,2100 年,欧洲穆斯林人口将达到 25%。

受欧洲中心主义、基督教和白人文化优越论及穆斯林移民自身问题的影响,近年欧洲舆论对穆斯林人群形成较为负面的看法,指责他们"对异质文化价值和习俗缺乏包容""不愿融入主流社会"以及"比其他宗教更倾向鼓动暴力"等等。伊斯兰极端组织及个人恐怖袭击的频发,以及穆斯林难民涌入带来的各种新困扰,更强化了这种负面印象,进而并发为"伊斯兰恐惧症",担心欧洲终将不再是欧洲人的欧洲,基督教文明迟早被伊斯兰文明所取代……

近现代欧洲一直以人类进步样板和导师自居,高扬民主、自由、平等和人权大旗,并以各种软硬实力向全球推广价值观。但是,人类毕竟是有局限的,再发达的国度与社会也都难以摆脱族群、信仰、观念和传统的束缚。妇女和少数族裔等弱势群体并不总能分享平等的阳光。西方每次选举来自弱势群体的竞争者总能引起喧哗,招来不必要的担忧甚至百般挑剔,而基于种族和信仰差异的非议尤其突出和严峻,都表明人类进步知易行难。

如果说,奥巴马顺利当选成功演绎了美国梦,推动美国种族平权的进步,但并不代表美国已圆满解决黑白族裔间由来已久的隔阂与摩擦。沙迪克汗当选伦敦市长也是巨大进步,成功讲述少数族裔靠自身努力获得英国主流社会认可与欣赏的政治童话,但这也不表明英国及整个欧洲多元文化已产生普遍的良性化学反应。相反,其现实和前景都要比美国复杂和困难得多,需要从两个向度做持续不懈的努力。

（原载《北京青年报》2016 年 5 月 14 日）

33.从费卢杰到拉卡:围攻"伊斯兰国"的明争暗斗

5月30日,伊拉克政府军经过一周围困后,开始对"伊斯兰国"武装在中西部的重要据点费卢杰市发动总攻。同时,叙利亚反恐联盟也在俄罗斯和美国空军协助下,开始向"伊斯兰国"武装大本营拉卡市挺进,并继续夺取阿勒颇沦陷区以切断恐怖分子的国际通道。

这些迹象表明,两个战场的反恐力量正在对这个跨境而立的"国中之国"组织战略反攻,意图尽快收复被其占领和控制长达两年的大片土地。但是,反恐战争背后的多方利益算计,也必然进入新一轮明争暗斗,进而给短期内彻底打垮"伊斯兰国"武装蒙上阴影。

主攻费卢杰,包围摩苏尔

据伊拉克媒体报道,5月30日凌晨,装备精良、训练有素的伊拉克反恐特种部队,在国防军、安巴尔省警察部队以及什叶派民兵的协助下,分三路向位于巴格达以西50公里的费卢杰市纵深挺进,吹响了一周外围战之后的总攻号角。但是,由于费卢杰地域狭小、人口密集、社会情况复杂,夺城战推进十分艰难。

费卢杰其实是个小镇,面积不大却容纳了五万居民。这里不仅聚集着与什叶派主体人口派系对立的逊尼派居民,而且活跃着大量部落武装,甚至萨达姆政权的追随者,他们很大程度上是"伊斯兰国"武装的同情者、支持者甚至是同盟军。自2003年伊拉克战争爆发以来,费卢杰就以不合作和频繁发动反美反政府叛乱而著称,虽然经过当局多次清剿和弹压,但是,对立与反叛屡屡反弹,成为伊拉克内战的重要缘起之地。

报道称,攻城部队在联军空中掩护下,分别从费卢杰北、南、西部三个方向突入城区,并夺取部分阵地。由于担心殃及无辜平民,联军的装备优势很难展开,特别是"伊斯兰国"武装有意识地将无法脱身的市民当作人肉盾牌,并且在很多关键地点埋设大量炸药,甚至逐屋进行自杀式抵抗,导致攻城部队投鼠忌器,寸步难行。

2014年春天开始,"伊斯兰国"〔时称"伊拉克和沙姆伊斯兰国(ISIS)"〕

武装利用伊拉克日益恶化的教派矛盾,在费卢杰迅速壮大,以区区800多人的有限兵力,利用武装皮卡车队快速移动,半年内连攻包括第二大城市摩苏尔在内的15个城镇,向东迫近巴格达外围,向北兵力直逼库尔德自治区前沿,一时震动世界。究其原因,这批亡命徒敢打敢拼,一路大开杀戒,成批处决俘虏制造恐怖,守城官兵力量薄弱且与中央政府离心离德,多数无心恋战,望风而逃。关键还在于,费卢杰各种本土反叛分子包括部落武装纷纷与"伊斯兰国"结盟,以图颠覆什叶派和库尔德人控制的现政权,找回他们失去的控制地位。

当伊拉克中西部大片土地沦丧,且被"伊斯兰国"武装打通边界与叙利亚境内控制区连成一片后,一个占据伊叙国土各约40%的非主权实体"伊斯兰国"出现在国际社会视野,首次改写了中东民族国家地缘版图。若非美国于2015年9月发动反恐战争并组织60余国通过空袭和地面阻击加以遏制,后果不堪设想。此后,库尔德武装踊跃拥兵自保,伊拉克政府改组后大力反恐,伊朗也派遣大量武装人员入境作战,才使战事陷入停顿和僵持。

自去年12月以来,伊拉克政府军相继克复萨拉丁省首府提克里特和安巴尔省首府拉马迪,将"伊斯兰国"武装控制区切割成块,并压缩在摩苏尔和费卢杰两大据点。重要的是,伊拉克政府重视逊尼派政治和经济诉求,重新赢得多数逊尼派部落的谅解,为后续战事顺利推进奠定基础。如能近期收复费卢杰,将大涨反恐阵营士气,重挫"伊斯兰国"武装斗志,进一步压缩其活动空间,为收复摩苏尔并彻底驱逐"伊斯兰国"武装创造条件。

三军逐鹿　围攻拉卡

费卢杰战事正酣,叙利亚境内的反恐战争也呈现出决战征兆:据CNN5月30日报道,"伊斯兰国"武装大本营、叙利亚北部城市拉卡市正面临两支力量的南北夹击:西南方向,叙利亚政府军在俄罗斯空军掩护下向拉卡方向挺进,并取得一定斩获;北边,库尔德"民主联盟"民兵借助美国空中支持也向拉卡迫近,它们均宣称要解放这个沦陷近三年的大城市。

这是叙利亚政府军收复中部城市帕尔米拉后,试图扩大战果的具体表现,再次显示俄罗斯武装介入引发的事态逆转,也意味着"伊斯兰国"武装攻城略地不断扩大地盘的优势已不复存在。经过俄罗斯持续半年的饱和轰炸和精准打击,包括拉卡在内的"伊斯兰国"武装控制区损失惨重,大批战斗人员被消灭,大量战争物资被摧毁,多个据点被夺占,武装分子军心涣散甚至成批逃离。

与此同时,出于扩大势力范围,为未来政治谈判赢得更多筹码的战略考量,叙利亚北部的库尔德武装不顾来自土耳其的威胁和直接打击,在美国的支持下积极参与反恐行动,加剧蚕食"伊斯兰国"武装势力范围,也客观上与政府军形成角逐之势。同时,美国扶持的另一支杂牌武装"叙利亚民主力量(SDF)"也从北边向拉卡进军,一度到达距该城 30 公里处。围攻拉卡,已形成俄美押后,三军逐鹿态势。

针对美俄双驱下的叙利亚战事,CNN 将拉卡争夺战态势描述为二战末期的"柏林会战",暗示这是一场以反恐名义进行的势力范围再争夺,呈现叙利亚代理人战争的本质。因此,叙利亚战场的形势远比伊拉克更为复杂和微妙,前景也更加难以琢磨。解放拉卡远不似收复费卢杰和摩苏尔那样,意味着战事基本了结,而是为后续争夺埋下伏笔。今年 3 月,俄副外长瑟罗莫洛托夫称与美方一直在磋商如何联手解放拉卡。美国国务院随后否认并称,让拉卡人民"才脱虎口再陷狼窝"是一件非常困难的事……这表明美方无意让拉卡成为巴沙尔政府和俄罗斯的囊中之物,拉卡鹿死谁手绝非一厢情愿。

拉卡本身也非好啃的骨头,它是叙利亚工农业中心,"伊斯兰国"武装夺取的第一个省会城市,也是其自封首都、指挥中心和精神堡垒。通过拉卡,"伊斯兰国"武装可经由其控制的东部城市代尔祖尔联通伊拉克摩苏尔,进而保持宽大战略纵深,是该组织必定死守之地。2014 年初,"伊斯兰国"为了独占拉卡,将"自由叙利亚军"逐出该城,并拒绝与其他激进武装分享。20 万市民的庞大人口也将大大增加反恐联盟的攻击难度,而且拉卡距土耳其边境只有 140 公里,便于"伊斯兰国"武装就近补充兵源和物资。

综上所述,近期拿下拉卡绝非易事。叙利亚政府军战线过多过长,兵力原本已捉襟见肘,攻打拉卡难免呈强弩之末,其他武装力量更加有限,均无力单独夺取拉卡。因此,如果反恐联盟不放下各自的小九九而形成合力,摧毁拉卡这个恐怖组织大本营,短期难以指望。

但是,无论如何,经过反恐联盟过去三年从叙利亚和伊拉克两个方向的立体围剿和消耗,"伊斯兰国"武装人员已严重损兵折将,控制区也缩水达到

30%,资金、人员和装备补充日益困难。看大趋势,实现最终决战并取得彻底胜利,并非无法完成的使命,只是需要更多时间和更多磨难。

（原载《华夏时报》2016 年 6 月 3 日）

34.奥兰多枪击案:罪犯信仰的是与非

6 月 14 日,美国总统奥巴马公开抨击共和党总统候选人特朗普用"伊斯兰极端分子"来形容恐怖分子,指出因为个别恐怖分子曲解宗教教义,就将整个宗教视为恐怖主义,只能增加外界对美国的仇恨,使整个国家陷入危险境地。民主党总统候选人希拉里当天也在竞选集会上支持奥巴马的立场。围绕 12 日发生的奥兰多袭击案,"禁枪"无疑再次成为议题,而如何给这次袭击定性也形成争锋。

奥兰多枪击案导致 49 人死亡,50 多人受伤,成为"9·11"事件后美国遭遇的最严重暴力袭击,也是最严重的独狼式袭击,当然,也是最严重的恐怖袭击。奥巴马最初称其为"本地化恐怖袭击",后来又进一步指出,这起恐怖袭击是"仇恨行为"。奥巴马这一表态遭到特朗普攻击并不奇怪,因为他从参选开始,就以仇恨和歧视穆斯林等出格言论一鸣惊人,甚至被共和党精英视为祸党害国的异数。

奥兰多袭击者奥马尔·马丁的确是穆斯林,他本人在袭击过程中曾打电话给警方并宣称效忠"伊斯兰国"武装。"伊斯兰国"武装事后也宣称马丁为"伊斯兰战士"。截至目前,有关当局尚未找到他与"伊斯兰国"武装有直接联系的证据,因此,尚难断定这是一次"伊斯兰国"武装唆使而发生的恐怖袭击。也有报道称,马丁本人也经常出入他大开杀戒的那个同性恋酒吧,推断他因为信仰身份受到其他同性恋者嘲笑而起意杀人。

马丁如何由一个案底清白的青年成为杀人狂,有待进一步调查。奥巴马和希拉里的判断与定性显然更符合常理与逻辑,即不能因为马丁是穆斯林而将杀人因素归咎为伊斯兰激进主义,更不能与伊斯兰教或穆斯林群体挂钩。更何况,此案也并不代表美国的穆斯林群体已经极端化,因为基本和公认的事实是,"9·11"事件之后,来自穆斯林群体的恐怖袭击发案率没有异常,美国遭受的暴力袭击大多数也与伊斯兰教无关。

"9·11"事件后,穆斯林身份者实施的恐怖袭击较有影响的有三次:2009年9月胡德堡兵营枪击案导致12人死亡,31人受伤;2013年7月波士顿马拉松比赛高压锅爆炸案,导致3人死亡,170人受伤;2015年12月,加州某康复中心枪击案导致14人死亡,17人受伤。但是,过去15年,美国非穆斯林身份者发起的恐怖袭击更多,如2005年3月,明尼苏达州一名16岁学生枪杀祖父母后又闯进当地一所高中校园,打死7人,打伤15人;2007年4月,弗吉尼亚理工大学一韩裔学生射杀32人,射伤多人;2012年12月,康涅狄格州纽敦桑迪胡克小学枪击案,白人青年亚当·兰扎枪杀20名儿童与6名成年人……

《纽约时报》2015年底公布的一项统计与分析表明,1968年以来,美国与枪支相关的死亡人数超过15万,受害者85%为男性,其中57%为黑人,根据2010年的统计,黑人只占人口的13.6%。枪案超过半数受害者为黑人的事实表明,美国的暴力恐怖袭击依然是种族歧视和种族矛盾所致,而不是穆斯林与非穆斯林之间的仇杀,然而,美国精英和主流媒体很少在宗教信仰这个维度探讨白人与黑人之间的冲突。

穆斯林身份者容易成为暴力袭击的标签,或者说伊斯兰教容易"倒地中枪",这在美国由来已久,本质上是掌握话语权的基督教主流力量总是戴着教派有色眼镜看待"非我族类"的穆斯林。美国著名犹太传媒巨匠李普曼几十年前就曾对比指出:一个穆斯林犯罪,他会被强调宗教身份,而一个基督徒犯罪,则没有人拿他的信仰说事。

当然,"9·11"事件后这种"黑"穆斯林的现象更加严峻,一方面是"基地"等恐怖组织活动全球泛滥,他们打着伊斯兰教的幌子滥杀无辜,引起所谓的"伊斯兰恐慌"。另一方面,这类组织的发展已全球化,并且唆使、诱惑部分穆斯林走上恐怖主义道路。再者,部分独狼式袭击者劫持伊斯兰教名义作恶。这些都不能构成将恐怖主义与伊斯兰教或穆斯林整体挂钩的理由,否则就是对16亿世界穆斯林的误读和伤害。

不能不承认,今天以"基地"和"伊斯兰国"武装为代表的恐怖主义,其本质是反美反西方主义,并不代表伊斯兰世界的主流价值观,甚至其伤害最严重的恰恰是伊斯兰国家和无辜平民,恐怖主义也是伊斯兰世界的最大敌人。因此,更不能简单地以信仰画线,以点带面,以偏概全,一竿子打翻一船人。

即便某些人奉行宗教极端主义,他们也代表不了沉默的大多数。特朗普式的宗教和种族偏见既不得人心,也行之不远,而且危害极大,如果听之任之,必然加剧反美反西方主义,为恐怖主义火上浇油。

（原载《北京青年报》2016 年 6 月 18 日）

35.斋月攻势:"伊斯兰国"武装全球"众包"恐袭

7 月 6 日,世界近 16 亿穆斯林结束白日最为漫长的一个斋月,迎来第二大节日"开斋节"。然而,今年的斋月因为一系列恐怖袭击而充满血腥气息,今年的"开斋节"因为恐怖分子大开杀戒而蒙上凝重的血色。"伊斯兰国"武装困兽犹斗,垂死挣扎,唆使其追随者发动的所谓"斋月攻势"形成多点爆发,并在斋月最后几天达到高潮,既震惊了世界,也展示"伊斯兰国""众包"恐怖袭击的严重危害。事实表明,即使该组织在叙利亚和伊拉克的政权化存在被彻底终结,其对世界和平与安全的威胁依然不会减缓,反恐战争必须做打持久战的准备。

"众包"恐袭震惊世界

5 月 21 日,"伊斯兰国"武装发言人阿布·穆罕默德·阿德纳尼通过互联网发出指令,要求其追随者和支持者在全球范围内发动所谓"斋月攻势",对付一切"异教徒"目标。

6 月 12 日,美国奥兰多一家同性恋酒吧发生独狼式袭击,造成 49 人死亡,50 多人受伤,酿成"9·11"事件后最严重的暴恐袭击。袭击者奥马尔·马丁在施暴过程中曾打电话给警方,宣称向"伊斯兰国"武装效忠,"伊斯兰国"武装随后也宣布认领这起血案,并称马丁为"伊斯兰战士"。有迹象表明,虽然马丁与"伊斯兰国"武装并无直接联系,但他曾接触过该组织的宣传视频,基本可以推测,他是被后者洗脑后与魔鬼为伍的。

6 月 13 日,巴黎一名高级警官及其女友被独狼式恐怖分子拉洛西·阿巴拉残忍杀害。阿巴拉在与特种部队对峙和谈判过程中承认,他三周前刚刚宣誓效忠"伊斯兰国"武装领导人巴格达迪并接收其杀死"异教徒"的召唤。法国安全部门事后在阿巴拉尸体上搜到一份计划落实的"处决名单",包括政要、警察、法官、检察官、媒体人和演艺明星等。

6月28日,土耳其伊斯坦布尔阿塔图尔克国际机场遭遇多名恐怖分子自杀式恐怖袭击,导致40多人遇难,238人受伤。当天正值土检察机关宣布对36名安卡拉火车站暴恐袭击嫌疑人提起公诉,也恰逢土耳其相继宣布与俄罗斯和以色列进行和解。据报道,恐怖分子来自前苏联地区,主要策划者是"伊斯兰国"武装的车臣追随者,而土耳其当局逮捕的涉案嫌疑者多达数百。

7月1日,孟加拉国首都达卡使馆区一家西式餐厅遭到武装分子袭击,20名人质惨遭割喉,其中多数为欧洲人和日本人。据报道,袭击者公开宣称外国人为袭击目标。"伊斯兰国"武装随后宣布对此负责。

随后几天,中东多国遭受恐怖袭击:3日,伊拉克首都巴格达一个购物中心遭遇多年来最严重的自杀爆炸袭击,导致213人死亡;4日,沙特第二大城市吉达、伊斯兰第二大圣地麦地那和盖提夫等城市相继遭受自杀式恐怖袭击,"伊斯兰国"武装认领这一连环袭击。同时,科威特安全部门也宣布挫败多起针对什叶派穆斯林清真寺和内政部的恐怖袭击,主谋依然是一年前在该国发动严重自杀袭击的"伊斯兰国"武装……

上述事件构成的所谓"斋月攻势",完整呈现了"伊斯兰国"武装策划、煽动和实施多点恐怖袭击的巨大能量,而其方式几乎都是"众包"袭击,即公布袭击目标名单及相关信息,通过公开动员蛊惑其效忠者在任何地方、以任何方式、借助任何工具和手段完成袭击。一句话,"伊斯兰国"武装已经把恐怖战争全球化,把恐怖袭击任务挂牌招标,以零成本、高效率和极强的隐蔽性和突然性达到目的。

"伊斯兰国"武装变调反扑

自2014年8月初宣布建立两年来,"伊斯兰国"武装经历过一个快速扩张和壮大阶段,并以占据叙利亚40%国土以及近30%伊拉克面积而达到顶点。这个阶段,该武装不仅控制了包括众多叙利亚和伊拉克城市在内的核心区域,而且对控制区实施帝国式的实体管理,改写了二战后民族国家的版图。

在此阶段,"伊斯兰国"武装的影响力如日中天,吸引了来自100多个国家和地区的数万极端分子,而且赢得各地激进组织的效忠和追随。像尼日利亚"博科圣地"等非洲颇有实力的恐怖王国宣布成为"伊斯兰国"武装的一部分,曾经追随"基地"组织的中亚、南亚、西亚、北非以及高加索地区各种恐怖和极端组织也改换门庭,投至它的麾下,以致形成了两大恐怖组织相互竞争、互挖墙脚的奇观。

同时,有着强大融资能力的"伊斯兰国"武装宣布了庞大的征服计划,将整个地中海划为其势力范围的内湖.目标边界最远东至印度西北部,西含伊比利亚半岛,北至巴尔干和南欧,南抵非洲中部和西部。不仅如此,"伊斯兰国"武装还利用难民潮,向欧洲输送了数量不详的成员,等待机会发动袭击。过去两年来,它在欧洲进行的恐怖活动,依然主要靠"分包"模式完成,在法国和比利时等国酿成罕见的恐怖袭击浪潮。

自去年9月底俄罗斯加入中东反恐战场后,借助叙利亚政府军和地区什叶派阵营武装,以及美国支持的库尔德力量的反击,反恐形势出现令人乐观的景象:"伊斯兰国"武装的有形扩张迎来拐点,陆续失去叙利亚的帕尔米拉、伊拉克的费卢杰,控制面积缩水达到三分之一,可直接调动的作战力量大幅度消耗,部分高级头目也在美国的定点打击中相继丧命,巴格达迪本人也被迫减少露面。另外,由于石油走私、国际洗钱、倒卖文物等筹资渠道受到重创或阻断,"伊斯兰国"武装的资金链也日益萎缩,不足以支持持续和大规模的一线战地。因此,煽动、唆使控制区外的极端分子多点发力,便成为该组织近期优先考虑的方向。

聚歼尚难,根除更艰

围绕对"伊斯兰国"武装的围剿.国际社会形成以美国、俄罗斯和沙特为龙头的反恐联盟三足鼎立之势,从规模上看,几乎囊括国际社会所能调动的全部力量,重叠统计接近百国之多。然而,由于中东反恐战争各方动机不纯,夹带太多私货,以致很难形成内外统一、上下同气、协同作战的反恐阵营,相反,围绕对叙利亚和伊拉克未来的争夺,各方尔虞我诈,进而严重削弱了击溃"伊斯兰国"武装的实际效能,并给该组织苟延残喘留下相当的生存和活动空间。

"斋月攻势"的出现表明,"伊斯兰国"武装很容易在世界各地找到同情者和追随者,也很容易从反恐主战场的外围发动反扑,进而助长恐怖主义势力弥漫和扩张势头。过去半年来土耳其遭受的持续恐怖袭击,以及斋月里美欧、沙特、科威特、伊拉克、埃及、也门、孟加拉及非洲等地大面积的恐怖袭击表明,以目前的反恐合作态势,既无望短期内在叙利亚和伊拉克聚歼"伊斯兰国"武装有生力量,摧毁其实体化存在,更无望对其在全球的影响力加以根除。

退一步说,即便"伊斯兰国"武装失去其大本营叙利亚拉卡和战略重镇伊拉克的摩苏尔,其骨干很有可能像曾经被美国军队击溃的塔利班武装那样,化整为零,利用盘根错节的中东教派和部落矛盾藏兵于民,等待机会东山再起。因为"伊斯兰国"武装不仅是有形组织,更是一种意识形态和价值体系,只要有反现代化、全球化和西方文明的土壤存在,它们就不会彻底灭失。因此,反恐战争将是考验世界耐心和意志的新常态,"分包"式恐怖袭击也会成为国际社会疲于应付而又无从下手的新样态。

（原载《华夏时报》2016 年 7 月 7 日）

36.“9·11”十五年:对比美欧论得失

如果说,"9·11"事件标志着世界进入恐怖主义泛滥时代,十五年后恐怖主义袭击浪潮则堪称达到巅峰并转入拐点。随着中东反恐主战场态势逐步明朗,无论吹响"反美主义"号角的"基地"组织,还是追求"神权世界"的"伊斯兰国"武装,都将因毫无底线和滥杀无辜而被历史潮流淘汰。回顾十五年来的恐怖主义浪潮与反恐行动,有不少得失可论,美欧这对伙伴的表现尤其可以引为镜鉴。

美国不再是头号恐袭目标,也许是十五年来最大的变化之一。尽管恐怖主义全球泛滥,袭击密集频繁,但整体状况和数据表明,十五年来从国外到国内,恐袭已由聚焦美国转向多点爆发。据统计,2001 年世界恐袭死亡数字为5000 人,其中 3000 多人为美国人。2014 年这一数字高达 32685 人,涉及 93个国家。皮尤公司最新民调显示,约 40% 的美国民众认为十五年来恐怖分子发动袭击的能力明显增强,但其他数据显示,"9·11"后死难百人以上的重大恐袭发生在印度尼西亚、俄罗斯、西班牙、英国、巴基斯坦、印度、挪威、也门、肯尼亚、埃及、阿尔及利亚、法国、土耳其和伊拉克等14国,美国虽然发生过13起恐怖袭击,但造成10人以上死亡的仅两三次。

美国对外政策调整见效,对内文化融合成功,是"反美主义"降温和涉美恐袭没有持续高发的关键因素。奥巴马扶政后匡正强硬而好战的"布什主义",积极改善与伊斯兰世界的关系,努力打造"巧实力",果断从中东、中亚撤军,避免深度卷入"阿拉伯之春",不再强行颠覆阿拉伯政权,并在反恐战争中摒弃单边主义而注重多边合作,明显修补了美国形象,缓解了恐怖分子滋生的极端反美和仇美氛围。美国坚持倡导多元一体和文化包容,也收获了良好的文化认同结果。"9·11"后美国国内恐袭频次和烈度低于舆论预期,固然与反恐措施到位有关,但保持宽松与融洽政策的连贯性,为美国奠定了坚实的反恐社会基础。

相比之下,欧洲跃升为15年来恐怖袭击的重灾区,成因值得探究。客观上,欧洲与恐怖分子麇集的中东地缘关系密切,关键却在于外交内政双双失措。在美国设法从中东抽身之际,法英等传统欧洲大国试图弥补空白强势出击,尤其在"阿拉伯之春"勃发期间,视中东为欧洲势力范围,粗暴干涉地区国家内政,挑动内乱内战,并充任利比亚与叙利亚战争的急先锋。法英冒进黩武而体现的"新干涉主义",造成中东政治失序和安全失控,致使"基地"组织卷土重来,"伊斯兰国"武装急剧扩张。尤其是过去五年间,"反欧主义"已超越"反美主义"成为"9·11"后的恐怖主义新思潮,恐袭之灾快速飙向欧洲大陆。

据欧洲刑警组织7月的报告统计,2015年欧盟六国共发生211起恐袭,151人死亡,360多人受伤,是该报告出台10年来最严重的一年。另有西方机构统计,2015年全欧恐袭死难者为175人,几近2004年马德里袭击后九年的总和,而今年死亡人数明显攀升,截至7月24日已接近150人。去年10月,英国前首相布莱尔为错误伙同美国发动伊拉克战争引发恐怖主义回潮而道歉;今年9月14日,英国议会跨党派外事委员会公开承认,2011年对利比亚的军事干预基于"错误的假设和不完整的理解";法国总统奥朗德"9·11"十五周年前夕抨击美国反恐引发报复殃及法国,但他无视法国过去五年在中东策动内乱与战争的干劲比美国有过之而无不及。

欧洲上升为"9·11"后头号恐袭重灾区,还呈现频繁的且不同于美国的

"里应外合"特征,这表明欧洲不仅对外干涉引火烧身,内部也存在繁衍恐怖主义的温床。欧洲作为老牌殖民主义宗主,虽然因劳动力短缺而吸纳大量中东移民,但在多文化中心主义指导下,形成马赛克式的族裔关系,形聚神散,和而不融。受殖民主义情结影响,穆斯林移民很难像在美国那样顺畅归化主流,反而每每在经济危机时期最易遭到排斥,成为欧洲社会"熟悉的陌生人",也自然沦落为恐怖组织洗脑、招募和隐身其中的边缘人群。

原"基地"组织教法权威、"9·11"袭击前夕金盆洗手的毛里塔尼亚人阿布·哈夫斯曾就法国连续遭遇恐袭指出,恐怖组织选择法国等大开杀戒,不是因为信仰差异,而是因为欧洲人在伊斯兰世界制造杀戮和流血。这番话虽然不无偏颇,却值得欧美世界警醒和深思。

（原载《北京青年报》2016 年 9 月 7 日）

37.欧洲何以成为"恐袭"重灾区

近两年来,相对风平浪静的欧洲饱受恐怖主义冲击,以"伊斯兰国"武装及其追随者为主的恐怖势力不断在欧洲腹地滥杀无辜,造成严重生命损失,引发罕见恐慌,使欧洲迅速上升为恐袭重灾区。欧洲恐袭频繁,既有中东恐怖主义演变的历史因素,也有欧洲国家内政外交失败的现实问题,以及经济危机大背景下弥漫的"末世"情绪。解决与中东相关的恐怖主义,必须从地区治理和国际关系两个维度寻求标本兼治。

两条交叉存在的"冲突线",使欧洲陷入持续的恐袭高热期

综合近两年欧洲恐袭案例可以判断,欧洲恐袭高密度发生有复杂的内外因素,也纠结着历史与现实政治冲突。

首先,这一态势体现了"基地主义"及其行为模式在欧洲的裂变、扩散和升级。欧洲发生的恐袭,除个别案例外均与"伊斯兰国"武装相关,或者受其指使,或者被其"感召",而且大都来自中东和非洲。这些事实呈现出两条交叉存在的"冲突线",一条是非国家行为体发动的跨地中海所谓"文明冲突",另一条是欧洲内部跨种族跨文化社会矛盾,它们交替作用或共振,使欧洲陷

入持续的恐袭高热期。

"基地主义",也即"伊斯兰国"武装的意识形态,是驱动欧洲恐袭的思想源泉。所谓"基地主义",是其创始人本·拉登倡导的反美反西方及其"傀儡"主张,意欲通过不对称的暴力和恐怖手段,摧毁给伊斯兰世界带来压迫、不公和腐朽生活方式的政治秩序和运作体系,建立由伊斯兰教法统治的世界。"基地主义"的产生,既有西方殖民主义、帝国主义、干涉主义和炮舰政策在伊斯兰世界特别是中东地区长期培育的仇恨土壤,也有伊斯兰世界世俗化和现代化治理失败的内在困境。

其次,跨越地中海涌向欧洲的中东难民潮也起到推波助澜的作用。一方面,北约武装干涉利比亚、叙利亚内乱,加剧本地区人道主义灾难,特别是造成大量平民死亡,为伊斯兰极端分子提供了报复西方世界的现实理由;另一方面,大量中东难民流向欧洲引发的排外思潮和舆论,加剧原本存在的文化与种族对立,使"伊斯兰国"武装极易就地招募追随者并就近在欧洲腹地发起攻击,更何况,部分恐怖分子在中东接受战地训练后混入难民队伍潜回欧洲寻机逆袭。

第三,殖民地文化与多元文化主义的病态结合,使欧洲成为恐怖分子乐土。相关统计表明,虽然当代中东恐怖主义的发轫以反美主义为酵母,并酿成"9·11"袭击这样改变美国和世界的标志性事件,但此后十五年,与中东地缘冲突相关的恐袭并未构成美国暴力案件的主流,甚至与传统的种族暴力冲突发案率也不成比例。这说明,美国比较成功地解决了移民归化与融合,形成多元一体的文化认同,也打破了亨廷顿"文明冲突论"的理论假设。欧洲则不然,它与中东和非洲有着彼此难以抹去的殖民与被殖民历史记忆,白人社会与基督教文化依然有着天然的优越感和强势地位。欧洲经济生机勃勃时,大量引入原殖民地廉价劳动力,来弥补底层和边缘就业岗位的空缺;经济萧条时,外来移民及其后代就变成社会累赘,成为民族主义和种族主义的挤压对象。同时,欧洲奉行的多元文化主义并未促成原住民与移民水乳交融,反而受经济形势消长逐步产生文化隔阂和排异。欧洲倡导的政教分离和世俗化政策,与底层中东移民持守的文化和习俗未能彼此消化,也导致欧洲社会不同文明的摩擦时有发生。上述因素为部分穆斯林移民离心离德埋下伏笔,也自然使欧洲滋生数量较多的极端和恐怖分子。

第四，多重危机叠加形成"末世情结"，使欧洲成为恐袭新温床。当美国近年逐步摆脱经济危机呈现持续回升势头时，欧洲却依然深陷债务危机而苦苦挣扎。去年希腊大闹欧元区，今年英国公决退出欧盟，难民潮引发的孤立主义和极右翼势力竞相抬头，都表明经济危机已向社会和政治领域扩散。失业率攀升，收入减少，福利下降，族群对立明显，使欧洲前景一片灰暗，大量青年陷入空虚和迷茫。包括部分白人在内的绝望者政治免疫力持续衰减，在"伊斯兰国"武装时尚炫目的新媒体传播迷惑下，或前往中东甘为炮灰，或就地分包恐袭任务，走上不归之路。据西方反恐部门估计，"伊斯兰国"武装崛起的短短三年间，已吸纳 100 多个国家数万激进分子，其中仅来自欧洲的二代或三代中东移民就超过万人。

"伊斯兰国"武装正摧毁着西方世界安全感甚至一体化进程

欧洲成为"恐袭"重灾区凸显了恐怖主义的变化趋势，也预示着反恐事业的艰难和曲折。

首先，"伊斯兰国"武装与"基地"组织登台主唱的国际大背景明显不同。"基地"组织猖獗乃至发展到顶峰阶段（1998—2011 年），尽管也实现网络托拉斯化和行动全球化，但是，西方世界经济、政治和安全形势总体平稳，从精英到草根都能理性看待这股极端力量，将其与伊斯兰文明区别开来。但是，"伊斯兰国"武装活跃的这几年，西方世界特别是欧洲蔓延着浓烈的妖魔化伊斯兰气息，传统的"政治正确"面临挑战和解构，这将加剧两种文明的误解和摩擦，进而使原本并非文明冲突的反恐战争，容易被人以文明冲突的框架来审视。其结果，必然引发更多敌对、仇视和冲突，使世界陷入"越反越恐"的恶性循环。

其次，"伊斯兰国"武装不同于"基地"一、二代领导人那样的"土包子"，他们多为数字化生存的青年人，伴随网络和移动技术革命而成长，如鱼得水般玩转互联网与移动通信工具。"伊斯兰国"武装不仅通过网络和移动平台传播意识形态、组织兵源和资金、发动舆论战和心理战，而且利用高技术手段攻击敏感目标，完成恐袭任务，形成"独狼"层出不穷的恐袭新现象。这种各自为战、就地为战的恐怖隐蔽战和游击战，正摧毁着西方世界的安全感，尤其是视中东为后院的欧洲，甚至可能终结其努力几十年的一体化进程。

对欧洲而言,恐怖主义过去并不陌生,今天却被迫习惯多点袭击和日常发生,以及本土恐怖分子参与的"新常态"。反恐是个系统工程,特别是针对源于中东的恐怖主义,需要以大历史视野进行综合治理,而不是单纯迷信武力。首先,国际社会必须形成统一反恐意志和战线,摒弃以反恐之名谋一己之私的战略短视,尽快摧毁"伊斯兰国"武装在中东的政权化或国家化存在,最大程度地瓦解其行动能力。其次,必须推动中东实现稳定、和平和发展,让地区人民自主选择和探索适合国情与历史的治理模式,通过良政和良治压缩极端宗教主义和民族主义空间。第三,西方世界必须整体反思引火烧身的强权思维和干涉主义传统,以最大诚意和耐心实现西方文明与伊斯兰文明的相互尊重和彼此包容,从而逐步消除根深蒂固的反西方主义情绪。背离这三个基本出发点,反恐仍将是一句空话,只能是事倍功半。

(原载《人民论坛》2016 年第 9 期)

38.叙伊反恐:"末日之城"与"末日之战"

10 月 17 日凌晨,身着军装的伊拉克总理阿巴迪通过电视宣布,解放第二大城市摩苏尔的战役正式拉开帷幕,这标志着收复伊拉克境内最后一个陷落城市的攻势已经打响。头一天,叙利亚北部具有象征意义的小城达比格也告解放。这接踵而至的两个事件从时间和空间上遥相呼应,象征着盘踞中东腹地的"伊斯兰国"武装正面临"末日之战",国际反恐战争有望呈现新局面。

从军事和地理意义上说,达比格城不值一提,然而,它是"伊斯兰国"武装极端分子的精神堡垒和灵魂寄托。该组织流行于网络的电子杂志即以《达比格》命名,并因其时尚、酷炫风格受到各国狂热分子的追捧,成为"伊斯兰国"传播意识形态和招募兵员的金字招牌。按某种伊斯兰教法预言,达比格将是穆斯林与异教徒在"世界末日"的决战之地,因而被极端宗教分子赋予特殊含义。

但是,倒行逆施并滥杀无辜的"伊斯兰国"武装不仅劫持和玷污伊斯兰教之名,而且遭到伊斯兰世界广泛唾弃,成为人神共愤的世界公敌和文明公害。大约 2000 名土耳其支持的叙利亚反对派力量攻入达比格后,"伊斯兰国"武装分子只做轻微抵抗便弃城逃亡。克复被称作"末日之城"的达比格,无疑敲响所谓"伊斯兰国"政权的丧钟。这场小胜也必然对这股肆虐叙利亚和伊拉克的恐怖势力构成致命的内在打击,无论曾多么具有视觉冲击力和蛊惑力的《达比格》都将成为一纸谎言和历史笑柄。

2013 年"伊斯兰国"武装利用伊拉克和叙利亚内乱打通边界,建立所谓"伊斯兰国"的非法割据政权,直接挑战现代民族国家边界、主权和领土完整,颠覆现代文明秩序和共同价值体系,践踏人道主义底线,虽然盛极一时,但也早已自掘坟墓,走上不归之路。几年来,国际反恐阵营已收复近半数"伊斯兰国"武装控制地区,其集团作战能力、资金和资源支持以及士气等多方面都蒙受致命打击。达比格城的陷落,预示着叙利亚仅剩代尔祖尔和拉卡等一两个城市尚在"伊斯兰国"武装手中,收复恐怖主义最后堡垒只是时间问题。

作为中东国际反恐战争的重要组成部分,摩苏尔之战对整个战局具有决定性作用。两年多来,近 200 万伊拉克各部族平民匍匐在"伊斯兰国"的野蛮控制之下,自由被剥夺,财产遭劫掠,生命安全缺乏基本保障,一个现代国家的第二大城市及其民众承受着中世纪式的黑暗和压迫,这是人类文明与进步的污点和耻辱。收复摩苏尔有望彻底结束"伊斯兰国"武装在伊拉克的规模化统治,并切断伊叙边界,压缩叙利亚东部的恐怖武装空间,为最后拿下代尔祖尔和拉卡,彻底结束其"政权化"存在奠定基础。

摩苏尔之战无疑十分艰难,如何消灭垂死挣扎并以自杀式方式进行巷战的"伊斯兰国"武装,本身是个非常现实而不容乐观的战术难题;如何避免大量被当作人肉盾牌的平民免于玉石俱焚,是比战术实施更棘手的道义难题。此外,谁将控制解放后的摩苏尔,更是超越上述难题的地缘政治算计,甚至是阻碍战役迟迟不能打响的关键所在。所幸的是,国际反恐力量暂时搁置分歧,超越私利,特别是伊拉克与土耳其达成妥协共同对敌,美国加大投入兵力已达 5000 余人,大约 19 个国家数万军人协同参与的摩苏尔决战姗姗来迟。

一如叙利亚的阿勒颇迟迟不能实现政府军与反对派武装之间的停火,进而导致对代尔祖尔和拉卡的决战迟滞至今,着眼于未来权力和势力范围争夺的内部、地区和国际博弈始终是对反恐事业釜底抽薪的命门所在。摩苏尔之战大幕开启,但战局走向依然不能过早断言,过去数年的反恐扯皮表明,反恐往往被当作地缘政治的遮羞布,摩苏尔之战也将检验谁真心反恐,谁挂羊头卖狗肉。

俄罗斯一名专家日前放风称,对于摩苏尔的大约 5000 名"伊斯兰国"武装分子,美国主导的反恐联盟不是要聚而歼之,也不是围三缺一欲擒故纵,而是打算"祸水西引",开辟通道允许其进入叙利亚东部的代尔祖尔,扮演消耗叙利亚政府军和俄罗斯资源的生力军。该专家甚至言之凿凿地说,沙特情报部门主管亲自穿针引线促成这一密谋并进行担保。但愿这只是阴谋论或烟幕弹,是俄美舆论战的一个片段,是双方持续彼此抹黑环节中的离奇预想。

(原载《北京青年报》2016 年 10 月 22 日)

39.围城摩苏尔:惨烈的东线反恐大决战

困兽犹斗,垂死挣扎,这是一般的战争规律。对于"伊斯兰国"武装这种恐怖组织而言,眼下正日益明显地表现出这种大失败前夕的绝望特征。1 月 2 日,伊拉克首都巴格达和南部城市纳杰夫的什叶派居民区连续发生两次自杀式袭击,造成 40 多人死亡,近百人受伤。此前岁末最后一天,巴格达也曾发生两起袭击,导致 28 人死亡,53 人受伤。1 日凌晨,土耳其伊斯坦布尔最大的夜总会遭遇袭击,来自 10 余个中东国家的 39 名平民死亡。初步情况表明,这几起年关恐袭,均为"伊斯兰国"武装及其外围组织所为,是对反恐联盟总攻其伊拉克最后据点摩苏尔的最新一波报复。中东反恐东线大决战锁定摩苏尔,但是,恐怖袭击正在以外线、多点和频发的特点酝酿着新高潮。

争夺摩苏尔:惨烈的当代围城战

伊拉克第二大城市摩苏尔,是底格里斯河上游尼尼微平原的一座历史名城,距首都巴格达约 400 公里,河东的尼尼微遗址曾是亚述帝国都城。这座城市战前约有 200 万人口,居住着阿拉伯人、亚述人、亚美尼亚人、土库曼人、库尔德人、雅兹迪人、沙巴克人、诺斯替教徒、切尔克斯人等众多民族,拥有众多而历史悠久的文化遗迹和宗教场所,堪称中东民族与宗教博物馆。

2014 年夏天,"伊斯兰国"在伊拉克西北部快速扩张后,夺取包括摩苏尔在内的多个城市,这座盛产石油的北方重镇从此沦为该组织在伊拉克境内的大本营,大约 50 万人口在战乱中流落他乡,其中包括 10 万基督徒。"伊斯兰国"武装不仅对城内外控制区的少数宗派进行残酷的宗教迫害、压榨、驱逐甚至杀戮,而且相继摧毁一大批有数千年历史的文化遗存,包括《圣经》旧约时代的约拿、但以理等先知墓,亚述艺术博物馆以及多个清真寺。

去年 10 月 16 日,在摩苏尔沦陷近两年半后,陆续收复其他城镇的伊拉克政府及国际反恐联盟,调集 10 万大军完成对该城的四面围困,并发起被一再拖延的攻城战,揭开摧毁"伊斯兰国"武装东部大本营的决战序幕。据报道,除伊拉克军警和周边库尔德、亚述民兵武装外,来自境内外的什叶派武装也投入战斗。美国派出 4000 多军事顾问对伊拉克一线作战部队提供各种作战指导,并协同法国、土耳其等反恐联盟成员提供强大的后勤援助和火力支持。据估计,"伊斯兰国"武装在摩苏尔城及周边地区的兵力大约 5000 人,但他们大多都是久经战阵的亡命徒,单兵作战能力不容小觑。

尽管攻守双方力量、装备和后勤供给完全不能同日而语,然而,摩苏尔争夺战注定是一场惨烈而艰难的当代围城战。"伊斯兰国"武装将全城百余万平民扣为人质,强行将交战区居民滞留在建筑顶部,遏制反恐联军的空袭和远程炮火优势。不仅如此,"伊斯兰国"武装挖掘大量地下掩体和坑道,并打通邻近建筑,将整个城市改造成立体堡垒,并埋设大量爆炸物,大街小巷也布满路边炸弹和地雷,形成完整的防御体系。"伊斯兰国"武装还机动出击,化整为零,以数人为小分队,配合以迫击炮和狙击枪,展开城市游击战,发起近距离、精准甚至自杀式袭击,迟滞攻城部队进剿速度。

反恐联盟无疑拥有足够民兵和强大火力,但是,面对这种罕见的非正规巷战,这些优势几乎荡然无存。由于忌惮平民安全以及不必要的兵力损伤,攻城力量被迫投身十分棘手的巷战,逐区、逐街、逐巷、逐屋与顽敌争夺,战线推进缓慢。据报道,整个摩苏尔约有 20 万栋大小建筑,以平均每栋 6 间房屋估算,总数可达 120 万间,每间房屋都被用作进攻退守的据点,迫使攻城部队逐屋清理和推进,特别是人口比较密集的河西新城区,如果急于速战速决,无疑将玉石俱焚,使平民和反恐部队蒙受严重伤亡。

从战役发动开始,双方为了争夺摩苏尔外围据点就陷入耗时十余周的阵地战,直到去年 12 月 29 日,攻城部队才夺取东城局部地区,当局也宣布第一阶段战事结束。1 月 2 日,当局称解放区已经扩大并覆盖东区 60% 的面积,同时宣布开启第二阶段战幕。第一阶段另一重大进展是，连接东西城区的几座桥梁被联军摧毁，形成两个局部战场。以底格里斯河为界将摩苏尔一分为二，主观上的确切割了"伊斯兰国"武装的完整防线，有助于划片精细化推进，并形成局部装备和人员优势并各个击破，但是，对于从北、东、南三个方向主攻的部队而言，这也客观上形成一道天然障碍，同时阻断了西区大量居民的撤离后路。伊拉克政府曾多次试图劝降负隅顽抗的恐怖分子，但收效甚微，官方因此谨慎地估计，要收复整个城市，至少还需要三个月。

外线作战："伊斯兰国"武装不甘坐以待毙

自去年 11 月起，"伊斯兰国"武装对反恐联盟的决战清剿还以颜色，派人渗透到巴格达等后方城市，策划各种形式的袭击，使伊拉克遭遇自 2003 年以来最密集的血腥袭击浪潮。年关前后在伊拉克、土耳其、埃及等地的连续袭击，是"伊斯兰国"武装扩大袭击范围、提高袭击频率和制造更大杀伤与恐怖效应的小高峰，它预示着伴随摩苏尔争夺战的天平逐步倒向反恐联盟，"伊斯兰国"武装正在实施新的反攻战略。

首先，抱残守缺，不会轻易交出控制区。在伊拉克和叙利亚割地、建国、定都、称王，是"伊斯兰国"快速扩张并取得空前胜利的标志，因为这是恐怖组织首次在两个主权国家建立跨境成片根据地并进行政权化管理，对传播其恐怖主义意识形态，吸附和激励更多激进分子加盟具有重大意义。一旦失去摩苏尔和拉卡等仅存的大中城市，将意味着其势力盛极而衰。因此，他们必定不惜代价坚守到底。

其次，避实就虚，外线作战，釜底抽薪。"伊斯兰国"将调动部分外围力量，渗透到伊拉克及其他反恐联盟国家腹地发动密集而残忍的袭击，以图挫伤围城部队信心，分散围城有生力量，分裂反恐松散联盟，使这场最后决战变成旷日持久的消耗战，甚至迫使反恐部队退出战场。

第三，"众包"恐袭行动，强刷存在感。"伊斯兰国"武装有可能号召、迷惑更多追随者，接受其意识形态和行动方式，以独狼式、自杀式、连环式等多种袭击样态，对其公布的所谓合法目标下手，宣染其不仅存在而且无处不在。这个套路，在去年斋月期间，"伊斯兰国"就在全球范围内进行过实战排练，造成严重杀伤和巨大恐慌。

纵观中东反恐热战场总形势，"伊斯兰国"武装的确已日薄西山，颓势毕现。伊拉克战场，摩苏尔总攻纵然推进艰难，但开弓已无回头箭，胜利只是时间和代价问题。叙利亚战场，政府军在俄罗斯、什叶派武装大力支持以及土耳其战略倒戈配合下，已取得决定性军事胜利，并迫使温和反对派参加阿斯塔纳和平谈判，尽管进程曲折，但有望达成和解并合力围剿"伊斯兰国"最后双城拉卡和代尔祖尔。乐观估计，今年上半年有望彻底收复摩苏尔，如果叙利亚朝野双方在上半年达成妥协，下半年也将在其境内荡平"伊斯兰国"武装。

（原载《华夏时报》2017 年 1 月 7 日）

第七章

布什与奥巴马时代的中东

　　布什鲁莽地发动了两场战争,也把美国拖进旷日持久的泥潭,加剧了美国的阶段性衰落,布什后期美国开始收缩,奥巴马执政八年间,美国加速从中东脱身并重点经略亚太再平衡。奥巴马时代的美国中东政策做了很多调整,美国与中东节点国家的关系也在发生变化。

1.美国为何长期偏袒以色列?

在持续了半个多世纪的中东问题上,美国始终是左右局势的关键角色。自2001年初布什上台后,美国基本上对这场冲突持"超脱"姿态,但在背后却倾力支持以色列,甚至公开予以偏袒。

美国"死偏"以色列的具体表现为:公开支持以色列对巴勒斯坦的军事打击,认为以"有权进行自卫",并纵容其"摧毁巴勒斯坦的恐怖主义基础设施";配合以对巴的军事围剿,在进行高级外交斡旋之前给以留够充足的时间完成军事部署;配合以对巴领导人阿拉法特长时间围困并质疑他的合法领导地位;听任以对巴大打出手,无视大批无辜的巴勒斯坦人遭受重大伤亡……

人们或许要问,巴勒斯坦和以色列同在中东而远离美国,为何美国对以色列情有独钟?

"同心同德"的铁杆伙伴

其实,偏袒、支持和保护以色列是美国一项稳定和长期的国策,被美国历届政府视为中东政策的核心。以色列作为美国在中东关系牢固的政治和军事盟友,对美国控制中东、称霸世界具有无可替代的重要作用。

首先,以色列的地理位置十分重要。以色列及其控制的巴勒斯坦被占领土位于亚洲和非洲的结合部,西临地中海,南接红海并靠近东西方水上交通咽喉——苏伊士运河,自古就是兵家必争之地。控制以色列和巴勒斯坦,就等于控制了亚非大陆的路上走廊。同时,以色列又位于阿拉伯和伊斯兰世界的核心地带,掌握了这一地区就等于将地域广阔的阿拉伯—伊斯兰教新月地带腰斩为两截,使其无法在人口、土地和民族上形成一股完整有力的地缘政治势力,有助于美国遏制反西方的阿拉伯民族主义和伊斯兰教的发展和扩大。

其次,以色列的军事地位对美国来说独一无二。二战结束后,美国为了同苏联争夺霸权,在世界各大洲都建立了军事基地作行动后勤依托。在海湾战争爆发前的中东地区,美国主要依靠以色列和土耳其。土耳其虽然是北约成员国,但它也是伊斯兰教国家,因此,美国能真正靠得住的盟友只有以色列。如果说冷战时期的以色列曾为美国遏制苏联和激进的阿拉伯—伊斯兰势力充当桥头堡的话,那么,今天,以色列同样是美国进行"反恐"战争以及巩固其超强霸权的重要依托。

另外,以色列起到了"美国民主橱窗"的示范作用。以色列虽然远在中东,但其政治形态和国家体制基本上是美国的翻版,双方在意识形态上有着天然的亲和力。对于以推销所谓"美国民主"为己任的历届美国政府来说,扶持以色列就等于在扶持西方的价值观和民主体制。另外,以色列在宗教和文化等方面同美国社会也有着无法割断的历史联系,这种联系使它们本能地站在一起并成为天然盟友。

由于上述种种原因,美国长期把支持以色列、确保以色列安全作为其中东政策的核心内容。在此基础上,美国和以色列建立了战略盟友关系,把这个中东小国视为"同心同德"的铁杆伙伴,关系之密切几乎可以与美国同英国的传统关系相提并论。据统计,自以色列建国以来,美国向以提供的各种经济和军事援助近千亿美元,这还不算无法统计的大量民间捐款。

犹太人组建美国"第三院"

应该说,美国需要以色列为其主宰中东、称霸世界服务,是历届美国政府坚定地支持以色列的外部因素。而犹太人在美国的强大势力及其对美国决策者产生的影响,则是美以关系非同寻常的内在因素。

美国是个多种族国家,生活着人数不等、势力参差不齐的各种族后裔,其中犹太人地位和作用非常突出。据不完全统计,目前美国犹太人已经超过了600万人,比以色列境内的犹太人还多。问题在于,美国犹太人的优势不在于他们相对有限的人口比例,而在于他们的政治、经济和舆论影响力。

据美国的《福布斯》杂志统计,美国最为富有的400名富翁中犹太人就占近四分之一，累积财富达到 200 亿美元。靠着如此充裕的财力，犹太人几乎控制了美国的金融、石油、房地产、钢铁、皮毛、粮食加工、娱乐和传媒等行业，对美国社会的各个方面发挥着巨大而深远的影响。犹太人千百年来流离失所，因此特别珍视"祖国"以色列的生存与安全，不遗余力地推动美国支持和保护以色列，改善以的安全处境。

由于拥有巨大的财富和比例非常高的知识精英，犹太人牢牢地在美国主流社会中占据重要一席，直接影响甚至左右着美国历届政府的中东政策，迫使它们向着有利于以色列的方向发展。犹太人组成了强大国会游说集团，密切关注和掌握美国政府的决策动向和过程，并适时施加影响，成为美国参众两院外的"第三院"。犹太人院外集团或者利诱美国的议员和官员，或者施加压力，或者通过手中的传媒工具进行造势、引导大众舆论，迫使美国政府在处理中东问题时站在以色列一边。由于犹太人手中的选票决定着政客们的仕途和前程，以至于他们考虑尽量去讨好以色列。

老布什在 1991 年的海湾战争中取得了胜利却未能赢得连任，原因之一是他在启动马德里中东和会的过程中向以色列施加压力过多，进而得罪了国内犹太人。而他的继任者克林顿却顺利担任了两届总统，除他本人外交得利、经济也搞得好外，讨好犹太人应该说是一个关键的因素。克林顿的内阁班子可以称作"犹太内阁"：国务卿奥尔布赖特、国防部长科恩、国家安全委员主席伯格、财政部长鲁宾、中央情报局局长特尼特、首席贸易谈判代表巴尔舍夫斯基、美联储主席格林斯潘等重要成员及许多部门高级主管都是犹太人。克林顿夫人希拉里在竞选纽约州参议员期间也多方讨好以色列和犹太人，终于如愿以偿。据报道，美国总统布什先是对巴以冲突超脱，接着又公开偏袒以色列，正是基于他父亲的教训，也考虑到口期选举将至。

偏袒以色列最终会砸了自己的脚

布什政府支持以色列同其内各种鹰派势力的强大极有关系。美国副总统切尼、国防部长拉姆斯菲尔德等高级行政官员奉行新霸权主义和新干涉主义，试图重新突显美国的独霸地位，因此，自然对不属于西方阵营的巴勒斯坦百般压制，对以色列格外关照。

阿拉伯国家的分化也是美国公然支持以色列的重要原因。埃及和约旦等中东和平进程的核心国家在经济上严重依赖美国,海湾地区的阿拉伯国家需要美国提供军事保护,叙利亚、黎巴嫩、伊拉克、利比亚和苏丹等强硬国家则面临着美国的巨大压力,这一切使阿拉伯国家的阵营四分五裂,缺乏合力,使美国在偏袒以色列时更加无所顾忌。

支持以色列也是美国既定的反恐战争的需要。美国早就把几个巴勒斯坦激进派别视为“恐怖组织”,阿富汗战争结束后,美国已经把“反恐战争”的矛头对准中东,除伊拉克外,对以色列安全形势造成威胁的巴激进力量也将是美国的打击对象,因此,它支持以色列对巴各激进派别进行毁灭性的打击。

分析家们指出,美国在中东虽然需要以色列,但是,过分和长期偏袒以色列只能使以色列有恃无恐,恣意妄为,无助于推动中东和平进程,最终又将从根本上损害美国在中东的利益。

（原载《金秋》2002 年第 10 期）

2.2008 年：布什全力冲刺中东？

1 月 8 日,美国总统布什开始了 2008 年首次中东之行,他将在九天时间内访问以色列、巴勒斯坦、科威特、巴林、阿拉伯联合酋长国、沙特阿拉伯和埃及等七个国家。

今年是布什执政的最后一年,面对过去七年不太理想的国际成绩单,布什的确需要“冲刺”一把。而这最后的冲刺区恰恰是布什“成绩单”中乏善可陈的中东是非之地。美国 2008 年外交政策共有四个重点,几乎全部集中在中东地区:保持中东和平进程的势头、继续支持黎巴嫩的民主事业、巩固向伊拉克增兵的成果、制止伊朗和朝鲜的核项目。除阿富汗战争外,上述四个重点几乎是支撑布什任期外交活动的四个基石和节点,也几乎都是布什的外交“滑铁卢”,唯中东之外的朝鲜核危机有所斩获。

中东和平进程固然盘根错节,难以解决,但克林顿在任时曾大有起色。虽然克林顿离任前夕和平进程全面停止,人们仍期待布什能把和平进程推出泥沼。然而,布什上台后在中东奉行强硬的一边倒政策,将以巴间占领与反占领的冲突定性为恐怖与反恐怖,放弃老布什和克林顿时代对叙利亚的怀柔政策,南压巴勒斯坦,北遏叙利亚,力推中东民主化改造,导致巴勒斯坦内部分裂并持续与以色列武装对抗,黎巴嫩政局动荡并陷入和以色列的局部战争。布什的和平"路线图"最终有图无路,美国作为监护国几乎无所作为。

布什此次造访中东七国,看似动静不小,决心很大,但这样的力度是否来得太迟?与四年前的高调出击不同,布什如今不再大谈中东民主化进程,而将民主的希望寄托于弹丸之国黎巴嫩。黎巴嫩教派林立、山头繁多,但早就建立了以教派和人口为基础、以普选和三权分立为核心的政治体制,是中东阿拉伯国家中最具西方民主化特征的国家。由于历史渊源和现实国际地域政治的复杂,黎巴嫩和叙利亚形成特殊的利益和邦交关系,扮演着中东冲突前沿和缓冲区的角色。美国在黎巴嫩策动颜色革命后,没有根本提升黎巴嫩民主事业的含金量,也未能改变其受制于叙利亚的现状,所以,布什这一年的对黎民主喊话,恐怕没有实际意义。

伊拉克方面,布什在解散复兴党和伊拉克军队两个问题上策略失当,以至伊拉克面临三分天下的危险而10多万美军无法脱身。布什此行可能更多地需要向阿拉伯盟国寻求支持,以期摆脱伊拉克危局的尴尬。朝鲜核危机的缓解使布什免去两线应付的烦恼,但朝鲜核危机的模式是否可以用来解决伊朗核危机又是一个新课题。美国情报部门最近为伊朗"松绑"固然是个好迹象,但布什似乎还是抹不开面子,口气依然强硬。如若布什调整思维和处理方式,在任内取得美伊关系突破,那将是份不俗的成绩。但双方交恶太深,依传统和惯例,伊朗即使退让,估计也不会给布什脸上贴金。

作为即将离任的总统,虽然全力冲刺中东,布什的这次外交之旅难免有心无力,强弩之末,似乎没有太多想象的空间。

(原载《北京青年报》2008 年 1 月 11 日)

3. 当美洲虎遭遇波斯猫

伊朗人精明、胆大,不但是经商的好把式,玩政治也是高手。美国人更不用说,为了自家利益什么都玩,也差不多什么都敢玩、都能玩,因为它几乎独步天下。

新年伊始,伊朗人和美国人在峰高浪急的波斯湾玩了一把军事游戏,险些擦枪走火。这场可以比喻为波斯猫与美洲虎的斗法,虽然有惊无险,却也着实让世人捏了把汗,而且至今还是弄不明白:是猫挠虎,还是虎吓猫?

本月6日,五艘伊朗快艇在霍尔木兹海峡国际水域与三艘美国军舰发生对峙。美方称,伊朗快艇快速冲向美舰并发出威胁性信号:"几分钟后你们将爆炸。"不仅如此,伊朗舰艇还在美舰航线前方抛下几只浮箱,迫其改道。美舰指挥官下达了开火令,当美军官兵进入战斗位置的最后一刻,伊朗快艇鬼使神差地调头而去。

事后,双方打起口水仗。美方就伊朗的"挑衅"和"鲁莽"提出正式抗议。伊朗指责美方伪造现场录像,并公布自己的现场录像,称伊朗舰艇此举是为了确认对方身份。美方反驳说,美舰在能见度不错的白天行驶,标识清晰可见,伊方的解释站不住脚。伊方随后轻描淡写地称,这类事情在公海属于家常便饭,潜台词是,伊方并未如美方所称故意滋事。

饶有趣味的是,美方稍后发布公告说,无法确定那个威胁信号究竟来自伊朗舰艇还是海岸,似乎给伊朗解了套。但美方很快又称,去年12月,美舰就曾在波斯湾受到两艘伊朗快艇的接近威胁,在美舰警告性开火后,对方才脱离现场。伊朗也一改前面低调的语气,指责美方捏造事实挑拨伊朗与周边国家的关系,要求对方就此进行道歉。

至此,这场猫虎斗的风波大致平息了,但是,外人还是看不清这个迷魂阵,因为双方各执一词,甚至有些前后矛盾,事实真相旁者无从查证,能做的就是一个简单分析和判断。

从双方的总体表态看,可以得出三个结论:伊美间的确存在海上对垒的情形,且不止一次,伊方事先未披露、此次也未否认去年12月的那次"开火"事件,是否默认了美方的指责? 其次,美方感觉很不爽,高声抱怨却又努力克制;伊方则闲庭信步,很不在乎。另外,双方剑拔弩张,但是,谁都不愿再越雷池一步。到底谁是始作俑者呢? 动机何在?

美洲虎素来斗狠,嫌疑似乎是有的:布什今年外交重点有四,基本集中在中东:阿以和平进程、黎巴嫩民主进程、伊拉克稳定和伊朗核危机。这几件大事能否有所突破,均涉及伊朗的作为。布什近日出访中东七国,孤立、挤压伊朗意图十分明显,且一直指责伊朗政权为"邪恶轴心""恐怖后台""不安之源”，在其做客海湾前夕，用“事实”印证伊朗“邪恶”与“危险”，未必不可。布什班子制造假情报为己所用已屡有前科，若以阴谋论推测这场风波，美方是撇不清的。

波斯猫也不是吃素的，若把这场风波想象为伊方的手笔，也合乎情理。且看时间：布什两天后飞抵地区；地点：一舰当关，万舰莫开的霍尔木兹海峡，全球40%原油出口的咽喉要津；背景：美伊交恶已久，美国发誓剥夺伊朗拥核能力并颠覆其政权，且在周边部署近20万兵力，拉开动武的架势。去年3月，伊朗在波斯湾玩过针对英国水兵的“捉放曹”，戏弄了大英帝国，也触了把美国人的底线。如今，给即将离任的布什来个下马威，羞臊也罢，试探也罢，示强也罢，皆有可能。

猜猫测虎只是戏说，但猫虎斗的结局是实在的：国际油价立刻上升30美分，波斯湾开战油路中断的前景令人胆寒。美国露出避战的底牌，伊朗和美国掰腕子的信心和筹码大增。就这一折腾，波斯湾乃至中东国家都得掂量一下，谁是执牛耳的老大？

有一点恐怕要清楚，猫终究是猫，虎终究是虎，若动起真格的，赢家未必是虎，但输家肯定是猫。

（原载《新民周刊》2008年第3期）

4.假如布什致信内贾德和巴沙尔

朝鲜中央通讯社6日报道说，美国总统布什日前写信给朝鲜最高领导人金正日，并由到访的美国助理国务卿希尔转交朝鲜外相朴义春。这是布什担任美国总统以来第一次直接致信金正日，虽然内容不甚了了，但信件本身象征意义巨大，是美朝关系继续缓和及正常化的重要信号。

12月3日，美国16个情报机构公布“美国国家情报评估”报告，认定伊朗从2003年秋就停止了浓缩铀提炼活动，而不似美国政府判断的那样正在坚定地研发核武器。伊朗领导人宣称这份报告是伊朗外交的胜利。虽然布什依然态度强硬，但是，这份似乎在为伊朗“开脱”的官方报告实在耐人寻味。

11月27日，叙利亚应美国邀请参加了马里兰州中东和会，虽然这次会议仅成为巴以最终地位谈判恢复的"揭幕仪式",但是,僵冷的叙美关系就此也获得继续解冻的机会。

战略调整,试图修正过于生硬的外交政策,妥善处理美国与几个主要外交对手的紧张关系,以便为自己离任提交一份不错的答卷。

克林顿执政时期,美朝经过艰苦谈判于 1994 年 10 月达成"框架协议",朝鲜承诺停止核计划并接受国际监督。作为回报,美国将取消对朝贸易制裁,并在 2003 年前向其提供两个轻水反应堆,每年提供 50 万吨原油。

伊朗与美国关系多年不睦,但是,"9·11"事件爆发后,伊朗领导人公开同情美国人民,谴责恐怖袭击,表示愿意与美国联手反恐,并对美国推翻塔利班政权以及随后的政治重建提供了大力协助,甚至提出与美国探讨解决包括核计划和对以关系等一揽子重大问题。叙利亚被美国列为支持恐怖主义国家,却也是美国重要的和平进程伙伴,为此,美国政府一直默认叙利亚在黎巴嫩的特殊利益。

缺乏国际政治经验和外交智慧的布什,没有继承克林顿在朝鲜问题上留下的良性资产,没有领受伊朗政府改善双边关系的善意,也没有顾忌叙利亚在中东的微妙作用,相反,在反恐的旗帜下,粗暴而生硬地把它们推向对立面。2002 年,布什将朝鲜、伊朗和伊拉克列为"邪恶轴心"国家,并宣布"先发制人"政策,将实现这几个国家的政权更迭和摧毁其大规模杀伤性武器定为任内主要目标,随后发动伊拉克战争,推翻萨达姆政权,对这三个国家构成最直接的震慑。

过去七年间,"基地"组织主要头目逍遥法外,塔利班势力死灰复燃,伊拉克濒临内战,中东和谈陷入泥潭。这些现实都表明,美国难以再陷与朝鲜、伊朗乃至叙利亚的战端,调整外交政策,放弃对抗,选择对话,求同存异,显然是最好的出路。布什身边鹰派人物纷纷出局,民主化改造中东的口号被搁置,"邪恶轴心"不再论及,也都说明布什的外交政策在调整。

其实,和朝鲜一样,无论是伊朗还是叙利亚,获得核武器并不是它们的终极要求,求得国家安全和政权稳定,避免被美国入侵、颠覆或改造才是它们最关心的问题。另一方面,美国担心的也是这些国家走向自己的对立面进而威胁自身利益。既然如此,双方完全有基础实现互谅互信,和平共存。

美朝关系的发展势头令人鼓舞,美伊关系虽然警报未解,也并非不可逆转;美叙关系更是容易求解。假若布什也能分别致信伊朗总统内贾德和叙利亚总统巴沙尔,以沟通和磋商的方式化解敌意和误会,我想,布什任期的外交成绩单是完全可以改写的。

（原载《北京青年报》2008 年 12 月 27 日）

5.奥巴马:推倒"黑狱",重建"美誉"

奥巴马走马上任的第三天就颁布一道总统令和三道行政命令,着手全面改革美国对待恐怖嫌犯的政策和法律体系,包括在一年内关闭关塔那摩监狱、重新评估现行的恐怖疑犯审判制度以及禁止对恐怖嫌犯使用酷刑。

美国面临的大事、急事何其多,有关恐怖嫌犯政策并非十万火急,奥巴马却连下四道金牌,优先解决这个问题,实在让人感到蹊跷。奥巴马本人就此解释说,他要改变美国过去的一些做法,既要赢得反恐战争,又要弘扬美国价值观。再联系到他就职演说中高调主张的美国领导世界责任,就不难明白,奥巴马想通过整治"黑狱"挽回美国国际声誉,修补美国国际形象,重建美国软实力。

布什在任八年,发动两场战争,推翻塔利班和萨达姆两个政权,也制造了两个战争"黑狱",一个是本土关押塔利班战俘的关塔那摩监狱,另一个是巴格达关押反美武装人员的阿布·格莱布监狱。这两座监狱共同的黑暗之处是,美国军方或情报部门对囚犯进行有组织、有系统的虐待、酷刑审讯、身心侮辱和精神折磨,以征服对方获取情报。监狱黑幕特别是阿布·格莱布监狱大量虐囚图片曝光后,在全球引起巨大愤怒和抗议浪潮,使布什政府陷入罕见的政治危机。

关塔那摩和阿布·格莱布发生的悲剧,给囚犯造成巨大肉体和精神伤害,也给他们的家人及其所属的族群造成无法想象的创伤,违反了最基本的人道主义原则和国际人权法则,也违背了美国的相关法律。最为荒唐的是,"黑狱"事件正好发生在布什挥舞民主旗帜、以战争方式输出美国价值观和人权标准的特殊时期,成为不折不扣的公关"乌龙",严重损害了美国的国际形象,让人对"美标"式的道义说教丧失信心,重挫美国的软实力。

迫于巨大的国际和国内舆论压力,美国占领当局于 2006 年 8 月中旬关闭阿布·格莱布监狱。但是,布什以"保护美国人民"为由,拒绝关闭关塔那摩监狱,在宣称增加监狱管理透明度的同时,却拒绝接受联合国人权专家的巡视。奥巴马显然对"黑狱"之弊洞若观火,在竞选阶段就明确承诺,一旦当选将关闭这一臭名昭著的监狱。如今,奥巴马上任伊始优先处理关塔那摩问题,意在践行诺言,而事实上,他就职当天就下令关塔那摩的军事法庭暂停审讯犯人。显然,奥巴马此举更深层的意味在于重塑美国形象,挽回本国"美誉",推进美国领导世界之战略,同时,也表明他先易后难、外交先行的执政思路。

阿布·格莱布关闭了,但是,那道创伤无法抹去;关塔那摩真的被关闭,酷刑的记录也不会就此消失。关闭"黑狱"绝对值得赞赏,但是,"黑狱"现象若能像种族隔离制度一样彻底消失,那才是树立美国精神、光大"美标"和传播"美誉"的最佳途径。

(原载《北京青年报》2009 年 1 月 28 日)

6.奥巴马向伊斯兰世界"抛绣球"

6 月 4 日,美国总统奥巴马在埃及开罗大学发表演讲,系统阐述与伊斯兰世界相关问题的新思路、新政策,以缓解、消弭美国与伊斯兰世界存在已久近 10 年又明显恶化的误解、紧张、摩擦和对立。奥巴马的演讲标题是"新的开端",预示着他要翻过与伊斯兰世界不愉快的历史,打开新的篇章。

奥巴马今年 1 月上台时我曾撰文指出,前任布什给他留下一笔资不抵债的政治遗产,一片内政外交的"半拉子工程""烂尾楼"。内政包括金融风暴和经济危机,外交则有日趋紧张的美俄关系、朝鲜核危机,尤其是与伊斯兰世界相关的一系列问题:阿富汗和伊拉克战争、中东问题、伊朗核危机、民主化改造中东……这些问题,在一定层面上有文明冲突的内在驱动力,但更多的是操作性失误。奥巴马能否有所作为,很大程度上要看他能否收拾好这片"烂尾楼",尤其是解决美国与 10 多亿穆斯林的情感对立。

奥巴马显然有备而来,在被称为伊斯兰与阿拉伯世界两个同心圆的圆点埃及,发表了描述美国外交"新思维"的演讲,向世界穆斯林抛撒出鲜花和绣球。与基督教徒色彩鲜明的布什不同,奥巴马开宗明义地介绍自己的穆斯林血统,盛赞伊斯兰对世界文明的历史性贡献;与动辄以新"十字军"斗士身份出现的布什不同,奥巴马引用《古兰经》《塔木德》和《圣经》强调和平、共处与宽容是三大教共同弘扬的普世价值观;与以武力推行"民主"的布什不同,奥巴马强调尊重多元文化与传统;与一味强调单边、鼓吹强硬的布什不同,奥巴马承认美国对伊斯兰世界的失误并愿意以和解的姿态解决遗留问题。

坦率地说,奥巴马的演讲是真诚的、谦恭的,表现了他和美国政府放下身段、尊重历史、尊重文明多样性、努力体现和解与和谐的崭新姿态。这些溢美之词出自同时也被伊斯兰世界妖魔化的帝国总统之口令人耳目一新。

他说:"纵观历史,伊斯兰教以言词和行动揭示了宗教容忍与种族平等的可能。""自我国建国以来,美国穆斯林使美国丰富多姿。""身为美国总统,我认为我的职责之一是随时驳斥对伊斯兰教的消极成见。""毋庸置疑:伊斯兰是美国的一部分。""我知道,在打击暴力极端主义的斗争中,伊斯兰教并不是一个问题——伊斯兰教必须是解决问题的途径之一。"

奥巴马的演讲被现场听众的掌声打断37次之多,甚至有人三次喊出"我们爱你"这样激情洋溢的口号。这是多少年来西方领导人特别是美国领导人在伊斯兰核心地带公众场合未曾得到的超级认同和礼遇。美国的穆斯林社团也大加称赞。从演讲层面说,奥巴马已经为改善与伊斯兰世界的关系构筑了一个很好的开端,是此前宣称"不与伊斯兰交战"的深度阐释,预示着奥巴马要花大气力重建美国的软实力。

美国与伊斯兰世界的复杂关系,远不止于演讲辞藻和欢迎掌声这么简单,而是体现于诸多现实问题,事关双方50多个国家和世界十分之一人口的情感、信仰和利益关切。

奥巴马显然是务实而坚定的,他将布什乃至往届美国总统与伊斯兰世界构成的不和集中在七个方面加以系统梳理,包括极端主义、中东问题、伊朗核危机、民主化、宗教自由、女权和经济,表明他在这些问题上有继承、有发展、有扬弃、有创新,有自我坚持,也有自我否定。最大的亮点是:只字不提恐怖与反恐,承认伊拉克战争打得没有道理,承诺最终不在伊斯兰土地上存留一兵一卒,强调巴勒斯坦人有权建国,承诺与伊朗和解并共同推动无核世界的到来,反对以自由主义为名敌视任何宗教……

话说得很动听,掌声也足够多,但是,伊斯兰世界的后续反应是:更愿意对奥巴马听其言,观其行。奥巴马抛出了绣球,对布什政府甚至历届美国政府保有成见的传统对手们也满怀期望地接过了绣球,但是,双方能否真正翻过交恶的旧账,迎来花好月圆的蜜月,实现历史性的和解与和谐,将是个艰巨的课题。

(原载《新民周刊》2009 年第 24 期)

7.克里首访:美国收缩再收缩

2 月 24 日起,美国新任国务卿克里开始他的履新处女航,在十一天里相继访问九个欧洲和中东国家,耗时之长,密度之大,较为罕见。此前白宫曾宣布,奥巴马总统本人 3 月份的第二季首次出访,也锁定中东三国。

受此两大动向的牵引,不少媒体惊呼,美国似乎重新重视欧洲和中东,甚至有人怀疑,美国的全球战略又要调整,重心再次定位。其实,这是一种误读,克里与奥巴马的最新举动并不意味着美国战略方向的转向或回归,而是收缩再收缩的双重铺垫。

或许,我们更应该注意两则重要的军事新闻:美国停飞具有"世界战斗机"美称的五代隐形战斗机 F-35,以及分阶段封存 11 艘航空母舰中的四艘。先进战斗机代表了美国的全球军事领先能力和绝对优势,航母舰队则从来是美国整体实力的象征以及霸主地位的移动支点。F-35 停飞表面上是简单的技术瑕疵所致,深层却是对投入不足和预算压缩的追问,而航母数量史无前例的压缩,更是奥巴马团队不得不反复面对"财政悬崖"的结果。

一句话,财大气粗的美国在经济危机的持续挤压下被迫再次紧缩,以至于门面不顾。另一个客观事实是,美国依然强大无比,四顾无敌,孤独求败,这使得它可以部分刀枪入库,适当马放南山。

美国的战略收缩无人质疑,这已清晰地体现在奥巴马第一季的政策宣示和具体执行中:主动寻求与整个伊斯兰世界的和解,避免"基地"等死敌招纳更多兵马;坚决结束伊拉克和阿富汗战争,堵住两大吞噬生命与金钱的无底黑洞;有选择地适度介入"阿拉伯之春",更愿隔岸观火;放弃军事上的全面开花而重点布局;放弃军种建设上的面面俱到而突出特种作战和机动出击;放弃同时打赢两场战争的狂想,专注毕其功于一役;即使面对朝鲜、伊朗在核危机上的强硬立场,美国也忍了再忍。

但是,美国的战略目标没有改变:继续领寻世界;美国的战略对手逐步清晰:快速崛起的中国;美国的战略投射方向也公布于世:日益重要的亚太地区;美国的当务之急:努力休养生息,摆脱彻底衰落。美国不仅要掌握大西洋,美国也要在中国强大前控制太平洋。两洋是地球的双肋,也是美国纵横世界的两条滑道和抓手,缺一不可。

正是这种迫不得已的战略收缩,奥巴马不仅给第二季规划了明确的路线图,而且启用具有孤立主义色彩和温和气质的哼哈二将:国务卿克里及国防部长哈格尔。与鲍威尔、奥尔布赖特及希拉里不同的是,反战分子出身的克里更能理解奥巴马的韬晦之心和软实力诉求,更愿借助多边框架和谈判方式解决美国的难题。同样,与拉姆斯菲尔德、沃尔福威茨及切尼等鹰派人物相比,哈格尔是个彻头彻尾的温和主义者,反对动辄诉诸武力和粗暴干涉。美国时代周刊网站甚至说:"对哈格尔的任命预示着从索马里开始、到伊拉克和阿富汗结束的二十年对外干涉的终结。"

但是,欧洲和中东毕竟是美国的外交政策"基石"所在,是美国战后投入最多的核心利益区。保卫欧洲"自由世界"免于伊斯兰主义和集权主义的伤害或蚕食,是美国的战略任务。确保欧洲和中东稳定,是美国实现战略收缩,重点经略亚太的现实保障。"阿拉伯之春"以后的迹象表明,叙利亚危机、伊朗核问题和巴以争端这三个互为震荡的雷区,都有赖于借重欧洲盟友、中东地区组织和地区大国,自己退后。唯此,美国才能安心移师亚太,放心枝节,大胆裁军。

所以,克里与奥巴马貌似重返欧洲与中东,实则安抚之举,是战略大转移、大收缩进程中的情感烟幕和心灵鸡汤,预示着美国未来四年的战略与外交必然是收缩再收缩,直到恢复强大实力。

当然,至于关键性的中美关系,只要双方建立好战略互信,划分好全球角色,界定好彼此利益,勾勒好各自红线,转战亚太的美国或许还将继续压缩投入,更多依靠撬动中国与周边国家矛盾的杠杆,来冲抵自身的战略消耗。

(原载《北京青年报》2013年3月2日)

8.奥巴马中东走过场

3月20日至22日,美国总统奥巴马出访以色列和巴勒斯坦,开启其第二任期的首次出访。奥巴马首访中东不仅引起世界舆论热议,而且引发巴以和美国国内争议,焦点在于此举是否意味着美国战略东移亚太政策有所调整?此举又能给中东和美国带来什么?

其实,奥巴马不会改变战略方向,也难以给美国、中东和自己收获什么,去中东仅仅是走过场的表面文章,法新社与CNN不约而同地称,奥巴马想书写中东和平传奇,使自己成为伟大总统。但是,奥巴马或许比任何人都清楚,要创造中东和平奇迹,他生不逢时,无力回天。给予中东首访荣誉,仅仅是虚晃一枪,安抚以色列和巴勒斯坦这对好折腾的冤家,以便奥巴马安心东顾,经略亚太,实现太平洋总统的大梦。

以色列是在美国强力呵护下立国、卫国和强国的,美以间形成了牢不可破的血肉联盟关系,以至于阿拉伯世界22国在四次中东战争后认清打不出结果的现实困境,因为它们没有可能战胜有强大美国支持的小小以色列,无论是在安理会文斗,还是在中东沙漠武斗。美国当然也为此付出持久和惨重代价,包括弥漫于中东民间的反美主义及其巅峰行动"9·11"袭击。同样,以色列不仅是美国全球战略架构下最可靠的中东盟友,同情以色列的美国犹太人还深刻地影响甚至左右着这个世界唯一超级大国的内政外交。

因此,在伊核危机持续不能化解,叙利亚危机扩大,阿拉伯剧变"由春转冬",哈马斯火箭威胁,以及美国从中东大幅度收缩的多重因素下,体现对以色列安全的重视,顺道安抚愤愤不平的巴勒斯坦人,免去经略亚太后顾之忧,便成为奥巴马的现实考量。至于激活和平进程,甚至创造新的世界惊喜,实属奢望。

自1948年以色列建国以来,曾有四任美国总统访问促和:尼克松力倡和平计划却无人应和;卡特成功推动以色列和埃及实现历史和解;克林顿撮合签署巴以"奥斯陆协议"却终究未能促成永久和平;小布什虽支持巴以"两国"并处,却因阿富汗和伊拉克战争将和平进程边缘化。奥巴马也曾许诺上台推动巴以和解,但事与愿违,不仅无暇无力促和,反而因两头示强硬双双得罪。因此,奥巴马未启程,以色列媒体已通过民意测验表达了对其不信任,而巴勒斯坦人更放话说要用鞋子和口水相迎。

不能不承认,奥巴马是个难得的睿智总统,他懂得韬光养晦和量入为出,懂得有所为有所不为,也懂得虚虚实实,更懂得轻重缓急。在美国国力如日中天且拉宾和阿拉法特这样的勇敢者健在时,以克林顿这样公认能干的总统都不能解开巴以历史死结,财力已捉襟见肘的奥巴马有什么资本去趟这池浑水?

客观而言,巴以根本不具备让奥巴马书写辉煌的内部条件:双方的温和力量大大削弱,强硬声音成为主流,即便以色列软化立场愿意谈判,但是,巴勒斯坦至今没有实现内部和解,无法形成统一谈判立场,甚至无法取得恢复谈判共识。对以色列而言,谈判意味着放弃土地的痛苦抉择,所以,更愿意高调炒作伊核危机,除真心防范伊朗拥核,更在于转移中东焦点,回避复谈让步。洞察这一切的奥巴马,除了安抚一下地区盟友及和平伙伴,说一些片儿汤话,还能做什么呢?

1999 年 11 月克林顿总统夫人希拉里访问以色列时,当地媒体说"希拉里人在以色列,心在纽约",讽刺她为竞选纽约州参议员而来拉票。此次以色列媒体也有类似描述,调侃奥巴马"晤谈以色列总理,心在中国",言其此时访以只是要把这个盟友纳入美国全球新战略。

同样有趣的是,希拉里当年在耶路撒冷老城犹太圣殿的哭墙前祈祷,并按习俗塞进许愿纸条,其随同诙谐地说,希拉里"塞进 20 页的和平备忘录",意思是,在克林顿白宫岁月所余一年内,期盼巴以能成全其伟大总统的梦想。但是,戴维营谈判的失败使克林顿美梦落空。此次奥巴马矗立哭墙并放进什么心愿呢?我想,更不敢再有克林顿夫妇那样的念想,充其量是:求求你们,别给我在中东添乱!

（原载《北京青年报》2013 年 3 月 23 日）

9.十下中东:克里难圆巴以和平梦

2014 年的第一个重大外交活动,当数美国国务卿克里的中东之行。新年钟声敲响才两天,克里就飞往以色列和巴勒斯坦,足显其心之切,其情之迫。当人们发现这是他任职十个月后的第十次中东行时,更感觉战略重心东移亚太的美国,在中东有无法割舍的牵挂,也正是克里着力推动也恐难梦想成真的巴以永久和平。

巴以冲突是中东问题的症结所在,是各种矛盾交错的核心病灶,自从美国势力在二战结束后进入中东,就一直被这一问题困扰。远的不谈,1978年卡特总统和基辛格国务卿成功促成包含巴勒斯坦问题前途的《戴维营协议》至今,巴以争端已历三十五年,经手六位美国总统,煎熬过十四位国务卿,奥巴马和克里只不过是这块烫手山芋的最新接力组合。即使从突破性的"奥斯陆协议"算起,一晃也过二十年,美国依然未能推动双方完成五年为约的最后冲刺。

坦率地说,和五位前任相比,奥巴马是巴以和平进程最乏力的推动者,甚至是最缺乏热情的监护人。首次上台前夕,奥巴马曾信誓旦旦要在任内促成"两国"框架下的巴以持久和平,但是,一经入主白宫,他便将诺言抛却脑后。原因大致有二:其一,目光已转向亚太的奥巴马心不在焉;其二,巴以问题本身的艰难尤其是以方态度的强横,使奥巴马底气不足,裹足不前。三年前爆发的阿拉伯剧变又使中东格局一夜错乱,巴以问题不再是舆论焦点,也自然难以成为奥巴马外交日程的重要选项。

奥巴马轻松连任后开始为自己的历史地位进行盘算,经济的艰难、医改的挫折已让他不敢奢望对内有所建树,远离两党政治,发挥美国大国影响力,在外交上攻坚克难,成为奥巴马可能留名青史的寄托所在。亚洲东西两极正好是奥巴马腾挪国力的主要空间,向西清盘伊拉克和阿富汗两个战场,向东强化美国的存在感。但是,战略重心东移亚太,并不意味着美国抛弃中东,轻视中东,而是量入为出,有所为也有所不为。防止恐怖势力泛滥,改造反美主义土壤,都促使奥巴马必须在中东腹地西亚解决两大核心问题,美国伊朗关系,以及被搁置、被冷淡的巴以和平。

在这套逻辑指导下,奥巴马启用政坛老将克里重拾中东核心议题,也才有了克里去年2月上任首次出访即穿梭欧洲中东十一国的手笔。尽管此后克里反复下中东不全是为了巴以,但巴以重归美国中东外交核心位置已是无可争辩的事实。四个月内六访中东,克里以其圆熟的外交技巧,说服巴以于7月底在华盛顿恢复中止多年的最终地位谈判,双方约定一年为限,完成预定议程并达成永久和平。

然而,熟悉中东事务的观察家并没有对克里的撮合成就寄予厚望,因为巴以终结历史恩怨的内外条件依然不成熟,纵然奥巴马意愿再强,克里再能化腐朽为神奇,都无法解开巴以间的死结。双方复谈后的近二十轮谈判毫无进展,就说明和平车轮原地打转的残酷现实。奥巴马任期所余不多,今年又逢中期选举,伊核危机彻底解决并非易事,所以,推动巴以实现突破,就变成他非常急切品尝的外交硕果,也自然成为克里首屈一指的斡旋使命。

巴以核心问题的固有棘手世人共知,毋庸赘述,而双方谈判诚意尤显不足,交替制造难题,相互施加压力,更让人们对谈判前景心灰意冷。以方不断扩建非法定居点,消弭内部压力,给谈判设置障碍;巴方拒不接受承认以色列为"犹太国家"的先决条件,最近又提出"耶稣是阿拉伯人而非犹太人"的新话题,淡化以色列人与这片土地的历史联系,令以方非常不满。仅此可见,巴以决策者们对和平解决的历史认知并没有因为时间的消耗而发生根本改变。

但是,时间带给巴以重大改变的反倒是,双方再无拉宾和阿拉法特那样一言九鼎、敢于拍板并能力排众议的权威领导人,内部掣肘的山头、两相对立的情绪和不肯妥协的民意,都成为他们不敢做出历史妥协的现实障碍,也自然注定奥巴马和克里难圆巴以和平梦的历史宿命。

人们很难相信,十四年前克林顿在戴维营功败垂成的撮合能在奥巴马任内起死回生,也很难相信,巴以为了奥巴马的政绩会牺牲核心利益。因此,纵然克里2014年往中东跑断腿,也难以奢望巴以达成双方都满意、内外都接受的和平协议。退一步讲,即使大爆冷门,石破天惊地签署一纸文字,也难以变成花好月圆的现实。这是中东多年残酷政治留给世人的深刻教训。

(原载《北京青年报》2014年1月4日)

10.难民危机:欧美"种瓜得瓜"的现实教训

9月初,一张叙利亚儿童罹难逃亡之路的照片引爆中东和欧洲难民危机,使得近年屡禁不止的赴欧难民潮变成困扰世界并压迫欧洲的严峻事态,以至于既遮蔽了乌克兰危机,也冲淡了"伊斯兰国"武装在中东的恣意肆虐。迫于各种舆论压力,素来重视人道主义的欧洲在罗马教皇敦促和德国引领下,试图大力缓解难民危机,然而,反思赴欧难民潮的来龙去脉,欧洲和美国也许最该汲取的是"种瓜得瓜,种豆得豆"的现实教训。

据 CNN 等媒体统计,阿富汗、叙利亚、伊拉克和利比亚成为此轮赴欧难民潮的最大来源,阿富汗为世界第二大难民身份申请人数国家;叙利亚至少流出 400 万难民;"伊斯兰国"崛起后,伊拉克有 300 多万人逃离家园;此外,非洲之角的厄尔特利亚每月都有数千人背井离乡,长期陷入战乱的索马里也是难民的重要产地之一。

如果说厄尔特利亚和索马里等地的难民有其政治环境恶化和经济状况艰难等一般性原因的话,阿富汗、叙利亚、伊拉克和利比亚等国构成赴欧难民潮主流,则很大程度上与阿富汗战争、伊拉克战争、叙利亚内战和"阿拉伯之春"存在明显的因果关系,而这些战乱无不是欧美新干涉主义催生的"恶之花"。

2001 年 10 月,美国小布什政府以围剿"基地"组织为由,组织以其西方伙伴为主体的 40 多国联盟,发动阿富汗战争并击溃庇护"基地"组织的塔利班政权。客观地说,这场战争动机正当,程序合法,手段合理,因为它是针对"9·11"恐怖袭击进行的反恐战争,并得到联合国安理会授权,也受到世界绝大多数国家的理解和支持。问题在于美国及北约成员重蹈苏联的覆辙,历时14 年,不仅没有消灭塔利班武装,反而陷入旷日持久的拉锯战和消耗战,原本经济凋敝的阿富汗继续饱受战乱之苦,百姓生活更加无着,或者为了生计替塔利班当炮灰,或者陷入难以自拔的毒品经济,或者在日复一日的恐怖袭击中苟延残喘,流亡他乡成为很多阿富汗人的必然选择。

2003 年 3 月,自以为在阿富汗得手的小布什政府,盲目而自大地相信可以同时发动并赢得两场局部战争,伙同英国以莫须有的理由发动颠覆萨达姆政权的伊拉克战争。美英不仅解散了维持该国稳定的正规军事力量,还解散超越部族和宗教信仰的复兴社会党,使长期被消解和淡化的部族势力、什叶派和逊尼派宗教力量,以及阿拉伯和库尔德族裔意识重新复活并大面积发酵,造成长达十二年的动荡、战乱和内部倾轧。美国不仅为此付出沉重的生命和财政代价,伊拉克也变成新恐怖主义策源地,并源源不断对外输出政治和经济难民。

2010年底"阿拉伯之春"从突尼斯爆发,并很快席卷埃及、利比亚、也门和叙利亚,这场大动荡的深层原因固然是阿拉伯政治、经济和社会矛盾长期积累,并由欧洲经济危机引发,但也与美国长期推动的"大中东民主计划"不无关系。阿拉伯街头运动风起云涌之际,美欧舆论推波助澜乃至直接干预,加剧了这场社会危机的不可调和性和对抗性。英法主导和美国支持的北约军事干预利比亚,直接造成内战全面爆发和政权更迭,进而使这个顶着国家之名的传统部落社会分崩离析,经济和安全环境持续恶化,导致大量难民前赴后继地跨越地中海,逃亡欧洲。

如果说突尼斯、埃及、也门、利比亚等国的内乱,欧美并非始作俑者,至多影响其演进方向和结果,那欧美必须为叙利亚难民危机承担主要责任,因为它们伙同沙特阿拉伯等海湾国家公开鼓动叙利亚反对派颠覆巴沙尔政权,甚至资助"支持阵线"等"伊斯兰国"武装的最初同盟军,客观上为后者的壮大提供了政治庇护和资金、装备后援。待到叙利亚局势完全失控,伊拉克内乱加剧,"伊斯兰国"武装打通叙伊战场并割地"定都""立国"时,欧美才察觉到向叙利亚输出颜色革命的糟糕后果。然而,覆水难收,四年间,叙利亚已经造成近25万人死亡,400多万人沦为难民。

尽管2014年9月奥巴马宣布在伊拉克和叙利亚发动至少三年的反恐战争,并组建新的反恐联盟,但是,由于地区各种力量都试图继续利用"伊斯兰国"武装削弱对手并扩大自己的利益范围,这场反恐战争雷声大雨点小,收效甚微。同时,出于对政治颜面的维护,公开宣布巴沙尔政权"非法"的欧美拒绝调整立场,继续在围剿恐怖组织和颠覆巴沙尔政权两个方向发力,使得叙利亚局势"索马里化",数百万难民的陆续形成自然难以遏制,也必然遗患中东和欧洲。

中东难民潮外溢是个渐进的过程,夹在伊拉克和叙利亚间的约旦被迫接纳62.9万地区难民,另一小国黎巴嫩也接纳110万流亡者,涌入土耳其的叙利亚难民已超过200万。这些国家无力长期供养如此庞大的难民队伍,必然对外输送,分解压力,与中东山水相连并且吸纳能力强的欧洲自然成为难民的希望之乡。于是,在过去几年里,难民们或从地中海走水路,或从巴尔干走陆路,纷纷涌向欧洲躲避战乱。

然而,逃亡之路不幸成为部分难民的死亡之路,尤其当难民转运和非法人口贩运结合之后,难民的亡命旅程风险陡增,死亡率迅速飙升。国际移民组织统计表明,从利比亚到意大利的水域实乃死亡之海,难民和偷渡者船只遇险事件频繁发生,截至今年8月,已有18.8万落难者在这里获救,但是,2013年和2014年分别有1607人和3279人葬身地中海,今年前七个月,这一数字也已超过2000人。

陷入经济危机的欧洲原本举步艰难,这些年吸纳的难民数量已经相当庞大,由此衍生的政治、社会和安全问题日益突出,加上去年的《沙尔利周刊》惨案引发了欧洲普遍的对立情绪和长远忧虑。难民问题不仅是烫手山芋,甚至一度被破产边缘国家希腊当作要挟欧盟的重要筹码,最近这又上升为欧洲内部争吵的中心话题,拷问着欧洲人引以为豪的人道价值观。当然,部分欧洲国家克服困难,敞开大门试图尽量吸收和消化这些走投无路的中东难民,令人欣慰,也令人心存敬意。

然而,赴欧难民的病灶并没有被铲除。最新报道称,部分"伊斯兰国"武装人员已乔装难民混入欧洲国家,如果他们作为"第五纵队"潜伏下来,在欧洲发动多点致命恐怖袭击,不仅会加剧现有的欧洲恐慌,还将恶化已严重摩擦的文明冲突和种族矛盾,进而使欧洲乃至美国陷入前所未有的混乱。作为远离欧美的观察者,我们同情这些东方难民,也对容纳他们的欧美社会表示感佩,但这不妨碍指出美欧中东、中亚政策的种种弊端和失败。欧美也只有大幅度矫正新干涉主义和单边思维,以更切合实际的策略和方式参与中东和中亚治理,才能寻求到难民问题的根本解决之道,也才能避免"种瓜得瓜,种豆得豆"的宿命。

（原载《华夏时报》2015年9月9日）

11.王者归来:美军被迫再陷中东

9月10日,美国总统奥巴马做出应对中东恐怖与极端主义的新决策,准备在中东腹地扩大和升级军事行动,打击、遏制并最终摧毁纵横伊拉克和叙利亚的"伊斯兰国"武装。这意味着,奥巴马的大中东收缩战略面临重大调整,美军被迫重陷泥潭。但是,美国"王者归来",重开战端必然牵一发而动全身。

奥巴马当晚宣布将增派475名官兵前往伊拉克巩固和扩大现有战果。同时,他呼吁国会授权培训叙利亚反对派武装,并向其提供武器和装备,以便对抗"伊斯兰国"武装和叙利亚总统阿萨德。奥巴马称,扩大对"伊斯兰国"的军事行动的最终目的,是通过全面和持续的反恐策略,"打击并最终摧毁"这一极端组织。据悉,奥巴马计划用三年时间达成目标。

诚然,"伊斯兰国"武装已上升为美国及其西方和中东盟友的头号对手,极具现实迫切性和长远威胁性。"伊斯兰国"武装快速崛起,标着"基地主义"意识形态基因已严重裂变和版本升级。作为追求现实政教双重权力和古代治理模式的极端力量,"伊斯兰国"武装在中东腹地迅速攻城略地,划地立国,切割殖民时代构建的民族国家边界,试图重构西方国家设计和主导的地区和世界政治版图。同时,该组织实施严酷的教派清洗,威胁和迫害"非我族类",并公开宣称要以单一信仰统御天下。"伊斯兰国"武装的行为和诉求,不仅直接挑战美国主导的当今国际秩序和世界认同的基本价值标准,也酝酿着可怕的文明冲突。奥巴马在"9·11"袭击十三周年纪念的悲情中做出这一重大决定,体现了美国精英阶层的通盘考虑。

随着新增人员的到位,美国在伊拉克的地面人员官兵将超过千人,这说明奥巴马非常清楚,仅靠空袭难以取得决定性军事优势,适当地面力量的有效投入和使用,才是收复失地的关键。奥巴马重申加强与伊拉克北方库尔德人联手,折射出一种纠结:在无法指望伊拉克政府担当大任的关口,也不希望伊朗势力继续凸显,只能倚重库尔德人收拾残局。观察家们却担心,美军再次深度介入,是否也带来美国库尔德既往政策的变化与调整?如果美国纵容库尔德分离主义,那将是另一件扰乱地区力量既定格局,改写中东政治版图的大事。

奥巴马新举措的另一个焦点是在叙利亚开战,也许标志着他本人犹豫三年后决心有所作为。"伊斯兰国"武装势力与地盘的扩大和巩固导致一种微妙的变化,即在国际社会视野里,叙政府与反对派的权力争夺,已演变为极端化与世俗化、恐怖主义与反恐怖的较量,甚至冲销了浓厚的宗教派别之争。在伊叙这个大棋盘上,短暂出现伊朗唱和美国,地区传统对手和衷共济对付"伊斯兰国"武装的奇观。这奇观让美国及其盟友面临尴尬的叙利亚态势,因为它们的资助和介入,直接导致"伊斯兰国"武装的诞生和壮大,意味着又亲手给自己扶持了一个死敌。

奥巴马的叙利亚新路线图远比以往清晰直白,借助美国直接军事介入的力量,既要兑现让巴沙尔政权下台的一贯诉求,也要切实消灭"伊斯兰国"武装,将叙利亚置于美国设计的政治与安全架构下,直至将它改造成达到西方民主宪政标准的新国家。显然,这符合美国民主化改造中东的长远规划和意愿,而且能赢得共和党人的认可与支持,进而为即将到来的中期选举催票。问题是,美国准备付出多大代价? 会不会重温伊拉克的噩梦?

王者归来,绝非易事,因为中东山头太多,各自为王,而且一直争做王中之王。且不说军事层面美国的加大投入效果如何,特别是如何处置力量犬牙交错的叙利亚残局,政治层面引发的反弹已立竿见影。新近表态愿意协助美国打击"伊斯兰国"武装的叙政府抨击奥巴马的决定,刚刚支持美国在伊拉克"换马"的伊朗也强烈反对。对这两个什叶派阵营的关键国家而言,美军重返伊拉克,深度介入叙利亚,何止是有所遮掩的借道伐虢,简直是开门见山式的与虎谋皮。

(原载《北京青年报》2014 年 9 月 13 日)

12.奥巴马反恐:避免重蹈布什覆辙

12 月 6 日,美国总统奥巴马罕见地在白宫椭圆办公室发表讲话,针对恐怖主义最新事态阐述政策,在努力安抚公众及共和党人不满情绪的同时,明确重申绝不大举兴兵参与中东反恐战争,坚持既定的空袭为主、特战为辅策略。尽管美国一年多反恐作战效果不彰和国内压力巨大,奥巴马讲话显示,他不会像小布什那样冲动,让美军再次深陷中东泥潭和战略陷阱。

本月 2 日,加利福尼亚发生具有"伊斯兰国"背景的独狼式袭击,造成 14 人死亡,17 人受伤,被形容为"9·11"袭击后最严重恐怖血案,整个美国也陷入"控枪"与"反恐"双重舆论漩涡。在共和党人等强硬声音聒噪下,美国民意明显对奥巴马反恐政策与战略不满,甚至敦促重新派兵投入中东反恐主战场。CNN 民调表明,53% 的受访者主张应该派地面部队对抗"伊斯兰国"武装;60%的人认为美国在伊拉克和叙利亚的战事效果非常糟糕;68%的人批评政府对恐怖团体的军事反应不够积极。

奥巴马则在演讲中针锋相对地表达了自己的判断与看法,概言有三:美国本土的恐怖主义形势进入"新阶段"——恐怖组织发动的大型攻击转变为受激进思想影响的个体简单袭击;美国不能如恐怖组织所愿重新占领外国领土,继而为其生存壮大提供土壤和动力,将美国再次陷入旷日持久和代价高昂的地面战而耗尽资源;美国将坚持空袭为主、辅之以少量特种兵参战和中东盟友武装协同的既定战略。奥巴马及其主要幕僚还明智而明确地将恐怖主义袭击与伊斯兰文明及穆斯林大众隔离开来,体现出具有全局观的政治智慧。

奥巴马执政以来一直清晰并有条不紊地逐步推进其全球战略,既加快实施亚太再平衡,又削减在中东的军事存在与外交干预,努力区分、定位和优化美国在国力阶段性衰落时期的战略优先选项和资源最佳配置。如期撤离伊拉克战场,结束在阿富汗主要战事,奥巴马已清理布什政府遗留的大部分外交和军事负资产,将重心向亚太地区转移。

2011年"阿拉伯之春"大动荡肇启后,奥巴马政府就以"跟跑"和适度介入消极应对,武装干涉利比亚和策动叙利亚内乱,主角并非美国而是海湾阿拉伯国家和急于在传统殖民势力范围彰显大国作用的法国和英国。奥巴马聚焦和倾心于亚太,乐得放任欧洲和地区伙伴逐鹿中东,甚至不惜释放出伊朗的巨大能量来保持中东力量相互制衡。奥巴马无心留恋中东泥潭,也无力改变现状,只求中东这团肉烂在锅里,维持美国尽量抽离作壁上观,将入不敷出的资源用于维护全球领导地位。

当然,中东混乱显然超过奥巴马的想象,特别是"伊斯兰国"武装旱地拔葱般壮大膨胀,已开始明显解构美国设计的地区新秩序,并将全球恐怖主义浪潮推向新高。因此,奥巴马于2014年秋发动以空袭为主的中东反恐战争,但他清楚这不是一蹴而就的博弈,冷静地将战争进程预期设定为至少三年。也许太过照顾盟友的眼前利益和政治立场,美国一年多空袭效果让人失望,近万次轰炸并未重创"伊斯兰国"武装主力,相反却被俄罗斯持续数周的突出成果比照得一塌糊涂。

除了"伊斯兰国"武装本身难以对付和空袭行动得不到叙利亚当局引导

和配合这些客观因素外,帮助反对派扩大势力范围实现颠覆巴沙尔政权这一核心诉求,才是美国攻势失色的根本原因。系统观察可见,奥巴马政府的公开态度摇摆不定,时而支持让巴沙尔下台动议,时而又显现出妥协和让步,这种政治混乱体现在军事行动上,必然将轰轰烈烈的反恐战争和大规模空袭,搞成一锅不伦不类的夹生饭。

奥巴马最新表态体现了尽量置身中东事外的总立场,但这并不意味着中东乱局符合美国长远利益。奥巴马已清晰地画出击溃"伊斯兰国"武装的路线图,即更多倚重叙利亚和伊拉克温和力量自己去解决问题。这就意味着美国必须加大对这两个国家内部各派力量的整合与统一,并最终借助他们发动地面攻势,让美国空袭收到预期效果,否则,"伊斯兰国"武装等恐怖势力终究还是美国的麻烦。

（原载《北京青年报》2015 年 12 月 12 日）

13.奥巴马访沙特,半是灭火半敷衍

4 月 20 日,在美国与沙特等海湾阿拉伯国家关系降至历史低点之际,奥巴马匆匆赶来,试图扑灭传统盟友的愤怒之火,修补百孔千疮的双边关系。但是,美国招恨太多,奥巴马作为总统也来日无多,双方表面敷衍,内心呵呵,只能等待美国下任总统重新收拾旧山河。

抵达沙特首都利雅得当天,由国务卿克里和国防部长卡特陪同的奥巴马即与沙特国王萨勒曼举行会谈。这是奥巴马任内第四次访问沙特,也是自去年萨勒曼登基后第二次拜码头。据报道,奥巴马与萨勒曼讨论了叙利亚局势、伊朗"入侵"阿拉伯邻国、共同打击"伊斯兰国"武装以及也门战事等热点问题。21 日,奥巴马一行还出席美国海湾阿拉伯国家合作委员会峰会。

据半岛电视台报道,峰会闭幕时双方发表公报重申战略伙伴关系,维护地区安全与繁荣,萨勒曼称峰会有助于双边合作,奥巴马则强调双方反对"挑衅行为"但对伊朗作用存在分歧。由此可见,尽管奥巴马两任四访沙特创下单访一国最多纪录,但是,往来多并不代表走得近,这次峰会并没有消弭甚至掩盖双方根本分歧。西方媒体注意到,沙特电视台一反常态没有报道奥巴马

抵达的消息,暗示这是向奥巴马传达冷遇信号,也非常直观地显示,美沙关系已相当不堪,而且沙特丝毫没有降低对奥巴马的失望与怨恨。

奥巴马此行前夕,美国参议院通过"9·11"法案草案,如果这项法案完成参众两院程序并得到总统同意,"9·11"袭击3000多名死难者的家属将通过法律手段追究沙特的相关责任。美方称,19名袭击者中15人来自沙特,而且一名参与者已公认说,沙特王室多名成员与"基地"组织有密切关系。尽管奥巴马一再重申不会签署这一文件使之成为法律,但此事依然给沙特造成巨大心理冲击,沙特外交大臣朱拜尔3月访美期间曾直接警告称,沙特可能撤走7500多亿美元的美国债券及其他资产,而这种釜底抽薪的行动将使美国经济蒙受巨大风险。

然而,美沙关系绝非一时一事遭遇危机,而是近年来在诸多问题上摩擦不断,渐行渐远。在沙特看来,美国太过重视自身与以色列的安全利益,战略重心向亚太和拉美地区倾斜,试图撒手中东进而再犯下一系列不可饶恕的错误:在埃及,抛弃穆巴拉克并导致穆斯林兄弟会一度控制政权;在也门,曾经支持前总统萨利赫及胡塞叛乱武装引发沙特后院起火;在叙利亚,消极旁观以至于巴沙尔政权得以幸存至今;在伊拉克,监护失败并将其变成伊朗小伙伴。最让沙特产生背叛与离弃感的是,美国与伊朗达成核协议,实现初步和解并扶植德黑兰成为"地区警察",而奥巴马本人竟然公开抨击沙特袒护伊朗这个美沙宿敌。

诚然,美沙关系经历了1945年以来最为黑暗的时期,也是1973年第一次石油危机后最脆弱的阶段。2014年奥巴马与沙特已故国王阿卜杜拉会晤时,双方裂痕就已十分明显,沙特前驻美大使费萨尔曾当面教训奥巴马,继续听任美国的所谓忠告,美国第五舰队司令部所在的巴林就会成为伊朗版图"省份"。但是,奥巴马急于收获伊核谈判硕果,或者试图在伊朗与其阿拉伯对手间实现离岸平衡,对伊朗政策的倾斜日益明显,致使美沙关系持续撕裂,延续到萨勒曼时代并几乎全面崩盘。"9·11"法案和朱拜尔"最后通牒",可谓双向对美沙关系亮起红灯,也最终迫使奥巴马不得不连续第三年出访沙特进行适当安抚,避免关系彻底失控。

但是,此行对美沙战略关系的重述都几乎是表面的,奥巴马遭遇的冷遇已表明沙特对这位跛脚鸭总统已不抱希望,而奥巴马当面重申对伊朗的"异见"更显示其无心一味讨好。奥巴马即将离开白宫,注定铁了心地将"奥巴马主义"进行到底,不会因为沙特闹情绪而放弃,更何况石油价格的长期走低预期,以及美国开闸向世界市场倒灌石油都表明,沙特的战略价值已经像石油一样大幅度贬值,美国不可能为自己的整体布局和利益而一味迁就沙特这个过气的老相好。

　　奥巴马在冷遇中来,在冷淡中走,在沙特等伙伴国家普遍不满的情绪中完成其半是灭火半敷衍的海湾之行。安全严重依赖美国,而能源战略地位下降的沙特等海湾产油国,对未来美国地区政策的调整,只能指望奥巴马的继任者了。

（原载《北京青年报》2016 年 4 月 23 日）

14.美国"七宗罪":惹恼沙特大翻脸

　　4 月 20 日至 21 日,美国总统奥巴马率领国务卿克里和国防部长卡特访问沙特,并出席美国海湾阿拉伯国家合作委员会峰会。这是奥巴马任内第四次访问沙特,也是美沙关系最黑暗时期的一次安抚之旅。但是,从双方发表的公告看,彼此并未弥合分歧,尤其是伊朗角色的认知差异,这表明美沙关系已很难修复,沙特也不对奥巴马寄托任何期望,而是等待下届美国总统就位。

抬伊抑沙,沙美极速转冷

　　近年沙美关系的极速转冷,堪比一落千丈的石油价格。对美国而言,沙特只是众多小兄弟之一,且渐成鸡肋;对沙特而言,美国是擎天柱式的大靠山,不能失去。在奥巴马即将上门做客前夕,沙特摔杯子动怒,意在与"背信弃义"的美国算总账。也许在沙特看来,美国已持续犯下不能接受的"七宗罪",翻脸犹如箭在弦上,不得不发。

　　"一宗罪":放虎归山,与伊朗做交易。沙美交恶的分水岭,无疑是 2015 年美国与伊朗达成历史性核协议。伊朗承诺放弃或延缓将核材料用于军事目的,换取美国逐步解除经济制裁和贸易封锁,这一交易使美国对伊朗长达 34 年的经济和外交绞索即将松套,沙特大为光火。与全球舆论普遍为美伊初步和解喝彩的主流声音不同,沙特及美国另一位失意铁杆以色列的失望与谴责格外刺耳,双方都表示将采取单独的应对伊朗核威胁的政策和措施。奥巴马追求无核世界,主动宣示美国无意改变伊朗政治体制并尊重伊朗和平利用核能源的权利,这对长期防范伊朗的沙特而言,是美沙盟友关系结成以来最大最严重的叛卖。

"二宗罪":出尔反尔,放弃颠覆巴沙尔。2011 年"阿拉伯之春"席卷多个阿拉伯国家,沙特等海湾产油国成功裹挟阿拉伯国家联盟,邀请北约出兵利比亚并颠覆卡扎菲政权,随后威逼也门总统萨利赫下台,甚至直接出兵巴林武装维稳,并策动叙利亚反对派试图翻拍"利比亚脚本",推翻大马士革政权,切断伊朗与阿拉伯圈什叶派阵营的联系,将其影响力排挤出去。而美国的三心二意和犹豫不决一直让沙特不快,2013 年 9 月,美国临时与俄罗斯妥协,以叙利亚放弃化学武器而免于对巴沙尔政权大打出手,着实让沙特感觉被闪了腰,不满情绪溢于言表。随着"伊斯兰国"武装日益猖獗和难民危机不断加剧,美国大幅度调整立场并与俄罗斯联手促和,不再寻求颠覆巴沙尔政权,并推动安理会出台有关叙利亚前途的 2254 号决议,沙特机关算尽,两手空空,怨恨不已。

"三宗罪":引狼入室,纵容伊朗西进。美国不仅调整敌视伊朗政策,拒绝帮衬沙特拆解"什叶派之弧",反而进一步释放伊朗在阿拉伯腹地的用武之地,默许甚至公开支持伊朗参与地区反恐行动,还破天荒地承认伊朗地区大国地位,不顾沙特反对,邀请伊朗参与日内瓦叙利亚问题谈判。对沙特而言,这无异于公开打脸,使其在与伊朗的博弈中以输家身份亮相,蒙受奇耻大辱。在沙特看来,美国乐见伊朗发挥更多作用,有意"抬伊抑沙",如无伊朗的"被崛起",胡塞武装也不可能席卷也门全国令沙特"后院起火",被迫陷入灾难性的消耗战。这笔账,沙特当然都要算在美国头上。

"9·11",无法跨越的案底

"四宗罪":打破禁忌,公然撕破盟友颜面。奥巴马曾在接受《大西洋月刊》4 月号专访时,破天荒地敦促沙特与伊朗"共享"中东,并停止在伊拉克、叙利亚和也门的代理人战争。他甚至抨击沙特向其他伊斯兰国家输出宗教激进主义的"瓦哈比"思想,这种公开指责沙特的做法在双边关系史上闻所未闻,直接激怒沙特王室。沙特前驻美大使费萨尔迅速撰文对奥巴马进行反击,称恰恰是美国一直把伊朗列在支持恐怖组织黑名单上。尽管沙特"以子之矛,攻子之盾",讨回些许颜面,但是,这种敌友关系被美国瞬间颠倒的挫败感,捅破沙美面和心不和的窗户纸,并在沙特舆论中引起巨大漩涡。

"五宗罪":清算旧账,酝酿"9·11"法案。"9·11"恐怖袭击中,19名恐怖分子中有15人为沙特国籍,尽管美国政府曾努力撇清他们与沙特政府的瓜葛,但美国舆论并非如此看待,特别是3000多名死难者家属一直想通过司法手段讨回公道。也正是在此后,沙美间的疏离逐步显现,加上美国陷入经济危机,沙特已故国王于2005年提出"向东看"战略,其登基后首次出访也选择了中国而非美国。"9·11"事件过去十五年之际,美国部分议员旧事重提,试图以法律形式揭老底算旧账,重新定位美沙关系。这不仅让沙特深感震惊和怨愤,还再次加重其对美国战略意图的极大疑虑,也自然导致朱拜尔出访美国并以威胁撤资方式当头棒喝,尽管部分议员称美国不怕沙特"敲诈",但美国政府很清楚这将对美国经济构成巨大风险。

"六宗罪":开发新能源,争夺能源主导权。一年半以前,沙特利用丰厚外汇储备和巨大市场份额双优势,主动发起针对美国页岩气革命的低价反击战。沙特的战略忧虑在于,一旦美国页岩气及其他类型的新能源革命成为气候,靠石油和天然气维持经济命脉的沙特必然面临彻底的油气滞销和收入锐减,导致经济萎缩和福利降低,并引发社会动荡和政治危机。即便沙特能够维持经济良好运行,但是,传统能源价值的缩水,也必然造成其全球战略地位的直落,而美国长期容忍沙特诸多有悖"普世价值"和西方标准表现的"灯下黑"政策,有可能彻底改变,进而同样给沙特的王权统治带来灭顶之灾。

"七宗罪":战略收缩,始乱终弃想脱身。此外,美国令沙特忧心忡忡甚至明显不满的调整在于,降低中东的重要性,让渡部分中东主导权,避免继续深度卷入中东事务,将政治、外交和军事重心东移亚太。这种战略性和方向性大调整,使得双方维持持久的同盟关系前景不妙。美国向俄罗斯做出让步,大幅度提升伊朗作用,都实证了其基于脱身中东的考量,作为安全高度倚重美国的沙特,自然产生日益强烈的被遗弃感。

《大西洋月报》专访风波后,在京阿拉伯外交人士披露,奥巴马曾试图访问沙特进行安抚,但被无情拒绝。据悉,沙特希望奥巴马在海湾阿拉伯国家峰会期间来访,当着其他海湾盟友的面,澄清立场,以正视听。奥巴马如约而来,但是,这能挽回已经变味的美沙关系吗?能重新找回漫长的政治蜜月吗?

(原载《华夏时报》2016 年 4 月 27 日)

15. "9·11" 法案:杀手锏还是双簧计?

5 月 17 日,美国国会参议院通过跨党派"反支持恐怖主义者"法案(下称"9·11"法案),根据该法案,"9·11"恐怖袭击受害者及其家属有望起诉沙特阿拉伯政府并索赔。由于国会参众两院受控于共和党,该法案又获多数民主党议员支持而很可能成为法律。舆论担心这是伤害美沙关系的杀手锏,但它更像美国内外政治的一出双簧计。

这项法案一旦成为法律,将使沙特政府失去"主权豁免"保护伞,成为美国国内法约束对象,进而给"9·11"事件受害者及其家属向本国法院起诉沙特政府开放绿灯。"9·11"事件后美国相关机构出台的调查报告显示,19 名劫机袭击嫌疑分子有 15 人为沙特人,后被追加为"第 20 名劫机者"的扎卡利亚·穆萨维还供认,部分沙特王室成员曾向策划和实施"9·11"袭击的"基地"组织提供资金。"9·11"事件调查报告结论部分 28 页内容未加公开,因此一直有人怀疑沙特政府难脱干系。"9·11"事件受害者及其家属也曾多次向美国法院起诉沙特政府,均被援引 1976 年颁布的《外国主权豁免法》回绝。

白宫发言人欧内斯特 17 日当天表示,奥巴马将不惜动用行政权力否决,阻止其生效。他重申白宫既定立场称,该法案将改变美国长期奉行的"主权豁免"国际法则,进而使美国利益在其他法庭体系中受到伤害。"主权豁免"是国际公法基本概念,也是构成现代国际关系体系的核心要素,即各国相互承认和尊重主权独立,在司法层面体现为主权国家行为及其财产不受他国司法辖制。"9·11"法案一旦成为法律,将颠覆这一国际法惯例,并引发诸多严重后果。

对美国政府来说,其作为"世界警察"过往和未来行为将面临挑战,至少会陷入法律、道义和逻辑不能自洽的境地。美国一直奉行丛林法则和强权政治,它包括发动各种战争在内的国际行为均得益于"主权豁免"而不受约束和追诉。长期以来,美国还本着自身利益优先和"美国例外"的理念,极力规避国家法风险,包括拒绝加入《国际刑事法院规约》,确保其他法律体系不得约束美国政府及公民海外不法行为。

美国法院如果参照"9·11"法案受理相关申诉,将沙特政府列为国内法管辖对象,会直接重创美沙关系并给美国外交带来连锁性灾难。美国法院判决沙特政府就"9·11"事件进行赔偿,可能导致沙特在美资产受到限制或扣押,殃及沙特资产安全,并引发其他国家在美主权投资安全危机,给美国财政和经济安全造成不可估量的冲击。

沙特是美国中东战略盟友之一,还是购买美国国债的主要 12 个国家之一,是支持美国财政和维持美元及能源霸权稳定的重要基石。据报道,沙特直接购买美国国债达 1168 亿美元,还能影响更多欧佩克成员的国债减持,虽然这些额度只占 18 万亿美债的零头,但其多米诺骨牌效应不可小觑。关键还在于,沙特有 7500 多亿美元主权资金投入美国,对美国债券市场和经济稳定举足轻重。今年 3 月,沙特外交大臣朱拜尔访美期间就曾警告,如果"9·11"法案获得通过,沙特将售出或撤回这些资产以免蒙受损失。

"9·11"法案在参议院通关后将面临众议院审核并有望顺利过关,届时,即使奥巴马以拒绝签字加以否决,众议院只要再次以超过三分之二的票数表决通过,也将成为法律。此外,如果这项法案被众议院或白宫搁置,换届后假如共和党人入主白宫,"府院一致"将增加其变现概率。

但是,政治原本就是规则游戏,本质上服务于游戏者的利益诉求。表面看,"9·11"法案木已成舟,但结局未必如此。3200 多人死难的追责和索赔,与美国国家整体利益甚至政客们的私利相比,依然微不足道。更何况,沙特也反复重申与"9·11"事件无涉,多次敦促美国公布 28 页密件,以便澄清真相自证清白。

美国国会也曾通过承认耶路撒冷为以色列首都相关法案,但是,无论共和党还是民主党掌控白宫都搁置总统签字,历届众议院也未动用程序强行通过,使之成为罕见悬案。耶路撒冷问题实在太复杂太敏感,一边倒支持以色列,必然伤害美国核心利益。

同理,"9·11"法案也许依然不了了之,成为一场美国内政和外交游戏,或者府院双簧。在维护美国核心利益的前提下,将其束之高阁,更有利于美国调控美沙关系和重塑中东战略,除非美国铁心要抛弃沙特。

（原载《北京青年报》2016 年 5 月 21 日）

第八章

土耳其国家转身之困

土耳其作为一个连接亚欧的中东国家，一方面得益于经济实力迅速增长，一方面又苦于长期被欧盟挡在门外，寻求大国角色的埃尔多安尝试南下东进，试图重返中东，也由此引发了一系列的摩擦与不迁，"零问题外交"逐步成为"全问题外交"，尤其是在叙利亚危机的博弈中，土耳其政策发生了一百八十度的大转弯。

1. 土耳其：将相斗法的近忧远虑

土耳其，一个身在亚洲、心向欧洲的东方国家，一个加入北约并苦等并入欧盟的伊斯兰社会，最近因为突然而起的将相斗法而引人注目。这场斗法预示着这个历史和地缘政治地位都很独特国家不仅面临着自身走向的近忧，而且隐藏着更深层的国际关系格局变数。

2月下旬，埃尔多安政府在八个城市同时行动，以涉嫌图谋政变逮捕近50名现役和退役高级将领，尽管随后释放了前海军、空军司令等部分重量级人员，但对另外35人提出起诉。受指控的将领矢口否认，政府和军方的支持者一度举行了示威游行，军方示威者甚至把坦克开上街头。

具有光荣历史和崇高声望的土耳其军队一直是"凯末尔主义"的忠实拥护者，是这个国家独一无二的主宰力量，自1960年以后，先后发动四次政变，多次解散偏离世俗化方向的执政党和无力控制政局的政府，甚至将文官总理和部长送上法庭乃至绞架，不断推动修改和完善宪法，确保国家和社会的稳定发展，特别是不偏离政教分离和世俗化、民主化轨道。这种独特的传统也形成了土耳其军队不容批评、不容置疑和不容对抗的特权，将相关系犹如老鹰斗小鸡，从来不成对手。如今，大批将领被文官政府拘捕法办可谓乾坤倒转，开历史先河，显示土耳其国内政治格局已经今非昔比。

2003年通过大选上台的正义与发展党，一直表现出强烈的宗教化倾向，包括试图取消禁止女大学生在校园内戴头巾的法律条款。借助民主化进程，正发党不但掌握了包括总统、总理和议长在内的行政和立法大权，而且从军方手中收回"国家安全委员会"这样的军事决策机构，推动国家摆脱军人干政的阴影，这些进展因为符合西方理念而受到欧美欢迎，也使保卫国家世俗化的军方势力日益受到削弱。

面对土耳其的最新事态,平素喜欢对他国内政说三道四的欧美一言不发,因为情势很是尴尬:支持土耳其文官政府,将可能导致土耳其在民主和普选框架下的伊斯兰化回潮和加剧;力挺土耳其军方,有悖西方民主理念。土耳其伊斯兰化对欧美而言将是灾难性的结局,这标志着土耳其近一个世纪民主化、世俗化和西方化进程出现历史性倒退,也将证明着西方政治模式和价值观在这个东方大国的萎缩和衰落,并加剧欧洲对土耳其由来已久的宗教恐惧和偏见。允许军人继续干政也是开倒车,因为它使土耳其的民主进程频繁中断、文官政治徒有其名,无法达到西方世界普遍认同的军政脱离标准。

在这种两难局面下,欧盟接纳土耳其的机遇似乎更加渺茫,土耳其的政治前途也愈加扑朔迷离。土耳其开国之父凯末尔并不依据地理界线划分土耳其的归属,而是遵从价值观确立其脱亚入欧。但是,愿望与现实总是存在距离,血液里流淌着千年伊斯兰基因的土耳其还是无法植入西方肌体。双方都面临着一个没有答案的追问:你明天是否依然爱我?!

宁为鸡首,不为牛后。设想得极端些,如果土耳其厌倦了无果的求爱,折返投入亚洲怀抱,重做中东大国时,那将是轰动世界、震惊世界的地缘政治海啸,必然改写东西方世界的力量格局。

(原载《精品购物指南》2010 年 3 月 5 日)

2.土耳其:藏在深闺我未识

土耳其,一个地跨亚欧的独特国家,近几年声名鹊起,不仅在于其日趋活跃的外交身影,更因其东西合璧、多元包容的独特发展模式而引起了政界和学界的巨大兴趣。然而,作为中东四大传统力量之一及 G20 成员,土耳其与中国的相互往来、经贸合作和人文交流却相对不足,总体上滞后于阿拉伯国家、以色列与伊朗。这种不足,显然是一种遗憾,但若逆向思考,中土关系的发展显然又具后发优势和巨大潜力。

土耳其是名副其实的观光天堂、休闲乐土和旅游大国,旅游资源十分丰富、独特。旅游是土耳其的第三大产业,2011 年入境游客为 3140 万人,旅游收入高达 230 亿美元,为世界第七大旅游国。

坐欧望亚的世界名城伊斯坦布尔拥有观赏不尽的清真寺、教堂、博物馆、罗马式砖铺街巷及镶嵌其中的历史烟云。伊斯坦布尔的首选观光之地索菲亚博物馆,是东罗马帝国拜占庭时代的基督教堂,当它连同帝国一起沦为奥斯曼土耳其人的战利品之后,就被改造成了清真寺,内涂圣母、天使画像,外加四座高耸宣礼塔,一如都城君士坦丁堡一样被更名至今。

然而,统治中东近五百年的奥斯曼帝国在二战后彻底分崩离析,势力范围仅限于小亚细亚半岛及伊斯坦布尔所在的欧洲部分。现代土耳其之父凯末尔力推现代化、世俗化,全面向西方看齐,索菲亚便不再是清真寺,而是被折中成了宗教博物馆:外观维持不变,穹顶之下一度被隐藏的基督教画像、马赛克拼图重见光明,并与周边的伊斯兰经文形成呼应,均分天下。

索菲亚博物馆是现代土耳其的缩影,集中体现了宗教、文化纵向的传承与横向的共存共融。其实,在土耳其,宗教与世俗、传统与现代、保守与开放、民主与威权、东方与西方、族裔归属与国家认同已形成相对和而不同、和谐共荣的状态,使得这个具有 70 多个族裔的国家与中东其他邻居形成鲜明对比,凸显出独有的魅力。

当然,表面的浮光掠影和历史荣光不足以使魅力持久,土耳其模式的重要闪光点在于多元包容下社会、经济和文化的稳定健康发展。去年,土耳其经济总量已居世界第 16 位,这足以令中东其他三雄羡慕不已。当然,若论对华经贸,土耳其则是中东短板。去年中土贸易仅有 250 亿美元,少于中国与伊朗,也仅为中国与阿拉伯世界的八分之一。去年中国出境人口 7000 多万,仅有 10 万人去土耳其,几乎与来华的土耳其人总体持平。土耳其的东南亚游客明显多于中国游客,这与相去不远的法国、意大利形成鲜明对比。仅此一点,足见土耳其对中国人而言,是"藏在深闺我未识",中土旅游乃至经贸发展的前景必将十分广阔。

(原载《时事报告》2012 年第 8 期)

3.埃尔多安:个人定位与国家转身

8 月 28 日,埃尔多安宣誓就任土耳其第 12 任总统,并于当天指定正发党新任主席、外长达武特奥卢组阁。至此,埃尔多安—达武特奥卢组合版本更新升级,舆论继续在莫衷一是的热议中,观察埃尔多安如何为自己量身定位,"埃达组合"又如何带领这个地区大国向"新土耳其"战略转身。

埃尔多安是敢想、敢说又敢干的卓越政治家,在土耳其和国际政坛纵横捭阖多年,展示了难得一见的雄才大略,依靠着做伊斯坦布尔市长积攒的政治和经济资本,他台前幕后率领亲自创建的正发党成功掌控土耳其发展近十二年,并继续保持旺盛经济增长势头,进而使该国成为欧亚腹地经济汪洋中屹立不沉的少数孤岛之一,年均经济增长率高达7%,人均收入由2002年的4000美元提升到去年的1.1万美元。

优良的经济答卷带给埃尔多安强大民意基础,也为其强人治国理念注入强心剂。掌握实权期间,埃尔多安对外大幅调整政策,对内不断削弱军方势力,巩固民选政府权威,也呈现宗教保守倾向,成为极具争议的风云人物。尽管去年发生罕见骚乱,政府腐败丑闻缠身,周边外交四面树敌,但埃尔多安依然势不可挡地在今年8月10日一轮胜出,赢得首次总统直选,用52%的得票率证明了自己的执政风格与努力方向,也堵上诸多非议者的责难之辞。

一贯口无遮拦的埃尔多安当选总统后公开表示,萧规曹随,一切照旧,对于他"是否对未来总理垂帘听政"的问题,他甚至拒绝回答。碍于宪法掣肘,埃尔多安不能做永久性总理,但他利用本党在政坛的压倒性优势,拷贝"普京模式",意欲在总统位置上继续执掌船舵,而非满足于礼仪性虚职。为此,他斗胆主导总统直选改革,并将原本外界看好的多年伙伴、离任总统居尔打入冷宫,提拔温顺搭档达武特奥卢执掌党政帅印。居尔近两年与埃尔多安离心离德并公开对抗,注定不能成为后者"普京梦"座驾的恰当副手。

达武特奥卢在27日正发党内部选举中,以唯一候选人身份夺取1388张选票中的1382张,仅损失6票,与其说他本人魅力超群,不如说埃尔多安一言九鼎和治党得力。达武特奥卢的新使命是维护本党团结,做好埃尔多安的执行官,并率执政党以绝对优势赢得2015年大选,进而顺利修宪,将现有议会总统制变更为总统议会制,满足埃尔多安召集和主持内阁会议的集权诉求。

这是一个强人再现的世界,俄罗斯的普京、埃及的塞西、以色列的内塔尼亚胡、伊朗的鲁哈尼,乃至叙利亚的巴沙尔,竞相登台亮相。这种现象印证了乱世出英雄、乱世强人治的规律。埃尔多安的快速崛起和日益强势也是如此,投射出奥斯曼主义和伊斯兰主义双重潮流的涌动,反映了土耳其人在失序世界中独闯中兴之路的普遍愿望,还透出土耳其上下苦追西方、梦断欧盟后的哀兵之气。

现代土耳其奠基人凯末尔21世纪初将国家定位为欧洲一员,并义无反顾地推行全盘西化,事实上土耳其也的确被打造成一个融合现代化与民族传统、嫁接西方文化与伊斯兰文明的模范国家。但是,西方至今只接受其为北约伙伴,乐意其派兵打仗、流血牺牲,但始终不向其开启欧盟大门,"非我族类其心必异"的文明冲突偏见,成为土耳其"西投"迟迟不能突破的紧箍咒。这个巨大而持久的尴尬,让东西方之间的土耳其进退维谷,但也给埃尔多安的"新奥斯曼"梦想打开新的机会之窗。

于是,"折返中东,瞩目远东"成为埃尔多安振兴土耳其的战略路径,土耳其外交轨迹明显转弯,不再继续入盟努力,而是积极介入中东事务,疏远以色列并亲近巴勒斯坦,大力支持穆斯林兄弟会,热衷干涉地区国家内政……虽然一系列动作导致"零问题"周边外交政策彻底流产,但土耳其"王者归来"的意图已路人皆知。同时,土耳其与美国拉开距离,热切接近俄罗斯和中国,渴望加入上海合作组织,都充分体现它脱欧归亚、背西向东的整体战略和既定政策。

达武特奥卢履新之时道出埃尔多安乃至土耳其民族主义者的心声:"不会让土耳其面临奥斯曼帝国那样的灾难。"言外之意,土耳其既不会像昔日帝国那样任人宰割与摆布,也不会一味单相思苦恋欧盟和西方。独立、自主、做强做大,将是"埃达组合"的任内目标,也将是埃尔多安以总统身份掌握实权后进一步明确的国家转身方向。

（原载《北京青年报》2014年8月31日）

4.埃尔多安:"翻篇""翻脸",大开大合

7月29日至30日,土耳其总统埃尔多安如期对中国进行正式访问。这既是埃尔多安继6月大选结束、7月告别斋月后的首次出访,也是他去年当选总统后首次出访,凸显对中国的极大重视,也标志着经历"斋月风波"的中土

关系更加成熟和稳定。土耳其近期内政外交动作较大,雄心勃勃的埃尔多安正以"翻篇"和"翻脸"的方式,大开大合地展示他的强势执政风格。

"翻篇"指的是,埃尔多安用"和为贵"定调大国关系,借以改善战略环境,提升国际地位,扩大本国影响。7月的"斋月风波"一度引起舆论对中土关系受挫的猜测和担忧,但双方成功管控,确保政治互信未曾受损。埃尔多安如约而至,首次公开强调反对"东伊运"针对中国的恐怖主义行为,重申不允许国内有人破坏土中战略关系,这一罕见表态,将推动土中关系走上新台阶。

埃尔多安携百人经贸大团来访,足见其热望中国巨大的消费市场、投资储备和旅游人口基数。中土贸易量虽连增三年,已接近240亿美元,但在中东大盘子里分量明显不足。2014年中国与阿拉伯国家贸易总额达到2511亿美元,与伊朗贸易总额为520亿美元。作为G20成员的土耳其,对华贸易不仅不足伊朗一半,而且品种单一并存在严重逆差。稳定政治与战略关系,搭乘中国经济便车,将巩固其民意基础和执政实力。

中国不是埃尔多安最近努力修好关系的唯一大国,土美关系也见证重大"翻篇"。上周末,土美宣布联合在土耳其—叙利亚边境地区建立面积近7000公里的安全区,美国还获准使用土耳其南部数个空军基地用于打击"伊斯兰国"武装。这是自2003年伊拉克战争结束后,土美间最具实际意义的军事合作,象征着安卡拉重新拥抱其头号传统盟国,也意味着因2013年"土耳其之春"风潮而僵冷的双边关系得到全面修复。当然,也可以理解为埃尔多安再次进入大国平衡外交轨道,即与中美俄三强交替起舞。

不仅如此,24日开始大规模反恐军事行动后,土耳其向北约提出"集体自卫"要求,北约大使为此紧急磋商,判断这个老牌东方成员国的真正意图,并集体表示支持其反恐行动。这是北约历史上第五次举行紧急会议,埃尔多安借助反恐密切与北约关系,也预示着对加入欧盟努力的一次重启,展示其重构大国关系格局的强烈意愿。

埃尔多安动作突变的本质是远交近攻。与大国"翻篇"的同时,与"伊斯兰国"武装及老对手库尔德工人党"翻脸"。自"伊斯兰国"武装肆虐以来,国际舆论指责土耳其开门放水,导致5000多西方极端分子借道投奔"伊斯兰国"武装;媒体披露土耳其军情当局与"伊斯兰国"武装暗通款曲,互行方便;

甚至有消息称,土耳其一直是"伊斯兰国"武装走私石油的主要买家。最不可思议的是,去年49名落难土耳其外交官和平民被"伊斯兰国"武装意外释放,引发外界无限联想。

美国拉扯40多国组建反"伊斯兰国"武装联盟,围剿近一年效果不彰,地区国家唯有土耳其按兵不动,成为事实短板。埃尔多安终于对"伊斯兰国"武装摊牌,显然想缓解国际压力。当然,借助"阴谋论"疑云重重的恐怖袭击而向伊拉克北部发兵,被解读为埃尔多安意图借道伐虢,顺手牵羊,将军事行动扩大到伊叙北部,既可有效遏制和打击地区库尔德分离势力,更可扶持温和力量,左右叙利亚政局走向,使后者成为土耳其向中东南扩的踏脚石。

分析家们认为,"翻脸"也是埃尔多安国内翻盘洗牌的需要。执政的正发党未能如愿在6月大选中拿到三分之二席位,埃尔多安通过修宪获得更多权力的奢望顿时泡汤。及时启动反恐战争,不仅可以转移视线,树立强人形象,凝聚人心,还可借机震慑和清理异己,削弱对手力量。有分析称,埃尔多安不愿正发党组建联合政府,拖过45天组阁期限,11月即可再次大选,届时正发党也许能获得压倒性席位。

但是,无论埃尔多安如何精算,美国对土耳其在叙伊长远企图心存戒备;欧盟不会对其敞开门户;阿拉伯世界、以色列和伊朗也都洞若观火,不可能接受它再做中东盟主。因此,埃尔多安"翻篇""翻脸"和大开大合,依然圆不了超越现实的大国梦,身披中东、伊斯兰、突厥、北约和G20成员五重身份的土耳其,只能形象斑驳、角色尴尬地在原地盘桓,做曲高和寡的地区大国。

（原载《北京青年报》2015年8月1日）

5.土耳其:给美欧当枪还是单挑俄罗斯?

11月29日,俄罗斯总统普京下令对土耳其实施经济制裁为主的报复措施,以惩罚土耳其击落俄苏-24轰炸机。从俄罗斯各方面的反应可以断定,俄罗斯并不打算扩大双边关系伤口,只是逼迫土耳其做出正式道歉。土耳其的表态前后反复,让外界难以琢磨其动机所在。从更宏观的视野看,目前也难把开火事件视为美欧阴谋论的结果,更像是土耳其冒险单挑俄罗斯,引发俄罗斯与美欧阵营对撞,进而确保自身利益最大化。

据俄罗斯媒体报道,普京签署的制裁法令内容大致包括:终止俄罗斯航空公司飞往土耳其的包机业务;停止旅游部门销售目的地含有土耳其的旅游项目;限制进口部分土耳其产品;限制在俄罗斯的土耳其公司业务;禁止延长在俄罗斯工作的土耳其人合同,并从2017年起,禁止俄罗斯企业聘用土耳其公民;取消两国公民签证互免待遇。这项禁令即日起生效且"没有期限"。俄罗斯媒体称这是普京对土耳其总统埃尔多安的"最后通牒",指出埃尔多安"越早道歉,损失就越小"。

反观土耳其,自事件发生后,表态一直起伏不定,软硬交替。无论是埃尔多安还是直接下达开火令的总理达乌特奥卢,先语气坚定地表示"打的就是你","再来还打",随后和缓地解释说"如果知道是俄罗斯战机,不会这样做",然后又辩解,"试图与普京通话而未果",接着又对事件表示"难过",再往后又强硬地声称"决不道歉",还警告普京"不要玩火"。与普京和外长拉夫罗夫强硬而克制、平稳和清晰的表态与诉求相比,土耳其领导的立场游移不定,其实折射了内心的焦虑、不安和矛盾。

苏-24轰炸机坠地爆炸的硝烟早已散尽,猎杀跳伞飞行员之一的叙利亚土库曼武装一部也被俄罗斯报复性的地毯式轰炸"彻底剿灭",但是,围绕苏-24到底是否"入侵"土耳其,双方依然彼此争执不下。土耳其第一时间公布通信录音和雷达数据证明其开火合情、合理与合法,美国白宫和五角大楼也认可土耳其的说辞。俄罗斯则坚决否认其战机入侵之说,指责土耳其捏造事实,并认为这是一次有预谋的猎杀。

欧美部分专业人士的分析也不利于土耳其。加拿大全球研究网站11月27日发表文章认为,土耳其战机是在叙利亚领空击落俄苏-24,而且蓄意为之。文章援引美国退役将领汤姆·迈金纳尼的观点称,按照安卡拉提供的战机飞行轨迹,俄战机并未对土耳其领土构成威胁。他解释,俄战机进入土耳其领空时间过短,不足以让土方完成各项准备并下达将战机击毁的命令。文章援引不愿透露姓名的白宫官员的话说,美国认为俄战机被击落时正位于叙利亚领空,而迈金纳尼作为经验丰富的前飞行员认可这一判断。德国《焦点》周刊网站援引北约退役将领埃贡·拉姆斯的话说,17秒钟不够(土耳其战机从发现敌情、升空、接近、警告并击落俄罗斯战机这一整套流程),进而认定土方战机早在领空被侵犯前就已升空。这些来自土耳其伙伴国的专业判断支持了俄罗斯的"猎杀"指控。

土耳其官方曾向安理会正式照会，称俄罗斯苏-24 战机"侵入土领空 1.7 英里，时长 17 秒"，土战机"在 5 分钟内 10 次警告"未果才开火。一位土耳其学者日前向笔者画图分析称，涉事战机应该在叙利亚靠近土耳其的空域盘旋实施攻击，5 分钟内 10 次短暂进入其作战半径的土耳其领空，进而构成入侵，也因此受到 10 次警告，直到被土战机用导弹击落。依据高空作战的常识，土耳其学者的分析说得过去。但是，作为友邦国家战机，这架苏-24 核心任务是空袭叙利亚境内目标，而非刻意挑衅土耳其主权，将其击落在当代国际关系史上非常罕见。拉姆斯在前文提出自己的疑问："土耳其飞行员到底接受了什么任务。他们按下发射按钮，我认为表明土耳其早就在等待这样的偶然事件。"

埃尔多安等人的最初表态可见，有意将俄战机击落并非误会所致，而是刻意而为。土方公开的理由当然是维护主权和领空不受侵犯。但是，俄罗斯认为这是故意挑衅，是土耳其报复俄罗斯在叙利亚的军事行动，因为土耳其不仅包庇"伊斯兰国"武装，而且埃尔多安的家族也与该组织的石油走私有染。分析家们认为，俄罗斯突然发力叙利亚，的确动了土耳其的利益蛋糕。土耳其执意颠覆巴沙尔政权，而且希望通过"伊斯兰国"武装消耗库尔德人的实力。

土耳其学者分析，击落俄罗斯战机是一个地缘交易的组成部分，是美欧把土耳其当枪使的结果。击落俄机后，土耳其紧急要求北约召开会议研究对策，并主动向美国高层通报，而不是以处理友好国家关系的正常程序，先和俄罗斯沟通情况。美国虽然支持土耳其的官方说法，但是，并没有表现出明确的鼓励态势，美国总统奥巴马日前呼吁双方保持克制，集中精力反恐。欧洲国家也普遍希望双方避免事态升级，基本上摆出让土耳其自己买单的姿态。这说明，美欧和北约并非是这次事件的幕后主使，相反，欧盟近日明确表示，土耳其还不具备加入欧盟的条件，进一步撇清了与这一事件的逻辑关系。

11 月 29 日，土耳其宣布拘留两名少将和一名上校，理由为涉嫌向极端势力输送武器。去年 1 月，土耳其宪兵在阿达那截获三辆运送武器的卡车，司机们供述武器送给叙利亚境内极端分子，而土耳其官方宣传的"亲人"土库曼反政府武装。时任外长达乌特奥卢则辩称车上只有人道主义物资。去年，一位驻京土耳其人士告诉笔者，一位检察官因为跟踪军事情报局前往叙利亚的车辆而于次日被埃尔多安免职，并称土耳其军队进入叙利亚境内飞地迁徙一座苏菲长老的墓地时受到"伊斯兰国"武装的警戒与保护。笔者未必完全相信土耳其政府与"伊斯兰国"武装暗通款曲，唯独不理解为何"伊斯兰国"武装释放被劫持的十多名土耳其驻伊拉克领事工作人员。今年7月，土耳其以叛国罪起诉两位涉案检察官和一位宪兵上校，现在又抓捕三名涉案将校。这些证据链拼接在一起，土耳其在叙利亚危机中的角色就日益清晰了。

综上所述，基本可以推断，击落俄机事件是埃尔多安政府一手策划的单挑俄罗斯冒险之举，除了维护本国在叙利亚乃至中东的利益诉求，还试图拆散日益密切的俄美、俄欧在叙军事协调机制，引发俄罗斯与北约对抗，中止叙利亚政治进程，而且借机献上"入盟"大礼以求尽快完成晋级。然而，俄美、俄欧关系具有战略性、全局性、复杂性和敏感性的特点，不会因为土耳其的鲁莽之举而发生改变，左顾右盼、摇摆不定的土耳其外交风格，注定最后自己买单，很可能偷鸡不成反蚀把米。

（原载《华夏时报》2015年12月3日）

6.土俄危机：斗气斗嘴，一场虚惊

11月24日，一架在叙利亚执行反恐任务的俄罗斯苏-24轰炸机被土耳其F-16战斗机用导弹击落，并导致两名飞行员跳伞后一人死亡。这一事件几乎成为俄军参战以来最危险的地缘灾难，由于担心引发俄罗斯与北约冲突，全球股市一度下挫。所幸的是，俄罗斯在强硬表态后又大度地宣称不会与土耳其开战，事态才算有所平复。

土耳其在致安理会和联合国秘书长潘基文的信件中宣称，两架不明国籍战机进入土领空超过"1英里区域，时长17秒"，土巡逻战斗机在5分钟内发出10次警告要其改变航向未果后，将其中1架击落。美国军方支持土耳其说法，称通过公开通讯频道了解整个过程。俄罗斯断然否认其战机侵入土耳其领空，称其在靠近土耳其边境的叙利亚作战空域被击落，幸存飞行员也称没有接到任何警告。俄罗斯总统普京第一时间愤怒地抱怨说，俄战机在叙利亚进行反恐作战，"却被恐怖分子帮凶背后捅刀子"。俄罗斯除强烈抗议外，宣布中止俄土军事合作，并敦促国民避免前往土耳其。

这个事件相当诡异。从技术上说，土方宣称的俄战机入侵仅1英里和时长17秒，与土战机5分钟内10次警告，逻辑上让人难以理解；其次，轰炸机对于拦击或伴飞的战斗机并不构成威胁，土方战机完全有条件识别与核实其身份和意图，而非在其入侵仅17秒的高速瞬间内直接将其击落；其三，一般而言，对无视警告的军机完全可以通过火控雷达锁定或发射曳光弹等方式加以威胁和驱离。尽管此前有过俄罗斯战机"侵入"土领空记录，但这架遇袭飞机在叙利亚境内4公里处坠落，土方公布的雷达轨迹也显示，该机穿越的正好是一块与叙利亚领空犬牙交错的土耳其空域，这些事实表明俄轰炸机未必是故意侵入。

依据国际惯例，在非交战区和非禁飞区，即便有外来战机入侵，被入侵方也很少在警告后直接将目标击落。类似情况过去在北约成员国与俄罗斯间频繁发生，仅2014年就有500多次，其中85%是俄罗斯飞机所为，均未酿成悲剧后果。同为北约成员的希腊称，土耳其战机去年累计"侵犯"其领空2244次，今年截至10月达1443次。但是，近年未曾有一架土耳其战机因此被希腊击落。土耳其也曾对其战机短暂进入叙利亚领空被击落而公开表达过义愤。

更费解的是，在确认被击落轰炸机属于俄罗斯后，作为友邦国家，土耳其第一时间没有直接和俄罗斯沟通，解释原因或求得谅解，而是紧急要求北约举行会议研究对策，并向美国通报事态，这就显得异乎寻常。据报道，开火令是由土耳其总理下达，那就多少意味着这是一次系统性行为，绝非一线战机驾驶员临机处置。2012年和2014年，土耳其和叙利亚先后各有一架飞机被对方击落，如果说此次土耳其误将俄罗斯战机当作叙利亚目标击落还情有可原，但土耳其事后的处理方式又无法支撑这一假设。

对于这次冲突，不乏学者从双方三百多年相互敌对与征服的历史陈迹中寻找答案，却无法厘清眼前迷雾。俄罗斯指责土耳其长期庇护"伊斯兰国"武装，土耳其反控俄罗斯在叙利亚"屠杀土库曼亲人"。有媒体认为，这是土耳其对此前俄罗斯炸毁"伊斯兰国"武装石油走私车队的直接报复，因为土耳其一直从中受益。也有分析推测，俄罗斯持续空袭不仅保住巴沙尔政权，也罩住库尔德武装，由此构成对土耳其战略利益的双重伤害，也许土耳其试图以此消解俄法美英等正在酝酿的新反恐联盟,以便继续渔利。

一贯软硬两手交替使用的俄罗斯,未如舆论担心的那样立刻以牙还牙,而是保持最大克制,避免事态升级并引发与北约关系再度紧张与对峙。很显然,俄罗斯正在努力与西方伙伴在叙利亚协调行动,寻求合作切口,不会因一架战机和大国面子的折损而反应尺度过大,否则将陷入中东和乌克兰两线受敌的困境。俄罗斯通过密集和精准轰炸在中东反恐战场已取得军事、外交和舆论优势,并在主导叙利亚危机政治解决进程,相比之下这次危机的成本不算太大。

26 日,俄罗斯外长拉夫罗夫公开吐槽说,土耳其总统埃尔多安还没有主动给普京打电话。俄罗斯还要求土耳其道歉并赔偿损失。当天,埃尔多安却对法国媒体称他试图打电话给普京但未能如愿。埃尔多安还与其外长相继表示,再有战机侵入,将一如既往开火击落。这场危机显然没有彻底结束,但不会剧烈升级的天花板已依稀可见,因为双方均无力承受无限扩大的后果。

(原载《北京青年报》2015 年 12 月 28 日)

7.两头服软,土耳其柔化强势外交

6 月 29 日,俄罗斯总统普京下令解除对土耳其维持半年多的旅游禁令,为遭遇严寒的土耳其旅游业送去一丝暖意,这也是土耳其 27 日就击落俄罗斯战机道歉换取的回报。对俄道歉当天,土耳其也宣布与以色列达成关系解冻协议,并称之为缓解加沙地带人道主义危机的"外交胜利",但以色列并未同意解除对加沙的封锁。向俄罗斯低头,与以色列和解,土耳其明显开始柔化其强势外交。

去年 11 月 24 日,土耳其战机以入侵领空为由,击落在叙利亚边境执行反恐任务的一架俄罗斯轰炸机,一度使地区局势骤然紧张。由于土耳其拒绝道歉,俄罗斯停止部分对土进出口贸易,并限制本国公民赴土旅游。尽管双方保持克制没有继续撕裂伤口,但经贸和旅游交往受挫对遭到频繁恐怖袭击重创的土耳其经济构成新的伤害。这次和解固然也是俄罗斯所愿,但土耳其自食其言在先,放低身段主动修补对俄关系。

土以关系冻结更是延续六年之久,起因是 2010 年土耳其船队不顾以色列海军警告和阻拦,向加沙地带闯关运送人道物资,导致 10 名土耳其人死亡,土耳其召回大使并冻结两国经济和军事合作。此次和解,双方彼此让步,以色列答应支付赔偿并允许土耳其向加沙提供援助和基础设施投资,土耳其撤回对以军的刑事指控。皆大欢喜的修好,标志着自 2008 年以来土耳其对以奉行的强硬政策画上句号。

无论是击落俄战机,还是对以强硬,都是土耳其或曰埃尔多安本人"冲动外交"的结果,两者间有着逻辑的一致性和行为延续性。击落战机的直接动因是俄罗斯出兵叙利亚,改变战场力量对比和地缘格局,扰乱土耳其在叙利亚地区深度博弈的盘算,土耳其一怒之下做出令美欧盟友都感到惊讶的攻击行为。对以强硬,则是土耳其近年突然热心己以冲突的余波,其意逐步抛弃以色列这个传统盟友,以便换取伊朗和众多阿拉伯国家的好感。

从更宏观的视野分析,分别与俄以交恶的貌似孤立事件,一致折射出埃尔多安强人政治时代的行事风格。十余年持续经济增长夯实埃尔多安长期执政的基础和信心,逐步剪除军人威胁并形成集权统治的条件,助长其内政外交刚性有余而柔性不足的粗放和霸气。在加入欧盟频频受阻和多极化趋势外因诱惑下,被"泛突厥主义"和"泛伊斯兰主义"两股思潮驱动的埃尔多安一改土耳其几十年"脱亚入欧"的路线而"脱欧返亚",试图重新驾驭中东,做伊斯兰世界的领头羊。

受此政策导向,土耳其积极斡旋伊朗核危机,介入巴以冲突并日益亲巴疏以。2011 年"阿拉伯之春"爆发后,土耳其又高调干涉阿拉伯内部事务,支持各国街头运动,并因偏袒穆斯林兄弟会得罪埃及军方而引发双边关系降级;叙利亚危机中土耳其不仅与这个传统睦邻反目成仇,而且以逊尼派穆斯林宗主国自居与伊朗结怨;当库尔德武装受美国支持并参与反恐并扩大地盘后,土耳其又不惜派兵侵入伊拉克领土并强行滞留,几乎又树立一个新对头……

（原载《北京青年报》2016 年 7 月 2 日）

8.土耳其政变迷雾重重

一场毫无迹象的军事政变 16 日在土耳其闪电般出现,几个小时后即告流产。作为政变颠覆目标的土耳其总统埃尔多安不仅迅速化解危机,而且迅速拉网清洗,大批军、警、政、法人员被捕。然而,有关这场政变的幕后黑手,众说纷纭,谜团颇多。埃尔多安粉碎未遂政变,令一批"凯末尔模式"拥趸黯然神伤,担心土耳其倒行逆施,进入"埃尔多安苏丹"统治的政教合一时代。

三天抓捕嫌犯近 2 万

政变之初,观察家以为这只是个别中低级官兵参与的小规模政变,无涉中高级将领。但是,随着埃尔多安重新掌握局势,一场规模巨大、行动迅速的抓捕行动表明,埃尔多安坐在一个火山口上。截止 19 日,已有近 2 万人因涉嫌参与政变被捕,其中军人近 7000 人,包括总统最高军事顾问阿里·亚孜齐在内的 100 多名高级将领,其中部分已完成审问并被移交给检察院。前空军司令阿金·厄兹蒂尔克最初拒绝对其政变主谋之一的指控,但是,在移交检察机关后,他招认参与政变试图推翻现政府。

这场短命政变可见,土耳其空军、陆军和宪兵都有人参与,埃尔多安在土耳其西南爱琴海城市马尔马里斯度假下榻的酒店还遭到轰炸,甚至说他脱险途中座机还一度被导弹火控雷达锁定,重拳清理军方势在必然。但是,埃尔多安的清洗行动不止于军队,而是扩大到警察、司法和行政体系并波及全国。据报道,8000 多名警察、3000 多名各级法官和检察官被解职或遭到拘捕,30 名省长被免职,1 万多名政府职员被停职,涉及内政部、财政部、总理办公厅、情报机构、家庭社会部和宗教事务部等。引人注目的是,1.5 万名教师被除名,全部 1577 名院长被勒令辞职,2.1 万名私立学校教师被吊销从业资质……新华社 20 日电讯称,大约 5 万民事人员失去工作。如此庞大的清洗行动,触目惊心。

埃尔多安迅疾撒网捕获万名涉嫌人员,他本人还威胁恢复中止 12 年的死刑。欧洲政界人士公开抨击他有预谋地打击异己,否则不可能如此迅速出炉抓捕名单。欧盟区域政策专员约翰内斯·哈恩日前表示,埃尔多安在镇压政变后公布的逮捕名单早就拟定,政变也可能有备而来。美国国务卿克里警告说,如果对政变行为的惩罚超越法理和民主边界,土耳其将失去北约成员资格。

谁是幕后黑手?

这是土耳其历史上第四次较大规模的政变,也是一场朝生夕灭的政变,更是充满悬念的政变,谁是幕后黑手,各种说辞莫衷一是,基本不出三种可能。

居兰策动——政变发生后,埃尔多安当即言辞凿凿地指控在美国流亡的著名苏菲派神学家费特胡拉·居兰,称其受美国指使勾结叛国分子发动政变。居兰本人矢口否认并谴责这场未遂政变。美国也在公开谴责政变的同时,拒绝埃尔多安的指责,并称愿意协助土耳其调查真相。

居兰与埃尔多安原本是同路人,均为泛伊斯兰主义和泛突厥主义(简称"双泛")主张者,为"凯末尔主义"追随者所排斥。1998年居兰被政府指控试图颠覆世俗制度并缺席判定有罪,随后他流亡美国。同年,身为伊斯坦布尔市长的埃尔多安也因公开朗诵宗教诗篇被判入狱四个月,后来组建正发党并通过赢得大选才逐步咸鱼翻身,开启"埃尔多安时代"。居兰虽然客居异乡,但其长期通过民间教育体系形成规模巨大的慈善、教育和企业网络,资产上百亿美元,追随者遍及情治、司法和教育系统,影响力覆盖突厥文化圈乃至世界各地。埃尔多安东山再起不乏"居兰运动"的大力支持。但是,随着埃尔多安羽翼渐丰和事业日隆,2012年起,双方在内政外交等诸多议题上分歧逐步凸显直到公开决裂,埃尔多安将居兰及其追随者列为政治对手,宣布其体系为恐怖组织,多次清洗体制内的居兰分子,并公开要求美国引渡居兰。如果埃尔多安的指控成立,这场政变当属两个泛伊斯兰主义旗手的内斗。

军队政变——政变之初,绝大多数媒体都本能地推测,这是固守"凯末尔主义"的军方精英所为,是对日益偏离国父治国理念的埃尔多安的绝地反击。奥斯曼帝国解体后,土耳其开国之父凯末尔痛定思痛,废除延续千年的伊斯兰哈里发制度,认定"双泛"主义是死路一条,力推政教分离,坚持世俗化、现代化和西方化发展方向,并通过宪法赋予军队"监国"特殊使命。因此,过去半个世纪,每当民选政府可能偏离"凯末尔主义"道路或政局失控,军队就出面警告甚至接管政权,在现代国家治理进程中形成独特的土耳其景观。

2003年埃尔多安执政后,依靠丰厚的经济治理资本,借助日渐强盛的"双泛"思潮,逐步压缩军人在国家政治生活中的空间,数次瓦解"未遂政变",在军队和司法部门安插亲信,以至于反对派和外界对军队"监国"的预期日益低落。但是,如此数量庞大的中高级将领涉嫌政变表明,军队干政的传统并未根绝,教俗矛盾、军政冲突依然是土耳其非常现实的政治特色。

自我政变——政变乍起,即有土耳其人士分析,这很可能是埃尔多安"自导自演"的苦肉计,旨在制造危机系统地打压异己,为日后修宪扩大总统权限铺平道路。有报道说,埃尔多安政变当天公开称:"这场暴乱是真主送来的大礼,这将是肃清军队的好理由。"这段露骨表白加重外界对其"苦肉计"的猜测。此外,埃尔多安政府声称,此前击落俄罗斯战机的飞行员参与了政变。但是,击落飞机当天,土耳其政府公开称命令直接来自埃尔多安本人……有分析人士甚至称,最近土耳其迅速与俄罗斯改善关系,与以色列重新和好,都是基于应对潜在政变的需要。

重新洗牌,前路何在?

无论谁是此次政变的真正推手,都改变不了埃尔多安获胜的结果。他不仅成功地平息了政变,而且通过大规模清洗剪除"居兰运动"和军队两大阵营的"余孽",瓦解了持续威胁其政权的潜在力量。通过这场政变,观察家们还看到,大批埃尔多安的追随者走上街头协助平叛,发挥骨干作用,而这种角色在既往军事政变中闻所未闻,表明埃尔多安已获得政权与政党外的第三种力量。事实上,埃尔多安的民意支持率一直在爬升,这也是他可以放手大干一场的底气所在。

西方普遍对土耳其挫败政变保持低调与克制,因为政变毕竟不符合西方倡导的民主宪政口号。但是,很多政治家和学者悲情弥漫,因为他们讨厌这个偏离凯末尔道路的"当代苏丹",甚至公开为政变失败惋惜,为土耳其"民主之殇"扼腕。在他们看来,埃尔多安在巩固政权后,已经在泛伊斯兰主义和独裁专权的保守道路上渐行渐远,当然,这也意味着土耳其正与其苦恋多年的欧盟更加背道而驰。

埃尔多安毫不掩饰其强人气质与追求,正在通过各种方式和机遇寻求掌握更多的权力。这次未遂政变及其引发的大清洗表明,埃尔多安最终诉求是集权主义政治体制,而非简单的"双泛"主义道路,后两者都是其聚集民意和排挤绝对世俗主义的两面旗帜罢了。

(原载《华夏时报》2016年7月20日)

9.未遂政变:冲击索然寡味的土欧关系

本周土耳其的短命政变,正演化为一场地缘危机。土耳其总统埃尔多安在挫败政变后,迅速拉网全面清理门户,由此引发欧盟成员的非难和指责,貌合神离的土欧关系面临新一轮的冲击和考验。

据土耳其媒体报道,16日埃尔多安挫败政变后,立即发起罕见规模和力度的肃反和清洗运动,截至21日,超过2万人被捕或免职,范围波及军队、情报、安全、警察、司法和政府部门,包括100多名高级将领。同时,全国1.5万名教师被解职,高校1577名院长全部下岗,丢掉饭碗的民事工作人员总计超过5万人。埃尔多安指责流亡美国的宗教领袖费特胡拉·居兰勾结部分军人策动"叛国",因此,这场大整肃集中于两大势力:居兰多年经营的"平行国家"网络骨干和追随者,以及多次被清洗过的军队。埃尔多安甚至声称要恢复废止12年的死刑。

尽管土耳其两大反对党,以及居兰本人都谴责这场未遂政变,但埃尔多安急风暴雨式的反击依然引起西方特别是欧盟的震怒。欧洲议会议长舒尔茨称土耳其当局针对反对者的报复和死刑威胁"极其令人担忧";欧盟区域与政策专员约翰内斯·哈恩指责埃尔多安早已备好清洗名单,甚至暗示其"自我政变";德国则对土耳其的肃反升级进行谴责;欧盟前驻土耳其大使皮耶里尼则表示,欧土关系正面临一个转折点。欧盟人士一再声称,土耳其一旦恢复死刑,意味着其加入欧盟的大门彻底关闭。美国也帮腔警告说,如果土耳其清洗运动超越了法理和民主边界,它将失去北约资格……

可见,土耳其与西方特别是欧盟的关系面临崩盘的风险,埃尔多安为了加强自己的权力,也正在进行一场新的政治赌博。显而易见,他与反对派阵营,特别是军队及居兰运动的对决,不会呈现简单的一边倒态势,而将是波浪式的起伏消长。一方面,埃尔多安借助强大的泛突厥主义和伊斯兰主义(简称"双泛")底层支持,正在大刀阔斧收拢权力,另一方面,欧盟明显替反对派站台势必强化他们的对抗。两种势力的对冲,不仅会加剧土耳其内部撕裂与分化,也可能让索然寡味的土欧关系日益疏远。

自从凯末尔为现代土耳其确立世俗化、现代化和民主化的道路,土耳其精英们便将国家与民族的命运全盘托付给西方,并在过去相当长的时间内努力与"双泛"思潮进行切割。但是,1953年便加入北约的土耳其无论如何努力,都无法接近其终极追求,即被欧盟接纳而获得西方大家庭平等身份。欧盟以各种理由提高门槛拖延土耳其入盟进程,同时又不愿意断了其念想,时不时抛出诱饵,使"入盟"变成一束悬在驴子眼前的稻草,看到闻到就是吃不到。不能捅破的窗户纸是,基督教一统天下的欧洲,怎么可能轻易向8000万人口的东方伊斯兰大国敞开大门?

2003年埃尔多安执政后,几经尝试加入欧盟未果,急性子的这位土耳其强人逐步看清端倪,也渐渐心灰意冷。同时,多极化加剧和地区政治生态的变化,"双泛"日益成为土耳其社会的主流思潮。于是,以2008年调整中东政策并与以色列关系恶化为信号,埃尔多安开启"东归南下"的转轨进程,至少摆出重返中东、回归东方的战略姿态。观察家们注意到,内政方面,埃尔多安表现出日益明显的强人统治色彩;外交方面,埃尔多安关注和介入中东和伊斯兰事务的兴趣和热情远远超过前任。此次重拳清洗异己更进一步预示着,埃尔多安已不太顾及欧盟标准和西方价值体系,加速构建他的威权体系。

土欧都处于两难的关口:失去土耳其,欧盟将直接面临纷乱的大中东和异质文明的东方世界;纳入土耳其,已陷入"伊斯兰化"恐慌的欧盟更担心加速自掘坟墓。对埃尔多安而言,土耳其拥有地区超级国家的地位,很大程度上得益于北约成员地位以及与欧美的密切联系,近期彻底与欧盟决裂则无异于自贬身价。因此,双方依然将在原有迷局里维持关系空转,各自谋取利益最大化。

未遂政变及其引发的大清洗,是埃尔多安继去年成功操纵正发党获得议会单独组阁权后巩固力量的又一次机会,也许意味着他朝着修改宪法晋级实权总统更近一步。获得绝对权力后的埃尔多安,又将如何调整西向政策依然是个悬念,这既取决于他对天下大势的研判,也取决于西方特别是欧盟的东方政策。

(原载《北京青年报》2016年7月23日)

10.土俄关系:从剑拔弩张到投怀送抱

国际关系就是一个利益场,国际政治就是一个交易圈。没有什么案例能比土耳其和俄罗斯关系迅速告别寒冬走向暖春更说明这个道理了。一场未遂政变前后的世态炎凉，让土耳其看到谁是敌人谁是朋友，一次出乎预料的天赐良机，让俄罗斯调整政策化敌为友。

8月11日，土耳其宣称将恢复对叙利亚"伊斯兰国"武装目标进行空袭，并要求俄罗斯联手对付"共同敌人"。仅仅九个月前，俄罗斯还死死咬住土耳其与"伊斯兰国"武装暗度陈仓的把柄，并对其在叙代理人土库曼武装痛打不已，导致土耳其击落一架俄罗斯轰炸机，双边关系遭遇断崖式挫折。土俄关系大开大阖犹如过山车，其实非常符合两国总统的行事风格，但说到底，"火鸡"与"俄熊"从剑拔弩张到投怀送抱，实乃情势所迫，各有所图。

挫败政变，俄施援手?

"七月政变"几乎颠覆埃尔多安十多年的铁腕统治，内幕至今扑朔迷离。埃尔多安当天曾指责美国支持"居兰运动"策动军方叛乱，并立即关闭驻扎美国空军的土耳其因吉尔利克基地。

阿拉伯半岛电视台报道称，埃尔多安麾下的情报部门在政变发生前6个小时就获悉阴谋，并做了相应准备才轻松挫败政变。这关键的6个小时间，土耳其与大国间私下如何互动不得而知。且是，此前20天埃尔多安突然向俄罗斯服软道歉示好，再次赢得回报：普京第一时间对未遂政变表示谴责，这与美欧初期的暧昧立场以及随后指责埃尔多安肃清对手的表态大相径庭。事关政权生死存亡，美欧落井下石，俄罗斯雪中送炭，埃尔多安该信任哪一方，结论无须多想。

也许俄罗斯的作用还不止于道义和舆论支持，而是以军事手段解救埃尔多安于倒悬。有媒体称，埃尔多安挫败政变次日就公开感谢普京"救命之恩"。未遂政变之初，埃尔多安声称其座机一度被战斗机导弹雷达锁定，事后又指责击落俄轰炸机的飞行员参与了政变。近日甚至有人爆料称，CIA间谍驾驶的战机意欲击落埃尔多安座机，但美国军方发现，俄罗斯S-500导弹系统已瞄准包括这驾战机在内的美国海空目标，不得不紧急罢手。

笔者至今不太相信美国政府直接卷入这场未遂政变，更不相信有关俄罗斯在关键时刻不惜与美国开战而为土耳其两肋插刀。客观地说，政治嗅觉非常灵敏的埃尔多安不失时机主动和俄罗斯修好，而普京也乐意在捐弃前嫌的基础上借梯上楼拉近俄土关系，源自彼此的战略需要和现实利益。

去年9月底土俄关系急转直下。土耳其深度介入叙利亚内战，执意颠覆巴沙尔政权以扶植自己的代理人，并试图打压与叙利亚、伊拉克交界地带的库尔德分离主义势力。然而，俄罗斯大举用兵不仅打乱埃尔多安的如意算盘，使其恼恨不已，更让其伤神的是，美国居然以反恐之名拉拢叙利亚库尔德人，助其扩大势力范围并呈现独立建国态势，而且通过安理会2554号决议与俄做了交易，瓜分在叙利亚的势力范围。

埃尔多安孤注一掷下令击落在叙土边境执行反恐任务的俄轰炸机，既报复俄罗斯军事介入，也试图让美欧为其站台，借北约之力遏制俄罗斯的军事行动。然而，美欧和稀泥并不打算为土耳其火中取栗而与俄罗斯在中东针锋相对。偷鸡不成蚀把米，土耳其旋即受到俄罗斯的经贸制裁。此后的连续恐怖袭击，不仅威胁土耳其的经济发展环境，也在动摇着埃尔多安的执政基础，最终使其不得不在死扛九个月后主动对俄罗斯说"对不起"。

关系重启，惺惺相惜

未遂政变给土俄加速升温双边关系提供了契机，并促成8月9日埃尔多安对圣彼得堡的访问。这是他平息政变后的首次出访，俄罗斯的重要性一目了然。"火鸡"与"俄熊"的热烈相拥，并非一时心血来潮，而是基于太多共同利益。

战略方面：俄罗斯因为乌克兰危机与美欧陷入持续关系僵冷，并在中东欧地区形成一定规模的军事对峙，而且这一对峙有加剧和升级的风险。俄罗斯与土耳其修好并深化关系，不仅将扩大其在中东"围魏救赵"战略的成果，而且在北约阵营中打进楔子，削弱或瓦解来自西方阵营的压力。

土耳其自八年前呈现"南下东归"态势后，一直推进东方战略，深度介入中东事务，并试图在"突厥文化圈"框架下深化与高加索和中亚前苏联成员国的合作，进而提升其作为"独立一极"的大国地位。埃尔多安政权近年呈现的"集权化"和"伊斯兰化"色彩，饱受西方指责，土耳其孤独与疏离感日益明显。无论是土耳其的特立独行，还是埃尔多安本人的桀骜不驯，都与俄罗斯和普京风格相近，气味相投。双方重启关系后，可以共同应对美欧压力，获得更大战略腾挪空间。

埃尔多安在圣彼得堡声言支持俄罗斯在克里米亚和东乌克兰问题上的

立场,可谓开北约成员国"倒戈"之先河,甚至被认为是北约分裂的关键点;普京则再次强调支持土耳其在宪法框架内处理未遂政变。这表明双方在战略与政治议题达成罕见默契。

经贸方面:俄罗斯面临美欧经济制裁和油价持续走低的双重困境,为了报复土耳其而断绝经贸投资等双边联系,无疑扩大了自身经济创面。恢复双边关系,俄罗斯可以扩大包括军品在内的对土经贸活动,缓解经济压力。俄罗斯"土耳其流"天然气项目最近已获得土方审批,这个拥有四条线路年供气量可达630亿立方米的工程第一期即将上马。此外,俄罗斯援建土耳其首座核电站项目也获得双方确认。

对俄罗斯而言,这是一次具有战略意义的能源合作突破,意味着向中东输出天然气和核电将延及欧洲市场.打破封锁并开源增收。对土耳其来说,这将缓解其能源短缺压力,未来还可通过收取天然气过境费而获得稳定收入。更重要的是,受连续恐怖袭击严重冲击的土耳其旅游业,将随着大量俄罗斯游客回归而有望提振,对保持经济稳定至关重要。

安全方面:与九个月前围绕叙利亚反恐行动而引发对峙和摩擦相比,土耳其邀请俄罗斯联合反恐,是国策逆转的重要标志。表明双方在安全合作领域已冰释前嫌,互信支持和借力。这意味着今后双方将加强在叙利亚等战场的协调与配合,无疑会扩大俄罗斯的中东朋友圈,巩固已拓展的势力范围,也将有助于土耳其遏制库尔德人分离主义势头,确保领土、主权统一与完整。

土俄关系一百八十度大转弯,已对欧亚地区格局产生微妙影响,如果未来依托欧亚经济联盟和上海合作组织两大平台,双方继续深化信任与合作,势必进一步拉动地区乃至世界格局的变动。当然,土耳其外交转弯并非彻底投入俄罗斯怀抱,作为北约重要成员国和G20成员,美欧依然会对其拉拢利诱,让其继续扮演东方屏障。因此,出于孤独而相拥相爱的土俄关系,前景依然存在变数。

（原载《华夏时报》2016 年 8 月 17 日）

11."幼发拉底盾牌":土耳其一箭双雕划红线

9月1日,土耳其总统埃尔多安宣称,土耳其打算在其南部建立安全区,切断叙利亚"伊斯兰国"武装的越境通道,绝不允许叙利亚库尔德武装人民保护部队(YPG)越过"红线"滞留幼发拉底河西岸。这是土军在叙北发动"幼发拉底盾牌"行动后埃尔多安亲自澄清本国立场,亮出首次派兵入叙作战真实意图。此前一天,其发言人否认土军已与YPG达成停火。

8月24日凌晨4时,土军炮击开路,空袭掩护,20多辆坦克、装甲车和少量特种部队突入叙利亚北部,攻打被"伊斯兰国"武装控制三年的边境小城杰拉卜卢斯。同时,亲土耳其的土库曼武装和"自由叙利亚军"从西、南两个方向夹击。美国支持的YPG力量也从东侧突击,试图夺取该城。"伊斯兰国"武装很快被击溃,杰拉卜卢斯则被土军联盟收入囊中。随后,战事转向,YPG成为土军联盟打击和驱逐的目标。此轮较量后,土军联盟占据包括38个村庄在内的400平方公里土地,初步控制叙土边境90公里长的地带。

YPG是叙利亚库尔德民主联盟旗下武装,内战爆发后这支力量既反对巴沙尔政权也对抗"伊斯兰国"武装,因此得到美国信任和资金、装备支持。过去五年,YPG出于安全自保和扩大地盘的需求,逐步将其势力范围从幼发拉底河东岸扩张到河西,并迫近土耳其边境,成为土耳其的心头大患。最近,YPG成功夺取边城曼比杰并瞄准杰拉卜卢斯。土耳其一直视其为境内库尔德工人党支脉并把它列为"恐怖组织",担心YPG夺取双城后打通边境,从地理上将两国库尔德人连成一片,助力库尔德分离主义,危及本国主权和领土完整,于是一箭双雕发起"幼发拉底盾牌"行动。

土耳其对叙利亚政局的介入是个渐进过程,起初倚重外交、经济和舆论手段,与沙特等海湾国家及西方盟友立场一致,旨在变更大马士革政权,具体行动上仅限于扶植土库曼武装和"叙利亚自由军",并与"伊斯兰国"分子和平相处。2014年"伊斯兰国"围困边境城市科巴尼时,土耳其一度允许伊拉克库尔德人借道增援,最终打破封锁赢得科巴尼战役的胜利。

自去年9月底俄罗斯军事介入叙利亚并改变战场格局后,土耳其极度焦虑。很显然,左右叙利亚前途已非己所能,但它不能接受代理人武装被消灭,更不能坐视库尔德力量特别是YGP无限拓展。于是,以反恐为名向库尔德工人党武装重开战端,并与"伊斯兰国"决裂开撕,对叙利亚的介入进入第二阶段。

作为政策调整的极端结果,土耳其于年底击落俄罗斯轰炸机,又派兵进入伊拉克北部库尔德人地区,以训练反恐为名预防三国库尔德分离运动合流。土俄交恶半年间,土耳其无力直接武装介入叙利亚,随着叙俄联军反攻连续得手并向"伊斯兰国"武装大本营拉卡进军,以及各方加强争夺沦陷区,土耳其对YGP的地盘扩大已无法忍受。最近,土耳其迅速与俄罗斯、以色列乃至伊朗改善关系,优化地缘环境,显然是为出兵叙利亚做外交铺垫。

土耳其在美国副总统拜登来访期间发起"幼发拉底盾牌"行动,也得到美军空中配合,但是其军事行动的扩大引起美国不快和质疑。当然,美国也理解土耳其的难言之隐,在批评土耳其不该偏离围剿"伊斯兰国"武装中心使命的同时,警告YPG必须满足土方要求,否则将断绝资金和装备支持。美国此举无疑出卖了自己扶持的小弟,给土耳其送上顺水人情,以缓和此前紧张的双边关系,避免它投入俄罗斯怀抱。

打击"伊斯兰国"武装,压制库尔德分离主义势力,符合地区多国核心利益,甚至有分析人士认为,土耳其是与俄罗斯、伊朗乃至叙利亚政府协调后才越境用兵。但是,叙利亚政府并不领情,公开指责土军不请自到侵犯主权和领土完整,并要求联合国调查。如果土军长期盘踞控制区不撤,叙政府更大的麻烦还在后头。基于这层忧虑,叙利亚盟友伊朗也对土耳其介入公开说不。

一场越境作战,一个关键城镇,一片边境地区得失,扯出如此大动静,再次表明中东反恐的复杂性超乎想象。敌友关系错综复杂,友谊小船说翻就翻,而大国利益始终是决定局势走向的关键。有一点可以明确的是,库尔德分离主义思潮和努力,不可能超越主权国家的意志而得逞,二战后形成的民族国家版图也不会被轻易改写。

(原载《北京青年报》2016 年 9 月 5 日)

第九章

伊朗崛起及其与沙特的派系缠斗

伊朗在中东历史性崛起,是进入新世纪以来,中东地缘格局最大的变化之一,而其与沙特的话语权之争、教派门户之见也前所未有地凸显出来,伊朗在崛起过程中呈现的博弈能力和策略,让人对这个历史悠久的神秘国家不得不重新刮目相看。

1.伊朗雄心有多大？

　　心有多大，世界就有多大。这似乎是一句广告词，充满哲学意味。

　　心比天高，命比纸薄。这是一句中国俗话，充满宿命悲情。

　　用这两句话形容今天的伊朗，还是挺有趣的。最近应邀访问伊朗一周，虽然浮皮潦草，但是，毕竟走进了文字、图片和影像中的这个新闻大国；虽然局限于首都德黑兰，但是，通过活动、参观、交流，毕竟管窥到这个文明古国后人的现状和心境，也由此得出开篇的感想。

　　曾经建立过人类第一个地跨亚非欧大国波斯的伊朗人，怎能忘却那辉煌的帝国之梦而甘心成为二等国家、二等公民？在伊朗人特别是伊朗领导人心目中，伊朗拥有的不仅是160万平方公里的现有疆域，似乎还拥有整个波斯湾乃至中东地区的话语权，甚至是由50多个国家近13亿人口组成的伊斯兰世界的主导权。

　　正因为如此，在霍梅尼领导伊斯兰革命取得政权三十年后，伊朗一直试图输出伊斯兰革命思想，以霍梅尼主义征服和改变世界。然而，世界已非冷兵器帝国时代，伊朗的雄心没有跳出中东甚至没有跳出波斯湾即遭遇南墙，引发八年战争的国殇和持续三十年的孤立。然而，渴望超越现实、重振波斯雄风的心仍是不甘寂寞，在荒凉、神秘的伊朗高原上折腾，辽阔的西亚、中亚都能感受到它的躁动。

　　机遇总是有的。伊朗伊斯兰革命的死敌美国，在自己利益驱使下无心插柳地连连送给伊朗大礼：一战伊拉克，迫使其将到手的两伊战争胜利拱手转给伊朗；再战伊拉克，索性彻底颠覆萨达姆政权并扶起什叶派为主的伊朗近亲政府；发兵阿富汗摧垮塔利班政权和"基地"组织，干掉伊朗东侧两个劲敌。

几乎所有的人都发现,今天的伊朗不但左右无敌,而且和伊拉克、叙利亚、黎巴嫩转眼间连成一片,隆起以己为龙头的什叶派弧形地带——伊朗成为近20年来中东地区的一大赢家,伊朗人梦里都会偷着笑啊。

但是,伊朗人笑不起来,因为日子并不好过,经济封锁、外交孤立和美以军事威胁卡住脉管,喘息不易,更难舒张那颗不甘寂寞的大国雄心。这颗心不但跨越空间,向黎巴嫩和巴勒斯坦输送着反以信念、战斗血液、抵抗激情,还与巴林、阿联酋卷入主权、领土纠纷,令多数地区国家寝食难安。伊朗发射卫星、导弹,"核"心勃勃,更让世界为难。

伊朗有座名城伊斯法罕,因规模宏大而得"伊斯法罕半天下"之美誉。其实,伊斯法罕之外的世界宏大无疆,但伊朗人的雄心似乎更大。遗憾的是,三十年的折腾证明,伊朗在中东独领风骚都难,遑论独步天下。时也?势也?命也?

美国即将调整其中东政策,其他国家也将顺势而为。这是伊朗调整心态和定位的一次机遇:满足于波斯湾上国还是力争中东霸主?抑或称雄伊斯兰世界乃至跻身全球大国?答案仍无法确定,因为波斯智慧无边,伊朗雄心太大。

(原载《精品购物指南》2009 年 3 月 12 日)

2.霍梅尼:改写伊朗历史的巨人

2009 年 6 月,伊朗举行第十届总统选举,之后伊朗人举着最高领袖霍梅尼和哈梅内伊的画像,上街游行、抗议、冲突不断。就像近年来每次伊朗面临抉择时那样,最高领袖哈梅内伊出面干预。这就是伊朗的伊斯兰政治体制,而缔造这一政治体制的正是霍梅尼。

今年恰逢伊朗最高领袖霍梅尼一手缔造的伊朗伊斯兰共和国建立三十周年,特殊年份的特殊事件,不由令笔者回忆起今年 3 月造访霍梅尼故居和陵寝时的见闻和感受。

"领袖应比平民更艰苦"
今年 3 月,在看遍伊朗历代帝王奢华腐败的"白宫""绿宫"后,伊朗官员建议笔者去看看霍梅尼故居,对比帝王将相与受人民拥戴的宗教领袖对待财富的天壤之别。

　　走过若干曲折、狭窄的小路，才找到隐没在德黑兰居民区的霍梅尼故居。乍一看，真的令人诧异！这处狭小、简陋的住宅，几乎容不下百人，这与霍梅尼那巨大的影响力和名望真是太不相称！然而，他生前如此，死后亦如此，周围看不出任何刻意让更多人景仰的痕迹。

　　穿过一条 2 米宽的坡路，霍梅尼故居就在记者眼前。临近黄昏，一群小学女生正要离去。走进这处小院，就算进入了伊朗革命的"风暴眼"：一个不过 12 平方米的小房间，既是霍梅尼决策千里之外的办公室，也是他日常起居的卧室，还是讲经布道、接待民众之所。在这里，看不到连寻常百姓家都能拥有的摆设和装饰，只有一个三人沙发、一本《古兰经》、一块礼拜垫、一串穆斯林念经用的珠串、几份报纸和一台半导体收音机——这就是霍梅尼全部的家当！

　　当年苏联外长谢瓦尔德纳泽到此拜访这位最高领袖时惊奇地发现，这里竟然没有供他及随从落座的第二把椅子，只好坐在地毯上举行会谈。而霍梅尼的侍从为这位超级大国外长端上的唯一招待品，就是一杯茶和两小块方糖。

　　霍梅尼居室旁边的一片空地，是他接见百姓的地方。晚年的霍梅尼行动不便，因而，有条过道直接和卧室相连，以便他能坐着轮椅通行。如今，这里已成为一个参观和礼拜的场所，与之相邻的则是霍梅尼遗物展览馆。通过照片和有限的生前用品，我们概览了这位政治家和宗教领袖的漫长一生。

　　在德黑兰采访时，许多当地人都告诉笔者，霍梅尼之所以被奉为最高领袖，除他的政治和宗教主张外，还在于他将《古兰经》和《圣训》要求的简朴生活方式，灌输到国家相关的法规制度里。根据他的建议，伊朗伊斯兰共和国《基本法》第 142 条规定：最高法院有权对领袖和政府高级官员任职前后的财产情况进行严格审查。1981 年 1 月 14 日，霍梅尼第一个将自己的财产清单寄交最高法院。他曾说，政府的各级领导者都是公仆，无权要求比民众更好的物质条件。"领袖的生活必须同社会中最普通的阶层保持一致，甚至应该比他们更艰苦。"

出身圣裔

说到霍梅尼，不能不谈及他的家世和成长环境，否则也就无从理解这位改写伊朗历史的传奇人物。

1902 年 9 月 24 日,鲁哈拉·穆萨维·霍梅尼诞生于伊朗中央省霍梅恩村的一个宗教家庭。他的家族属于伊斯兰先知穆罕默德的女儿法图麦·宰海拉的世系,与今天的约旦王室同属伊斯兰世界最显赫的家族,是被冠以"赛义德"称呼的尊贵圣裔。

霍梅尼的父亲阿亚图拉·穆萨是著名的宗教学者,在霍梅尼出生不足五个月时,他就被统治者枪杀于宣教途中。因此,自孩提时代起,霍梅尼就由母亲一手养大,饱尝孤儿之苦。15 岁那年,霍梅尼再遭丧亲之痛。就是这种艰难的家庭环境和压抑的社会环境,塑造了他内向而坚强的性格,使他立志要改变这个扭曲的世界。

少年霍梅尼天资聪明,悟性极强,7 岁就能背诵整部《古兰经》。1922 年,他到库姆神学院师从当地诸多名师,学习宗教学基础知识和宗教学教义等,毕业后即留在库姆担任教师,执教长达四十年,伊朗当代著名宗教学者大多是他的学生。

三十五年革命之路

20 世纪 30 年代,霍梅尼风华正茂,一心痴迷于宗教,对政治活动毫无兴趣。他认为政治是大学者的责任,普通人不应该过问。因而,当时他对于巴列维国王一系列反伊斯兰和反传统的改革都无动于衷。直至 1944 年,他的思想才发生了根本转变。

巴列维 1941 年继位后,全面实行亲美政策,并在美国的帮助下扩充军备,设立秘密警察机构国家安全局(即萨瓦克),实行独裁专制统治。当时,特务肆意横行,逮捕政治上的反对派和宗教上层人士,使监狱里人满为患。一切言论、集会和组织政党的自由都被取消。在宗教上,严加限制宗教界的权力,以世俗法律代替伊斯兰教法,接管宗教基金,关闭宗教学校代以世俗教育,实行"自由化"和"世俗化"的政策。西方文化和生活方式的涌入,使伊朗传统文化和生活方式受到冲击。这时,已是阿亚图拉(高级神职人员)的霍梅尼也无法安下心来做宗教研究。他开始公开批评巴列维政权是反人民、反宗教的政权,把整个社会引向了堕落和腐败。但是他仍旧寄希望于巴列维领导的政治改革。

在激烈的社会斗争中,霍梅尼逐渐树立起权威,被公认为是具有先锋思想的宗教领袖。1961 年 3 月,阿亚图拉·布鲁吉尔迪归真后,霍梅尼即被推选为伊朗社会改良运动的领袖。

1963 年 1 月,巴列维迫于美国压力,提出"六点社会改革方案"(称为"白色革命")。由于片面追求经济高速度发展,加之石油跌价,军费开支过大,造成经济严重失调、物价飞涨、贫富悬殊加剧,伊朗国内各种社会矛盾急剧激化。

1963 年 3 月 15 日,伊朗民众举行全国性的反政府起义,而宗教领袖霍梅尼即是反国王独裁统治运动的一面旗帜。这次起义拉开了"伊斯兰革命"的序幕,但霍梅尼却因此被捕。次年,在各方营救下,霍梅尼获释返回库姆。可没过多久,他便因"煽动反政府活动",被秘密逮捕,并被流放到伊拉克的纳杰夫。从此,他开始了长达十五年在国外领导"伊斯兰革命"的历史。

巴列维国王原本以为驱逐霍梅尼,就能让伊朗民众的革命激情很快冷却下来,可革命之火越烧越旺。从 1977 年起,伊朗各地接连爆发大规模的反对国王运动,到 1978 年下半年,各地动乱达到了高潮。1978 年 9 月 4 日,伊拉克警察突然包围了霍梅尼在纳杰夫的住所。伊拉克安全局局长告诉霍梅尼说:"你可以在伊拉克继续居住,条件是停止革命,不再干预政治。"霍梅尼断然回绝说:"出于对伊斯兰民族的责任感,我决不准备沉默和接受任何形式的妥协。"这一年的 9 月 14 日,霍梅尼被迫流亡法国巴黎,但他仍紧密遥控国内的"伊斯兰革命"。

1979 年 1 月 16 日,无力挽回残局的巴列维国王携其家属逃往美国。消息很快传遍全伊朗,人们纷纷走上街头欢庆胜利。

半个月后,阔别祖国十五年的霍梅尼回到德黑兰,受到英雄般的欢迎。据西方传媒估计,欢迎霍梅尼的人数达 600 万之众。当天,在德黑兰宰海拉乐园的烈士陵园里,霍梅尼向伊朗民众宣布:"废除君主专制,成立伊斯兰革命委员会,通过公民投票的形式建立伊朗伊斯兰共和国。"从那一刻起,伊朗与美国及西方世界反目的历史开始了,而伊朗也开启了"霍梅尼时代"。

逝世 20 年,陵寝仍未完工

霍梅尼组织的伊斯兰革命卫队推翻巴列维王朝后,以《古兰经》和伊斯兰

教律法治国——实施"法基赫(教法)的监护"的神权政治理论。1979 年 4 月
1 日,通过民众投票,霍梅尼宣布成立政教合一的伊朗伊斯兰共和国。

　　同年 11 月,伊斯兰"专家会议"制定的新宪法规定霍梅尼就是第一任"法
基赫"系统的领袖。他有权任命最高法院院长;有权统率全国武装力量,任命
或批准三军高级指挥官;有权决定宣战和停战、大赦等。国家领导人必须向
他请示汇报,他的讲话和指示必须遵照和执行……霍梅尼成了伊朗的最高领
袖,指引着伊朗的发展方向。

　　身为最高领袖,霍梅尼在伊朗深得人心,备受爱戴,其中的奥秘就在于他
信仰坚定和真诚待人。尽管日理万机,霍梅尼却从未忽略与老百姓的直接接
触。据《面见光明》一书记录,仅在伊斯兰革命胜利后,霍梅尼就先后接见普
通百姓 3700 多次。此外,凡是与伊斯兰社会命运休戚相关的大事,霍梅尼总
在充分倾听民众意见后才发表意见,进行决策。

　　1989 年 6 月 3 日凌晨,霍梅尼的心脏永久地停止了跳动。噩耗传来,许
多伊朗人因无法接受这个晴天霹雳而当场晕厥,据传数十人的心脏随之停止
跳动。6 月 6 日清晨,伊朗为霍梅尼举行隆重的葬礼。尽管治丧委员会早已
在安葬霍梅尼遗体的陵墓周围设立了障碍物,但运送霍梅尼灵柩的直升机一
落地,这些障碍物就被数十万人的洪流冲垮。与宗教领袖永诀的悲痛像火山
岩浆在伊朗人的血管、胸腔里沸腾着。成千上万的伊朗人拼命挤上前去,试
图撕下一星半点的裹尸布,以带回家去永远供奉。他们在失去精神领袖的巨
大悲哀中,仍相信与他贴近过的物品接触便可以传递他的精神。虽然当局出
动大批警力,使出浑身解数,却仍难以顺利下葬。最后,霍梅尼的灵柩被迫再
次用直升机抢运出来,送回侯赛因纪念堂。

　　虽然政府通过电台一次次呼吁人们回家,但越来越多的民众从偏远乡村
不断拥来。治丧委员会只得于当天下午匆匆完成霍梅尼的葬礼。这就是霍
梅尼传奇的一生:在世改天换地,辞世无限哀荣。

　　告别德黑兰的那一天,笔者特意到德黑兰南郊参访霍梅尼的陵寝。霍梅
尼父子就长眠于此。霍梅尼的儿子哈杰图勒一生追随父亲的宗教理想,然而
就在伊斯兰革命胜利前夕,他却死于国王的一次暗杀行动,因而被伊朗人奉
为烈士。

　　这座并不奢华的陵寝,却历经二十年仍没有完成建设。由于修建陵寝纪

念堂的资金完全靠民间捐款，收到一笔钱就扩建一点，以致霍梅尼逝世二十年后，纪念堂仍未完工。即便如此，每当伊斯兰教的节日、先知圣人们的忌日，霍梅尼纪念堂还是伊朗人争相前往的去处。

如今，每天到这里瞻仰的不仅有伊朗人，还有来自世界各地的游客。崇敬霍梅尼的人来感受他的不朽精神，反对他的人也想看看这位不动刀枪，就能将国家改天换地的传奇人物。

（原载《环球人物》2009 年第 18 期）

3.德黑兰掠影五章

（1）歌舞升平的伊朗人

标题是歌舞升平，其实，似乎伊朗可以有歌，尚不见舞。但是，只要开心，歌舞并不一定是硬指标。

一位常驻德黑兰的资深媒体人士告诉过我：国王时期，伊朗人在外面花天酒地，回家祈祷；伊斯兰革命后，在外面祈祷，回家花天酒地。对此，我过去无法评判，今天也是没有发言权。因为我一直没有去过这个神秘国度，这次去了，也没有深入伊朗人家。但是，我理解，这种极端和反差符合波斯古代宗教二元论的思想，以及被深深影响了的伊朗人性格：善良与邪恶、光明与黑暗……总之，从一头跑向另一头。

国王时期，推行全盘西化改革，导致了社会生活和精神世界大面积堕落，这在一个伊斯兰世界是不可能持久的，在外逢场作戏、放浪形骸的人们回家关起门来不免满怀罪过，进而祈祷求得真主饶恕。伊斯兰革命后，暴风骤雨般的伊斯兰化又把伊朗社会推向保守或曰复古的另一条胡同，社会生活充满清规戒律和远离人间烟火式的说教，导致另一种精神疲倦，进而使人们渴望回到家里放松乃至放纵一下。

伊斯兰革命三十年后的伊朗有无折中呢？肯定有的。令我意想不到的是，比如宗教仪式方面的宽松和自由。在伊朗，没有人特别在意你是否穆斯林，也没有人像阿拉伯人那样动员你皈依伊斯兰，或说服你去清真寺礼拜，更看不到那些熟悉的因持久礼拜叩头而刻在脑门上的虔诚痕迹。曾在伊朗和埃及工作过多年的新华社记者梁有昶夫妇告诉我,他们初到德黑兰,总感觉这个伊斯兰社会缺些什么,后来恍然大悟:缺那些在阿拉伯世界无处不在、可以连成一片、弥漫整个城市的礼拜宣告声。在德黑兰,清真寺并不是很多,也只有在清真寺附近,才能听到礼拜的呼唤。而什叶派为主的伊朗穆斯林,并不像逊尼派那样每日礼拜五次,而一般并联礼拜形成三次足矣。这是我此行的又一个新的收获。

　　另一个方面,开放之风、世俗之潮也在伊朗社会慢慢涌动。无醇啤酒前些年是不可能允许存在的,现在可以在酒店买到,可以饮用。如果说伊朗非常保守,那有些冤枉伊朗人,至少,他们没有像加沙的哈马斯把偷偷卖啤酒的基督徒住房给烧了,把提供啤酒的饭店给砸了。听说伊朗很多人家偷偷酿酒,在家饮酒,甚至发生过因饮用假酒而丧命的悲剧。革命初期,伊朗大部分的娱乐活动是被禁止的,包括音乐、棋牌,直到后来才陆续放开。其实,按照伊朗伊斯兰革命领袖霍梅尼1982年发布的八条《司法伊斯兰化》法令,伊朗实际存在着公开和私下两种文化和行为标准,即公开场合,必须遵守教规,虔诚禁欲,但在私人空间,自由宽松,各行其便。如今,伊朗的电影已经在世界影坛小有名气,这是另一个话题。

　　行前,我想象中的伊朗清规戒律特别多,革命卫队满街都是,处处检查人们的行为是否中规中矩。到了德黑兰才发现,除了女性戴头巾这件事比较严重外,事实并非我想象得那么严重,可见,想当然、成见乃至偏见是多么可怕。伊朗严格是事实,但是,并非严格到令人生畏的地步。3月7日晚,一位朋友慷慨地请我们在著名的巴尔布德(Barbod)餐厅用餐听歌,更是用事实让我知道,伊朗并不是苦行僧的世界,伊朗并非只有政治和宗教。

　　巴尔布德餐厅是位于Vanak广场附近的一家高档传统餐厅,建筑典雅古朴,装潢精致细密,雕梁画栋,马赛克镶嵌、玻璃装饰和水晶器皿交相辉映,整个大厅流光溢彩,透出浓郁的波斯风格。餐厅不大也不小,同时容纳大约200人用餐,如果不事先预订,不会有座。这里的菜肴相当不错,也很贵,每人约合人民币300元,但是,绝对值,因为这里可以一边享受美食,一边欣赏歌曲——300元买的不仅仅是一顿美食,是一晚上的歌声和笑声,是一晚上的开心和惬意。

为客人们表演的是个男子小乐队，四位乐手外加三名歌手，吹吹打打，连说带唱地轮流上台，汗流浃背地经营着整整一个晚上的歌乐与笑声，让人们在沉闷中尽情地放松一把。我和北大吴冰冰副教授在这里成为文盲，阿拉伯语和英语都用不上了，听不懂波斯语，只能看着台上台下的热闹发懵。不过，其中两位歌手都专门提到了我们这些来自"秦（中国——这个我们算是听得懂）"的客人，并招呼其他客人鼓掌欢迎。我们照例送上五美元作为小费以示感谢。

据了解，像这样在餐厅卖艺的歌手、乐手们基本不是波斯人，而是土库曼人或阿塞拜疆人，但是他们演唱用的是波斯语，为的是容易与台下餐桌前的客人们互动。客人们点歌，需要付钱，客人们听得开心了，也可以主动给这些民间艺术家们小费。他们唱的多半是民间情歌，伴奏的乐曲非常具有中国新疆木卡姆的味道。歌手们除倾心向台下献艺，甚至与异姓听众抛媚眼，也与伴奏的同伴轻度打闹、玩笑，抖点小机灵，这又会让人想起中国东北的二人转。三位歌手中，最年轻最英俊的一位歌手号称"少奶杀手"，在餐厅女性翘盼的目光中最后出场，他一登台就引起女性听众的一片欢呼，把演出气氛推向高潮，显然名不虚传。

伊朗人的天性显然是开朗的，不受拘束的，他们不满足于听台上的演员表演，而且很会配合营造氛围：鼓掌、跟唱、回应、起哄架秧子，甚至在台下即兴表演也都是有的。在这里，男女济济一堂，没有公交车上的男女隔离，也没有海湾阿拉伯国家男女近距离的回避，只有放松和消遣，享受和回味，自然、大方。我们后来发现，到此消费的，有举家团圆的三代人，有刚刚办完婚礼的新人及其亲属，有带着家人庆祝生日的，有一对对恋人，也有结伴而来的时髦少女，总之，他们都是为了找乐子而聚到一起，也的的确确找到了乐子。

当然，伊朗人找乐子的不仅仅在这里，也不仅仅是这一种方式。在德黑兰做孔子学院院长的云南大学姚继德教授说，每个星期，他所在的楼房住户，会在楼内的天井里聚会狂欢，音乐放得震天响，部分男女老少，女性也不戴头巾，似乎一个巨大的家庭舞会，一直狂欢、狂欢，直到深夜。按姚教授的说法，他们要排泄心中的压抑，化解胸中的块垒……这压抑和块垒是什么？需要继续了解。

（2）头巾罩不住心动

伊朗曾制造过最轰动世界的非战争新闻：其宗教领袖霍梅尼发布宗教法

令,动员世界穆斯林在全球范围内追杀英籍印度作家拉什迪,因为此人在其文学作品《撒旦诗篇》中亵渎了伊斯兰先知穆罕默德。尽管此事在引发巨大外交风波后不了了之,但是,伊朗传递给世界的形象已经难以改变,那就是,为了宗教、为了信条可以一往无前。宗教禁忌在社会生活中的表现一直是吸引我目光的强烈光斑,因为它能折射一个社会宽容、开放的尺度,也能体现民众与既定政治法令秩序的互动关系。

伊朗太大,也太丰富,但是,什么问题能简单地让你感受到伊朗不同于其他国家呢?头巾!一条遮盖秀色,抵挡男人贪婪乃至邪恶目光的织件,以及头巾下构建的男女距离。

从伊斯兰教法和伦理学角度看,头巾是保护女性贞操与圣洁的一个盾牌,是保护家庭的一张丝网,是防止男人堕落的一道咒符。从社会学角度看,头巾是男权,抑或是女权的一面旗帜,目力所及,它就提醒着男男女女注意性别和道德边界。从哲学角度看,头巾又是一种物化的意识,是践行的信仰,是对真主、先知及经典的捍卫——于伊斯兰教而言,无须宏大高耸的清真寺,也无须听到悠扬悲壮的《古兰经》吟诵,只须看到一条包住女性发梢、双耳和下巴的头巾,方寸之间,就是一个具象了的精神世界。

伊朗与头巾的联系,我第一次特别在意,如果记忆没有出卖我的话,应该是1991年某大国总理夫妇出访伊朗时传出的逸闻。由于疏忽或许别的原因,事先没有按照伊朗风俗给这位总理夫人准备头巾,延误了贵宾一行离开专机进入贵宾室,直到满足东道主的要求。此事一直萦绕我的脑际,当时的感觉是:伊朗真严格,伊朗真死板。现在想来,伊朗真是有原则,也真是一视同仁,教规面前人人平等。

3月3日上午飞机落到德黑兰机场。在排队离开座位的过程中,我们认识了一位在中东经商的浙江青年女企业家,一边闲聊一边离开机舱。当我们通过廊桥进入候机楼门口时,发现几位男子一直看着我们,其中一位抬手高声提示这位女企业家:"Coif, Please!"没等我反应过来,这位女士已经顺从地从包里掏出一块头巾胡乱戴在头上,自然、熟练地有如向交警出示驾照。这一刻,我仿佛真正从睡梦里醒来了:我的确到了伊朗!

落脚后,经过和凤凰电视台驻德黑兰记者李睿交流才知道,头巾在伊朗绝不是个小问题,而且问题也不止于头巾——在这里,女性露脸和露脚均不可以。去年伊斯兰斋月某天,李睿由于忘记穿袜子出门,经人举报后被警察带到当地的拘留所。详情如何,她答应自己将来通过博客描述。我暂且按住不表,留些新鲜和悬念。同为伊斯兰世界,阿拉伯妇女几乎都是蒙面而打赤脚的,真是一个波斯湾能隔出两个世界,一源宗教能淌出两条河。

李睿说,在拘留所里,她遇见一位少女,称自己已经多次到这里受训、学习,起因是,她的男友之妹无意中在她家发现她不带头巾的照片,进而认为她不是个遵守妇道的女子,非但不能做自己的嫂子,而且应该受到惩罚,于是乎,她被告官而进了拘留所。据李睿介绍,头巾问题,绝对会牵动着人们的视线和神经。在任何公开场合,只要你头巾没戴,甚至没戴好,身边男女立刻会投来异样的目光,乃至直接纠正你。因为李睿的独特经历和言说,使得我特别注意头巾。离开德黑兰前夕的一个晚上,我和吴冰冰上李睿住处,下车时受到出租司机讹诈,我们不懂波斯语,也不知行情,于是向李睿求助。当我发现冲出大门与司机论理的李睿披头散发时,唬得我一再高喊:头巾!你没有戴头巾!

头巾虽然很轻,却像一道山梁压在爱美女性的心坎里,而且由于伊朗人逆反性格的催化,就会发酵出奇异的效果。头巾本意是遮挡女性美色尤其是秀发,以免引起非嫡亲男人注意,但是,许多伊朗成年女性变着花样消解头巾,解决注目礼、回头率的问题:或者戴上鲜艳夺目的头巾,和肃穆的黑色保持距离;或者把头发染成各种色彩,即便是一缕、两缕,也要让自己的魅力跳出黑色的包围;或者浓妆艳抹,只要你目光扫过,总能放大你的瞳孔,迟滞你的目光,哪怕只有几秒。欲盖弥彰,抽刀断水,用来形容头巾现象是很恰当的。

据说,归家之后,尤其是女性柜聚的小圈子里,伊朗女性则抛开黑袍、黑巾,不但相互展示和攀比着华丽时装和各色首饰,甚至互相比较着谁更有型、更有条。在那些私密的地方,她们的暴露程度让见惯暴露的中国女性都大跌眼镜。物极必反,这是自然规律,也是人的本性啊。士为知己者死,女为悦己者容,古往今来莫不如此,即便革命的伊朗,女性爱美的天性和示美的冲动也是难以遏制。

如今,在家展示美似乎不够了,伊朗女性渴望有更大的美丽和自由空间。德黑兰已经建立了一个女性公园,据说,进入公园内的女性不必再遮头盖脸,因为除了树木、花草和飞鸟,这里不可能存在异姓,是个纯女子的世界。李睿说,公园门口附近若干米是严禁照相的,可见防范之严。

在伊朗街头,我目击一辆女性出租车"Women Taxi":驾车的是女性,坐车的听说也只能是女性。但是,很好玩的是,伊朗并不限制女性乘坐男性开的出租车。更为有趣的是,伊朗流行拼车,陌生男女为了拼车而挤在一起的现象很多,也从来不是忌讳。这一点,让我想起相对开放的巴勒斯坦。

伊朗的公交车分为阴阳两个世界,从外面看,车厢的前半截是男性的天下,后半截是女性的王国,泾渭分明。进入车厢我们才发现,前后车厢之间是用栏杆明显隔开的。李睿说,这样分区的好处是避免不良男士骚扰女性,因为这种现象在伊朗很多。在公交车站候车,年纪大的男女并不忌讳坐在一起,青年人或许保持距离,但也不是多么刻意。

公交分区,德黑兰的地铁男女乘客却是混乘,至少,我没有看到明显的性别界线。这我就不明白了,一城两制,地上地下怎么这么大的区别。我的一个问题是,伊朗航空公司是否以性别划分乘坐区?没听说过,估计不是这样。后来观察发现,伊朗航空公司班机的确男女混坐。

戴头巾、公共空间隔绝,最直接的动因是隔离男女,但是,这并割不断伊朗人骨子里的不羁与浪漫,因为这里是产生了哈菲兹、萨迪、菲尔多西、鲁米等大诗人的国度,是汉唐"胡姬"的故乡。德黑兰诸多王宫、博物馆留存着各种神话故事,商店、餐馆的工艺品乃至装饰,也容易见到很多大胆而浪漫的主题,其中不乏男欢女爱的场景,此时驻足,我仿佛又把自己抽离了这个伊斯兰世界。现实生活中,一些青年男女会逃到山头、密林,逃过警察和公众的眼睛去幽会,甚至在帐篷里过夜,而有些女儿夜出不归的父母,并不过问。

我们在古列斯坦宫,或者在霍梅尼故居,遇到过几波女中学生,她们欢快、大方,并不回避我们的镜头,有的还拿起手机把镜头对准我们,也有几位调皮的少女直接高声问我们:手机号码是多少?我们简直有点傻了。什么是天真无邪?这或许是。这就是伊朗头巾后的另一面。

李睿说,伊朗女性其实很大方,很勇敢,她们的眼睛会说话,会唱歌,会勾人。

回忆、对比起我在阿拉伯世界工作和生活六年多的记忆,我突然发现,还真是这样。

(3)"妈了个巴的,美利坚!"

"妈了个巴的,美利坚!"很不好意思,本文起首就出现一句"国骂",当然,只是貌似。

其实,这是一句波斯语,是书写在美国驻伊朗大使馆原址门口的一句大标语。尽管其发音几乎不会有错,其本意并不是中文表述的这样,而是"Down with America(打倒美国!)"。

起初,听吴冰冰用波斯语读出这个标语时,我一愣。我听得出,他不是爆粗口,而是在认真地读标语,于是追问一句:波斯语怎么念? 吴冰冰又念了一遍,我哈哈大笑:这不是"妈了个巴的,美利坚!"吗? 吴冰冰一顿,也恍然大悟,击掌而乐,确实如此。吴教授称只学过一点波斯语,已经把这门语言还给了老师。我知道这是他谦虚之说,但是,对于"打倒美国"这句话的波斯语发音,我还是很慎重地再次向另一位波斯语专家求教确认,结果还是这句让人,确切地说让中国人哑然失笑的妙语。

语言这东西就是奇妙,不同语音跨出文化的门槛就会产生另一种差异和意蕴,这就是很多文学和影视作品难以翻译,甚至无法翻译出其原有的精髓的原因。不过,"妈了个巴的,美利坚!"在我看来,则是个例外呢,它精确地、形象地诠释了伊朗和美国那种曾经深爱和耳鬓厮磨,又相互抛弃彼此仇恨,且旧情难忘、欲罢不能的复杂关系,如同一对反目夫妻用最恶毒的语言咒骂对方"该死的王八蛋!""你这混账!""见鬼去吧!",而他们内心的那种纠缠不清的感情,却不是一句恶意表面意思所能涵盖的。

在美国大使馆附近,拍摄照片是件非常敏感的事情。知情者告诉我,几年前,这里绝对不可以拿出相机,否则,立刻有人过来查问你的身份和意图。如今,大使馆已经被革命卫队的某个机构占用,四周高墙电网依旧,大门紧闭,只是门口开设了一个大书店,里面专门售卖战争书籍。

美伊关系在这里除了一句中式"国骂"外,也就是一堵墙的故事了:在使馆正面绵长的墙壁上,喷绘着各种反美涂鸦。与形形色色的过路人形成有趣的对比,也吸引着我在对面街道不断地用镜头捕捉一些有趣的画面。这些画面是伊美关系的一种微缩景观,也直观地展示着美国,或者说美国政府在伊朗革命者心目中的形象。

伊朗与美国的关系渊源始于20世纪40年代。随着纳粹德国对欧洲大部分地区的吞并,其势力也向欧洲的后院中东扩张,相继控制了伊拉克和叙利亚,并派大量人员渗透到保持中立的伊朗。英国为了确保自身在中东的利益,单独或联合自由法兰西于 1941 年五六月间相继出兵伊拉克、叙利亚和黎巴嫩,夺回对中东控制权。

6 月 22 日,德国向苏联发动进攻,苏英遂联手抗德,并最终要求伊朗驱逐全部侨民和专家,结束其特务活动,确保英国安全顺利地从波斯湾经过纵贯伊朗的铁路向苏联战场运输军火武器。伊朗老国王礼萨为了制衡苏英要挟,向美国求助,而美国则劝伊朗加入同盟国行列。8 月 25 日,苏英联军不宣而战,南北夹击入侵伊朗逼迫礼萨国王交出德国侨民。大敌当前的礼萨被迫传位儿子巴列维,自己流亡南非并在那里走到生命尽头。1941 年 9 月,苏英联军占领德黑兰并捕获全部德国人,一半到西伯利亚充军,一半发配澳大利亚。

于德黑兰沦陷当天登基的巴列维在首相福鲁吉和姐姐阿什拉芙公主协助下应对危局,并与苏英签署同盟条约,将伊朗置于两国控制之下,美国也借此机会在德黑兰近郊建立驻波斯湾司令部,陆续以顾问团等方式渗透到伊朗的各个领域,帮助其重建经济、整顿财政、管制外贸和重建军队、宪兵。"在二战期间,美国向伊朗无偿提供价值约 4150 万美元的食品和军火装备,这些美国食品大大缓解了伊朗的饥荒,帮助伊朗人民度过了最困难的岁月,这批武器弹药增强了伊朗军队的实力,帮助伊军维持了国内治安,镇压了部落叛乱。"(王新中、冀开运《中东国家通史:伊朗卷》)。同时,伊朗以丧失国家主权和充当苏德战场军需中枢的方式为反法西斯战争的胜利做出了巨大贡献。

二战结束后,伊朗要求三大国尽快撤军,美国最先响应,并落实到行动。苏联撤军拖延一年多直到美国总统罗斯福发出威胁。应该说,美国的态度迫使苏联改变了试图利用伊朗库尔德和阿塞拜疆地区民族主义意识和势力输出革命、干涉伊朗内政、分裂伊朗国土的图谋,维护了伊朗的主权和领土统一。随后,在美国支持下,巴列维的军队平定了库尔德和阿塞拜疆的分裂主义势力。从此,为了对付共同的敌人苏联,伊朗和美国相互投怀送抱,结成同盟。

战后伊朗经历了首相摩萨台领导的石油国有化运动和褫夺王权运动,最终以巴列维的胜利而告终,美国则有恩于巴列维并紧急为复位的巴列维输血撑腰,使其强化了王权统治。随后,巴列维领导了以土地改革为中心、致力于实现全面社会政治经济改革、确立君主专制体制资本主义发达国家的"白色革命",也把伊朗引入疯狂现代化的十年,建设成就举世瞩目,经济危机也与日俱增,专制统治不断严峻,并伴随着贫富差距的悬殊和西方文化的声色犬马。伊朗成为伊斯兰世界的异类并引起霍梅尼等教士及广大民众的巨大不满。这一切为巴列维王朝埋下覆灭的祸根,也为伊朗和美国决裂打下伏笔。

1979 年 2 月 11 日,经过多年准备和曲折的伊朗"伊斯兰革命"成功推翻巴列维王朝,其指导思想就是以"七个反对"为核心的"霍梅尼主义":反对殖民主义、反对帝国主义、反对霸权主义、反对犹太复国主义、反对共产主义、反对西方化和反对世俗化。美国成为伊斯兰伊朗的头号敌人,尽管美国曾经敦促巴列维进行民主改革缓和矛盾,尽管美国在最后一刻抛弃国王且拒绝收留巴列维避难,但是,美国驻伊外交人员的四处活动引起伊朗新政权的反感,美国允许巴列维过境治病而拒绝引渡的态度激起了伊朗人的旧疼和愤恨。在霍梅尼主义思潮波澜壮阔的关头,霍梅尼本人公开宣布:"美国在伊朗的统治是我们一切不幸的根源,伊朗人民必须予以回击。"于是,一场持续 444 天的人质危机爆发了,美伊关系空前激化。

11 月 4 日,霍梅尼遭流放纪念日前夕,伊朗临时政府总理巴扎尔干与美国国家安全顾问布热金斯基举行秘密会谈的消息传到伊朗,4000 多名狂热的伊朗大学生冲向美国大使馆,在粉碎了馆内人员的持枪抵抗后占据使馆,以"间谍罪"扣押 62 名美国外交人员作为人质,发动第二次"反美革命"。伊朗随后将从美国大使馆里搜出的情报、档案汇编陆续公开出版,共计 50 多卷,以"铁证"向世人揭开美国在伊朗和世界各地派遣特务、从事颠覆破坏活动和干涉他国内政的内幕。随后,要求美国保证不再干涉伊朗内政,归还被冻结的伊朗财产,取消所有反对伊朗的声明和归还国王的财产。

1980 年 4 月,美国总统卡特因无望看到被扣外交官顺利获释,决定冒险将他们营救出来。4 月 24 日,两架美军 C-130 运输机在前美军驻伊朗东部沙漠地区的军事基地着落。按计划,美军飞机加油后,等待 8 架执行任务和载人的直升机到达后一起飞往德黑兰,与潜伏在那里的特务配合,轰炸霍梅尼住宅和其他部门,并乘乱救出人质。然而,沙漠中风暴突起,迫使几架直升机返回基地,另外几架在周围沙漠紧急迫降,其中两架发生相撞并同时爆炸,8 名美国军人当即死亡。卡特被迫紧急叫停整个行动。这一天灾导致的人祸,以及因此而流产的营救活动,被伊朗人视为是真主的佑护和对美国侵略者的惩罚。

7月27日,避难埃及的巴列维戚戚而终,伊朗扣押美国人质的部分条件自动无效。在阿尔及利亚的调停下,美伊两国于1981年1月结束人质危机,伊朗同意释放被扣留的外交官,美国承诺不再干涉伊朗内政,偿还被冻结的伊朗资产。

在整个两伊战争期间,美国采取相互遏制、保持平衡的策略,即伙同西方支持相对弱小的伊拉克维持对伊朗的战争进程,进而达到让它们相互消耗,自己从中渔利的目的。孤立与愤恨中伊朗对美国愈加仇视,双方的言语攻击、对抗措施不断出台和升级,发展到1984年伊朗抵制洛杉矶奥运会,美国将其列入支持恐怖主义国家名单。1987年海湾油轮战爆发后,双方一度直接动武。1988年7月3日,美国军舰"文森斯号"在霍尔木兹海峡上空用两枚导弹击落一架伊朗民航客机,导致209人死难。这个事件对伊朗而言是具有转折意味的,迫使霍梅尼于半个月后宣布接受安理会有关结束两伊战争的598号决议,为此,霍梅尼形容自己"吞下一杯烈性毒药"。此后,美国多次试图改善关系的举动都被伊朗拒绝,一直延续到今天。

当然,美伊双方也曾有过一些秘密交易,比如著名的以军火换人质的"伊朗门"事件,曾经在美国和国际舆论层面引起哗然,它表明即便是仇敌、死敌,也会因为核心利益而达成妥协和交易。

其实,在我们与德黑兰人短暂而有限的接触中了解到,伊朗人并不仇恨美国人民,也不一概排斥美国文化,比如可口可乐、好莱坞大片、歌星布兰妮。他们受伊斯兰文化的影响,排斥的是美国文化中因过度倡导自由主义、享乐主义而造成的奢靡生活方式和精神堕落,比如吸毒、乱性、同性恋等等。其实,这些现象并不是美国文化独有的糟粕,只是美国在特定阶段相对泛滥,进而成为资本主义靡烂生活方式的象征,又深刻卷入伊朗的国内政治斗争而已。

对于以担当伊斯兰头羊为己任的伊朗政治家们,今天又多了份解放巴勒斯坦、统领阿拉伯世界的奢望,自然,对于支持、扶助以色列的美国又增加了新的不满。但是,我相信,无论如何,"妈了个巴的,美利坚!"将成为历史,美国和伊朗实现关系正常化或许就是未来几年的事。

(4)开放的衙门

伊朗真是个很奇异的国度,甚至说是很怪异的国家,很多事情总是让人意外。

此去伊朗，最令我吃惊的一个"发现"是，作为政府重要衙门的外交部居然门户洞开，任人进出，门口既没有大兵持枪看守，也没有电视监控探头扫描，甚至也看不到中国人常见的石头狮子、麒麟等表示威严的镇宅之物。

那一天中午，李睿带我和吴冰冰逛过德黑兰市中心的大市场"巴扎"，一头窜进附近一座古色古香的高门大宅。进入雕梁画栋、华美璀璨的门楼，发现里面豁然开朗，俨然一个大广场，别有洞天：主干道几十米宽，上百米长，两边两三层高的楼房敦厚、结实，逶迤而去，风格各异，一看便知经久历年，实在是殷实富足和国力强大时期的作品，绝非匆忙上马、新而寡味的当代钢筋水泥楼阁。

我是建筑外行，对这里各种建筑的风格、材质以及背后的讲究实在无知，但是，仅看表面，就能感受到波斯古老文明的博大精深，以及从精神到财富都不输于任何国家的自信、大器和逍遥。这种自信、大器和逍遥来自哪里？来自这套建筑组合的宽松布局、每栋楼房的不同风格，以及那挺拔廊柱、精美柱头、神话故事雕塑以及精致得无以复加的拱门镂花雕饰。一个缺乏自信的民族，一个日子窘迫的民族，一个没有文化底蕴的民族，是不可能气定神闲，并将精致追求和唯美气质渗透到建筑和器物的细节中去的。何谓泱泱大国？伊朗的建筑已经给了我这点感觉，尽管外交部这几栋楼房面对伊朗宏大的历史建筑根本不值一提。

说实话，徜徉在伊朗外交部的大院，我慷慨地发出不知多少声意外、欣赏和赞誉的"啧啧"声，仿佛刘姥姥进了大观园——一个来自古都北京，也见识过花花世界如上海、华盛顿、纽约和耶路撒冷的行者，居然被这不算高大、不见游人的寂寞去处而震慑、征服？我知道，建筑是一个方面，清净和敞亮是另一个方面，真正的赞叹和无法挥去的意念还是那个理由：这不像标准的外交部机关，不像"支持恐怖主义国家"的外交喉舌所在，不像强硬对外政策的决策中枢，也不像是严格管理外国人进出的衙门之一。但是，这里就是伊朗外交部。李睿指着远处的不同楼房告诉我，某某楼是经常举行新闻发布会的地方，某某楼是她采访某位副部长的地方，某某楼的某层是他们外长办公的地方……

柔和明媚的阳光、高大稀疏的树木、偶尔走过的职员以及细微拂面的春风，都给我们一种非常清新、洒脱的感觉，一种无法言状的松懈和快感。那一刻，我真想在这个闹中取静的地方多停留一些时间。一门之隔，它居然与外面的繁华大街仿佛没有任何关系；一箭之遥，它又似乎与喧闹国际政坛毫无瓜葛。那一刻，我也想起此前我们开会的现场，那严格得连个手机都不能带进去的会议中心，也想起会场中的几个镜头——伊朗总统内贾德像个瘦弱的小助手恭敬地陪衬着最高领袖哈梅内伊高大壮硕的身旁，像个拎包的秘书被蜂拥上前与哈梅内伊握手的嘉宾挤到一旁、冷落一旁，直到后者离去，热闹才分给他些许。

这真是个奇异的国家。很矛盾，很分裂，很对立。既等级森严，又没有阶层落差；既严格管控，又无拘无束；既讲人情世故，又不留情面。

一位知情者在德黑兰告诉我，伊朗非常讲关系，讲裙带，可以说一朝天子一朝臣。他举例说，某人要是当了大学校长，不但副校长、学院院长和系主任会安插自己的嫡系，恨不得连清洁工也安排自己的三亲六故去做，而且十分坦然。此外，由于政治结构的复杂性，各个部门权力分割明确，相互掣肘，相互推诿，相互扯皮得十分厉害，以至于想办点事很不容易，甚至认为在伊朗工作起来十分痛苦，因为效率太低。

先说一个我和吴冰冰亲身经历的事吧。我们到了德黑兰，两天会议期间，人身自由几乎完全交给外交部礼宾司的一位小青年负责。小青年很认真、很敬业，几乎寸步不离地照应着我们，从饭店到会议中心，再从会议中心到饭店。其实，听过一天半的口诛笔伐后，我们俩有些厌倦了，想出门自由活动活动，于是，在外交部两位前驻华外交官的陪同下"逃会"参观了著名的萨阿德巴德王宫和霍梅尼故居，接受另一种伊斯兰革命教育。但是，在我们于晚饭前赶回会场时发现，那位小青年似乎不太高兴，而且和那两位足以当他前辈的同事交涉半天。这在中国叫作不给学长面子，但是，我看伊朗人并不觉得难为情，他们也只能笑笑了事。

离开德黑兰当天的上午，新华社首席梁有昶夫妇在送我参观霍梅尼陵寝的路上，向我讲了几个事例，以证明伊朗是民主自由的、人人平等和讲究规则的国家：当权者在台上权力是有限的，不是可以胡作非为的。他们指着路上的车流告诉我，就算内贾德同志贵为总统，也不过就享受着很普通的座驾，开上大街没有人会多看一眼。

在伊朗，民主不仅体现在某种程度的普选，日常更多体现在当权者可以被公众任意批评和质疑。当地媒体，除了不可以指责最高领袖外（因为宗教权威的原因），上至总统，下至芝麻官，几乎都可以被新闻从业者入料爆炒油炸的，这一点可能外人知之不多，至少我了解甚少。伊朗的民主精神还体现在平权意识上，比如说，伊朗副总统和俄罗斯副总统主持某个什么开幕式，他们会被拍照采访的记者挤得一边去，没人在乎主宾是否站在最舒服、最中心的位置，特权好像不太管用。

张淑惠说，在伊朗，民主，或曰平等，或曰个人尊严是渗透到所有人的意识里的，即使对大街上的清洁工，帮你看门做饭的佣人，你都得称呼先生、女士或者小姐，否则，可能会引起不满或抗议。说到这一点，我还是略有体会，因为在德黑兰，没有看到乞讨现象，没有看到谁可以动辄呵斥谁，即便是出面阻止我们照相的相关人士，也是非常低声、非常礼貌地提醒。在国内司空见惯的咋呼、呵斥、威胁，在德黑兰我还没有遇到。可见尊严对于伊朗人，似乎重于泰山。

据梁有昶介绍，伊朗人又是不太讲人情、讲面子的。下台的高官往往形同百姓，没有多少人会买你的账。某次，前总统哈塔米要去伊斯法罕省，那里的省长听闻后公开表示，不欢迎前总统来！哈塔米只好作罢，但好像也没有尴尬到哪里去。还有一次，舍拉子大学学生会邀请前议长卡鲁比去学校演讲，人到后却被该校校长堵在门外，而校长振振有词地说，我是一校之长，有权决定是否欢迎任何人进入校园！其结果是，卡鲁比隔着学校的大门演讲，学生们隔着大门听他的演讲，而这个小风波图文并茂地见诸伊朗报纸。这在任何西方国家也算新闻了吧？

我听了这些故事，感慨万千。回头再看看无人看守、随便穿行的外交部衙门，也就觉得不奇怪了

（5）革命的伊朗与英雄的悲情

伊朗是个革命的国度。这个革命首先当然是"伊斯兰革命"，是霍梅尼主义：既不要西方的资本主义，也不要东方的社会主义，认定伊斯兰本身不仅仅是宗教信仰，也是政治和社会实践，强调宗教和政治不能分离，社会如果想实现公正、进步和避免堕落，必须实行以伊斯兰教义为最高法典的政教合一政

治体制。

这种伊斯兰革命理论引导着伊朗爆发了震惊世界的"伊斯兰革命",推翻了王朝统治,也鼓动着当代最剧烈的伊斯兰复兴和输出运动,冲击着中东和世界。这种"伊斯兰革命"理论也洗礼了整个伊朗,哺育着现代波斯,使其成为一个完全宗教政治化的国家。赶走异教徒,解放所有伊斯兰土地,被伊朗领导人和虔诚教士看作是神圣的国际义务和历史使命,是乐此不疲的国家大业,而美国和以色列成为输出堕落文化和占领伊斯兰土地的当然敌人,尽管伊朗本身宣称并不敌视美国人和犹太人。这种宗教的革命性、激进性引发伊朗与部分地区国家及西方世界的巨大猜疑和隔阂,使其关系长期不睦。

伊朗的革命还是什叶派的反叛精神的历史延续,是对统治伊斯兰世界一千多年的正统逊尼派的不满和挑战。伊朗无论从人口、国土面积都是个地区大国,因其古老而悠久的文明根基一直傲然独立。虽然伊朗很早就被阿拉伯的伊斯兰革命征服并顺从了伊斯兰化,但是,它顽强地拒绝了阿拉伯化,否则,它今天或许就是阿拉伯世界的老大,而不是埃及。傲慢的波斯人以圣人穆罕默德正统继承人的拥护者和追随者自居,视穆罕默德的女婿阿里为正统政教权力的传人,而前三位哈里发及其拥护者皆为叛教者。阿里的遇刺,其子侯赛因的被追杀而导致的伊斯兰早期分离和少数宗派什叶派的诞生,又从教派上赋予波斯人以及今天伊朗人独树一帜的理由。至今,在他们心目中,伊斯兰世界的政治中心应该是伊朗,甚至三大宗教圣地麦加、麦地那和耶路撒冷的监护人应该是十二伊玛目的追随者。

这种巨大和由来已久的政治野心和宗教追求导致了伊朗在革命成功后迅速地、有组织地向世界输出"伊斯兰革命",其相应的机构包括"伊拉克最高伊斯兰革命协会""黎巴嫩伊斯兰革命协会""阿拉伯半岛伊斯兰革命协会""非洲和阿拉伯马格里布最高伊斯兰革命协会"和"亚洲最高伊斯兰革命协会"等等,分别负责在伊拉克、黎巴嫩、阿拉伯半岛、非洲和亚洲的伊斯兰革命扩张运动,直接在当地引起动荡和不安,甚至冲突。伊朗的革命攻势首选之地就是与其渊源最深的伊拉克并最终引发两伊战争,随后也引起海湾阿拉伯其他王权国家的恐惧,导致海湾阿拉伯国家合作委员会的成立以图联合自保。

伊朗的革命攻势当然在黎巴嫩更加轰轰烈烈,真主党、阿迈勒一直是撬动黎巴嫩内政外交以及影响以色列、叙利亚和巴勒斯坦的两大杠杆。近年来,伊朗的"伊斯兰革命"已经进一步地为巴勒斯坦打上烙印,以至于作为逊尼派的哈马斯和"伊斯兰圣战"组织都投入伊朗的怀抱,进而在年初的加沙之战中倍受孤立。伊朗已经自诩为巴勒斯坦事业的第一监护人,并致力于取缔以色列作为国家存在,让历史的巴勒斯坦回归伊斯兰怀抱。

伊朗的"伊斯兰革命"不计成本,尤其是持续八年的两伊战争。由于世界几乎一边倒地支持小国伊拉克消耗、抵御伊朗,使实力原本不均衡的双方两败俱伤,伊朗为此付出惨重代价,直接经济损失 6000 亿美元,全部损失超过万亿,经济倒退二十年,死亡人数达 30 万,伤残 170 万,并形成 200 万难民。

过去,波斯人为什叶派没有能够保护穆圣后代、失去圣地而自责、赎罪,传统延续之今,每到"阿舒拉节",虔诚的什叶派教徒半裸着身子,用鞭子,甚至用缀满小刀的绳子抽打自己,以表悲痛和自责,鲜血淋漓的场景令人触目惊心,甚至不堪入目。今天,这种受难情结也延续到现实政治中,使伊朗人以伊斯兰世界的特立独行者而自豪。伊朗人并不因为自己是世俗世界乃至伊斯兰世界的异数而内心孤独,因为那种千年孤傲之血还在血管里滚涌,那种贲张了 30 年的革命热情还在肌体上升腾着热气,而成功发射导弹和卫星的成就,越来越高的油价也使他们有充分的理由和资本确信,他们是伊斯兰世界的真正老大,他们是堕落了世界的拯救者,尤其一旦获得核能力之后。

这自古至今的革命与悲情,造就了伊朗人的英雄意识,也让我们能在伊朗街道上随意可以看到形形色色的英雄画像,无论是两伊战争的本国英雄,还是死于抗击以色列的阿拉伯人。

（原载 2009 年 10 月本人博联社网站博客）

4. 伊朗:其实无所谓谁上台

刚写过一篇有关伊朗社会政治的花边稿子,本期又来一篇。没办法,全世界都关注着伊朗,关注着伊朗围绕总统选举而出现的动荡和暴力冲突,关注度超过行走在战争边缘的朝鲜,趸过以色列总理内塔尼亚胡提出的巴勒斯坦国概念。何也? 朝鲜喊得再欢,战争不会爆发;内塔尼亚胡说得再动听,那是炒冷饭，都让麻木的媒体神经活跃不起来。

伊朗凭什么如此受到媒体青睐？美国权威学术期刊《外交》去年就曾断言：2008 年世界最重要的选举是美国大选；2009 年世界最重要的选举是伊朗大选。把伊朗大选等同美国大选，夸张吗？不夸张。伊朗大选确实有它世界级的意义和价值：在外人看来，这是一次决定伊朗命运与前途，进而确立中东地区和平大势的抉择。按书斋逻辑分析：强硬派败选，温和派上台，意味着伊朗可能放弃延续多年的强硬政策特别是核政策，改善与美国乃至以色列关系，进而避免因试图拥有核武器而引发的地区战争；波斯湾解除战争警报，将免去人们对原油供应被掐断而产生的焦虑和恐慌……

根据线性思维的划分，现任总统内贾德由于坚持核研发立场、公开与美国叫板且屡屡放言"灭以"而被称为强硬派，主张温和外交的前总理穆萨维被视为温和派，另外两个候选人，前议长卡鲁比和前革命卫队司令雷扎伊是介于二者之间的中庸派。选前辩论是公开的、时髦的甚至被誉为"美式"的，但结果实在不美：第一轮投票统计结束，选举委员会宣布内贾德胜出连任总统，伊朗立刻乱了——穆萨维及其追随者指责内贾德操纵投票，发动大规模抗议示威并与军警发生流血冲突；内贾德也组织数倍于对手的支持者上街示威。有人戏称：伊朗选举不是在比选票多少，而是在比示威者多少。

是胜者不武，还是输者搅局？有待水落石出，最高领袖哈梅内伊下令调查甚至重新统计部分地区的选票。选前，部分媒体似乎已经对大选颇有微词，说哈梅内伊公开倾向内贾德，有为其站台拉票之嫌。选后，伊朗互联网运行突然放慢，MSN 等在线聊天工具无法登录，手机短信无法发送，外国记者被要求不得报道任何"非法"集会，似乎权力资源在发挥着有利于胜者而不利于败者的作用。外部反应也莫衷一是：西方主要国家对结果不满或失望；美国的表态耐人回味：国务院指责伊朗大选有作弊嫌疑，奥巴马则希望伊朗人民以正确方式表达意愿……

九十三年前，伊朗就曾确立君主立宪议会民主制，几经挫折和反复，在 1979 年伊斯兰革命后形成独特的伊斯兰民主政治，实施有限的总统和议会民主选举、三权分立、相互制衡、媒体独立等等。但是，这种民主因为政教合一的天性，总难摆脱过于集中的影子，也难免会出现被质疑、受争议的选举结果。

其实，局外人的失落或欣慰大可不必，伊朗无所谓保守派还是温和派上台,都不会在内外政策上过于偏离现有轨道,否则,它就不是当代伊朗——总统只是二把手,决策权掌握在以最高领袖为核心的几拨人手里。而且,拥核是支持伊朗重圆大国梦的重要基石,只要条件许可,保守派和温和派都梦寐以求。

(原载《精品购物指南》2009 年 6 月 17 日)

5.伊朗大选风波凸显了什么?

2009 年的伊朗总统选举了而未了。现任总统内贾德在第一轮赢得胜利的结果受到质疑,进而演变为大规模的暴力浪潮和社会动荡,引起了世界性的关注,并逐渐上升为超越选举本身的国际事件。

尤其令人瞩目的是,事态已经由最初的质疑大选公正性升级为攻击最高领袖哈梅内伊;由主要竞选对手及其支持者对抗升级为部分民众与当权者的冲突;由正常的总统竞选演变为所谓保守派、强硬派和改革派、温和派的对决;由伊朗内政扩大为干涉与反干涉的外交斗争。伊朗出现了伊斯兰革命三十年来罕见的社会和政治裂变,标志着这个地区大国面临着新的十字路口。

伊朗从来不是民主的荒漠,但也不是美式民主的沃土。早在 1906 年,伊朗就实现了君主立宪。老巴列维政变后曾决心彻底"共和",只是受阻于众多权贵而承继君主立宪老路。小巴列维继任后几经修宪对内日渐独裁腐败,对外投靠美国而自掘坟墓。1979 年霍梅尼以境外遥控方式发动街头革命推翻王权后,伊朗逐步形成政教合一的伊斯兰共和体制,既融合直接和间接选举制、议会内阁制、三权分立制、官员问责制、首脑任期制等民主形态,又辅之以任命制、推荐制、集体领导制和审查制等权威主义手段,确立最高领袖的主导和决策权威;既保证伊朗国家和社会在意识形态上不能偏离伊斯兰道路,又依法治国,对世俗权力进行分解并相互制约。

霍梅尼主政十年间,伊朗内忧外患,他借助自己的巨大威望和政治智慧纵横捭阖,有效地整合各种力量,确保国家在后革命和战争状态中的正常运转。相对温和的继任者哈梅内伊深知民心思定,国要休养,确立了改革、稳定与发展这个国策基调,并保持近二十年。基于这种上下共识,改革派连续当选总统：拉夫桑贾尼于 1989 年和 1993 年连任两届；更为开明的哈塔米 1997 年和 2001 年两次一轮胜出。但是，美国前总统布什推出的"邪恶轴心"论断送了已经转暖的美伊关系，直接威胁伊朗国家安全和政权存亡，致使伊朗举国"蒙羞"，主张温和、开放与宽容的力量政治空间严重萎缩，伊朗进入立场强硬的内贾德时代。应该说，伊朗的变局不仅是有限民主的结果，更是以宗教人士为核心的最高决策层的对外立场的选择。

执政末期的布什开始修正其无效的强硬政策，尝试与伊朗恢复对话。更为现实主义的奥巴马发誓改善美伊关系，承认伊朗和平利用核能的权利。但是，伊朗决策层的底牌似乎不止于和平利用核能，而是要拥核自重，引领中东乃至整个伊斯兰世界。基于伊美结构性和本源性的矛盾和防范，强硬依然是下个阶段的伊朗国策特征，内贾德则是最好的代言人。尽管内贾德经济业绩不佳，但是，他用大把的石油收入补贴了百姓，争取到了人心，同时，他的强硬立场也提振了底层群众的民族自豪和尊严。

于是，电视辩论和夫人助选之类的花活并不能改变伊朗选举政治的内核：最高领袖事先巧妙地力挺内贾德；民调预测内贾德将以超过 60% 的选票连任。投票过程引起对手的质疑：观察员不能顺利到场监督投票、短信联系被切断、预期的票仓大面积歉收。投票的结果更让对手狐疑：几十万个票箱、几千万张选票怎能在几个小时后精确统计并迅速加以公布？

曾率先宣布自己胜利的前总理穆萨维及其拥趸不能接受这个现实，游行、示威、抗议成为他们必然的表达方式；政府瞬间调动一切手段进行遏制，抗议变成暴力冲突。哈梅内伊公开批评穆萨维等人的表现，强调欣赏内贾德的外交政策，要求反对者们尊重规则和民意，回到伊斯兰民主体制内和国家利益一边。西方主要国家基于一贯的价值取向公开为穆萨维鸣冤，无疑火上浇油，刺激了对立和冲突的双方。由于西方政府和媒体的过度热心，伊朗大选之变被冠以"颜色革命"的神秘光环，局势更加微妙、叵测。

已持续 13 天的动荡，17 人死亡和近 500 人被捕的情势，伊斯兰革命卫队的最新镇压警告以及伊朗要驱逐部分西方使节的表态，都预示着伊朗大选的风波还没有结束。

（原载《北京青年报》2009 年 6 月 24 日）

6.伊朗:陷入悲情与撕裂的十字路口

每到年关,世界上总有一场血案。2007 年底,巴基斯坦前总理贝·布托遇刺;2008 年底,加沙陷入空前惨烈的战争;2009 年底,伊朗卷入罕见的骚乱与流血冲突,国家与社会陷入悲情与撕裂的一字路口。

从 12 月 20 日开始,德高望重的蒙塔泽里在睡梦中心脏骤然停跳,告别八十七年的人生。高龄而终在中国文化里堪称“喜丧”,但是,却引发部分伊朗人的悲情以及随后 10 天的流血冲突。蒙塔泽里,伊朗伊斯兰共和国的缔造者之一,曾经在霍梅尼流亡期间在国内领导伊朗“伊斯兰革命”,为结束巴列维国王的独裁统治立下卓越功勋。但是,霍梅尼执政后的政策与蒙塔泽里的预想渐行渐远,这位劝诫未果而深感失望的元老最终公然与最高领袖对立,并因此被罢黜法定接班人的地位,放逐到远离核心权力的边缘,待到相对平庸而威望不高的哈梅内伊取代霍梅尼后,蒙苔泽里甚至一度遭到软禁。

伊斯兰革命三十年间的中后期,摆脱霍梅尼巨大身影的伊朗政治逐步形成两大派系:温和派或曰改革派,以及强硬派或曰保守派。前者希望调整政策,对外停止输出革命,与美国等西方国家实现和解,让伊朗融入世界,对内实行开明政治,让公众享受相对宽松的社会、经济与文化发展环境;而后者更多继承霍梅尼的衣钵,对外更倾向于强硬以赢得国际尊重和地位,对内强调伊斯兰革命的正统与纯洁,社会生活高度政治化和宗教化。前者认为革命胜利后伊朗几乎停止不前,无所建树;后者则认为软弱让步将使江山变色,前功尽弃。

两派的政见之分于 2005 年大选时开始向宪政之争演变,温和派认为黑马内贾德得以当选是强硬派系操纵的结果,只是那个时候嘘声不大。但是,这个嘘声在今年 6 月选举中分贝升高,并随着内贾德连任而彻底爆发,并酿成不承认大选结果的抗议与冲突。温和派虽然被镇压下去,但是,梁子就此结下,以蒙塔泽里为领袖,以前总统拉夫桑贾尼和哈塔米为高参,以前总理穆萨维为先锋的失意者不但炮轰内贾德,而且抬高炮口直指偏袒强硬派的哈梅内伊。

蒙塔泽里突然病逝,但是,当局未能给予适当评价,寥寥数语试图葬送这位元老的历史功绩,追随者怨愤不满。随后的葬礼由于当局的阻拦演变为暴力对抗,并续接上最为重要的悲剧性宗教节日"阿舒拉",于是,在先贤惨遭屠戮与良师蒙冤而亡的历史与现实交织、闪回中,不满与防范、抗议与弹压形成了热爆政治气流,酿成三十年来少见的骚乱场面。这种悲剧还不至于此,它似乎已经不局限于政治与文化精英之间的小众对立,而是开始向普通公众扩散和传递,社会呈现巨大的裂缝。

靠悲情与牺牲建立的伊斯兰革命政权走过了三十年的悲情式发展后,正处在一个依旧悲情但大为不同的十字路口,这个十字路口让更多的伊朗人更迷茫、更悲伤,也更不知道明天是什么样。

(原载《精品购物指南》2009 年 12 月 30 日)

7.伊朗:"两面三刀"对付美以

伊朗是个非常难缠的对手,无论是美国还是以色列,都得承认这一点。最近,围绕自身的核心利益特别是地区话语权,伊朗就近发力,"两面三刀",在中东争端和核危机两个战线上,用黎巴嫩、巴勒斯坦和伊拉克这三把刀,化解来自美以的外交和军事压力。

10 月 13 日,伊朗总统内贾德首访黎巴嫩,原本已经十分惹火,他却于次日深入黎南接近"虎穴",不仅在黎以边境 4 公里处视察并受到"英雄"般的欢迎,还接受真主党领袖赠送的特殊礼物——一支缴获的以军冲锋枪。历来主张"灭以"的内贾德甚至不理会头顶盘旋的以军直升机,隔着边界向以色列"扔石头",宣称"犹太复国主义者该死""以色列人注定要卷起铺盖走人"。美国和以色列很不客气地谴责内贾德之行及其言论"故意挑衅"。

伊朗与黎以并不接壤,却深陷黎以冲突。1979 年伊斯兰革命政权上台后,伊朗反出与美以结成的铁三角,变脸为抵御美国干涉中东、反对以色列扩张的头牌。利用与叙利亚、黎巴嫩穆斯林的什叶派纽带,伊朗成功向黎输出伊斯兰革命,组织和武装起强大的民兵武装真主党,并借助其持续的抵抗和骚扰,迫使以色列于 2000 年结束对黎南长达 18 年的非法占领。虽然联合国确认黎以已无领土纠纷,但几平方公里的沙巴农场归属依然各执一词,真主党的行为仍然被政府和民众视为合法抵抗,也成为伊朗牵制以色列的重要手段。

内贾德大驾光临,以色列再次如芒在背。但是,伊朗能够对以色列钝刀割肉的并非只有真主党这把匕首,而且还有其大力支持的巴勒斯坦的哈马斯。近年来,不仅哈马斯远离埃及、沙特等阿拉伯大国的影响而更亲近伊朗,它从伊朗得到军火援助也不断成为中东和平进程利益攸关方头疼的麻烦。18日,以色列总理内塔尼亚胡在议会宣称,哈马斯已经拥有防空导弹。这番信息意味着以色列的低空打击将变得十分危险,而且将伊朗与以色列的安全再次关联起来。

冷战时代,以色列被视为"美帝国主义揾在阿拉伯人民背上的匕首",如今,真主党和哈马斯又成为伊朗插在以色列甚至美国安全蛋糕上的两把刀。当然,伊朗初衷绝非要替阿拉伯人火中取栗,用意在于撬动中东争端的矛盾版块,确立自己地区老大位置并拿到核国家牌照。无论是真主党还是哈马斯,都只是伊朗向美国和以色列要价的筹码,当然,它们也把伊朗当筹码。

伊朗兜里并非只有夹击以色列的两把刀,还有一把唾手可得的利刃——什叶派掌权的近邻伊拉克。在伊拉克大选结束数月组阁仍迟迟未果之际,伊朗领导人18日以前所未有的姿态,公开表示支持到访并寻求支持的看守总理马利基,呼吁伊拉克摆脱对美国的依赖。虽然,伊拉克相关人士对伊朗公然干涉其内政表示抗议,但是,心里最难受最焦虑的依然是美国和以色列,因为未来伊拉克的站队,远比真主党和哈马斯更能决定地区力量的格局,更能影响美以的安全利益。

作为这一心态的注脚:美以副外长18日在华盛顿举行会谈后再次强调,将共同维护巴以及周边地区安全与稳定,伊朗是美以在中东面临的最大威胁,必须阻止其拥有核武器。面对伊朗的"两面三刀"战略,美以的表态似乎苍白无力,但是,它们目前没有更多的牌甩在伊朗面前。

（原载《精品购物指南》2010 年 10 月 21 日）

8.伊朗换帅:新瓶陈醋鲁哈尼

6月19日,新当选的伊朗总统鲁哈尼举行首次新闻发布会,尽管他声称将奉行温和路线,但口风比竞选时明显收紧,以至于一位常驻德黑兰的记者公开表示失望。随后,不少分析家都认为,对轻松战胜强硬派的鲁哈尼不要寄望过高,因为这场换帅不过是新瓶装陈醋的政治游戏,伊朗很难出现根本性的内政外交变化。

坦率地说,这次伊朗大选还是相当有亮点的:其一,超过 70% 的投票率非常罕见,它颠覆了 2009 年政治风波后的伊朗政坛沉闷局面,体现了高涨的选民参政情绪和意愿;其次,鲁哈尼作为黑马杀出,直接将一干呼声明显高于自己的对手在第一轮淘汰,他们是德黑兰市长卡利巴夫、国家最高安全委员秘书贾利利、前伊斯兰革命卫队司令雷扎伊和前外长韦拉亚提。

很显然,如鲁哈尼在新闻发布会所言,他赢在温和路线的选择,或者说,赢得了渴望走温和道路的主流民意。但是,鲁哈尼胜选有相当的运气成分,即关键时刻,比他更温和的候选人宣布退出,其余的强硬派候选人又分散了选票,否则,鲁哈尼至少需要第二轮的角逐才能确立自己的胜败得失。

尽管如此,的确不能对鲁哈尼期待过多过高,对鲁哈尼时代的伊朗内政外交大调整也不宜过于乐观。有太多理由让人相信,鲁哈尼只不过是相对灵活的内贾德,是换了软包装的强硬派,左右伊朗内政外交的诸多因素都没有发生任何变化,变化的只是民众求新求变求和的急迫感。

熟悉伊朗事务的人士都清楚,伊朗有着独特的伊斯兰共和政体,它融合西方三权分立、普遍选举和总统限期轮替设计,又吸纳东方式的集体决策和威权体制。根据宪法,伊朗核心权力掌握在象征伊斯兰共和体制的最高领袖手里,尤其是安全、国防和外交,总统只不过是在前台唱戏的执行者。换言之,将伊朗决策体系比喻为公司,最高领袖是董事长,总统只不过是首席执行官,董事长基本固定不变,首席执行官是要定期甚至随时替换的。

外界喜欢以二元论方式看待伊朗政治的光谱,把不允许政党存在但明显活跃着派系势力的伊朗政坛角斗场简单划分为保守派和改革派,或强硬派和温和派。其实,这种划分容易忽视一个基本前提:无论红脸白脸,这帮那派,进入核心名利场的都是护宪派,即都不反对现行伊斯兰共和体制,区别只在施政策略与战术实施。

回到伊朗大选,选前数百名总统候选人报名,最终只有八人获得竞选资格,这种资格就是忠诚奖赏,即每个候选人,无论外界怎么评价,自己如何造势,他们对现行体制的忠诚必须无可置疑。至于鲁哈尼本人,是伊朗"伊斯兰革命"的骨干之一,是霍梅尼主义的铁杆追随者,更有着"霍贾图拉"的高级宗教人士头衔。因此,完全可以将这位新总统视为最高领袖哈梅内伊的一线代理,是更会微笑、更会迂回的内贾德。

鲁哈尼时代的伊朗,政治改革肯定不是他的首要议题,经济与外交才是他的努力重点。由于持续和日益加剧的外来经济封锁、贸易和金融制裁,伊朗经济已十分艰难,民怨接近临界点。如何盘活经济,改善就业,压缩通胀,降低物价,是鲁哈尼最大的政治。然而,伊朗过于依赖石油出口,内忧解套与外患减轻密切挂钩。最大的外患当然是伊朗美国关系,但就目前而言,美国无意与伊朗冰释前嫌,也必然意味着伊美敌意病去如抽丝,不可能快速冰释。

地区其他问题,伊朗对叙利亚危机不会手软后退,因为这是唇亡齿寒的关系;巴勒斯坦问题将继续是伊朗高扛的大旗,这也就决定了对以立场不会根本改变,鲁哈尼至多不像内贾德那样说话耸人听闻。唯一可能略为松动的是核问题,但是,若让伊朗彻底实现核透明,也非易事,因为核问题不仅关乎伊朗主权和尊严,更关乎它的内在稳定与团结,有美国、以色列这样的凶猛动物环视,伊朗更能增强内部凝聚力和向心力,更能稳定现政权和现体制。

(原载《北京青年报》2013 年 6 月 22 日)

9.高龄国王与他的神秘王国

1 月 23 日,沙特国王阿卜杜拉在利雅得一个普通公墓下葬,墓地简单得和平民没有任何区别。想当年,沙特国王费萨尔死后,也是这等简朴,西方记者为其拍摄的照片注解文字是:伟大的平凡。

墓地不能说明全部,因为伊斯兰逊尼派主张简葬,反对铺张。90 岁的阿卜杜拉也许算不得伟大,一生也享尽荣华富贵,但他的确不平凡。70 岁入选王储,81 岁接任国王,在高危年龄段台前幕后掌控这个神秘王国,经历不少危机,也抓住机遇极大地提升了国家的影响力和地位,成为德高望重、权倾一时的当代阿拉伯君主。

暖水瓶式的国王　低调稳健的改革

2005 年 2 月,笔者作为新华社特派记者,应沙特国王法赫德邀请,前往伊斯兰第一圣地麦加,与 CNN、BBC 等国际媒体团队一起,去采访规模达 300 万人次的朝觐。这是新华社首次派记者公开报道这一盛事,也是沙特全面向国际媒体开放朝觐的较早尝试。

临近结束,时任王储阿卜杜拉在麦加行宫,接见我等各国朝觐团负责人和媒体代表。120 桌且每桌一只烤全羊的豪华宴会,使我见识了这个亚洲王国的实力和慷慨。开宴前阿卜杜拉长久站立,接受千余赴宴者逐个握手问候和致意,平静谦和,不苟言笑,但也非目中无人。事后明白,我们这些所谓法赫德国王的客人,实为阿卜杜拉所邀,因为法赫德上任后身体不佳,内政外交已由这"摄政王"操办十年之久。半年后法赫德病逝,阿卜杜拉继位,并指定第一和第二王储。然而,两位高龄王储竟相继先于他撒手人寰,可见阿卜杜拉身体之好,气场之大。

阿卜杜拉坐拥 200 亿美元私财,以及"两圣地仆人"和石油话语权禀赋的世界级影响;但和穆巴拉克、卡扎菲、萨达姆、侯赛因及阿拉法特等耀眼明星相比,他明显低调谦和,很少高谈阔论,即使与大国元首单独会谈也寥寥数语。国王的克制内敛,也赋予沙特内政外交以温和稳健的气质,尽量避免被媒体聚焦。

阿卜杜拉并不保守,他穿 T 恤打高尔夫球的照片曾见诸报端,也曾因接受女记者采访并合影受到诟病。但是,阿卜杜拉在位时小心翼翼推进改革,努力在世俗派和教义派之间维持平衡,巧妙处理改革与稳定、开放与持守的关系,并适度扩大妇女和少数族裔权利。他较为外界称道的是,压缩王室开支,远离恶名远扬的权力腐败,成为保持清誉并受国民真诚爱戴的王者。

处理危机高手　王权阵营舵手

世纪之交的沙特历经颇多内忧外患,幕后台前的阿卜杜拉却能够纵横捭阖,趋利避害,进攻退守,张弛有度,多次化危为机,成为为数不多的善始善终的阿拉伯领导人;不仅治国有方,而且成为阿拉伯王权国家的激流舵手。

2001 年,接替中风的法赫德代理朝政五年后,阿卜杜拉遭遇首场重大危机,发动"9·11"恐怖袭击的 19 名劫机分子中竟然有 15 名沙特人,这一事实震惊、激怒了美国朝野,也置沙美关系于险境。然而,阿卜杜拉则沉着应对,利用沙美多年形成的战略信任,及时表态支持美国反恐,成功免于被美国打入另册,即使在后来拒绝参与伊拉克战争的前提下,也维持了沙美盟谊。但随着美国推行"大中东民主计划",阿卜杜拉日益与美国渐行渐远,并多次公开抨击美国。

2011 年突尼斯事变引发阿拉伯大动荡,阿卜杜拉审时度势,巧加利用,先收留逃难的突尼斯总统本·阿里,继而力保老友穆巴拉克,不惜在电话中对美国总统奥巴马发飙怒吼,并最终力挺埃及军方从穆斯林兄弟会手中夺权。曾羞辱过阿卜杜拉的利比亚领导人卡扎菲则付出沉重代价,被沙特主导的国际力量干涉而颠覆政权,死得很惨。也门总统萨利赫在沙特强力斡旋和施压下被迫放权,沙特由此免于后院起火。叙利亚因拒绝阿卜杜拉开出的优厚条件,不愿放弃与伊朗的同盟关系,进而成为沙特的清洗对象,引发持续至今的乱局。

对于这场危机的严峻性,阿卜杜拉显示出比其他领导人更敏锐的判断力,他第一时间抛出 1500 亿美元财政大单,确保国内稳定,控制东部骚乱,并主导海湾合作委员会联合出兵弹压巴林骚乱,遏制伊朗势力扩张。随后,阿卜杜拉又力邀摩洛哥和约旦两个王国加盟海湾合作委员会,形成抱团取暖的"八王集团"。此外,由于阿卜杜拉治理得力,又得益于高油价的收入积累,沙特不仅未受美欧经济危机影响,反而提升了本国实力,成为阿拉伯国家中唯一 G20 成员,赢得前所未有的地位。去年末,阿卜杜拉发起石油价格战,直接向美国页岩气革命宣战,气魄之大,力度之狠,直接让俄罗斯、伊朗和委内瑞拉等产油国倒地中枪,继 1973 年石油危机后再次让世人领教"秤砣压千斤"的厉害。

东向战略领头雁　沙中关系好推手

中国人其实最有理由向这位逝去的沙特国王致敬。阿卜杜拉提出"沙特未来在中国"的响亮口号,履新次年首次出访即锁定中国,开启阿拉伯经贸战略"向东看""看中国"的新时代,引领中东各国重视对华关系新潮头。阿卜杜拉和胡锦涛主席任内各有两次互访，可见两国及元首关系之密切。提升中国在沙特外交战略中的分量，体现了阿卜杜拉独到的战略眼光和我行我素的风格。

2008 年汶川地震，沙特慷慨捐资 5000 万美元和 1000 万美元物资，这个义举又带动阿联酋跟进 5000 万美元。2010 年，沙特大力支持上海世博会，斥资 10 亿人民币，建设了堪称最佳也最受欢迎的"空中花园"沙特馆，在中国引发沙特热。在阿卜杜拉的推动下，中沙经贸连续翻番，贸易量几乎占中阿贸易总额半壁江山，中国成为沙特最大的石油买家，沙特成为中国重要的石油保障。

尽管阿卜杜拉本人也曾对中国关于叙利亚危机的立场不乏微词，但并未改变其对华友好的基本立场。去年阿卜杜拉委派王储萨勒曼访华，受到最高规格接待，确立双边战略合作关系。外电甚至说，中国向沙特出售了先进的"东风-21"中程导弹，延续 1988 年建交前就已达成的特殊军事合作。沙特作为唯一获得中国东风导弹的国家，也足以证明双边关系不同寻常。可以料想，阿卜杜拉奠定的这笔优良资产将在接任者手里继续保值、升值。

（原载《华夏时报》2015 年 1 月 28 日）

10.也门危机：不可忽视的战乱一隅

2 月 24 日，联合国安理会一致通过决议，延长对也门前总统萨利赫等人的制裁，敦促也门各方确保政权和平过渡，维护地区和平与安全。这是国际社会强化也门稳定与安全的新措施，也是为中东乱局疗伤止损而出台的"新补丁"。随后，递交辞呈的也门总统哈迪宣布收回成命，重新履职，但胡塞武装指责安理会有利于"基地"势力的发展壮大。也门，这个一度被冷落的偏远角落正成为中东战乱的新焦点。

今年 1 月中旬，也门北部的什叶派胡塞武装利用民众对政府的诸多不满，开进首都萨那并攻占总统府。1 月 22 日，哈迪出于义愤宣布辞职并被胡塞武装软禁。胡塞武装同时限制所有政府部长人身自由，禁止他们离开萨那。2 月 6 日，胡塞武装成立所谓的总统委员会和全国过渡委员会，取代民选总统和议会。胡塞武装的夺权行为遭到国内各方拒绝,也为周边国家和国际社会所不容,也门陷入新的混乱与危机。

去年2月,安理会曾通过2161号决议,宣布对与"基地"组织有瓜葛的个人、团体、企业和实体,以及威胁也门和平、安全与稳定,妨碍实现政治顺利过渡者实行为期一年的制裁,其中包括前总统萨利赫及两名胡塞武装领导人。安理会最新决议重申2161号决议宗旨,并将相关制裁期限延长一年。

也门地处阿拉伯半岛西南角,扼守红海连接印度洋的曼德海峡,地理位置非常重要,但这里自然环境恶劣,经济非常落后,部落传统深厚,数量多达170个,且成年人几乎人人持枪。也门是阿拉伯文化发祥地之一,而且是沙特主要部族的故乡,曾在公元8世纪建立过范围有限的什叶派政权,包括胡塞武装在内的40%人口属于什叶派栽德分支,因此,政治、宗教、文化和族群图谱尤其复杂斑驳。

英国统治中东期间,也门一度南北分治,直到1990年在北也门总统萨利赫领导下完成统一。"9·11"袭击前后,作为本·拉登故乡的也门就已成为恐怖主义袭击与反恐战争前线,"基地"组织不仅在亚丁湾重创美国"科尔号"驱逐舰,而且建立了阿拉伯半岛分支机构,祸害阿拉伯半岛。萨利赫政府一度被美国视为坚定的反恐伙伴,每年获得约5亿美元援助。由于也门与沙特阿拉伯拥有数百公里共同边界,沙特也给予也门长期财政支持,以稳定后院。

2011年"阿拉伯之春"爆发,萨利赫因为专权和腐败,诱发反对党和社会团体强烈抗议,先后失去主要部落和军队的支持,以及美国和沙特等传统靠山的庇护。为了避免后院起火,沙特领导的海湾阿拉伯国家合作委员会和美欧逼迫萨利赫移交权力,实现执政党与反对派分权共治的和平演变。在此期间,"基地"势力在南部重新坐大,叛乱数年的胡塞武装也借机从北部发难,日益扩张。

也门的改朝换代并没有给该国带来稳定、和谐与发展,相反,过去被统一掩盖的南北矛盾、地区差异、族裔摩擦和权力失衡再次暴露和激化,加剧了国家的分崩离析。去年2月,也门议会决定实行联邦制政体,将国家划分为六个联邦区。但是,尾大难掉的胡塞武装对此不满,再次发难。与胡塞同属一派的萨利赫不甘寂寞,也暗中推波助澜,试图东山再起。

　　随着伊拉克、叙利亚战乱的蔓延,沙特和伊朗为分别主导的伊斯兰逊尼和什叶两派博弈也扩大到也门,并对沙特构成包抄之势。沙特指责伊朗插手也门事务并声称截获后者向胡塞武装走私的军火,伊朗也不隐瞒对胡塞武装的同情和支持,并欢呼该武装夺取首都的行为。沙特等国威胁称,如果安理会再不采取行动,海合会六国将联合出兵也门。

　　沙特与伊朗是两个伊斯兰大国,长期争夺地区主导权,如果胡塞武装控制也门,阿拉伯腹地将出现继叙利亚、伊拉克、黎巴嫩后第四个什叶派政权,对逊尼派势力特别是海湾诸君主国构成严重威胁。四年前,海合会在美国默许下曾出兵弹压巴林骚乱,遏制伊朗影响力西进。安理会这次通过英国提交的决议案,显然包含了大国平衡地区力量的用意。相比“伊斯兰国”武装肆虐中东的迫切性而言,胡塞武装在也门的翻盘威胁似乎更为迫在眉睫,这本身就耐人寻味。

　　萨利赫号称政坛常青树,是擅长权力游戏的老狐狸,胡塞武装又拥兵自重,占有控制首都之便,且有伊朗等什叶派力量的鼎力相助,还打出抗击“基地”组织的正义旗号,相信他们及背后势力不会轻易屈从安理会决议而善罢甘休。风雨飘摇,多股力量争夺的也门何时实现大局稳定,很难有一个明确的判断。

（原载《北京青年报》2015 年 2 月 28 日）

11. 也门战争:伊朗会否与沙特拼刺刀?

　　据新华社报道,5 月 4 日,沙特阿拉伯为首的十国联军派遣少数特种部队进入也门第二大城市亚丁,揭开了也门战争地面战的序幕。沙特政府发言人就此否认存在“大规模地面行动”,但又拒绝对战事加以评论。同时,也门反叛武装支持者伊朗警告称将捍卫其在也门的核心利益。这显然是也门内战爆发以来,伊朗最为明确、清晰和强硬的表态。那么问题来了,也门内战会否烈度升级和规模扩大,伊朗和沙特两大世界产油国会不会短兵相接,刺刀见红?

　　十国联军启动地面战,尽管只有几十名官兵,意义也将不同,因为这意味着其恢复空袭后尝试陆空协同作战。4月21日，十国联军曾暂停空袭，而且间歇长达一星期，这显然是战事持续两个月后，沙特秀出的怀柔动作，一则向国际社会显示其和平意愿，争取主动；二则缓解日趋严重的人道主义危机，排解压力；三则给对手台阶，以妥协解决危机。

但是，沙特的示好没有赢得积极回应，被迫继续回到武力解决的轨道。基本的战争常识显示，在也门这种部落气质和宗教情绪浓厚的国家，军事优势、人员伤亡都不是改变战争进程的关键因素，更何况，站在对立面的胡塞武装，兼有什叶派千年一贯的悲情心结和拼死抗争的传统，更有来自伊朗的道义、舆论、精神乃至实在的物资和装备支持，因此，开辟地面战线在所难免。否则，十国联军无法取得决定性的胜利。这也许是试探性发动地面战的原因。

很显然，既然是一场重大博弈，无论是沙特为首的伊斯兰逊尼派联盟，还是伊朗为首的中东"什叶派之弧"，都志在必得。而且，双方间接角力已到剑拔弩张的地步。据报道，联军在警告一架飞往也门首都萨那的伊朗运输机掉头返航无效后，索性出动战机炸毁萨那机场残存跑道，彻底从空中切断胡塞武装与伊朗之间的通道。沙特指责伊朗过去一直在资助、武装胡塞武装，也门战争爆发后，伊朗又通过胡塞武装控制的机场直接输送大量武器。当然，也不排除伊朗已向也门派出经验丰富和技术较强的志愿人员。

笔者此前曾分析过，单凭胡塞武装及前总统萨利赫的实力，无法获得持续对付十国联盟的战争实力，要获得可持续的战争潜力，必然依托大国源源不断的输血。就目前世界和中东两张地缘图谱看，十国联盟明确得到美国及其西方盟友的支持，中俄两个大国则保持超脱，避免选边站队。地区国家中，真正有意愿、有能力扶持胡塞武装的大国，又有伊朗。然而，伊朗地理上远离也门，陆地有沙特、阿曼、阿联酋等海湾国家阻隔，海上有美国、埃及等对手舰队游弋警戒，其能给予的实质性援助相当有限。当连接德黑兰与萨那的空中航线被联军彻底掐断后，伊朗失去了仅有的进出也门通道。也许正因如此，德黑兰才释放出强硬且带有威胁腔调的最新表态。

这场战争进行到这个关头，其实已颇有看点，尤其是优势占尽的沙特志在必得。决战不止在沙场。沙特新国王萨勒曼上台后显现硬朗、剽悍的执政风格，并且展示了善打组合拳的能力：快速组建十国联盟，不仅集合其海湾众酋长国,而且连埃及、巴基斯坦这种一等一的阿拉伯或伊斯兰大国都愿意为其两肋插刀,凸显沙特在伊斯兰世界极其明显的号召力和凝聚力。沙特在策动多国"围殴"也门反对派时未曾对其关闭谈判之门,轰炸一个多月后又主动停炸一周,表明以战促变、以打促和的战略诉求。最让世人意外的是,萨勒曼突然宣布更换王储,并破例任命非王室成员出任外交大臣。如果说换储可以证明萨勒曼是位铁腕君主,出让核心内阁席位则打破了王室对权力的垄断,并通过任命知美派担纲外交大任,意在对内笼络非王室精英,对外强化沙美关系。这些组合拳让外界感觉,新国王领导下的沙特充满自信和活力。

相比之下,伊朗要被动得多,进而无法让观察家看好它在这轮博弈中的前景。与沙特迥异的是,伊朗无论在国际上还是地区,铁杆盟友寥寥无几,更无一国愿意和它同驾一辆战车,孤立无援是不争的事实。伊朗长期遭受国际制裁,经济凋敝,外汇匮乏,且长时间深度卷入伊拉克内乱和叙利亚内战,战线铺得太长,消耗资源极大,根本没有任何资本在也门做大规模和长时期的投入,更无可能在伊拉克和叙利亚之外,另辟新的战场。更何况,也门没有直接与伊朗接壤的便利,长途奔袭简直不可想象。

这场发生在亚丁湾的战争,很容易让人联想起 1980 年至 1988 年的"两伊战争"。那场围绕伊拉克和伊朗领土纠纷、意识形态输出和领导人恩怨的双边战争,最后演化为阿拉伯人与波斯人、穆斯林逊尼派与什叶派之间、西方世界联手阿拉伯对付伊朗的武装摊牌。人口、面积与伊朗不成比例的伊拉克,由于得到几乎全体阿拉伯国家的支持,并受益于美国等西方国家的情报、装备和物资援助,竟然成功与伊朗拉锯八年。"两伊战争"不断升级、扩大,包括发动袭城战、油轮战等,直到美国海军击落伊朗民航飞机,伊朗领导人霍梅尼才意识到本国根本不可能赢得这场战争,于是才接受安理会停火决议,并将之形容为"喝毒药"一般痛苦。

今天的阵势也是由也门内战快速升级为一场地区博弈,只是双方没有直接摊牌或交手。然而,就战场层面的情势看,伊朗的困境更为明确,其最终的胜利概率几乎为零。当然,伊朗千难万险与世界六大国达成核问题协议,这个成果得之不易,因此,应该不会铤而走险,在阿拉伯半岛西南角这个没有把握的牌局中投入过多资源。

行文至此,逻辑大致已经清楚,伊朗敢和沙特拼刺刀的可能性基本可以排除,只是尚不清楚,伊朗在被掐断通往也门的空中走廊后,下一步要打的牌会是什么呢?

(原载《华夏时报》2015 年 5 月 6 日)

12.也门战争:"十国联盟"能否扭转战局?

9 月 6 日,继沙特阿拉伯、阿拉伯联合酋长国向也门派出地面部队后,埃及、约旦、摩洛哥、苏丹、卡塔尔和科威特等阿拉伯六国也达成一致,决定尽快派遣地面部队进入也门,与沙特、阿联酋和也门政府军一起,击败胡塞反叛力量,以期彻底扭转持续半年的不利状态。由单纯空袭升级为陆空联合作战,阿拉伯干涉力量能否如愿以偿,也门战争将走向何方,颇为引人注目。

3 月 26 日,沙特空军对胡塞武装目标发动大规模空袭,拉开外部干涉也门内战序幕。沙特一度与埃及等阿拉伯国家及巴基斯坦等域外伊斯兰国家结成"十国联盟",试图帮助流亡沙特的也门总统哈迪恢复政权,重新统一和控制也门。对沙特而言,也门远不止自己的邻国和后院,由于胡塞武装的什叶派属性及其与伊朗的渊源,也门由谁掌控,对确保沙特安全与稳定,维护逊尼派在波斯湾西岸的压倒优势,举足轻重。

"十国联盟"来势轰轰烈烈,但多数成员象征性加盟。军事实力最强的埃及由于现政府受惠于沙特数百亿美元援助,派出空军和海军还人情,但并不特别卖力;巴基斯坦因追随沙特干涉伊斯兰国家内政,引发国内政治斗争,参战计划最终流产。沙特等参战国虽然空袭力度较大,但由于信息不准确,指挥失误和实战经验不足,并未对胡塞武装造成致命重创,相反,数次误炸平民目标并导致严重伤亡,给军事干涉带来极大舆论压力,并激发胡塞武装的报复,沙特境内目标多次遭到胡塞武装的导弹和火炮袭击。

当然,沙特清楚战争不是解决也门危机的终极手段,一直呼吁也门双方停火,通过谈判解决危机。沙特和也门政府也曾通过联合国代表出面,在日内瓦与胡塞武装进行磋商。然而谈判无果而终,因为政治层面的混乱远比战场打斗更复杂。沙特和哈迪政府试图将战争简单化为胡塞叛乱和伊朗怂恿所致,事实上胡塞逆袭只是众多政治势力对国家权力格局集体不满的外溢。

　　以胡塞武装和政府对抗为主线的也门内战,是萨利赫总统倒台后权力洗牌不畅的结果,一度达成的联邦制共识,也只是对抗与矛盾的阶段性缓冲和妥协,无论是胡塞武装一路南征,还是沙特等国派兵挽救哈迪政权,都是也门各派和解无门的极端反应。在内战烟幕掩护,特别是胡塞武装大旗的遮蔽下,包括萨利赫集团等其他不满现状的政治组织、部落势力和宗教派系都借机壮大力量,进而赋予也门内战以军阀争锋的色彩,这种状况其实依靠内战和外部军事干涉难以很快改观。

　　空袭无果,陆军驰援,这依然是战争逻辑驱动下沙特决策,旨在以打促和,以压促变,并为也门战争走向埋下两种可能。乐观地说,毕竟胡塞武装等主要对抗力量战争潜力有限,又缺乏外援,借助外军陆空立体打击,哈迪政府也许会逐步夺回失地,重新维持全国表面统一,至少为和谈创造条件。很显然,这也许是沙特的单相思,或者说是国际社会主和力量对也门回归和平的善良愿望。

　　熟悉也门复杂社会和政治结构的分析家也许更悲观。首先,"十国联盟"与胡塞武装的肉搏战将引发更大伤亡,长期缺乏陆战历练的干涉外军一旦蒙受惨重损失,可能导致国内舆论大变,进而被迫收兵和联盟解体,战事重陷胶着。其次,即使陆战得手,胡塞武装被驱逐和打回原籍赛达地区,但其他乘乱坐大的派系未必服从哈迪政府辖制,尤其是联盟诸国如果私心泛滥扶植自己的代理人,也门的未来将更加不可预测。

　　古今战事多有这样的规律,即战事之初两强对峙相搏,但战事扩大和深入必然触发关系、力量和利益重组,进而演变为群雄逐鹿,最终鹿死谁手也常常出人意料。也门这口沸腾的大锅,如果掠去哈迪政府与胡塞武装、逊尼派与什叶派、沙特与伊朗三维角逐的热气和浮油,整锅滚涌的是200多个部落的利益杂碎,其情状和卡扎菲倒台后的利比亚堪有一比。

　　因此,"十国联盟"深度干涉的前景的确不能乐观,至少它不是根治也门内乱的关键药方,而是权宜性的压制猛药。也门和平的希望,最终还得在谈判桌上寻求,通过各派协商寻求利益平衡点来实现。但非常可悲的是,尚武传统根深蒂固的也门各派,都过于迷信枪炮的力量。

(原载《北京青年报》2015 年 9 月 12 日)

13.政变风声:沙特陷入政经双重危机

11 月 1 日,标准普尔将沙特阿拉伯的信誉等级由 AA-调低为 A+,令人震惊。一年前的 10 月底,笔者参加阿布扎比战略磋商国际论坛时,世界头号石油大国沙特正悄无声息但信心满满地发动油价战,引发全球性价格直落和情绪跌宕,有人欢喜有人愁。一年后的今天,新国王萨勒曼领导的沙特却面临罕见政治和经济危机,源于利雅得的石油权力博弈回火正威胁着这个地区压舱石国家的稳定。

这场沙特危机表征有二:高层内斗严峻并罕见地曝光于国际媒体,"预谋政变"风声大作,有鼻子有眼;外部地缘环境已逆向演进并出现新变局,伊朗这个与沙特激烈博弈的传统对手高调现身叙利亚危机谈判桌,凸显国家利益驱动下的地区教派角斗,已明显有利于伊朗主导的什叶派阵营。

10 月下旬,英国《独立报》《镜报》等媒体披露,由于不满国王萨勒曼的内政外交及其行为方式,沙特尚健在的第二代 12 位亲王中有 8 位形成共识,要求罢免萨勒曼,推举小其 6 岁的弟弟、前内政大臣艾哈迈迪出任国王,并称这个动议得到强大的宗教集团高层大多数人的支持。

综合各方面的消息可见,79 岁的萨勒曼履新半年就触犯众怒,让以稳健为特征的保守王国内忧外患。首先,萨勒曼违背萧规曹随的祖制,罢免前国王指定的王储和替补王储,撤换多名顾命大臣,提拔亲信,排除异己,对王室权力有序过渡和利益分配进行颠覆性手术,严重损害家族团结和稳定。其次,他奉行的低油价策略在打压战略对手的同时,置高收入高福利的王国于严重财政赤字,直接动摇国家稳定与繁荣的根基。另外,他对也门大动干戈,不仅加剧财政危机,还损伤沙特在伊斯兰世界的温和形象和国际地位,并失去对叙利亚危机的主要影响力。当然,萨勒曼受到诟病的还有不太检点或曰不符合宗教界标准的个人修行。今年 10 月朝觐季踩踏事件导致 2000 多人遇难的惨案,则成为亲王们炮轰新国王的导火线。

客观地说,萨勒曼从阿卜杜拉手里继承了一个政治烂摊子,受到指责不乏代人受过的色彩,因为无论制造叙利亚危机、干预也门内政,乃至自我断臂发动油价战,都是他继承权力的附属品,换言之,他延续阿卜杜拉在位时的既定国策,本质上说,是出于维护沙特国家利益,体现王室集体意志。至于私生活方面的指摘,沙特王室从来不乏这类外部形象。"政变"传说,与其说是二代亲王多半人对萨勒曼失望的内火外溢,不如说折射着沙特王室和宗教阶层的集体焦虑,即沙特如何才能摆脱深陷其中的政治和经济困境。

正如笔者从油价战之初就指出的那样,沙特王室慑于美国页岩气开发为龙头的新能源革命所造成的潜在危害,试图利用巨大市场份额、廉价开采成本、丰富石油储量和充足外汇储备的综合优势,通过低油价策略向国际市场倾销,推高新能源革命代价,待将其扼杀于摇篮之中后,再回调油价至合理高位,进而确保世界能源市场对沙特长久和稳定的输出依赖,保值石油财富,维持高福利和高开支经济政策,达到国家长治久安和王室江山永固的核心诉求。

但是,在世界经济低迷,市场供大于求的大形势下,低油价这柄双刃剑很快体现"伤敌一千,自损八百"的负面效应。每桶不足 50 美元的低价销售,导致出口收入断崖式锐减,把沙特推入严重财政赤字。据 IMF 统计,2014 年沙特用于汽油、柴油、天然气和电力等开支的补贴已达 600 亿美元,约占 GDP 的 10%,今年这一占比将翻番为 20%。如果保持现有价格五年,沙特将坐吃山空耗尽 7000 多亿美元的外汇储备。现金短缺的沙特被迫卯粮寅吃,今年 6 月至 10 月,已相继四次发行债券,打破 2007 年后未发债券之良好纪录,预计全年发债总额高达 270 亿美元。此外,去年沙特就开始减持外国债券,今年还突然抛售所持黑石公司等公司价值 700 亿美元的基金。不仅如此,坊间甚至传出沙特以抵押油田方式向中国大笔借款的消息。

沙特固然富甲天下,但其严重依赖石油工业的畸形产业结构导致经济脆弱不堪。与同样靠油吃油的海湾国家相比,沙特财政盈亏平衡点明显高度依存高油价。IMF 分析指出,沙特只有保持 106 美元的高油价才能避免赤字,仅低于 107 美元的巴林,远高于伊拉克、阿联酋、伊朗、卡塔尔和科威特等国,后者的赤字红线显示,油价能够维持在 81 至 49 美元的中低风险区间。低收入意味着开支紧缩、税费增加和价格上涨,这对沙特这样长久靠赎买手段维持稳定的国家,无异于播撒革命火种。目前尚无沙特对国民福利割肉的具体数据,但是,一叶知秋,追随沙特低油价和高战争开销的邻国阿联酋已明显转入开源节流模式。此间外交人士告诉笔者,这个表面光鲜、繁荣和稳定的地标式酋长联合体,已低调变换名目压缩开支,调整发展计划和搁置开发项目,同时增加税费收入充盈国库。

烧钱莫过于战争,即便是沙特这样的有钱国家。萨勒曼1月登基履新,3月下旬即组建伊斯兰"十国联盟"对也门发动空袭,半年后又率领盟友发动地面战,派兵进入同样有"帝国坟墓"之称的"部落王国"。大量也门平民的死亡,坚定盟友巴基斯坦的退出,严重挫伤沙特的国际威望,开支不菲的战争损耗更让财政吃紧的状况雪上加霜。出兵也门固然可以试图遏制胡塞武装扩张,解除伊朗势力战略包抄的后顾之忧,但是,也门复杂的内部矛盾和利益纠葛,绝非沙特动武可以解决,战事迁延则意味着沙特将被拖进无底深渊。如果说,萨勒曼不能及时调整油价政策而导致人心惶惶,是其执政后失误之一,深度武装干涉也门内乱则是更大败笔。

阿卜杜拉制定的叙利亚政策也在萨勒曼时代结出恶果,局势失控造成的空前破坏和严重难民潮,使沙特在国际舆论中蒙受双重压力;俄罗斯再次出手相救,确保巴沙尔政权不倒并反手收复失地,进一步击溃沙特和美欧的如意盘算,迫使沙特不得不随着美欧接受俄罗斯提出的政治解决方案。随着地区变局的演进,逊尼派与什叶派的博弈因为俄罗斯与伊朗、伊拉克、叙利亚、黎巴嫩和也门等国什叶派力量结成新轴心,反而直接把沙特最大地缘对手伊朗抬举至巅峰位置。10月30日,一直被沙特排斥的伊朗应邀出席日内瓦叙利亚危机谈判,标志着美欧叙利亚政策基本破产,更象征沙特被迫对伊朗低下高贵的头颅,这无疑让沙特这个自诩伊斯兰世界领头羊的大国再次颜面扫地。

当然,回到政变传闻这个话题起点,可以断定,沙特亲王们也许属意以施压迫使萨勒曼改弦更张,调整内外政策,平衡多方利益,维护王室稳定和威望,而非真心迫其下台。过于动荡的权力转移、轮番杀伐和洗牌对台上台下的权贵都是伤害,甚至可能引发全盘皆输的更大变革。据悉,沙特政府正在酝酿限产保价政策以挽狂澜于既倒,届时,也许萨勒曼能换得喘息之机,但如何从也门战争泥潭脱身,则是个无法预测的悬念。

（原载《华夏时报》2015年11月4日）

14.沙伊叫板：难在中东掀起大浪

沙特与伊朗在中东和伊斯兰世界争雄既是结构性矛盾，更是历史沉积、资源禀赋和现实政治交织的复杂斗争，独特的二元关系制约着双方真正与彻底的和解，也迫使双方接受阶段性妥协甚至合作。

新年第一周，围绕一名宗教人士的极刑，沙特阿拉伯和伊朗的长期暗斗浮出水面并引发连锁反应，让本已纷乱的中东迷局平添变数。低迷的油价一度止跌回升，部分媒体聒噪中东教派大战将全面拉开，甚至妄言"第三次世界大战"可能爆发。其实，无论表面多危险，张力有多大，这只不过是双方既往博弈的延续，不可能在中东掀起惊涛骇浪。

1月2日，沙特以参与恐怖主义罪名，一次性处死47名本国囚犯，包括著名的什叶派宗教领袖奈米尔。这原本属于沙特内政和司法主权范围，奈米尔之死却引起伊朗上下强烈反应。伊朗最高领袖哈梅内伊公开对沙特予以谴责并威胁进行复仇，部分激进的伊朗民众冲击沙特驻德黑兰及马什哈德的使领馆并造成一定损失。部分其他国家的什叶派群体也对沙特表达了抗议和不满。

沙特以伊朗干涉其内政和违反国际法为由，决定与之断交并责令其外交人员48小时内离境。随后，巴林、苏丹也宣布与伊朗断交，阿联酋决定与伊朗外交关系降级，科威特召回其驻伊朗大使。已于去年10月与伊朗断交的也门流亡政府再次确认断交决定，并谴责伊朗支持也门反叛力量挑动内战，"持续入侵"阿拉伯和伊斯兰世界并煽动教派冲突。此后，除沙特追加制裁措施，切断与伊朗运输与经贸往来外，阿拉伯国家并没有更多跟进举动。这意味着沙伊冲突已基本见底，很难想象再有更大外溢效应。

一如业界专家周知的那样，沙特与伊朗的冲突由来已久，既有阿拉伯人与波斯人的历史裂隙，也有伊斯兰逊尼派与什叶派延续千年的门派内讧，更有这两个地区大国的权力争夺和政见不合。1979年"伊斯兰革命"成功后，伊朗对外输出"霍梅尼主义"，公开质疑沙特君主制和世袭统治的合法性，挑战其作为伊斯兰两大圣地监护者的资格，强烈抨击沙特追随美国以及温和的中东争端政策。面对伊朗这一地区最直接和严峻的外部挑战，沙特联合其他五个王权国家组建海湾阿拉伯国家合作委员会,试图通过全面一体化进程内求发展自强,外御伊朗威胁。

在过去三十多年的博弈中,沙特等阿拉伯国家的什叶派少数族裔,因为门派异见及与伊朗千丝万缕的联系,普遍处于权力底层,也成为沙伊争端的活跃因子和抓手,并在2011年中东巨变后跃升为地缘矛盾的全新锋面。无论是巴林的反王室街头运动,还是伊拉克、叙利亚和也门内乱及内战,无不因为沙特和伊朗作为背后推手而打上鲜明的教派冲突烙印。这场冲突在去年达到峰值:伊朗核危机实现重大突破,俄罗斯军事介入并与什叶派阵营首次结盟,沙特率众武装干涉也门骑虎难下,这一切都让沙特在过去五年中对伊朗发动的战略反击全线溃败,最终以处决奈米尔的激进方式进行情绪宣泄。

但是,无论沙特或伊朗都无力将这场争端无休止扩大,因为双方综合实力均不足以支撑过高诉求的实现。低油价战争中的沙特内外交困,有心无力。受惠于沙特的部分阿拉伯国家基于本匡核心利益及顾忌对伊长远关系,只能程度不同地进行安抚性策应,不可能彻底一边倒地追随沙特"围猎"伊朗。已在近年博弈中收获颇丰的伊朗摊子铺得过大而呈强弩之末,巩固既有成果已殊为不易,更何况与美俄等大国继续博弈才是其外交优先排序和当务之急。三五个阿拉伯国家略有动作,油价乍升又降,伊朗后续保持克制,都显示这场新危机缺乏充足内在驱动力。

更重要的是,决定中东格局大方向的美俄都无心让沙伊冲突继续升温。摧毁"伊斯兰国"武装在叙利亚和伊拉克的有形控制区,恢复中东基本秩序是世界大国的集体共识,而且本身也离不开沙特和伊朗的参与合作。美国正努力从中东战略收缩,既然已向伊朗释放作用空间,也自然不愿意支持沙伊冲突扩大化。俄罗斯已在中东取得冷战后的罕见局部优势,显然也不希望被力量相对弱小的什叶派阵营拖进新麻烦。这几个关键因素同样决定这场危机不会脱轨。

当然,沙特与伊朗在中东和伊斯兰世界争雄既是结构性矛盾,更是历史沉积、资源禀赋和现实政治交织的复杂斗争,独特的二元关系制约着双方真正与彻底的和解,也迫使双方接受阶段性妥协甚至合作。沙伊恩怨必将作为一道独特景观伴随着两国内政外交的发展进程和中东地缘演进。

（原载《北京青年报》2016年1月9日）

15.沙特伊朗争端将向何处去？

近期,沙特阿拉伯与伊朗之间的争端成为中东局势的重要变数。作为中东地区的两个主要国家,沙特与伊朗争端有何种背景,可能发展到何种程度？这将在很大程度上影响今后相当长时期的中东形势。为此,国际先驱导报专访中东问题专家马晓霖教授,请他为读者解答沙伊争端的相关问题。

沙伊危机是长期积怨的爆发

国际先驱导报:您觉得这一轮沙特阿拉伯与伊朗之间危机的升级有何种背景？长期以来,两国虽有积怨,但相对而言还比较克制,但为何在当前时间点发生如此冲突？

马晓霖:实际上,这是2011年以来整个阿拉伯剧变引发的传统地缘矛盾的爆发,只是集中体现于沙特与伊朗之间。

2011年"阿拉伯之春"出现以后,沙特阿拉伯、卡塔尔这些海湾国家非常活跃,它们担心街头的民众革命会变成一种颠覆王权的过程,于是就采取了一系列应对政策:首先是推动颠覆利比亚的卡扎菲政权,其后则是在也门——亦即它们的"后院"——设法维稳,迫使时任领导人萨利赫交权。在巴林,它们完全站在巴林政府一边,协助处理街头运动,这实际上也是在维护自身的王权统治。

而在叙利亚,沙特和卡塔尔通过鼓动所谓民间"革命"的方式,试图变更什叶派政权,由于叙利亚与伊朗是战略盟友,沙特在叙行动的目标一是自保,一是借机与伊朗清算1979年伊朗"伊斯兰革命"后的旧账。这是因为在沙特看来,自1979年以后,伊朗大规模输出"伊斯兰革命"。而在伊朗看来,像沙特这样的君主国家本身就存在政权合法性问题。而且伊朗认为,沙特作为麦加和麦地那两圣地的监护国,却追随美国,并对以色列态度温和,这使其"监护国"身份显得并不称职。

双方之间的深层对立带来了长期矛盾:1980年两伊战争爆发后,海湾阿拉伯国家支持伊拉克,叙利亚则站在伊朗一边。沙特还牵头成立了海湾阿拉伯国家合作委员会,以海湾六国"抱团取暖",对内加快一体化进程,对外就是北防伊拉克、东防伊朗,这种博弈一直没有停上。

自 2011 年"阿拉伯之春"之后的一系列冲突以及教派之争,都可视为此次事件的背景。此外,美国因素带来的地缘政治变化也很重要。2015 年伊核协议达成后,沙特非常担忧。原本,沙特与美国是相当牢固的同盟关系,双方合作遏制伊朗。但是,在伊核协议达成后,以沙特的视角来看,美国解除了对伊朗的束缚,给予伊朗在中东地区的发挥空间。

这其中还涉及一个因素,那就是美国对中东极端思想的担忧,以及为此借重伊朗力量的打算。在美国看来,采自海湾国家的极端宗教思想输出已经对欧洲造成显著压力,在欧洲局部地区形成伊斯兰化之势。此外,早在 2001 年的"9·11"恐怖袭击中,相当多的恐怖分子都来自沙特。而伊朗虽然与美国关系对立,但在防范这些极端思想传播方面是能够发挥一定作用的。这也是美国给伊朗释放空间的重要原因。

如果从更长远的历史和文化来看,这其中自然也涉及延续千年的教派之争。16 世纪伊朗萨法维王朝建立以后,将伊朗信奉的逊尼派改为什叶派,彻底与阿拉伯世界做文化切割。这其中有当时要与奥斯曼帝国争夺势力范围的背景。早在那个年代,伊朗就从今天的叙利亚、黎巴嫩和也门等地邀请很多什叶派阿訇来主持清真寺。而从那个时候开始,阿拉伯和波斯的冲突,或者说逊尼派和什叶派的冲突就开始愈演愈烈。

最近的背景也很重要,首先是叙利亚局势的变化。在叙利亚的争夺中,沙特又遭到挫折,叙利亚内战已经向和平进程演进。而且这一进程虽然是由俄罗斯主导,但却是伊朗帮助的结果。而在也门,沙特的干预遭到了什叶派胡塞武装的强有力抵抗。

结合上述背景再看当前的情况,可以视为是沙伊长期积怨的一次爆发。方方面面的因素综合在一起,让沙特王室感到颇为愤怒。他们觉得从伊朗"伊斯兰革命"后,伊朗的影响从未像今天这么大,其已经将触手伸向阿拉伯半岛的腹地。这种局势对沙特的君主统治,对沙特在地区的影响力都是巨大的威胁。

此次,沙特处决什叶派教士成为沙伊两国交恶的导火索。实际上伊朗原本无权干涉沙特的司法主权,所以沙特抓住这个机会和伊朗断交,而且通过自己的影响力,让海合会成员国和苏丹等国纷纷对伊朗断交或外交降级。这相当于是对伊朗进行的一次"围猎"。沙特想通过这次矛盾的激化,将伊朗在中东的影响大幅回推。这基本上是此次冲突的来龙去脉。

两国都有"地区老大"意识

国际先驱导报：这次冲突的危机升级和沙特国内政治有无关系？最近一两年来，沙特内政也有一些变化，比如国王更迭和王储变化等。有一种观点认为，沙特在也门等地的行动也有内政方面的考虑，您如何看待这样的说法？

马晓霖：存在这方面的可能。萨勒曼国王上台之后，改变了之前"萧规曹随"的做法，更换了前任国王指定的接班人，并调换了一批重要职位的官员。这在一定程度上引起了沙特国内部分人的不满。此外，自前任国王执政末期开始，油价逐步走低，沙特财政收入大幅度减少，后来甚至不得不两次发行国债，并抛售在很多国际大企业中拥有的股份。这都是沙特国内面临的问题。在也门问题上，首先是胡塞武装势头猛烈，几乎夺取了整个也门的控制权，这使得沙特担心胡塞武装背后的伊朗，因此才要稳住"后院"。而国内政治因素在此议题中可能是次要因素。

在此次沙特与伊朗断交的过程中，尽管伊朗民众冲击沙特驻伊使馆在先，责任在伊朗一方。但是后续的断交、断绝经济交通来往等措施说明，沙特方面可能想把矛盾转移到伊朗身上，告诉国民现在与伊朗之间的博弈是教派之争，甚至是话语权、影响力的争夺。

沙特认为自己是伊斯兰教的发祥地，是穆罕默德的故乡、两圣地的监护国，又坐拥庞大的石油资产，是伊斯兰世界当仁不让的领头羊。但是，伊朗并不这么认为。伊朗觉得自己曾是世界上第一个跨洲帝国，拥有两千五百年历史的悠久文化，而且对伊斯兰世界的文明发展做出了极为重要的贡献。所以，伊朗也有"领头羊"心理。再加上伊朗拥有相对发达的经济和工业能力，又有一定的科技和军事能力，其不会甘居二流国家地位。

从某种意义上而言，这种国家定位也是长期以来伊朗和美国关系不和的深层原因。此次伊核谈判的突破点就是美国的两点承诺：第一，不谋求颠覆伊朗的伊斯兰共和体制，这是安全保障；第二，伊朗有和平利用核能的权利。这两条实际上就是满足了伊朗的国家定位预期和对国际空间的需求。

沙伊危机不会升级为热战

国际先驱导报：您认为此次沙特与伊朗之间的危机会发展到何种程度？

是否有爆发冲突的可能性？

马晓霖：此次危机应当不至于造成过于严重的后果。

首先，在沙特一方，由于经济危机、政治危机等因素，沙特对于阿拉伯世界和伊斯兰世界的影响力也是有限的。此次，苏丹和巴林追随沙特与伊朗断交，但阿联酋只是外交降级而已。海合会其他五国确实表示对沙特完全支持，但也仅限于此。沙特曾经要与尼日利亚、埃及和印度尼西亚组建伊斯兰反恐联盟，但后者几国并不买账。沙特组建联军干涉也门时，巴基斯坦就未参与其中，而埃及也只是象征性地参加了战斗。从能力方面来讲，沙特的空间是有限的。

其次，对伊朗来说，它已经是最近五年来中东的最大赢家。伊朗既是什叶派联盟的核心，与美国缓和了关系、获得了国际空间，又与俄罗斯建立了更为紧密的联系。伊朗有能力，但是也要保持克制。因为在中东这样以阿拉伯国家为主的地区，它毕竟还是少数派，其能力和影响力已经到了极限，比如黎巴嫩、叙利亚、伊拉克中南部，再加上巴林以及也门的局部利益。如果再要勉强拓展利益，最后可能反而损失眼前的既得利益。另外，美俄也不希望这个地区太"闹"，目前的局势已是非常混乱。美俄的有限目标仍然集中于反恐。现在极端组织"伊斯兰国"已经危及欧洲和美国本土，这要求国际社会必须集中力量优先打击"IS"。所以美俄都不希望地区局势进一步恶化。更何况美国本来就要从中东收缩。

无论是对沙特还是伊朗而言，双方如果说离了大国支持，在军事上就很难动弹，大家都打不起仗。另外，沙特的主要油田都在波斯湾沿海，伊朗有足够实力对其实施打击。而如果开战之后阿拉伯国家更加"抱团"，也不是伊朗想看到的。因此，双方争端应该会局限于外交和经济制裁的层面，不会"再进一步"。

实际上，两国每隔一些年就会出现风波。这是中东地区二元结构的深层矛盾，既有教派冲突、大国博弈、美国因素，又有阿拉伯人和波斯人的对立，这些都构成了不可调和的矛盾。所以总会隔一段时间升级，然后再相互妥协。当然，其中还有长期存在的各种水面下暗斗。

沙伊风波对中国影响有限

国际先驱导报：也有人认为，低油价在很大程度上正是因为沙特坚持不减产所致,而沙特此举是为了打击伊朗,您如何看这种观点?

马晓霖:我认为,沙特的低油价战并不是针对伊朗,更不是美国与沙特合作针对伊朗或俄罗斯。这更像是沙特与美国在争夺能源格局的话语权。沙特主要是在针对美国的页岩气革命。因为一旦页岩气或者其他新能源革命成功,沙特作为石油产出国的战略价值就将大打折扣。从战略上说,美国不再会像过去那样保护它;从经济上说,能源革命造成的低油价会使其国内经济发展及社会稳定难以为继,甚至可能会引发国内革命。因此,沙特是居安思危,想用低油价把新能源和页岩气在高成本阶段消灭于萌芽状态。这是为了未来保政权、保稳定以及争取世界能源格局老大地位的行动,其矛头是指向美国的,俄罗斯和伊朗并非其中优先考虑的问题。当然,客观来说,低油价如果能够起到压制俄罗斯和伊朗的作用,沙特也会乐见其成。

国际先驱导报:在这个过程中,沙特是否认为其国内什叶派存在离心倾向? 据称沙特的什叶派集中居住于东部,且当地也是沙特的主要石油产地。

马晓霖:沙特国内的什叶派有一定的波动,但并没有大规模的反弹。

"阿拉伯之春"之前,什叶派在沙特国内的地位较低。后来,沙特官方逐步做了一些调整,包括与什叶派开展对话、让他们享有平等公民权等。在"阿拉伯之春"刚刚爆发的时候,沙特东部曾经发生过短暂骚乱,但很快就得以平息。这个平息不是靠镇压下去的,而是主要靠沙特政府的缓和与安抚政策。

总体来看,沙特东部是稳定的。如果把考察时段放长,这些年来,沙特什叶派的处境实际上是在逐步改善。当然,从整个伊斯兰世界来说,什叶派仍处于相对弱势。

国际先驱导报:沙特与伊朗的此轮风波对中国有何影响? 美国对于中国在中东的介入可能持何种态度?

马晓霖:只要此次风波不闹太大,对中国的影响相对有限。这反而也是中国参与调解中东事务的机会。同时,美国也并不反对中国在中东的适度调解。

(原载《国际先驱导报》2016 年 1 月 18 日)

16.真主党:搅动中东的超级鲶鱼

3 月 20 日,中文版《真实的黎巴嫩真主党》新书发布及叙利亚局势研讨会在北京举行。恰逢真主党被阿拉伯国家联盟定性为"恐怖组织",中东敌友关系再次错乱重组,专家们依托俄罗斯撤军、叙利亚和谈和美国与地区国家关系等诸多线索,形成一个聚焦真主党的时间窗口。

应该说,这个毁誉参半的政治武装组织从来没有离开过中东政治,但似乎没有像今天这样凸显其力量,而阿拉伯国家联盟的定性决定,忽然推高了真主党的分量和地位,也着实让观察家们感觉到,真主党已不是简单的黎巴嫩国内派别,而是一条搅动中东地缘关系的超级鲶鱼。

群殴真主党,凸显中东宗派矛盾

3月11日,阿拉伯国家联盟外长会议通过决议,宣布真主党为恐怖组织,此前海湾阿拉伯国家合作委员会(GCC)已做出类似判决。阿盟决议其实是对GCC"一审"真主党所做的"终审"背书。GCC指责真主党支持恐怖主义,对沙特和巴林境内的什叶派反政府活动推波助澜。13日,黎巴嫩政府做出回应,拒绝接受阿盟对真主党的指控和定性,强调该组织是黎巴嫩社会的重要组成部分,在本国民众中具有广泛代表性,并在议会和政府都拥有席位。

无论GCC还是阿盟,做出这样的决定都十分令人惊讶,一如2015年初,埃及和沙特阿拉伯共同宣布巴勒斯坦的哈马斯为"恐怖组织"。从表面上看,阿拉伯大国和区域组织匪夷所思地采取了美国和以色列衡量体系,将两个因暴力抗以而著称的阿拉伯组织相继列入恐怖主义名单。其实,这绝非单纯的反恐之怒,而是立场之怒、站队之怒,是阿拉伯逊尼派伊斯兰阵营持续清理门户,是对伊朗为核心的地区什叶派势力强势崛起的无奈反击。而群殴真主党,帮主显然是财大气粗。

真主党兴起于1982年以色列入侵黎巴嫩战争期间,是伊朗伊斯兰革命卫队一手组建、扶持和长期武装的反以力量,也自然充当伊朗在阿拉伯世界的内应和抓手。过去五年间,真主党武装拼死捍卫巴沙尔政权,越境参加叙利亚内战,与伊朗志愿武装人员一起,在俄罗斯这张大伞的遮蔽下,成功挫败沙特及欧美大国代理武装颠覆巴沙尔政权的图谋,并迫使对方接受城下之盟,参与日内瓦和平谈判。

沙特颠覆不了巴沙尔政权,奈何不了伊朗,对俄罗斯敢怒不敢言,更对美国近来"抑沙抬伊"的政策调整恼火不已,可谓气不打一处来。但它能够反制的,恐怕也只是拿真主党当出气筒,多少有点病急乱投医。中东关系的纷乱难理和多变再次得到验证,按正常逻辑无法理解的是,真主党是以色列的敌人,也是"伊斯兰国"武装和"基地"组织的敌人,现在又变成温和派阿拉伯国家的集体敌人,答案清晰而简单:这支由什叶派民兵起家的黎巴嫩力量,已成为伊朗牵头的"什叶派之弧"重要一环,是打破民族界限、政治对立而以教派分野选边的重要玩家。这种乱象,也再次揭示此轮中东博弈"不义战"的本质。

真主党的奇葩崛起

黎巴嫩真主党三十多年一路走来,在武装对抗中壮大,在政治博弈中成熟,在地区乱局中崛起,堪称独特风景和地缘奇葩。

军事上,真主党一直保持着令对手不敢小觑的不败纪录,成为阿拉伯强硬阵营中比较争气的武装力量,进而获得民族主义者的拥护。1983 年 10 月,贝鲁特美国和法国陆战队维和营地发生连环自杀袭击,导致 200 多名士兵死亡,开中东连环自杀袭击之先河,迫使美国和法国紧急撤军。这次震惊世界的袭击,真主党被指控为幕后黑手。此后,在黎巴嫩眼花缭乱而又异常血腥的政治和教派内战中,背靠伊朗又获大马士革谅解和支持的真主党,借助各种明暗袭击逐步声名鹊起,渐成让以色列头疼的北方死敌,也是公认的巴解武装被逐出黎巴嫩后唯一长期与以色列正面缠斗的阿拉伯准武装。

2000 年 5 月,以色列被迫撤离其占领十八年的黎巴嫩南部,回到国际认可的边界,此举被阿拉伯和伊斯兰舆论视为真主党武装斗争的最终胜利,进而再次确立真主党的地区地位和影响力。以色列对真主党多名军政要员的"定点清除",更增添了该组织的悲情色彩和道义感召力,其总书记纳斯鲁拉的声望一度令黎巴嫩和阿拉伯的政治家们羡慕甚至忌惮。2006 年 7 月,真主党以沙巴农场依然被以色列占领为由,袭击以色列边境巡逻队打死并俘获数名官兵,引发第二次以黎战争。然而,在山地战和游击战经验丰富的真主党武装面前,强大的以色列军队没有取得压倒性胜利,反而蒙受罕见伤亡,最后靠大面积摧毁黎巴嫩民用设施促成停火。战后以色列议会组建专门委员会进行问责调查,变相公开承认这场战争从战略到战术的失败,再次大涨真主党的军事威望,同时,真主党拥有武装的合法性,也被黎巴嫩政府和各派接受为既成事实。

叙利亚内战爆发后，真主党在伊朗政策影响下越境作战，成为大马士革的救命稻草之一，为此，真主党在国内的控制区多次遭遇血腥袭击和报复。尽管真主党付出巨大代价，但成功打通大马士革经由北卡谷底抵达贝鲁特的陆路通道，并确保这条走廊的绝对安全，为叙利亚战局实现均势并最终转向谈判轨道，立下汗马功劳。这也是真主党被沙特等颠覆巴沙尔阵营力量深恶痛绝的关键所在。

真主党政治博弈的发展之路同样可圈可点，它和伊朗、叙利亚之间不是简单的驱使与被驱使关系，而是彼此借重和互相利用。真主党起初的目标是建立政教合一的伊斯兰国家，但明白这几乎是不可能实现的乌托邦后，及时调整策略，借助与基督教派和其他世俗力量的妥协与合作，扩大群众基础，并在现有政体架构内，通过宪政方式积极拓宽上升空间，实现由在野党向参政党，再由参政党向执政党的两级鲤鱼跳龙门，完成由单纯武装派别向复合型准国家行为体的华丽转身。叙利亚危机引发的地区力量大洗牌，给真主党从国内武装和党派向地区武装和政治力量发展的全新机会，真主党也不失时机地证明自己绝非无足轻重的过河卒子，而是四两拨千斤的秤砣。GCC和阿盟对真主党的公开打压，恰恰证明真主党做强做大，已由地区棋盘上的边缘角色跃升为重量玩家。

真主党固然有其结构性的先天缺陷，如什叶派身份、人口基数有限和伊朗政治血缘，制约了它在地区无限扩张的余地。但是，阿以冲突持续得不到解决，又给真主党大有作为的生存与成长环境。无论如何，只要阿以冲突为核心的中东争端存在，只要教派掩盖下的地区国家利益博弈持续，真主党这条鲶鱼就一定游刃有余，不可小觑。

（原载《华夏时报》2016年3月25日）

第十章

十年伊朗核危机

　　伊朗核危机一直延续了十年,关于伊朗的核能力一直是个谜,围绕伊朗核研发,美国和以色列都曾威胁动武解决,但最终,以美伊实现初步和解,伊朗愿意接受国际监督而告终,这个漫长的过程充满了玄机和热闹,美伊做成了一桩生意,却开罪了以色列和沙特等传统盟友,甚至有可能刺激更多的阿拉伯国家加入核能力的角逐。

1.布什憋着要打伊朗？

新年伊始，美国总统布什的"伊拉克新政"引起骚动：他不但没有回应反对者的呼吁，开列美军撤离伊拉克的时间表，反而增派 2 万精锐部队。尽管国内部分媒体误读布什的讲话，称其"承认"美国在伊拉克战争中蒙受了失败，但是，在我看来，布什并没有认错，而是明确表示：如果存在错误，他本人愿意承担责任。

布什的言行昭显一个明确的意图：他不因民主党控制两院而动摇伊拉克政策，更不因反战压力持续倒转战争车轮。相反，近期一系列看似孤立的事件连缀起来，在中东的天空拼凑出一个危险的阴影：布什可能要在中东发动另一场战争，或明确地说，布什看来憋着要对伊朗动武。

事件一：美国在伊拉克的人马将增加到近 16 万。

事件二：布什于年关前后向海湾派出第二支航母舰队，中东地区美国海军力量已经超过总兵力的三分之一。

事件三：日本油轮在海湾霍尔木兹海峡出口处与号称"战争前兆"的美国核潜艇意外相撞，暴露美军已经在这里布下深海战略打击力量。

事件四：布什改组负责中东和南亚地区军事行动的中央战区司令部，原美军太平洋舰队司令威廉·法伦上将取代陆军上将阿比·扎伊德。

事件五：美国最近关于伊朗和叙利亚卷入伊拉克内部事务的指责频率增加，调门增高，声称不会坐视不管。

事件六：在沉寂一段时间后，美国对伊朗核问题的立场趋于强硬，核查的紧箍咒将再次启用。

事件七：科威特《阿拉伯时报》称，美国将在英国首相布莱尔任期结束前于今年 4 月对伊朗发动攻击;部分前线阿拉伯国家已经部署导弹防御系统。

事件八:美国《波士顿环球报》月初披露,布什班子于去年 8 月建立秘密机构,研究如何颠覆伊朗现政权。

事件九:英国《星期日泰晤士报》报道,以色列正草拟作战计划,打算用战术核武器摧毁伊朗核设施……

看完这些孤立的信息,人们会看到和伊拉克战争爆发前的相似情景。历史是经常重演的。对于拥有压倒性军事实力的美国,不必对一个小国进行战略隐蔽,要的只是动机和时机。

笔者一直认为,萨达姆倒台后美国 10 多万主力部队陈兵弹丸之国伊拉克,是为了对付当地翻不起大浪的敌对武装,更是枕戈待旦,为另一场局部战争进行战略储备。这场战争的意图,不是进行外科手术式的惩戒性打击,而是要改朝换代。这场战争显然把目标锁定在叙利亚和伊朗,伊朗排序在先。在布什看来,对于叙伊这样铁桶般坚固的政权体制,依靠内部政变殊难完成,外部打击、地面入侵和全面占领成为必然前提。伊拉克就是一例。

美国海湾战争以来的典型战争模式是:持续的外交、舆论战,残酷的经济封锁战,猛烈高效的空战,外加有限的地面战。此战法已经在海湾战争、科索沃战争、阿富汗战争和伊拉克战争中屡屡得手,而科索沃战争仅靠舆论战和空战就达到目的。美军在伊拉克囤积大量陆军,在中东地区集结大量海空力量,其实就是想沿用老一套:利用压倒性的海空优势彻底粉碎伊朗或叙利亚的对抗力量,然后通过地面部队把反对派扶上台,建立亲美或温和政权。由海军司令统领大中东及周边地区的美军,其海空战先导、地面战跟进的意图已经不言自明。

伊拉克战争爆发前,笔者曾概括布什作为美国总统所致力实现的三大使命:以美国政治体制改造所谓铁幕和集权国家的民主自由使命;以基督教教义为核心的西方文明改造所谓封建、保守的东方文明的宗教使命;以确保美国霸主地位进而长久主导世界和未来的历史使命。这三大使命是当代历任美国总统共同的追求,只是因时因地各有侧重。也恰恰是这种使命感促使布什不在乎在中东投入多少钱,牺牲多少人;不在乎反对派、部分民众和世界舆论的反战声音。他关心的是美国全球和长远利益,关心的是自己在美国历史上的地位。

伊朗和叙利亚既然被布什列为"邪恶轴心"国,非改朝换代、革心洗面不能根除布什的恶感和敌意。内贾德执政后的伊朗非但没有"改弦更张",反而愈加强硬且日益接近核武器,布什当然更加焦虑,更有了动武的现实冲动和长远考量。

美国的民主之风在中东吹过一阵后,激进力量反而借民主之便呈四面开花和上升之势,这使得布什倾向于动手不动口:不再高谈民主而着力继续清除"激进"力量的残存病灶——伊朗和叙利亚,以求一劳永逸。

是故,伊拉克战争之后,美国得陇望蜀,把炮口对准伊朗就已经顺理成章,箭在弦上。问题只在如何动手,何时动手。

(原载《北京青年报》2007 年 1 月 18 日)

2.美国对付伊朗的几种可能模式

今年中东最大的热点无疑是伊朗问题。海湾东侧的伊拉克显然不会发生逆转性的形势恶化,地中海西岸的巴勒斯坦和以色列至多是循环报复的再循环,巴以北方的叙利亚一段时间以来非常低调,显然在回避美国的锋芒。

伊朗问题成为美国的心头大患,在于其在三个方面直接动了美国的奶酪:其一,卷入伊拉克内乱,给美国添乱;其二,宣称要消灭以色列,在中东威胁美国最坚定的盟友,在美国国内惹怒能量巨大的犹太人;其三,始终大力推进核计划,非要获取对抗美国的杀手锏。当然,核心的问题在于,伊朗是美国的战略敌人,非我族类,势必不共戴天。

美国对付伊朗无非是两个选择:不战而屈人之兵,通过伐谋、伐交迫使伊朗就范,改变其在上述三个问题上的国策;或者,刀兵相加,直接通过军事手段解除伊朗对美国核心利益构成的威胁。

从最近的态势看,美国多管齐下,软硬兼施,逐步落实自己征服伊朗的图谋:军事上,集结大军于伊朗四周,形成包围和随时开战之势,并在伊拉克境内直接开始围剿渗入的伊朗"捣乱分子",同时,宣称不排除对伊朗战略设施进行军事打击;经济上,除了维持原有的制裁和封锁,又开始说服伊朗的老对手和头号竞争者沙特发起油价攻势,通过增加原油生产降低石油价格对伊朗釜底抽薪,诱发其国内因贫富差距拉大而产生的不满和动荡;外交上,美国又伸出橄榄枝,表示愿意通过对话解决两国日益加剧的敌对态势。

但是,无论如何,军事打击都是美国制服伊朗的选择之一,因为让伊朗在短时间内改变坚持了几十年的敌视美以政策并非易事,因为让伊朗在短时间内改变温和派和强硬派的力量对比也不现实。

在过去十多年的美国对外关系记录中,似乎还没有通过不战手段而使对手屈服的例子,原因在于强势的美国执意要实现自己的战略企图,也在于处于明显弱势的对手又不甘轻易拱手称臣。虽然不能以经验主义来判断国际政治的复杂多变,但是,历史相似的一幕又的确在屡屡重演。如果战争难以避免,美国对伊朗无非是大打还是小打,是单纯军事打击,还是军事打击辅助以经济制裁,是间接促成政权或政策的变更,还是直接改朝换代。

本人分析,如果伊朗在短时间内无法满足美国的苛刻条件,美国则有可能通过几种强硬的模式达到自己的目的:利比亚模式、科索沃模式、阿富汗和伊拉克模式。

利比亚模式:长期的外交封锁外加有限的、带有斩首战性质的外科手术打击。围绕研发大规模杀伤性武器和支持国际恐怖主义两个节点,美国联合欧盟对利比亚维持了长达十多年的经济制裁,并最终发动海空袭击,几乎要了卡扎菲的命。这套组合拳迫使利比亚屈服,成为美国的正常邦交对象。

科索沃模式:毁灭式的军事打击外加及时到位的外交斡旋。美国为首的北约为了使南联盟屈服,在没有长期经济封锁的铺垫下,直接通过将近两个月的饱和轰炸,给南联盟造成巨大物质和生命损失,迫使南联盟接受了北约的条件,而且把米洛舍维奇送上国际法庭。

阿富汗和伊拉克模式:通过先行轰炸、地面入侵和占领,进而推翻既有政权并建立全新的美式政权。阿富汗的塔利班政权由于拒绝交出本·拉登,导致美国及其盟国出兵并全面占领,扶持起"海归派"为核心的卡尔扎伊新政府,打造出全新的按照美国民主制度立国的新阿富汗。伊拉克也是完全被美国通过全面战争和长期占领彻底改造的国家,这场战争,不但颠覆了萨达姆及复兴党长达三十五年的统治,而且彻底改变了伊拉克数百年的权力结构,也同样在海湾树立了一个新的政权更迭方式的样板。

当然,在穷尽所有的外交或经济方式之前,美伊关系依然存在非武力解决的可能。等待伊朗的究竟是哪一种命运？让时间来回答吧。

（原载《北京青年报》2007 年 1 月 31 日）

3.伊朗葫芦里卖的是什么药

伊拉克战争爆发四周年之际，海湾正酝酿着另一场危机：美国和伊朗之间的外交口水战不断升级，而且双方剑拔弩张，以至于舆论担心：美伊真的要走向战争？就在这个节骨眼上，伊朗又斗胆出招，扣留 15 名英军水兵，顿时，战争的阴云更加浓重，人们担心局势失控，火球随时从阴云中滚涌而下。

3 月 23 日，一艘英国巡逻艇在两伊界河阿拉伯河河口水域进行例行巡逻并拦截和搜查一艘伊朗船只时，反被伊朗海军拦截，参与执勤的 15 名水兵被扣留。伊方称，英军士兵侵入伊朗水域，并威胁将依照国际法对他们进行审判。英方则称，英军士兵作为联军组成部分是在执行安理会决议赋予的使命，且英军士兵是在伊拉克水域 1.7 海里处被抓，不存在"入侵"问题。

随后，伊英关系日益紧张：英国宣布冻结与伊朗的商业关系；英军包围伊朗驻伊拉克领馆；伊朗民众则冲击英国驻伊朗使馆；伊朗三次将被扣英军士兵在电视上示众。耐人寻味的是，事件发生后，美国在海湾举行规模空前的军事演习；俄罗斯、以色列媒体再次放出美国将袭击伊朗的气球；美国政府在保持近 10 天的沉默后由总统布什亲自表态，要求伊朗释放英国水兵……

按照常理，各国对于越境事件都低调处理，即使英国水兵确实进入伊朗水域，搜查伊朗船只，惯例性的反应是：伊朗进行外交交涉，或者强烈抗议。如果不客气的话，当时将英军船只赶出领水，即使扣留人员，也大致是在宣布其罪名后将其驱逐出境。事实上，伊朗采取的不是一个大事化小，小事化了的姿态，相反，高调出击，大做文章，用意十分值得玩味。

作为驻伊拉克联军的组成部分，英军负责伊拉克南部及海湾水域的安全，例行巡逻和检查一直存在，只是没有人过于计较英军在阿拉伯河口是否进入了伊朗水域。此次要么是英军肇事，要么是伊朗较真，但是，在美军重兵压境的大背景下，伊朗的连环反应和持续强硬的立场显示，它不打算息事宁人，回避锋芒，而是以硬碰硬。这是一次典型的心理战，表面冲着英国，实则剑指美国。

　　英国一直是美国的铁杆盟友,无论是海湾战争、阿富汗战争还是伊拉克战争,它都毫不犹豫地把自己绑在美国的战车上。伊朗对英国不客气,其实就是对美国不客气。但是,英国毕竟不是美国,抓几个英国军人,至少不会在美国公众和舆论层面引起剧烈反响,这无疑回避了与美国的直接摊牌,留下缓冲余地,同时,又向国人显示不甘屈服,以迎合内部的民族主义情绪和由来已久的针对美英的恶感,起到凝聚士气和倚重民意的作用。

　　从更深层面分析,这是伊朗政府对美国军事、外交和经济高压的一次示威,甚至是对安理会最新制裁决议的间接回应。伊朗显然周密考虑了这一事件的后续反应和相应对策,在可控范围内逐步出招,环环相扣。其传达的明确信号是:为了维护本国拥有核能力的权利,不惜一战,不惜以卵击石。

　　伊朗走出这步险棋,显然基于几种考虑:这是伊英之间的外交事件,与美国无关,美国得不到立刻开战的借口;其次,此事并非无解,它在等待第三方进行外交斡旋,只要得到某种回报和台阶,危机就会画个句号;第三,它认定美国不敢也无力发动另一场大规模的地区战争,陷入第二个海湾泥潭,如果化解伊美危机,必须坐下来谈判,满足自己的某些要求。

　　一句话,伊朗把水兵事件定位为心理战,既表明强硬立场和实现利益诉求,也探测美国的底线,坐等美国出招,看看美国还有什么牌可以打。或许正因为如此,看破了伊朗用意的美国迟迟不肯表态。虽然布什称伊朗扣人行为"不可原谅",敦促其释放英国水兵,但这不过是众多国际表态中的一句外交辞令。国际外交人士透露:避免局势继续升级而不是寻机开战,才是美国目前的真实想法。无论如何,海湾局势不容乐观,虽然擦枪走火的事不会轻易发生,但是,如果美伊双方僵持不下,前景就很难预料。

(原载《北京青年报》2007 年 4 月 4 日)

4.伊朗核危机正在接近临界点

　　伊朗核危机的势头日益令人担忧,伊朗态度依旧强硬,美国及其铁杆盟友非但不肯让步,反而提高战争的调门,似乎武力对决不可避免。这场危机在消耗了太多的耐心后,正向军事摊牌的临界点偏离。

　　11 月 7 日,伊朗总统内贾德宣布,伊朗纳坦兹地下核设施内投入运转的离心机已经达到 3000 台。气体离心机是提炼高浓缩铀的常用和关键设备,它通过每秒 2 万转以上的高速离心运动,可以提炼出丰度在 95% 的浓缩铀235,满足核武器生产的原材料准备。因此,离心机的大批量投入使用,被认为是某个国家是否研发核武器的标志性举动。

　　内贾德发表讲话前,美国核专家曾预测,从理论上讲,3000 台离心机不间断地运转,可以在一年内生产出制造一枚核弹所需要的浓缩铀。分析家们认为,尽管拥有浓缩铀和制造出核弹之间还有一段距离,但是,这一事态足以引爆酝酿已久的伊朗核危机,而且以色列的抉择已经成为危机是否升级为冲突和战争的最大悬念。

　　美国国防部官员对英国媒体说,当伊朗启动 3000 台离心机时,以色列很可能对伊朗发动攻击,以摧毁伊朗获得核武器的能力。以色列一位专家称,如果世界让以色列单独面对伊朗即将拥有核武器这个现实时,以色列会采取行动。以色列官方正式回应内贾德的话说,以色列绝对不接受伊朗拥有核武器。而以色列国防部长巴拉克更直接地表示,无论谈判是否在继续,只要伊朗拥有了核能力,以色列将以导弹加以摧毁。

　　面对拥核前夜的伊朗,西方舆论把目光转向以色列并不奇怪。伊朗一直不承认以色列作为主权和民族国家在中东的存在,内贾德本人就任总统以来更是多次公开发表"灭以"言论;以色列和美国则长期指责伊朗通过革命卫队资助、支持和训练巴勒斯坦和黎巴嫩的反以武装行动。敌对状态的以色列和伊朗,发生任何变数都是正常的。以色列是目前中东唯一拥有核武器的国家,但是,决不允许其他国家特别是伊朗等敌视以色列的国家研发核武器,为此,不惜主动出击,摘除心头之患。1981 年,以色列空军远程偷袭伊拉克,炸毁法国援建的塔穆兹核反应堆。今年 9 月 6 日,以色列又不顾美国反对,偷袭叙利亚,炸毁一座疑似核原料仓库的建筑。事后,分析家们认为,空袭叙利亚一石二鸟:根绝叙利亚的核企图,警告伊朗呈手。

　　对伊朗不利的消息并非仅仅在于以色列故技重施的可能性提高,美英对其开战的可能性也在增加。伊朗离心机开动前,布什、切尼和赖斯等美国领导人已经提高战争调门,收紧对伊朗制裁的绳索。分析家们预测,尽管布什任期不到一年,尽管他没有摆脱阿富汗和伊拉克的泥潭,但是,他很可能对伊朗发动战争。无论从维护美国在中东的整体利益、实践"邪恶轴心"理论还是布什行事武断不计后果的决策风格看,这种可能性都很大。另外两个有利于布什的因素是,朝鲜核问题进入和解轨道,消除其在东亚的后顾之忧,连续几次民意调查显示,过半数美国人支持政府为阻止伊朗获得核武器而发动战争,这又将减缓布什来自后院的压力。

布朗领导下的英国新政府虽然宣布从伊拉克撤军,但是,在伊朗核问题上力挺美国。《纽约客》杂志10月曾披露说,布什政府针对伊朗目标的外科手术打击计划,已经得到布朗政府和英国军方的支持。美英在重大国际问题上保持一致并在重大军事行动中结盟已是惯例,美伊若开战,肯定少不了英国。

作为核危机接近临界点的一个注脚,伊朗的主要同情者俄罗斯也曾给伊朗进行过认真的战争预警。据俄《商人报》报道,普京今年10月访问伊朗时,虽然公开表明支持伊朗和平利用核能、反对武力解决核危机的立场,但是,也私下告诉内贾德,俄罗斯的情报部门获悉,美英的确在进行战争准备,如果双方走向战争,俄罗斯将无能为力。现在看来,俄罗斯的战争预警似乎根本不存在,或者伊朗并不在乎。在伊朗3000台离心机的轰鸣声中,是否夹带着战争钟摆的嘀嗒声呢?

(原载《北京青年报》2007年11月17日)

5.内贾德巴格达"击鼓骂曹"

伊朗总统内贾德在国际上大名鼎鼎,几乎家喻户晓。他资历不老、执政时间不长,能成为世人眼中的熟脸,盖因其敢说敢干,频繁让人大跌眼镜。内贾德毫不掩饰、毫不留情地抨击和诅咒以色列,堪称当今世界领导人中第一"名嘴"。他不在乎美国人对他的敌视和反感,高调到美国高校演讲且舌战群儒,好好公关了一把。最近,他又造访美军占领下的伊拉克首都巴格达,再次"击鼓骂曹",令人开眼。

3月2日,内贾德抵达巴格达,为两伊关系树起一座里程碑,因为他是

1979年两伊爆发战争后首位访问伊拉克的伊朗总统,是双方化敌为友后的一次标志性事件。然而,内贾德的巴格达之行超越了双边关系,被观察家们普遍视为伊朗和美国关系的一个噱头,俨然伊拉克搭台,伊朗和美国唱戏。的确,内贾德此行可以从很多层面解读,甚至会产生相互矛盾的逻辑和推测。

有人说,这是伊朗同美国争夺对伊拉克主导权和影响力的重要环节。伊朗人仇视的萨达姆政权已经垮台,亲伊朗的什叶派咸鱼彻底翻身,成为伊拉克战争的最大受益者和新政权的主要掌控力量,基于意识形态的高度一致和地缘联系的便利和密切,伊朗对伊拉克的渗透已经在战后水银泻地,内贾德到访实在是锦上添花。

有人说,这是伊朗对美国的一次羞臊——伊朗得了便宜卖乖,内贾德端着饭碗骂娘。正因为美国发动伊拉克战争,伊朗借布什之刀报八年两伊战争之仇,把萨达姆一干人马送上绞架。正因为战争摧垮伊拉克,才形成伊朗独大海湾、崛起中东的新格局。正因为伊拉克战争泥潭拖住了布什的战争机器,才使得伊朗在核问题上敢与美国长时间叫板……但是,内贾德和他的伊朗似乎从不领情,美国指责他们是伊拉克乱局的重要"推手",如今"推手"登门,美国人岂不尴尬?

有人说,这是伊朗对美国中东政策的现场批斗会,是鼓动伊拉克人送山姆大叔回家的公开游说。内贾德"敢说会说"的才智在巴格达再次得以展示。当着伊拉克总理马利基和众多记者的面,内贾德宣称"伊拉克人民不喜欢美国",颇有宾至如归的坦然和反客为主的霸气;会见伊拉克什叶派领袖时,内贾德说:"六年前,我们这个地区根本没有恐怖分子,直到美国人来。"面对美国关于伊朗支持和资助伊拉克恐怖分子的指责,内贾德用自己的逻辑陈述了一种事实,即美国才是伊拉克之乱的始作俑者。

也有人说,这是伊朗对美国的示好,是试图缓和伊美关系的信号。伊朗并不承认美英军队根据安理会决议而实现的角色转换,继续把美军的存在描述为"占领",并敦促美国结束"占领"。然而,内贾德又亲身到15万"占领军"控制的伊拉克去访问,并在安全、接待等方面得到"占领军"的协助,因此,这是对美国在伊拉克存在的一种背书,是和外交辞令表义大有不同、口不惠而实至的示好举动。

布什每次访问伊拉克十分神秘,事先无人知晓,公开亮相主要是在美军营地。内贾德此次高调出行,提前宣布行程让媒体去鼓噪和猜测,抵达后又在露天举行阅兵仪式,完全"忽略"巴格达恶劣的治安形势。内贾德的伊朗在伊拉克没有敌人?绝不可能,这从各种针对什叶派的袭击就可以看出。靠伊拉克安全部队确保内贾德来访的安全,恐怕只是表面文章,真正的角色还是美国驻军。很显然,美国乐见内贾德到访巴格达。

美国意欲对伊拉克实行战略控制,却无法绕开伊朗这只拦路虎,因为伊朗对伊拉克具有任何第三国都无法比拟的影响力。美国人不可能长期重兵镇守伊拉克,伊朗也不愿与美国兵戎相见。因此,"斗嘴"是美国和伊朗的策略,"求和"才是双方的真心。在此态势下,伊拉克既是美国和伊朗争夺地区话语权的舞台,也是双方磨合关系、寻求和解的一个共同着力点。在这个视角下,击鼓骂曹式的内贾德巴格达之行就没什么好奇怪的了。

(原载《新民周刊》2008 年第 11 期)

6.朝核药方可对伊核之症

目前,困扰世界的核危机主要有两个:东亚的朝鲜核危机和西亚的伊朗核危机。它们就像两个闹钟,今天东边响,明天西边响,有的时候还一起响,搞得大国团团转,闹得世界坐卧不宁。

庆幸的是,随着朝鲜宁边核反应堆冷却塔的提前报废,东亚这个闹铃暂时平静了,国际社会掌声一片。相反的是,西亚那个闹钟的嘀嗒声越来越响,7 月以来更急迫得让人心焦。

朝核危机和伊核危机有一定的差异性。朝鲜并不富裕;而伊朗国力强盛,一直不满足成为地区大国。朝鲜背靠两个传统友好大国,但曾经一意孤行,甚至不顾及友邦的利益和面子;伊朗孤悬中东,但依旧特立独行、孤芳自赏。

朝核危机和伊核危机有一定的相似性。两个相对孤立的小国执意加入核俱乐部,但是,这种努力不能被接受,以至于抨击、制裁乃至战争威胁接踵而至,使一场核危机朝着地区战争的方向滑行,闹铃总被人担心为战争警报。

朝核危机和伊核危机还有高度的同一性。朝鲜与伊朗都是美国宣称要颠覆或改造的"邪恶轴心"国。虽然它们不乏求核的种种理由，但是，核不扩散的国际共识已经封堵其拥核的去路。在这个问题上，国际社会与美国的利益是一致的，各大国的目标是共同的，那就是绝不妥协。

当然，众多大国反对朝鲜和伊朗拥核，并不等于国际社会认同美国的"邪恶轴心"说，更不意味着背弃传统友谊。地球上的核武器已经太多了，足够毁灭地球 N 次。作为既成事实，现有的核武器基本上都掌握在大国手里，核危机从总体上说还算可控。尽管国家不分大小，一律平等，但是，公认的事实是，大国政局相对稳定，核安全相对有保障。从对人类安全负责的角度讲，避免小国拥核是现实和理性的。

或许有人会认为，巴基斯坦和以色列都是小国，凭什么它们可以拥有核武器？这是个好问题，这恰恰说明了当大国利益敌对或者难以统一时，巴基斯坦和以色列这样的小国可以轻易获得核武器。但是，老皇历往往是翻不过来的。国际政治的一个重要游戏规则就是实力政策和既成事实逻辑。熟悉南亚和中东事务的人都知道，巴基斯坦和以色列获得核武器是特殊历史条件下的结果，但是，当国际社会一致决定严格限制核扩散时，机会的大门就不可能再对朝鲜和伊朗洞开。这也算是亡羊补牢。

朝核危机的缓解是个好消息，也是个好的启示，尤其对于正在风口浪尖上的伊核危机具有借鉴意义。

国际社会必须保持高度一致，让试图获得核武器的国家失去对大国的倚重，放弃幻想。朝鲜宣称进行核试验后，中国使用了"悍然"一词，俄美欧盟日韩等相关国家纷纷予以谴责，安理会也发出制裁警告。正是这样的异口同声，促使朝鲜态度大转弯。同样，在安理会 2006 年末通过 1373 号决议之后，世界大国基本对伊朗保持了整体的高压政策，虽然伊朗试图用软硬两手左右逢源，但是，空前孤立的态势也是显而易见的。

战争是手段，而且是政治经济外交手段穷尽后的终极手段，但不是目的。在所有和平选择尚有成功希望之时，不能诉诸武力。但是，没有战争阴云的笼罩，往往又看不到和平解决的曙光，这种战争与和平前景的抉择，会把利益博弈的各方推到非常微妙的十字路口，避战求和，趋利避害肯定是上上选，只是各方要找到最好的利益平衡点，求得双赢、多赢，而不是零和、双败或多败。朝核危机如此，伊核危机也不例外。当下伊朗、美国和以色列在波斯湾的三国缠斗,实质就是通过示强而震慑对方,终极目的还是和解而不是决斗。

大棒不使往往不现实,但是,胡萝卜更重要。无论是朝鲜,还是伊朗,进入核俱乐部的首要考虑是自保,是急于获得吓阻美国军事危险的杀手锏,这是世人的共识。朝核危机之所以得到初步解决,除了国际社会核不扩散的强烈共识外,那就是美国敌视态度的软化。同样,如果美国换一种思维和伊朗打交道,而不是赤裸裸地让其改朝换代,那么,结果应该会两样。

(原载《新民周刊》2008 年第 29 期)

7.美国开"绿灯",以色列"飙车"?

随着伊朗总统内贾德得以连任,美国媒体再炒以色列攻击伊朗核设施的话题。美以官方表态莫衷一是,相关国家连锁反应,人们仿佛看到以色列的战争车轮啃地飞转,排气管轰鸣刺耳,只等美国那盏高悬信号弹变绿便向伊朗狂飙而去。

本月 5 日,美国副总统拜登在接受美国国家广播公司(ABC)采访时被问及:美国会否阻止以色列对伊朗核设施可能发动的袭击?拜登说:"以色列是主权国家,可根据自身利益决断伊朗及其他相关问题。"此话立刻被理解为美国已向以色列开启攻击伊朗的"绿灯"。6 日,美国国务院否认"绿灯"已开,强调上策仍是和平解决伊朗核危机,但又强调美国无法管束以色列采取军事行动。

"放毒"容易"消毒"难,拜登的表态还是让空气骤然紧张。深受伊朗影响的伊拉克 8 日通过官方媒体警告说,绝不允许以色列借道其领空袭击伊朗。伊朗传统盟友俄罗斯也同样关切地称,拜登的言论"令人震惊"。介于以色列和伊朗之间的沙特阿拉伯紧急辟谣说,它没有与以色列达成任何秘密协议,以便允许后者使用它的基地攻击伊朗。这些盟国与敏感伙伴的表态,迫使奥巴马通过 CNN 澄清:"绝不"存在为以色列袭击伊朗核目标开绿灯的事实,因为"不想在中东引发大战"。

美国前驻联合国大使博尔顿 2 日就曾分析说,以色列袭击伊朗核设施的猜测原本烟消云散,但是,随着伊朗大选的结束,它又卷土重来,而且非常符合逻辑,非常难以遏制。在我看来,拜登之言显然是对这种猜测最为强劲的证实,因为内贾德的连任意味着伊朗决策层强硬派将在拥核自重方向上继续前进,要向奥巴马抬高改善关系的筹码。这无疑让奥巴马很恼火,其在释放一系列示和信号后态度反向摇摆就是征兆。"绿灯"此时又成话题,可以理解为奥巴马的软手腕在内部遭遇硬主张;"放毒"与"消毒"的矛盾做法,不妨理解为美国对伊朗发动的攻心双簧:不要逼我太甚,否则,我会撒手让以色列飙车。

美国《华盛顿时报》7日援引消息灵通人士称,以总理内塔尼亚胡在向华盛顿索取空袭通行证时有些犹豫,因为在奥巴马试图接近伊朗时提这样的要求不恰当。以鹰派外长利伯曼公开对拜登的表态喝彩,内塔尼亚胡办公室却拒绝置评,引而不发。内塔尼亚胡多年来一直呼吁世界力阻伊朗拥核,鸽派领袖、现任国防部长巴拉克也频繁警告伊朗:以色列尽握一切选项。此外,以色列多次向伊朗发出军事信号:去年进行了具有针对性的大规模综合演习和长途空袭演练;本周,据称一艘携带核弹头的以色列潜艇离开伊朗附近的国际水域返回地中海——这些都是展现其战争飙车的决心和能力。

不允许敌对力量拥有绝对性军事优势特别是核力量,这是以色列的底线。1981年,以色列空军偷越沙特、伊拉克和约旦领空炸毁伊拉克的核反应堆。2007年9月,以色列再次出动战斗机群偷袭叙利亚腹地的核研究中心。和这两个"软柿子"相比,伊朗是"硬骨头"。但是,只要以色列发现伊朗威胁已到临界点,它一定驱动战争机器,不管美国是否开放给"绿灯"。

(原载《精品购物指南》2009年7月9日)

8.中东:从"硬核"到"硬和"的扩散

中东一直以乱出名,乱得有年头,乱得无尽头,还乱得让人晕了头。而最近的中东情势,围绕"核"与"和"双重硬化,各方立场铿锵碰撞,犹如一堆"弹球"以刚克刚,纷乱异常,令人揪心。

先说"核硬化"。最硬的当数危机焦点伊朗,其全方位的强硬见棱见角:6日,伊朗以国内飞行员够用为由,限令所有被雇佣的俄罗斯飞行员走人,几乎所有的专家都认为这是伊朗在打俄罗斯的脸,是冷却伊俄关系的信号,因为俄罗斯近日放言将有条件赞成加紧制裁伊朗,并已停止履约不帮伊朗编织空防网。

伊朗对俄罗斯拉下脸是个新动作,对美国、以色列则依然以硬碰硬:月初试射"胜利-1"型反舰导弹,继而试射百公里射程的"光明"舰对岸导弹。在波斯湾因核而起的军备竞赛和战争疑云中,伊朗决心不惜一战。同时,"语不惊人死不休"的内贾德总统连续引爆口水炸弹:称"9·11"事件是美国为攻打阿富汗而自导自演的"大骗局";骂以色列"妄图谋求世界霸权,是一切战争、屠杀、恐怖和反人类的根源";甚至到喀布尔公开讥讽美国"玩两面派","屠杀无辜平民",要求美国撤军,为塔利班帮腔。

伊朗的"硬核"外交已经产生外溢效应:曾在 2007 年被以色列炸毁核设施的叙利亚 9 日再次公开表示将发展和平目的的核能;而被普遍认为拥有200 枚核弹头的以色列也声言要发展核能。国际社会普遍的担忧是,如果不能使伊朗核能开发透明化,核不扩散体系将彻底瓦解并引发地区核竞争,这场竞争无疑将打破以色列的核垄断与核保护伞,这恰恰是以色列可能不惜主动向伊朗开战的动因和逻辑所在。

伊朗的"硬核"引发美国的反向强硬:正在以色列访问的美国副总统拜登9 日明确警告东道主,不得对伊朗动武以免引发难以收拾的后果。这与半年前他本人暗示向以色列动武开放绿灯的表态相比,绝对是大逆转,表明美国对伊朗"硬核"啃不动、吞不进、放不下的无奈和焦虑。

以色列素来就是一颗锤不扁的铜豌豆,怎么甘心做美国餐桌上的软豆腐,尤其是内塔尼亚胡和利伯曼这样的中右翼组合主政。于是,以色列政府于 9 日突然宣布批准在东耶路撒冷定居点新建 1600 套住宅。尽管这个顶风而上的动作引起国际各方谴责,尽管以色列官方假意道歉并说无意让拜登难堪,但是,谁都知道,这是给奥巴马原本徘徊不前的中东和平车轮又下一个绊马索,是对拜登表态的现时报复,以《国土报》直接形容为"响彻世界的大耳光"。"硬核"转向了"硬和",伊核危机的硬化又加剧了巴以和平进程的硬化,这就是中东的碰碰车现象。

"硬核"引发"硬和"的最新不祥之兆是:阿拉伯国家联盟和平努力委员会 11 日凌晨发表公告,建议外长理事会撤销对巴以和谈的支持,除非以色列立即改弦更张。22 个阿拉伯国家如果集体决定"硬对"以色列,那必然引起哈马斯、真主党、叙利亚和伊朗的巨大欢呼,一盘硬球或许重新散落在中东的球桌上,无论是伊核危机还是中东争端,所有的球都将难以落袋为安。

(原载《精品购物指南》2010 年 3 月 11 日)

9.伊核猫鼠戏,"非常 6+1"

咱中国央视曾有一档非常火爆的电视节目,叫作"非常 6+1",主要是为普通人追梦、造梦和圆梦而设计。梦圆时分一炮走红成为明星,梦碎之后锦鸡依然不是凤。想想搅动世界的伊朗核危机,也似一场"非常 6+1":致力于核大国梦想的伊朗,在收视率极高的舞台上大玩老鼠戏猫,着力与六大国周旋,场面起伏跌宕,玄机层出不穷。

18 日,联合国安理会有关伊朗核问题新决议草案终于在美中俄达成一致后,以五个常任理事国和德国的名义向安理会散发,以期获得 15 个成员国投票认可后形成制裁伊朗的"第四决议"。至此,六大国再次步调一致,使"非常 6+1"游戏以不利于伊朗的态势完成一局:很显然,这个草案由于不会被"五常"否决而将成为决议和法律文件,构成高悬伊朗上空的达摩克利斯剑。

巧的是,此前一天,伊朗突然宣布与土耳其和巴西达成核燃料交换协议,将其 1.2 吨纯度为 3.5% 的低浓缩铀移交土耳其,换回 120 公斤医疗与科研所需的 20% 纯度浓缩铀。原本去年 10 月投下的棋子总算落定,实乃已无退路可寻,足见伊朗对核技术爱到不能爱,对核原料藏到不能藏,对核危机顶到只有危没有机。古老波斯的韧性和精明,一鼠戏六猫的高超和弄险,都在这段软磨硬抗中显现。"非常 6+1",的确不寻常。

有人不解,伊朗既已让步,何苦再提制裁?其实,猫有猫道,鼠有鼠招,各走各的路,各吹各的调。六大国在安理会第三份制裁决议出台后陆续形成共识:伊朗确有违反核不扩散机制之嫌,它一直刻意为其核项目罩上黑幕,不在国际监督下提炼浓缩铀,甚至顶风增建核设施,眼看纸里包不住火才匆忙补办上报手续。此外,去年 10 月至今,西方怀疑,伊朗已存储更多低纯度浓缩铀,绝不是原先估计的 1763 公斤,截至 2 月,可能已增至 2063 公斤,因此,伊朗只按原来的标准移交浓缩铀,显然打了埋伏,居心叵测。基于这两个理由,必须通过制裁迫使其彻底改弦更张,浪子回头。

六国共识之外也有分歧,导致制裁决议怀胎八月难以顺产。按美国的初衷,新制裁要掐断伊朗经济的命根子,不让它出口一滴原油,也不让它进口一滴成品油,进而推倒经济崩溃、民不聊生、内乱升级、政府倒台的多米诺骨牌。中俄坚持外交空间仍然存在,反对扩大伤害面,坚持"三不"为核心的"精准制裁":不能影响世界原油供应,不能冲击正常经贸,不能伤及伊朗民生。在这种拉锯、磨合的半年里,留给伊朗妥协让步的时间,也形成维护核不扩散机制和安理会决议权威的制裁新方案。

此轮"非常6+1",各有所得:六大国担当了义务,维持了对伊高压,延缓了其拥核进程,避免了激化地区局势。伊朗则抢在新制裁方案出台前把球开出自己半场,以控制道义和舆论制高点,居中的巴西和土耳其则赢得大国才有的殊荣,伊朗和巴西领导人都以"历史性"拔高这一事件。

伊核危机至此只是画上一个分号,而不是句号。美国并未改变让伊朗变天甚至直接颠覆其政权的图谋,伊朗也不会轻易放弃萦绕多年的拥核做大强国梦。所以,伊核"非常6+1",博弈还要继续。继续到哪里?没有人知道答案。

(原载《精品购物指南》2010年5月20日)

10.伊朗:何日掀开"核头巾"?

2月12日,朝鲜进行第三次核试验,引发全球新一轮的核恐慌。头一天,恰巧是另一个核焦点国家伊朗"伊斯兰革命胜利"三十四周年纪念日,著名的自由纪念塔广场及邻近大街塞满百万人的反美示威队伍,交通瘫痪。

此前此后的三四天里,第四次游历这个神秘国度的我,既享受其北部厄尔布尔士滑雪场的壮阔美景,也体验其南部波斯湾基什岛的温热阳光,沿途只在意团队女性不要落下遮头盖脑的头巾,毫不担心外界聒噪的核危机引起战事的可能性。

然而,我个人的判断取代不了国际舆论的忧虑和关注,朝鲜核试验导致伊朗核焦虑再次甚嚣尘上,媒体上关于"伊朗要求全世界销毁核武器""伊核谈判进展促使国际油价走低""伊朗核设施安装新型离心机""日媒称伊朗科学家或参观过朝鲜核爆""美国警告纵容朝鲜或为伊核壮胆"的报道此起彼伏,伊核危机被"搭车"热炒;未来一周,伊核危机依然会是热点话题,因为新一轮伊核六方会谈将于本月 25 日举行。

如果说,女性戴头巾已成为伊朗社会景观的缩影,是否拥核则是伊朗国家安全的符号。不习惯被头巾包裹的女性进入伊朗总感觉诸多不便,甚至充满抱怨,即便习惯了头巾生活的当地女性,也借助浓妆染发来冲抵被遮盖美丽的不满。纠缠于核危机的伊朗与世界则彼此不爽,相互伤害,远不似一袭头巾那样不便、那样简单,因为它直接影响到伊朗的经济发展,影响到政权生存,影响到地区稳定与和平。

受美国日益严苛的经济制裁冲击,国营的伊朗航空公司班机减少,班次压缩,德黑兰至北京航线已不正常,甚至传出停飞说法,更多往返两国的人士不得不倚重民营的马汉航空公司,一旦伊航停飞成为最终事实,马汉航空将全面承担起上海、广州和北京连接伊朗的空运业务。据悉,机体老旧,零件、设备进口无门,航空油价高企都是遏制伊航业务的主要杀手,而美元的升值和稀缺导致伊朗来华人员减少,也是重要原因。

此次去伊朗,感觉中国游客已成为伊朗旅游的头号客源,从德黑兰到迪津滑雪场再到基什岛,遇见中国游客的概率远远高于欧洲、日本和东南亚,而兜里有钱、出手大方的中国游客也得到越来越多的笑脸和客气,新鲜是一个因素,制裁高压下的经济需求驱动才是实质,尤其经济支柱石油出口受到严重遏制之后。

一年前我第二次去伊朗时,美元对里亚尔的官价是 1∶12 万,黑市或民间交易价为 1∶17 万,通货膨胀率为 40%;去年 11 月底我三访伊朗时,官价为 1∶25 万,黑市价为 1∶30 万;此次刚落脚,官价为 1∶25 万,黑市价为 1∶34 万,临行前竟攀升为 1∶37 万甚至 40 万……货币注水,水漫金山,中高档餐饮场所,能光临者不是有钱人便是外国人。对于已被美国逐出国际货币结算体系的伊朗,既有美元又爱花现金的中国人,当然最受青睐。我的切身体验是,尽管伊朗物价已一涨再涨,同等消费也比国内实惠很多。

经济困难,局势平静,伊核问题依然像神秘的头巾。上次从伊斯法罕驱车500公里北上德黑兰,经停设有核设施的库姆,沿途竟然看不到任何特别的警戒或限制措施。此番两次起降马哈巴德国内机场,涂抹着土黄色迷彩的战斗机、轰炸机赫然在目。这些常识让我相信,面临以色列甚至美国攻击威胁的伊朗,没有如临大敌,没有枕戈待旦,更没有草木皆兵地防范所有外国人,是否可以反证,伊核危机是一条透明的黑头巾,貌似扑朔迷离,实则一览无余——这或许是伊朗、美国、以色列都心知肚明的政治游戏,各自拿来说事,当作处理内外问题的作料,其实,伊朗从技术、材料、设备等都远离用于军事的红线,甚至最高领导层没有做出拥核的政治决断。

地图上的波斯湾貌似狭窄,徘徊于基什岛平缓沙滩的我极目遥望却看不到对岸,甚至看不到想象中穿梭如织的油轮。我在想,波斯湾足够宽,可以容下伊朗、美国、阿拉伯,甚至1500公里外的以色列,出路也许在于揭开那个虚妄的核头巾。

（原载《北京青年报》2013年2月16日）

11.美伊接近：小心翼翼的缓和尝试

9月24日,第68届联合国大会在纽约总部开幕。尽管大会有诸多议题需要讨论,开幕前的最大焦点却锁定一个猜想:美国与伊朗这对冤家能否在关系正常化方面突破?尽管此后美伊未能实现元首峰会,但两国外长却完成历史性会见。各自艰难的美伊双方,正以彼此示和却又小心翼翼的姿态试图重构关系。

据报道,大会开幕前,美方不仅热心期待伊朗新总统鲁哈尼的光临,而且主动联系伊方,试图设计和安排奥巴马总统与鲁哈尼之间的偶遇、攀谈或餐叙。总之,以任何自然而简单的方式打破冷漠,实现零的突破,完成一次高峰对话。这种热切,与以往美国刁难伊朗总统入境,或在其发言时起身抗议,形成鲜明对比,勾勒出奥巴马以大事小、以强奉弱的高姿态。

为表善意,奥巴马在开幕当天的讲话中,为美伊关系的缓和前景定下让人乐观的基调:承诺不对伊朗进行政权颠覆,承认伊朗有权和平利用核能源,并称伊朗弃核将使美伊关系实现某种程度的推进。但是,美方的示好遭遇伊朗的闭门羹,鲁哈尼并不打算轻易接过奥巴马试图抛出的橄榄枝,伊方以时间太仓促来不及安排,或因饮食禁忌无法参加自助午餐等为由,婉拒奥巴马的见面之请。

鲁哈尼的这种倨傲表现,不仅让离任的强硬派伊朗领导人内贾德心生羡慕,更足以让温和派代表哈塔米满腹酸楚。"9·11"袭击后,哈塔米主动向美示好,既致以慰问和同情,又表示愿意携手反恐。岂料美国总统小布什不仅不买好,而且很快将伊朗列为"邪恶轴心"国家,变相羞辱伊朗温和阵营,恶化伊朗的舆论环境,导致内贾德在2005年大选中顺利上台。

当然,此一时彼一时。奥巴马不是小布什,鲁哈尼也非内贾德。奥巴马洞察小布什牛仔风格的外交遗祸太多,特别是恶化了与伊斯兰世界的关系,因此,上台伊始就调整政策,缓和语气,力避单边,并主动向包括伊朗在内的伊斯兰世界释放善意。尽管在其第一任内,偶尔对伊朗也放狠话,但避免对伊军事摊牌的战略选择一目了然。

同样,与作风彪悍、言语激烈的内贾德所不同,鲁哈尼以温和姿态赢得大选,并利用各种机会向美国和西方温柔喊话,体现灵活,甚至破天荒接受美国电视专访,向美国公众发起微笑外交,并非常明确地宣称伊朗不谋求核武器。敌对两国的一对温和领导人遭遇,显然会减少火药味而增加人情味,这也恰恰是人们期待联大"奥鲁会"的背景所在。

更重要的是,此时的美国已非"9·11"爆发时的美国,伊朗也不再是一味硬抗的伊朗。经过伊拉克和阿富汗两场持久战的消耗,以及经济危机的拖累,美国已入不敷出,力不从心,心思不仅集中于经济民生,而且战略重点从欧洲和中东南下东移,实在无意继续在中东纠缠拌蒜。无论利比亚战争还是叙利亚内战,美国都疲态尽显,被动应付;虽然追求伊朗无核化立场不会妥协,但方式方法已在明显调整。

伊朗显然也是苦于应付。三十余年特别是近两年的残酷国际制裁与封锁,使伊朗经济凋敝,物价飞涨,通胀严重,民生艰难,百姓啧有烦言。改善与美欧关系,打破封锁与制裁坚冰,恢复贸易与经济,成为鲁哈尼的当务之急,也必然是他向美国示好示弱的民意依托。

26日,鲁哈尼对媒体称,希望在几个月而非几年内通过谈判达成协议,解决伊朗核危机。这表明鲁哈尼时代的伊朗在核透明方面更趋积极。伊朗驻京外交人士日前告诉笔者,作为体现诚意的重要标志,鲁哈尼已把核问题谈判权由国家安全委员会收转外交部,这样将使更多专业人士参与,有效推动进程。当然,美国看好鲁哈尼的伊朗还有两个重要因素,鲁哈尼及其大后台拉夫桑贾尼与美国中东盟友沙特关系较为友好,伊朗也在微调叙利亚政策,强调不在意谁领导未来的叙利亚。

美国在各种无奈中主动追求伊朗,伊朗在灵活之中保持矜持,透射出双方关系僵冷已久的高度不信任。尽管均有主动改善关系的意愿,但是,鉴于中东各种力量和利益错综复杂,伊朗弃核十分微妙,美国又不容伊朗坐大,因此,双方关系的发展必然会一波三折,而非一帆风顺。

(原载《北京青年报》2013 年 9 月 28 日)

12.日内瓦:伊核谈判曙光初现

10 月 16 日,世界瞩目的日内瓦伊朗核问题"6+1"谈判结束两天日程,达成并发表共同声明,宣布将于 11 月 7 日至 8 日举行新一轮谈判。这是伊核危机发酵近十年和六国与伊朗谈判机制形成近七年来,首次围绕伊朗核透明达成共同声明,可谓艰难破局,初现曙光。

据声明披露的信息看,两天的谈判认真、务实而紧张,伊朗外长扎里夫陈述了伊方的主张,并与其他六方就具体问题进行了深层次的双边和多边磋商,并为下次会谈的前期技术和专业准备定下基调和目标,进而使这次小小的"开门红"充满深入和推进的希望。

另据报道,会谈举行前伊朗曾突然拉高调门,强调不在境外销毁纯度高于 20% 的浓缩铀为"红线",但伊朗却把具有让步性质的一揽子方案摊上谈判桌,其核心是通过三个阶段结束核危机,而结束的标志性成果,将是与国际原子能机构 IAEA 签署附加议定书,约定将伊朗既有和公开的核设施置于 IAEA 监管之下,允许 IAEA 对这些设施以外的任何地方随时和突击检查,确保伊核事业的公开与透明,时间期限为六个月。

据悉,伊朗副外长、核谈判代表阿拉格希向六方提交的核透明路线图,不仅包括对离心机总量的限制,还有对浓缩铀提炼纯度 5% 的封顶,这两项指标,足以确保伊朗不获取 20% 以上浓缩铀,进而见证其不打算拥有核武器的真诚愿望。

由此可见,伊朗的确拿出分量很足的谈判草案,基本满足了国际社会对其严守《核不扩散条约》、和平利用核能及保持核透明的总体要求。也正是这番货真价实的诚意,使这次谈判产生了里程碑意义,为伊核危机的彻底解决打开希望之窗。

伊核危机行至今日,是天时、地利与人和的结果。天时者,在于防止核扩散、建设无核世界,已是全球共识和国际社会强烈意志。安理会为制裁伊朗通过四项决议;五个常任理事国与德国结成统一战线共同施压;长达三十多年并日益严酷的经济制裁和贸易封锁令伊朗不堪重负。无论伊朗还是美国,都内外交困,无心、无力继续在核危机泥潭里裹足不前。

地利者,在于 2011 年以来中东力量格局大变,阿拉伯国家政权更迭频繁,战乱不断,局势动荡,温和力量分崩离析,激进和强硬势力纷纷抬头并成连营态势,"基地"组织等恐怖主义势力在西亚和非洲逆势扩散。美国战略重点向亚太转移,无力一手操控中东,甚至被迫在叙利亚问题上让步。伊朗的地区稳定作用在凸显,美国对其敌意正在减弱,谋求美伊关系正常化的愿望趋于强烈。

人和者在于,务实派的鲁哈尼今年顺利当选总统,意味着伊朗民众希望改变内贾德执政十年间的强硬政策,以终结国际制裁和改善经济形势,也说明鲁哈尼切实得到最高领袖哈梅内伊的支持。鲁哈尼履新后,无论对美国、以色列态度,还是对沙特、叙利亚立场,都呈现温和且有利于改善自身处境的微调。奥巴马意欲在伊核问题上破局建功立业,不仅主动致信鲁哈尼表达对核扩散的关切及关系正常化的诉求,而且在联大公开承诺,不谋求颠覆伊朗政治制度,不反对伊朗和平利用核能,甚至破天荒地与鲁哈尼完成"电话外交"。

鲁哈尼时代的伊朗不乏解决核危机的真诚和渴望,因为从上到下已形成结束封锁、减缓苦难、摆脱孤立和顺应国际政治主流愿望的高度共识。伊朗也为此付诸真诚行动,从将核谈判权由国家安全委员会下放至外交部,从组成专业和技术谈判团队,直至提出一揽子妥协方案,都为日内瓦突破奠定基础。

但是,无论伊朗还是美国,内部都存在强大的不妥协与反和解势力,双边关系的缓和和正常化,也存在着以色列和海湾阿拉伯国家这样的地区干扰因素,双方又远未建立基本的战略互信,核危机初步实现的突破,能否换取美国的回馈与鼓励,能否在二十天后的第二轮谈判更上层楼,将考验伊核危机是否彻底翻开新篇章,也将考验伊美是否实现历史性再度言和。

（原载《北京青年报》2013 年 10 月 19 日）

13.高卢鸡鸣:法国搅局伊核谈判

11 月 20 日,有关伊朗核危机的"6+1"谈判第三轮谈判在日内瓦复谈,然而,第一轮谈判带给世人的乐观情绪已变得消极而谨慎。问题不在于急于取得突破的老冤家伊朗和美国互不让步,而是法国连续从中作梗,一如半路杀出的程咬金,将大好局面搅得不知所终。

此轮谈判开始前,法国总统奥朗德不仅高调出访反对美伊达成核妥协的以色列和沙特阿拉伯,而且公开列出四条红线迫使伊朗就范:将所有核设施交由国际原子能机构监管,不得提炼纯度为 20% 的铀,减少该纯度浓缩铀储量,立即停止阿拉克核反应堆建设。法国的强硬立场引发伊方强烈回应,也让美英等伙伴陷入尴尬,无疑给第三轮谈判能否签署过渡性协议带来变数。

原本并非问题焦点的法国怎么成为麻烦制造者和搅局者? 法国能否左右伊核危机整体走向? 仔细想来,法国突然搅局也不奇怪,这既是法国外交传统使然,也是法国现实利益所需。法国也许只是为了表达姿态,并无改变伊核危机进程的控制力,也不太可能一意孤行与美英伙伴闹翻,与中俄对立,成为致使危机解决流产的破坏者。

保持超然、特立独行、唯我独尊是法国外交的一贯传统和理念,渐成于 17 世纪,在戴高乐时代达到顶峰。法国这只孤傲、好斗、各色的"高卢鸡"不仅在欧洲事务中经常形单影只,在跨大西洋联盟里也常常对美国说"不",文化上高度抵制美国强势文化,外交上对美国的霸权做派和单边行为方式也颇有抵制。虽然同属西方阵营,与其他对美国言听计从的伙伴不同,法国经常我行我素,与美国外交的务实主义和双重标准存在气质与风格的冲突,颇具理想主义色彩,根本还在于彰显法国不同,强调大国地位。

法国此番搅局,也旨在扩大自身在中东地区的话语权,突出存在感。西亚和非洲原本是英法老牌帝国的势力范围,也是欧洲后院,但二战后不得不让位于崛起的美国。近年来,随着美国实力下挫,这一地区出现大国博弈空隙,法国对外政策趋于强硬或更具攻击性,如萨科齐时期力主并带头出兵利比亚,武装干预马里内战;奥朗德上台后强力介入叙利亚内政,甚至积极追随美国准备武力教训巴沙尔政权。但美俄突然达成交易,调整对叙立场和策略,无异于抛弃法国。法国当然不甘如此始乱终弃,于是,在伊核问题上发难,大有报复美国之意。法国不仅在第二轮谈判时开始发难导致没有如期突破,更在第三轮前与以色列和沙特打得火热,形成强硬铁三角。

此外,法国对伊朗采取强硬立场,是其地区政治的延续,也是法伊恩怨的继续发酵。叙利亚与黎巴嫩曾为法国委任统治地区,至今深受法国影响。但是,自1979年伊朗伊斯兰共和国建立后,双方通过叙利亚和黎巴嫩的意识形态较量和地区影响争斗就未曾停止,期间更发生法国上百名陆战队员在贝鲁特被炸死炸伤的惨剧。法国在叙利亚的现实追求是颠覆巴沙尔政权,但伊朗及其支持的黎巴嫩真主党却成为巴沙尔最重要的地区倚重力量。法国不希望放松套在伊朗脖子上的经济制裁绞索,可谓旧恨新仇一并发酵。

也许,法国投以色列和沙特所好,除加强与两个地区主要国家的战略互信外,还有巩固经济利益的算计。据报道,今年10月,法国公司与沙特政府签署了几十亿美元的商业大单,奥朗德很担心在伊核问题上附和美国缓和政策对伊朗放水,将导致这笔大生意泡汤。因此,为反对而反对,为表达而表达,至少能显示自己的诚意和原则。当然,沙特的伊核立场代表了绝大多数阿拉伯国家的立场,这是更大的一笔政治和经济账。

归根结底,法国不惜为伊核谈判横生枝节,根本在于体现"法国例外",而不是要真正承担谈判失败的责任。伊核谈判是否突破,关键在于美国的意志,在于白宫与国会的博弈,甚至是伊朗内部温和派与强硬派的博弈。只要美伊双方决意彼此做出些让步,各取所需,法国的"高卢鸡鸣"和一路折腾,终究会流于表演。

(原载《北京青年报》2013年11月23日)

14.伊核解套:不妨算一笔经济账

　　4月初,经过两次"加时赛",有关伊朗核问题的"6+1"谈判在瑞士洛桑圆满结束并达成阶段和框架协议。这是伊核危机发酵十余年来最显著收获,尽管有待6月底签署最终和全面性协议,但各方都给予高度评价。美国总统奥巴马和伊朗总统鲁哈尼双双指出,这将是为实现关系正常化而掀开的"新篇章"。伊核危机解套意义重大,对地缘政治构成的冲击程度如何有待观察,但从经济角度衡量,其近期前景并非不可预测,也值得算一笔账。

　　伊核协议达成引发的首波震荡当然是石油价格起伏和石油格局变化。4月1日和2日,谈判延时两次暗示的乐观预期,以及随后令人振奋的一揽子协议,刺激低迷的石油市场继续疲软,油价保持两天连续跌势。2日晚,伦敦布伦特原油期货价下跌5.3%至54.06美元,西德克萨斯中质油期货价下跌3.9%至49.50美元。

　　也门战事陡升曾一度引发市场对油价反弹的担忧,但是,围殴也门胡塞武装的多国联盟实力明显强大,基本决定了战事不大可能阻断亚丁湾一带的航线进而使中东石油受阻,因此,油价小升即跌。接踵而至的伊核谈判花好月圆,为油价跳水注入十足动力,并将可能保持这一态势长达半年以上。伊朗是世界第四大石油存储国,也是欧佩克出口三甲之一,核谈判修成正果意味着它将陆续摆脱经贸和金融制裁,恢复石油出口以缓解太过艰难的经济困境。

　　常态下伊朗石油出口能力为每天250万桶,石油收入构成其GDP的七八成。漫长的国际制裁已使其石油出口萎缩至150万桶左右。今后,伊朗为夺回所失份额并补偿既往亏空,势必放量输出,进而让已经过剩的石油供应雪上加霜,压制油价低迷不起。考虑到伊朗不会深度介入也门战事,沙特还将继续围剿页岩气革命,这海湾二雄的石油份额争夺也许会彻底扼杀众多页岩气企业,使碳氢能源格局最终保持继续倚重中东供应的态势。

　　随着对外政治关系的缓和,伊朗被压制已久的引资、非石油贸易和旅游等经济活动将呈现全新活力。伊朗旅游部门官员日前预测,到2025年,伊朗计划吸引2000万各国游客,并为此新建1000家酒店。据悉,制裁尚未解禁前,已有 10 多家阿拉伯和欧洲投资集团瞄准巨大的伊朗市场,伊朗因制裁而被迫紧缩的经济发展也将得到井喷式释放。伊朗石油部长估计,制裁解除后伊朗一年石油收入将增加 1000 亿美元,它将使伊朗乃至地区经济后劲十足。

根据新协议,伊朗和平利用核能源的基本权利将得到保障,处于国际监控下的核设施将正常运转。尽管会大力恢复石油出口,但着眼多方面考虑,伊朗将逐步摆脱过分依赖油气资源定为国策,未来会大力发展核电等洁净能源。去年,伊朗曾表示将在波斯湾沿岸建立 10 座核电站。受地缘政治因素刺激,沙特、埃及和土耳其等忌惮伊朗势力膨胀的地区大国,也许会加速发展核电事业,并视情况用于军事目的,至少沙特日前已有类似明确表态。

很显然,伊朗远离核武会明确降低美伊军事摊牌的可能性,但将加剧和平利用核能源的地区竞赛,导致中东核电贸易快速增长。几年前,海湾阿拉伯国家就已提出雄心勃勃的核电发展蓝图,并分别与法国、日本等核电大国进行了谈判。沙特计划未来 20 年斥资 800 亿美元打造 16 座核电站;阿联酋也有投资 400 亿美元大建核电项目的构想。2013 年,中国提出与阿拉伯国家深化经贸合作的“1+2+3”合作格局,也首次将核能列为双边贸易量倍增的重要方向之一,这也预示着后伊核危机时代的中东,核能大规模开发和利用已经在即,也必然引发能源、经济和核安全的变局。

伊朗核危机缓解,并不意味中东和平大时代的到来,因为以色列至今拒绝参与无核化进程,而中东复杂多变的矛盾和利益必然使动荡和战乱成为常态,因此,保持强大常规军力几乎是地区大国的核心战略。伊朗没有核武杀手锏,石油收入会大幅度上扬,其地区作用和空间都在扩大,信心与雄心也可能爆棚,因此,未来几年可能加大常规军备投入,进而引发地区军火贸易竞相攀升。当然,如果伊拉克、叙利亚和也门等战场的战争升级和蔓延,伊朗及其对手的军火投入也将水涨船高。

中东从来就是个黑风口,按下葫芦浮起瓢,悲喜剧也总是瞬间实现大逆转。因此,伊核危机突破究竟如何改变中东,还得骑驴看唱本——走着瞧。

(原载《北京青年报》2015 年 4 月 11 日)

15.伊核谈判:收官热闹中的冷思考

不到中东,不知关系复杂;不到中东,不知光阴短暂。7月15日,延续十二年的伊朗核问题谈判总算在维也纳修成正果,相关各方签署伊朗放弃核武器开发的全面协议,其中不乏五年、八年这样的落实时间点,还包括伊朗十五年内不得再建设重水厂。从2003年危机爆发到2030年条款执行完毕,前后二十七年,整整一代人的岁月,四分之一个世纪,何其漫长。但是,对两千五百多年前就建立世界首个跨洲帝国的伊朗人而言,二十七年只是其苦难辉煌史的一个小零头。

这是多方都欢呼雀跃的重大事件,它有效维护了世界核不扩散体系,强化了联合国安理会的团结;它因伊朗敞开核大门而避免了一场潜在的波斯湾战争;它体现了美国主导的国际社会联合制裁的作用,彰显了安理会决议的权威;它赋予伊朗核武器之外的合理核权利,并有望逐步结束对其经贸封锁和外交孤立;它又是中国和俄罗斯等"制裁+谈判"双轨和平外交主张的胜利,展示了热点、难点问题多边参与和综合治理的效率;它还是相互尊重、务实合作和双赢理念的范本。当然,它也许会给朝鲜核问题的解决提供启迪,让世界看到维持东北亚核不扩散机制并非绝无可能。

伊核谈判取得突破,是诸多主客观因素综合发酵所致,最关键的当然是美伊心态与关系的调整。奥巴马执政后捐弃"布什主义"为代表的单边主义和强硬政策,正视因阿富汗战争和伊拉克战争而引发的中东力量格局错乱,重新检讨自1979年以后一以贯之的敌视伊朗国策,承认伊朗作为地区大国所拥有的权利、地位和角色。非常吊诡的是,伊朗今天得以在中东光彩重新,很大程度上是美国通过战争为其摆平东西两侧的战略劲敌——塔利班和萨达姆政权,同时又孵化出新的两国共同仇家"伊斯兰国"武装,进而被迫倚重伊朗确保中东平衡与稳定。

这场围绕主权与安全的弃核马拉松谈判,转折点是美国做出的历史性妥协。2013年9月24日,回应伊朗新任总统鲁哈尼愿意就核问题达成协议的表态,奥巴马在联大阐述美国中东政策并强调:美国不谋求变更伊朗现有政权,也将尊重伊朗和平利用核能源的权利。这是美伊交恶以来任何美国总统都未曾有过的示和姿态和政策宣示,彻底埋葬了小布什"邪恶轴心"理论,让对方吃下两颗定心丸,从而使伊核谈判避免沦于形式。

就伊朗而言,拥核的战略机遇期已错过,继续试图拥核代价极其高昂,刻意闯关引发的战争将使这个多灾多难的古国文明成就倒退若干年。此外,美国及其西方盟友三十多年的经济制裁、贸易禁运严重迟滞了伊朗的正常发展,2006 年至 2010 年联合国四项制裁决议逐步加码,美国扩大到石油和金融领域的绞索置伊朗经济于崩溃边缘。中俄两个友好国家对安理会制裁决议的明确支持,也让伊朗清醒确信核不扩散体系壁垒森严,无望突破。

伊核协议显然不是所有人的开心果。美国的共和党人不爽,伊朗的强硬派也不爽,他们都视之为一次叛卖和投降。以色列更恼火,称其对伊立场将不受协议约束,言外之意,只要判断伊朗图谋不轨,必将诉诸武力。原本对美伊和解也痛心疾首的沙特阿拉伯虽然支持签署协议,但又警告伊朗不要把制裁放松赢得的宽松环境,当作在地区制造动乱的机遇和条件。沙特公开警告伊朗所据事实并不夸张,因为伊朗弃核并不代表弃权舍利,在地缘格局形势看好的当下,伊朗势必加紧在中东继续扩大势力范围。从黎巴嫩到叙利亚,从伊拉克到也门,伊朗的身影显然相当庞大和活跃。因此,伊核协议修成正果,也许更激烈的新一轮非核博弈又要开始。太多内部和外部掣肘,令人担心这份协议在未来十五年会否中途夭折?

至于伊核协议的正能量有无可能助推陷入僵局的朝核危机,笔者对此相当悲观,因为美国没有打算给予朝鲜类似伊朗获得的战略与安全保障,朝鲜自然不会主动缴械,引颈就绞。留着朝核危机作为一个恒温热点,保持东北亚适当紧张和对峙,足以让美国继续在韩日驻军,并大力实施战略重心向亚太转移实现所谓再平衡,否则,美国又如何看防和羁绊中国的快速崛起呢?如何维持自己的世界领导者地位?

(原载《北京青年报》2015 年 7 月 18 日)

16.伊朗狠话:太阳底下无新事

9 月 9 日,伊朗最高领袖哈梅内伊放话说,伊朗与美国的谈判仅限于核问题,并强烈抨击美国是"大撒旦",宣称以色列"二十五年内将寿终正寝"。正当奥巴马在国会为达成的伊核协议努力闯关夺隘时,哈梅内伊这通炮轰引发巨大回响,也让观察家们为伊核协议能否善终捏把汗,甚至为中东是否再次出现军事对峙而担忧。其实,哈梅内伊此言与数年前伊朗总统艾哈迈迪-内贾德类似表态几无二致,是伊朗一贯政策的极端表述,真可谓太阳底下无新事。

观察家们注意到,哈梅内伊在推特发表这番惊人之语之时,奥巴马已争取到参议院对伊核协议的放行,可谓小有斩获,但是,对美国的强烈攻击和对以色列的安全威胁,无疑激起美国共和党人和民主党内强硬派的再次质疑,激起以色列的强烈反弹和美国犹太院外集团的不满,使得奥巴马团队压力陡增,将费尽千辛万苦达成的伊核协议置于前途莫测的十字路口。

西方媒体甚至分析称,哈梅内伊有意拉开与总统鲁哈尼的距离,进而使这个达成伊核协议的头号功臣面临政治危机甚至执政障碍。其实,多数媒体也许没有注意到哈梅内伊肯定鲁哈尼团队的言辞。作为伊朗最高领袖和平衡大师,哈梅内伊已充分澄清,伊朗只是为解决核问题才与美国坐在谈判桌前,无意与美国进一步修复和发展关系。

伊朗伊斯兰共和体制是个非常独特的政体,是最高领袖领导下的共和制,一人之下,三权分立,融集权与分权于一体。如果把伊朗政府比喻成一个公司,总统只是 CEO,最高领袖才是董事长。而且远不止于此的是,舆论环境相对宽松的伊朗,下到平民,上至总统,谁都可以是媒体盘里的菜,唯独不允许质疑、抨击最高领袖,因为他是伊斯兰共和制的象征,攻击领袖就意味着背叛国家,意味着成为全民公敌。

最高领袖是伊朗内外政策的总设计师,总统只不过是执行者。因此,伊朗的外交也好,核问题谈判也好,最终正音定调的都是哈梅内伊,甚至谁在前台吹拉弹唱,很大程度上都是哈梅内伊在拍板或做幕后推手。"9·11"之后,小布什政府出台"邪恶轴心"政策,公开宣称要颠覆伊朗现有体制,导致持续近 10 年的伊朗温和派在大选中落马,代表强硬立场的内贾德应运而生,重启伊朗与美国针尖对麦芒的阶段,直到 2013 年相对温和的鲁哈尼在多名候选人中脱颖而出,才开辟核危机和平解决的新时代。当然,成也萧何败也萧何,不管内贾德还是鲁哈尼,他们只是哈梅内伊幕后扯动的玩偶。

哈梅内伊今天的言论,和内贾德多次释放的炮仗没有什么差异,核心意思有几点：承认犹太人的生存权但拒绝接受以色列作为主权国家存在；呼吁以色列及巴勒斯坦被占领土所有公民举行全民公决，成立新的主权实体取代以色列；预言以色列将很快寿终正寝，并暗示伊朗将为之继续进行"圣战"。而且事实上，以色列三面之敌，大致背后都有伊朗的鼎力支持：黎巴嫩的真主党，是伊朗伊斯兰革命卫队一手建立、培训、武装和长期资助的民兵武装；叙利亚掌握政权却又不肯妥协的阿萨德家族，更是倚重伊朗的战略支持；巴勒斯坦的哈马斯等激进派别，在相继被埃及、叙利亚和沙特等国抛弃后，伊朗成为唯一抱定的大腿。也正因为如此，以色列对伊朗领导人的狠话非常在意，认为它决非是为了口舌之快的外交宣泄。

哈梅内伊拒绝承认以色列的生存权与其高调打巴勒斯坦牌是一枚硬币的两面，彼此并不对立。首先，这是伊斯兰共和政体的先天需要，是"霍梅尼主义"的要义，即巴勒斯坦土地是伊斯兰世界的组成部分，巴勒斯坦人是世界穆斯林的支脉，支持巴勒斯坦及其人民，是天下穆斯林的天然义务。其实，高调之下，是赤裸裸的利益追求，即伊朗作为世界历史上第一个跨洲帝国波斯的继承者，它期望通过影响力的扩张，成为中东地区新霸主。作为什叶派大本营，又以波斯人为主，伊朗只有抓住巴勒斯坦这张牌，才能取得对阿拉伯和逊尼派穆斯林为主的中东世界的话语权。因此，"亡以"言论一再出台，不难理解。

众所周知，巴勒斯坦问题是世界的痛点，也是人类文明的伤疤，而且是令阿拉伯人蒙羞的耻辱。谁扛起巴勒斯坦事业这杆旗，谁就足以让阿拉伯国家，甚至让伊斯兰国家乃至国际社会缺乏底气。至今谁都无力替巴勒斯坦收复失地，让被占领土巴勒斯坦人享受正常人权，也无力让流浪世界已达四代的500万巴勒斯坦难民重返家园。因此，伊朗政治家采取强硬立场，甚至不惜以极端言论刺激以色列，都显得理直气壮，至少依照伊朗的政治逻辑如此。以此为基础的核发展权力，也使伊朗政府振振有词。

伊朗要替巴勒斯坦人讨公道，美国要为以色列撑腰，双方都想在中东一手遮天，也自然不共戴天，并且为此对峙、冷战甚至暗斗三十六年。此番伊核危机的解套，很大程度是时局大变和力量涨长所致。一方面是伊朗因为各种原因，坐失像印度和巴基斯坦那样跨入核俱乐部的历史机遇，长期经济制裁让伊朗经济凋敝至极濒于崩溃，联合国五常国也结成坚定的防核扩散利益联盟;另一方面,美国实力锐减,战略重心急速向亚太东移,2011 年"阿拉伯之春"后中东秩序大乱,"基地"未灭而"伊斯兰国"又迅速崛起扩张,这些客观条件促成奥巴马班子对伊朗的战略作用和价值评估趋于相对正面,并公开许诺不再寻求颠覆伊斯兰政权,而且尊重其和平利用核能源的权力,为伊核危机实现历史性成果扫清障碍。

　　然而,伊朗人以精明著称,自古至今都是谈判高手和砍价行家,在任何时候都不会忘记把对手逼进墙角而确保自己利益最大化。在哈梅内伊等看来,伊朗固然希望解除套在脖子上的经贸绞索,但奥巴马更渴望在任内拿到这份外交遗产。于是,伊朗并不急于达成核协议,即便达成,也并不代表伊朗就可以门户洞开,一了百了。奥巴马班子的浪漫想法是,一旦贸易重开,伊朗政权必然枯木逢春,铁幕垂落,最终实现改朝换代。哈梅内伊的最新表态显示,交易归交易,交情归交情,伊朗不会因为在核项目上的让步而改变对美国的战略判断,改变对以色列的既定国策。

　　如今,美国在中东对伊朗的倚重明显加剧,奥巴马显然比鲁哈尼更渴望核协议瓜熟蒂落,"伊斯兰国"剿而不衰,沙特发起油价大战与匆忙干涉也门,中国"一带一路"战略的高歌猛进,上合组织的开门扩容,乌克兰危机引发的俄美冷战,乃至俄罗斯日渐强烈的军事介入中东,都给德黑兰以莫大的利好。因此,哈梅内伊"不合时宜"、自我倒灶的言论,其实就是要告诉奥巴马:你急我不急,有没有你我都在那里;也许,原本属于你的这份外交遗产,我还可以留着当作未来的白宫新主人的贺礼……如美国总统竞选人特朗普所言:伊朗这是在敲竹杠。是的,伊朗这个竹杠敲定了。

（原载《华夏时报》2015 年 9 月 16 日）

第十一章

中国拥抱中东

　　历史上的丝绸之路把中国与中东密切地联系在一起，但是，在很长的时期内这种联系不再那么密切，直到中国重新崛起，中东日益清晰地重新进入中国的战略视野，中国也日益为中东国家所倚重，双方三在重新彼此拥抱。

1.中国外交与部落搭救

巴基斯坦恐怖分子劫持两名中国同胞的事件终于在 10 月 14 日结束了。虽然事件的结局是一场悲剧,但是,在此前各方的营救活动中,一个重要的现象很让大家关注,那就是上百名当地部族长老曾屈尊围堵现场,促压劫持者放人。

无独有偶,今年 4 月,7 名中国工人在伊拉克费卢杰一带被武装人员扣留,最终平安获释,当地部族长老也发挥了很关键的作用,他们不但在第一时间提供了被扣留人员名单,而且居中调停,直到把他们营救出来。由此,我觉得有必要说说部落与外交的关系。

西亚地区历史悠久,民族、教派、家族和政治组织多如牛毛,各种势力互相掣肘,各种矛盾盘根错节,情况异常复杂,安全环境很是险恶。这里有一个共同的特征,那就是民风保守、古朴,部落力量和影响千古传承,并没有因现代化的强烈冲击而有太多实质性的变化。许多部落自成一统,自作主张,自立法度,自拥武装,即使强大的政府也往往奈何不得,退避三舍。我们的涉外工作必须对此有个基本认识,也必须因地制宜地在民间外交框架内做好部落外交工作。

公元 225 年,诸葛亮征讨南中地区,七擒孟获,文武并举,恩威并施,一个关键的判断就是部族地区情况特殊,只有争取民心,以德服人,才能赢得对方尊重,实现长治久安。

1935 年,工农红军长征路过四川凉山地区(三国时期属于南中地区),急需向孟获的后代彝族人借道突围。面对对汉人成见很深的彝族同胞,素有"战神"之称的刘伯承将军没有诉诸武力,而是秉承孔明遗风,攻心为上,终于赢得彝族同胞和头人的理解和帮助,结下彝海血盟,顺利摆脱困境。

可见,中国智慧的政治家是善于做部族工作的,是有优良传统的。巴基斯坦和伊拉克的部落领袖在解救中国人的过程中格外卖力,往大处说,是中国长期的和平、全方位外交政策的胜利;往小处说,是我们的驻外机构同驻在国各阶层保持友好关系的结果。

阿拉伯谚语说过,宁交千友,不树一敌。这也是符合中国人广交朋友、广结善缘传统的。中国人也常说,寸有所长,尺有所短。通过中国落难同胞受到境外部族人士搭救的案例可以看出,在部落传统深厚的地区,部落的作用往往是强大的政府所不能替代的,也是我们不能忽视的。

此次巴基斯坦部落长老未能说服恐怖分子释放人质,但这并不意味着部落的地位和作用在类似国家和地区发生了质的变化。今后,我们还是要从长计议,继续重视和加强民间外交,包括增进与各国不同部落、宗派和社团的联系和交往,最大程度地发掘和利用我们的外交资源,维护国家和同胞的利益。

(原载《深圳晚报》2004 年 10 月 14 日)

2. 从朝觐看宗教与政治

人们一向都说,宗教无国界。此话不假,否则,中国就不可能在本土的儒道之外,出现信众人数相当可观的佛教、基督教和伊斯兰教,而且从对社会和政治的影响看,这三种外来宗教似乎更胜一筹。然而,宗教又的确是有国界的,这一点,从笔者正在参加并采访的伊斯兰麦加朝觐活动中可以体察得到,感觉得到。

虽然来自世界 160 多个国家和地区的 250 多万穆斯林聚集在伊斯兰教第一圣地麦加,虽然伊斯兰教提倡"穆斯林皆弟兄",但是,许多国家的朝觐团都制作了统一的服装,上面绣着本国国旗和至少两种文字的国名,也有不少朝觐团在行进途中,高举着本国国旗。当然,这只是表明他们的身份,也为了避免相互走散。无论怎么说,这些朝觐者心里除了装着真主安拉,还有自己的祖国。

在当年伊斯兰教先知穆罕默德发表最终演说的阿拉法特山顶,笔者认识了3名来自伊拉克北部安巴尔省的青年朝觐者,当被问到参不参加针对美国军人的武装抵抗时,他们态度非常坚决地说,一定得抵抗到底,因为美国对伊拉克发动的是一场不义之战,也一定得抵制月底举行的大选,因为这是一场美国人操纵的大选。

中国今年有1万多人参加朝觐,人数虽然不算太多,但已经是中国二十多年来最多的一次。说到中国人穆斯林朝觐,历史可以回溯近千年。但值得称道的是,中国朝觐者在抗战时期能够以民族大义为重,通过不同方式,在遥远的麦加向沙特国王、向世界其他国家的朝觐者诉说中国被日帝占领的不公和苦难,使许多当时不理解中国进行抗日战争的国家和民众了解了真相,改变了态度。他们的表现曾受到当时中国政府领导人的高度褒奖。我想,这是中国穆斯林爱国爱教的历史记录和最好说明,也是宗教有匡界、宗教有政治的正面例子。

如今,中国的朝觐者体现国家意识和爱国表现的方式则大有不同,因为中国已经强大了,他们无须去呐喊、诉苦和求助,而只需要入乡随俗,遵守法度,平安归来。因为这本身就能体现中国人的素质、修养和管理水平。

另外,中国朝觐者口袋里有了钱,成为麦加瑞士名表和法国名牌服装的主力消费者,因此,颇受当地人的欢迎,并且被当作反映中国强大、繁荣和宗教自由有保障的实际体现上了当地的报纸。而中国的朝觐者通过横向、纵向比较,也更加意识到国家和民族的兴旺、发达和国际地位,因此,增强了民族自豪感、荣誉感和爱国热情。

从这些意义上说,这种通过宗教活动反映出来的国家概念是明确的,政治意义确实存在,并无不妥。

（原载《深圳晚报》2005年1月21日）

3.穆罕默德:阿中文明交流的历史导师

沙特的麦地那是伊斯兰教第二大圣地,到这里的穆斯林朝觐者无不一日5次在著名的先知清真寺进行礼拜。先知清真寺所得斯名,在于寺内核心部位安息着伊斯兰教的先知穆罕默德。

穆罕默德一生探寻真理,孜孜不倦,大力倡导穆斯林探索人类和社会奥秘,修身、养性、不断提高自身素质。"努力求知吧,哪怕远在中国。"这句话,一直被阿拉伯人当做穆罕默德劝学的警句,千百年来被世界穆斯林广为传颂,引为座右铭。

公元 651 年,穆罕默德故去仅仅十九年,他的事业继承人、第三任哈里发奥斯曼在继续征战、扩大和巩固阿拉伯帝国版图的同时,向中国的唐王朝派出使者修好关系,翻开阿拉伯伊斯兰文明与中华文明友好交往、互通有无的最初篇章。此后百多年里,被称为大食的阿拉伯帝国派遣来华使者见诸史册的达 36 次之多。而来华更多的是阿拉伯商人,他们一手拿《古兰经》,一手拿丝绸,既经商,也传教,更注意学习中国发达的造纸和纺织技术,并将它们传播到非洲和欧洲,成为海上和陆路"丝绸之路"的主要开拓者,以及中华文明与世界其他文明的重要桥梁。

相当部分的阿拉伯人因公务、商务需要,在长安和广州等地定居,被称为"番客",也把伊斯兰教和阿拉伯文化引入中国。随着阿中文明交流的延续和加深,包括阿拉伯人在内的西亚穆斯林在与中国各民族的友好相处和融合过程中,逐步形成了一个独特的民族——回族,使用中国的语言文字,遵守阿拉伯人和穆斯林的生活习俗和宗教禁忌,甚至部分用词都依旧使用阿拉伯语或波斯语。千百年来,伊斯兰教也逐步成为回、维吾尔、哈萨克、东乡、柯尔克孜、撒拉、塔吉克、乌孜别克、保安和塔塔尔等 10 个民族的共同宗教信仰,并构成了中华民族文明的重要组成部分。

有句中国民谚说:"基督教是洋人的枪子儿打进来的,佛教是印度大白象驮进来的,伊斯兰教是阿拉伯商船和骆驼运进来的。"在某些国家试图沿用固有方式通过战争试图改变中东阿拉伯伊斯兰文明的今天,在离伊拉克战火只有几百公里的麦地那,在号召弟子到中国求知的穆罕默德的灵寝旁,对比和体会阿中交往的传统友谊和方式,更让人别有一番感悟和滋味。

没有穆罕默德,就没有伊斯兰教的传播和流入中国,也自然难以形成中国独特的 10 个少数民族,难以在中华文明大河中出现具有中国特色的伊斯兰文化支流。因此,仅从文明的交流和融合看,穆罕默德都是一位值得中国人敬仰的伟大政治家。

(原载《深圳晚报》2005 年 1 月 27 日)

4.从马萨达到狼牙山

马萨达在以色列,狼牙山在中国,两者相隔千万里,风马牛不相及。但是,它们都在国家遭受外敌入侵时见证了宁死不屈的民族精神。

公元73年,与罗马占领军周旋多年的犹太起义者退守到最后一个孤岛——马萨达城堡。当败局已定而走投无路时,960名起义者没有投降,集体跳崖殉难,以此向上帝、向国人、向历史表达"宁为自由死,不为奴隶生"的民族气节和抗争意志。

狼牙山五壮士的抗日英雄故事几乎就是马萨达故事的中国版,类似的还有八女投江壮举。以色列至今把一千九百多年前的马萨达故事当作爱国主义教育必修课,不但警示学生和国民勿忘国耻,而且上升到犹太民族精神加以高扬。

然而,告别我们不足六十年的狼牙山五壮士最近却在上海被请出教科书,理由则是时代不同了,社会已经多元化,学生需要学习更新鲜、更丰富的知识……抗日英雄被请出中学课本,发生在抗日战争胜利六十周年,发生在日本不断歪曲侵华暴行并指责中国进行反日教育的今天,其做法让人痛心疾首。

时代在发展,社会在进步,人们的价值观和生活方式出现了多元化,的确是事实。但是,任何一个民族在经历了历史潮流的洗刷后都会沉淀一些永恒不灭的东西,包括民族文化、民族性格和民族精神,以及纪录民族苦难、激励民族上进的重要历史片断。马萨达和狼牙山虽然只是犹太人和中国人众多历史地理名词中的一个符号,但是,对于彰显民族精神具有里程碑的意义。没有马萨达起义者的献身,人们很难想象犹太民族可以生生不灭最终建国并日益强大;没有狼牙山五壮士的抗争,人们也无法理解中国人民如何付出3800万条宝贵生命最终赶走了日本侵略军。

忘记过去就意味着背叛。用列宁的这句话来评论上海教科书事件或许言重了,但是,轻易抛弃民族英雄的做法是可悲的,也是十分危险的,是对民族、历史和未来不负责任的表现。

比利时的现代化程度不次于我们,但是,比利时人并没有因此忘记传说中撒尿浇灭侵略者导火索进而保了城市的男孩于连,于连的雕像至今屹立于布鲁塞尔的街头。于连不但是全体比利时人的宠儿,世界各地的游客也都对他充满敬仰,纷纷给"裸体"的小于连带来新衣裳。法国少女贞德因英勇抗击英国侵略者而就义,至今仍是法国人心目中的民族英雄。

由此可见,崇拜民族英雄是一种超载国界和地域的价值观,它不因文化、社会和民族的不同而存在差异,也不因时代的变化而无法引起共鸣。在美国日本等外国强势文化借助电影、音乐、动画、书籍甚至日用消费品对中国进行渗透的今天,在我们的青少年几乎不知道英雄雨来、王二小、鸡毛信和雁翎队故事的现实面前,我们的爱国主义教育特别是民族悲剧史教育不是太多了,而是太少了,太弱了。

杨利伟、姚明、刘翔式的当代杰出青年固然值得学习,因为他们振奋了民族精神,但是,狼牙山五壮士更不能忘记,因为他们使我们重温那尚未走远的悲惨历史。没有杨利伟、姚明和刘翔的辉煌,不妨碍中国的整体进步,但是缺少了狼牙山五壮士的那股抗争意志,中国还能打赢另一场反侵略战争吗?

(原载《深圳晚报》2005 年 4 月 22 日)

5.同胞喋血约旦后的呼吁

11 月 9 日,约旦首都安曼发生的几起爆炸,再次带给中国人噩梦。3 位中国军事代表团成员不幸在自杀式恐怖袭击中罹难,成为又一批境外无辜遇难的同胞。

恐怖主义行为自然是要口诛笔伐的,造成恐怖主义泛滥的原因也是要认真探讨的。但是,对于中国人来说,最为现实的问题不是去探讨理论问题和如何参与背景复杂、充满争议的反恐统一战线,而是提高防范意识,避免继续在境外成为恐怖主义的牺牲品。

近几年,中国人遭遇的恐怖袭击已经屡见不鲜,其中主要集中于西亚、中亚、南亚和东南亚这个弧形地带。这个地带宗教矛盾、种族纠纷、领土争端和地缘政治冲突盘根错节,形成了恐怖主义活动的温床,是公认的恐怖主义活动高危地区,也是中国公民屡屡蒙难之所。这些悲剧概括起来无非两种:一是有意绑架,二是池鱼之灾。

2001 年 6 月,张忠义弟兄俩在菲律宾被反政府的阿布·莎耶夫组织绑架;2004 年 3 月,2 名工人在苏丹达尔富达地区被反政府武装绑架;同年 10 月,2 名工程师在巴基斯坦被恐怖组织绑架;2005 年 1 月,8 名劳工在伊拉克遭到当地武装绑架……显然,这些绑架活动的策划者和实施者直接把目标锁定中国人,进而达到他们的种种目的。

2002 年 4 月,耶路撒冷发生自杀式爆炸,中国工人 2 死 2 伤;7 月,以色列特拉维夫市发生自杀爆炸,中国人 2 死 4 伤;2003 年 1 月,特拉维夫再次发生自杀式爆炸,中国人 3 死 5 伤;2005 年 6 月,1 名中国工人在加沙某定居点死于巴勒斯坦武装发射的火箭弹;时隔五个月,3 名中国军人在约旦恐怖爆炸袭击中罹难。必须说明的是,与前文绑架案所不同的是,这几批中国人并非袭击者的特定目标,而是城门失火,殃及池鱼。

随着全球化进程的深入,越来越多的同胞走出国门,闯荡世界,也自然增加了他们承受风险的概率。危机意识、风险意识和自我保护意识必须从政府、公民、舆论等多个层次得到加强。必须让所有出境同胞随时防范恐怖袭击和飞来的横祸。

去年底,笔者在主管《环球》杂志时,曾经倡议并和清华大学国际问题研究所阎学通所长发起了中国公民出境旅行安全指数分析,定期在该杂志公布,供政府和公民参考。我也曾利用电视访谈的机会多次建议政府认真指导、限制公民到高危地区旅行、工作和经商,并把这项工作长期化和机制化。但是,从约旦悲剧来看,我们的风险意识依然淡漠,血的教训并没有避免出现新的流血和牺牲。

在几位遇难军人安葬之际,本人再次呼吁同胞,不要到战乱、冲突频发之地;不要到政局动荡、反政府武装活动频繁的地区;不要到西方人比较集中的旅游胜地、旅馆和游乐场所;减少乘坐公共交通工具;不要在人口密度高的地方停留过久;不要认为自己是外国人,特别是中国人就能脱身是非,安然度外。

恐怖袭击已经没有边界和道德底线,敌我阵营已经难以泾渭分明,这就是今天我们面临的国际环境,更何况,子弹不拐弯,炸弹不长眼,我们能做的就是多加小心。

（原载《深圳晚报》2005 年 11 月 13 日）

6.中国海军可否出击非洲海盗?

海盗,这个古老的职业已在不知不觉中,尾随着全球化的脚步再次进入我们的视野,而不再是传说或好莱坞大片的演绎。今年,非洲之角的海盗现象像牛皮癣一样迅速扩散,无论是劫掠船只数量、袭击目标体量,抑或所要的赎金额度,都已登峰造极,几无争议地成为继金融风暴和经济危机后最让国际社会头疼的难题。

非洲海盗远在万里之外,却通过三根线揪扯着国人的神经:首先,有数条中国渔船、货船遭到劫持,数十名同胞落入匪手,其生死让人牵挂;其次,途经非洲之角的海上航线是中国最主要的能源命脉和国际商贸通道,干系重大;其三,各国海军纷纷前往非洲之角,打击海盗,保护本国船只,维护航线安全,中国海军该不该出手? 如何出手?

从非洲海盗扯到中国海军,本身饶有趣味,足以证明今天世界之"小"和中国之"大",更彰显国人眼光、观念、意识和愿望的巨变。

六百年前,郑和率领的大明船队七下西洋,也曾击浪非洲之角,领世界航海风骚。一个世纪前,亚洲第一、世界第四的大清北洋舰队在错误国策和战略的作用下,被崛起中的日本海军葬送于家门口,就此也把中国五千年辉煌历史推入屈辱的万丈海沟。海洋之梦从此成为中国强国之梦、复兴之梦的重要构件。这个梦想,近,关乎中国万里海疆的保卫乃至在和平选项失败后的领土统一;远,关乎中国境外的延伸利益。因此,面对非洲海盗的中国海军,既有机遇,也有挑战。

所谓机遇,这是中国海军走出近海、驶向远洋的难得契机。

论法理,相关国际法规和联合国安理会决议已授尚方宝剑,中国海军不但可在公海打击海盗,还可在得到许可后进入索马里等国家水域追击海盗。

论责任和义务,中国是世界主要力量之一和安理会常任理事国之一,维护世界和地区的和平与安全责无旁贷。

论实际操作,通过多年各项维和行动,中国军队早已走出国门,走向世界,但是,尚与海空军无缘,而制海、制空能力是各国军力强弱的两大重要参数。在这个方面,即使海外军事动作受法律制约的日本,也已经绕道走在中国前面。

挑战也是明显的。首先,"中国威胁论"将随着中国海军的起锚而再次喧嚣。尽管中国海军师出有名,堂堂正正,但是,由此引发的负面振荡我们是否做好了应对?

其次,中国海军的技术和装备是否具备长时间远洋征战的能力和条件?中国海军编队有过 3.3 万海里环球航行的纪录,但进入作战状态又将会怎样?中国海军二十年来未历战事,能否来则能战,战则能胜?

其三,途经非洲之角的海上航道漫长,仅索马里一段就长达数千海里,航线船只密布而情况复杂,中国海军如何在每年近两万艘民船、商船中及时发现、制止海盗船? 就对手而言,战斗力应该不是问题,取胜也问题不大,难的恐怕是拔剑四顾,无处求敌。

显然,机遇多,困难大。指望中国海军收拾非洲海盗难度不小,就是国际社会组成联合舰队同样无法根绝海盗现象。因为消灭海盗,更多地需要从陆地去解决,从根治索马里等动荡国家的政治、经济和治安形势入手。

尽管如此,中国海军适时出击值得预期,除彰显国威、履行义务、震慑海盗外,最大的好处是实战练兵。对于褴褛中的中国海军,任何精彩的沙盘推演、电子模拟乃至海上操练,都不及拉开架势,在复杂的非洲之角海域真枪实弹地与海盗船周旋、对决。对手固然渺小,但战时环境这个对手是值得去早日创造、熟悉和面对的。

对手就是磨刀石。11 月 27 日,索马里驻华大使公开表示,他的政府欢迎中国海军前去收拾海盗。面对这样的机遇和主权国家政府的邀请,人们或许要问一句:中国海军,你们准备好了吗?

(原载《新民周刊》2008 年第 49 期)

7.伊核危机:美欧紧箍咒与中国新对策

继美国宣布对伊朗实行单方面制裁后,欧盟 27 国外长 26 日也决定集体加入进一步制裁伊朗的行列,并集中遏制伊朗的能源行业、海陆运输和金融保险业。尽管中国、俄罗斯反对扩大、升级对伊制裁,但是,作为伊朗传统主要经贸伙伴的欧盟向美国看齐,标志着伊朗面临的形势将非常严峻。围绕伊核危机,新一轮博弈已然开局,中国也面临着调整政策的新机遇。

美国不满足于自己遏制伊朗的努力被安理会 1219 号决议注水打折,另起炉灶自是必然,其终极目标当然不止于捆住伊朗拥核的手脚,而是借防核扩散的美丽烟幕绞杀伊斯兰政权这个异类。欧盟原本反对把制裁继续加码,无奈与美国核心利益高度重合,在重新站队时必须弃伊顺美,以便迫伊掉头。俄罗斯虽称不能接受欧盟再念紧箍咒,但是,它此前公开支持制裁的论调已经表明它在伊美间两头蹦极,双向取利,也因此受到伊朗公开诟病,至今不休。

核风暴中心的伊朗,其实不乏应对美欧绞杀战的战略与战术反制选项。可预见的是,伊朗将通过向俄中施加外交压力迫其与美欧拉开距离,并且恢复与国际原子能机构谈判,甚至将其核问题的新盟友巴西和土耳其拉来垫背,以缓冲“六大国”机制构成的重压。以色列情报部门则认为,伊朗将在美国的拉美后院大做文章,利用那里的反美主义思潮建立抗美阵营,对美国釜底抽薪。

伊朗唾手可及的地缘政治触点更多,或将酌情引爆转移焦点,化解制裁压力,收“围魏救赵”之效。比如,就“绑架”科学家事件起诉美国等参与方;挑起与伊拉克边界纠纷,制造武装越境、枪击和袭占油田等事件;利用对伊拉克什叶派的影响,制造动荡或阻挠、拖延民选政府的组成,使美国不能按期顺利脱身;借助巴勒斯坦哈马斯和黎巴嫩真主党之手影响中东和平进程;以人道援助之名突破以色列对加沙的海上封锁;对也门和阿富汗的局势以某种方式施加影响……所有这些一旦发生,都能戳疼美国,问题只在伊朗怎么想,是否愿意干?

中国是被迫卷入伊核危机的一方,也是可以在伊美间两头说话的斡旋者,正由于中国的和平努力,才软化了安理会 1219 号决议,缓解了事态。但是,树欲静而风不止,美国不但在波斯湾那边对伊朗不肯善罢甘休,也在东海和南海挑战中国核心利益底线,这使得中国在新的双重危机面前面临新的选择,调整政策恰逢其时,以实际行动告诉美国何谓“投桃报李”。

对于伊核,维护核不扩散原则和安理会决议权威,维护世界贸易自由和自身在伊利益这是中国博弈的出发点。策略层面,践行“韬光养晦,有所作为",更积极、主动介入伊核危机当是中国上选之策,包括恢复正常的中伊高层交往,改变持续近十年的"经热政凉"局面,尝试将目前的"六大国"对应伊朗一国的机制改造为平等参与的"七方会谈"机制,甚至吸纳土耳其、巴西扩大为"九方会谈"平台,推动伊核问题的和平解决。此外,中国在伊朗拥有众多项目和人员,应当对局势的可能恶化和突然失控未雨绸缪,尤其要提前应对由以色列打击伊朗战略目标而引发的地区战争。

伊核危机又到博弈与机遇交叉的十字路口,顺势而为,趋利避害,必然是各方所愿,得失只在于是否用心、用力、用智,消极地回避矛盾并非最佳选择,敢爱敢恨,敢于担当才能赢得尊重,包括对手的尊重。

（原载《精品购物指南》2010 年 7 月 29 日）

8.巴以修好:中国撮合尚嫌早

5 月上旬,北京的外交舞台突然刮起中东旋风,这旋风不仅"吹来"巴勒斯坦和以色列领导人,也卷起各方对中国作用的猜测,一些中国、美国、欧洲乃至阿拉伯媒体和外交人士致电笔者甚至专人来访,中心话题就一个:中国是否正在撮合巴以和谈? 我的看法是:中国促和并非始于今天,但撮合这对"冤家"修好为时尚早。

俗话说,来得早不如来得巧。5 月 5 日至 7 日,巴勒斯坦总统阿巴斯抵达北京访问;6 日以色列总理内塔尼亚胡抵达上海开始五天的中国之行。坦率地说,单论国家的分量,巴以并不比其总理刚刚来访的冰岛更重,但它们绝对是四两拨千斤的新闻"超级大国",一点风吹草动就可牵动世人眼光。这对平时激烈"互掐"的明星首脑接踵而至,无疑引发各界的丰富联想:中国是否试图撮合巴以重开谈判,是否正高调介入中东争端,是否试图取代美国,成为中东和平进程的监护者和推动者?

上述联想多少有些想当然。与其说巴以领导双飞中国是刻意安排,倒不如说是两个单独安排的访问碰巧排撞车,此所谓"不是冤家不聚首"。也许是中方好意,做个初步试探,巴以虽为冤家,但阿巴斯和内塔尼亚胡并非死对头,而是和平伙伴。既然中方有心让外界感觉对巴以一碗水端平,巴以也就承受了这番人情,哪一方迟疑、推托,倒显得缺乏和平诚意,反而留给世人把柄。

显然,巴以首脑更多为巴中、以中双边关系而来,当然也免不了磋商地区局势和各自关切的问题。事实上,阿巴斯与内塔尼亚胡不仅未在中国会面,甚至都没同时落脚北京,而是你去我来。不仅如此,阿巴斯甚至直接在京对媒体表示,不会面晤内塔尼亚胡,除非以方答应恢复谈判的条件。

其实,巴以领导人官邸相距不过20公里,彼此间并非没有直接见面的机会,实在没必要移步万里之外的北京,给世界一个惊喜。笔者曾跟踪、报道巴以和平谈判长达三年,十分清楚个中的复杂、曲折与虚实。设想一下,十多年前,巴以挟"奥斯陆协议"之东风,有时任美国总统克林顿全力推动,都未曾突破最终地位谈判,今天,巴以内外和谈条件缺乏,周边乱象迭起,美国自顾不暇并将巴以争端边缘化,如何指望巴以在北京"铁树开花"?

当然,这轮北京巴以热也颇有亮点。国家主席习近平会见阿巴斯时阐述中国中东政策的四点主张,显示中国新一届最高领导人对既往中东政策的重申和确认,而且比以前的表述更平衡、具体、清晰,意味着中国将在中东问题上,既继续韬光养晦,更要积极有所作为。这是自中国设立"中东问题特使"机制以来促和政策的延续,也是近年来中国中东外交努力开拓的组成部分。

过去近10年,中国与阿拉伯国家联盟共同打造中国—阿拉伯国家合作论坛机制,双边经贸总额连续快速增长,由2004年的不足400亿美元飙升至去年的2224亿美元。2011年阿拉伯剧变以来,中国在利比亚危机应对中为安理会干预事态开放绿灯,在巴勒斯坦"入联"进程中顶住压力主持公道,在叙利亚问题关键时刻三投否决票坚守原则,就伊核危机主张制裁与和谈并行。凡此种种让世界看到,中国的外交正在微调,中国的中东外交,在维护和促进和平的大原则下软硬交替,定夺从容。

当然,中东问题头绪繁多,矛盾交错,纷争重叠,中国尚无美国、俄罗斯甚至欧盟那样的实力和基础呼风唤雨,大开大合,只能循序渐进,做积极的参与者及和平的维护者。必须认识到,美国独大主导,俄、欧和联合国参与制衡,地区大国和区域组织活跃的中东基本力量格局和博弈态势没有变化。虽然中东国家纷纷提出"看东方""看中国",寄予中国厚望,但中国主唱中东的时代还没有到来,也自然没有条件居中调停作为中东问题核心的巴以和谈。

同时,不难理解的是,战略重点向亚太转移的美国,在确认其主导地位未受挑战、核心利益未受妨碍的前提下,不在意中国为巴以和平乃至整个中东地区的和平与稳定多付出、多参与,甚至乐见中国多为其帮衬减负。这也是中国的中东外交面临的一个现实背景。

（原载《北京青年报》2013 年 5 月 11 日）

9.大单流产:肥肉变鸡肋为何反复出现?

4 月 30 日,伊朗石油公司宣布中止与中国石油总公司签署的一项总价高达 25 亿美元的石油开采合同,引起国际舆论的普遍关注,因为中伊关系相对特殊,这单投资合同数目又足够大。人们在质疑中伊关系是否出现微妙变化时,也担忧中国在伊投资的风险究竟有多大。其实,这是个相对单纯的商业案件,25 亿美元的肥肉得而复失,关键在于它已成食之无味,弃之可惜的鸡肋。

据报道,中石油被取消的合同签署于 2009 年 9 月,合同完成后,中石油应该每天在伊朗开采 60 万桶原油,首期工程约定开采位于伊朗西部的南阿扎德干油气田 185 口油井,该油气田为世界最大储油区,探明储量高达 420 亿桶。但是,伊方抱怨说,中石油在合同签署后动作迟缓,至今只开采了 7 口油井,而且质量不达标。今年 2 月,伊朗石油部长公开警告中石油不能继续拖延,伊方还发出为期 90 天的最后通牒,敦促其加快落实合同约定工期,在中石油无实质性推进后,伊方断然出手。

截至发稿时,中石油尚未有官方表态,但是,此前该公司曾就拖延工期解释说,由于伊朗承受着严重的制裁,为该投资项目配套的融资和技术保证都面临实际困难,言外之意,拖延实属无奈。的确,伊朗一直受到安理会、欧盟和美国等国际组织和西方国家的经济封锁和贸易禁运,尤其是近两年,制裁直接瞄准伊朗经济的命门——石油和金融领域,导致这个严重依赖石油出口的国家经济濒于崩溃。石油开采所需的资金渠道和先进技术乃至设备,又控制在美欧手中,进而形成了对项目落实的客观制约。

不仅如此,由于美国大搞“制裁株连”,甚至粗暴阻挠与核项目无关的对伊投资和贸易,所有胆敢与伊朗做生意的企业都面临着严峻后果,大多噤若寒蝉,不敢沾染伊朗市场,中资企业同样不能免俗。从国家大外交战略而言,中国虽然一直反对美国胡乱挥舞制裁大棒,但也不得不在中美和中伊关系之间进行权衡,其结果是,美国对中国进口伊朗石油网开一面,中国对伊投资和贸易也得适当克制。

另外,近几年中石油的上游业务拓展全球开花,占线很长,且基本顺风顺水,相比之下,伊朗石油开采合同,已由当初西方国家无法企及的肥肉,变成比较尴尬的鸡肋。除上述制裁而导致的客观原因外,伊朗人的精明、算计和毫厘必争,以及投资后收益如何变现,都成为新的困惑。

伊朗人的精明还表现在国际博弈层面,他们不仅是洞察风云的江湖老手,更是小国玩大国的高手,一直习惯于在几个大国间纵横捭阖,借力打力,游刃有余。去年年底以来,伊朗以核谈判让步为条件,换取西方部分制裁的解除,暂缓经济危机。可以预料,伊朗和美国各有所求,也必然在核透明换取放松制裁的道路上继续向前努力,进而顺理成章地为欧美石油企业重返伊朗创造条件。在这种乐观预期面前,伊方抓住中石油未能履约的把柄,中止合同,另寻合作伙伴,甚至坐地起价,赚取更多收益,也是理所当然之事。

所幸的是,一单石油合同的存废,只是个商业问题而非部分舆论担心的政治问题,因为中伊关系发展一直保持稳定,尽管面临各种外在压力,而最近核危机谈判取得突破,也是中国坚持制裁与谈判双轨对伊政策的结果。不仅如此,随着中国新领导班子所呈现的稳健而积极的外交势头,中伊关系不仅不会受到这个贸易挫折的影响,今年甚至有望更上层楼。

回到事件本身再看,中石油绝非首次遭遇类似滑铁卢,中石油也绝非唯一一家让煮熟的鸭子重新飞走的中企。2011年10月,几乎因同样的原因,中石油失去价值150亿美元的伊朗北帕尔斯气田项目。2012年,中国水利电力集团又被伊朗央行否决一个价值20亿美元的水坝电站建设项目。身陷困境的伊朗指望中国企业能接下大单助其打破封锁,实现双赢,然而,在这个政治经济和贸易格局依然由美欧主导的世界,填补西方企业空白的中资公司依然无力吞下它们丢下的肥肉,只能眼睁睁地看着它们变为可有可无的鸡肋。

尽管伊朗并未对中石油等涉案中企课以罚款,使它们免受更大损失,但是,大型合同接二连三在一个国家被叫停、被取消,损失的恐怕不仅是招投标过程及初步项目实施而付出的各种投入,损失更多的还有中国公司的信誉和品牌含金量。面对一个地缘环境复杂而清晰的国度,中国企业投资的风险评估显然不到位,对合同和项目实施的难度和不可控因素缺乏足够的预判,否则,肥肉变鸡肋的笑话怎么会反复出现,而且在同一处跌倒两次乃至多次?这不值得深思吗?

(原载《北京青年报》2014 年 5 月 3 日)

10.立足吉布提:中国海军将走得更远

5 月 11 日,外交部发言人华春莹在新闻发布会上,没有否认关于中国和吉布提就建立海军基地进行合作的报道。这个表态被分析家们普遍解读为默认或变相承认。此前,外媒援引吉布提总统盖莱的话披露这一重大消息,并称吉布提欢迎北京的存在。中国海军在吉布提北部城市奥博克设立永久基地的传闻一旦坐实,将是中国在海外拓建的首个军事基地,不仅超越不设海外军事基地的传统,还将保证中国海军走向远洋的常态化和长期化,对承担国际义务和保护海外利益,都意义深远而巨大。

2008 年岁末,联合国安理会针对日益猖獗的非洲海盗袭扰通过决议,呼吁成员国合作打击海盗,确保正常航运安全。继北约、俄罗斯和印度等向非洲之角派出舰船后,中国响应安理会决议,接受索马里政府邀请,派出由“武汉”舰、“海口”舰和“微山湖”舰组成的小型编队前往索马里水域,参与国际反海盗集体行动,填补了五个常任理事国中仅有中国海军缺席这一行动的空白。海军编队在非洲之角执行战斗任务,意味着中国海军真正从近海走向远洋,从浅蓝走向深蓝,标志着中国在建立强大海军道路上迈出探索性的关键一步。

饱受非洲海盗肆虐之苦的国际社会对中国海军反海盗行动普遍给予高度评价,这不仅符合《联合国宪章》和国际法,也切实践行中国应承担的国际义务。据美国智库统计,从当年 12 月 26 日起至今,中国已派出 20 批次各类舰艇,超过 1.3 万名海军官兵和 1300 多名海军陆战队和特种部队人员。据中国海军网披露,在前 19 批护航行动中,护航编队共为 825 批 5900 余艘中外船舶护航,成功解救、接护和救助 60 余艘中外船舶,成为国际反海盗多国部队的中坚力量,也大大遏制了索马里海盗为所欲为的势头。

过去六年多来,中国海军护航编队的使命和任务依据客观需求不断拓展和调整,并发挥积极作用,赢得良好声誉。2013 年,美国与叙利亚达成销毁化学武器协议后,中国和俄罗斯舰船前往地中海,为负责运送和销毁化学武器的美国舰船护航,不仅圆满履行职责,而且开创在国际水域与美俄等大国分工协作,共同维护防扩散体系的记录。2014 年,马尔代夫遭遇罕见水荒,中国海军护航编队又及时驰援并提供淡水补给。中国海军护航编队另一让人称赞的贡献是,分别于 2011 年、2015 年多次协助大批中国公民从埃及、利比亚和也门等战乱之地平安撤离,并及时帮救部分其他国家难民。

很显然,海军编队已成为维和行动之外,中国军方对国际安全事务的最新和突出贡献。其间,中国海军护航编队和数十个外国政府和海军建立日常联系,进行了 120 多次停靠,其中一半属于舰船补给和人员轮休。随着国际反海盗行动的常态化,以及各种天灾人祸所引发的人道主义救援需求扩大,中国海军护航编队依靠综合补给舰满足补给,甚至每一个月才能借港停靠的问题会日益突出,也必然成为履行国际义务和维护海外合法利益的瓶颈。因此,建立专属海外补给点的动议日渐高涨,中国海军海外基地建设呼之欲出。

从国际实践角度看,美国、俄罗斯等传统海上大国早已在世界各地建立专属海军基地和补给平台。吉布提不仅设有美国和法国海军基地,而且于 2009 年为日本自卫队提供耗资 47 亿日元、期限至少十年的专用基地。就吉布提而言,利用区位优势邀请多国开设海军基地,既确保自身安全,为应对海盗等非传统威胁提供便利,还是重要创收来源,而且可以密切和平衡大国关系。

首选吉布提建立海军基地,在于它能快速满足中国海军在非洲之角沿线的正常运转,有助于保证这条世界海上航运生命线安全。据统计,吉布提濒临的红海—曼德海峡—亚丁湾航线,每天通过供应欧亚的原油达 400 万桶,以及世界货物总量的 40%。因此,长期和稳定保持这一水域的和平和安全,对中国和世界的经济发展至关重要。

当然,随着"海外中国"利益网的不断延伸,以及国际社会要求中国承担更多大国义务特别是安全义务诉求的增加,中国海军未来的活动范围肯定不止现有区域,而是会水涨船高地拓展,届时,客观需要的军事基地和补给点也将逐步增多。因此,索马里海军基地如果建立,它仅仅意味着开始,而不是结束。

（原载《北京青年报》2015 年 5 月 16 日）

11. 中东乱局：中国应当淡然以待

临近年终,以反恐之名争夺叙利亚未来主导权的地区与大国博弈进入新阶段,僵持不下的和解进程已有所突破,并有望在 2016 年进入轨道,俄罗斯军事介入引发美欧竞相加大武装投入,英国和德国也将首次跻身叙利亚战场。有人认为,基于维护中东切身利益和承担大国义务,中国应当凸显身影积极作为。不过,受制于历史积累与现实国力,中国的腾挪空间显然有限,所以应当淡定以待,有所为有所不为。

作为中东当下乱局焦点的叙利亚危机,是一个巨大的地缘政治风暴眼,它发轫于 2011 年的"阿拉伯之春",但性质、表征与突尼斯、利比亚、埃及和也门等国的内乱截然不同,可谓中东传统矛盾与现实冲突的纵横交错和叠加爆发。叙利亚之乱既有伊斯兰内部逊尼派与什叶派的门户恩怨,也有阿拉伯人与波斯人的种族芥蒂;既有亲美和亲俄阵营的冷战迁延,也有阿拉伯和以色列世纪争端的边缘角力;既有恐怖势力与反恐力量的生死对决,更有世界大国从安理会到热战场的公开逐鹿。相比之下,卷起这场大风暴的民主、民权和民生诉求,反倒几乎完全被遮蔽。

这场"春秋不义战"的恶劣后果之一是,让几乎在伊拉克烟消云散的"基地"组织死灰复燃,并很快在叙利亚迅速扩张和膨胀。各方在中东的明争暗斗,进一步放纵甚至滋养了这支邪恶力量,并最终催生出更具危险性和破坏力的怪胎"伊斯兰国"武装。今年 9 月,俄罗斯大规模军事介入叙利亚战局,并以高密度和高精度的轰炸取得显著效果,不仅扯去美国领导的近 60 个国家参与的反恐联盟雷声大雨点小的遮羞布,也激化美欧与俄罗斯对地区政治、军事和未来格局主导权的争夺。

受此影响,感觉末日来临的"伊斯兰国"武装炸毁民航客机报复俄罗斯,并在巴黎实施连环袭击回应法国派遣"戴高乐"号航母参战,而且残酷杀害被绑架的挪威与中国人质。同时,被"伊斯兰国"夺占风头的"基地"组织不甘寂寞或被边缘化,在马里首都袭击一家酒店,导致包括 3 名中国公民在内的多人遇难。一时间,部分国内舆论出于义愤和忧患,希望中国积极介入中东乱局,甚至派兵参与多国反恐行动,彰显中国大国之威。

必须冷静地认识到,中东既是大国试金石,更是大国火葬场。中国既非中东历史和主要的域外玩家,也不具备在中东翻云覆雨的实力与能力,甚至缺乏法国、英国等传统大国和伊朗、土耳其等地区强国的资源配置优势。中东乱局的牛耳之争,决定了无论世界大国还是地区强国,它们对中东不计血本的投入,不可能为中国做嫁衣裳,让中国摘取果实。

至于参与反恐军事行动,必须明白,中东恐怖主义泛滥的根源在于域外大国长期奉行殖民主义、干涉主义、强权政治与炮舰外交,并不负责任地制造了巴勒斯坦世纪难题,进而发酵为几十年来盛行于中东并以反美反西方为核心的激进主义、极端主义和恐怖主义思潮。中国过去不是,今天依然不是中东恩怨当事方之一,个别公民在海外不幸遇害属于"倒地中枪",而不能反应过度地认为中国已无法置身中东是非之外。相反,中国长期和正在享受的安全红利,正好印证了和平共处与不干涉内政传统外交政策的弥足珍贵,也再次凸显中国必须继续保持适当超脱,避免立于危墙之下。

无论初步实现中东稳定还是遏制恐怖主义,推动叙利亚朝野双方和解与联合国主导下的地区反恐战争缺一不可。从长远计,中东要达到大治,必须终结导致地区长期动荡和仇恨的外部因素,必须推进巴勒斯坦问题全面、公平与持久解决,必须依靠地区国家寻找和探索符合自身传统与禀赋的发展模式。任何强加给中东地区国家的利益安排、政治体制、经济路径和生活方式,都必然引起强烈的水土不服和排异,进而遗祸地区国家和人民,也将最终引火烧身殃及自己。

在叙利亚危机曙光乍现之际,中国应该坚持既定外交政策和整体策略,坚持在联合国主导下推动和解对话和国际反恐行动,加大对叙利亚人道主义救助,并积极准备战后投入基础设施重建和经济恢复。至于叙利亚未来的政治格局和利益分配,各方必然趋之若鹜,既不会给中国以介入的缝隙,中国也实在不必急于求成，火中取栗，而应少安毋躁，扬长避短，待局面安定后大显身手。

（原载《北京青年报》2015 年 12 月 5 日）

12.你好，中东！——中国在中东的新角色

"中东分歧的合格调停者"

2016 年元旦刚过，中国外交便从中东起步。

1 月 7 日，外交部部长王毅在北京会见叙利亚反对派"全国联盟"主席胡杰并重申中国叙利亚问题立场；胡杰则赞赏中国所持公正、平衡政策，并表示将无条件接受联合国安理会 2554 号决议，立即与政府方面展开和平谈判，推动政治和解进程。同时，外交部副部长张明从 4 日至 9 日，相继访问埃及、沙特和伊朗，分析家普遍预测，这是中国新年重大外交活动的前奏，日本外交学者网站 9 日则发文，更愿意把张明的沙特和伊朗之行视为"斡旋之旅"，称中国"试图帮助缓和紧张局势，尽管中国宁愿避开中东的教派冲突"。

观察家们发现，中东对于中国不仅具有能源安全保障、经贸与投资市场、遏制恐怖主义和推进"一带一路"倡议等重大意义，而且逐步成为中国发挥调停作用的用武之地。调停叙利亚危机，调停伊朗核危机，调停利比亚危机，调停南北苏丹，调停巴以冲突，甚至被期待调停也门战争和沙伊对峙……中国正以调停者的全新角色在中东发挥重大作用，承担大国责任。

在中东的角色定位逐步清晰

去年 12 月下旬，叙利亚副总理兼外长穆阿瓦利应邀访问北京并宣布，叙利亚政府接受安理会第 2554 号决议。这是叙利亚政府首次就这一事关国家和政权前途的重大国际安排做出正式回应，这个决定没有在大马士革宣布，也没有在莫斯科宣布，而是放在北京，不仅具有重大新闻价值，还有重大政治与外交意义，标志着中国在调停叙利亚危机方面发挥了不可忽视的推动作用，也显示叙利亚政府对中国和平努力的敬重和积极回应。胡杰代表反对派

阵营在北京的最新表态,则显示中国斡旋已获得叙利亚对立双方的尊重和
认可。

有人说,中东是大国的试金石。换言之,只有在中东发挥作用才能与大
国地位相称或被公认为大国。中国近年在中东调停角色的凸显和斡旋效果
的提升,足以证明中国在中东的大国戏份日益增强,中国在中东的角色定位
也逐步清晰。

伊朗核危机在 2015 年实现历史性突破,就包含了中国积极斡旋的重要
贡献。这场危机持续十余年,一度引发伊朗与美国或以色列剑拔弩张。中国
一直反对使用武力或武力威胁处理伊朗核危机,坚持"谈判与制裁"并举的双
轨制,兼顾维护世界核不扩散机制和照顾伊朗合理国家利益。在马拉松谈判
冲刺阶段,中国不仅耐心斡旋,还为破除最后技术障碍提供解决方案,为此,
受到美国和伊朗双方的交口称赞和充分肯定。成功调解伊核危机,是近年来
中国中东外交实践最为成功的案例之一,而且因其议题敏感、立场差距悬殊
以及关乎世界核安全而更加意义非凡。

其实,冷战结束后,随着全面调整外交政策,中国就开始中东调停努力。
1990 年伊拉克入侵和吞并科威特,美国与 40 多个国家组建多国部队进驻海
湾地区。时任中国副总理兼外长钱其琛受命访问伊拉克,试图说服萨达姆认
清大势,回应安理会相关决议而免于与多国部队刀兵相见。由于萨达姆狂妄
而固执,中国调停并没有产生预期效果,海湾战争随后爆发并以萨达姆军队
被逐出科威特而告终。但是,中国的调停努力和灵活姿态引人注目,展示了
全新的中东外交理念和思路。

调停事务能力令外界称道

2002 年,随着巴勒斯坦和以色列冲突再次加剧,中东争端再次成为世界
焦点。当年,中国设立首个热点问题特使——中东问题特使,专门游走于冲
突双方进行沟通和斡旋。十四年来,中东特使已由王世杰、孙必干、吴思科和
宫小生等资深外交官相继出任,锲而不舍地积极劝和。2013 年 5 月,习近平
主席在一周内相继会见巴以领导人阿巴斯和内塔尼亚胡,引起世界媒体巨大
关注和猜想。众所周知,中东争端乃世纪难题,寻求突破殊为不易,但中国对
其保持马拉松式的劝和努力,体现出真诚的和平愿望,以及大国责任意识。

2011 年利比亚危机爆发后媒体很快发现,利比亚政府和反对派代表相继到中国访问,同时,中国在安理会表决 1970 号和 1973 号决议时分别投下赞成票和弃权票。这既是当代中国首次支持联合国对成员国进行经济制裁并默认建立"禁飞区",也是首次对一国内部冲突双方进行调解。中国中东外交再次因其灵活务实而令人耳目一新。虽然调亭未果,利比亚局势也迅速因北约滥用安理会决议而逆转,中国的调解努力却为世人所知。

放在更大的视野看,中东调停是新时代中国外交战略的具体体现,更是中国尝试做热点、难点和焦点问题调停努力的组成部分,是整体外交布局和大国外交破局的创新和拓展。2004 年,中国成功搭建有关朝鲜核谈判的"六方机制",使其一直扮演多边对话平台。2011 年,中国非洲事务特使奉命在南北苏丹间协调立场,劝和促谈,发挥中国两头"沾亲带故"独特优势。2014 年11 月,阿富汗塔利班代表团访问中国并引起轰动,中国在阿富汗和平进程中的斡旋角色浮出水面。如今,中国、美国、巴基斯坦、阿富汗政府及塔利班的和谈机制已初步形成,并将随着美国角色的日益淡出而增加中国的分量(1 月11 日,来自阿富汗、巴基斯坦、中国和美国的代表也在伊斯兰堡召开会议,希望重启陷入停滞的阿富汗和平进程)。

调停之路还需多投入、多历练

中国在中东开展调停外交条件得天独厚。首先是政治优势,即中国与中东国家全面保持友好关系,而且"历史清白",口碑优良,既没有侵略和殖民过任何中东国家,也未曾试图粗暴干涉别国内政。中东各种力量,无论其民族、宗教和传统多么不同,也无论其政治主张和意识形态差异多大,对中国都无整体性的怨恨情结,这一基础可谓大国行列中独属中国的优质历史资产。其次,中国经济持续发展,与中东国家经贸和投资关系密切,而且颇具互补性。中国大量从中东进口石油,支撑着产油国的财政命脉,同时,不带附加政治条件的投资、项目也源源不断进入中东市场,推动地区经济发展。其三,美国正在从中东战略收缩,愿意给其他伙伴适当腾挪角色空间,习惯于大国博弈的中东国家自然欢迎中国发挥积极的、不同于其他强国的作用。其四,中东国家普遍"向东看""看中国",对搭乘"中国便车"给予空前期待。沙特前国王阿卜杜拉、埃及首位民选总统穆尔西、土耳其总统埃尔多安都将履新后的首次域外大国之行锁定中国,即表明对中国期望之高之重。

当然,中国作为中东地区的非传统玩家也有明显不足,主要体现在缺乏大国、强国的综合国力和军事实力,也没有和地区国家签署安全合作条约,这无疑将制约中国调停力度和效果。此外,中国处理异域纷繁、复杂民族关系和文化冲突的经验也相对缺乏,而且由于近现代人文交流与经贸联系远不及欧美和俄罗斯,往往缺乏抓手和底层资源。概而言之,中国调停中东事务,还是上道不远的新手,需要继续历练,甚至需要支出更多成本。

不过,不经一事不长一智。综合国力和军事实力也非绝对因素,卡塔尔、新加坡、挪威等国的国际实践表明,调停也许更需要智慧与勇气。聚焦中东这个博弈场,中国依然大有可为,伊拉克内部宗派之争、也门内战、埃及当局与穆兄会对峙,乃至沙特与伊朗阶段性的对立与冲突,中国都可以择机从中斡旋。而且,依托中国古老智慧,张扬"和为贵"思想,配合以中国发展模式的内在思路和理念,未来一定会在中东乃至世界赢得日益扩大的调停机会和美誉。

"中东三不":中国外交的公开承诺与自律

1 月 21 日,正在埃及进行国事访问的中国国家主席习近平,在开罗阿拉伯国家联盟总部就中阿关系发表演讲,谈古论今,纵横捭阖,其中不乏涉及中东问题和中国相关立场与态度。但是,习近平主席提出的"三不"原则,特别突出并具有针对性,大有"从心所欲不逾矩"的意味,无疑是他中东首访政策宣示的重要亮点之一。

习近平主席原话如下——中国古代圣贤孟子说:"立天下之正位,行天下之大道。"中国对中东的政策举措从事情本身的是非曲直出发,坚持从中东人民根本利益出发。我们在中东不找代理人,而是劝和促谈;不搞势力范围,而是推动大家一起加入"一带一路"朋友圈;不谋求填补"真空",而是编织互利共赢的合作伙伴网络。

坚持从中东人民根本利益出发这个大前提下,中国首次明确在中东"不找代理人""不搞势力范围"和"不谋求填补真空",非常鲜明地道出中国的外交观和义利观。对熟悉和厌倦了大国博弈的中东人民而言,"三不"非常有针对性,它直观而形象地向地区国家乃至世界承诺,中国有自己的发展之路与核心利益,但也有自己不会触碰的红线,不会重复其他大国在中东走过的老路,更不会像其他大国那样带给这一地区无穷无尽的苦难。

"不找代理人,而是劝和促谈。"中东是大国博弈必争之地,也是权力转移和政府更迭十分频繁的动荡高发区。古代且不谈,自从殖民时代以降,代理人政治与代理人战争就成为中东持续不变的地缘生态和景观,各种大国力量通过干涉地区内政、扶持利益代言人而展开直接或间接博弈,并形成绵延不断的纷争、冲突和流血。中国未曾殖民过任何中东国家,更没有建立或试图建立过任何代理人政权,因此,与整个地区国家没有任何不光彩、不愉快的旧账。自 2002 年中国设立首个热点问题特使——中东问题特使以来,中国在中东基本扮演双重角色:友好的经贸合作者和不偏不倚的调停者。这次公开承诺,这意味着中国将在中东继承和发扬既往积累的外交资产,坚持奉行不干涉内政政策,更多更好地做好外交斡旋与和谈推动工作。

"不搞势力范围,而是推动大家一起加入'一带一路'朋友圈。"中东因其"五海三洲"的独特地理和地缘位置,自古成为周边大国力量反复切割和瓜分的目标,近代更是被英法俄等列强在肢解奥斯曼帝国遗产基础上,划分成不同民族国家,遗患无穷。冷战时代美国与苏联争霸中东,也划定各自势力范围,将中东变成冷战与热战叠加的双重前线,这种势力范围甚至影响到中东国家选择不同的发展道路和政治制度。争夺势力范围使得中东国家和人民成为大国案板上的鱼肉,任人宰割,饱受苦难。习近平主席重申中国不搞势力范围,不走殖民主义和帝国主义的老路和死路,也旨在打消中东和世界对"一带一路"的疑虑,强调这不是中国版的"马歇尔计划",而是敞开大门,与世界共建、共有、共享的发展平台。

"不谋求填补'真空',而是编织互利共赢的合作伙伴网络。"这句话很显然针对中东出现权力真空、中国将取代传统大国势力而主导中东的担忧而来。冷战结束至今,美国的确失去一超独霸优势,正在进行战略收缩和重点东移,俄罗斯虽然也想重振苏联雄风但实力毕竟有限。美欧等西方大国一方面指责中国在中东"搭便车"消极无为,中东国家也怀着善良愿望期盼中国发挥更大作用。如何既量力而行地有所作为、积极作为,又避免陷入"大国坟墓"重蹈列强失败或受挫覆辙,这的确是中国面临的艰难挑战。习近平主席的表态体现了中国一以贯之的和平外交和反对霸权主义理念,既不把中东视为哪支力量的私产,也无意出现大国权力真空时去填补或继承,而是在尊重中东国家和人民主权和利益的前提下,与各方力量共同建设中东,共同分享中东和平与发展的红利。

习近平主席新年外交选择中东进行布局,通过访问沙特阿拉伯、埃及和伊朗三个地区大国取得丰硕成果,与之配套发布的《中国对阿拉伯国家政策文件》和相关中东政策讲话,共同形成了新时代中国中东外交的战略构想和努力方向,必将为完成一个甲子的中国与中东国家关系掀开全新的一页。"中东三不"的宣示,不仅是对中东和世界的公开承诺,首先是中国发自本真的自我警示和约束,守住这三条戒律,中国的中东外交必将大受欢迎,也必然赢得全世界的掌声。

(原载《国际先驱导报》2016 年 1 月 15 日)

13.全盘谋划精耕细作中阿关系

1 月 19 日至 23 日,中国国家主席习近平将对沙特阿拉伯、埃及和伊朗进行正式友好访问。在此前夕,中国政府发布了《中国对阿拉伯国家政策文件》,在国内外引起强烈反响,因为这不仅是习近平主席首次中东之行前出台的一份重要外交文件,也是继 2015 年发布对非洲国家政策文件后,中国再次对一个整体地区发布的政策宣示。

这份文件大大提升了阿拉伯国家在中国外交布局中的地位和分量,是中国首次明确、清晰、完整地总结和阐释对阿拉伯国家政策,堪称继往开来、全盘谋划和深耕细作中阿双边关系的纲领性文件,也是对中阿关系进行系统定性、定位和定向的里程碑式文件。

自 1956 年埃及率先承认中华人民共和国至今,中阿关系已走过六十年历程,世界格局、国际关系、地区局势及中阿双边关系都发生了巨大变化。中国综合国力突飞猛进,国际地位和影响力明显提高,并真正走向世界舞台中心,而阿拉伯国家也正经历着半个多世纪以来最深刻、最动荡的转型与探索。中国正在倡导"一带一路"共同发展倡议,阿拉伯国家和人民普遍渴望中国发挥更大作用并分享中国改革开放有益经验,双方都有振兴民族的强烈和迫切愿望。

在此历史关头,全面总结中阿关系并思考这一关系未来如何实现升级、拓展和深化,十分必要也十分及时。这份文件体现了中国积极有为、着力向中东拓展进取的战略规划和行动路线图,也必然推动中阿整体伙伴关系跃上新台阶,进入新阶段。

盘点这份文件可见,中国将坚持指导中阿六十年关系平稳和良好发展的基本原则和总体框架,即遵循五项基本原则,尊重文明多样性,维护《联合国宪章》宗旨和原则发展、推进双边关系。上述原则既是中阿既往建立关系和维护双边友好的高度共识和政治基础,更是最宝贵的国际关系实践,也必然成为引导未来双边关系乃至两大文明深度和长期交往的灯塔。比照其他世界大国与阿拉伯世界的交往得失,中阿高度政治互信和彼此尊重,给双方带来了巨大外交红利,毫无疑问也是当代国际关系的典范。

这份文件一个突出的特点是,全面、系统、细致地开列了对阿拉伯国家展开和深化合作的清单,并构成整个文件的主体。这份清单分为五大板块共二十九个方面,涵盖政治、投资贸易、社会发展、人文交流及和平与安全等各主要领域,占全文7600余字的多半篇幅。其中投资经贸部分更是重中之重,包含九个方面,约占四分之三,体现了中阿关系向投资、经济和贸易层面倾斜,注重务实合作、双边稳定、发展与繁荣的基本定位和总体方向。

自2004年建立中国—阿拉伯国家合作论坛以来,中阿经贸合作实现了跨越式大发展,双边贸易额增长数十倍,2014年达到2512亿美元,并希望在未来十年翻一番达到6000亿美元。

然而,过去五年不少阿拉伯国家陷入动荡与战乱,其经济发展滞后和民生艰难是重要原因之一,如何帮助阿拉伯世界实现工业化和经济良性运行,分享中国发展成果,必然是新时期中国对阿拉伯外交的核心发力点。

这份文件中,中国确认以“共商、共建、共享”原则推进中阿共建“一带一路”,并将两年前提出的深化和扩大中阿经贸“1+2+3”合作格局进行更为清晰和具体的分解与叙述,为中阿未来若干年产能合作、经贸便利化及在基础设施、航天和民用核能领域的合作,展示了广阔发展空间和无限挖掘潜力。

推动中阿贸易结构更均衡,进一步向阿拉伯产品开放中国市场,鼓励中国企业和金融机构扩大与阿拉伯国家合作,支持中阿经贸深度融合,也是这份文件的基调之一,这在西方舆论普遍唱衰阿拉伯发展前景的现实背景下,体现出中国雪中送炭和同舟共济的兄弟情怀和挚友之谊。

这份文件还有几个鲜明特点可圈可点。

首先,巴勒斯坦是整个文件中唯一提到的国家或政治实体名称,表明中国高度重视阿拉伯国家和人民普遍情感所系的巴勒斯坦问题。支持巴勒斯坦问题全面、公正和持久解决,这既是中国过去六十年坚定不移的阿拉伯政策基石之一,也是中国未来不会改变的努力方向。

其次,中国积极倡导与阿拉伯国家加强军事交流与合作,继续支持阿拉伯国家国防和军队建设,并支持阿拉伯国家加强反恐,同时重申反对将恐怖主义同特定的民族、宗教挂钩,反对双重标准。这在西方舆论和政客妖魔化阿拉伯民族和伊斯兰文明并对中国的反恐行动说三道四的当下,有助于中阿加深互信。

总之,中国对阿拉伯政策文件的出台,为中阿深化和拓展双边关系奠定了新的基础,它超越阿拉伯内部差异和中阿双边国情的不同,而确立友谊与合作的最大公约数,必将推动中阿双边关系的全面升级和拓展,并为中阿文明历史交往带来全新的前景。

(原载《第一财经日报》2016 年 1 月 19 日)

14.经略中东:中国展示新型大国风范

新年伊始,习近平主席中东之行所展示的鲜明特点和外交突破,体现了中国作为新型大国经略中东的全新姿态,也预示着中国与中东交往历久弥新,并将以合作共赢方式携手进入新时代。

习近平主席此次出访中东,可谓应运而生,顺势而为,知难而进,满载而归。中国的中东外交也因此特色鲜明,可圈可点。

首先,旗帜鲜明而又出牌缜密。这次访问是友谊之旅、和平之旅和温暖之旅。在中东各国特别是主要国家内外交困之际出访,不回避沙特与伊朗的矛盾焦点,足见中国对中东国家"手心手背都是肉",突出以我为主、注重双边和均衡交往的总体思路。在习近平主席行前发布的《中国对阿拉伯国家政策文件》，全面总结中阿关系六十年发展经验，并为未来深化、拓展和提升这一关系做出系统规划。习近平主席在开罗阿拉伯国家联盟总部的讲话，旗帜鲜明地阐释了中国的文明观、外交观和发展观，尤其是关于在中东"不找代理人""不搞势力范围"和"不填补空白"的宣示，非常清晰地勾勒出中国经略中东的框架和底线。

这些高屋建瓴的政策性、纲领性文件和表态，凝练中国"和为贵""家和万事兴"和"治大国如烹小鲜"等治理理念和传统智慧，着眼中东整体的和平、稳定与发展，为中东摆脱政局动荡和发展滞后提出特色鲜明的破解之道和整体方案，并兼顾到中东国家具体需求和传统大国的利益关切，积极进取而不乏谦和谨慎，求真务实而不乏周全缜密。

其次，重点突出而又全面开花。中东国家众多，民族、宗教、文化和对外关系类型繁多而复杂，矛盾盘根错节，只有抓住关键才能纲举目张。习近平主席首访三国都是资源禀赋特殊且具有超越地区影响力的重要国家，是世界大国历来谋划中东战略的基石和支柱，也是中国拓展中东外交，推进"一带一路"倡议和统筹全球外交一盘棋的地区节点国家。

通过此次中东行，中国完成和完善了与沙特、埃及和伊朗战略伙伴关系的全面提升，必将通过它们带动中国与中东地区关系的系统性升级和全方位深化，有助于双方继承和增值历史友好交往宝贵资产，推动中国与中东国家、中华文明与伊斯兰文明继续携手共进，迎接现代化和全球化带来的挑战和机遇，并对世界文明格局和人类和平事业产生深远而广泛的影响。

其三，高瞻远瞩而又脚踏实地。这次访问是合作之旅、发展之旅和共赢之旅。中国与中东都面临着发展与繁荣的共同任务，习近平主席此行提出帮助中东实现工业化的宏伟目标，主张与中东各国共建、共有和共享"一带一路"，提出在尊重地区人民自己选择发展道路的前提下分享中国快速成长经验，可谓站得高，看得远，并且立足现实。

习主席访问期间，中国与三国分别签署种类丰富、形式多样和针对性强的合作协议，将"1+2+3"的经贸合作布局构想落到实处，并促成三国发展战略与"一带一路"无缝对接。中埃合作立足于大规模基础设施投资和工业化体系的建立，帮助9000万人口破解就业瓶颈、实现经济振兴；中沙合作聚焦深化能源、产能和贸易便利化合作，帮助沙特实现经济结构优化；中伊合作集中于"一带一路"框架内的全域合作与升级。令人目不暇接的各种项目、协议、谅解备忘录一一签署,使中国和中东三国新年抬头见喜,收获颇丰。

中东是大国试金石,也是霸权埋葬场。中国正以自己独特的外交理念和交往方式经略中东,深耕细作,相信中东是中国向大国和强国晋级的大舞台,中国也绝不会在中东重蹈殖民主义和霸权主义大国的覆辙。

(原载《人民论坛》2016 年第 4 期)

15.中国能为中东带去什么?

2016 年 1 月 19 日至 23 日,中国国家主席习近平对沙特、埃及和伊朗进行正式友好访问,开启中国领导人的新年第一场外交重头戏。众所周知,沙特、埃及和伊朗是中东最具影响力的三个国家,习近平主席新年伊始即访问三国,意味着中国对中东地区的高度重视。同时,中东国家乃至世界都在思考,中国能带给中东什么? 特别是"一带一路"倡议对中东意味着什么?

诸多实惠

面对纷乱五年的中东,中国的出现具有多重价值和意义,中国与当下中东的交往,也必然与其他大国截然不同。2005 年,沙特国王阿卜杜拉提出阿拉伯世界应该看东方,阿拉伯世界发展的希望在中国。他继位后出访的第一个域外大国既不是美国更不是俄罗斯,而是中国;2012 年,埃及第一位没有军方背景的民选总统穆尔西,履新后首访的也是中国;2015 年,埃尔多安首次当选总统后也把中国当作他的总统国际"处女秀"。一系列事件表明,中东国家的确对中国期待甚高。事实上,中国也的确能带给中东国家诸多实惠,而不仅仅是希望。

首先,中国将一如既往带给中东空间巨大的能源市场。中东是世界石油和天然气探明储量最大地区,国民经济严重依赖油气资源和石油工业,需要依托庞大而充满发展潜力的消费市场支撑其资源输出和财政收入,中国显然是最大最可靠的战略买家。

中国正处于工业化、城市化和现代化初期,能源需求旺盛,消耗大而且增速快,其中80%为煤炭,其余主要依靠石油和天然气。自1993年成为纯石油进口国后,中国对石油进口的需求逐年增加。2012年中国石油进口增长68%,2013年虽然有所减低,但也增长40%,达到2.82亿吨。2014年减幅较大为2.08亿吨,但不代表中国自中东的石油进口也大幅度减少,相反,对中东石油进口的整体依存度却超过50%,2014年前六大石油进口国中东国家占四个。2014年10月沙特发动石油价格大战后,油价直线下跌,中国进一步加大石油进口并抓紧对石油战略储备补仓,虽然俄罗斯跃升为中国第一石油供应商,但沙特和伊朗对华输出比重依然位居前列。

其次,中国可以给中东地区带去充沛的工业制品、成套设备、基础设施建设项目和丰富投资,尤其是配合"一带一路"倡议推进,及亚洲基础设施投资银行、丝路基金等投融资平台的启动。

中东国家自进入石油经济时代,各国相继开启经济大发展时代,基础建设投入巨大,工程项目连年增加,也成为中国在海外进行工程承包和劳务输出的最早和主要市场。如今,中东国家特别是埃及和伊朗这样人口接近一亿、劳动力以中青年人为主的国家,需要建立完整、配套的工业体系,形成国民经济支柱产业,以吸纳大量冗余劳动力,维持经济可持续发展,与中国进行产能合作,对接"一带一路"正当其时。

埃及总统塞西提出一整套振兴埃及经济的宏大计划,主要依托"苏伊士运河经济带""行政首都政商圈"和"上埃及金三角城市发展群"等基础建设项目。中国不仅可以向埃及转移加工业为主的产业,如服装、鞋帽、箱包、玩具、五金制品和日用生活品等制造业,并就近向中东和欧洲市场出口,而且针对其新一波基础设施建设、更新和扩大,提供品质可靠、价格优惠、技术转移的成套设备、机车、通信设备、地铁乃至高铁系统。适用于埃及的这些中国角色,同样适用于遭受三十多年经济和贸易制裁的伊朗,以帮助其进行产业升级和经济结构优化,扩大就业,并通过与中亚、中国的互联互通,特别是油气管线和陆空交通的全面对接,形成一个共同大市场。

沙特作为中国在中东的第一贸易伙伴和主要石油供应商,在油气革命浪潮冲击下,也在酝酿气魄非凡的经济改革计划,准备重组和私有化大型石油企业,吸纳海外投资,通过削减补贴和鼓励创新来增加经济活力。中国完全可以抓住这一历史机遇期,扩大在沙特等海湾产油国的投资规模,提高投资水平,尤其是扩大在石油天然气领域的参与力度,由过去的分包商逐步成长为承包商,由只能承接基础设施、管道建设,提升到覆盖整个产业上游和下游,包括石油勘探、开采、冶炼和运输。此外,中国也可以与沙特等阿拉伯国家围绕军工、核能、航天和新能源进行深度合作。

　　过去二十年间,中国与中东地区贸易增长飞速发展,由 1993 年的 51.76 亿美元激增到 2013 年的 3000 亿美元,增长 60 倍。2013 年,中东地区成为中国第四大贸易伙伴,排在美国和日本等单一经济体之后。2014 年中国与中东贸易增幅较大,达到 3412.4 亿美元(综合中国海关和相关使领馆统计,其中,中国与阿拉伯国家、伊朗、土耳其和以色列的贸易额分别为 2511 亿、520 亿、277.4 亿和 104 亿美元)。借助"一带一路"倡议,并与中东国家特别是埃及、沙特和伊朗等大国的经济振兴计划进行对接,未来十年,中国和中东国家的经贸总额完全有可能超过所预期的 6000 亿美元。

政治盟友

　　从 20 世纪 50 年代万隆会议起,中国就与中东地区很多国家建立密切的政治、外交和经济关系,双方在维护国家和民族独立、捍卫主权和领土完整、反对霸权主义和外来干涉方面,形成高度共识,并成为双方在经贸领域之外最牢固的纽带。

　　如今,中国能带给中东国家友谊、和平和尊重,并形成新的利益共同体、命运共同体和价值观共同体。中东地区主要由发展中国家构成,多数国家与中国有着非常相似的近代历史,都曾经历过殖民主义、帝国主义压迫以及民族解放运动。这种共同遭遇使中国与多数中东国家从发生关系之初,就形成命运共同体和价值观共同体,成为志同道合的国际政治天然盟友。

　　虽然国际关系体系发生很大变化,但是中国与中东国家在人权与主权观念、发展与稳定等问题上拥有相似立场,也彼此支持和声援,共同维护各自核心利益。中国—阿拉伯国家合作论坛、中非合作论坛是中国发展与该地区国家政治关系的重要成果,也是支撑双边关系深化和拓展的两大平台。

　　2011 年以后,美国、欧洲、俄罗斯等域外大国或大国集团重新深度干涉中东事务,实施炮舰政策,成为中东地区战乱新的策源地。对照之下,中国一贯坚持的和平友好、互不干涉内政等外交政策更加难能可贵,并受到中东国家的普遍欢迎和充分肯定。中东国家呼吁中国发挥大国作用的呼声日渐强烈，心情也更加真诚。

其次，中国努力维护核不扩散体系，控制大规模杀伤性武器免于泛滥，也将带给中东更多和平、安全与稳定。2015年，延续十二年的伊朗核危机在"6+1"框架下实现重大突破，缓解伊朗同美国、伊朗同以色列之间频繁出现的紧张与对峙，使中东地区避免一场随时可能爆发的局部战争，也给地区无核化进程的推进及和平利用核能源带来了福音。中国作为安理会五个常任理事国之一，既反对通过武力或武力威胁消除伊朗核设施，也坚决支持联合国安理会通过四项制裁决议迫其努力遵守《核不扩散条约》，而且通过艰苦、耐心和细致的斡旋，在伊朗与美国之间穿针引线，消除误解，化解分歧，甚至最后提供折中方案乃至技术支持，促成核协议的达成，受到伊朗和美国双方的赞赏，也得到国际社会好评。

2013年叙利亚化学武器危机爆发后，中国尊重联合国安理会决议，与俄罗斯出动海军为销毁化学武器的美国船只护航，使叙利亚化学武器如期安全地得到处置，为避免这些危险武器、材料流入恐怖组织之手，做出积极努力和重大贡献。

第三，中国可以带给中东解决或降低冲突的和平方案和路径，发挥日益重大的斡旋作用。中国是世界大国中唯一没有在中东有过殖民、入侵和代理人战争记录的国家，也是长期坚持通过和平方式解决纷争、由各国人民自决命运与前途的世界大国。从1990年海湾危机开始，中国就积极在伊拉克和多国联盟间奔走，试图说服萨达姆政府结束对科威特的占领而避免陷入战争。2003年美国试图获得安理会授权，正是因为中国等安理会成员强烈反对，导致美国和英国被迫绕开联合国发动不合法的战争。2015年，共同策动伊拉克战争的英国首相布莱尔为其错误决定和战争后果公开道歉，印证了中国当时反对战争的高瞻远瞩。

2011年利比亚危机爆发，中国充分尊重阿拉伯国家联盟的集体决定，没有阻拦安理会通过1973号决议，同时，中国积极邀请利比亚政府和反对派，试图通过调停使双方避免陷入内战。但是，由于北约滥用联合国决议，帮助反对派打内战，使利比亚遭受了重大伤亡，至今仍没有实现和平与稳定。

对于叙利亚危机，基于利比亚战争的教训，中国和俄罗斯连续四次否决安理会涉叙决议草案,使得北约重演利比亚脚本的预谋没有得逞,而"伊斯兰国"武装的扩散和坐大,再次证明中国主张和解、对话的一贯立场的现实意义。经过五年厮杀,美欧和部分阿拉伯国家不得不认同中国与俄罗斯坚持的政治解决路径,并依据联合国第 2554 号决议准备启动叙利亚和平进程。

去年 12 月下旬,叙利亚副总理兼外长穆阿利姆在北京宣布,接受安理会第 2554 号决议,参与和平进程。这是叙利亚对中国斡旋与促和作用的回馈和礼遇,也凸显了中国在叙利亚危机中日益重要的斡旋作用。今年 1 月 7 日,叙利亚反对派领导人胡杰也应邀访华,赞赏中国在叙利亚问题上的立场,也表示无条件接受安理会决议,立即启动和平谈判。这表明中国的和平调解人角色得到双方高度认可和尊重。

其实,早在 2002 年,中国就设立了首位热点问题特使,专门斡旋巴以冲突,至今已经历四任特使。此外,中国在苏丹和南苏丹冲突中,也发挥了其他大国无法企及的斡旋作用。随着中国实力的不断增强和经验的积累,中国将越来越多地参与中东冲突的和平解决方案,以中国独有的传统、魅力和可信度,为中东和平做出贡献。

(原载《华夏时报》2016 年 1 月 23 日)

16.慎立危墙:中国参与维和的冷思考

6 月 1 日凌晨,联合国驻马里多层面综合稳定特派团("联马团")营地遭受恐怖袭击,中国维和人员 1 人遇难,5 人受伤。这是"联马团"一周内在马里遭受的第二次血腥袭击,此前曾有 5 名维和人员在中部赛瓦雷市附近遇袭身亡。连续针对维和人员的恐怖袭击凸显马里安全形势的恶化,引发国际社会对维和部队安危的极大忧虑。对中国维和行动而言,如何既承担国际义务,又确保自身安全,更是个严峻而迫切的课题。

这起袭击是"基地"组织北非马格里布分支机构所为。据美国私营"赛特"情报集团监控到的信息,该组织当天发布网络消息称,其所属"伊斯兰隐士营"对"十字军占领武装"发动了袭击。该组织由阿尔及利亚人穆赫塔尔·拜勒穆赫塔尔领导,已多次在北非和撒哈拉地区实施恐怖袭击,包括去年袭击马里首都丽笙酒店绑架 100 多人并导致 3 名中国公民遇难。

就该组织的表态和过往表现而言，中国公民并非其特定或重点攻击对象，但是，驻马里维和部队显然是其无差别攻击目标之一。无差别在于，它不认同维和部队中立与和平使命，也不区分维和人员国别构成。从这个角度观察，这符合恐怖主义袭击的行为逻辑和特点。但是，中国公民再次蒙难这一血的教训表明，中国和平外交和不干涉内政的国际形象固然普遍受到尊重和欢迎，但无法确保境外公民特别是维和人员免于无底线恐怖袭击。

军人的职业就是与死神过招，维和人员亦然。1993 年 5 月，中国驻柬埔寨维和工程兵部队营地被火箭弹击中，2 人遇难，7 人受伤；2005 年 10 月，中国驻利比里亚维和运输队成员 1 人被子弹击中身亡；2006 年 7 月，联合国驻以色列黎巴嫩边境观察点遭受以方炮火袭击，1 名中国观察员遇难。据联合国秘书长潘基文称，仅 2015 年就有 129 名国际维和人员殉职。上述案例和数字表明，战乱环境中的维和人员，时刻面临来历不明或动机不详的袭击或误击。

自 1988 年加入联合国维和特委会并于次年首次派兵出征，中国参与维和行动已历二十七年，队伍规模日益壮大，任务种类不断丰富，并成为安理会五个常任理事国中派遣维和人员最多的国家，共计 3000 多人次，涉及 20 多项维和行动。中国也已跃升联合国维和行动第二大出资国，今后三年将承担维和费用的 10.2%，仅次于美国。去年联合国维和峰会上，中国还做出承诺建设 8000 人规模的维和待命部队。这些努力表明中国随着国力增强，正在承担与自身地位和国际社会期望相匹配的大国责任。

但是，参与维和行动越频繁，派出队伍越庞大，承担使命越多元，维和行动的风险和成本也将呈倍增态势。面对十分复杂而陌生的环境，审时度势，有条件有选择地参与维和，在积极履行义务和恪尽责任的同时，如何最大程度规避战略和战术风险减少损失，恐怕是中国维和行动需要特别考虑的当务之急。在大国博弈激烈、宗派矛盾多发和恐怖主义泛滥的当下，"韬光养晦，积极有为"的外交指导原则同样适用于参与维和行动。

2013 年中国决定派员前往参与马里维和时，就曾引起不少人的忧虑。马里内战原本背景非同寻常，冲突一方为与国际恐怖势力联系密切的反叛武装，法国以反恐名义出兵介入马里冲突，使马里战事性质突变并具有国际化色彩,而且被境内外敌对力量贴上宗教战争和文明冲突的标签。马里曾是法国殖民地,至今也被法国视作势力范围并构成出兵动因。因此,马里既是反恐国际战场,也是"反西方主义"的前线,参与马里维和行动,难免卷入法国出兵引发的新仇旧恨。

潘基文本周建议安理会向马里增派 2500 名维和军人和警察,安理会将于本月讨论"联马团"执行任务兵力和能力等问题,也许会做出增派维和人员决议。中国是否增派维和人员,也面临抉择。参与维和是国际义务所系,责任无法回避。但是,派向哪里? 参与何种任务? 主动权掌握在中国手中。针对当下国际环境,除了继续坚持符合国际法、冲突各方同意、保持中立和最低限度使用武力等四点联合国维和准则,还应体现中国传统外交理念,尽量避免前往跨文明冲突地区,尽量避免卷入跨国跨地区冲突,尽量避免执行作战任务。完成使命,保全自己,慎立危墙,维和行动应成为构建中国新型大国形象的组成部分,为和平外交这个中心服务。唯此,中国参与世界维和之路才能越走越宽,越走越安全。当然,为维和而付出代价既是难免的,也体现了中国对世界和平做出的贡献,中国要成为负责任的大国,也得过这道关。

（原载《北京青年报》2016 年 6 月 4 日）